INCLUSÃO

S782i   Stainback, Susan
             Inclusão: um guia para educadores / Susan
            Stainback e William Stainback; tradução Magda França
            Lopes. – Porto Alegre: Artmed, 1999.
            456 p. ; 23 cm.

            ISBN 978-85-7307-582-3

            1. Educadores – Manual. I. Stainback, William.
    II. Título.

            CDU 371.13 (038)

Catalogação na publicação: Mônica Ballejo Canto – CRB 10/1023

Susan Stainback
William Stainback

INCLUSÃO
Um Guia para Educadores

Tradução:
MAGDA FRANÇA LOPES

Consultoria, supervisão, revisão técnica e apresentação
à edição brasileira desta edição:
MARIA TERESA EGLÉR MANTOAN
Pedagoga. Doutora em Educação. Professora da
Faculdade de Educação da UNICAMP.
Coordenadora do Laboratório de Estudos e Pesquisas
em Ensino e Diversidade (LEPED) da UNICAMP.

Reimpressão 2007

1999

Obra originalmente publicada nos Estados Unidos pela:
Paul H. Brookes Publishing Co., Inc., sob o título
Inclusion: a guide for educators

© 1996 por Paul H. Brookes Publishing Co., Inc.
ISBN 1-55766-231-2

Capa:
Mário Röhnelt

Preparação do original:
Bianca Pasqualini, Heloísa Stefan

Supervisão Editorial:
Letícia Bispo de Lima, André Luis Aguiar

Editoração Eletrônica:
AGE – Assessoria Gráfica e Editorial Ltda

Reservados todos os direitos de publicação, em língua portuguesa, à
ARTMED® EDITORA S.A.
Av. Jerônimo de Ornelas, 670 - Santana
90040-340 Porto Alegre RS
Fone (51) 3027-7000 Fax (51) 3027-7070

É proibida a duplicação ou reprodução deste volume, no todo ou em parte, sob quaisquer formas ou por quaisquer meios (eletrônico, mecânico, gravação, fotocópia, distribuição na Web e outros), sem permissão expressa da Editora.

SÃO PAULO
Av. Angélica, 1091 - Higienópolis
01227-100 São Paulo SP
Fone (11) 3665-1100 Fax (11) 3667-1333

SAC 0800 703-3444

IMPRESSO NO BRASIL
PRINTED IN BRAZIL
Impresso sob demanda na Meta Brasil a pedido do Grupo A Educação.

Colaboradores

Sandy Alper, Ph.D.
Chair
Department of Special Education
University of Northern Iowa
Cedar Falls, IA 50613-0601

Jennifer Asmus, Ed.S.
Intern
Pediatric Psychology
University of Iowa
251 University Hospital School
Iowa City, IA 52242-1011

Wendy K. Berg, M.S.
Senior Research Assistant
University of Iowa
251 University Hospital School
Iowa City, IA 52242-1011

Kathryn D. Bishop, Ph.D.
Associate Professor
University of San Diego
School of Education
5998 Alcala Park
San Diego, CA 92110

Barbara E. Buswell
Co-Director
PEAK Parent Center
6055 Lehman Drive, Suite 101
Colorado Springs, CO 80918

Katheryn East, Ed.D.
Instructor
Department of Educational Psychology
University of Norther Iowa
Cedar Falls, IA 50614

Mary A. Falvey, Ph.D.
Professor
School of Education
California State University
5151 State University Drive
Los Angeles, CA 90032

Marsha Forest, Ed.D.
Centre for Integrated Education and Community
Inclusion Press International
24 Thome Crescent
Toronto, Ontario M6H 2S5
CANADA

Michael F. Giangreco, Ph.D.
Research Assistant Professor
University of Vermont
College of Education and Social Services
University Affiliated Program of Vermont
499C Waterman Building
Burlington, VT 05405-0160

Christine C. Givner, Ph.D.
Associate Professor
School of Education
Division of Special Education
California State University
5151 State University Drive
Los Angeles, CA 90032

Jay Harding, Ed.S.
Project Coordinator
University of Iowa
251 University Hospital School
Iowa City, IA 52242-1011

Wade Hitzing, Ph.D.
Director
Society for Community Support
1045 Wittman Drive
Fort Meyers, FL 33919

Annette Iverson, Ph.D., NCSP
Associate Professor
Department of Educational Psychology and Foundations
University of Northern Iowa
Cedar Falls, IA 50614

Cheryl M. Jorgensen, Ph.D.
Institute on Disability/University Affiliated Program
University of New Hampshire
312 Morrill Hall
Durham, NH 03824

Kimberlee A. Jubala, M.Ed.
Educator
San Diego Unified School Discrict
851 Chalcedony
San Diego, CA 92109

Anastasios Karagiannis, Ph.D.
Assistant Professor
Department of Educational and Counselling Psychology
Faculty of Education
3700 McTavish
McGill University
Montreal, Quebec QC H3A 1Y2
CANADA

Christina Kimm, Ph.D.
Associate Professor
California State University
5151 State University Drive
Los Angeles, CA 90032

Herbert Lovett, Ph.D.
76 G Street
Boston, MA 02127-2919

Connie Lyle O'Brien
Responsive Systems Associated
58 Willowwick Drive
Lithonia, GA 30038-1722

John O'Brien
Responsive Systems Associated
58 Willowwick Drive
Lithonia, GA 30038-1722

Jack Pearpoint, Ph.D.
President
Inclusion Press International
24 Thome Crescent
Toronto, Ontario M6H 2S5
CANADA

Michael Peterson, Ph.D.
Professor
Special Education and Rehabilitation
Division of Teacher Education
College of Education
Wayne State University
217 Education Building
Detroit, MI 48202

Diane Lea Ryndak, Ph.D.
Assistant Professor
Department of Special Education
G315 Norman Hall
University of Florida at Gainesville
Gainesville, FL 32611-7050

Daniel D. Sage, Ed.D.
Professor Emeritus
Syracuse University
Editor
Inclusion Times
208 Breakspear Road
Syracuse, NY 13219

Mara Sapon-Shevin, Ed.D.
Professor
Teaching and Leadership Program
Syracuse University
150 Huntington Hall
Syracuse, NY 13244-2340

C. Beth Schaffner
Coordinator of Inclusive Schooling
PEAK Parent Center
6055 Lehman Drive
Suite 101
Colorado Springs, CO 80918

Maureen Smith, Ph.D.
Assistant Professor
Department of Exceptional Education
State University College of Buffalo
1300 Elmwood
Buffalo, NY 14222

Lynne C. Sommerstein, M.Ed.
Co-Chair, New York Schools Are For
    Everyone (SAFE)
15 Shadow Wood Drive, East
Amhurst, NY 14051

Susan Stainback, Ed.D.
Professor
College of Education
University of Northern Iowa
Cedar Falls, IA 50614

William Stainback, Ed.D.
Professor
College of Education
University of Norther Iowa
Cedar Falls, IA 50614

Greg Stefanich, Ed.D.
Professor
Department of Curriculum and Instruction
University of Northern Iowa
Cedar Falls, IA 50614

Cindy Strully, M.A.
Jay Nolan Community Services
25006 Avenue Kearny
Valencia, CA 91355

Jeffrey L. Strully, Ed.D.
Jay Nolan Community Services
25006 Avenue Kearny
Valencia, CA 91355

Jacqueline S. Thousand, Ph.D.
Research Associate Professor
University of Vermont
College of Education and Social Services
499C Waterman Building
Burlington, VT 05405

Richard A. Villa, Ed.D.
President
Bayridge Educational Consortium
6 Bay Ridge Estates
41 Lakeshore Drive
Colchester, VT 05446

David P. Wacker, Ph.D.
Professor of Pediatric Psychology
University of Iowa
251 University Hospital School
Iowa City, IA 52242-1011

Marilyn R. Wessels
Co-Chair, New York Schools Are For Everyone (SAFE)
Gatehouse
1365 VanAntwerp Apartments
Schenectady, NY 12309

Apresentação à edição brasileira

A publicação no Brasil de *Inclusão: um guia para educadores*, de Susan Stainback e William Stainback, é muito bem-vinda neste momento em que a discussão deste tema tão polêmico está se espalhando dos nossos espaços educacionais para a opinião pública em geral.

O impacto que a inclusão tem causado no meio escolar, nas instituições especializadas e entre os pais de alunos com e sem deficiência provocou o aparecimento de muitas dúvidas e vieses de compreensão, que estão retardando a implementação de ações em favor da abertura das escolas para todos os alunos.

Preconceitos, antigos valores, velhas verdades, atitudes e paradigmas conservadores da educação ainda ocultam o verdadeiro sentido dessa inovação. A grande contribuição deste livro é, pois, a de esclarecer os interessados, especialmente as famílias e os educadores, sobre aspectos fundamentais da inclusão escolar. Nesse sentido, encontramos em cada um de seus capítulos uma resposta, uma sugestão, uma novidade, uma provocação, enfim, dos seus renomados organizadores e colaboradores.

Mas as idéias, as situações práticas que esses profissionais nos apresentam, constituem, ao nosso ver, muito mais do que um guia para os educadores concretizarem a inclusão. Trata-se de um material de grande valor e utilidade, rico em possibilidades de transformação das escolas em suas dimensões pedagógicas, culturais, sociais e humanitárias.

Em uma palavra, este livro surpreende pela ousadia de seus posicionamentos e práticas educacionais, e desafia-nos a enfrentar a inclusão, pelo rompimento de nossas concepções tradicionais de uma boa escola e do bom aluno.

Ao leitor, o privilégio de desfrutar desta leitura tão estimulante e revolucionária!

MARIA TERESA EGLÉR MANTOAN

Pedagoga. Doutora em Educação. Professora da
Faculdade de Educação da UNICAMP. Coordenadora do
Laboratório de Estudos e Pesquisas em Ensino e
Diversidade (LEPED) da UNICAMP.

Prefácio

As salas de aula inclusivas partem de uma filosofia segundo a qual todas as crianças podem aprender e fazer parte da vida escolar e comunitária. A diversidade é valorizada; acredita-se que tal diversidade fortaleça a turma e ofereça a todos os seus membros maiores oportunidades para a aprendizagem.

Robert Barth (1990), um professor de Harvard, descreveu da seguinte maneira o valor da diversidade:

> Eu preferiria que meus filhos freqüentassem uma escola em que as diferenças fossem observadas, valorizadas e celebradas como coisas boas, como oportunidades para a aprendizagem. A pergunta com que tantos educadores estão preocupados é: "Quais são os limites da diversidade além dos quais o comportamento é inaceitável?"... Mas a pergunta que eu gostaria de ver formulada com mais freqüência é: "Como podemos fazer um uso consciente e deliberado das diferenças de classe social, gênero, idade, capacidade, raça e interesse como recursos para a aprendizagem?"... As diferenças encerram grandes oportunidades para a aprendizagem. Elas oferecem um recurso livre, abundante e renovável. Eu gostaria de ver nossa compulsão para eliminar as diferenças substituída por um enfoque igualmente insistente em se fazer uso dessas diferenças para melhorar as escolas. O que é importante sobre as pessoas – e sobre as escolas – é o que é diferente, não o que é igual. (p. 514-515)

Os organizadores e os colaboradores deste livro acreditam firmemente que a diversidade deve ser valorizada. Mas quais são as estratégias básicas e práticas para se fazer uso das diferenças de raça, de capacidade, de gênero e de classe social para melhorar a aprendizagem de *todos* os estudantes? Assim como manter uma filosofia e atitude firmes e positivas com relação à inclusão é a *chave* para alcançar o sucesso, os professores e outros profissionais da educação também precisam estar a par de estratégias práticas que podem utilizar diariamente na sala de aula, na escola e na comunidade para melhorar a inclusão bem-sucedida.

Os termos *escola inclusiva* e *reestruturação* ou *renovação da escola* são usados com freqüência neste livro. Por isso, poderia ser conveniente rever aqui o significado deles. Uma *escola inclusiva* é aquela que educa todos os alunos em salas de aula regulares. Educar todos os alunos em salas de aula regulares significa que todo aluno recebe educação e freqüenta aulas regulares. Também significa que todos os alunos recebem oportunidades educacionais adequadas, que são desafiadoras, porém ajustadas às suas habilidades e necessidades; recebem todo o apoio e ajuda de que eles ou seus professores possam, da mesma forma, necessitar para alcançar sucesso nas principais atividades. Mas uma escola inclusiva vai além disso. Ela é um lugar do qual todos fazem parte, em que todos são aceitos, onde todos ajudam e são ajudados por seus colegas e por outros membros da comunidade escolar, para que suas necessidades educacionais sejam satisfeitas.

Os termos *renovação escolar* e *reestruturação da escola* também são usados em toda a literatura profissional sobre educação da década de 1990 e neste livro. Esses termos significam coisas diferentes para pessoas diferentes, mas, em essência, são usados para descrever a necessidade de transformar as escolas públicas em instituições acolhedoras e sensíveis, capazes de responder de maneira humana e eficiente às necessidades e habilidades específicas de todos os alunos. Isso envolve mais do que a renegociação e a reorganização dos limites e das estruturas da educação especial e regular, a inserção de alunos com deficiências em turmas de ensino regular, a maneira pela qual avaliamos as necessidades e as habilidades dos alunos e os instruímos, ou de que forma organizamos o dia escolar. Também envolve, e isto pode ser ainda mais importante, o repensar de nossas atitudes e crenças sobre as crianças, sobre a educação, sobre a atmosfera e sobre a(s) cultura(s) das escolas em todos os Estados Unidos e em outros países.

O principal enfoque deste livro são as estratégias práticas que tiram proveito das diferenças entre os alunos e o pessoal da escola para melhorar o sucesso social e a realização educacional de todos os alunos. O livro é composto de 26 capítulos divididos em seis partes. Na Parte I, os autores revêem brevemente os fundamentos e a visão geral histórica do ensino inclusivo e delineiam o motivo pelo qual a inclusão pode ser um impulso para a renovação da escola. Na Parte II, estão delineadas e discutidas as estratégias práticas fundamentais para conseguir-se uma inclusão bem-sucedida. Na Parte III, a atenção volta-se para a pergunta: "Como os alunos, os professores e os outros funcionários da escola podem atuar juntos no sentido de planejar e implementar estratégias específicas para alcançar sucesso social e educacional para todos os alunos?" Na Parte IV, são apresentados muitos procedimentos e exemplos de como o currículo nas salas de aula de ensino regular pode ser planejado e adaptado para satisfazer às necessidades de todos os alunos. O assunto da Parte V são as preocupações comportamentais nas salas de aula inclusivas e as estratégias práticas específicas para os comportamentos positivos serem facilitados e para os comportamentos inadequados serem reduzidos. Na Parte VI, os autores tratam da questão de como todos os alunos podem manter uma auto-identidade e um autoconceito positivos nas salas de aula inclusivas. Além disso, discute-se de que maneira as famílias e o pessoal da escola podem trabalhar em conjunto para fomentar um ensino inclusivo para todos os alunos. No capítulo final da Parte VI, os autores tratam das principais preocupações de algumas pessoas sobre a inclusão total de todos os alunos nas salas de aula regulares das escolas públicas.

A compilação deste texto não teria sido possível sem as contribuições de muitas pessoas. Os organizadores gostariam de aproveitar esta oportunidade para enaltecer a contribuição valiosa de cada um dos colaboradores. Da mesma forma, agradecemos e reconhecemos as contribuições de muitos alunos, pais, educadores e outros membros da comunidade que ofereceram suas idéias, suas preocupações e seu apoio moral durante todo o desenvolvimento deste livro. Também somos gratos à Dra. Sandy Alper, que proporcionou estímulo e apoio a todos os nossos empenhos didáticos, incluindo esta obra. Por fim, gostaríamos de agradecer cordialmente a todos os nossos colegas da Paul H. Brookes Publishing Co., que nos encorajaram e contribuíram significativamente para a divulgação das idéias e dos conceitos dos muitos autores deste livro.

REFERÊNCIA BIBLIOGRÁFICA

Barth, R. (1990). A personal vision of a good school. *Phi Delta Kappan, 71,* 512-571.

Sumário

Apresentação à edição brasileira 9
Maria Teresa Eglér Mantoan

Parte I
ORIGENS

1 Fundamentos do Ensino Inclusivo
  Anastasios Karagiannis, William Stainback e Susan Stainback 21
2 Visão Geral Histórica da Inclusão
  Anastasios Karagiannis, Susan Stainback e William Stainback 35
3 A Inclusão como uma Força para a Renovação da Escola
  John O'Brien e Connie Lyle O'Brien 48

Parte II
ESTRATÉGIAS BÁSICAS

4 Dez Elementos Críticos para a Criação de Comunidades de Ensino
  Inclusivo e Eficaz
  C. Beth Schaffner e Barbara E. Buswell 69
5 MAPs, Círculos de Amigos e PATH: Instrumentos Poderosos para
  Ajudar a Construir Comunidades Protetoras
  Jack Pearpoint, Marsha Forest e John O'Brien 88
6 Estratégias Práticas para a Comunicação com Todos os Alunos
  Maureen A. Smith e Diane Lea Ryndak 110
7 Estratégias Administrativas para a Realização do Ensino Inclusivo
  Daniel D. Sage 129
8 O que eu Farei Segunda-Feira pela Manhã?
  Mary A. Falvey, Christine C. Givner e Christina Kimm 142

Parte III
COLABORAÇÃO

9 As Amizades como um Objetivo Educacional: O que Aprendemos e
  para Onde Caminhamos
  Jeffrey L. Strully e Cindy Strully 169
10 Promovendo Amizades
  *Kathryn D. Bishop, Kimberlee A. Jubala, William Stainback e
  Susan Stainback* 184

11 Colaboração dos Alunos: Um Elemento Essencial para a Elaboração de
    Currículos no Século XXI
    Richard A. Villa e Jacqueline S. Thousand 200
12 Colaboração, Rede de Apoio e Construção de Comunidade
    William Stainback e Susan Stainback 223

Parte IV
CONSIDERAÇÕES SOBRE O CURRÍCULO

13 O Currículo nas Salas de Aula Inclusivas: origens
    Susan Stainback e William Stainback 233
14 A Aprendizagem nas Escolas Inclusivas: e o currículo?
    William Stainback, Susan Stainback, Greg Stefanich e Sandy Alper 240
15 Planejando Currículos Inclusivos desde o Início: Estratégias e Exemplos
    Práticos para Salas de Aula do Ensino Médio
    Cheryl M. Jorgensen 252
16 Escolhendo Opções e Acomodações para as Crianças (COACH):
    Planejamento de Currículo para Alunos com Deficiência nas Classes
    de Ensino Regular
    Michael F. Giangreco 269
17 Celebrando a Diversidade, Criando a Comunidade: O Currículo que Honra
    as Diferenças, Baseando-se Nelas
    Mara Sapon-Shevin 288
18 Aprendizagem Comunitária nas Escolas Inclusivas
    Michael Peterson 306

Parte V
CONSIDERAÇÕES COMPORTAMENTAIS

19 Estratégias para o Manejo de uma Sala de Aula Inclusiva
    Annette M. Iverson 335
20 Apoio e Estratégias de Ensino Positivas
    Wade Hitzing 353
21 Uma Abordagem Funcional para Lidar com o Comportamento
    Desafiador Grave
    David P. Wacker, Wendy K. Berg, Jay Harding e Jennifer Asmus 369
22 Estruturando a Sala de Aula para Evitar Comportamentos Inadaptados
    William Stainback e Susan Stainback 387
23 Alguns Comentários sobre Abordagens Positivas para Alunos com
    Comportamento Difícil
    Herbert Lovett 394

Parte VI
OUTRAS CONSIDERAÇÕES

24 A Inclusão e o Desenvolvimento de uma Auto-Identidade Positiva em Pessoas com Deficiências
Susan Stainback, William Stainback, Katheryn East e Mara Sapon-Shevin 407

25 Conquistando e Utilizando o Apoio da Família e da Comunidade para o Ensino Inclusivo
Lynne C. Sommerstein e Marilyn R. Wessels 414

26 Observações Finais: Preocupações sobre a Inclusão
Susan Stainback e William Stainback 432

Índice 437

PARTE 1

Origens

1

Fundamentos do Ensino Inclusivo

Anastasios Karagiannis,
William Stainback e
Susan Stainback

A EXCLUSÃO NAS ESCOLAS lança as sementes do descontentamento e da discriminação social. A educação é uma questão de direitos humanos, e os indivíduos com deficiências devem fazer parte das escolas, as quais devem modificar seu funcionamento para incluir todos os alunos. Esta é a mensagem que foi claramente transmitida pela Conferência Mundial de 1994 da UNESCO sobre Necessidades Educacionais Especiais (Liga Internacional das Sociedades para Pessoas com Deficiência Mental, 1994). Em um sentido mais amplo, o ensino inclusivo é a prática da inclusão de todos – independentemente de seu talento, deficiência, origem socioeconômica ou origem cultural – em escolas e salas de aula provedoras, onde todas as necessidades dos alunos são satisfeitas. Este capítulo discute as razões do ensino inclusivo em termos de benefícios para os alunos, para os professores e para a sociedade. Educando todos os alunos juntos, as pessoas com deficiências têm oportunidade de preparar-se para a vida na comunidade, os professores melhoram suas habilidades profissionais e a sociedade toma a decisão consciente de funcionar de acordo com o valor social da igualdade para todas as pessoas, com os conseqüentes resultados de melhoria da paz social. Para conseguir realizar o ensino inclusivo, os professores em geral e especializados, bem como os recursos, devem aliar-se em um esforço unificado e consistente.

Há três componentes práticos interdependentes no ensino inclusivo. O primeiro deles é a rede de apoio, o componente organizacional, que envolve a coordenação de equipes e de indivíduos que apóiam uns aos outros através de conexões formais e informais (Stainback & Stainback, 1990a, 1990b, 1990c; Villa & Thousand, 1990). Stone e Collicott (1994) descreveram um sistema bem-sucedido de uma rede de três camadas: grupos de serviço baseados na escola, grupos de serviço baseados no distrito e parcerias com as agências comunitárias. Todos esses grupos funcionam em uma base de apoio mútuo para capacitar o pessoal e os alunos. O segundo componente é a consulta cooperativa e o trabalho em equipe, o componente do procedimento, que envolve indivíduos de várias especialidades trabalhando juntos para planejar e implementar programas para diferentes alunos em ambientes integrados (Harris, 1990; Porter, Wilson, Kelly & den Otter, 1991; Pugach & Johnson, 1990; Thousand & Villa, 1990). O terceiro é a aprendizagem cooperativa, o componente do ensino, que está relacionado à criação de uma atmosfera de aprendizagem em sala de aula em que alunos com vários interesses e habilidades podem atingir o seu potencial (Johnson & Johnson, 1986; Sapon-Shevin, 1990). Os agrupamentos heterogêneos (Slavin, 1987), a tutela dos pares em várias formas (Delquadri, Greenwood, Whorton, Carta & Hall, 1986; Jenkins & Jenkins, 1981; Osguthorpe & Scruggs, 1986; Stainback, Stainback & Hatcher, 1983) e os grupos de ensino para atividades de instrução e recreação (Aronson, 1978; DeVries & Slavin, 1978) são alguns dos elementos da aprendizagem cooperativa. Mais recentemente, a instrução em multiníveis (Collicott, 1991; Stone & Moore, 1994) sintetizou os elementos do ensino cooperativo em uma abordagem coesa.

Os benefícios dos arranjos inclusivos são múltiplos para todos os envolvidos com as escolas – todos os alunos, professores e a sociedade em geral. A facilitação programática e sustentadora da inclusão na organização e nos processos das escolas e das salas de aula é um fator decisivo no sucesso.

BENEFÍCIOS PARA TODOS OS ALUNOS

Nas palavras de Vandercook, Fleetham, Sinclair e Tetlie (1988), "nas salas de aula integradas, todas as crianças enriquecem-se por terem a oportunidade de aprender umas com as outras, desenvolvem-se para cuidar umas das outras e conquistam as atitudes, as habilidades e os valores necessários para nossas comunidades apoiarem a inclusão de todos os cidadãos" (p. 19). Entretanto, a simples inclusão de alunos com deficiências em salas de aula do ensino regular não resulta em benefícios de aprendizagem (p. ex., Marston, 1987-1988). Tem sido consistentemente observado que alunos com níveis diferentes de deficiência aprendem mais em ambientes integrados onde lhes são proporcionados experiências e apoio educacionais adequados do que quando estão em ambientes segregados (Brinker & Thorpe, 1983, 1984; Epps & Tindal, 1987). Quando existem programas adequados, a inclusão funciona para todos os alunos com e sem deficiências, em termos de atitudes positivas, mutuamente desenvolvidas, de ganhos nas habilidades acadêmicas e sociais e de preparação para a vida na comunidade.

Atitudes Positivas

As atitudes positivas com relação aos alunos com deficiências desenvolvem-se quando são proporcionadas orientação e direção por parte dos adultos em ambientes integrados (Forest, 1987a, 1987b; Johnson & Johnson, 1984; Karagiannis, 1988; Karagiannis & Cartwright, 1990; Stainback & Stainback, 1988; Strully, 1986, 1987). A interação e a comunicação facilitadas ajudam o desenvolvimento de amizades e o trabalho com os colegas. Os alunos aprendem a ser sensíveis, a compreender, a respeitar e a crescer confortavelmente com as diferenças e as semelhanças individuais entre seus pares.

Ganhos nas Habilidades Acadêmicas e Sociais

Além das atitudes positivas, pesquisas desde o início da década de 1970 têm mostrado repetidamente os enormes benefícios que as crianças obtêm da socialização com seus colegas durante os anos escolares (ver Johnson & Johnson, 1987, para uma revisão). As crianças aprendem muitas habilidades acadêmicas (Madden & Slavin, 1983) e também habilidades da vida diária, de comunicação e sociais (Cullinan, Sabornie, & Crossland, 1992) através de interações com seus pares. Todos os alunos, incluindo aqueles com deficiências, precisam de interações professor-aluno e aluno-aluno que moldem habilidades acadêmicas e sociais.

Para os alunos com deficiências cognitivas importantes, convém não se preocupar com habilidades acadêmicas. Strain (1983) defende que "é bastante razoável questionar a segregação predominante e profunda de crianças como as autistas em grupos de 'deficientes'" (p. 23). Para esses alunos, o que importa é a oportunidade de adquirir habilidades sociais através da sua inclusão. Em uma disputa sobre integração escolar em El Paso, Texas, o Tribunal de Recursos da Quinta Zona dos Estados Unidos determinou que "embora uma criança com deficiência possa não ser capaz de absorver todo o currículo da educação regular, ela pode beneficiar-se das experiências não-acadêmicas no ambiente educacional regular" (*Daniel R.R., v. State Board of Education*). As pessoas com deficiência ficam preparadas para a vida na comunidade quando são incluídas nas escolas e nas salas de aula.

Preparação para a Vida na Comunidade

Em geral, quanto mais tempo os alunos com deficiências passam em ambientes inclusivos, melhor é seu desempenho nos âmbitos educacional, social e ocupacional (Ferguson & Asch, 1989; Wehman, 1990). Alguns pais intuitivamente sabem que o ensino inclusivo aumenta as oportunidades do seu filho para o ajustamento na vida:

> Quando ela tiver terminado a escola, será capaz de participar de algum tipo de situação integrada. Terá habilidades sociais que não teria tido e capacidade para atuar em situações mais complexas do que seria capaz se tivesse permanecido segregada. (Hanline & Halvorsen, 1989, p. 490)

Os profissionais que têm a oportunidade de manter um contato próximo com as crianças compreendem a importância das escolas na preparação dos alunos com deficiências para a vida na comunidade. Dois auxiliares de ensino em um projeto de inclusão expressaram muito claramente este entendimento:

> Como eles estão com seus colegas ... para não ficarem para trás ... querem fazer o que as outras crianças estão fazendo. Para eles é um encorajamento, pois vêem o que está acontecendo à sua volta e são o tempo todo estimulados ... É bem simples ...
> Posso observar isso todos os dias ... quando lidei pela primeira vez com Tia, alguns anos atrás ... ela era muito quieta ... Agora, posso vê-la no pátio da escola ou esperando o ônibus conversando ... [e] envolvida com as outras crianças ...
> Tia disse-me certo dia que gostaria de ser professora ... Anos atrás, se ela tivesse me dito isso, eu teria pensado "não há como esta criança se tornar uma professora"... e agora tenho de dizer "sim, algum dia ela será capaz de ensinar crianças a ler". (Karagiannis, 1988, p. 146-147)

Evitando os Efeitos Prejudiciais da Exclusão

Quando os efeitos positivos são contrastados com os efeitos negativos da exclusão, os benefícios das escolas inclusivas tornam-se ainda mais pronunciados. Do ponto de vista acadêmico, social e ocupacional, as colocações segregadas são prejudiciais aos alunos. Após realizar uma série de estudos, Wehman (1990) concluiu que "as turmas segregadas não conduzem à independência e à competência, mas estimulam uma sensação irrealista de isolamento" (p. 43). *Brown v. Board of Education* (1954) declarou claramente que a educação especial pode

> gerar um sentimento de inferioridade com relação à situação [das crianças] na comunidade, que pode afetar seus corações e suas mentes ... A sensação de inferioridade ... afeta a motivação da criança para aprender ... [e] tem uma tendência a retardar ... o desenvolvimento educacional e mental. (p. 493)

Esta preocupação está refletida nas experiências de indivíduos com deficiências que foram colocados em ambientes segregados. Um aluno que freqüentou classes especiais durante todos os seus anos escolares declarou que

> O único contato que tínhamos com as crianças "normais" era visual. Olhávamos umas para as outras. Nessas ocasiões, posso relatar meu próprio sentimento: constrangimento ... posso também relatar o sentimento delas: Credo! Nós, as crianças da "classe especial", internalizávamos a mensagem do "credo" – e mais algumas outras. Estávamos na escola porque as crianças vão para a escola, mas éramos proscritos sem nenhum futuro ou expectativa. (Massachusetts Advocacy Center, 1987, p. 4-5)

Outra pessoa com deficiência que foi segregada em seus anos escolares declarou:

> Eu me formei ... totalmente despreparado para o mundo real. Então, ficava em casa o dia todo, trancado, achando que conseguir um emprego era algo completamente fora de questão

... Acredite-me, um ambiente segregado não prepara para uma vida integrada ... (Massachusetts Advocacy Center, 1987, p. 4)

Em geral, os locais segregados são prejudiciais porque alienam os alunos. Os alunos com deficiência recebem, afinal, pouca educação útil para a vida real, e os alunos sem deficiência experimentam fundamentalmente uma educação que valoriza pouco a diversidade, a cooperação e o respeito por aqueles que são diferentes. Em contraste, o ensino inclusivo proporciona às pessoas com deficiência a oportunidade de adquirir habilidades para o trabalho e para a vida em comunidade. Os alunos com deficiência aprendem como atuar e interagir com seus pares no mundo "real". Igualmente importante, seus pares e também os professores aprendem como agir e interagir com eles.

BENEFÍCIOS PARA OS PROFESSORES

O que está em questão no ensino inclusivo não é se os alunos devem ou não receber, de pessoal especializado e de pedagogos qualificados, experiências educacionais apropriadas e ferramentas e técnicas especializadas das quais necessitam. A questão está em oferecer a esses alunos os serviços de que necessitam, mas em ambientes integrados, e em proporcionar aos professores atualização de suas habilidades. As feições da escola, em tempos de grandes transformações sociais, estão mudando, e os professores "precisam adquirir novas habilidades para trabalhar com alunos acadêmica e socialmente deficientes" (Schloss, 1992, p. 242). Nessa transformação da profissão do ensino, os professores têm a oportunidade de desenvolver suas habilidades profissionais em uma atmosfera de coleguismo, de colaboração e de apoio dos colegas. Os benefícios são muitos.

Apoio Cooperativo e Melhoria das Habilidades Profissionais

O primeiro benefício para os professores é a oportunidade de planejar e conduzir a educação como parte de uma equipe. Muitos professores sentem-se alienados nas escolas porque a ética do ensino proporciona poucas ou nenhuma oportunidade para uma interação cooperativa destes profissionais. A colaboração permite-lhes a consulta um ao outro e proporciona-lhes apoio psicológico.

Segundo, a colaboração e a consulta aos colegas ajuda os professores a melhorar suas habilidades profissionais. No resumo de uma pesquisa que considerou as características e os resultados mais importantes da consulta e do processo da formação de equipes, Elliott e Sheridan (1992) concluíram que os professores "expostos aos serviços de consulta acreditam que suas habilidades profissionais melhoraram" (p. 319). Além disso, os autores concluíram que o número de crianças encaminhadas aos serviços de educação especial diminuiu consideravelmente após 4-5 anos dos serviços de consulta e que as crianças com necessidades especiais tendiam a ter um melhor desempenho na escola. As implicações da pesquisa são claras: quando há cooperação e apoio na escola, os professores melhoram suas habilidades com efeitos visíveis sobre a aprendizagem dos alunos.

Participação e Capacitação

O terceiro benefício para os professores é que eles tomam conhecimento dos progressos na educação, conseguem antecipar as mudanças e participam do planejamento da vida escolar diária. Nas palavras de Sindelar, Griffin, Smith e Watanabe (1992), os professores "são capacitados na medida em que elevam sua posição, mantêm-se informados das mudanças que ocorrem em suas áreas e garantem sua participação na tomada de decisões" (p. 249). A pesquisa indica que a maioria dos professores está disposta a juntar-se aos professores especiais ligados para tornar as turmas de ensino regular mais flexíveis e possíveis de serem acompanhadas por alunos com deficiências, se eles estiverem envolvidos no processo e tiverem escolhas com relação ao planejamento e aos tipos de apoio e assistência que irão receber (Giangreco, Dennis, Cloninger, Edelman, & Schattman, 1993; Myles & Simpson, 1989) e receberem treinamento em serviço.

As experiências transformadoras de muitos professores que participam de projetos inclusivos são incríveis, mesmo quando as reações iniciais são negativas:

> Eu mudei totalmente ao deixar de lutar contra Bobbi Sue, que foi colocada em minha turma para lutar em defesa da sua inserção em uma classe regular, trabalhando com as crianças da maneira como ela trabalhou durante todo um ano. Sou um perfeito exemplo de como temos de ter a mente aberta. (Giangreco *et al.*, 1993, p. 365)

Para alguns professores, adaptar seu ensino para incluir alunos com deficiência é uma transição fácil, quase de anticlímax, após o esfriamento da expectativa inicial:

> Tendo Ellen aqui, tenho de lidar com ela; e descobri que posso fazê-lo. Não é muito diferente de lidar com toda uma variedade de outras pessoas na vida. (Giangreco *et al.*, 1993, p. 365)

Ajudar os professores a tornarem-se melhores profissionais no contexto da inclusão torna-os conscientes de que os novos desafios finalmente vão beneficiar todos os alunos:

> Tenho usado muitas idéias que comecei a utilizar no ano passado, porque passei muito tempo pensando sobre elas para incorporar Katie. Eu as tenho usado novamente este ano, ainda que não tenha nenhuma criança com necessidades especiais, pois achei que funcionaram muito bem com as crianças das classes regulares ... (Giangreco *et al.*, 1993, p. 370)

BENEFÍCIOS PARA A SOCIEDADE

Sem dúvida, a razão mais importante para o ensino inclusivo é o valor social da igualdade. Ensinamos os alunos através do exemplo de que, apesar das diferenças, todos nós temos direitos iguais. Em contraste com as experiências passadas de segregação, a inclusão reforça a prática da idéia de que as diferenças são aceitas e respeitadas. Devido ao fato de as nossas sociedades estarem em uma fase crítica de evolução, do âmbito industrial para o informacional e do âmbito nacional para o internacional, é importante evitarmos os erros do passado. Precisamos de escolas que promovam aceitação social ampla, paz e cooperação.

O Valor Social da Igualdade

A decisão de *Brown v. Board of Education* deixou claro que separado *não* é igual. É simplesmente discriminatório que alunos com deficiências devam conquistar o direito ou estar preparados para serem incluídos na educação regular. Não é absurdo esperar que os pesquisadores educacionais provem que eles podem ser beneficiados da educação em turmas regulares, enquanto outros alunos têm acesso irrestrito ao ensino simplesmente porque não têm esse rótulo. Nenhum aluno deveria precisar ser aprovado em um teste ou esperar resultados de pesquisa favoráveis para viver e aprender como membros regulares da vida escolar e comunitária. O ensino inclusivo faz sentido e é um direito básico – não é algo que alguém tenha de conquistar.

Quando as escolas incluem todos os alunos, a igualdade é respeitada e promovida como um valor na sociedade, com os resultados visíveis da paz social e da cooperação. Estas declarações foram feitas por três pais, cujos filhos freqüentaram uma escola de ensino fundamental, que incluía alunos portadores de deficiências:

> Acho que a integração ampliou e aprofundou o conhecimento do meu filho sobre a diversidade da condição humana. De certa forma, ampliou o grau de empatia com os outros e trouxe à tona o senso de responsabilidade de ser humano e útil ...
>
> Ele sabe que há uma diferença entre ele e a criança deficiente – mas aceita este fato como uma diferença, e não como algo que se deva temer ou depreciar, uma parte da vida ...
>
> Meu filho não está realmente a par da diferença entre uma criança comum e uma criança mentalmente deficiente. Quando tentei explicar a ele a diferença, ele disse que não se importaria de estar em uma mesma turma com alunos com deficiência mental. (Karagiannis, 1988, p. 179)

Quando as escolas são excludentes, o preconceito fica inserido na consciência de muitos alunos quando eles se tornam adultos, o que resulta em maior conflito social e em uma competição desumana. Isso se reflete nos sentimentos de um aluno que foi transferido de uma turma em escola de ensino fundamental integrada para uma classe especial no início do ensino médio:

> Eu me sentia bem quando estava em minha turma [regular], mas quando eles chegaram e nos separaram, isso nos modificou. Isso mudou nossas idéias, a maneira como pensávamos um sobre o outro, e nos transformou em inimigos, porque eles disseram que eu era burro e eles eram inteligentes. (Schafer & Olexa, 1971, p. 96).

Para maximizar a aceitação e a paz social, todas as crianças devem ter a oportunidade de tornar-se membros regulares da vida educacional e social. A experiência passada de segregação fala sobre o que deve ser transcendido: a desigualdade e o controle.

Superando a Experiência e os Padrões do Passado

Os arranjos inadequados do passado para pessoas com deficiência foram resumidos na tribuna do Senado norte-americano pelo então senador Lowell Weicker:

> A história dos métodos formais da sociedade para lidar com as pessoas portadoras de deficiência pode ser resumida em duas palavras: SEGREGAÇÃO e DESIGUALDADE ... Como sociedade, temos tratado as pessoas portadoras de deficiência como inferiores e as tornado indesejadas em muitas atividades e oportunidades em geral disponíveis para outros norte-americanos. (D.C. Update, 1988, p. 1)

No passado, foi decidido que algumas crianças ou alguns adultos deveriam ser excluídos de nossas vidas, das salas de aula e das comunidades regulares porque eram considerados uma ameaça à sociedade. Os motivos de tal exclusão eram dois: ajudar e controlar os alunos. No passado, o desejo de controlar sobrepôs-se ao de ajudar (Karagiannis, 1992, 1994).

Tal desejo de controle sobre os alunos em instituições segregadas é particularmente forte em épocas de mudanças violentas. Durante o século XIX e início do século XX, quando a base econômica dos Estados Unidos estava passando do modelo agrícola para o modelo industrial, as escolas eram fundamentais para a criação de uma força de trabalho alfabetizada e disciplinada. Os alunos com deficiências eram encarados como obstáculos para o funcionamento tranqüilo das escolas e das salas de aula, pois careciam de habilidades para enfrentar as exigências acadêmicas e disciplinares. Achava-se que sua presença prejudicaria a aprendizagem dos outros alunos ou que até mesmo teria uma influência moral subversiva. Escolas e instituições especiais foram estabelecidas para atender às necessidades de aprendizagem dos alunos com deficiência e para garantir que essas influências subversivas fossem contidas. A estrutura e a organização destes ambientes segregados foram baseadas no controle. Durante o século XX, as instituições consolidaram-se em número e seu principal resultado foi o controle e *não* a assistência. A visão de que as pessoas com deficiência tinham pouco potencial econômico para atender às exigências da sociedade contribuiu para que se chegasse a esse resultado (Karagiannis, 1992).

A Sociedade de Informação Internacional e a Igualdade

As sociedades estão sofrendo mudanças fundamentais. Estão sendo transformadas de industriais em sociedades informacionais, e de nacionais em internacionais. As expressões *via eletrônica, via de informação* e *escritório doméstico* não são apenas expressões pomposas, mas indicações de um novo mundo de trabalho emergente. Um número cada vez maior de pessoas está se sustentando, processando informações e prestando serviços aos clientes, quer pessoalmente ou eletronicamente, e não mais trabalhando nas fábricas, como acontecia na sociedade industrial. Ao mesmo tempo, as sociedades estão tornando-se multiculturais, e a inclusão é um dos princípios fundamentais em que a transformação da sociedade deve se basear (Karagiannis, 1994).

O valor social da igualdade é consistente com o motivo de ajudar os outros e com a prática do ensino inclusivo. Temos de garantir que os alunos com deficiência sejam apoiados para tornarem-se participantes e colaboradores na planificação e no bem-estar deste novo tipo de sociedade. Temos de evitar os erros do passado, quando os alunos com deficiência eram deixados à margem.

À luz desse conhecimento, não podemos continuar a ignorar os efeitos da segregação. Em uma sociedade cada vez mais diversificada, o ensino inclusivo ensina os alunos a aceitar as pessoas que são diferentes. Colocar os alunos com deficiência em escolas ou classes especiais impede esta socialização benéfica e transmite uma mensagem destrutiva de intolerância.

Se realmente desejamos uma sociedade justa e igualitária, em que todas as pessoas tenham valor igual e direitos iguais, precisamos reavaliar a maneira como operamos em nossas escolas, para proporcionar aos alunos com deficiência as oportunidades e as habilidades para participar da nova sociedade que está surgindo. Se queremos apoio e igualdade para todas as pessoas, a segregação nas escolas não pode ser justificada. Nas palavras de Forest (1988), "Se realmente queremos que alguém seja parte das nossas vidas, faremos o que for preciso para receber bem esta pessoa e prover as suas necessidades" (p. 3). Experiências educacionais adequadas e serviços afins podem e devem ser providenciados.

DESLOCAMENTO DO PARADIGMA NA EDUCAÇÃO

A mudança no que diz respeito aos serviços de educação especial e à maneira como são oferecidos provém de um deslocamento do paradigma que esteve em vigor desde a década de 1970. Segundo Hahn (1989), há duas perspectivas de compreensão das deficiências. A perspectiva das *limitações funcionais* foi predominante no passado e tem muitos seguidores até hoje. Segundo este ponto de vista, a tarefa dos educadores é determinar, melhorar ou preparar os alunos que não foram bem-sucedidos, sem esforços planejados para adaptar as escolas às necessidades, aos interesses ou às capacidades particulares desses alunos. Os que não se adaptam aos programas existentes são relegados a ambientes segregados.

O ponto de vista das limitações funcionais está sendo pouco a pouco substituído pela perspectiva do *grupo minoritário*, que reivindica que as organizações e os ambientes educacionais sejam adaptados, melhorados e preparados para atender às necessidades de todos os alunos. Segregação e atitudes como a identificação e a rotulação, que em geral absorvem uma grande quantidade de recursos, são encaradas como discriminação social e uma negação da provisão de habilidades para a cidadania participativa (Cummins, 1987; Snow, 1984; Stainton, 1994).

Embora não diretamente centrado em questões educacionais, a aprovação do Ato dos Americanos com Deficiência (Americans with Disabilities Act – ADA) (PL 101-336), em 1990, indica a influência do paradigma do "grupo minoritário". Esse ato tem como objetivo "expedir um mandato nacional claro e abrangente para pôr fim à discriminação contra indivíduos com deficiência, dando-lhes em nossa sociedade a mesma proteção disponível aos outros indivíduos protegidos pelas leis dos direitos civis" (*TASH Newsletter*, 1989, p. 1). O paradigma do grupo minoritário e do ADA estabelece uma visão de mundo diferente para o futuro, no que diz respeito à deficiência. Segundo Daniels (1990), o ADA expressa a convicção de que "a maneira de promover a produtividade e a independência das pessoas com deficiência é remover as barreiras que a nossa sociedade criou e restaurar os direitos dos cidadãos com deficiência, para compartilhar das oportunidades disponíveis aos norte-americanos" (p. 3).

Em conformidade com esse paradigma, todos os alunos, incluindo aqueles com deficiência, devem ter o direito de freqüentar a escola do seu bairro, que deve estar adaptada às necessidades da diversidade de seus alunos. Esta é certamente uma exigência expressa por muitos autodefensores e pais de crianças com deficiência (Biklen, 1992; Ferguson & Asch, 1989; Snow, 1989; Strully, 1986, 1987; Worth, 1988). Para nossas sociedades e comunidades serem ética, moral e legalmente justas, a inclusão é uma necessidade.

CONCLUSÃO

Há poucos anos era considerado irrealista pela maioria das pessoas até mesmo discutir a possibilidade de educar todos os alunos, incluindo aqueles com deficiências importantes, nas escolas e nas turmas regulares. Agora, isso está sendo feito com sucesso em um número pequeno, porém crescente, de escolas na Austrália, no Canadá, na Itália, nos Estados Unidos e em outros países (Berrigan, 1988, 1989; Biklen, 1988; Blackman & Peterson, 1989; Buswell & Shaffner, 1990; Forest, 1987a; Hunter & Grove, 1994; People First Association of Lethbridge, 1990; Perner, Digwall, & Keilty, 1994; Porter & Richler, 1991; Schattman, 1988; Thousand & Villa, 1994; Villa & Thousand, 1988).

Na esperada expansão da inclusão, será necessário monitorar os efeitos da restrição financeira que se está tornando uma marca dos nossos tempos. A inclusão não é, nem se deve tornar, uma maneira conveniente de justificar cortes orçamentários que podem pôr em risco a provisão de serviços essenciais. A inclusão genuína não significa a inserção de alunos com deficiência em classes do ensino regular sem apoio para professores ou alunos. Em outras palavras, o principal objetivo do ensino inclusivo não é economizar dinheiro: é servir adequadamente a todos os alunos.

As pessoas com deficiência necessitam de instruções, de instrumentos, de técnicas e de equipamento especializados. Todo este apoio para alunos e professores deve ser integrado – e *associado* – a uma reestruturação das escolas e das classes. Os apoios devem ser *centrais*, e não periféricos, à educação regular. Dessa maneira, os benefícios do ensino inclusivo podem atingir todos os alunos, professores e a sociedade em geral. Segundo Skrtic (1994), a inclusão é mais que um modelo para a prestação de serviços de educação especial. É um novo paradigma de pensamento e de ação, no sentido de incluir todos os indivíduos em uma sociedade na qual a diversidade está se tornando mais norma do que exceção.

Por isso, o desafio é estender a inclusão a um número maior de escolas e comunidades e, ao mesmo tempo, ter em mente que o principal propósito é *facilitar* e ajudar a aprendizagem e o ajustamento de todos os alunos, os cidadãos do futuro. Nossas escolas e comunidades tornar-se-ão tão boas quanto decidirmos torná-las.

REFERÊNCIAS BIBLIOGRÁFICAS

Americans with Disabilities Act of 1990 (ADA), PL 101-336. (26 de julho, 1990). Title 42, U.S.C. 12101 et seq: *U.S. Statutes at Large, 104,* 327-378.
Aronson, E. (1978). *The jigsaw classroom.* Beverly Hills, CA: Sage Publications.
Berrigan, C. (1988). Integration in Italy: A dynamic movement. *TASH Newsletter,* 6-7.
Berrigan, C. (1989). All students belong in the classroom: Johnson City Central Schools, Johnson City, Nova York. *TASH Newsletter, 15*(1), 6.
Biklen, D. (Produtor). (1988). *Regular lives* [Vídeo]. (Disponível em WETA, P.O. Box 2226, Washington, DC 20013.)
Biklen, D. (1992). *Schooling without labels: Parents, educators, and inclusive education.* Filadélfia: Temple University Press.
Blackman, H. & Peterson, D. (1989). *Total integration neighborhood schools.* La Grange, IL: La Grange Department of Special Education.
Brinker, R. & Thorpe, M. (1983). *Evaluation of integration of severely handicapped students in regular classrooms and community settings.* Princeton, NJ: Educational Testing Service.
Brinker, R. & Thorpe, M. (1984). Integration of severely handicapped students and the proportion of IEP objectives achieved. *Exceptional Children, 51,* 168-175.
Brown v. Board of Education, 347 US 483 (1954), p. 493.
Buswell, B. & Shaffner, B. (1990). Families supporting inclusive schooling. *In* W. Stainback & S. Stainback (Eds.), *Support networks for inclusive schooling: Interdependent integrated education* (p. 219-229). Baltimore: Paul H. Brookes Publishing Co.
Collicott, J. (1991). Implementing multi-level instruction: Strategies for classroom teachers. *In* G.L. Porter & D. Richler (Eds.), *Changing Canadian schools: Perspectives on disability and inclusion* (p. 191-218). Downsview, Ontario, Canadá: G. Allan Roeher Institute.
Cullinan, D., Sabornie, E.J. & Crossland, C.L. (1992). Social mainstreaming of mildly handicapped students. *The Elementary School Journal, 92*(3), 339-351.
Cummins, J. (1987). Psychoeducational assessment in multicultural school systems. *Canadian Journal for Exceptional Children, 3*(4), 115-117.
Daniel, R.R., v. State Board of Education, 874 F.2d 1036 (5º Circuito, 12 de junho, 1989).
Daniels, S. (1990). Disability in America: An evolving concept, a new paradigm. *Policy Network Newsletter, 3,* 1-3.
D. C. Update. (Julho 1988). Senator Lowell Weicker on the Americans with Disabilities Act, p. 1.
Delquadri, J., Greenwood, C.R., Whorton, D., Carta, J.J. & Hall, V.R. (1986). Classwide peer tutoring. *Exceptional Children, 52,* 535-542.

DeVries, D.L. & Slavin, R.E. (1978). Team games tournament: A research review. *Journal of Research and Development in Education, 12*, 28-38.
Elliott, S.N. & Sheridan, S. M. (1992). Consultation and teaming: Problem solving among educators, parents, and support personnel. *The Elementary School Journal, 92*(3), 315-338.
Epps, S. & Tindal, G. (1987). The effectiveness of differential programming in serving students with mild handicaps: Placement options and instructional programming. In M.C. Wang, M.C. Reynolds & H.J. Walberg (Eds.), *Handbook of special education: Research and practice: Vol. 1. Learner characteristics and adaptive education* (p. 213-248). Nova York: Pergamon Press.
Ferguson, P. & Asch, A. (1989). Lessons from life: Personal and parental perspectives on school, childhood, and disability. In D. Biklen, A. Ford & D. Ferguson (Eds.), *Disability and society* (p. 108-140). Chicago: National Society for the Study of Education.
Forest, M. (1987a). *More education integration*. Downsview, Ontario: G. Allan Roeher Institute.
Forest, M. (1987b). Start with the right attitude. *Entourage, 2*, 11-13.
Forest, M. (1988). Full inclusion is possible. *IMPACT, 1*, 3-4.
Giangreco, M.F., Dennis, R., Cloninger, C., Edelman, S. & Schattman, R. (1993). "I've counted Jon": Transformational experiences of teachers educating students with disabilities. *Exceptional Children, 59*(4), 359-372.
Hahn, H. (1989). The politics of special education. In D.K. Lipsky & A. Gartner (Eds.), *Beyond separate education: Quality education for all* (p. 225-242). Baltimore: Paul H. Brookes Publishing Co.
Hanline, M. & Halvorsen, A. (1989). Parent perceptions of the integration transition process: Overcoming artificial barriers. *Exceptional Children, 55*, 487-493.
Harris, K.C. (1990). Meeting diverse needs through collaborative consultation. In W. Stainback & S. Stainback (Eds.), *Support networks for inclusive schooling: Interdependent integrated education* (p. 139-150). Baltimore: Paul H. Brookes Publishing Co.
Hunter, M. & Grove, M. (Agosto, 1994). *Queensland-Australia: Policy and practices*. Artigo apresentado na Excellence and Equity in Education International Conference, Toronto.
International League of Societies for Persons with Mental Handicap. (Junho, 1994). The Inclusion Charter. Conferência Mundial da UNESCO sobre Necessidades Educacionais Especiais: Access and Quality, Salamanca, Espanha.
Jenkins, J.R. & Jenkins, L.M. (1981). *Cross age and peer tutoring: Help for children with learning problems*. Reston, VA: Council for Exceptional Children.
Johnson, D. & Johnson, R. (1984). Classroom learning structure and attitudes toward handicapped students in mainstream settings: A theorical model and research evidence. In R. Jones (Ed.), *Attitudes and attitude change in special education* (p. 118-142). Reston, VA: Council for Exceptional Children.
Johnson, D.W. & Johnson, R.T. (1986). Mainstreaming and cooperative learning strategies. *Exceptional Children, 52*, 553-561.
Johnson, E. & Johnson, R. (1987). *Learning together and alone*. Englewood Cliffs, NJ: Prentice Hall.
Karagiannis, A. (1988). *Three children with Down syndrome integrated into the regular classroom: Attitudes of a school community*. Dissertação de mestrado inédita, McGill University, Montreal.
Karagiannis, A. (1992). *The social-historical context of special education and mainstreaming in the United States from independence to 1990*. Teste de doutorado inédita, McGill University, Montreal.
Karagiannis, A. (Agosto, 1994). *The waves of special education over the last two hundred years: Significance and implications for inclusive schools*. Artigo apresentado na Excellence and Equity in Education International Conference, Toronto.
Karagiannis, A. & Cartwright, G.F. (1990). Attitudinal research issues in integration of children with mental handicaps. *McGill Journal of Education, 25*(3), 369-382.
Madden, N. & Slavin, R. (1983). Mainstreaming students with mild academic handicaps: Academic and social outcomes. *Review of Educational Research, 53*, 519-569.

Marston, D. (1987-1988, Inverno). The effectiveness of special education. *Journal of Special Education, 21*, 13-27.
Massachusetts Advocacy Center. (1987). *Out of the mainstream*. Boston: Author.
Myles, B. & Simpson, R. (1989). 'Regular educators' modification preferences for mainstreaming mildly handicapped children. *Journal of Special Education, 22*, 479-489.
Osguthorpe, R.T. & Scruggs, T.E. (1986). Special education students as tutors: A review and analysis. *Remedial and Special Education, 7*(4), 15-26.
People First Association of Lethbridge. (1990). *Kids belong together* [Vídeo]. (Disponível em Expectations Unlimited, P.O. Box 655, Niwot, CO 80544.)
Perner, D., Dingwall, A. & Keilty, G.C. (Agosto, 1994). *Province-wide implementation of inclusion – Strategies and reflections*. Artigo apresentado na Excellence and Equity in Education International Conference, Toronto.
Porter, G. (Produtor). (1988). *A chance to belong* [Vídeo]. Downsview, Ontario (Canadian Association for Community Living, 4700 Keele St., Downsview, Ontario).
Porter, G.L. & Richter, D. (Eds.). (1991). *Changing Canadian schools*. Downsview, Ontario, Canadá: G. Allan Roeher Institute.
Porter, G.L., Wilson, M., Kelly, B. & den Otter, J. (1991). Problem solving teams: A thirty minute peer-helping model. *In* G.L. Porter & D. Richler (Eds.), *Changing Canadian schools: Perspectives on disability and inclusion*. Downsview, Ontario, Canadá: G. Allan Roeher Institute.
Pugach, M.C. & Johnson, L.J. (1990). Meeting diverse needs through professional peer collaboration. *In* W. Stainback & S. Stainback (Eds.), *Support networks for inclusive schooling: Interdependent integrated education* (p. 123-137). Baltimore: Paul H. Brookes Publishing Co.
Sapon-Shevin, M. (1990). Student support through cooperative learning. *In* W. Stainback & S. Stainback (Eds.), *Support networks for inclusive schooling: Interdependent integrated education* (p. 65-79). Baltimore: Paul H. Brookes Publishing Co.
Schafer, W. & Olexa, C. (1971). *Tracking and opportunity*. Scranton, PA: Chandler.
Schattman, R. (1988). Integrated education and organization change. *IMPACT, 1*, 8-9.
Schloss, P.J. (1992). Mainstreaming revisited. *The Elementary School Journal, 92*(3), 233-244.
Sindelar, P.T., Griffin, C.C., Smith, S.W. & Watanabe, A.K. (1992). Prereferral intervention: Encouraging notes on preliminary findings. *The Elementary School Journal, 92*(3), 245-259.
Skrtic, T. (Agosto, 1994). *Changing paradigms in special education*. Artigo apresentado na Excellence and Equity in Education International Conference, Toronto.
Slavin, R.E. (1987). Ability grouping and student achievement in elementary school: A best-evidence synthesis. *Review of Educational Research, 57*, 293-336.
Snow, J. (1989). Systems of support: A new vision. *In* S. Stainback, W. Stainback & M. Forest (Eds.), *Educating all students in the mainstream of regular education* (p. 221-231). Baltimore: Paul H. Brookes Publishing Co.
Snow, R.E. (1984). Placing children in special education: Some comments. *Educational Researcher, 13*(3), 12-14.
Stainback, S. & Stainback, W. (1988). Educating students with severe disabilities in regular classes. *Teaching Exceptional Children, 21*, 16-19.
Stainback, S. & Stainback, W. (1990a). Facilitating support networks. *In* W. Stainback & S. Stainback (Eds.), *Support networks for inclusive schooling: Interdependent integrated education* (p. 25-36). Baltimore: Paul H. Brookes Publishing Co.
Stainback, S. & Stainback, W. (1990b). Inclusive schooling. *In* W. Stainback & S. Stainback (Eds.), *Support networks for inclusive schooling: Interdependent integrated education* (p. 3-23). Baltimore: Paul H. Brookes Publishing Co.
Stainback W. & Stainback, S. (1990c). The support facilitator at work. *In* W. Stainback & S. Stainback (Eds.), *Support networks for inclusive schooling: Interdependent integrated education* (p. 37-48). Baltimore: Paul H. Brookes Publishing Co.

Stainback, S., Stainback, W. & Hatcher, L. (1983). Handicapped peers' involvement in the educati0on of severely handicapped students. *Journal of The Association for Persons with Severe Handicaps, 8*(1), 39-42.

Stainton, T. (Agosto, 1994). *Tools for participatory citizenship: The necessity of inclusive education.* Artigo apresentado na Excellence and Equity in Education International Conference, Toronto.

Stone, J. & Collicott, J. (Agosto, 1994). *Supportive inclusive education: Creating layers of support.* Artigo apresentado na Excellence and Equity in Education International Conference, Toronto.

Stone, J. & Moore, M. (Agosto, 1994). *Multilevel instruction and enrichment.* Artigo apresentado na Excellence and Equity in Education International Conference, Toronto.

Strain, P. (1983). Generalization of autistic children's social behavior change: Effects of developmentally integrated and segregated settings. *Analysis and Intervention in Developmental Disabilities, 3,* 23-24.

Strully, J. (Novembro, 1986). *Our children and the regular education classroom: Or why settle for anything less than the best?* Artigo apresentado na 13ª conferência anual de The Association for Persons with Severe Handicaps, San Francisco.

Strully, J. (1987, Outubro). *What's really important in life anyway? Parents sharing the vision.* Artigo apresentado na 14ª conferência anual de The Association for Persons with Severe Handicaps, Chicago.

TASH Newsletter. (1989). Esmagadora maioria do senado aprova o Americans with Disabilities Act, *4,* 1-2.

Thousand, J.S. & Villa, R.A. (1990). Sharing expertise and responsibilities through teaching teams. In W. Stainback & S. Stainback (Eds.), *Support networks for inclusive schooling: Interdependent integrated education* (p. 151-166). Baltimore: Paul H. Brookes Publishing Co.

Thousand, J.S. & Villa, R.A. (Agosto, 1994). *Strategies to create inclusive schools and classrooms.* Artigo apresentado na Excellence and Equity in Education International Conference, Toronto.

Vandercook, T., Fleetham, D., Sinclair, S. & Tetlie, R. (1988). Cath, Jess, Jules, and Ames ... A story of friendship. *IMPACT, 2,* 18-19.

Villa, R. & Thousand, J. (1988). Enhancing success in heterogeneous classrooms and schools: The power of partnership. *Teacher Education and Special Education, 11,* 144-153.

Villa, R.A. & Thousand, J.S. (1990). Administrative supports to promote inclusive schooling. *In* W. Stainback & S. Stainback (Eds.), *Support networks for inclusive schooling: Interdependent integrated education* (p. 201-218). Baltimore: Paul H. Brookes Publishing Co.

Wehman, P. (1990). School to work: Elements of successful programs. *Teaching Exceptional Children, 23,* 40-43.

Worth, P. (Dezembro, 1988). *Empowerment: Choices and change.* Artigo apresentado na conferência anual de The Association for Persons with Severe Handicaps, Washington, DC.

2

Visão Geral Histórica da Inclusão

**Anastasios Karagiannis,
Susan Stainback e
William Stainback**

Eduque [o afro-americano] e você terá acrescentado pouca coisa à sua felicidade ... você não conseguiu ... e não pode conseguir para ele qualquer admissão na sociedade nem simpatia dos homens brancos. (Uma Comunicação ao Público dos Administradores da Colonization Society of Connecticut, 1828, p. 5)

Deve existir uma autoridade ... para livrar-se de rapazes que ... sejam ... conhecidos como profanos, imoderados, desonestos e, tanto quanto possam ser na sua idade, dedicados ao crime. (Reverendo Joseph Tuckerman, como pastor dos pobres da cidade de Boston na década de 1820, citado em Hawes, 1971, p. 80)

Agora que estamos aptos a descobrir, nos primeiros anos da escola elementar ... através do uso de ... testes [de inteligência], o que é uma seda pura e o que é uma orelha de porco ... nós, como educadores, devemos ... aplicar o processo educacional ... para transformar a seda em uma bolsa de seda e a orelha de porco em uma bolsa de couro de porco ... (John L. Tilsdley, 1921, p. 54, superintendente distrital dos colégios da Cidade de Nova York, no Quinto Anuário da National Association of Secondary School Principals)

O cerne deste compromisso é a busca de maneiras de atender ... o máximo possível de crianças [portadoras de deficiências] nas classes regulares, estimulando a educação especial e outros programas especiais para formar uma parceria com a educação regular. (Madeleine Will, 1986, p. 20, Secretária-assistente do Departamento de Educação Especial e Serviços de Reabilitação, apresentando a Iniciativa da Educação Regular)

A TENSÃO ENTRE exclusão e inclusão tem sido uma força conformadora na sociedade e na educação norte-americanas. As escolas públicas, em particular, têm experimentado estágios de incorporação de um grande número de crianças com deficiência nas salas de aula. Nos Estados Unidos, até aproximadamente 1800, a grande maioria dos alunos considerados aprendizes com deficiência não era considerada digna de educação formal, embora eles fossem percebidos como irmãos e irmãs participantes da comunidade. Depois da independência, o apelo para separar todos os dependentes e desviantes dos padrões (Hawes, 1991; Rothman, 1971) afetou durante muitos anos as pessoas com deficiência. Durante o século XIX e grande parte do século XX, houve um período prolongado de educação especial para pessoas com deficiência.

Muitos aprendizes, anteriormente segregados, beneficiaram-se do movimento social rumo à educação inclusiva. Esse movimento tem sido às vezes lento e hesitante, mas o resultado tem sido o progresso. À medida que nos aproximamos do século XXI, o objetivo da educação inclusiva universal está ao nosso alcance. Este capítulo revê o caminho desse movimento nos Estados Unidos desde o final do período colonial e os primórdios da nação, a formação das escolas públicas e das instituições especializadas e a "grande ameaça" do início do século XX, até o movimento dos direitos civis da década de 1970, a promulgação do Ato da Educação para Todas as Crianças Portadoras de Deficiências de 1975 (PL 94-142), o recente desenvolvimento do apoio aos sistemas fundidos de educação regular e especial e o impacto disso nas escolas atuais.

OS PRIMEIROS ANOS

Para a maioria dos alunos pobres dos Estados Unidos, fossem de um grupo minoritário ou pessoas com deficiência, a primeira dificuldade era simplesmente ter acesso à educação. Em 1779, Thomas Jefferson propôs um plano para o primeiro sistema educacional sustentado pelo Estado para ajudar a proporcionar educação aos pobres de Virginia. Na época, o plano foi rejeitado devido à "recusa dos cidadãos abastados de pagar impostos para a educação dos pobres" (Rippa, citado em Sigmon, 1983). A situação era similar na maioria dos outros estados (Cremin, 1980).

Benjamin Rush, médico do final da década de 1700, foi um dos primeiros norte-americanos a introduzir o conceito da educação de pessoas com deficiência. Mas só em 1817 Thomas Gallaudet estabeleceu em Connecticut, no American Asylum for the Education and Instruction of the Deaf and Dumb (Asilo Norte-Americano para a Educação e Instrução dos Surdos e Mudos), um dos primeiros programas especiais de educação. Por exemplo, o Asylum for the Education of the Blind (Asilo para a Educação dos Cegos) de New England foi fundado em 1829, em Watertown, Massachusetts, e a Experiential School for Teaching e Training Idiotic Children (Escola Experimental para o Ensino e Treinamento de Crianças Idiotas) foi fundada em 1846, em Barre, Massachusetts. O estabelecimento destas instituições foi parte do quadro mais amplo da transformação da sociedade colonial em nacional no final do século XVIII e início do século XIX.

No fim da Guerra Americana da Independência, em 1783, grupos e cidadãos ricos estabeleceram várias sociedades filantrópicas cuja principal preocupação era garantir que grupos marginais não ameaçassem a República e os valores norte-americanos vigentes na época. Estas organizações filantrópicas desempenharam um papel importante no estabelecimento de escolas públicas e de instituições de reabilitação segregadas, incluindo instituições de treinamento e escolas para pessoas com deficiência (Davies, 1930; Hawes, 1971; Kanner, 1964; Mennel, 1973; Pickett, 1969; Richards, 1935; Rothman, 1971; Schlossman, 1977; Schwartz, 1956). A maior parte dos indivíduos colocados em instituições de reabilitação era considerada como integrante de vários grupos justapostos: indigentes, pessoas com comportamentos fora dos padrões, pessoas com deficiência visível, minorias e muitos imigrantes recém-chegados.

Os motivos da assistência social e do controle eram interligados no funcionamento dessas instituições. Alguns líderes da educação especial da época, como Samuel Gridley Howe (Schwartz, 1956), fizeram notáveis esforços para promover a idéia de que todas as crianças, incluindo as com deficiência, deveriam ter direito ao ensino. Entretanto, o fato de as escolas de treinamento para pessoas com deficiência serem organizadas como asilos, com uma estrutura militar, condenava-as a locais em que eram mais controladas do que ensinadas. Esta tendência para a segregação, para o controle dos "indesejáveis", atingiu seu ponto alto durante o século XX.

A CRIAÇÃO DE ESCOLAS PÚBLICAS

As instituições para pessoas com deficiência continuaram a crescer em número e tamanho durante o final do século XIX até a década de 1950. Ao mesmo tempo, outra tendência se desenvolvia: a criação de "escolas comuns" públicas, onde a maioria das crianças era educada. Entre 1842 e 1918, todos os estados legislaram o ensino obrigatório e as escolas públicas atraíram enormes quantidades de recursos para o seu desenvolvimento (Rury, 1985; U.S. Bureau of the Census, 1975; U.S. Department of Education, National Center for Education Statistics, 1991).

Entretanto, vários grupos de crianças foram excluídos das escolas públicas regulares. Os afro-americanos e os nativos americanos eram em grande parte educados em sistemas escolares separados. Da mesma forma, os alunos com deficiência visível e importante continuaram, em sua maioria, sendo segregados. As instituições residenciais e as escolas especiais permaneceram sendo as indicadas para educar alunos cegos ou surdos ou com deficiência física. Os alunos com déficits importantes de desenvolvimento em geral não tinham nenhum tipo de serviço educacional disponível e ficavam quase sempre nas alas dos fundos das grandes instituições do Estado. Segundo Sigmon (1983), "quase todas as crianças confinadas a cadeiras de rodas, não-treinadas no controle das funções fisiológicas ou consideradas ineducáveis eram excluídas, devido aos problemas que o seu ensino iria envolver" (p. 3).

A GRANDE AMEAÇA, O CURRÍCULO ESCOLAR BASEADO NAS NECESSIDADES OU NAS HABILIDADES DO ALUNO E AS CLASSES ESPECIAIS

Na virada do século XX, o movimento da eugenia ajudou a aumentar a desumanização das pessoas com deficiência. Entre 1900 e 1930, disseminou-se generalizadamente a idéia de que as pessoas com deficiência tinham tendências criminosas e eram a mais séria ameaça à civilização, devido à sua composição genética. Esta percepção foi acrescentada à disposição de muitos educadores e do público em geral para permitir a segregação e outras práticas, tais como a esterilização (Davies, 1930; Goddard, 1914, 1915; Gosney, 1929; Laughlin, 1926; Worthington, 1925) e encorajou o currículo escolar baseado nas necessidades ou nos níveis de habilidade do aluno e a expansão das classes especiais nas escolas públicas.

O currículo escolar baseado nas necessidades ou nos níveis de habilidades acadêmicas do aluno era usado rotineiramente para relegar as crianças pobres e em condições de desvantagem a ambientes inferiores, não-acadêmicos (Chapman, 1988). Eram feitas exceções à educação obrigatória, que afetava principalmente as crianças dos grupos socioeconômicos inferiores. As classes especiais na extremidade inferior da esteira tornaram-se uma das características básicas das escolas públicas. Segundo Chaves (1977), as classes especiais "não surgiram por razões humanitárias, mas porque essas crianças eram indesejadas na sala de aula da escola pública regular" (p. 30). Isso não significa sugerir que muitos indivíduos que trabalhavam em classes especiais e em educação especial nesse período não tivessem motivos humanitários.

Os professores das turmas de educação regular consideravam os professores que trabalhavam nas turmas de educação especial como detentores de uma preparação especial e de uma habilidade especial para o trabalho. Eram uma raça à parte, e era visto como inadequado esperar que professores que não tivessem esse preparo e inclinação participassem da educação de alunos em cadeiras de rodas e alunos com dificuldades de aprendizagem. Esse tipo de raciocínio defensivo e de rejeição levou à criação do que poderia ser chamado de "pequenos prédios escolares vermelhos para alunos considerados excepcionais" dentro dos terrenos das escolas regulares. Os alunos com deficiência e os professores especializados estavam em uma escola regular, mas de muitas maneiras não eram *parte* dela. Enquanto as classes especiais aumentavam em número, as atitudes entre os professores regulares e os especializados e os modelos administrativos desenvolvidos para a educação especial asseguravam que a educação regular e especial se desenvolvessem mais como linhas paralelas do que convergentes.

A magnitude desta separação refletiu-se no aumento do número de alunos identificados como pessoas com deficiência. Entre 1932 e 1969-1979, as matrículas nas escolas elementares e secundárias regulares aumentaram 73 por cento, de 26.275.000 para 45.550.000 alunos (U.S. Department of Education, National Center for Education Statistics, 1990, 1993); em comparação, a matrícula nos programas especiais aumentou 1.552 por cento, de 162.000 para 2.677.000 alunos (U.S. Bureau of the Census, 1975).

Nas décadas de 1950 e 1960, o uso de classes especiais nas escolas públicas foi o sistema preferido de prestação de serviços educacionais para a maior parte dos alunos com deficiência. Apesar disso, foi durante esse período que as atitudes do público com relação ao espaço físico das pessoas com deficiência nas escolas e na comunidade começaram a mudar.

IMPACTO DO MOVIMENTO DOS DIREITOS CIVIS

Em 1954, *a Brown v. Board of Education**, na qual foi determinado que o aluno segregado não é igual aos demais alunos, proporcionou um poderoso rechaço das opções segregacionistas para a educação dos alunos pertencentes às minorias. À parte o desafio das políticas educacionais excludentes para os afro-americanos, esta regulamentação também liderou o caminho rumo a uma avaliação mais minuciosa da segregação de alunos com deficiência.

Durante as décadas de 1950 e 1960, os pais de alunos com deficiência fundaram organizações como a National Association for Retarded Citizens (Associação Nacional para os Cidadãos Retardados) e iniciaram ações legais para reivindicar a educação de seus filhos. Um grupo de líderes da educação especial, incluindo Blatt (1969), Dunn (1968), Dybwad (1964), Goldberg (Goldberg & Cruickshank, 1958), Hobbs (1966), Lilly (1970), Reynolds (1962) e Wolfensberger (1972), começaram a defender os direitos dos alunos com deficiência de aprender em ambientes escolares mais normalizados, junto com seus pares. Pela primeira vez, e em uma base ampliada, as restrições impostas pelas instituições segregadas, pelas escolas especiais e pelas classes especiais foram apresentadas como problemáticas. A roda da mudança havia começado a girar.

A EDUCAÇÃO EM UM AMBIENTE MINIMAMENTE RESTRITIVO

A seqüela natural da ação de *Brown contra a Board of Education* (1954) para os alunos com deficiência prosseguiu na década de 1970. As decisões dos tribunais na Pensilvânia (*Pennsylvania Association for Retarded Children v. Commonwealth of Pennsylvania*, 1971, 1972) e no Distrito de Colúmbia (*Mills v. D.C. Board of Education*, 1972) estabeleceram o direito de todas as crianças rotuladas como mentalmente retardadas a uma educação gratuita e adequada. Em 1973, o Ato de Reabilitação de 1973 (PL 93-112), particularmente a Parte 504 e as emendas posteriores (Emendas de 1986 ao Ato de Reabilitação [PL 99-506]; Emendas de 1992 ao Ato de Reabilitação [PL 102-569]) garantiram os direitos dos indivíduos com deficiência no emprego e nas instituições educacionais que recebem recursos federais. Uma pressão adicional

---

* Nota de R.T. Trata-se de uma ação legal entre Brown e *(versus)* a Board of Education.

dos pais, dos tribunais e dos legisladores resultou no Ato da Educação para Todas as Crianças Portadoras de Deficiências, de 1975 (PL 94-142), que foi promulgado em 1978. Essa lei, reautorizada como o Ato da Educação para os Indivíduos com Deficiência (Individuals with Disabilities Education Act – IDEA) (PL 101-476), estendeu o direito à educação pública gratuita a todas as crianças, independentemente de qualquer deficiência, no ambiente menos restritivo possível. Em 1976, estimulados pela aprovação do PL 94-142 (Ato da Educação para Todas as Crianças Portadoras de Deficiência de 1975), todos os estados aprovaram leis subsidiando programas de escola pública para alunos com deficiência. Além disso, várias associações nacionais de educadores aprovaram resoluções apoiando o ensino regular para todos. Muitos estados começaram a requerer que os professores do ensino regular freqüentassem cursos preparatórios pertinentes.

Mais ou menos nessa época, várias pessoas, mais especialmente Norris Haring, Lou Brown, Wayne Sailor, Doug Guess e William e Diane Bricker, começaram a defender a educação de alunos com deficiência importante nas escolas de bairro. Em 1979, a Associação para Pessoas com Deficiências Graves (The Association for Persons with Severe Handicaps – TASH) e, alguns anos mais tarde, a Sociedade para Crianças e Adultos Autistas adotaram resoluções similares, reivindicando o término dos locais segregados. Entretanto, só em meados da década de 1980 os atuais sistemas duais de educação regular e especial foram diretamente desafiados (Stainback & Stainback, 1984).

INCLUSÃO DE TODOS OS ALUNOS NA EDUCAÇÃO REGULAR

No final da década de 1970 e no início da década de 1980, muitos alunos com deficiência começaram a ser integrados em classes regulares, pelo menos por meio turno. Até mesmo muitos alunos com deficiências importantes, que não haviam sido atendidos no passado, começaram a receber serviços educacionais nas escolas regulares de seus bairros (Certo, Haring & York, 1984; Knoblock, 1982; Lusthaus, 1988; Strully & Strully, 1985; Villa & Thousand, 1988).

Em 1986, o U.S. Department of Education Office of Special Education and Rehabilitative Services (Divisão de Educação Especial e Serviços de Reabilitação do Departamento de Educação dos Estados Unidos) lançou a Iniciativa de Educação Regular (Regular Education Iniciative – REI) (Will, 1986), que incorporava algumas das idéias propostas por Stainback e Stainback (1984) para fundir educação especial e educação regular. O propósito da REI era desenvolver maneiras de atender alunos portadores de deficiências em classes regulares, encorajando os programas de educação especial a desenvolver uma parceria com a educação regular. Wang, Birch e Reynolds, entre outros, foram fortes defensores da iniciativa (Reynolds & Birch, 1988; Wang, Reynolds & Walberg, 1987).

No final da década de 1980, intensificou-se a atenção à necessidade de educar os alunos com deficiência importante no ensino regular. Em 1988, uma resolução adotada pela Associação para Pessoas com Deficiências Graves, reivindicando a integração da educação especial e regular, aumentou o debate concernente a um sistema unificado de educação (Lipsky & Gartner, 1989; W. Stainback & S. Stainback, 1992; Stainback, Stainback & Forest, 1989; York & Vandercook, 1988). Houve a defesa e a experimentação da integração dos alunos com deficiências importantes nas turmas de educação regular em tempo parcial ou integral (Forest, 1987; Gartner & Lipsky, 1987; Karagiannis, 1988; Karagiannis & Cartwright, 1990; Sapon-Shevin, Pugach & Lilly, 1987; W. Stainback & S. Stainback, 1987, 1992; S. Stainback e W. Stainback, 1988, 1990; Strully, 1986; Thousand & Villa, 1988, 1991; Villa & Thousand, 1992). Apesar de uma firme tendência rumo à inclusão, houve também tentativas de retardar, parar e até mesmo reverter o ensino inclusivo.

RESISTÊNCIA À INCLUSÃO

Tais tentativas para resistir ao ensino inclusivo ainda são evidentes. Alguns intelectuais e pesquisadores têm argumentado contra o movimento da inclusão (Fuchs & Fuchs, 1994; Kauffman, 1993; Kauffman, Gerber & Semmel, 1988; Lieberman, 1988). Vários estados tornaram mais rígida a licença dos professores tendo como base a categorização da deficiência, e algumas organizações e estados têm proposto o restabelecimento de escolas especiais para alunos com deficiência (ver Stainback & Stainback, 1992a). Além disso, alguns esforços de colaboração entre as agências educacionais atuam mais visando ao controle e à estigmatização do que à inclusão bem-sucedida dos alunos em situação de desvantagem, incluindo os alunos com deficiência (Karagiannis, 1992).

Talvez o indicador mais revelador da resistência à inclusão esteja contido nas estatísticas referentes aos alunos com deficiência. Desde 1970 têm havido aumentos vigorosos no número de crianças identificadas como pessoas com deficiência, mas apenas um aumento geral mínimo com respeito a encaminhamentos mais inclusivos desde a promulgação do PL 94-142 (o Ato da Educação para Todas as Crianças Portadoras de Deficiência de 1975).

Entre 1969-1970 e 1990-1991, as matrículas nas escolas públicas elementares e secundárias nos Estados Unidos diminuiu em 11%, de 45.550.000 para 41.217.000 alunos (U.S. Department of Education, National Center for Education Statistics, 1993). Entretanto, a matrícula na educação especial aumentou em 78%, de 2.667.000 alunos em 1970 para 4.771.000 alunos em 1990-1991. Aparentemente, os aumentos na categoria de Dificuldade de Aprendizagem (Learning Disability – LD) são em grande parte responsáveis pelo aumento geral na população especial identificada (U.S. Bureau of the Census, 1975; U.S. Department of Education, National Center for Education Statistics, 1993).

No período entre 1977-1978 e 1989-1990, houve pouca ou nenhuma mudança na colocação de alunos com deficiência como um grupo no âmbito nacional. Em 1977-1978, 68% dos alunos com deficiência estavam inseridos em classes de educação regular e em salas de recurso, em comparação com 69,2% em 1989-1990. A colocação de alunos com deficiência em classes especiais foi de 25,3%, em 1977-1978 e 24,8% em 1989-1990. As instalações segregadas nas escolas públicas e em outros ambientes excludentes educaram 6,7% dos alunos com deficiência em 1977-1978 e 5,4% dos alunos com deficiência em 1989-1990 (U.S. Department of Education, Office of Special Education and Rehabilitative Services, 1980; U.S. Department of Education, National Center for Education Statistics, 1993). Com respeito à categoria de dificuldades de aprendizagem, que compreende aproximadamente metade da população dos alunos especiais, McLeskey e Pacchiano (1994) relataram que, entre 1979 e 1989, houve pouco progresso em educar mais alunos com dificuldades de aprendizagem nas classes de educação regular e nas salas de recurso.

Apesar deste quadro nacional geral, o padrão de colocação dos alunos com deficiência não é o mesmo entre os vários estados. Há estados, como Iowa, New Hampshire, Rhode Island, South Dakota e Texas, em que existem concomitantemente práticas contraditórias promovendo tanto a exclusão quanto a inclusão. Há também vários estados que têm feito um progresso substancial rumo à inclusão, como Idaho, North Dakota, Oregon e Vermont (Karagiannis, 1992). Os estudiosos e os profissionais da área nestes últimos estados têm realizado muito em termos da ampla divulgação de arranjos organizacionais e pedagógicos bem-sucedidos e inovadores para obter-se sucesso na inclusão.

ÍMPETO PARA A INCLUSÃO

O movimento da inclusão ganhou um ímpeto sem precedentes no início da década de 1990. Está ocorrendo uma organização internacional crescente (Schools Are for Everyone – As Escolas São para Todos), com milhares de membros por todos os Estados Unidos e em outros países, com o único propósito de promover a inclusão. A influência desse movimento está agora sendo sentida fora do campo da educação especial e nos tribunais, e é parte dos esforços gerais visando à reforma da educação.

As principais publicações sobre educação geral, como *The Elementary School Journal* e *Educational Leadership*, têm publicado artigos (Alper & Ryndak, 1992; Villa & Thousand, 1992, respectivamente) sobre a maneira como a inclusão poderia ser realizada. Artigos publicados em jornais, por exemplo no *USA Today* ("Full inclusion", 1993; "School 'tracking' ", 1994) e no *Wall Street Journal* ("More schools", 1994), têm relatado histórias relacionadas a essa questão.

Os tribunais estão sendo cada vez mais solicitados a realizar julgamentos sobre a inclusão. Em um caso importante, *Oberti contra Clementon* (1993), um tribunal itinerante dos Estados Unidos ordenou a inclusão de um aluno com deficiência grave: "Nós criamos a exigência regular do IDEA (Individuals with Disabilities Education Act) para proibir uma escola de colocar uma criança com deficiência fora de uma classe regular, se a educação desta criança na classe regular, com ajuda suplementar e serviços de apoio, puder ser alcançada satisfatoriamente". Talvez o público ainda possa assistir ao último capítulo da história iniciada por *Brown contra a Board of Education* na década de 1950. O Procurador-Geral Assistente para os Direitos Civis do Departamento de Justiça dos Estados Unidos tornou conhecidas as intenções desse departamento de desafiar o currículo escolar baseado nas necessidades ou nos níveis de habilidade do aluno como "a ferramenta segregacionista da década de 1990" ("School 'tracking'", 1994). O desafio é claramente baseado nas leis e nos regulamentos que consideram ilegal a segregação nas escolas.

Na década de 90, uma realização importante é o vínculo do movimento da inclusão com a reforma geral da educação. A reestruturação da escola para todos os alunos é vista como um objetivo fundamental pelas principais associações profissionais, incluindo a Association for Supervision and Curriculum Development (ASCD) (1992) e a National Association of State Boards of Education (NASBE) (1992). Uma das seis resoluções da ASCD (1992) indicou a inclusão de programas especiais realizados em ambientes de ensino que eliminem os currículos escolares baseados nas necessidades ou nos níveis de habilidade do aluno e na segregação. A resolução apoiou os serviços que se concentram na prevenção dos problemas de aprendizagem, em vez de em rotulações posteriores de alunos nessa situação. Além disso, a ASCD aconselhou enfaticamente um mínimo de regulamentações restritivas e o uso flexível de recursos para promover o sucesso para todas as crianças. O Grupo de Estudo sobre Educação Especial da NASBE (1992), após dois anos de estudo da educação especial e do movimento de reforma geral da educação, insistiu em seu relatório *Winners All: A Call for Inclusive Schools* (1992) na criação de um sistema educacional unificado. Esse grupo recomendou alterações importantes nas práticas organizacionais e pedagógicas, na preparação de pessoal pré-serviço e em-serviço, licenças e recursos.

O número de escolas que vêm tentando atualizar a visão da educação inclusiva da ASCD e da NASBE tem aumentado rapidamente; publicações descrevendo algumas dessas escolas e os métodos que elas empregaram para adaptar o currículo e a instrução, e para alterar o paradigma do ensino tradicional, têm aparecido na literatura (S. Stainback & W. Stainback, 1990, 1992; Stainback, Stainback & Forest, 1989; Thousand & Villa, 1994; Thousand, Villa, & Nevin, 1994; Villa, Thousand, Paolucci-Whitcomb & Nevin, 1990; Villa, Thousand, Stainback & Stainback, 1992). O impulso do movimento certamente tem condições de expandir as práticas da inclusão para um número ainda maior de escolas.

CONCLUSÃO

A filosofia e as práticas segregacionistas do passado tiveram efeitos prejudiciais às pessoas com deficiência, às escolas e à sociedade em geral. A idéia de que poderiam ser ajudadas em ambientes segregados, alijadas do resto da sociedade, fortaleceu os estigmas sociais e a rejeição. Para as escolas regulares, a rejeição das crianças com deficiência contribuiu para aumentar a rigidez e a homogeneização do ensino, para ajustar-se ao mito de que, uma vez que as classes tivessem apenas alunos normais, a instrução não necessitaria de outras modificações ou adaptações. Para a sociedade norte-americana em geral, a rejeição reforçou a mentalidade do "nós contra eles", o que contribuiu para disseminar a incapacidade de apreciar a diversidade social e cultural e valorizar as coisas significativas que nos unem. Superar a exclusão educacional significa destruir o "último bastião da segregação" (Kennedy, 1986, p. 6).

O fim gradual das práticas educacionais excludentes do passado proporciona a todos os alunos uma oportunidade igual para terem suas necessidades educacionais satisfeitas dentro da educação regular. O distanciamento da segregação facilita a unificação da educação regular e especial em um sistema único. Apesar dos obstáculos, a expansão do movimento da inclusão, em direção a uma reforma educacional mais ampla, é um sinal visível de que as escolas e a sociedade vão continuar caminhando rumo a práticas cada vez mais inclusivas.

REFERÊNCIAS BIBLIOGRÁFICAS

Alper, S. & Ryndak, D. (1992). Educating students with severe handicaps in regular classes. *The Elementary School Journal, 92*, 373-387.
An Address to the Public by the Managers of the Colonization Society of Connecticut. (1828). New Haven: Treadway & Adams.
Association for Supervision and Curriculum Development. (1992). *Resolutions 1992*. Alexandria, VA: Author.
Blatt, B. (1969). *Exodus from pandemonium.* Boston: Allyn & Bacon.
Brown v. Board of Education, 347 US 483 (1954).
Certo, N., Haring, N. & York, R. (Eds.). (1984). *Public school integration of severely handicapped students: Rational issues and progressive alternatives.* Baltimore: Paul H. Brookes Publishing Co.
Chapman, P.D. (1988). *Schools as sorters.* Nova York: New York University Press.
Chaves, I.M. (1977). Historical overview of special education in the United States. *In* P. Bates, T.L. West & R.B. Schmerl (Eds.), *Mainstreaming: Problems, potentials and perspectives* (p. 25-41). Minneapolis: National Support Systems Project.
Cremin, L.A. (1980). *American education: The national experience, 1783-1876.* Nova York: Harper & Row.
Davies, S.P. (1930). *Social control of the mentally deficient.* Nova York: Thomas Y. Crowell Co.
Dunn, L.M. (1968). Special education for the mildly retarded – Is much of it justifiable? *Exceptional Children, 35*, 5-22.
Dybwad, G. (1964). *Challenges in mental retardation.* Nova York: Columbia University Press.
Education for All Handicapped Children Act of 1975, PL 94-142. (23 de Agosto, 1975). Title 20, U.S.C. 1400 et seq: U.S. *Statutes at Large, 89*, 773-796.
Forest, M. (1987). Start with the right attitude. *Entourage, 2*, 11-13.
Fuchs, D. & Fuchs, L. (1994). Inclusive schools movement and the radicalization of especial educational reform. *Exceptional Children, 60*, 294-309.
Full inclusion for the disabled in public schools. (Abril, 1993). *USA Today.*
Gartner, A. & Lipsky, D. (1987). Beyond especial education. *Harvard Educational Review, 57*, 367-395.
Goddard, H.H. (1914). *Feeblemindedness: Its causes and consequences.* Nova York: Macmillan.
Goddard, H.H. (1915). *The criminal imbecile: An analysis of three remarkable murder cases.* Nova York: Macmillan.

Goldberg, I. & Cruickshank, W.M. (1958). The trainable but noneducable: Whose responsibility? *National Education Association Journal, 47*, 622.
Gosney, E.S. (1929). *Sterilization for human betterment*. Nova York: Macmillan.
Hawes, J.M. (1971). *Children in urban society: Juvenile delinquency in nineteenth century America*. Nova York: Oxford University Press.
Hawes, J.M. (1991). *The children's rights movement: A history of advocacy and protection*. Boston: Twayne Publishers.
Hobbs, N. (1966) Helping the disturbed child: Psychological and ecological strategies. *American Psychologist, 21*, 1105-1115.
Individuals with Disabilities Education Act of 1990 (IDEA), PL 101-476. (30 de Outubro, 1990). Title 20, U.S.C. 1400 et seq: *U.S. Statutes at Large, 104* (Part 2), 1103-1151.
Kanner, L. (1964). *A history of the care and study of the mentally retarded*. Springfield, IL: Charles C. Thomas.
Karagiannis, A. (1988). *Three children with Down syndrome integrated into the regular classroom: Attitudes of a school community*. Dissertação de mestrado inédita, McGill University, Montreal.
Karagiannis, A. (1992). *The social-historical context of special education and mainstreaming in the United States from independence to 1990*. Tese de doutorado inédita, McGill University, Montreal.
Karagiannis, A. & Cartwright, G.F. (1990). Attitudinal research issues in integration of children with mental handicaps. *McGill Journal of Education, 25*(3), 369-382.
Kauffman, J. (1993). How we might achieve the radical reform of special education. *Exceptional Children, 60*, 294-309.
Kauffman, J., Gerber, M. & Semmel, M. (1988). Arguable assumptions underlying the regular education initiative. *Journal of Learning Disabilities, 21*(1), 6-11.
Kennedy, T., Jr. (23 de Novembro de 1986). Our right to independence. *Parade Magazine*, 4-7.
Knoblock, P. (1982). *Teaching and mainstreaming autistic children*. Denver: Love Publishing Co.
Laughlin, H.H. (1926). The eugenical sterilization of the feebleminded. *Journal of Psychoasthenics, 31*, 210-218.
Lieberman, L. (1988). *Preserving special education for those who need it*. Newtonville, MA: Glo-Worm Publications.
Lilly, S. (1970). Special education: A tempest in a teapot. *Exceptional Children, 32*, 43-49.
Lipsky, D.K. & Gartner, A. (Eds.). (1989). *Beyond separate education: Quality education for all*. Baltimore: Paul H. Brookes Publishing Co.
Lusthaus, E. (1988). Education integration ... Letting our children go. *TASH Newsletter, 14*, 6-7.
McLeskey, J. & Pacchiano, D. (1994). Mainstreaming students with learning disabilities: Are we making progress? *Exceptional Children, 60*(6), 508-517.
Mennel, R.M. (1973). *Thorns and thistles: Juvenile delinquents in the United States, 1825-1940*. Hanover, NH: The University Press of New England.
Mills, v. D.C. Board of Education, 348 F. Supp. 866 (D.D.C. 1972).
More schools embrace full inclusion of the disabled. (13 de Abril de 1994). *Wall Street Journal*, p. B1.
National Association of State Boards of Education Study Group on Special Education. (Outubro, 1992). *Winners all: A call for inclusive schools*. Alexandria, VA: Author.
Oberti v. Board of Education of the Borough of Clementon School District, 995 F.2d 1204 (3ª Cir., 1993).
Pennsylvania Association for Retarded Children v. Commonwealth of Pennsylvania, 334 F. Supp. 1257 (E.D.Pa. 1971) and 343 F. Supp. 279 (E.D.Pa.1972).
Pickett, R.S. (1969). *House of refuge: Origins of juvenile reform in New York state, 1815-1857*. Syracuse, NY: Syracuse University Press.
Rehabilitation Act of 1973, PL 93-112. (26 de Setembro, 1973). Title 29, U.S.C. 701 et seq: *U.S. Statutes at Large, 87*, 355-394.

Rehabilitation Act Amendments of 1986, PL 99-506. (21 de Outubro, 1986). Title 29, U.S.C. 701 et seq: *U.S. Statutes at Large, 100,* 1807-1846.
Rehabilitation Act Amendments of 1992, PL 102-569. (29 de Outubro, 1992). Title 29, U.S.C. 701 et seq: *U.S. Statutes at Large, 100,* 4344-4488.
Reynolds, M. (1962). Framework for considering some issues in special education. *Exceptional Children, 28,* 367-370.
Reynolds, M.C. & Birch, J.W. (1988). *Adaptive mainstreaming.* Nova York: Longman.
Richards, L.E. (1935). *Samuel Gridley Howe.* Nova York: D. Appleton-Century.
Rothman, D.J. (1971). *The discovery of the asylum: Social order and disorder in the new republic.* Boston: Little, Brown & Co.
Rury, J.L. (1985). American school enrollment in the progressive era: An interpretive inquiry. *History of Education, 14,* 49-67.
Sapon-Shevin, M., Pugach, M. & Lilly, S. (Novembro, 1987). *Moving toward merger: Implications for general and special education.* Artigo apresentado na Décima Conferência Anual TED, Arlington, VA.
School "tracking" to be challenged as biased. (4 de Maio, 1994), *USA Today,* p. 3a.
Schlossman, S.L. (1977). *Love and the American delinquent: The theory and practice of "progressive" juvenile justice, 1825-1920.* Chicago: University of Chicago Press.
Schwartz, H. (1956). *Samuel Gridley Howe: Social reformer, 1801-1876.* Cambridge, MA: Harvard University Press.
Sigmon, S. (1983). The history of educational segregation. *Journal for Special Educators, 19,* 1-13.
Stainback, S. & Stainback, W. (1988). Educating students with severe disabilities in regular classes. *Teaching Exceptional Children, 21,* 16-19.
Stainback, S. & Stainback, W. (Eds.). (1990). *Support networks for inclusive schooling: Interdependent integrated education.* Baltimore: Paul H. Brookes Publishing Co.
Stainback, S. & Stainback, W. (Eds. (1992). *Curriculum considerations for inclusive classrooms: Facilitating learning for all students.* Baltimore: Paul H. Brookes Publishing Co.
Stainback, S. Stainback, W. & Forest, M. (Eds.). (1989). *Educating all students in the mainstream of regular education.* Baltimore: Paul H. Brookes Publishing Co.
Stainback, W. & Stainback, S. (1984). A rationale for the merger of special and regular education. *Exceptional Children, 51,* 102-111.
Stainback, W. & Stainback, S. (1987). Educating all students in regular education. *TASH Newsletter, 13*(4), 1, 7.
Stainback, W. & Stainback, S. (1992). *Controversial issues confronting special education.* Boston: Allyn & Bacon.
Strully, J. (Novembro, 1986). *Our children and the regular education classroom: Or why settle for anything less than the best?* Artigo apresentado na conferência anual de The Association for Persons with Severe Handicaps, São Francisco.
Strully, J. & Strully, C. (1985). Teach your children. *Canadian Journal on Mental Retardation, 35*(4), 3-11.
Thousand, J. & Villa, R. (1988). Enhancing educational success through collaboration. *IMPACT, 1,* 14.
Thousand, J. & Villa, R. (1991). A futuristic view of the REI: A response to Jenkins, Pious and Jewell. *Exceptional Children, 57,* 556-562.
Thousand, J. & Villa, R. (Agosto, 1994). *Strategies to create inclusive schools and classrooms.* Artigo apresentado na Excellence and Equity in Education International Conference, Toronto.
Thousand, J. & Villa, R.A. & Nevin, A.I. (Eds.). (1994). *Creativity and collaborative learning: A practical guide to empowering students and teachers.* Baltimore: Paul H. Brookes Publishing Co.
Tilsdley, J.L. (1921). Some possibilities arising from the use of intelligence tests. *Fifth Yearbook of the National Association of Secondary School Principals,* 45-54.

U.S. Bureau of the Census. (1975). *Historical statistics of the United States, colonial times to 1970* (Vols. 1 & 2). Washington, DC: Government Printing Office.
U.S. Department of Education. National Center for Education Statistics. (1990). *Digest of education statistics, 1990*. Washington, DC: Government Printing Office.
U.S. Department of Education, National Center for Education Statistics. (1991). *Digest of education statistics, 1991*. Washington, D.C: Government Printing Office.
U.S. Department of Education, National Center for Education Statistics. (1993). *Digest of education statistics, 1993*. Washington, D.C: Government Printing Office.
U.S. Department of Education, Office of Special Education and Rehabilitative Services. (1980). *Second annual report to Congress on the implementation of Public Law 94-142: The Education for All Handicapped Children Act*. Washington, DC: Author.
Villa, R. & Thousand, J. (1988). Enhancing success in heterogeneous classrooms and schools: The power of partnership. *Teacher Education and Special Education, 11*, 144-154.
Villa, R. & Thousand, J. (1992). How one district integrated special and regular education. *Educational Leadership, 50*(2), 39-41.
Villa, R., Thousand, J., Paolucci-Whitcomb, P. & Nevin, A. (1990). *In* search of new paradigms for collaborative consultation. *Journal of Educational and Psychological Consultation, 1*, 279-292.
Villa, R.A., Thousand, J.S., Stainback, W. & Stainback, S. (Eds.). (1992) *Restructuring for caring and effective education: An administrative guide to creating heterogeneous schools*. Baltimore: Paul H. Brookes Publishing Co.
Wang, M., Reynolds, M. & Walberg, H.J. (1987). Handbook of special education research and practice. Oxford: Pergamon Press.
Will, M. (1986). *Educating students with learning problems – A shared responsibility*. Washington, DC: U.S. Department of Education, Office of Special Education and Rehabilitative Services.
Wolfensberger, W. (1972). *The principle of normalization in human services*. Toronto: National Institute on Mental Retardation.
Worthington, G.E. (1925). Compulsory sterilization laws. *Journal of Social Hygiene, 11*, 257-271.
York, J. & Vandercook, T. (1988). Feature issue on integrated education. *IMPACT, 1*, 1-3.

3

A Inclusão como uma Força para a Renovação da Escola[1]

John O'Brien e
Connie Lyle O'Brien

INCLUIR OS ALUNOS com deficiências importantes nas turmas de educação regular eleva a consciência de cada aspecto inter-relacionado da escola como uma comunidade: seus limites, os benefícios a seus membros, seus relacionamentos internos, seus relacionamentos com o ambiente externo e sua história (Taylor, 1992). Como bem sabe a maioria das pessoas que enfrenta a luta pela inclusão, essa consciência elevada em geral surge na forma de medo e defesa, demonstrados em termos que soam semelhantes em ambos os lados das fronteiras que separam os alunos tendo como critério a deficiência. Os sentimentos dos professores de educação especial e dos professores de educação regular poderiam ser resumidos da seguinte maneira: "Estes alunos sempre foram educados junto com outros semelhantes a eles. Tanto eles quanto seus professores trabalham de maneiras fundamentalmente diferentes daquelas que trabalhamos e, o que é muito importante, seus professores têm afiliações diferentes, fontes de recursos diferentes e responsabilidades diferentes das nossas. Ter esses alunos aqui conosco vai nos desviar do nosso propósito real e destruir nossa rotina. Além disso, não sabemos como ensinar tais alunos. Os dois grupos serão prejudicados; os pais desses alunos jamais irão permitir que isso aconteça, nem os pais dos nossos alunos".

A arte de facilitar a adesão à inclusão envolve o trabalho criativo com este estado de elevação da consciência, redirecionando a energia estreitamente relacionada ao medo para a resolução de problemas que promova a reconsideração dos limites, dos relacionamentos, das estruturas e dos benefícios. Quando esse redirecionamento fracassa, os alunos com deficiência permanecem de fora da educação, ou andam à deriva com seus programas de educação individualizada (Individualized Education Programs – IEPs) e seus professores assistentes, como aconteceu com Peter (Schnorr, 1990). Quando esse redirecionamento dá certo, a vida de uma turma modifica-se, de maneira surpreendentemente tranqüila, e abre espaço para novos relacionamentos, novas estruturas e uma nova aprendizagem, como ocorreu com Katie (Logan *et al.*, 1994). A Tabela 3.1 delineia alguns dos contrastes entre as experiências de Peter e Katie no Ensino Fundamental.

As diferenças entre as duas crianças não explicam a diferença em suas experiências – na verdade, como foi descrito, as deficiências de Katie são mais importantes que as de Peter. O que fez a diferença foi a idéia-diretriz que guiou o comportamento dos adultos envolvidos com as duas crianças. Peter recebeu uma dose profissionalmente prescrita de classe regular como parte da sua educação especial; não importa qual fosse a sua experiência escolar, ele estava apenas visitando os colegas em sua aula, cujos limites, relacionamentos e estruturas eram, por designação dos adultos, minimamente influenciados por sua presença. Katie pertencia à sua turma e, uma vez que professores especializados e do ensino regular colaboraram para dar um significado educacional à sua participação no grupo, as adaptações que sua presença provocou, trouxeram benefícios a ela, a seus colegas e aos professores.

A INCLUSÃO É UMA FORÇA CULTURAL PARA A RENOVAÇÃO DA ESCOLA

As pessoas preocupadas com o ensino exigem reforma, reestruturação e renovação das escolas. Os alunos, os pais, os professores e os diretores que estão ativamente envolvidos no trabalho cotidiano de incluir alunos com deficiências importantes representam uma força cultural poderosa para a renovação da escola, uma força que Fullen (1993), um estudioso da mudança nas escolas, descreve da seguinte maneira:

> Na maioria das reformas de reestruturação, imagina-se que novas estruturas resultem em novos comportamentos e culturas, mas a maioria não consegue isso. Não há dúvida sobre um relacionamento recíproco entre a mudança estrutural e cultural, mas ele é muito mais poderoso quando os professores e os diretores começam a trabalhar de novas maneiras apenas para descobrir que as estruturas escolares estão inadequadas para as novas orientações e devem ser alteradas ... (p. 68)

Partindo disso, os efeitos positivos da inclusão na renovação da escola só aparecem quando as pessoas envolvidas: 1) percebem discrepâncias entre o que eles querem fazer e o que permitem os atuais limites, relacionamentos e estruturas; e 2) adaptam esses limites, relacionamentos e estruturas para possibilitar os próximos passos para a inclusão. Por exemplo, a maior parte dos professores e diretores que trabalham em prol da inclusão percebem que o seu trabalho requer um relacionamento bem mais cooperativo entre os professores de educação especial e os de educação regular do que as estruturas existentes podem suportar. Quando se esforçam para colaborar, podem perceber-se reconsiderando a tradição que os separou, renegociando os limites físicos e temporais da turma, redistribuindo responsabilidades e encontrando novas maneiras

TABELA 3.1 Experiências Contrastantes de Peter e Katie no Ensino Fundamental

Peter	Katie
Limites	
Junta-se a uma turma de 23 alunos por um período nas manhãs e durante um período especial, depois do almoço, para aulas de arte, música, educação física e biblioteca. "Ele não está na nossa turma ... Ele chega pela manhã, quando já nos sentamos para fazer a lição. Depois ele sai e volta para a sua sala." (Schnorr, 1990, p. 235)	Membro em tempo integral de uma turma regular de 22 alunos. "Eu gosto de Katie e gosto de brincar com ela. Gosto de ajudá-la com sua lição. Gosto de contar junto com ela ..." (Logan et al., 1994, p. 43)
Relacionamentos entre os Adultos	
A professora regular não tem responsabilidade didática; Peter traz sua lição com ele. Peter assiste às aulas de arte e de música com dois outros alunos de educação especial e com uma assistente de ensino de educação especial.	A professora de educação regular tem a responsabilidade didática com a assistência para o planejamento didático e dá duas horas de apoio diário a um educador especializado ou assistente de ensino, que atua como co-professor para toda a turma.
Estruturas	
Quando Peter está com eles, os outros alunos trabalham em suas carteiras com folhas de lição individuais. "Fazemos lições de matemática e ele colore" (Schnorr, 1990, p. 236). Peter sai das aulas de arte, de música, de educação física e da biblioteca 15 minutos antes dos outros alunos.	São utilizados grupos de aprendizagem cooperativa, tutela dos colegas e sistema de companheirismo. As atividades didáticas são adaptadas para promover integração (p. ex., Katie pega dois cartões ilustrados [aprendendo a contar] e seu companheiro acrescenta os numerais e diz o total [aprendendo a somar]).
Benefícios	
Os objetivos para Peter na aula regular são todos sociais (embora todas as atividades quando ele está lá sejam individuais ou conduzidas para subgrupos de alunos especiais).	Os objetivos para todas as crianças são cognitivos e desenvolvimentais. Uma unidade interdisciplinar, "Como posso realizar uma mudança na minha comunidade", está voltada para questões de deficiência, incluindo o acesso e a inclusão. "... Eu e Katie gostamos de ler juntas. Ela segura o outro lado do livro e repete depois de mim ..." (Logan et al., 1994, p. 43).

de compartilhar os benefícios do trabalho cooperativo. Tais mudanças, por sua vez, podem levá-los a negociar mudanças nas descrições das tarefas, nos dispositivos para a supervisão e nas condições de trabalho.

A inclusão como uma força potencial para a renovação da escola freqüentemente encontra obstáculos. As pessoas envolvidas podem suspirar de alívio se um aluno com deficiência simplesmente consegue estar presente na sala de aula sem precipitar nenhum dos desastres previstos, e podem, então, não levantar mais dúvidas sobre a prática da escola. O peso da história de uma escola – demarcações trabalhistas costumeiras, ciúme com relação à alocação de recursos, rivalidades pelo controle, animosidades habituais, cinismo e excesso de compromissos para com muitos programas de reforma ao mesmo tempo – pode sobrecarregar sua capacidade de adaptar-se às possibilidades que a inclusão apresenta. Ironicamente, as pessoas podem distrair-se do trabalho sustentado de recompor os limites, os relacionamentos e as estruturas através da crescente visibilidade da inclusão como um conceito. As diretrizes administrativas podem impor a inclusão em uma tentativa de mudança estrutural, revertendo, assim, o menos dramático – mas potencialmente mais poderoso – processo de geração de mudanças culturais que conduzem a adaptações na estrutura. Dessa forma, aumentam as possibilidades da inclusão unir-se à longa lista de reformas decepcionantes que experimentamos na década de 1990. Os profissionais ansiosos para refletir sobre a prática recomendada podem simplesmente tornar a rotular suas atividades atuais como inclusivas, em vez de transformar sua prática, e os grupos de interesse rivais podem fazer da inclusão uma bandeira ou uma meta em suas campanhas voltadas para outras questões relacionadas à escola.

PARA A INCLUSÃO TER SUCESSO, AS ESCOLAS DEVEM SER COMUNIDADES CONSCIENTES

Sergiovanni (1994) assim descreveu a importância da comunidade para o ensino:

> A comunidade é o vínculo que une os alunos e os professores de maneira especial, a algo mais importante do que eles próprios: valores e ideais compartilhados. Eleva tanto os professores quanto os alunos a níveis mais elevados de autoconhecimento, compromisso e de desempenho – além do alcance dos fracassos e das dificuldades que enfrentam em suas vidas cotidianas. A comunidade pode ajudar os professores e os alunos a serem transformados de uma coleção de "eus" em um "nós" coletivo, proporcionando-lhes, assim, um sentido singular de identidade, de pertencer ao grupo e à comunidade. (p. xiii)

Sem este sentido de comunidade, declara Sergiovanni, os esforços para alcançar resultados acadêmicos superiores ou até mesmo para manter a disciplina são fundamentalmente obstruídos. Para que isso seja possível, esse sentido na escola deve ser motivo de um esforço consciente. A construção da comunidade requer um trabalho criterioso e sustentado para responder a pelo menos três tendências sociais influentes. Em primeiro lugar, a maior parte das escolas públicas reúne alunos e pessoal de diversas origens e condições; e, com freqüência, os conflitos entre os grupos são resolvidos fora da escola, porque nenhum mecanismo civil efetivo apóia a sua resolução, criando tensões crônicas, que ocasionalmente irrompem e perturbam as tréguas que facilitam a vida escolar cotidiana. Em segundo, um número cada vez maior de crianças e de famílias tem de descobrir como criar uma vida decente e satisfatória diante das muitas forças poderosas que prejudicam os vínculos familiares e comunitários (isso acontece tanto com os professores e suas famílias quanto com qualquer outra família) (Martin, 1992). Em terceiro lugar, nossa experiência tem mostrado que há um número crescente de crianças e adultos que não se submetem passivamente à autoridade; eles esperam que esta lhes seja imposta, não-comunicada, e, sem um sentido negociado de propósito compartilhado, perguntarão: "O que há para mim aí, agora?"

Ninguém que esteja realmente se esforçando para construir uma comunidade poderia confundi-la com utopia. As comunidades podem ser estratificadas e justificam terríveis desigualdades no acesso a seus recursos. Os membros da comunidade podem envergonhar e ameaçar uns aos outros com papéis claustrofobicamente estreitos. Uma comunidade pode alimentar seu sentido de unidade com ódio da diferença, com medo manipulado dos inimigos e com bodes expiatórios. Orientar o desenvolvimento de uma escola não é invocar a comunidade como uma panacéia mágica; é a coragem e a luta criteriosa em busca de relacionamentos respeitosos, de igual oportunidade para as iniciativas individuais, de apoio mútuo nos problemas da vida, de compartilhamento e de celebração dos dotes únicos de cada membro, de resoluções justas dos conflitos e de integridade na confrontação de ameaças. A construção da comunidade é útil como idéia-diretriz para uma escola, pois pode proporcionar uma maneira para compreender questões fundamentalmente humanas de modo que organize a ação sustentada.

A promessa da inclusão total está no tipo de comunidade escolar que se pode desenvolver quando alunos com deficiências importantes revelam ter consciência das dimensões da vida escolar e proporcionam oportunidades, para todos que dela compartilham, de aprender maneiras mais gratificantes de estar juntos. Evidentemente, os alunos com deficiências importantes não são os únicos professores dessas lições à comunidade, tampouco os únicos beneficiários das escolas que estão dispostas a aprender com eles. Os alunos com dons acadêmicos e artísticos também têm muito a dizer sobre o ônus da segregação e do agrupamento de crianças segundo uma única dimensão das suas vidas, bem como sobre os benefícios do planejamento cuidadoso da comunidade (Sapon-Shevin, 1994); isso também ocorre com os alunos que são empurrados para a margem da vida escolar em conseqüência da pobreza, do racismo, do sexismo e das diferenças no estilo da aprendizagem, aspectos freqüentemente exacerbados pelos programas especiais destinados a remediá-los (Wang, Reynolds, & Walberg, 1994); e, ainda, com os professores que sentem falta do academicismo e do apoio mútuo e que não gostam de ser tratados como partes malprocessadas de uma máquina defeituosa (Sarason, 1990).

Os alunos com deficiências importantes podem dar uma contribuição peculiar para a construção da comunidade na escola precisamente porque sua presença nas salas de aula de ensino regular, nos programas de educação profissional e nas atividades em geral tem sido, para a maioria das pessoas, impensável. Se as escolas de bairro são locais onde os alunos podem aprender juntos com sucesso, apesar das diferenças óbvias e extremas nas suas habilidades, elas devem ser lugares muito mais diversificados do que muita gente pensa.

Três temas emergem da observação de classes que trabalham para incluir alunos com deficiências importantes e de ouvir alunos e professores refletirem sobre suas experiências nesse sentido (O'Brien, 1992, 1993, 1994). Em primeiro lugar, os adultos incluem mais que os alunos, seja por temerem maiores problemas, seja por ficarem mais animados com os seus resultados. Muitos alunos de escolas inclusivas ficam confusos quando os adultos de outros distritos os visitam para observá-los, fazendo suas tarefas cotidianas junto com alunos com deficiência. Em segundo lugar, embora alguns alunos sejam indiferentes e poucos se manifestem sobre a preferência de ter colegas com deficiências importantes, muitos relatam gostar de conhecer, fazer coisas em companhia destes e ajudar esses alunos mais prejudicados. Em terceiro lugar, ao contrário das preocupações comuns e persistentes, a inclusão de alunos com deficiências importantes não parece resultar no declínio do desempenho geral dos alunos. Na verdade, a impressão de que os alunos com deficiências fazem uma diferença positiva para o desempenho escolar de seus colegas é comum, embora os alunos só apóiem essa impressão ocasionalmente (Cooper, 1993).

Entre os benefícios que os alunos das escolas inclusivas, desde a educação infantil até o ensino médio, comumente relatam estão a descoberta de pontos em comum com pessoas que superficialmente parecem e agem de maneira muito diferente; ter orgulho em ajudar alguém a conseguir ganhos importantes aparentemente impossíveis; ter oportunidades para cuidar de outras pessoas; agir consistentemente baseados em valores importantes, como a promoção da igualdade, a superação da segregação ou a defesa de alguém que é tratado injustamente; desenvolver habilidades na resolução cooperativa dos problemas, na comunicação, na instrução e na prestação de ajuda pessoal; aprender diretamente sobre coisas difíceis, incluindo a superação do medo das diferenças; resolver problemas de relacionamento ocorridos em aula; lidar com comportamento difícil, violento ou autodestruidor; lidar com os efeitos de questões familiares no coleguismo; enfrentar e apoiar um ao outro durante enfermidades graves ou a morte de alguém da sua própria idade (O'Brien, 1992, 1993, 1994).

Esses relacionamentos não são necessariamente ideais. Um aluno com uma deficiência pode às vezes parecer mais um projeto de classe que um membro de classe pleno e igual. Não só os relacionamentos de um aluno com deficiência são tão voláteis e ocasionalmente tão dolorosos quanto aqueles dos alunos sem deficiências, mas alguns alunos sem deficiências podem assumir um papel quase profissional ou paternalista. Em nossa experiência, muito mais meninas e moças envolvem-se em relacionamentos mais próximos com alunos de ambos os sexos e com deficiências, do que meninos e rapazes (O'Brien, 1992, 1993, 1994). Vários pais de alunos mais velhos e com deficiências disseram que suas esperanças de amizades mais próximas, iguais e duradouras, que se estendessem espontaneamente no decorrer da vida, começaram a se desvanecer quando os colegas de seus filhos começaram a ter encontros, dirigir e trabalhar após a escola. Entretanto, mesmo com essas limitações, muitos alunos de turmas inclusivas atuam de maneira capaz e criativa em situações que os adultos em geral consideram assustadoras. O que parece mais importante para esta criatividade é que os professores encorajem os alunos a enfrentar os problemas reais que ocorrem na vida comum de suas salas de aula, com a clara expectativa de que eles dêem uma contribuição importante para resolvê-los.

A idéia fundamental da construção de uma comunidade consciente propõe uma direção para o trabalho de aprofundamento e fortalecimento dos alunos, como recursos para a educação de todos. Construir a comunidade não diminui a importância do trabalho acadêmico ou da preparação profissional; simplesmente reconhece que, sem um esforço contínuo para construir um ambiente de relacionamentos respeitoso e para cuidar das pessoas, das idéias e das coisas, a realização dos objetivos acadêmicos e profissionais será realmente muito limitada (Noddings, 1992).

APRENDER A CONSTRUIR A COMUNIDADE SIGNIFICA VINCULAR A APRENDIZAGEM INTERPESSOAL À ARQUITETURA SOCIAL

A construção de uma comunidade começa com a aprendizagem que ocorre quando pessoas que estão separadas se encontram face a face, descobrem uma à outra e começam a adaptar-se mutuamente. Uma comunidade consciente desenvolve-se quando as pessoas usam ciclos de aprendizagem interpessoal, a fim de desenvolver uma arquitetura social – o conjunto de ferramentas, de sistemas e de estruturas que definem a escola como uma organização – que expressa e dá suporte a essa aprendizagem (ver Figura 3.1). (Ver American Management Association, 1994, e Senge, 1994, para uma discussão sobre o trabalho de uma organização de aprendizagem.) O ciclo de aprendizagem interpessoal incorpora uma consciência abrangente, novas habilidades e capacidades pessoais e objetivos mais elaborados (ver Figura 3.2). Quando os professores que estão ansiosos em relação à inclusão de alunos com deficiências identificam seu medo de serem inadequados para tais alunos, ocorre o despertar da consciência da necessidade de novas habilidades no planejamento das aulas e na maneira construtiva de lidar com as diferenças. À medida que a discussão, a resolução de problemas e a prática expandem suas capacidades, os professores passam a enxergar suas salas de aula e sua atuação de novas maneiras que aprofundam a avaliação do propósito do seu trabalho. Por sua vez, um sentido mais profundo desses objetivos pode determinar o cenário ideal para uma maior expansão de sua consciência e um maior desenvolvimento das suas habilidades.

FIGURA 3.1 O processo de construção de uma comunidade consciente.

Nas comunidades escolares competentes, a aprendizagem interpessoal molda a arquitetura social, que são os limites, os relacionamentos e as estruturas que organizam o espaço, o tempo, os talentos e a sua parte financeira. Diretrizes mais clarificadas criam novas ferramentas, e novas ferramentas moldam novos sistemas (ver Figura 3.3). Através do planejamento "com" e "para" toda a escola, a exploração compartilhada de um sentido aprofundado de objetivo pessoal entre os professores e os alunos pode esclarecer as idéias que norteiam e organizam a vida cotidiana da escola. Através da reflexão sistemática sobre a prática efetiva, novas habilidades tomam forma em novos instrumentos e procedimentos. Por meio de uma consciência expandida da resolução cotidiana dos problemas e da resolução dos conflitos, o sistema escolar pode ser adaptado para tornar mais fácil o trabalho que se pretende realizar. A Tabela 3.2 inclui alguns exemplos de instrumentos (maneiras de lidar com determinados problemas) e sistemas que se desenvolveram a partir da inclusão de crianças com deficiências importantes.

Por sua vez, as mudanças na arquitetura social podem estimular a aprendizagem interpessoal. O compromisso público de construir a comunidade pode gerar questões polêmicas e conflitos entre professores e alunos. Essas situações criam ocasiões para

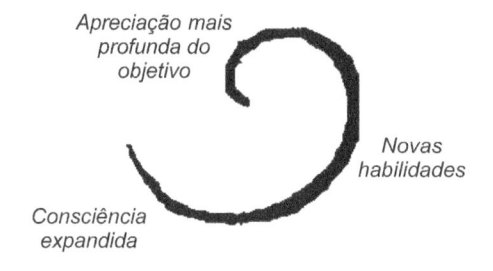

FIGURA 3.2 O ciclo de aprendizagem interpessoal.

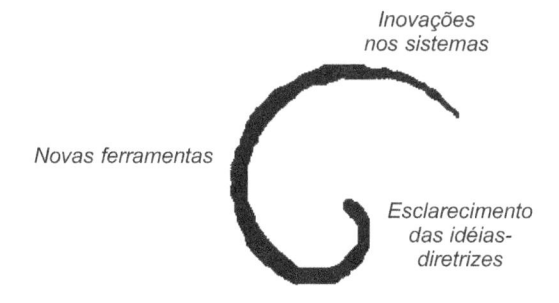

FIGURA 3.3 O processo de elaboração da arquitetura social.

se expandir a consciência e esclarecer os objetivos pessoais. Instrumentos como os MAPs (Making Action Plans – Formulação de Planos de Ação) (O'Brien & Forest, 1989) ou as Histórias dos Alunos (Ferguson, 1994) podem proporcionar ocasiões para expandir-se as habilidades. Inovações nos sistemas, como a adoção da aprendizagem cooperativa ou a redefinição do papel dos educadores especiais para atuarem como professores colaboradores, podem proporcionar um ambiente propício à criação de novos instrumentos e de um novo sentido aos objetivos compartilhados.

O texto a seguir oferece um vislumbre dos instrumentos e dos sistemas que se desenvolveram em uma sala de aula de 5ª série. A professora do 1º ano, Cristina, trabalhou com sua monitora, Ann, que ensinava na turma ao lado, e com uma professora de educação especial, Julie, que planejava e ensinava com ambas.

> Os alunos estão trabalhando em grupos, planejando cartazes de segurança em caso de incêndio como parte de uma avaliação de desempenho para sua unidade de saúde. John, Helen, Connie e Jeff usam os três primeiros minutos do seu tempo de trabalho em um processo criativo de resolução de problemas. Julie, professora de inclusão de John, senta-se com o grupo e pede-lhes que pensem em maneiras de trabalhar com John, seu colega com síndrome de Down, nos objetivos de IEP – respondendo perguntas, persistindo na tarefa e realizando habilidades motoras finas, como o traçado de letras e desenhos. Depois, solicita ao grupo que recapitule o último projeto de grupo que fizeram com John: as partes que acharam ter dado certo e as partes que acharam que poderiam ter sido melhores ... Um minuto após a verificação do fato, Julie pede ao grupo que pense em soluções para os problemas que identificaram. Julie escreve tudo o que o grupo diz: "Fazer perguntas a John"; "Dar a John tempo para responder"; "Oferecer opções a John"; "Alternarmos na ajuda a John enquanto o resto de nós trabalha no projeto"; "Arranjar um companheiro para John". Depois de discutirem durante um minuto, Julie lê as soluções e pede ao grupo que digam quais delas poderiam ser úteis. Após mais um minuto de discussão, Julie e o grupo escolhem as "melhores" soluções a serem experimentadas durante o trabalho do grupo em um projeto de segurança em caso de incêndio.
>
> Apenas três minutos passaram desde que a turma começou o projeto. O grupo de John tem um plano para aproveitar o tempo disponível da melhor maneira ... John, Connie, Helen e Jeff levam mais alguns minutos para concordar sobre os principais tópicos e detalhes a serem incluídos em seu cartaz. Também decidem quem será responsável por cada parte. Helen está trabalhando com John, naquele dia, e procura com ele, em um livro, idéias para as ilustrações do seu cartaz. John diz: "Vamos desenhar uma porta com um orifício para observar o incêndio". Helen faz uma porta em linha pontilhada para John unir. Depois, dirige-se a Connie e discute as regras de segurança de incêndio que serão escritas ao lado da porta. Helen escreve as duas primeiras regras com caneta marca-texto amarela, para John poder tracejá-las. Enquanto John trabalha em seu traçado, Jeff ilustra outra parte do cartaz; Helen e Connie planejam o próximo conjunto de detalhes. Helen periodicamente desvia os olhos do seu trabalho e encoraja John. Connie e Jeff também o estimulam e dão-lhe oportunidades para responder a perguntas do tipo: "O que você está desenhando?" "Que cor é esta?" "O que eu estou desenhando?" Julie e Cristina circulam pela sala, ajudando quando necessário. De vez em quando, Julie verifica o que John e seu grupo estão fazendo. Desta vez, ela lembra a John para dar ritmo ao seu traçado e faz um sinal de positivo à Helen pela boa ajuda que está dando a John. Enquanto circula, Cristina está registrando as notas individuais das habilidades de trabalho cooperativo. Hoje, todos os membros do grupo de John conseguiram a nota máxima. (Rankin, 1994, p. 23)

TABELA 3.2 Instrumentos e inovações desenvolvidas em resposta à inclusão

IDÉIA-DIRETRIZ
A escola é um lugar onde ...   ... todos são bem-vindos para contribuir com o trabalho realizado   ... cada um faz parte dela como um membro valorizado   ... todos os alunos e adultos apóiam um ao outro como aprendizes ativos

Instrumentos	Sistemas
MAPs (O'Brien & Forest, 1989): uma maneira de envolver alunos, pais e professores no desenvolvimento do entendimento compartilhado do aluno e de uma visão comum do que esse aluno, como um aprendiz ativo que desfruta dos benefícios de membro da sala de aula, contribui com o seu potencial para o desenvolvimento dos outros colegas.	Aprendizagem Cooperativa (Johnson & Johnson, 1994; Sapon-Shevin, Ayres, & Duncan, 1994): estruturas 1) desempenho interdependente nas tarefas curriculares comuns, 2) responsabilidade individual pela realização dos objetivos didáticos e responsabilidade pessoal de contribuir para a eficiência do grupo, 3) cooperação face a face intencional em pequenos grupos, 4) desenvolvimento sistemático de habilidades interpessoais e de grupo, e 5) melhoria contínua do funcionamento do grupo de aprendizagem através de avaliação sistemática.
CPS (Creative Problem Solving – Resolução Criativa de Problemas) (Giangreco, Cloninger, Dennis, & Edelman, 1994): uma abordagem sistemática para a resolução criativa de problemas que penetra na imaginação dos alunos e dos professores, orquestrando os pensamentos divergentes e convergentes para especificar 1) objetivos, 2) fatos importantes, 3) definição efetiva dos problemas, 4) idéias potenciais para as soluções, 5) boas soluções e 6) aceitação de um plano de ação.	Círculos de amigos (Pearpoint & Forest, 1993): uma maneira de despertar e de manter as expressões das pessoas, de seu cuidado umas com as outras, através do intercâmbio de ajudas práticas, resolução de problemas, conselhos e apoio pessoal nas atividades cotidianas de interesse dos membros do círculo.
Histórias dos Alunos ou dos Membros do Grupo (Ferguson, 1994): uma maneira de guiar a reflexão e a aprendizagem sobre as maneiras pelas quais os grupos de alunos criam definições compartilhadas, que incorporam os alunos com deficiências e as maneiras pelas quais os grupos de alunos incluem um ao outro na atividade compartilhada.	Aprendizagem do Parceiro (Thousand, Villa & Nevin, 1994: estrutura as parcerias entre os alunos nas quais um aluno exerce a responsabilidade de ajudar a aprendizagem de outro, através de treinamento de uma aprendizagem acadêmica, trabalho como monitor, participação nas atividades da escola ou mediação na resolução de conflitos.
PATH (Pearpoint, O'Brien, & Forest, 1993): uma maneira de organizar as pessoas com pontos de vista e potenciais diferentes para buscar padrões explícitos e programados de ação compartilhada que possam guiá-los a uma visão compartilhada de valores comuns.	Facilitadores da Inclusão (Tashie et al., 1993): redefine a tarefa do professor de educação especial como um colaborador de todos os professores, provedores de serviços relacionados e pais, com a missão de "facilitar, se necessário, a inclusão total dos alunos com deficiência como aprendizes ativos e participantes em turmas regulares adequadas à idade e nas escolas do bairro" (p.7).

Nota: MAPs (Making Action Plans – Formulação de Planos de Ação); PATH (Planning Alternative Tomorrows with Hope – Planejamento de um Futuro Alternativo com Esperança).

O tipo de aprendizagem que esse exemplo ilustra não surge do acaso. Os líderes escolares podem despertar o tipo de diálogo sustentado necessário para esclarecer idéias-diretrizes importantes, ou podem simplesmente decretar: "A partir de agora esta escola é uma comunidade inclusiva". Os professores podem atenciosamente incorporar novos instrumentos em sua prática de forma criteriosa e desenvolver suas potencialidades, ou podem usar as técnicas de maneira negligente, queixar-se de sua falta de eficiência e proclamar a inclusão como um fracasso. Os membros do conselho escolar podem dirigir um processo de adaptação de sistemas que fortaleça toda a comunidade, ou podem reativamente impor uma reforma do sistema escolar.

A CONSTRUÇÃO DA COMUNIDADE É UM TRABALHO CRIATIVO

Um dos determinantes do alcance e da profundidade da aprendizagem interpessoal e da eficácia das adaptações da arquitetura social é a criatividade compartilhada das pessoas envolvidas nesse trabalho. Ackoff (1991) descreveu a criatividade como um processo de três etapas: 1) identificar as suposições fundamentais que pareçam ser auto-evidentes e que guiem o comportamento comum, de maneira que reduzam significativamente a extensão das escolhas disponíveis, 2) negar a validade das identificadas, e 3) explorar as conseqüências da negação dessas.

A inclusão dos alunos com deficiências importantes oferece ricas oportunidades para que sejam expostas e desafiadas algumas das suposições fundamentais que podem prejudicar a eficácia da escola. O caminho mais seguro para a exposição dessas suposições fundamentais começa por uma exploração cuidadosa dos conflitos que polarizam as pessoas em torno da questão. Um conflito desse tipo apresenta duas características fundamentais: ele é estruturado como uma escolha ou/ou, e gera fortes emoções que empurram as pessoas para um lado ou outro e as mantêm lá. A Tabela 3.3 identifica três conflitos comuns visando à criação de mais comunidades escolares inclusivas.

As emoções ligadas a tais conflitos normalmente geram reações que frustram a criatividade e limitam a inclusão como uma força de renovação da escola. Em primeiro lugar, as pessoas podem tentar ignorar o conflito. Em segundo, podem concentrar sua energia em combater aqueles que têm a visão oposta, freqüentemente apelando para aliados de fora, como sindicatos ou juízes, deslocando, assim, o conflito para áreas mais distantes e reconhecíveis, como a das negociações dos contratos ou a do julgamento dos direitos. Em terceiro, podem decidir comprometer-se – ou seja, localizar um ponto em algum lugar da linha entre os pólos que reflita o equilíbrio de poder entre os dois grupos.

A melhor reação é entrar no conflito considerando cuidadosamente o que está em jogo e quais são as possibilidades. Uma suposição sobre o que promoveria conflitos é a de que a única resolução possível seja um resultado de perda ou ganho: se tivermos mais práticas em sala de aula que apóiem as amizades, deveremos pagar por isso em declínio nas habilidades ou nas realizações acadêmicas; se tivermos mais

TABELA 3.3 Conflitos recorrentes relacionados às escolas inclusivas

Inclusão	ou	Serviços especializados
Atividades em aula que dão apoio às experiências sociais e às amizades	ou	Atividades em aula que dão apoio à aquisição de habilidades acadêmicas ou vocacionais
Os alunos com deficiência beneficiam-se	ou	Os alunos sem deficiência beneficiam-se

inclusão, deveremos ter menos serviços especializados que aqueles requeridos pelos alunos; se tivermos maiores benefícios para os alunos com deficiência, os alunos sem deficiência deverão sofrer.

Gharajedaghi (1985) apresentou um instrumento conceitual útil para orientar esse trabalho. Sugeriu desconsiderar a suposição de que tais negociações de perda ou de ganho são condições necessárias da inclusão, substituindo o "e" pelo "ou" na formulação do conflito (ver Tabela 3.3) e considerando que a ação compartilhada possibilita a integração de visões conflitantes. O diálogo sobre de que maneira as pessoas envolvidas no conflito compreendem ambos os lados é essencial para ser criado um tema organizador à ação – um objetivo comum ao qual as pessoas em conflito podem dirigir suas energias e um rumo para estimular a percepção e a resolução dos problemas. Sarason (1990) também apelou para esse tipo de pensamento, perguntando: "Como podemos liberar a mente humana para usar seu potencial de maneira que seja produtivamente expressiva dessas habilidades e que, ao mesmo tempo, fortaleça um sentido de comunidade" (p. 1). A Figura 3.4 ilustra as mudanças sugeridas por Gharajedaghi (1985), as quais Sarason (1990) confirmou. Deslocar a atenção da disputa de perda ou de ganho entre a inclusão e os serviços especializados e focalizar a busca por maneiras de garantir que cada criança em uma escola receba apoio individualizado no sentido de obter sucesso na aprendizagem pode ajudar as pessoas a explorar maneiras de superar limites, relacionamentos e estruturas. Os profissionais podem reconsiderar o tempo e as demarcações de papel que os têm conduzido à administração rotineira de serviços especializados em breves encontros com um terapeuta e uma criança ou um pequeno grupo de crianças e passar a usar uma abordagem cooperativa para utilizar suas habilidades de comum acordo com os professores da turma; esse trabalho provavelmente lhes causará algum estresse ao reconsiderarem suas crenças sobre suas diferentes funções (York, Giangreco, Vandercook, & Macdonald, 1992). Podem explorar maneiras de as atividades de aula e da escola serem adaptadas para servir a propósitos educacionalmente importantes, quando um terapeuta da fala aponta que as interações naturais entre as crianças durante a "hora do conto" proporciona-lhes o melhor ambiente para trabalhar, para melhorar a comunicação de um aluno, ou quando outro terapeuta desloca suas prioridades para ajudar um aluno a conseguir um *software* de reconhecimento de palavras para seu *laptop*, de modo que possa participar de maneira mais independente da aula de inglês (O'Brien, 1994).

```
Inclusão          Apoio              Amigos         Cada membro
              individualizado                       é um aprendiz
                  para uma                              ativo &
                aprendizagem                         cooperativo
                  saudável &
                 bem-sucedida

    E    →      Serviços          E    →          Habilidades
              especializados


              Os alunos com
           deficiência beneficiam-se
                                    Uma comunidade
                                    escolar inclusiva


                                    Os alunos sem deficiência
             E    →                      beneficiam-se
```

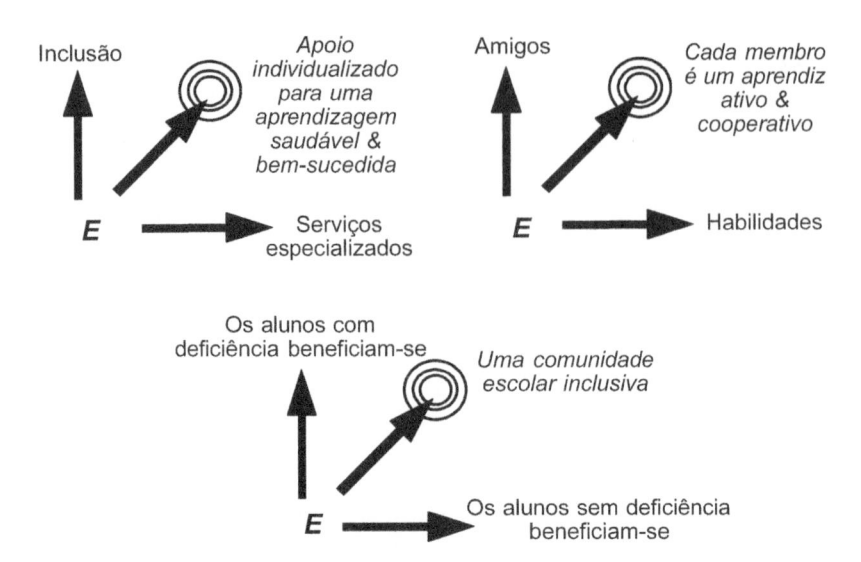

FIGURA 3.4 Reestruturando os conflitos comuns.

Algumas mudanças requerem um novo contexto. Uma sala de aula organizada em fileiras em que os relacionamentos entre alunos e professor visam estritamente ao objetivo individual de realizar atividades controladas de fora pelo professor ou uma competição que situe os alunos do mais aplicado ao menos capaz reduz o espaço disponível para que se desenvolvam oportunidades e apoio. Uma aula organizada para promover aprendizagem cooperativa pode promover relacionamentos sociais positivos, bem como a prática, o desafio e o apoio necessários para todos os alunos desenvolverem habilidades acadêmicas importantes. Este tipo de escola é um local que exige muito do professor, porque cada membro da escola, incluindo os diretores, os zeladores e os funcionários da cantina, deve aceitar a responsabilidade pessoal de também ser um aprendiz ativo e cooperativo.

INCLUSÃO NÃO É COMPETIÇÃO

A competição entre crianças com deficiências importantes e crianças sem deficiência oferece muitas possibilidades para reflexão. A fonte deste conflito são duas suposições que podem reprimir profundamente a construção de uma comunidade escolar inclusiva: 1) que os alunos são melhor compreendidos como consumidores passivos de programas planejados por adultos ou como subversores não-cumpridores de programas planejados por adultos, e 2) que a escola, totalmente controlada pelos adultos, proporciona a educação necessária para o desenvolvimento de cidadãos plenos. Essas suposições situam a escola como uma fábrica de educação em que os alunos são as matérias-primas transformadas em trabalhadores bem-dispostos e bons cidadãos, através de procedimentos padronizados. Elas entram em conflito com a idéia da escola como uma comunidade de aprendizes conscientes, em que os alunos encontram os modelos pessoais, as disciplinas, as habilidades e as informações necessárias para sua educação.

A experiência dos alunos e dos professores envolvidos em trabalhos de inclusão escolar proporciona razões para questionar ambas as suposições. Dada a oportunidade, alunos de todas as idades e de capacidades diversas demonstram serem capazes de atuar como colaboradores no planejamento e participantes do funcionamento de classes e escolas para todos. Os alunos cuja presença tem sido impensável nas salas de aula regulares devido às suas óbvias incapacidades podem contribuir mais do que qualquer outro para construir uma comunidade de aprendizes ativos. Trabalhando juntos, alunos, professores e pais podem criar comunidades escolares que contribuam mais para a educação de todos, exatamente porque se envolvem abertamente em problemas relacionados às dificuldades humanas e em incertezas que são facilmente mascaradas pela rotina escolar.

Os alunos com deficiências importantes podem despertar fortes emoções e energias humanas. Alguns alunos, professores e pais recebem bem as difíceis tarefas que surgem da presença desses alunos. Outros reagem ao medo e esforçam-se para manter o controle, "saneando" a turma e livrando-a de diferenças importantes. Para trabalhar com a confusão, com a impossibilidade de controle, com a emoção e com a escuridão despertada em muitos adultos pela presença de algumas crianças com deficiências importantes, aqueles que desejam criar comunidades inclusivas precisam refletir sobre o significado da educação, como ela pode ser melhor ministrada e como ela pode ser subvertida. Parar com o objetivo de refletir sobre uma velha história pode ensinar-nos muito sobre educação.

A EDUCAÇÃO É A MANEIRA DE TORNARMO-NOS MAIS HUMANOS

O texto a seguir é uma velha história sobre como as pessoas se tornam seres humanos, o que é útil para explorar os conflitos que emergem no caminho da educação inclusiva.

> Era uma vez um poderoso rei cuja amada rainha morrera dias após dar à luz seu tão esperado filho. O rei amava demais seu filho e resolveu fazer tudo o que fosse necessário para preparar o príncipe para ser um grande rei ao sucedê-lo. Deu-lhe os melhores tutores para fortalecer e disciplinar seu corpo e seu raciocínio. Deu-lhe também criados amorosos e companheiros para dividir com ele o palácio. E, mais importante que tudo, o rei protegeu seu filho do contato com a velhice, com a pobreza, com a dor e com o sofrimento.
> O príncipe estudou e exercitou-se muito para tornar-se um rei digno do respeito e do amor de seu pai. Cresceu digno, forte e inteligente, mas cada vez mais perturbado pelo pouco que conhecia da vida. E, por isso, pediu a seu companheiro de equitação, a quem amava e em quem confiava, que o levasse para ver como as pessoas viviam do lado de fora dos muros do palácio.

Quando seu companheiro pediu permissão para a viagem, o rei disse-lhe exatamente que rota e que caminho seguir e enviou guardas à frente para garantir que tudo estivesse limpo e arrumado, e que os idosos, os fracos e os pobres ficassem fora de vista. "Certifiquem-se", ordenou ele, "de que meu filho só terá a visão dos capazes, bem-sucedidos e belos."
O tempo estava perfeito para a viagem, e em todo lugar onde o príncipe chegava encontrava pessoas saudáveis e felizes. Ele pensava consigo mesmo que era um tolo por estar tão ansioso sobre o seu conhecimento da vida, porque todos a quem encontrava se pareciam muito com ele próprio. Mas, de repente, uma mulher muito velha e maltrapilha, encurvada pelo peso dos anos e confusa por uma nuvem que encobria a sua memória, apareceu cambaleante na frente do príncipe e perturbou sua complacência com sua fala ininteligível.
O príncipe jamais havia visto nada parecido com aquela velha mulher, e quis saber se ela era realmente um ser humano ou algum outro tipo de criatura. Relutantemente, seu companheiro disse ao príncipe que ele havia encarado a velhice, que chega a todas as criaturas, até mesmo ao próprio rei. Perturbado, o príncipe retornou rapidamente ao palácio e passou uma noite insone, tentando assimilar a nova experiência.
O rei ficou furioso. O príncipe havia ficado tão perturbado pela visão da velhice que resolveu fazer mais viagens para além dos muros do palácio, para aprender mais sobre a vida.
Nos dias que se seguiram, apesar dos esforços frenéticos dos tutores e dos guardas, apavorados pelas ordens de preparativos ainda mais cuidadosos por parte do rei irado, o príncipe encontrou pobres, doentes, pessoas destruídas pelo fracasso e pessoas que sofriam pela morte de um amigo. E, considerando esses aspectos perturbadores da sua humanidade, o príncipe deixou o palácio do seu transtornado pai para encontrar seu próprio caminho na vida.

Resumimos a história do Príncipe Sidarta do ponto de vista do seu pai, porque sentimos dentro de nós, e ouvimos em torno de todos nós, as vozes dos que anseiam ardentemente que seus filhos cresçam fortes e capazes de ocupar um lugar no mundo. Embora não sejamos reis e rainhas poderosos, queremos defender nossos filhos da ansiedade e da alienação e queremos que eles cresçam inteligentes e felizes, e sentimos uma urgência em construir muros seguros ao redor da sua infância para fortalecer seus corpos e concentrar suas mentes nas exigências da vida adulta. Como não vivemos em palácios, mas em um mundo no qual a insegurança econômica, a violência, as doenças inexplicáveis e as drogas perigosas destroem até mesmo nossos mais altos muros, nosso fervor facilmente se transforma em uma busca frenética pelo controle de cada detalhe dos contatos e das rotinas de nossos filhos. Como eles não são príncipes nem princesas, temamos que enfrentem o mundo adulto, cujas exigências podem dominá-los e desmontar seus sonhos, e, por isso, vacilamos entre a indulgência para compensá-los do sofrimento que virá e a aspereza para que, endurecidos, enfrentem-no estoicamente.

Sidarta, cuja história é contada com muito mais riqueza de detalhes por Martin (1990), seguiu seu caminho para além dos muros do palácio e rumo a um mundo repleto de dor e de sofrimento, e assim esboçou as lições primordiais do budismo. O início de sua antiga história pode expressar nossas condições na educação das crianças e dos jovens. Não importa o quanto tentemos protegê-las, nossas crianças enfrentarão as realidades humanas da pobreza, do sofrimento, da doença, da incapacidade, da injustiça, do envelhecimento e da morte. Na verdade, elas anseiam tanto confrontar tais realidades que negá-las impede o seu crescimento como seres humanos. O amor e a proteção dos pais e a provisão de oportunidades, de disciplina, de informações e de habilidades oferecem ao jovem alguns recursos para transformar a repulsão, o medo ou a fascinação mórbida em conhecimentos importantes. As pessoas jovens, em atenção à ansiedade paternal por sua felicidade e ao desejo de que sigam os planos dos pais, podem encontrar o melhor caminho através dessas duras realidades com a orientação de um mentor confiável, que responda com sinceridade às dúvidas expressadas e não-expressadas, porém reais de cada um. Ser um mentor digno significa entrar com coragem no conflito do desejo dos pais de proteger os filhos das dificuldades, pelo exercício do controle e o desejo do jovem de aprender, envolvendo-se diretamente nas dificuldades e na exploração do lado sombrio da vida. A jornada do crescimento humano pode incluir períodos de viagens solitárias, como fez Sidarta, mas sua jornada, como a de qualquer ser humano, inicia-se, termina e caminha através de relacionamentos pessoais, cuja qualidade determina a profundidade da educação de cada um de nós.

AS ORDENS SÃO INÚTEIS COMO UM CAMINHO PARA UMA MELHOR EDUCAÇÃO

Levantamos tais considerações porque acreditamos que a voz do rei domine a maior parte dos atuais debates sobre o ensino em geral e a inclusão em particular. Quando os políticos prometem disciplinar os professores para que as escolas sejam tão confiáveis, eficientes e limpas quanto fábricas de *microchips*, e tão moralmente corretas quanto os piqueniques da escola aos domingos, o rei expressa-se em voz alta por meio deles. Quando os pais polemizam amargamente entre si para dominar os conselhos da escola para que seus filhos sejam protegidos das dificuldades de acomodarem-se a pessoas com cultura, crenças e idéias diversas, o rei expressa-se em voz alta por meio deles. Quando o presidente de um sindicato de professores afirma que o ímpeto para a inclusão de crianças com deficiência é a tendência contemporânea que terá "o efeito mais profundo e mais destrutivo sobre o ensino" (Shanker, 1994), o rei expressa-se em voz alta por meio dele.

Em qualquer um dos casos, a ordem do rei é a mesma: mantenham as coisas ruins à distância dos meus filhos, vigiem os portões, mantenham à distância as ameaças, expurguem os inimigos para além de nossos muros e controlem cada detalhe da vida cotidiana para que meus filhos cresçam e assumam meu lugar. Em cada um dos casos, a ordem do rei pode ser motivada pelo amor e pela preocupação e poderia fazer com que seus filhos adquirissem alguns dos recursos necessários para tornarem-se adultos responsáveis. Em cada um dos casos, a voz do rei torna-se cada vez mais alta, porque suas ordens tornam-se inúteis quando a voz abafa as outras vozes que são necessárias no drama do desenvolvimento humano.

Exigir com autoridade que as escolas assumam a responsabilidade por uma educação que controle todos os detalhes das vidas das crianças é inútil por cinco razões, intimamente relacionadas, que exporemos a seguir. Primeiramente, a ordem contradiz-se a si mesma, pois o crescimento humano requer tanto os limites quanto forem os desafios a esses limites, tanto tempo no interior dos muros quanto fora deles. Segundo, a ordem valoriza uma das responsabilidades das escolas, que é a instrução, o ensino, tornando-a equivalente à educação, à formação do aluno. Grande parte do debate contemporâneo sobre as variações nas pontuações dos testes padronizados revela que a educação não tem procedido a uma verificação quantitativa de alguns dos efeitos do ensino. Embora os administradores procurem elevar a pontuação dos testes, o trabalho humano da educação prossegue, na escola, nas famílias e na comunidade. Terceiro, embora nenhuma pessoa sensível possa admitir que uma escola se torne um lugar não-receptivo ou perigoso, crescer como ser humano em um mundo complexo e perseguido por conflitos envolve lidar com riscos substanciais desde a mais tenra idade. O custo educacional de ignorar toda experiência dolorosa na vida das escolas é muito grande. Quarto, a cultura da disciplina e o medo da desobediência conduz a distorções da verdade, que tornam a vida cotidiana nas escolas desnecessariamente difícil. A inclusão de alunos com deficiências importantes, que alguns dizem estar destruindo nossas escolas, tem possibilitado somente a 5 em 100 crianças com retardo mental, somente a 5 em 100 crianças com transtorno autista, e somente a 6 em 100 crianças com deficiências múltiplas serem matriculadas em tempo integral em turmas de educação regular (U.S. Department of Education, 1994). Apesar de muitos especialistas proclamarem que os professores não têm o apoio adequado para o manejo de uma turma que inclua crianças com deficiências importantes, um pequeno – porém consistentemente crescente – número de professores está, na verdade, recebendo esse apoio (Rankin *et al.*, 1994). Quinto, o alto volume de discussões em torno da reforma da escola pode levar os cidadãos a concluir que 1) há meios extremamente eficientes para mudar as escolas, e 2) o comportamento em aula tem mudado muito e radicalmente através de reformas educacionais bastante expressivas. Entretanto, Fullen (1993) reviu a pesquisa realizada em torno dos esforços sistemáticos para mudar as escolas e concluiu que não existe nenhum meio confiável de implementação de mudança e que, mesmo quando os administradores e os professores trabalham sistematicamente e com substanciais recursos extras para estimular a mudança, é muito mais provável que eles mudem as estruturas ou os currículos escritos do que o comportamento real em aula. Sarason (1990) considerou estudos diferentes e chegou a conclusões similares, observando que o desempenho geral das escolas continua a deteriorar-se em relação às expectativas sociais e que as escolas permanecem obstinadas contra os esforços de reforma.

CONCLUSÃO: A CONSTRUÇÃO DA COMUNIDADE INCLUSIVA VINCULA O ENSINO À EDUCAÇÃO

A educação afasta as crianças e os adultos das rotinas confortáveis levando-os em direção aos desafios e aos prazeres de extrair as lições da experiência humana no enfrentamento da realidade da vida. A educação acontece no contato com os outros, e as potencialidades e as falibilidades das pessoas moldam a extensão e a textura do crescimento de cada um de nós. O ensino oferece mais recursos para a educação na medida em que adultos e alunos colaboram para construir uma comunidade consciente, que sustente o trabalho da escola, embora isso signifique crescer diante do mito do completo controle da infância. Os alunos com deficiências importantes e seus pais podem liberar a criatividade de uma comunidade escolar. Para isso, é necessário coragem para renegociar limites, relacionamentos e estruturas familiares, compromisso de buscar o caminho enfrentando as dificuldades que surgem e força para renovar o sentido de comunidade, quando se estiver sendo ameaçado.

NOTA

[1] A preparação deste capítulo recebeu o apoio, através de um subcontrato de The Center on Human Policy, da Universidade de Syracuse, do Research and Training Center on Community Living. The Research and Training Center on Community Living é subsidiado por um acordo cooperativo (Nº H133B80048) entre o National Institute on Disability and Rehabilitation Research (NIDRR) e o Institute on Community Integration da Universidade de Minnesota. Os membros do Centro são encorajados a expressar suas opiniões; estas não representam necessariamente a posição oficial do NIDRR. Este capítulo foi adaptado de *Everybody's Here, Now We Can Begin ...* (O'Brien & Lyle O'Brien, 1994). Copyright © 1994 by Responsive Systems Associates; uso autorizado.

REFERÊNCIAS BIBLIOGRÁFICAS

Ackhoff, R. (1991). *Ackhoff's fables: Irreverent reflections on business and bureaucracy*. Nova York: John Wiley & Sons.
American Management Association. (1994). *The learning organization in action: A special report from Organization Dynamics*. Saranac Lake, NY: AMA Publication Services.
Cooper, P. (1993). *Safety net: The development of "at risk" services for all children and youth*. Saint Francisville, LA: West Feleciana Parish Schools.
Ferguson, D. (1994). Is communication really the point? Some thoughts on intervention and membership. *Mental Retardation, 32*(1), 7-18.
Fullen, M. (1993). *Change forces: Probing the depths of educational reform*. Londres: The Falmer Press.
Gharajedaghi, J. (1985). *Toward a systems theory of organization*. Seaside, CA: Intersystems Publications.
Giangreco, M., Cloninger, C., Dennis, R. & Edelman, S. (1994). Problem-solving methods to facilitate inclusive education. In J.S. Thousand, R.A. Villa & A.I. Nevin (Eds.), *Creativity and collaborative learning: A practical guide to empowering students and teachers* (p. 321-346). Baltimore: Paul H. Brookes Publishing Co.
Johnson, R. & Johnson, D. (1994). An overview of cooperative learning. In J.S. Thousand, R.A. Villa & A.I. Nevin (Eds.), *Creativity and collaborative learning: A practical guide to empowering students and teachers* (p. 31-45). Baltimore: Paul H. Brookes Publishing Co.
Logan, K., Fiaz, E., Piperno, M., Rankin, D., MacFarland, A. & Bargamin, K. (1994). How inclusion built a community of learners. *Educational Leadership, 52*(4), 42-44.
Martin, J. (1992). *The school home: Rethinking schools for changing families*. Cambridge, MA: Harvard University Press.
Martin, R. (1990). *The hungry tigress: Buddhist legends and jataka tales*. Berkeley, CA: Parallax Press.
Noddings, N. (1992). *The challenge to care in the schools: An alternative approach to education*. Nova York: Teachers College Press.

O'Brien, C. (1994). [Observações de campo sobre visitas a classes de escola inclusiva na Georgia]. Dados inéditos.
O'Brien, C. (1992). [Observações de campo sobre visitas a escolas inclusivas em Kitchner-Waterloo, Ontario, Separate School Board]. Dados inéditos.
O'Brien, J. (1993). [Observações de campo sobre visitas e entrevistas com alunos, professores e pais envolvidos em escolas inclusivas no Colorado, New Hampshire e Oregon]. Dados inéditos.
O'Brien, J. & Forest, M. (1989). *Action for inclusion*. Toronto: Inclusion Press.
O'Brien, J. & Lyle O'Brien, C. (1994). *Everybody's here, now we can begin* ... Lithonia, GA: Responsive Systems Associates.
Pearpoint, J. & Forest, M. (1993). *The inclusion papers: Strategies to make inclusion happen*. Toronto: Inclusion Press.
Pearpoint, J. O'Brien, J. & Forest, M. (1993). *PATH*. Toronto: Inclusion Press.
Rankin, D. (1994). *Vignettes from inclusion classrooms in Gwinnett County, Georgia Public Schools*. Lawrenceville, GA: Gwinnett County Board of Education.
Rankin, D., Hallick, A., Ban, S., Hartley, P., Bost, C. & Uggla, N. (1994). Who's dreaming? A general education perspective on inclusion. *Journal of The Association for Persons with Severe Handicaps, 19*(3), 235-237.
Sapon-Shevin, M. (1994). *Playing favorites: Gifted education and the disruption of community*. Albany: State University of New York Press.
Sapon-Shevin, M., Ayres, B. & Duncan, J. (1994). Cooperative learning and inclusion. *In* J.S. Thousand, R.A. Villa & A.I. Nevin (Eds.), *Creativity and collaborative learning: A practical guide to empowering students and teachers* (p. 45-58). Baltimore: Paul H. Brookes Publishing Co.
Sarason, S. (1990). *The predictable failure of educational reform*. San Francisco: Jossey-Bass.
Schnorr, R. (1990). Peter? He comes and goes ... First graders' perspectives on a part-time mainstream student. *Journal of The Association for Persons with Severe Handicaps, 15*(4), 231-240.
Senge, P. (1994). Thinking strategically about building learning organizations. *In* P. Senge, C. Roberts, R. Ross, B. Smith & A. Kleiner (Eds.), *The fifth discipline fieldbook: Strategies and tools for building a learning organization* (p. 15-47). Nova York: Doubleday.
Sergiovanni, T. (1994). *Building community in schools*. San Francisco: Jossey-Bass.
Shanker, A. (6 de Janeiro, 1994). Inclusion and ideology [propaganda]. *The New York Times*, p. E-7.
Tashie, C., Shapiro-Barnard, S., Dillon, A., Schuh, M., Jorgensen, C. & Nisbet, J. (1993). *Changes in latitudes, changes in attitudes. The role of the inclusion facilitator*. Durham: University of New Hampshire Institute on Disability.
Taylor, P. (1992). Community. *In* E. Keller & E. Lloyd (Eds.), *Keywords in evolutionary biology* (p. 52-53). Cambridge, MA: Harvard University Press.
Thousand, J.S., Villa, R.A. & Nevin, A.I. (Eds.). (1994). *Creativity and collaborative learning: A practical guide to empowering students and teachers*. Baltimore: Paul H. Brookes Publishing Co.
U.S. Department of Education. (1994). *To assure the free appropriate public education of all children with disabilities: Sixteenth annual report to Congress on the implementation of the Individuals with Disabilities Education Act*. Washington, DC: Author.
Wang, M., Reynolds, M. & Walberg, H. (1994). Serving students at the margins. *Educational Leadership, 52*(4), 12-17.
York, J., Giangreco, M., Vandercook, T. & Macdonald, C. (1992). Integrating support personnel in the inclusive classroom. *In* S. Stainback & W. Stainback (Eds.), *Curriculum considerations in inclusive classrooms: Facilitating learning for all students* (p. 101-116). Baltimore: Paul H. Brookes Publishing Co.

PARTE 2
Estratégias Básicas

4

Dez Elementos Críticos para a Criação de Comunidades de Ensino Inclusivo e Eficaz

C. Beth Schaffner e
Barbara E. Buswell

OS PRINCÍPIOS DA inclusão aplicam-se não somente aos alunos com deficiência ou sob risco, mas a *todos* os alunos. As questões desafiadoras enfrentadas pelos alunos e pelos educadores nas escolas de hoje não permitem que ninguém se isole e se concentre em uma única necessidade ou em um grupo-alvo de alunos. Além disso, uma abordagem fragmentada da reforma da escola não satisfaz inteiramente as necessidades dos alunos:

> A reforma abrangente da escola envolve dois componentes. O primeiro é uma visão firme da maneira como as escolas poderiam ou deveriam ser. A exigência primordial é conseguir imaginar as escolas de outra maneira – não-estratificadas pela capacidade, não-apegadas a um currículo fixo, bem-equipadas, com professores inovadores e engajados, bem-apoiados. Mas o segundo componente essencial de uma ampla reforma escolar, em oposição a uma inovação do programa ou a alguma improvisação da escola, é uma agenda compartilhada: o entendimento de que o ajuste da escola a algumas crianças deve significar o ajuste da escola para todas as crianças. (Sapon-Shevin, 1995, p. 70)

Todos os defensores da melhoria das escolas para melhor atender às diferentes necessidades dos alunos devem unir-se e reconhecer o princípio de que *as boas escolas são boas escolas para todos os alunos* e, então, agir com base nesse princípio.

Os elementos a seguir são características que, quando presentes em uma escola e em um sistema escolar, contribuem para o sucesso de todos os alunos. Esses elementos são partes interdependentes da criação de uma comunidade bem-sucedida, dinâmica, acolhedora e bem-informada, em oposição a componentes discretos e não-relacionados.

PRIMEIRO PASSO: DESENVOLVER UMA FILOSOFIA COMUM E UM PLANO ESTRATÉGICO

O primeiro e talvez o principal passo para a criação de uma escola inclusiva de qualidade é *estabelecer uma filosofia da escola* baseada nos princípios democráticos e igualitários da inclusão, da inserção e da provisão de uma educação de qualidade para todos os alunos.

Por sua própria natureza, um sistema de educação inclusivo e de qualidade está voltado para as necessidades gerais do aluno, não apenas para sua realização acadêmica. Para que as escolas alcancem a ênfase no aluno *em sua totalidade*, sua filosofia básica deve ser a de uma educação

> vinculada e importante para cada aluno, abrangendo pelo menos três esferas do desenvolvimento: (1) a acadêmica ... (2) a social e emocional ... e (3) a responsabilidade pessoal e coletiva e a cidadania ... (National Association of State Boards of Education, 1992, p. 12)

Schattman (1992) esboçou os princípios fundamentais de uma filosofia escolar ou declaração da missão da escola:

1. Ajudar as comunidades a definir seu propósito em termos que envolvam as necessidades de todas as crianças.
2. Proporcionar aos educadores e aos membros da comunidade a oportunidade de comunicarem-se a respeito de suas crenças e possíveis objetivos.
3. Estabelecer um padrão segundo o qual práticas educacionais distintas possam ser avaliadas (p. 146).

A definição da missão a ser desenvolvida por uma escola ou por um sistema escolar é o primeiro passo de um processo de planejamento estratégico para que todos os alunos sejam bem-recebidos e apoiados como membros totalmente participantes das classes regulares, em suas escolas.

As comunidades que se têm envolvido com êxito na tarefa de reestruturar as escolas para que todos estejam inseridos e educados aprenderam a importância fundamental de fazer com que *todos* os interessados participem do processo de desenvolvimento da declaração da missão e do plano estratégico. *Quaisquer discussões e planejamentos visando à reforma da escola devem incluir as pessoas que estarão diretamente envolvidas: alunos, pais, educadores, diretores, pessoal de apoio e membros da comunidade.*

Durante muito tempo as pessoas mais diretamente influenciadas pelo que acontece nas escolas foram excluídas dos planejamentos e dos processos de tomada de decisão. Os alunos com necessidades especiais e seus familiares raramente tiveram voz nas decisões educacionais. O "mito do julgamento clínico", descrito por Biklen (1988), manteve as decisões de programação educacional fundamentalmente nas mãos de "especialistas", cuja abordagem tem sido o déficit concentrado e baseado em um modelo estático e ultrapassado, segundo o qual a quantidade de tempo que um aluno despende em atividades regulares da escola e da vida comunitária depende do julgamento profissional, que vai avaliar e verificar se o aluno adquiriu as habilidades que comprovam sua "prontidão" para a inclusão.

Nas escolas que incluem e apóiam todos os alunos, os professores, os pais, os alunos, o pessoal de apoio, os administradores, os membros da comunidade e outros estão envolvidos nas equipes de tomada de decisão ou forças-tarefa que determinam grande parte dos procedimentos e das práticas da escola (Stainback, Stainback, Moravec & Jackson, 1992). Essas forças-tarefa são responsáveis pelo processo contínuo de planejamento, monitoramento e aprimoramento dos esforços de reforma na escola para garantir seu sucesso continuado.

Além de servirem como grupos de defesa da inclusão de alunos com capacidades das mais diferentes, outro papel dessas forças-tarefa é o de ajudar todas as pessoas envolvidas com a escola a conseguirem um melhor entendimento dos fundamentos e dos métodos para desenvolver e manter uma comunidade escolar inclusiva e acolhedora. Esse grupo também deve garantir que todos os esforços de reforma sejam considerados em função dos benefícios que podem trazer para todos os alunos. Estabelecendo essas forças-tarefa, os membros da comunidade, os alunos e todo o pessoal de uma escola ficam envolvidos e orgulham-se de ter construído uma escola inclusiva.

Os outros nove elementos listados adiante neste capítulo são um guia que a força-tarefa e toda a comunidade podem seguir para desenvolver e implementar o plano estratégico de inclusão escolar.

Esse plano estratégico deve abranger objetivos específicos e, se a escola estiver receptiva a alunos que têm sido excluídos em programas ou locais separados, deve fazer uma programação para conseguir a inclusão e o apoio necessários para todos os alunos. O plano precisa esboçar de que maneira recursos e o pessoal (especialmente aqueles envolvidos na educação especial, Capítulo 1, e em outros programas que têm proporcionado serviços segregados para os alunos) podem ser utilizados pelas equipes de professores, consultores, auxiliares de ensino e facilitadores para atuarem nas escolas regulares.

Uma vez definida a declaração da missão da escola e estabelecido o plano estratégico para a inclusão, dá-se início à implementação da reforma da escola.

SEGUNDO PASSO: PROPORCIONAR UMA LIDERANÇA FORTE

O diretor deve reconhecer sua responsabilidade de definir os objetivos da escola e de garantir a tomada de decisões, o enfrentamento dos desafios e o apoio às interações e aos processos que se compatibilizam com a filosofia da escola. "A condução de uma escola inclusiva requer uma crença pessoal de que todas as crianças podem aprender e um compromisso de proporcionar a todas as crianças igual acesso a um currículo básico rico e a uma instrução de qualidade" (Servatius, Fellows & Kelly, 1992, p. 269).

O papel do diretor ao garantir que a escola eduque com sucesso todos os alunos é 1) proporcionar meios através dos quais os professores possam aprender novas práticas educacionais, 2) encontrar maneiras de estabelecer relações pessoais entre todos os alunos da escola, 3) desenvolver com os professores uma concepção de disciplina, que vigore em toda a escola, e 4) ajudar a escola como um todo a tornar-se acolhedora e manter-se como uma comunidade (Solomon, Schaps, Watson & Battistich, 1992, p. 50).

Um diretor deve ser firme e resoluto quando surgirem os desafios, apoiando a todos os alunos. Se um diretor de escala transmite ambivalência com relação às políticas de inclusão e de defesa de todos os alunos, os membros da sua equipe também vacilarão e o ensino inclusivo não terá êxito. (Ver o Capítulo 7 para mais detalhes sobre o papel do diretor da escola.)

TERCEIRO PASSO: PROMOVER CULTURAS NO ÂMBITO DA ESCOLA E DA TURMA QUE ACOLHAM, APRECIEM E ACOMODEM A DIVERSIDADE

As escolas devem atender às necessidades sempre crescentes dos alunos em todas as áreas do seu desenvolvimento; elas devem ir além do seu enfoque tradicional, centrado unicamente na aprendizagem acadêmica básica. "Embora as escolas tenham respondido, ainda que lentamente, às mudanças tecnológicas, com várias adições ao currículo e métodos de instrução estreitamente prescritos, elas em grande parte ignoraram mudanças sociais maciças. Quando reagiram a elas, foi somente de maneira fragmentada" (Noddings, 1995, p. 365).

As escolas são microcosmos da sociedade; elas espelham aspectos, valores, prioridades e práticas culturais tanto positivos quanto negativos que existem fora de seus muros. São também áreas de treinamento em que os membros mais jovens da sociedade desenvolvem atitudes, interesses e habilidades que serão usados durante toda a vida. Por isso, as escolas devem assumir a responsabilidade de melhorar as condições sociais negativas. Em outras palavras, se queremos que a sociedade seja um lugar onde um grupo cada vez mais diversificado de pessoas se relaciona, onde todas as pessoas sejam valorizadas como colaboradores para o bem comum, onde todos compartilham os direitos básicos como está descrito na Constituição dos Estados Unidos, então as escolas devem refletir esses valores, proporcionando ambientes em que tais valores sejam moldados por adultos e por alunos, e em que as próprias estruturas, práticas de ensino e os currículos reflitam e exemplifiquem esses mesmos valores.

> Nosso entendimento da missão do ensino deve ir além do que é meramente mensurável até a uma consideração de propósitos mais profundos. (Um) objetivo de fundamental importância nas escolas é ajudar as novas gerações a compreender que elas são parte de uma comunidade acolhedora. Esta percepção só vai ocorrer se a própria escola transformar-se em uma comunidade desta natureza. (Eisner, 1991, p. 16)

Para as escolas tornarem-se comunidades acolhedoras é preciso muito mais do que a implementação de um currículo de habilidades sociais ou do que um conselheiro escolar disponível para ajudar os alunos a enfrentarem os problemas, quando estes surgirem. O desenvolvimento de uma comunidade de ensino acolhedora necessita de uma cultura escolar penetrante que comunique clara, pública e intencionalmente que sua filosofia se baseia em princípios de "igualdade, justiça e imparcialidade para *todos*" e que cada um "desfruta de medidas iguais de respeito e dignidade ..." (Flynn & Innes, 1992, p. 211).

Esforços deliberados são necessários para garantir que esta mensagem seja comunicada através da cultura da escola. Sapon-Shevin escreveu: "Criar uma escola inclusiva, onde todos os alunos sejam reconhecidos, valorizados e respeitados, envolve cuidar de tudo o que é ensinado, assim como da maneira como é transmitido". (Sapon-Shevin, 1992, p. 19)

O pessoal da escola nem sempre reconhece que, para educar a criança como um todo, é preciso que se cuide das necessidades de aceitação, de inserção e de amizades dos alunos. Na verdade, alguns pais de alunos com deficiência relatam que foram comunicados durante as reuniões na escola que a facilitação e o apoio das amizades são responsabilidades dos pais, não das escolas.

Entretanto, é na escola que as crianças e os jovens passam uma quantidade substancial do seu tempo e é lá que muitas de suas conexões sociais são feitas. Além disso, as amizades e os relacionamentos são realmente pré-condições para a aprendizagem (Forest, 1990). Se um aluno não se sente conectado, é como se não estivesse inserido. Nesses casos, o aluno não consegue utilizar planamente seu potencial. Por isso, as pessoas que trabalham nas escolas devem compartilhar com os pais a responsabilidade de ajudar os alunos a estabelecerem conexões positivas uns com os outros em suas escolas e comunidades vizinhas. Educadores e famílias perceberam que devem ser feitos esforços intencionais freqüentes e deliberados para criar e apoiar oportunidades a fim de que os alunos desenvolvam amizades na escola e que sejam criadas oportunidades sociais após as aulas e nos fins-de-semana.

Seguem-se algumas estratégias que podem ser usadas para desenvolver amizades:

1. Promover objetivos mais cooperativos do que competitivos nas salas de aula e na escola (Johnson, Johnson, Holubec & Roy, 1984).
2. Estabelecer rotinas na sala de aula e na escola em que todos recebam o apoio necessário para participar de forma igual e plena (Pearson, 1988).
3. Encontrar oportunidades durante todo o dia letivo para apresentar os alunos diferentes de uma maneira positiva para seus colegas e para outros adultos na escola (Schaffner & Buswell, 1992).
4. Garantir que em toda atividade de sala de aula e da escola sejam feitas acomodações para que todos, inclusive os alunos com necessidades especiais, possam participar ativamente (Schaffner & Buswell, 1992).
5. Infundir valores positivos de respeito, de apreciação pelas pessoas diferentes e de cooperação no desenvolvimento do próprio currículo (Noddings, 1995).

6. Envolver os alunos na tomada de decisão com relação a políticas de apoio mútuo, nas salas de aula e na escola (Villa & Thousand, 1992).

Para que a reforma das escolas obtenha sucesso, estas devem tornar-se claramente comunidades acolhedoras em que *todos* os alunos se sintam valorizados, seguros, conectados e apoiados. Se esta característica da comunidade for negligenciada ou se sua importância for subestimada, os alunos com necessidades especiais vão continuar a ser segregados e as escolas para todos os alunos não conseguirão atingir seus objetivos.

QUARTO PASSO: DESENVOLVER REDES DE APOIO

Devido à variedade das necessidades dos alunos nas turmas e nas escolas de educação regular e à recente mudança de paradigma para a prestação de serviços de apoio, é importante desenvolver redes de apoio na escola tanto para professores quanto para alunos que precisem de estímulo e de assistência. Os professores novatos na inclusão de alunos com necessidades especiais nas turmas de ensino regular freqüentemente necessitam de tanto ou mais apoio quanto os próprios alunos.

Uma equipe de apoio é um grupo de pessoas que se reúne para debater, resolver problemas e trocar idéias, métodos, técnicas e atividades para ajudar os professores e/ou os alunos a conseguirem o apoio de que necessitam para serem bem-sucedidos em seus papéis. A equipe pode ser constituída de duas ou mais pessoas, tais como alunos, diretores, pais, professores de classe, psicólogos, terapeutas e supervisores. As equipes de apoio podem assumir várias configurações. A equipe de encaminhamento e avaliação de educação especial é um exemplo de uma equipe de apoio do trabalho escolar. Muitas escolas têm equipes interdisciplinares de série e nível que incluem equipes de educação regular e de educação especial, que se reúnem regularmente para planejar o currículo e apoiar todos os alunos daquela série. Às vezes, são formadas equipes para planejar o espaço físico e o apoio para um determinado aluno ou para a resolução de problemas em torno de um determinado aspecto que exija atenção.

Juntamente com o aluno que necessita de ajuda, convém incluir na equipe outros colegas de classe desse aluno. Os colegas podem oferecer sugestões práticas sobre o modo como ele pode envolver-se integralmente na escola e sentir-se bem-vindo, seguro e bem-sucedido na classe. Com a ajuda do pessoal da escola, os alunos freqüentemente conseguem mobilizar um grupo da turma em torno de um determinado aluno. Duas grandes vantagens de envolver os alunos em equipes são que eles estão disponíveis para proporcionar situações amigáveis e de aceitação, assim como assistência e encorajamento, e podem oferecer estratégias de apoio culturalmente pertinentes, pois têm um melhor conhecimento que os adultos das necessidades, dos desejos e dos interesses de seus colegas. Além disso, a menos que estejam envolvidos em uma equipe, os alunos podem não conseguir formular com clareza o que é necessário fazer para ajudar outro colega. Entretanto, é importante que o aluno que esteja recebendo apoio em uma determinada situação esteja envolvido no apoio a outros colegas em outras situações. Todos os alunos devem estar envolvidos em ajudar uns aos outros, para não se caracterizar o apoio apenas aos "rotulados" como diferentes.

Muitas equipes escolares designam uma pessoa para atuar como facilitadora da inclusão para um determinado aluno ou para toda uma escola ou distrito escolar (Ruttiman & Forest, 1986). Um facilitador da inclusão pode assumir várias responsabilidades. Ele pode encorajar ou organizar formalmente equipes de suporte como as já descritas. Pode também ajudar as equipes de suporte a utilizar estratégias que promovam a resolução criativa dos problemas e que garantam a responsabilidade por parte dos membros da equipe para a implementação bem-sucedida do apoio a um aluno.

Um papel importante do facilitador da inclusão é o encorajamento de redes de apoio naturais para os alunos. Uma ênfase especial é colocada no sentido de facilitar as amizades entre os alunos, oferecendo oportunidades para que eles estabeleçam relações, apresentando os alunos individualmente de maneira positiva às pessoas e, além disso, garantindo que o espaço seja organizado de forma que os alunos possam participar ativamente das atividades da turma e da escola (Schaffner & Buswell, 1992).

O facilitador da inclusão atua, sobretudo, como um locador de recursos, pois não se pode esperar que o professor detenha todos os conhecimentos necessários para satisfazer às necessidades de todos os alunos em uma turma heterogênea. Tal tarefa pode envolver a localização de material e de equipamento adequados, ou especialistas, consultores, professores e outro tipo de pessoal ligado à escola com especialização em uma determinada área. Por exemplo, o facilitador da inclusão pode ajudar no recrutamento e na organização dos assistentes ou dos ajudantes de turma, como os auxiliares de ensino e os voluntários.

Os facilitadores da inclusão podem desempenhar um papel mais abrangente ajudando todos os alunos com ou sem deficiências que estejam tendo dificuldade nas tarefas educacionais ou na aceitação dos colegas. É fundamental que os facilitadores proporcionem apoio apenas quando for necessário, e que não sejam superprotetores. Por fim, o facilitador é o recurso e o apoio do professor e ele não deve assumir a responsabilidade deste com os alunos que necessitam de apoio em turmas de educação regular.

Aqueles que têm atuado como facilitadores observam que a parte mais difícil do trabalho é saber retirar-se de uma situação quando o aluno começa a obter sucesso. Isso envolve reconhecer o ponto em que os esforços do facilitador começam a funcionar e o momento a partir do qual os professores e os alunos não precisam tanto de seu apoio e assistência. O facilitador literalmente tem a tarefa de encorajar as redes naturais de amizade e apoio nas classes de educação regular.

Alguns distritos escolares têm estabelecido pessoas ou equipes para servir como facilitadores da inclusão e orientadores de âmbito distrital que trabalham em prol da inclusão e do apoio para alunos com necessidades especiais. Os indivíduos que ocupam estas funções podem proporcionar encorajamento e apoio essenciais àqueles que trabalham para incluir alunos da etapa da educação infantil nas escolas, especialmente em situações nas quais há uma grande resistência a este processo. A rede de apoio pode incluir vários tipos de equipes e outros sistemas de apoio que ajudem a garantir o cumprimento da missão da escola, de efetivamente satisfazer às necessidades de todos os alunos.

QUINTO PASSO: USAR PROCESSOS DELIBERATIVOS PARA GARANTIR A RESPONSABILIDADE

Mesmo as equipes de apoio que estejam totalmente comprometidas em incluir alunos podem fracassar se não estabelecerem processos contínuos para garantir o planejamento e a monitoração eficientes, efetivos e constantes para os alunos. Existe, com freqüência, uma enorme discrepância entre o plano de apoio de um aluno tal como ele está escrito no programa de educação individualizada (PEI) e a real implementação do apoio cotidiano ao mesmo aluno. Um problema adicional são as reuniões tradicionais do PEI, que, em geral, se tornam sessões superficiais para o preenchimento de formulários visando a cumprir os regulamentos do governo, em vez de sessões dinâmicas de resolução de problemas e criação de estratégias de atendimento. Muitos documentos são escritos e depois arquivados. Isso não seria um problema tão sério se a reunião do PEI não fosse um dos poucos momentos em que uma equipe de professores reúne-se para organizar o planejamento. Nesse caso, a reunião do PEI torna-se uma sessão voltada para o déficit, para destacar os problemas do aluno, e pouco ou nenhum tempo é dedicado para a criação de estratégias de verificação das necessidades de apoio do aluno. Mesmo que os planos do grupo pareçam estratégias, pode não haver nenhum sistema em ação para implementá-las no plano de apoio ao cotidiano do aluno e para monitorar sua eficácia.

    O ponto essencial é que as equipes responsáveis pelo planejamento e pelo apoio à implementação para diferentes alunos nas turmas de ensino regular em geral não operam de maneira funcional. A ineficiência resultante afeta gravemente o sucesso do aluno. Nesses casos, quando surgem problemas, o aluno torna-se um bode expiatório, e sua falta de sucesso é então usada como justificativa para que ele seja excluído da turma. Essas práticas prejudiciais demonstram uma inerente falta de conhecimento dos elementos-chave necessários para a orientação de um apoio consistente ao aluno.

    Os elementos-chave para o sucesso envolvem o reconhecimento:

1. Da importância de um processo de planejamento deliberado contínuo, que não seja apenas um evento isolado, anual ou semestral. As equipes precisam reunir-se regularmente, para que o apoio ao aluno possa ser sistematicamente monitorado. Se surgirem situações desafiadoras, a equipe deve estar capacitada para modificar o plano de apoio de maneira oportuna e eficiente, evitando a ocorrência de uma crise na busca de soluções.

2. Da importância de focalizar-se as potencialidades dos alunos.
3. Da importância de incluir os pais e os alunos como membros, participantes do apoio.
4. Da importância de um enfoque contínuo ao atendimento.

Processos de planejamento, como Making Action Plans (MAPs) (Falvey, Forest, Pearpoint & Rosenberg, 1994) (anteriormente conhecido como McGill Action Planning System [Lusthaus & Forest, 1987]), Planning Alternative Tomorrows with Hope (PATH) (Pearpoint, O'Brien & Forest, 1993), Choosing Options and Accomodation for Children (COACH) (Giangreco, Cloninger & Iverson, 1993), Personal Futures Planning (Mount, 1994) e Creative Problem Solving (CPS) (Giangreco, Cloninger, Dennis & Edelman, 1994) podem proporcionar excelentes maneiras de ajudar a equipe a desenvolver um enfoque claro sobre como o aluno é e o que é importante para ele. Eles servem também para estabelecer padrões ou normas de atendimento conjunto dos membros da equipe, concentrando-se nas potencialidades do aluno. As sessões de planejamento devem ser vistas como parte de um processo contínuo e não como um fim em si mesmas. Reuniões de equipe regulares e eficientes são necessárias para a monitoração do progresso dos alunos.

Muitas equipes usam uma matriz de objetivo/atividade (para um exemplo dessas reuniões, ver Capítulo 16 e COACH [Giangreco *et al.*, 1993, p. 115]) para aplicar estratégias de apoio, geradas durante as reuniões de equipe para o programa do ensino regular. A matriz serve também a outros propósitos:

1. Proporciona uma estrutura para o planejamento de adaptações e acomodações específicas, visando a garantir a participação do aluno nas atividades de sala de aula e da escola.
2. Ajuda a equipe a enxergar onde há lacunas nas necessidades do aluno que não estejam sendo adequadamente tratadas e a fazer ajustes.
3. Dá segurança aos professores do ensino regular e a outros que possam ter dúvidas de que as necessidades do aluno estejam sendo abordadas através da sua participação na sala de aula de ensino regular e sobre os objetivos que devem ser alcançados em um determinado momento do dia letivo.
4. Esclarece os tipos e as quantidades específicas de apoio de que um aluno necessita em vários momentos de sua aprendizagem.
5. Oferece aos membros da equipe um quadro mais claro dos seus papéis no apoio ao aluno.
6. Ajuda as equipes a priorizar as atividades ou os momentos do dia que apresentam desafios particulares e que precisam ser tratados em uma reunião da equipe.

A maneira pela qual a reunião da equipe é estruturada pode afetar a eficiência e a produtividade desse grupo. Estas são algumas estratégias-chave que podem ajudar as equipes a garantir reuniões eficientes:

- Designar papéis (facilitador, anotador, apontador, transcritor).
- Estabelecer uma agenda com limites de tempo para os itens a serem discutidos.
- Sempre iniciar com o reconhecimento dos sucessos.
- Sempre concluir com um plano de ação que designe especificamente *quem* vai fazer *o que e quando*.
- Registrar os procedimentos em quadros na parede, usando cores e gráficos.
- Providenciar uma transcrição dos procedimentos a todos os participantes, após a reunião.

As equipes reconhecem que embora a utilização dos tipos de processos e estratégias de planejamento aqui recomendados possa de início consumir muito tempo, em longo prazo economiza tempo e frustração. Em conseqüência, os profissionais envolvidos sentem-se mais eficientes e competentes e o resultado para o aluno é uma experiência escolar mais rica e mais bem-sucedida. Os professores comentam, além disso, que aprender a apoiar um aluno na sua aprendizagem fazendo uso de tais métodos ajuda-os a melhorar suas práticas ao ensinar a todos os alunos, com e sem deficiências, de suas salas de aula.

SEXTO PASSO: DESENVOLVER UMA ASSISTÊNCIA TÉCNICA ORGANIZADA E CONTÍNUA

Quando os educadores são solicitados a implementar práticas educacionais que se afastam significativamente de suas abordagens e práticas tradicionais, podem sentir-se inadequados e carentes de formação, informações e apoio. Além disso, os pesquisadores que acompanham os esforços de reforma da escola nos Estados Unidos notam que o movimento da reforma não está atingindo seus objetivos, não está ocorrendo de modo substancial.

> Qual é o problema? Nossa pesquisa sugere que (1) os "novos tipos de ensino" requeridos para implementar as reformas são descritos em termos demasiadamente genéricos para os professores poderem utilizá-los, e (2) mesmo que esses novos tipos de ensino fossem claramente definidos, as práticas de desenvolvimento do pessoal atual são inadequadas para realizar mudanças significativas. (Goldenberg & Gallimore, 1992, p. 69)

Tais questões apontam para uma crescente necessidade de oportunidades de formação mais abrangentes e inovadoras para os funcionários das escolas. Um papel preponderante da força-tarefa responsável pelo desenvolvimento e pela implementação de uma política educacional inclusiva em uma escola ou em um distrito é estabelecer um plano para oferecer assistência técnica para todos os professores e demais profissionais envolvidos. Devem ser conduzidas avaliações regulares das necessidades para identificar os tipos e o conteúdo das atividades de assistência técnica mais necessárias e urgentes.

Um plano efetivo de assistência técnica deve incluir:

1. Funcionários especializados de dentro e de fora da escola para atuarem como consultores e facilitadores.
2. Uma biblioteca prontamente acessível com materiais atualizados, recursos em vídeo e áudio que enfoquem a reforma da escola e as práticas de educação inclusiva recomendadas. Deve também incluir um cadastro continuamente atualizado das pessoas especializadas nos âmbitos local, estadual e nacional, assim como um calendário de eventos de formação.
3. Um plano abrangente, condizente e contínuo de formação em serviço.
4. Oportunidades para os educadores que apóiam os alunos se reunirem para tratar de questões comuns e ajudarem uns aos outros no desenvolvimento criativo de novas estratégias.
5. Oportunidades para os educadores novatos em práticas inclusivas visitarem outras escolas e distritos que tenham implementado a educação inclusiva em conjunto com esforços de reforma da escola.
6. Oportunidades para os professores aumentarem suas habilidades, observando, conversando e moldando suas práticas com colegas mais experimentados no apoio a alunos nas salas de aula de ensino regular.

Além de envolver todos os funcionários da escola nessas atividades de assistência técnica (incluindo zeladores, secretários e outros), a participação dos pais é essencial. Para promover uma visão compartilhada dos objetivos da escola e como atingi-los, todas essas pessoas precisam ter a oportunidade de obter as mesmas informações.

É difícil reestruturar as práticas de formação do funcionário para conseguir uma mudança significativa na escola. Apesar disso, "As práticas de formação do funcionário podem mudar a prática de ensino, melhorar a aprendizagem dos alunos e recompor a cultura da escola" (Hirsh & Ponder, 1991, p. 47). O resultado da criação de escolas que acolhem alunos com dificuldades para aprender e incorporam uma cultura rica de aceitação e inserção para todos os alunos vale o esforço requerido para tal.

SÉTIMO PASSO: MANTER A FLEXIBILIDADE

A flexibilidade tem amplas implicações nas discussões sobre como construir escolas de qualidade, que incluam todos os alunos, com e sem deficiências.

> De alguma maneira, os educadores prestes a integrar alunos com deficiências são análogos aos pais que acabaram de dar à luz uma criança com uma deficiência grave. São solicitados a realizar um ato de fé, a acreditar que o que estão prestes a realizar será bom para eles e para os alunos. Como os pais, eles podem vislumbrar uma situação essencialmente experimental e enevoada pela ansiedade. Mas, trabalhando em conjunto, por mais difícil que a experiência seja, as escolas têm a oportunidade de descobrir, assim como muitos pais, que o compromisso de trabalhar e relacionar-se com jovens com deficiência é tão bom para a pessoa deficiente quanto para seus parentes e amigos. (Biklen, 1989, p. 245)

A partir da observação de muitas famílias que têm um filho com deficiência, podemos observar claramente as mesmas qualidades que capacitam uma escola a receber e educar com êxito todos os seus alunos. Essas famílias mostram flexibilidade e capacidade de reagir espontaneamente diante de qualquer estratégia que seja criada para "fazer o momento funcionar" e incluir seu filho nas atividades de sua família. Os pais tornam-se mestres persistentes, formulando perguntas desafiadoras, experimentando coisas novas, assumindo riscos para descobrir o que funciona e fazendo o que funciona, em vez de agirem da maneira pela qual a maioria age, segregando seus filhos.

Da mesma maneira, os educadores devem desenvolver essas mesmas habilidades para rapidamente responder aos desafios de apoiar os alunos com dificuldade para aprender na participação das atividades da escola. Além de uma forte crença no ensino inclusivo e no compromisso de fazê-lo acontecer, a espontaneidade, a flexibilidade e a coragem para assumir riscos são qualidades fundamentais.

Em seu livro *Enlightened Leadership*, Oakley e Krug (1991) discutiram o papel fundamental dos estilos de pensar no modo como os indivíduos lidam com os desafios e as mudanças em suas vidas. Os autores descreveram dois extremos do estilo de pensar: o pensamento reativo e o pensamento criativo. Entre outras reações, os pensadores reativos são resistentes à mudança, cegos diante dos problemas, só enxergando razões pelas quais não podem fazer as coisas e são limitados pelo que funcionou no passado. Os pensadores criativos, ao contrário, estão abertos à mudança, são orientados pelo "posso fazer", criam sucessos e potencialidades e buscam as oportunidades nas situações. Os autores enfatizaram que esta não é uma questão de opção. Em uma dada situação, qualquer indivíduo pode fracassar em algum ponto, no contínuo entre os dois extremos. Os líderes escolares precisam cultivar ambientes em que os indivíduos sejam encorajados a ter um pensamento criativo, e não reativo.

York e Vandercook (1989) também recomendam que os educadores assumam uma abordagem de resolução de problemas. Quando os problemas ocorrem, a melhor estratégia é voltar à etapa do planejamento e determinar uma maneira diferente para proceder, em vez de recuar para o encaminhamento de alunos para classes de educação especial segregadas. Embora o recuo possa parecer o caminho mais fácil, não é o mais interessante em longo prazo para os alunos ou para a complementação das comunidades inclusivas. Essa situação é especialmente crítica quando os alunos exibem um comportamento desafiador na aula. O comportamento desafiador provavelmente requer o máximo de criatividade e flexibilidade por parte dos indivíduos que planejam para um aluno, mas, apesar disso é a área em que os indivíduos são em geral menos flexíveis e menos capazes de resolver problemas.

Outra dimensão da flexibilidade relaciona-se às capacidades dos educadores de irem além dos papéis tradicionais que seu título ou especialização profissional ditaram para que desempenhassem suas funções. Ao usar uma equipe para o planejamento e a implementação de apoio para os alunos individualmente, o debate e a justaposição das idéias em geral tornam-se os padrões operacionais típicos. Os indivíduos vêem-se então atuando além de seus papéis tradicionalmente definidos e utilizando áreas de interesse e especialização não-relacionadas a seus títulos profissionais. Também acham que a ajuda que proporcionam aos alunos é o que realmente é necessário em um determinado momento e esta não se relaciona necessariamente a seus papéis tradicionais.

> Os professores de escolas bem-sucedidas não se consideram especialistas, mas mais generalistas, atuando através das disciplinas de uma maneira diagnóstica, para resolver os problemas de aprendizagem dos alunos. Tanto os professores de educação regular quanto os de educação especial descrevem este novo papel como rejuvenescedor. (National Association of State Boards of Education, 1992, p. 15)

Os educadores que estão trabalhando em equipes dinâmicas relatam que ganham novas energias, desenvolvem novas habilidades e tornam-se capacitados para renovar seu compromisso de proporcionar uma educação de qualidade a todos os alunos.

OITAVO PASSO: EXAMINAR E ADOTAR ABORDAGENS DE ENSINO EFETIVAS

Educar eficientemente alunos com diferentes níveis de desempenho requer que os educadores usem várias abordagens de ensino para satisfazer às necessidades de seus alunos. Os professores freqüentemente necessitam fazer uma reavaliação das práticas de ensino com as quais se sentem mais à vontade, para determinar se estas são as melhores maneiras possíveis de promover a aprendizagem ativa de resultados educacionais desejados para todos os alunos da turma.

Muitos professores acostumam-se a usar uma abordagem "tamanho único" para o ensino. Em um estudo de várias escolas dos Estados Unidos, Goodlad (1984) encontrou pouca modificação na estreita variedade de práticas de ensino utilizadas, embora outras características das escolas variassem significativamente. O problema óbvio do uso de apenas alguns poucos métodos de ensino padronizados é que os alunos, mesmo aqueles que não constituem desafios especiais, naturalmente têm várias potencialidades, necessidades e estilos de aprendizagem.

A Teoria das Inteligências Múltiplas sugere abordagens de ensino que se adaptam às "potencialidades" individuais de cada aluno, assim como a modalidade pela qual cada um pode aprender melhor (Gardner, 1993).

> Reunindo a grande variedade de habilidades humanas em sete inteligências básicas, temos agora um mapa para compreender as muitas maneiras pelas quais as crianças aprendem, e um plano para garantir seu sucesso na escola e na vida (Armstrong, 1994, p. 28)

Os líderes da reforma educacional declaram que educar os alunos para serem cidadãos produtivos do século XXI requer o uso de estratégias de ensino que promovam mais a aprendizagem ativa que a passiva, a cooperação em vez da competição e habilidades de pensamento crítico em vez de uma aprendizagem mecânica (Benjamin, 1989).

Além de usar um repertório limitado de abordagens de ensino, os professores de educação regular têm sido levados a acreditar que eles não têm as habilidades ou a especialização para educar com êxito alunos com deficiência. Isso se deve ao fato de que a educação especial desenvolveu-se em um sistema educacional separado, voltado para a satisfação das necessidades de alunos cujas habilidades estão fora das definições tradicionais. A existência de dois sistemas educacionais paralelos, um rotulado de "educação especial" e outro rotulado de "educação regular", reforçou o mito de que os alunos com deficiência aprendem de maneira tão diferente que requerem métodos de ensino distintos daqueles usados para os estudantes regulares (Schaffner & Buswell, 1991).

> Felizmente, a suposição há muito estabelecida de que há duas metodologias ou psicologias de aprendizagem ... está começando a desmoronar. Está sendo substituída pela visão de que as estratégias de ensino reais, usadas com qualquer criança, são apenas uma parte do padrão em constante mudança dos serviços prestados em resposta às necessidades individuais e mutáveis da criança. (Stainback, Stainback & Bunch, 1989, p. 16)

Um ambiente escolar dinâmico em que exista apoio mútuo e trabalho compartilhado para criar estratégias visando a garantir o sucesso do aluno não é ameaçador para os professores aprenderem e experimentarem novas abordagens de ensino. Os professores poderão, então, incorporar as abordagens que eles acham bem-sucedidas em seus repertórios de ensino.

NONO PASSO: COMEMORAR OS SUCESSOS E APRENDER COM OS DESAFIOS

Como foi dito anteriormente, é importante que os sistemas escolares cultivem a capacidade dos membros do seu pessoal de pensar criativamente, em vez de reativamente. Os pensadores criativos demonstram um enfoque positivo e reconhecem a importância de reconhecer, comemorar e confiar no sucesso. Os pensadores criativos também respondem aos desafios que inevitavelmente surgem quando as novas oportunidades de aprendizagem e de desenvolvimento apresentam-se.

A "estrutura para renovação contínua" (Oakley & Krug, 1991), a seguir, demonstra como as equipes de ensino podem manter um enfoque contínuo e voltado para o sucesso:

1. Comemorar os pequenos sucessos que você atinge.
2. Pesquisar o que você está fazendo para gerar tais sucessos.
3. Esclarecer contínua e detalhadamente seus objetivos específicos.
4. Ajudar todas as partes a compreender os benefícios de atingir os objetivos.
5. Procurar continuamente o que você poderia ter feito mais, melhor ou diferentemente para aproximar-se dos objetivos. (p. 116)

As inovações bem-sucedidas e implementadas pelos indivíduos ou pelos grupos nas escolas podem ter pouco efeito sobre a mudança, a menos que esforços deliberados sejam realizados para incorporá-las na política e na prática cotidiana da escola.

> Não basta atingir pontos isolados de sucesso. A reforma só será bem-sucedida se pudermos demonstrar que os pontos de sucesso são adicionados a novos procedimentos, estruturas e culturas de ensino que pressionam por uma melhoria contínua ... O fracasso em institucionalizar uma inovação e transformá-la em estruturas e práticas normais da organização está subjacente ao desaparecimento de muitas reformas. (Fullan & Miles, 1992, p. 748)

É comum um modelo de reforma escolar bem-sucedida instituído por uma determinada autoridade desaparecer quando essa pessoa em questão não está mais envolvida e as demais voltam a recorrer às antigas práticas. Além disso, escolas que incluíram um aluno com necessidades importantes devido à defesa de um pai/mãe insistente ou de um professor acolhedor, mas que não incorporam o que foi aprendido com aquele aluno nas salas de aula, diminuem os benefícios potenciais para os alunos presentes e futuros. Para realmente reformar, as inovações bem-sucedidas devem tornar-se elementos penetrantes da cultura da escola.

DÉCIMO PASSO: ESTAR A PAR DO PROCESSO DE MUDANÇA, MAS NÃO PERMITIR QUE ELE O PARALISE

A teoria da mudança é às vezes usada pelos professores como base para o processamento de novas práticas nas escolas. Acredita-se que a mudança só pode ocorrer em pequenos avanços e que a aceleração do processo pode fazer com que os indivíduos rejeitem as novas práticas e sabotem os esforços de reforma.

A sensibilidade às reações dos indivíduos e das organizações que estão experimentando a mudança é importante. Entretanto, é fundamental que essa teoria da mudança não seja usada pelos indivíduos responsáveis por educar os alunos como uma desculpa para evitar que eles façam mudanças e ajam de maneira moral e eticamente coerente em prol dos alunos. Os educadores que mudaram com êxito suas práticas educacionais para criar escolas inclusivas e de qualidade relatam que uma visão progressiva da mudança, em que os indivíduos movem-se passo a passo através do processo e em que novos passos só são dados quando todos estão "na mesma página", não é necessariamente uma visão eficiente. Na verdade, a movimentação em fases ou outros processos seqüenciais para a implementação desse tipo de mudança educacional realmente atrasa a aceitação e permite aos que se opõem à mudança mais tempo para organizarem-se (Noblit & Johnson, 1982).

Pesquisas têm mostrado que as mudanças de atitude não têm de preceder as mudanças de comportamento. Por isso, não é eficiente esperar que as atitudes das pessoas sobre uma determinada inovação mudem antes que a mudança seja implementada (Guskey, 1984). Na verdade, alguns estudos revelaram que a única maneira de mudar atitudes é orientando os indivíduos a mudarem seu comportamento – segue-se, então, uma mudança de atitude (McDonnell & Hardman, 1987).

McDonnell e Hardman (1987) recomendam que a mudança seja implementada simultaneamente em uma base territorial mais ampla, em vez de através da criação de modelos em pequena escala. Essa estratégia minimiza a resistência e facilita o planejamento abrangente. Os conselhos e os diretores escolares de todos os níveis devem desempenhar um papel importante na promoção da mudança. As teorias da mudança organizacional indicam que a "falta de apoio administrativo por parte das autoridades é uma das causas mais freqüentes de fracasso na implementação" (Daft, 1983, p. 285). Como foi previamente mencionado, os diretores determinam o caráter e comunicam ao pessoal a expectativa de que a adoção de práticas consistentes com a declaração da missão da escola não é opcional.

O resultado mais prejudicial de conter a implementação da educação inclusiva até que todos os indivíduos envolvidos estejam preparados, ou de implementá-la por fases, é que tais métodos ignoram a urgência da inclusão para os alunos, *que não têm tempo a perder*. Finalmente, incluir e garantir uma educação de qualidade para todos os alunos é uma questão de justiça social, que pode manter ou negar os valores professados como importantes pelas escolas, pelos distritos escolares e pela sociedade como um todo.

CONCLUSÃO

As escolas e as comunidades devem unir-se para garantir que sejam estabelecidos e seguidos os princípios de uma educação de qualidade para todos os alunos. Os passos fundamentais delineados neste capítulo podem proporcionar um guia para os indivíduos comprometidos com o objetivo de implementação de uma mudança significativa e duradoura que beneficie todos os alunos.

A urgência com que essa mudança deve ser implementada é evidente. Apesar dos intensos esforços para melhorar as escolas, muitos planos de reforma estão fracassando.

> Nossa sociedade não precisa ingressar suas crianças primeiro no mundo da matemática e da ciência. Ela precisa cuidar de suas crianças – para reduzir a violência, para respeitar o trabalho honesto de qualquer tipo, para recompensar a excelência em qualquer plano, para garantir um lugar para cada criança e cada adulto emergente no mundo econômico e social, para produzir pessoas que possam cuidar de maneira competente de suas próprias famílias e contribuir eficientemente para suas comunidades. Em direta oposição à ênfase atual nos padrões acadêmicos ... declaro que nosso principal objetivo educacional deveria ser o de encorajar o desenvolvimento de pessoas competentes, protetoras, amorosas e dignas de serem amadas. (Noddings, 1995, p. 366)

O diálogo criterioso e o planejamento estratégico envolvendo todas as pessoas responsáveis pela implementação da reforma são críticos. Embora os alunos com deficiência possam ser o principal enfoque dos indivíduos que estão lendo este livro, é fundamental que estes alunos e as reformas necessárias para apoiá-los com êxito não sejam vistos como uma questão separada, "acrescentada" por seus defensores, pelos formuladores de políticas ou por aqueles que implementam a política nas escolas.

Todos os defensores da inclusão devem unir-se no reconhecimento de que as escolas que implementam práticas educacionais sólidas são boas para *todos* os alunos. A presença de alunos com deficiência nas salas de aula de ensino regular e seus sucessos ou fracassos podem servir como um barômetro para o modo como as crianças estão sendo educadas nessas turmas. O fator mais importante é ter a coragem para fazer o que é certo, apesar dos desafios e das barreiras que surgem. O resultado é um sistema educacional mais forte e mais eficiente para todos os alunos.

REFERÊNCIAS BIBLIOGRÁFICAS

Armstrong, T. (1994). Multiple intelligences: Seven ways to approach curriculum. *Educational Leadership, 52*(3), 26-28.
Benjamin, S. (1989). An ideascape for education: What futurists recommend. *Educational Leadership, 47*(1), 8.
Biklen, D. (1988). The myth of clinical judgement. *Journal of Social Issues, 44*(1), 127-140.
Biklen, D. (1989). Making difference ordinary. *In* S. Stainback, W. Stainback & M. Forest (Eds.), *Educating all students in the mainstream of regular education* (p. 235-248). Baltimore: Paul H. Brookes Publishing Co.
Daft, R.L. (1983). *Organization theory and design*. São Francisco: West Publishing Company.
Eisner, E.W. (1991). What really counts in schools. *Educational Leadership, 49*(5), 10-11, 14-17.
Falvey, M., Forest, M., Pearpoint, J. & Rosenberg, R. (1994). Building connections: All my life's a circle. *In* J.S. Thousand, R.A. Villa & A.I. Nevin (Eds.), *Creativity and collaborative learning: A practical guide to empowering students and teachers* (p. 347-368). Baltimore: Paul H. Brookes Publishing Co.
Flynn, G. & Innes, M. (1992). The Waterloo region Catholic school system. *In* R.A. Villa, J.S. Thousand, W. Stainback & S. Stainback (Eds.), *Restructuring for caring and effective education: An administrative guide to creating heterogeneous schools* (p. 201-217). Baltimore: Paul H. Brookes Publishing Co.
Forest, M. (Fevereiro, 1990). *MAPS and circles*. Apresentado no *workshop* do PEAK Parent Center em Colorado Springs.
Fullan, M.G. & Miles, M.B. (1992). Getting reform right: What works and what doesn't. *Phi Delta Kappan, 73*, 745-752.
Gardner, H. (1993). *Frames of mind* (2ª ed.). Nova York: Basic Books.
Giangreco, M.F., Cloninger, C.J., Dennis, R.E. & Edelman, S.W. (1994). Problem-solving methods to facilitate inclusive education. *In* J. Thousand, R. Villa & A. Nevin (Eds.), *Creativity and collaborative learning: A practical guide to empowering students and teachers* (p. 321-346). Baltimore: Paul H. Brookes Publishing Co.
Giangreco, M.F., Cloninger, C.J. & Iverson, V.S. (1993). *Choosing options and accomodations for children (COACH)*. Baltimore: Paul Brookes Publishing Co.
Goldenberg, C. & Gallimore, R. (1991). Changing teaching takes more than a one-shot workshop. *Educational Leadership, 49*(3), 69-72.
Goodlad, J. (1984). *A place called school*. Nova York: McGraw-Hill.
Guskey, T.R. (1984). Staff development and teacher change. *Educational Leadership, 42*(7), 57-60.
Hirsh, S. & Ponder, G. (Novembro, 1991). New plots, new heroes in staff development. *Educational Leadership, 49*(3), 43-48.

Johnson, D., Johnson, R., Holubec, E.J. & Roy, P. (1984). *Circles of learning*. Alexandria, VA: Association for Supervision and Curriculum Development.

Lusthaus, E. & Forest, M. (1987). The kaleidoscope: A challenge to the cascade. *In* M. Forest (Ed.), *More education integration* (p. 1-17). Downsview, Ontario, Canadá: G. Allan Roeher Institute.

McDonnell, A. & Hardman, M. (1987). *The desegregation of America's special schools – A blueprint for change*. Salt Lake City: The University of Utah.

Mount, B. (1984). Benefits and limitations of personal futures planning. *In* V. Bradley, J. Ashbaugh & B. Blaney (Eds.), *Creating individual supports for people with developmental disabilities: A mandate for change at many levels* (p. 97-108). Baltimore: Paul H. Brookes Publishing Co.

National Association of State Boards of Education. (1992). *Winners all: A call for inclusive schools*. Alexandria, VA: Author.

Noblit, G.W. & Johnston, B. (1982). Understanding school administration in the desegregation context: An introductory essay. *In* G.W. Noblit & B. Johnston (Eds.), *The school principal and school desegregation* (p. 3-39). Springfield, IL: Charles C. Thomas.

Noddings, N.(1995). A morally defensible mission for schools in the 21st century. *Phi Delta Kappan, 76*(5), 365-368.

Oakley, E. & Krug, D. (1994). *Enlightened leadership – Getting to the heart of change*. Nova York: Fireside.

O'Brien, J. & Forest, M. (1989). *Action for inclusion – How to improve schools by welcoming children with special needs into regular classrooms*. Toronto: Frontier College Press.

Pearpoint, J. O'Brien, J. & Forest, M. (1993). *PATH – A workbook for planning positive futures*. Toronto: Inclusion Press.

Pearson, V.L. (1988). Words and rituals establish group membership. *Teaching Exceptional Children, 21*(1), 52-53.

Ruttiman, A. & Forest, M. (1986). With a little help from my friends: The integration facilitator at work. *Entourage, 1*, 24-33.

Sapon-Shevin, M. (1992). Celebrating diversity, creating community: Curriculum that honors and builds on differences. *In* S. Stainback & W. Stainback (Eds.), *Curriculum considerations in inclusive classrooms: Facilitating learning for all students* (p. 19-36). Baltimore: Paul H. Brookes Publishing Co.

Sapon-Shevin, M. (1995). Why gifted students belong in inclusive schools. *Educational Leadership, 52*(4), 64-70.

Schaffner, C.B. & Buswell, B.E. (1991). *Opening doors: Strategies for including all students in regular education*. Colorado Springs: PEAK Parent Center, Inc.

Schaffner, C.B. & Buswell, B.E. (1992). *Connecting students: A guide to thoughtful friendship facilitation for educators and families*. Colorado Springs: PEAK Parent Center, Inc.

Schattman, R. (1992). The Franklin Northwest Supervisory Union – A case study of an inclusive school system. *In* R. Villa, J. Thousand, W. Stainback & S. Stainback (Eds.), *Restructuring for caring and effective education: An administrative guide to creating heterogeneous schools* (p. 143-159). Baltimore: Paul H. Brookes Publishing Co.

Servatius, J.D., Fellows, M. & Kelly, D. (1992). Preparing leaders for inclusive schools. *In* R.A. Villa, J.S. Thousand, W. Stainback & S. Stainback (Eds.), *Restructuring for caring and effective education: An administrative guide to creating heterogeneous schools* (p. 267-283). Baltimore: Paul H. Brookes Publishing Co.

Solomon, D., Schaps, E., Watson, M. & Battistich, V. (1992). Creating caring school and classroom communities for all students. *In* R.A. Villa, J.S. Thousand, W. Stainback & S. Stainback (Eds.), *Restructuring for caring and effective education: An administrative guide to creating heterogeneous schools* (p. 41-60). Baltimore: Paul H. Brookes Publishing Co.

Stainback, W., Stainback, S. & Bunch, G. (1989). A rationale for the merger of regular and special education. *In* S. Stainback, W. Stainback & M. Forest (Eds.), *Educating all students in the mainstream of regular education* (p. 15-26). Baltimore: Paul H. Brookes Publishing Co.

Stainback, W., Stainback, S., Moravec, J. & Jackson, H.J. (1992). Concerns about full inclusion – An ethnographic investigation. *In* R.A. Villa, J.S. Thousand, W. Stainback & S. Stainback (Eds.), *Restructuring for caring and effective education: An administrative guide to creating heterogeneous schools* (p. 305-324). Baltimore: Paul H. Brookes Publishing Co.

Villa, R. & Thousand, J. (1992). Student collaboration: An essential for curriculum delivery in the 21st century. *In* S. Stainback & W. Stainback (Eds.), *Curriculum considerations in inclusive classrooms: Facilitating learning for all students* (p. 117-142). Baltimore: Paul H. Brookes Publishing Co.

York, J. & Vandercook, T. (1989). *Strategies for achieving an integrated education for middle school aged learners with severe disabilities*. Minneapolis: Institute on Community Integration.

5

MAPs, Círculos de Amigos e PATH:*
Instrumentos Poderosos para Ajudar a Construir Comunidades Protetoras

Jack Pearpoint,
Marsha Forest e
John O'Brien

UM DOS COMPONENTES BÁSICOS para promover relacionamentos e amizades é que as pessoas estejam próximas umas das outras e tenham oportunidades freqüentes para interagir entre si. A pesquisa tem demonstrado que, para crianças e adultos comporem elos de amizade, devem ter acesso freqüente uns aos outros. Por isso, é mais provável que os alunos que freqüentam as mesmas escolas e aulas que seus colegas da vizinhança formem elos fortes que resultem em amizade (Grenot-Scheyer, Coots & Falvey, 1989; Stainback & Stainback, 1990).

Infelizmente, oportunidades freqüentes e uma grande proximidade nem sempre são suficientes para crianças e adultos sentirem-se ligados entre si e construírem uma rede de amigos. Vários instrumentos têm sido usados com sucesso para facilitar esses relacionamentos e eventuais amizades. Tais instrumentos são planejados para adaptarem-se à energia criativa de alunos e de educadores. Círculos de amigos, Making Action Plans – MAPs (Formulação de Planos de Ação), anteriormente McGill Action Planning Systems, e Planning Alternative Tomorrows with Hope – PATH (Planejamento de um Futuro Alternativo com Esperança) são três instrumentos centrados na pessoa, que presumem que todo mundo deve ser valorizado. Tais instrumentos baseiam-se na esperança, no futuro e supõem que todas as pessoas estão inseridas, que todas as pessoas podem aprender, que todos se beneficiam de estar juntos e que a diversidade é uma de nossas potencialidades fundamentais. Vamos descrevê-los em detalhes neste capítulo.

---

* N. de T. Há aqui também um jogo de palavras, pois MAP, em inglês, significa Mapa e PATH significa Caminho.

FORMULAÇÃO DE PLANOS DE AÇÃO (MAPs)

Pressupostos dos MAPs

Os MAPs são baseados no que segue:

- Todos os alunos inseridos em salas de aula regulares têm condições, possibilidades e obstáculos para aprender.
- Os professores do ensino regular podem ensinar todas as crianças.
- Será fornecido o apoio necessário, se preciso.
- Educação de qualidade é um direito, não um privilégio.
- Os resultados devem ser o sucesso, a alfabetização e a graduação para todos.
- Alternativas criativas devem estar disponíveis para pessoas que não tenham tido sucesso nas escolas, nos padrões tradicionais de atendimento.

O que são os MAPs?

MAP é um processo de planejamento de ação cooperativa, que reúne os principais agentes da vida de uma criança. O aluno, sua família e seus professores, e outras pessoas importantes na sua vida reúnem-se para discutir os sonhos e os objetivos pessoais desse aluno e da família e as maneiras de transformá-los em uma realidade. No espírito da cooperação, esta equipe cria um plano de ação a ser implementado em uma turma de ensino regular. *Não* se trata de um estudo de caso ou de um programa de educação individualizado (PEI), mas seus resultados certamente podem ser inseridos em qualquer formulário de PEI.

Um MAP é aplicado por duas pessoas: o anotador dos MAPs, que faz os registros (de preferência, usando gráficos) em uma grande folha de papel, e o facilitador do processo, que recepciona o grupo, explica o processo e aplica o MAP.

MAPs – Parte 1

Elementos Essenciais de um MAP. Seguem-se os elementos essenciais de um MAP. Sem estes oito elementos essenciais, o plano não é um MAP. Pode ser algo similar, mas um MAP deve ter os oito elementos seguintes ou deve haver uma boa razão para um deles ser eliminado.

1. Co-facilitação: o anotador do MAP e seu facilitador podem mudar suas funções entre si;
2. Registro gráfico com canetas coloridas;
3. Hospitalidade – uma atmosfera pessoal e informal: salgadinhos, bebidas e sinais de agradecimento;

4. Conhecimento de todos os fatores-chave da vida atual e da participação da criança;
5. Enfoque na pessoa e em seus irmãos, amigos e parentes;
6. Pergunta fundamental formulada: O que a criança e a família desejam?
7. Decisão de reunirem-se novamente com data pré-fixada;
8. Plano de ação concreto com coisas reais a serem feitas imediatamente.

UM MAP é composto por perguntas, cada uma delas podendo ser demarcada por um círculo. As perguntas do MAP são mostradas na Figura 5.1. Toda pergunta deve ser formulada, mas não há uma ordem prescrita a ser seguida. Os facilitadores decidem que direção tomar, dependendo das necessidades do grupo.

Determinando o Caráter e a Introdução. Antes de iniciar o MAP, os facilitadores arrumam a sala com cadeiras confortáveis, dispostas em um semicírculo informal. O papel e as canetas coloridas estão prontos para serem usados. Há salgadinhos disponíveis antes do início da sessão. Foram preparadas etiquetas com nomes coloridos para identificação dos participantes. Os facilitadores convidam o grupo para sentar-se e apresentar-se, e depois o facilitador solicita a cada um: "Por favor, diga-nos quem é você e explique o seu relacionamento com Mark [a pessoa focalizada]".

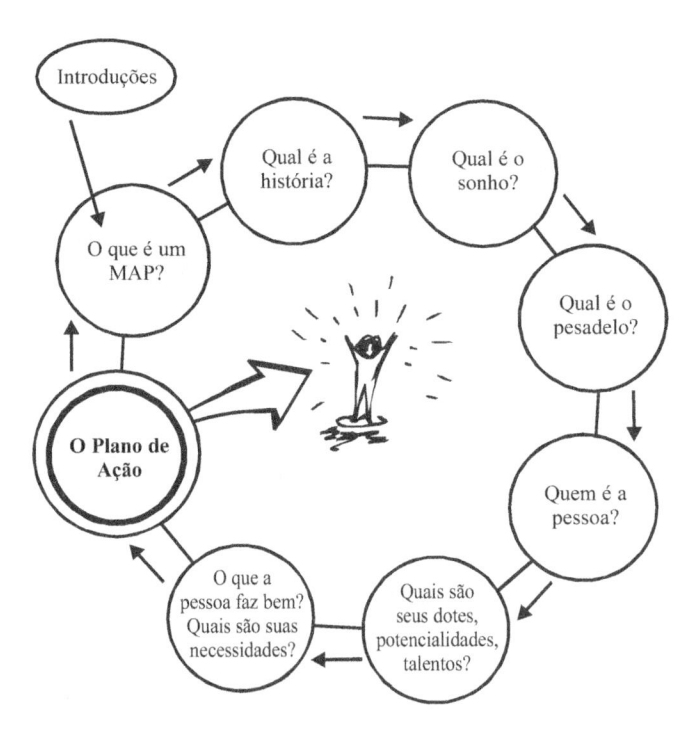

FIGURA 5.1 As perguntas do MAP – Uma mandala.

Pergunta 1: O Que é um MAP? O facilitador pede aos participantes que pensem em um mapa e pergunta, "O que é um mapa?" Os participantes de um grupo podem dar respostas como por exemplo: "Um mapa mostra as direções." "Ele nos diz como ir de um lugar para outro." "Ele nos mostra como encontrar as coisas". "Um mapa nos diz para onde ir."

O facilitador poderá responder: "É exatamente o que estamos fazendo aqui, apontando uma direção para a vida de Mark, para ajudar ele e sua família a irem de um lugar (a classe especial) para outro (a turma de ensino regular). O MAP também nos ajuda a pensar como encontrar o que Mark necessita. Se todos trabalharmos juntos, podermos decidir para onde ir em seguida. Juntos, podemos criar um plano de ação para Mark".

Pergunta 2: Qual é a História? (Pode também ser Fundida com a Pergunta 3)
Por exemplo, o facilitador pergunta: "Por favor, conte-nos sua história. Quais são as coisas mais importantes que aconteceram desde que Mark nasceu? Sei que você pode prosseguir indefinidamente com isso, por isso vou limitar um tempo de 5-7 minutos. Diga-nos o que acredita ser realmente importante ouvir e saber sobre a história de Mark."

O facilitador do MAP deve tomar cuidado para não deixar que o relato se torne um estudo de caso. Deve ouvir com seu coração, com sua alma e com seu corpo. O anotador do MAP escreve a história em palavras, desenhos e imagens. O facilitador do processo pede aos participantes que também ouçam com seus corações: "Não ouçam apenas com seus ouvidos. Ouçam com todo o seu corpo. Não formulem opiniões. Isso não é um julgamento. Tentem sentir, ouvir o que a pessoa está lhe dizendo de dentro para fora – como se fosse a sua própria história".

Em geral, essa pergunta é feita antes da pergunta "Qual é o Sonho?", dependendo do caráter e do humor do grupo. O anotador resume a história, depois que a família ou a pessoa tiver terminado de expor seus pensamentos e de assegurar que todos os relatos estão corretos e os elementos essenciais da história, registrados. O anotador solicita a assistência da equipe do MAP neste processo. Cometer erros simples (especialmente com os nomes das pessoas) pode ser muito constrangedor; por isso, é importante fazer correções e solicitar ajuda. Isso aumenta a participação e o entrosamento no grupo.

Pergunta 3: Qual é o Sonho? Esse aspecto é realmente o coração e a alma do MAP. O facilitador deve criar uma atmosfera na qual a família sinta-se à vontade para dizer quais são realmente seus sonhos, esperanças e desejos.

Por exemplo, o facilitador pergunta: "Se vocês pudessem sonhar o que quisessem, se pudessem ter qualquer coisa sem nenhum impedimento, o que vocês, de fato, desejariam para vocês próprios e para Mark? Dinheiro não é problema. Não se contenham. Sintam-se livres para realmente dizer o que querem. Não perguntem o que acreditam que podem conseguir. Isto é diferente. Trata-se do que você realmente quer e sonha ou reza para que se concretize."

Freqüentemente há um silêncio mortal neste momento – ele é essencial para o processo. Não o interrompa; espere; dê um tempo para a família criar coragem para expressar seus verdadeiros sentimentos e esperanças. Se isso for apressado, todo o MAP pode ser um exercício inútil.

Quando um facilitador formula a pergunta sobre os sonhos mais profundos das pessoas, de forma que ganhem confiança para trazê-los à tona, coisas significativas normalmente acontecem. Um padrão emergiu após anos ruminando esta pergunta. Pais de toda a América do Norte disseram-nos que o processo do MAP permitiu-lhes sonhar novamente. Como disse um pai do Colorado, "um MAP é uma maneira de devolver o sonho a uma família". Quando se trata de adolescentes ou adultos, a própria pessoa pode declarar seu sonho. O MAP devolve um sonho ao indivíduo.

"Mas e quanto à pessoa que não pode falar?" Fizemos muitos MAPs com crianças rotuladas como não-verbais. Embora essas crianças não falem com suas vozes, elas certamente comunicam-se. E se o grupo conhece bem uma criança, alguém vai ser capaz de interpretar seus sonhos e também os sonhos que ela acha que a criança pode ter. Por exemplo, o facilitador pode perguntar: "Se Mark pudesse falar, qual você acha que seria o seu sonho?"

As famílias em geral choram abertamente quando um participante nos diz: "Meu sonho é que meu filho seja feliz, possa ir à escola, vá andando ou de bicicleta para a escola com sua irmã, seja convidado para festas de aniversário, coma um hamburguer com um amigo e tenha amigos telefonando para ele."

Uma garota de doze anos de idade nos disse: "Quero viajar para o Havaí e trabalhar com computadores. Também quero um cachorrinho." Ela foi claríssima.

A mãe de uma criança com problemas médicos graves disse-nos: "Quero que minha filha tenha um amigo de verdade antes de morrer. Meu pesadelo é que minha filha jamais conheça a amizade". Essa menina morreu logo após a reunião do MAP, mas, como ela foi transferida para um distrito escolar que a recebeu, a mãe satisfez o seu desejo. Toda a turma da 3ª série foi ao funeral da sua filha. A família sabia que sua filha tenha feito amigos de verdade em sua vida tão curta.

Pergunta 4: Qual é o Pesadelo? Muitos facilitadores consideram essa pergunta a mais difícil de formular. Acreditamos que ela seja importante, porque o MAP precisa identificar o pesadelo, para poder evitá-lo. Se um MAP não evitar os pesadelos, será um desperdício. Se o resultado do plano de ação for evitar que o pior aconteça, tudo o que estamos fazendo é apenas uma atividade improdutiva.

Em 10 anos fazendo MAPs, estes exemplos são as respostas mais consistentes a essa pergunta: "Meu pesadelo é que meu filho termine em uma instituição, sem ninguém para amá-lo". "Que com nossa morte meu filho fique sozinho e seja colocado em um asilo." "Que meu filho jamais tenha um amigo."

Ninguém jamais disse: "Tenho medo que meu filho não consiga um A em matemática ou não se alfabetize".

Ninguém jamais disse: "Tenho medo que não haja um currículo de história adequado."

Essa pergunta, em geral, proporciona um terreno comum entre duas facções em guerra. Quando os profissionais da escola percebem que esses pais querem o que qualquer pai ou mãe quer para seus filhos, as barreiras caem por terra. Já vimos guerras terminarem em tratados de paz. Uma mulher do Kentucky desmoronou ao descrever como seu filho de 18 anos estava atualmente vivendo o seu pesadelo, institucionalizado após ter ficado cego. "Nossa família está vivendo um pesadelo", chorou ela. "Tudo o que queríamos, tudo o que queremos, é um fio de bondade e amizade para o nosso filho." Tivemos de interromper para um café, porque todos os participantes, de ambas as facções, estavam em lágrimas. Pela primeira vez, estavam reunindo-se como seres humanos, e não como combatentes em lados opostos de uma mesa de discussões.

Os facilitadores não têm de estar familiarizados com a pessoa ou com a família, mas precisam conhecer o processo dos MAPs de dentro para fora. Devem primeiro e antes de tudo acreditar totalmente no fato de que a inclusão é possível para todos! Devem ser bons ouvintes, capazes de ouvir expressões de grande sofrimento, sem precipitar-se dando conselhos e soluções imediatos.

Os facilitadores podem ser pessoas das escolas ou uma equipe externa. Seu papel é o de extrair informações do grupo e moldá-las em um plano de ação. O anotador cria um esquema do que o grupo diz através de cores e gráficos e também resume o que foi dito antes do grupo passar para o próximo passo do MAP. As perguntas de 1 a 4 constituem a Parte 1 de um MAP. Em geral é necessário fazer uma pausa neste ponto. A segunda parte é mais suave, mais rápida em seu andamento e move-se rumo ao plano de ação.

MAPs – Parte 2

Nesta parte, tentamos conscientemente mudar o humor e o movimento do processo deflagrado pelo MAP.

Pergunta 5: Quem é Mark? Para começar a pensar sobre essa pergunta, fazemos o esboço de uma figura humana no papel e distribuímos etiquetas autocolantes. Precisamos debater muito para achar respostas. Cada participante escreve uma palavra ou uma expressão (uma por etiqueta autocolante) e a coloca sobre a figura. Isso nos dá um "instantâneo" da pessoa. Por exemplo, uma figura de um menino de 12 anos tinha as seguintes palavras e expressões nela coladas: curioso, bonito, determinado, gosta de bons salgadinhos, sempre faminto, talentoso, meu filho, tem covinhas, normal, meu irmão, muito ativo, praga, pirralho, algum dia poderá ser um grande amigo de alguém, um menino interessante, vivo, gosta de tocar tambor, grande família.

O anotador dos MAPs agrupou as palavras na tentativa de obter um retrato de Mark. Às vezes perguntamos: "O que outras pessoas disseram sobre Mark no passado? Que palavras foram usadas antes, em outras reuniões?" Por exemplo, estas foram palavras anteriormente usadas para descrever Mark: retardado, atrasado no desenvolvimento, autista, gravemente autista. Essas etiquetas devem ser coladas separadamente, mas o registrador pode querer destacar as diferenças substanciais entre os dois retratos da mesma pessoa. Veja a Figura 5.2 para uma ilustração desse esboço.

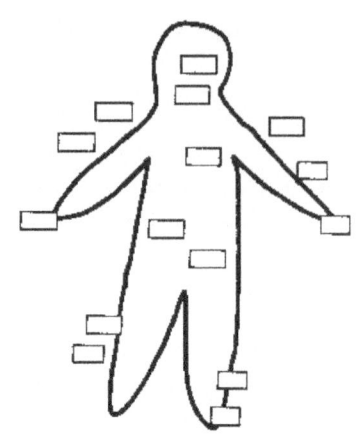

FIGURA 5.2 O esboço da pessoa focalizada com etiquetas autocolantes usadas para responder à Pergunta 5.

Pergunta 6: Quais são as potencialidades e os talentos específicos de Mark?
Para responder a essa pergunta, outra lista de frases e palavras foi gerada: feliz, menino bonito, amoroso, amigável, consegue olhar nos olhos da gente e sorrir, muito generoso, tem "presença", ajuda a organizar as coisas, faz a gente se sentir bem.

Pergunta 7: O que Mark gosta de fazer? Em que Mark é bom? Quais são suas necessidades? Os participantes mais uma vez debatem para gerar esta lista, que é importante para dar ao grupo muitas idéias para o currículo e para o programa diário. Por exemplo, estas respostas foram dadas em relação a Mark: Mark gosta de jogar bola, brincar com cordas e barbantes, escalar nos parques, comer, relaxar, nadar na piscina, brincar em poças d'água, patinar, brincar em armários de roupas, estar com pessoas.

Neste ponto do processo, geramos um volume enorme de informações sobre Mark. O facilitador então pergunta, por exemplo: "Antes de qualquer coisa, o que precisamos para fazer com que isso [o sonho] aconteça? O que Mark precisa? O que Martha [sua professora] precisa? O que a família precisa?"

Neste MAP, os participantes foram a mãe de Mark, seu pai, a irmã adolescente e um professor/amigo dedicado. Houve um consenso geral de que Mark precisava estar envolvido e ter contato com pessoas da sua própria idade. A família queria que ele se encontrasse com outras crianças e passasse algum tempo com elas, para que sua mãe pudesse ter vida própria. A família concordava que um "profissional" para ajudar Mark na sua integração à comunidade seria um "enviado dos deuses". A família queria que a pessoa levasse Mark para lugares onde ele pudesse ficar envolvido com outras crianças. A descrição da tarefa dessa pessoa foi desenvolvida a partir do que foi dito no MAP: encontrar lugares onde Mark pudesse encontrar outras crianças; encontrar crianças para passar algum tempo com ele; freqüentar grupos de jovens com Mark;

envolver Mark em passeios, natação e outras atividades e ajudar Mark a desenvolver mais suas habilidades de comunicação.

Pergunta 8: O Plano de ação. Quando a pergunta "De que esta pessoa necessita?" é cuidadosamente estruturada, as respostas fluem diretamente para um plano de ação. Em algumas circunstâncias, como por exemplo o planejamento de um currículo, podemos fazer um horário e fazer os outros alunos debaterem sobre todas as atividades que Mark gosta e pode fazer. Então, exploramos a estratégia. Se Mark tem de ir da aula de história para o ginásio e trocar-se em 10 minutos, vai precisar de ajuda e de um guia. Quem está disposto a ajudar? Vinculamos pessoas específicas a horários, locais, aulas e atividades específicas.

Neste exemplo, a família concordou com entusiasmo em planejar uma festa da pizza em sua casa no fim de semana e convidar alguns garotos da vizinhança. Junto com Greg, o professor/amigo de Mark, começaram a procurar um facilitador para a sua integração na comunidade. Greg concordou em aplicar outro MAP com um grupo mais amplo no mês seguinte, e foi escolhida uma data para isso.

Concluindo um MAP

Uma reunião do MAP deve ser concluída. O anotador dos MAPs orienta o grupo através de um resumo dos cartazes e dá os cartazes à família como um presente, juntamente com outros presentes, como uma planta e um bolo – algo que cresça, algo doce. Antes de a reunião do MAP terminar, o facilitador formula a cada participante mais uma pergunta: "Você pode me dizer uma palavra ou uma expressão para resumir sua experiência deste MAP? Diga a primeira palavra que vem à sua mente".

Os participantes deste grupo responderam: "Estou aliviada. Ótima reunião" [mãe]. "Muito positiva. Obrigado" [pai]. "Incrível" [irmã]. Um enorme sorriso [Mark]. "Fabuloso e positivo" [Greg].

UM MAP NÃO É/UM MAP É ...

No início do processo de aplicação, é importante determinar claramente o que é um MAP e o que não é um MAP:

1. Um MAP não é um truque, uma artimanha ou uma solução rápida para problemas humanos complexos. *Não* é uma sessão única que vai proporcionar a solução mágica que vai inserir uma pessoa na vida da comunidade. O MAP é uma abordagem de resolução de problemas para lidar com questões humanas complexas. Pode e deve ser realizado todas as vezes que for necessário. No seu âmago, ele é *pessoal, sensato* e *vem do coração*. Um MAP precisa perguntar repetidamente: "O que estamos fazendo faz sentido para esta pessoa ou organização?"

2. Um MAP não é uma substituição para um PEI. Uma sessão do MAP pode ajudar a proporcionar informações para um PEI ou alguma outra documentação necessária, mas não é um substituto e não deve ser tratado como tal. Em um MAP, as pessoas que prestam informações estão pessoal ou profissionalmente envolvidas na vida do indivíduo. Os participantes e os contribuintes do MAP devem ser aqueles que conhecem intimamente a pessoa ou a organização e não simplesmente pessoas que testaram ou proporcionaram uma intervenção ocasional para alguém.
3. Um MAP não é controlado por especialistas, para planejar um pacote de programa determinado. O resultado de uma sessão de MAP é um *plano de ação personalizado* que atende a três critérios: 1) O plano é personalizado e feito especificamente para a pessoa ou a organização. É um MAP único. 2) A pessoa está no centro do MAP. 3) O plano ajuda a trazer a pessoa ou a organização cada vez mais próxima da vida cotidiana da escola ou da comunidade.
4. Um MAP não é um instrumento para tornar os ambientes segregados melhores. Os MAPs foram planejados para libertar as pessoas do cuidado institucional, para as pessoas e as organizações tentarem pensar juntos como conseguir que uma pessoa seja plenamente incluída na vida da comunidade.
5. Um MAP não é um exercício acadêmico. É uma abordagem pessoal autêntica destinada a resolver problemas. Um MAP é para pessoas vulneráveis, e as decisões de uma sessão têm implicações fundamentais na vida da pessoa. Não é um instrumento de comando autoritário, profissionalmente controlado, moldado por especialistas. Um MAP é uma abordagem de planejamento de grupo, cooperativa e voltada para a resolução de problemas.
6. Um MAP não é um instrumento neutro. O facilitador deve ser treinado em processo de grupo, ter capacidade de liderança, ter uma orientação voltada para a resolução de problemas e, sobretudo, ter valores que favoreçam claramente a educação e a vida inclusiva. Os MAPs fazem o julgamento de valor que é melhor para todos nós, para que possamos descobrir como viver bem e juntos, em vez de colocar as pessoas em pequenos (ou grandes) compartimentos separados. Os facilitadores dos MAPs devem ter uma visão clara e compartilhar das mesmas crenças que favoreçam o caminho da inclusão, em todos os aspectos da vida.
7. Os MAPs não são debates – são debates e ação. Um MAP estabelece uma direção clara e dá os primeiros passos em uma inclusão. Acima de tudo, os MAPs são contínuos. São um processo para a vida toda, visando a descobrir como evitar o pesadelo da segregação e como iniciar relacionamentos que conduzam a um bem-estar físico, mental e espiritual.
8. A metáfora do MAP é um *caleidoscópio*. O caleidoscópio é um brinquedo mágico, um instrumento misterioso e bonito que muda as imagens constantemente. Vemos pequenos pedaços coloridos unindo-se em uma melodia luminosa de cores e luzes em constante mutação. Entendemos o caleidoscópio como uma metáfora de cada MAP. Um MAP é uma mistura de pessoas trabalhando juntas para tornar algo único e viável. Um MAP faz mais do que uma só pessoa pode fazer sozinha.

CÍRCULOS DE AMIGOS

Um círculo de amigos é algo que assumimos tacitamente, a menos que não tenhamos um. Um círculo de amizade proporciona uma rede de apoio à família e aos amigos. Na ausência de um círculo natural, os educadores podem facilitar um processo circular, que pode ser usado para propiciar o envolvimento e o compromisso dos colegas em torno de um determinado aluno. Para um aluno que não é bem-relacionado ou que não tem uma grande roda de amigos, o processo do círculo de amizade pode ser útil.

O processo inicia-se com uma avaliação social. Isso nos dá um quadro rápido de quem está na vida de uma pessoa e é muito útil para se ter clareza sobre quem pode estar envolvido em algumas atividades ou em círculos que precisam ser criados. Recomendamos este exercício a todos e o consideramos um exame de saúde preventivo e essencial para alunos, professores e cidadãos. Para iniciar o processo, desenhe quatro círculos concêntricos. Imagine-se no centro dos círculos e então reserve alguns minutos para colocar o nome das pessoas que estão em cada um deles. A pergunta inerente que é a chave do processo é: "Quem ama esta pessoa?"

No primeiro círculo, o círculo da intimidade, relacione as pessoas mais intimamente relacionadas com a sua vida – aquelas pessoas sem as quais você não imagina ser possível viver.

No segundo círculo, o círculo da amizade, relacione seus bons amigos – aqueles que quase fazem parte do primeiro círculo.

No terceiro círculo, o círculo da participação, relacione pessoas, organizações, redes com quem você está envolvida (colegas de trabalho, coral, clube de dança, time de futebol) – pessoas e grupos dos quais você participa.

No quarto círculo, o círculo da troca, relacione as pessoas pagas para prestar serviços a você (por exemplo, médicos, contadores, mecânicos, cabeleireiros, barbeiros, professores).

É importante observar que as pessoas podem estar em mais de um círculo. Por exemplo, seu médico ou professor poderia ser também um amigo muito chegado. A Figura 5.3 ilustra um círculo de amigos.

Como ilustração, descrevemos a experiência de uma professora do ensino médio em um processo de círculo de amigos. Ela decidiu evitar o desgaste total e injetar vida

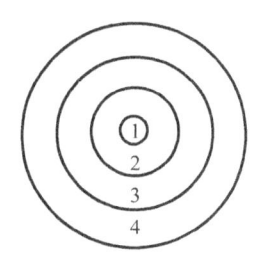

Primeiro Círculo: **Círculo da INTIMIDADE**
Segundo Círculo: **Círculo da AMIZADE**
Terceiro Círculo: **Círculo da PARTICIPAÇÃO**
Quarto Círculo: **Círculo da TROCA**

Preencha os círculos de fora para dentro!

FIGURA 5.3 Um círculo de amigos.

em seus alunos, nela própria e na escola onde ensinava. Sabia que não poderia mudar tudo, mas podia pelo menos realizar algumas mudanças para alguns de seus alunos rotulados como sendo de risco ou pessoas com deficiências importantes e que estavam prestes a sair da escola. Seu objetivo era restaurar a esperança para todos eles e para si mesma e ajudá-los a construir relacionamentos com os outros colegas.

Círculo 1: O Círculo da Intimidade

A professora reuniu cerca de 50 alunos e disse-lhes que queria ter uma discussão franca sobre amizade e como construir relacionamentos mais sólidos na escola. Ela não destacou nenhum indivíduo, mas falou por cerca de meia hora sobre suas próprias opiniões e suas crenças nos relacionamentos e nas amizades como o cerne de uma boa escola. Colocou uma música de fundo suave e desenhou imagens coloridas enquanto falava. Depois, desenhou os quatro círculos concêntricos no quadro. Deu a cada aluno uma folha de papel na qual também tinha desenhado estes quatro círculos e solicitou que cada um deles pusesse seu nome no centro do círculo interno. Exemplificou, colocando seu nome no centro do seu círculo. Depois orientou-os a escrever, no primeiro e menor círculo, os nomes de todas as pessoas que amavam e aquelas sem as quais eles se sentiriam muito infelizes. Deu o exemplo da sua própria vida, colocando o nome do seu marido, de sua mãe, de seus dois filhos e, por brincadeira, de seu computador (ela era uma ávida usuária de computador). Também colocou no primeiro círculo uma amiga que havia morrido há dois anos.

Círculo 2: O Círculo da Amizade

A professora então explicou que o segundo círculo indicava pessoas amigas, mas não tão íntimas quanto as do primeiro círculo. Mais uma vez, usou sua própria vida como exemplo. Colocou neste círculo seis amigos para quem ela sempre telefonava e dois outros que via uma vez por ano, mas que lhe telefonavam freqüentemente. Também incluiu alguns familiares, alguns professores com quem trabalhava e seu gato. Depois pediu aos alunos para preencherem o segundo círculo e percebeu que a sala ficou muito silenciosa e que os alunos estavam levando a atividade muito a sério.

Círculo 3: O Círculo da Participação

A professora explicou que o terceiro círculo era composto por indivíduos ou por grupos de pessoas dos quais eles realmente gostavam, mas que não eram muito próximos. Exemplificou, identificando professores do colégio, membros do coral da igreja em que cantava, seus parceiros de tênis e membros da sua turma de ginástica. Também relacionou indivíduos que ela via ocasionalmente, mas que iam e vinham, e três parentes dos quais ela gosta, mas raramente vê.

Círculo 4: O Círculo da Troca

Depois que os alunos completaram o terceiro círculo, ela explicou que o quarto círculo era composto por pessoas que eram pagas para estar em suas vidas, como professores e médicos. Identificou seu médico, seu fisioterapeuta e sua faxineira como pessoas que eram pagas para estar em sua vida e que estavam no quarto círculo. Os alunos a acompanharam, identificando pessoas em suas vidas que por essa razão eram pagas para estarem ali. Os quatro círculos estavam completos.

O PROCESSO DO CÍRCULO DE AMIGOS

A professora disse aos alunos que poderia aprender muito sobre uma pessoa observando o procedimento de seus círculos. Pediu a um voluntário que mostrasse os seus círculos preenchidos. Ela pegou a folha e leu os nomes das pessoas de cada círculo, os quais estavam relativamente cheios, representando um aluno que tinha uma alta qualidade de experiências e oportunidades na vida. Declarou que este aluno tinha uma vida plena, mas não perfeita.

Depois, mostrou aos alunos um conjunto de círculos preenchidos por Jane, retratando os relacionamentos de uma aluna com deficiência e risco de vida e pediu-lhes que descrevessem como se sentiriam se aqueles fossem seus círculos. O círculo da intimidade e o quarto círculo, o círculo da troca, estavam relativamente cheios, refletindo o padrão comum entre os alunos com deficiência e de risco. A resposta mais freqüente dos alunos era que as únicas pessoas que estavam envolvidas na vida desta aluna eram sua família e as pessoas pagas para estarem com ela.

A professora então perguntou aos alunos: "Como vocês se sentiriam se não tivessem amigos?" Os alunos responderam com as seguintes descrições: solitário, confuso, perturbado, rejeitado, isolado, deprimido, indesejado, horrível, desanimado, perdido, suicida e frustrado. Depois, pediu que identificassem o que fariam se não tivessem amigos, e suas respostas foram as seguintes: cometer suicídio, morrer, tentar fazer amigos, mudar-se para uma ilha deserta, fazer algo realmente drástico, ficar na cama, reclamar, ter um filho, tomar drogas, beber, matar alguém e conseguir um tutor.

Para os Amigos e os Íntimos, Preencha de Fora para Dentro

Depois de responderem a estas perguntas, houve uma discussão acalorada entre os alunos. Começaram a falar sobre todas as pressões que sentiam de suas famílias, da escola, de seus professores e da sociedade em geral. Identificaram o que eles percebiam como pressão – segundo eles, "ter boa aparência, alcançar um bom desempenho, fazer muito sucesso". Achavam que a atitude geral dos professores era a de que se os alunos não conseguissem ir para a universidade tinham fracassado totalmente. A professora ouviu e contribuiu para a discussão. Explicou que havia iniciado o processo para ver quantos alunos estariam interessados em ajudá-la a descobrir como preencher os círculos daqueles alunos que estavam isolados e que não tinham amigos.

Explicou que a sua estratégia era preencher os círculos do círculo externo para o interno. Prosseguiu, usando o exemplo de Jane. Por exemplo, se Jane se sentisse solitária, começaríamos integrando-a em grupos e organizações para, pouco a pouco, encontrar pessoas que estivessem interessadas em relacionamentos pessoais com ela. Explicou que não estava perguntando quem queria ser amigo de Jane, o que é uma pergunta fadada ao fracasso. Ao contrário, perguntou: "Quem conhece Jane e está disposto a discutir idéias para tornar Jane mais integrada?" Por exemplo, se Jane gostasse de assistir filmes, talvez pudéssemos identificar alguém que a convidasse a associar-se um clube de cinema.

A professora perguntou aos alunos se algum deles gostaria de continuar a discussão e ajudar a descobrir maneiras para desenvolver uma comunidade e círculos de amigos na escola. Para sua surpresa, praticamente todos – só três não se manifestaram – decidiram continuar e disseram que gostariam de reunir-se de novo e com freqüência.

Um círculo de amigos não é um truque ou uma artimanha – é um instrumento poderoso. Como um cinzel, pode extrair o coração, a alma e os pensamentos de uma pessoa, ou criar uma obra de arte. Uma obra de arte não se produz da noite para o dia; nem o desenvolvimento de círculos ou de comunidades. O desenvolvimento de círculos e de comunidades são compromissos. São tão importantes quanto matemática, física ou história, e fazem parte de um currículo de cuidados e proteção. Um círculo de amigos é holístico, poderoso, e não apenas um processo que você realiza uma vez e depois se afasta. É uma estratégia contínua de crescimento, de mudança e de desenvolvimento.

PLANEJAMENTO DE UM FUTURO ALTERNATIVO COM ESPERANÇA (PATH)

O PATH é uma estratégia poderosa para resolver questões complexas individuais, familiares e dos sistemas. Desenvolvido por Pearpoint, O'Brien e Forest (1993), o PATH conduz as pessoas através de um processo de oito passos e lhes proporciona um PATH concreto desenvolvido a partir do processo dos MAPs. Ele oferece oportunidade para estender o processo dos MAPs, penetra com maior profundidade nas questões e desenvolve um plano de ação mais completo. No processo dos MAPs, as informações são coletadas e com freqüência o plano de ação é evidente. Quando surgem questões mais complexas, o PATH é o instrumento a ser utilizado. Ele aprofunda o processo de resolução de problemas, propiciando a criação de um futuro possível e positivo.

Para Começar, Decida se você quer Ser um Explorador

Um explorador é uma pessoa, ou um grupo de pessoas, que deseja explorar maneiras de realizar uma visão socialmente importante em um ambiente complexo e dinâmico.

Em nossa experiência, o PATH gera um bom entendimento do difícil trabalho que um explorador precisa realizar para seguir em frente. Como o processo encoraja ativamente o compartilhamento da intuição, da introjeção e do saber, os resultados são em geral surpreendentes e excitantes, mas invariavelmente requerem um trabalho árduo, embora significativo e potencialmente gratificante. Este trabalho propõe-se a desenvolver novas habilidades e novos relacionamentos; parte dele requer a coragem para enfrentar barreiras pessoais e sociais difíceis; uma outra parte implica em renunciar a padrões familiares de pensamento e a hábitos de ação, a fim de abrir espaço para o novo momento de vida. Antes de iniciar o PATH, responda a estas quatro perguntas:

1. Nós compartilhamos um problema que queremos resolver? (Pode parecer uma pergunta estranha, mas temos percebido que muitas pessoas e organizações agem como se desfrutassem de seus problemas ou pelo menos da oportunidade de queixar-se deles e lamentar sua insolubilidade e complexidade. No processo do PATH não há tempo para a repetição de queixas familiares.)
2. Nós compartilhamos um propósito importante ou queremos descobrir se podemos fazê-lo?
3. Estamos dispostos a enfrentar a possibilidade – devido ao fato de problemas importantes freqüentemente exigirem a mudança de uma disposição de poder e a renegociação de papéis e regras – de enfrentar importantes conflitos, e de certamente termos de considerar grandes mudanças na maneira como fazemos as coisas?
4. Temos energia para o tipo de aprendizagem de ação que o PATH exige? As pessoas e as organizações cujo enfoque é a sobrevivência no cotidiano provavelmente precisam encontrar outras maneiras para fortalecerem-se antes de tentar o PATH.

As pessoas e as organizações que não estão prontas para considerar a realocação de parte do seu tempo e do seu dinheiro para novos objetivos podem achar o PATH um desperdício de tempo. Lembre-se de que o PATH é um processo que se desdobra no decorrer do tempo. É difícil imaginar que é preciso reservar algumas horas dos compromissos diários para uma reunião inicial do PATH e, na verdade, pode ser muito difícil arranjar tempo para o trabalho de acompanhamento e para a reflexão necessários para a aprendizagem de suas ações. As respostas negativas a essas perguntas não impedem que o PATH seja uma atividade útil; muitas pessoas e grupos têm considerado o processo como uma maneira estimulante de descobrir propósitos comuns e objetivos de ação compartilhada. Mas as respostas negativas ou equivocadas apontam para possíveis limites à eficácia do PATH.

O PATH é um processo facilitador que usa um registro gráfico para concentrar a energia e para dar suporte à memória. Requer duas pessoas como guias do grupo: a primeira é um facilitador do processo, que controla o seu tempo e o seu andamento, enquanto ajuda o explorador através dos passos e das perguntas. O facilitador cuida do processo revelado através de palavras, voz e expressões.

O segundo guia do grupo é um anotador gráfico, que capta as palavras e as imagens do explorador, no papel, oferecendo resumos ocasionais do trabalho e ajudando o explorador a identificar temas emergentes que unificam o processo contínuo. O anotador gráfico concentra-se nas imagens, prestando atenção aos ouvidos e às mãos para destacar a intuição.

Em nossa experiência, os indivíduos que não fazem parte do grupo focalizado proporcionam a orientação mais eficaz para o processo do PATH. Temos observado resultados bons, por vezes surpreendentes, de pessoas que estão assumindo pela primeira vez os papéis de guias do PATH. É raro alguém que faz parte do grupo guiá-lo tão bem quanto alguém de fora, e mais raro ainda uma pessoa ser ao mesmo tempo facilitador do processo e anotador gráfico.

É absolutamente necessário que os próprios guias tenham a experiência de ser um explorador. Não há substituto para a experiência pessoal de descobrir os matizes dos sentimentos e o andamento das questões no processo.

Como as situações que os exploradores enfrentam geram intensa emoção, é preciso escolher guias nos quais possamos confiar, para lidar de maneira construtiva com os sentimentos de dor, medo e raiva do indivíduo e do grupo. A expressão desses sentimentos não é o objetivo do PATH, como acontece em alguns tipos de trabalho em grupo, mas esses sentimentos são reais e fazem parte da situação, e os guias necessitam de habilidades e de disposição para encorajar os exploradores a enfrentá-los e a aprender com eles, em vez de fugir deles.

Convide as Pessoas para Juntarem-se a Você no Processo

O PATH é um processo social. Mesmo que se concentre em questões profundamente pessoais de um indivíduo, o processo é incomensuravelmente enriquecido pelo envolvimento ativo de outras pessoas que conhecem e importam-se com a pessoa.

Se o enfoque é uma questão organizacional ou comunitária, quanto mais diverso o grupo com um propósito comum, melhor. Por exemplo, ao trabalhar com uma escola, preferimos envolver líderes de opinião entre o corpo docente, os alunos, os familiares e outros cidadãos ligados à escola a apenas envolver representantes de um grupo. Em situações que envolvam muitas pessoas, preferimos muitas sessões do PATH envolvendo grupos diversos. Tais sessões podem ser unificadas, assegurando-se que alguns membros de cada grupo assumam a responsabilidade pela ligação com outros grupos ou realizando um "festival" do PATH, em que os diferentes grupos possam compartilhar suas descobertas.

O processo do PATH não deve ser imposto se uma determinada pessoa estiver relutando em participar. O PATH une pessoas que compartilham uma situação comum e a disposição de explorar um propósito comum. Em nossa experiência, todas as pessoas que devem estar lá jamais assistiram a uma reunião do PATH. Por isso, há um passo explícito no processo que concentra a atenção sobre os indivíduos que fazem parte do grupo e sobre a maneira como os membros pretendem envolvê-los.

A participação no PATH deve ser voluntária. A idéia do alistamento é fundamental para o processo. Para nós, o alistamento sugere a imagem de pessoas oferecendo-se voluntariamente para realizar um trabalho difícil, talvez até superando obstáculos pessoais para tanto. Isso às vezes significa que o grupo do explorador é pequeno, pelo menos inicialmente, porque somente algumas pessoas se importam o suficiente com um problema para nele trabalhar. Temos visto exploradores com pouco poder formal trabalharem com sucesso para mudar as organizações de fora para dentro ou mudar posições, embora maiores mudanças possam ocorrer se as pessoas em posição de autoridade estiverem realmente envolvidas.

O Processo do PATH

As diretrizes para os oito passos do processo do PATH estão listadas a seguir. Exemplos, abordagens e perguntas facilitam a apreciação de que não há uma única pergunta correta. Com a prática, o grupo do facilitador desenvolve um estilo e uma percepção de quando pressionar e quando relaxar e ir em frente. Para iniciar o processo, o facilitador explica que há oito passos no processo do PATH. Um cartaz, como o mostrado na Figura 5.4, pode ajudar na explicação inicial.

Passo 1: Atingir o Sonho. Uma situação torna-se difícil quando não há um procedimento confiável que garanta um resultado desejado. A situação torna-se mais complexa quando as pessoas definem o que está acontecendo de maneiras diferentes e

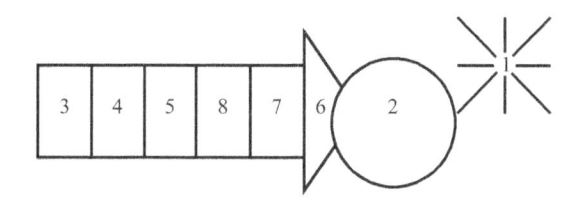

1. Atingir o *Sonho* – a "Estrela Guia"

2. Perceber o *Objetivo*

3. Estabelecer o *Presente*

4. Identificar as Pessoas para o *Alistamento*

5. Reconhecer as Maneiras para Desenvolver *Potencial*

6. Programar a Ação para os *Próximos Meses*

7. Planejar o Trabalho do *Próximo Mês*

8. Comprometer-se com o *Primeiro Passo*

FIGURA 5.4 Os oito passos do processo do PATH.

quando têm expectativas diferentes. Estar em uma situação difícil, complexa, é como estar em uma floresta sem um mapa. Para encontrar uma saída, os exploradores precisam da orientação da Estrela Guia. Em geral, há uma imagem física que capta o sonho e a direção do explorador. É o que mais importa no seu futuro. Em prol de que sonho futuro o explorador quer trabalhar e alistar os outros para trabalhar? O sonho é uma expressão da identidade e da orientação do explorador.

O facilitador convida o explorador para dirigir a busca do seu sonho. Eis aqui exemplos dos tipos de perguntas que podem ser úteis para alimentar-se um sonho, de meros vislumbres a robustas imagens com cor, textura, sabores e odores:

- Quais são algumas palavras-chave e imagens que expressam o seu sonho?
- Que palavras e imagens dão pistas da direção da sua Estrela Guia?
- Que ideais você mais deseja realizar ao longo do PATH?
- Que valores você quer usar para avaliar suas escolhas ao longo do PATH?
- Você tem uma imagem física do sonho dele (ou dela) como resultado de um trabalho anterior, como uma sessão de MAPs ou uma visão longínqua, que gostaria de usar para esta sessão? (Peça-lhes que exibam sua imagem e a descrevam brevemente.)
- Até que ponto você se sente comprometido com este sonho?

O anotador completa o Passo 1 resumindo o sonho do explorador e solicitando-lhe que confirme a exatidão do resumo.

Passo 2: Perceber o Objetivo. O sonho é uma expressão de identidade e de orientação. Ele dá a direção. Entretanto, o sonho não é o objetivo do explorador. Seu objetivo é compreender e aprofundar o conhecimento de alguns dos valores expressados no sonho. A identificação do objetivo de um PATH depende de se ter uma imagem viva, colorida e multissensorial de quais seriam os resultados do trabalho eficiente rumo ao sonho. Quanto mais específicas as imagens, melhor. Para descrever a percepção do sucesso, o explorador usa o recurso de olhar para o passado. Imagina de maneira viva e concreta que o sucesso já foi alcançado e descreve as mudanças resultantes como se fossem reais. O processo de "experimentar" o futuro pode de início parecer complicado, mas pode ser esclarecedor.

Convide o explorador para viajar para frente, no tempo, para imaginar de maneira viva o que ele quer criar: Você acha que poderia alcançar resultados importantes em um ano? Em um ano e meio? Em dois anos? Quando o explorador concorda com uma estrutura de tempo, peça-lhe uma data na qual poderão ser conseguidos alguns resultados importantes. Escreva-a no registro. A estrutura de tempo ideal é algo que está "um pouco além do seu alcance". Se o explorador já tem um plano de um ano, incite a dúvida, mas não muito – apenas o bastante para criar alguma tensão.

O facilitador continua: "Imagine que hoje é [a data futura especificada]. Você está reservando algum tempo para refletir sobre como você chegou até aqui desde [a data de hoje]. Trabalhou arduamente durante os últimos meses. Houve altos e baixos e momentos em que você se sentiu perdido, e ainda há muita coisa a fazer. Mas quando você olha para trás e vê até onde chegou desde [a data de hoje], sente uma sensação real de realização e de orgulho. Seu sonho está ainda mais claro agora, devido ao que você foi capaz de fazer. Diga-nos o que aconteceu. O que, especificamente, você pode apontar como sinais do que você criou? O que você fez?" (Por exemplo, se o grupo de uma escola "lembrou" que a classe da 10ª série planejou uma viagem juntos e todos foram, estimule-os a lembrar os detalhes. "Onde vocês foram? Quem fazia parte do comitê? Qual foi o incidente mais engraçado? Quem estava envolvido?")

O facilitador do processo continua solicitando detalhes específicos: "Ajude-nos a ver, ouvir, cheirar, experimentar e tocar (lembrar) o que você fez". Deixe o explorador descrever que realizações parecem importantes. Pode haver realizações em áreas diferentes. O anotador gráfico registra todas. Se este passo produz realizações em várias áreas diferentes, convide o explorador a concentrar-se na área de realização que parece mais importante de ser explorada agora. Em geral, funciona melhor fazer mais que uma reunião do que explorar vários caminhos ao mesmo tempo. Peça ao explorador para examinar em silêncio o registro da realização, acrescentar o que for necessário e depois expressar por palavras os principais sentimentos associados às realizações. O anotador gráfico acrescenta essas palavras ao registro. O facilitador conclui este passo resumindo a sensação de sucesso do explorador e conseguindo a confirmação de que o resumo foi preciso.

Passo 3: Estabelecer o Presente. A energia para descobrir e seguir um PATH é gerada quando o explorador aceita a tensão entre o que ele quer criar no futuro e o que está fazendo agora. Ele pode evitar esta tensão criativa, diminuindo o que ele deseja realizar ou aumentando ou ignorando o jeito que as coisas estão agora. O Passo 3 estabelece o processo do PATH em uma descrição clara do ponto onde o explorador está.

Convide o explorador a determinar a busca por uma descrição mais detalhada: "Vamos voltar para o presente. É [data de hoje]. É isto [movimentando-se para a área de realização do explorador, identificada no Passo 2] que você quer. Hoje, observando a situação atual, fria e objetivamente, como você descreveria onde está agora? Dê-nos uma visão geral do presente". O facilitador continua perguntando pelos fatos, ou melhor, pelas suposições dos fatos: "Ajude-nos a ver exatamente aonde você está agora, em relação a onde quer estar". Certifica-se de que o explorador percebe uma distância entre o agora e a imagem do sucesso. Às vezes, os exploradores descobrem que reduziram demais suas imagens de realização. Se isso acontecer, recue e aumente a imagem registrada no Passo 2.

O facilitador pede ao explorador que examine em silêncio o registro do presente e acrescente algo, se necessário, e depois expresse por palavras os sentimentos associados com o agora. O anotador gráfico acrescenta essas palavras ao registro.

O facilitador conclui este passo, resumindo a sensação do presente do explorador e obtendo a confirmação de que o resumo está preciso.

Passo 4: Identificar as Pessoas para o Alistamento. Outras pessoas além do explorador controlam os recursos necessários para seu sucesso. Ele precisa alistar algumas dessas pessoas em sua visão da realização, no Passo 2. Alistar alguém significa mais do que apenas obter permissão ou favores em troca; significa honrar um compromisso compartilhado. Este passo permite o reconhecimento das pessoas com quem o explorador deseja trabalhar para construir um compromisso compartilhado. O facilitador do processo convida o explorador a identificar as pessoas que eles desejam alistar: "Você vai encontrar muitas pessoas ao longo do PATH. Algumas vão ajudá-lo; algumas vão tentar impedi-lo. Você será capaz de ignorar algumas, obter o mínimo que precisa de outras e negociar tréguas e negociações. Mas há algumas pessoas que você tem a oportunidade de alistar naquilo que você deseja criar. Enquanto pensa sobre a sua situação, identifique as pessoas com quem você quer compartilhar e fortalecer seu compromisso. Quem você precisa alistar para atingir o seu sonho?"

O facilitador lembra o explorador de que ele deve identificar as pessoas com quem se sente à vontade, para aproximar-se e ajudá-lo a alcançar o objetivo. Se não há ninguém com quem o explorador não se sinta à vontade, peça-lhe que se estenda um pouco mais. Se houver muitas pessoas com quem o explorador não se sinta à vontade, o facilitador sugere que ele programe algum tempo de planejamento para desenvolver uma estratégia para alistar pessoas. O facilitador recorda ao explorador que em geral é possível descobrir uma maneira de negociar uma troca com aqueles que não vão ser alistado ou, isso falhando, um caminho para se aproximar da pessoa.

O facilitador conclui este passo solicitando ao explorador que examine em silêncio o registro e acrescente alguns nomes e depois expresse oralmente os principais sentimentos associados às pessoas que deseja alistar. Esses sentimentos são acrescentados ao registro.

Passo 5: Reconhecer as Maneiras para Desenvolver Potencial. Prosseguir o trabalho necessário para realizar um sonho exige que o explorador se torne mais forte. À medida que o explorador se movimenta ao longo do PATH, ele deve obter conhecimentos, aprender habilidades, manter relacionamentos mutuamente proveitosos e desenvolver-se de maneira saudável.

O facilitador convida-o a reconhecer esforços necessários: "Passar do que há agora para o que você deseja criar requer energia e habilidade. Haverá desafios, haverá problemas, haverá tensões e haverá derrotas. O que você precisa para se tornar forte e permanecer forte enquanto se movimenta ao longo do seu PATH? De que conhecimento você necessita? Que habilidades precisa desenvolver? Que relacionamentos precisa manter? Como você pode permanecer saudável e bem, enquanto se esforça para criar o que você deseja?"

O anotador registra brevemente as idéias iniciais que o explorador tem sobre o desenvolvimento de potencial. (Os exploradores podem precisar reservar um horário separado para trabalhar nas maneiras de desenvolver o seu potencial.)

O facilitador conclui este passo resumindo as idéias do explorador sobre a maneira de desenvolver potencial e obtendo a confirmação de que o resumo está preciso. É importante observar que o desenvolvimento de potencial inclui, mas não se limita, ao desenvolvimento pessoal. O desenvolvimento de potencial está fundamentado no compromisso de desenvolver a habilidade de servir às pessoas. O equilíbrio entre o potencial pessoal e o compromisso social é uma questão importante. O facilitador deve ajudar o explorador a atingir um equilíbrio viável e saudável.

Passo 6: Programar a Ação para os Próximos Meses. O explorador não vai encontrar uma saída de uma situação complexa sem agir (fazer) e aprender com a ação (refletir). Ele precisa planejar suas principais ações para os primeiros meses de trabalho.

O facilitador convida-o a planejar suas ações para os próximos três meses: "Olhe para trás e reveja brevemente a imagem do que você deseja criar (Passo 2). Pense nos próximos três meses. Deve ser um tempo suficiente para realizar algumas ações importantes, rumo ao que você deseja criar. Quais são os passos mais importantes a serem dados nos próximos três meses?" O facilitador encoraja o explorador a ser concreto e específico na descrição de cada passo.

O facilitador assegura-se de que o explorador considera cada aspecto do que deseja criar. O explorador pode decidir não agir ainda em relação a um determinado aspecto do que ele deseja criar, mas esta deve ser uma decisão explícita.

O facilitador pede ao explorador para reservar um minuto para verificar e confirmar se as ações escolhidas são consistentes com o seu sonho (Passo 1). Se o explorador identifica ações que não sustentam os valores expressados no sonho, o facilitador encoraja-o a fazer revisões. O facilitador também pede ao explorador para identificar as ações que parecem possíveis de serem realizadas sem recursos adicionais. Se o explorador escolheu um objetivo de longo prazo (isto é, de mais ou menos dois anos), ele pode preferir programar a ação para seis meses ou para um ano mais tarde.

O facilitador conclui este passo resumindo os planos de ação do explorador para desenvolver potencial e confirmando a precisão do resumo.

Passo 7: Planejar o Trabalho do Próximo Mês. Especificar quem vai fazer o que e quando no próximo mês focaliza claramente o processo da ação. O facilitador convida o explorador ao planejamento, usando as seguintes perguntas: "Para realizar o que você deseja nos próximos seis meses, você terá de agir agora. Exatamente o que você tem de fazer? Em que dia do próximo mês isso será feito? Quem vai fazer o que, e quando irá fazê-lo?"

O facilitador assegura-se de que o explorador planeje, ou marque uma data para planejar, cada uma das áreas que ele programou nos próximos três meses (Passo 6).

Este passo é concluído resumindo o plano do explorador para o próximo mês e confirmando a precisão do resumo.

Passo 8: Comprometer-se com o Primeiro Passo. Passar do pensamento para a ação requer compromisso com um primeiro passo definido. A natureza de tal passo importa menos que as promessas específicas para agir logo, em uma data definida. Quebrar o grilhão da inércia é fundamental. O facilitador convida o explorador a comprometer-se com um primeiro passo específico, perguntando: "Qual é o primeiro passo? Quais são as maiores barreiras para se dar este passo? Quem, especificamente, vai ajudá-lo neste passo? Como você vai alistar o seu apoio?" O facilitador conclui, resumindo o primeiro passo do explorador e confirmando a precisão do resumo.

Em muitas situações, as pessoas podem identificar facilmente um primeiro passo. Entretanto, devido a hábitos de toda uma vida, podem deixar de iniciar sua jornada com um novo passo essencial – solicitar ajuda. Por isso, o facilitador precisa assegurar-se de que ninguém dê o primeiro passo da jornada sozinho. A ajuda pode ser pequena, mas o hábito de solicitá-la é vital. Pode ser tão simples quanto telefonar para um colega ao meio-dia para perguntar se o explorador já fez a convocação do "primeiro passo". Na verdade, o explorador está dando "permissão" ou convidando o seu ajudante a participar. Dar permissão para alguém envolver-se é uma habilidade muito importante a ser acrescentada ao repertório do explorador. Em outros exemplos, um explorador pode estar bloqueado para dar o primeiro passo. Essa é uma informação vital e deve ser tratada delicadamente. É uma boa saída falar sobre os bloqueios com todo o grupo, porque todos nós os encontramos de tempos em tempos. Entretanto, se um explorador está realmente lutando para dar o "primeiro passo", provavelmente há questões mais profundas que precisam vir à tona. Algumas boas perguntas para o facilitador fazer nessa situação são as seguintes: "Está havendo algum bloqueio? Há algo que não está no PATH que necessitaria estar lá? Há algo faltando?"

Uma possibilidade de explicar o esquivamento do explorador é que ele tenha iniciado o processo e de repente percebeu que o seu sonho é possível – atingível – se ele estiver disposto a firmar um compromisso e esforçar-se bastante. Isso pode ser muito desanimador, pois significa que o explorador realmente deve decidir se assume ou não o compromisso adequado. Algumas pessoas optam por não assumir, e essa é uma escolha consciente e pode ser muito difícil de enfrentar.

Como alternativa, pode haver uma questão fundamental não-resolvida que tenha sido ignorada, evitada ou simplesmente esquecida até agora. Em alguns casos, pode ser percebido imediatamente. Em outros, até a questão ser resolvida, todo o processo do PATH deve ser suspenso. Alguns podem achar que é um terrível desperdício de tempo, mas se o processo nada fizer além de retirar as camadas e revelar uma questão básica central, isto pode ser enormemente proveitoso, porém o explorador precisa optar por trabalhar nela.

CONCLUSÃO

Os MAPs são um processo que pode ser usado pelas pessoas fundamentais na vida de um aluno (p. ex., pais, amigos, professores), para conhecer cuidadosamente sua vida – quem ele é e o que ele próprio, a família e os amigos sonham para seu futuro. Esse processo culmina em um plano concreto de ação para ajudá-lo a alcançar o seu sonho. Entretanto, às vezes isso não é suficiente e ele precisa de um círculo de amigos para ajudá-lo na realização desse sonho, com a ajuda do grupo ou de outros profissionais da escola. Em geral, um círculo de amigos pode ser formado em torno do aluno para facilitar a realização do seu sonho e para garantir que ele seja incluído nas atividades da escola e da comunidade e consiga estímulo e apoio quando necessário. Quando as questões tornam-se complexas e difíceis de lidar e resolver, pode ser preciso implementar o processo do PATH. O PATH é um processo profundo de oito passos destinado a ajudar um grupo de pessoas no auxílio a um aluno, através de questões complexas individuais, familiares e do sistema social.

Acreditamos que as comunidades abertas à diversidade são locais mais ricos, melhores e mais produtivos para viver e aprender. Acreditamos que as comunidades inclusivas têm a capacidade de criar o futuro. Queremos uma vida melhor para todos. Queremos a inclusão! Acreditamos que os instrumentos esboçados neste capítulo poderão ajudá-lo em seus esforços para estimular a inclusão de todos.

REFERÊNCIAS BIBLIOGRÁFICAS

Grenot-Scheyer, M., Coots, J. & Falvey, M. (1989). Developing and fostering friendships. *In* M.A. Falvey (Ed.), *Community-based curriculum: Instructional strategies for students with severe handicaps* (2ª ed., p. 345-358). Baltimore: Paul H. Brookes Publishing Co.

Pearpoint, J., O'Brien, J. & Forest, M. (1993). *PATH*. Toronto: Inclusion Press.

Stainback, W. & Stainback, S. (1990). Facilitating peer supports and friendships. *In* S. Stainback & W. Stainback (Eds.), *Support networks for inclusive schooling: Interdependent integrated education* (p. 51-63). Baltimore: Paul H. Brookes Publishing Co.

6

Estratégias Práticas para a Comunicação com Todos os Alunos

Maureen A. Smith e
Diane Lea Ryndak

O INDIVIDUALS WITH Disabilities Education Act de 1990 (IDEA) (PL-101-476) e o Individuals with Disabilities Education Act Amendments de 1991 (PL 102-119) asseguraram a todo aluno com deficiência o direito a uma educação no ambiente menos restritivo possível. Cada vez mais esta lei está servindo como a premissa para incluir os alunos com deficiência em salas de aula de ensino regular com apoio e auxílio adequados. Com isso, um aluno com deficiência educado em escolas regulares com colegas sem deficiências tem mais oportunidades de progresso acadêmico e social do que é possível em ambientes segregados. Tal progresso, contudo, não ocorre por acaso. A proximidade, apenas, não facilita o desenvolvimento acadêmico; é requerido um ensino sistemático. Da mesma forma, a mera proximidade não facilita interações sociais de alto nível; são necessárias interações sociais cuidadosamente planejadas. É fundamental ao desenvolvimento nos domínios acadêmico e social a capacidade de se comunicar e interagir com os colegas e com os adultos. Todos os alunos precisam ter alguma maneira para indicar a seus professores que os objetivos curriculares estão sendo alcançados. Além disso, todos os alunos precisam, de alguma maneira, interagir socialmente tanto com seus colegas quanto com os adultos. A comunicação é a chave para o sucesso em ambas as áreas.

Caracteristicamente, usamos a linguagem oral e escrita para comunicarmo-nos uns com os outros. Entretanto, a presença de uma deficiência pode limitar a extensão em que um aluno pode comunicar-se através dessas vias tradicionais. Para o aluno participar plenamente e colher os benefícios de uma escolaridade inclusiva, podem ser necessárias adaptações. Algumas são bastante fáceis de fazer. Por exemplo, Bill tinha uma dificuldade de aprendizagem que lhe dificultava o processamento das informações ouvidas. Sua professora arranjou-lhe um organizador avançado e fez uso de recursos visuais durante suas aulas. Citando outro exemplo, a dificuldade de aprendizagem de Mark interfere em sua habilidade de escrever coerentemente. Sua professora apóia-o no desenvolvimento da habilidade de tomar notas, e ele usa um gravador para ditar, em vez de escrever, suas respostas. Outros alunos podem ter deficiências que interfiram na comunicação, como Ann, por exemplo, que sofre de paralisia cerebral, o que torna sua fala ininteligível e dificulta-lhe extremamente a escrita. Mary é autista e não mantém contato com o olhar, uma habilidade de comunicação básica. Além disso, ela é não-verbal. Não faz muito tempo que as deficiências desses alunos seriam boas razões para colocá-los em ambientes segregados. Entretanto, essa situação mudou bastante na medida em que mais pais e profissionais indicam como regular o local mais adequado para esses alunos. O que não mudou, no entanto, foi a natureza complexa das dificuldades de comunicação experimentadas por eles. As adaptações são necessárias para que possam comunicar-se eficientemente nas salas de aula de ensino regular. Felizmente, os progressos na tecnologia de apoio e na comunicação aumentativa aumentaram a qualidade e a quantidade de opções disponíveis para maximizar a comunicação entre um aluno com deficiência, o professor e os colegas sem deficiências.

Este capítulo tem dois propósitos. Primeiro, o de rever brevemente as maneiras pelas quais as várias deficiências podem afetar as habilidades de comunicação e como estas podem destruir o sucesso em ambientes inclusivos. Segundo, o de identificar várias opções para melhorar as habilidades de comunicação. Há uma grande variedade de opções; algumas delas são mais complexas. Nem todas as opções têm uma base de pesquisa suficiente para apoiar o seu uso. Queremos advertir o leitor para não se sentir pressionado. Embora uma colocação inclusiva bem-sucedida exija níveis adequados de apoio, um professor, isoladamente, pode ser o único responsável pela avaliação das necessidades e das habilidades do aluno, pela identificação de uma opção de comunicação adequada, pela garantia da instrução da sua aplicação, pela avaliação do seu uso no ambiente de educação geral. Todos os membros da equipe educacional, incluindo os pais, o aluno e outros profissionais devem trabalhar cooperativamente para atingir tais objetivos (Ryndak & Alper, 1996).

OS EFEITOS DE UMA DEFICIÊNCIA NAS HABILIDADES DE COMUNICAÇÃO

Um fator fundamental no desenvolvimento das habilidades de comunicação é a aquisição da linguagem. Embora as crianças adquiram a linguagem de várias maneiras, a maior parte das crianças norte-americanas fala e entende o inglês coloquial quando entra na 1ª série. Entretanto, a presença de uma deficiência pode colocar uma criança sob risco de desenvolvimento retardado ou atípico das habilidades de linguagem. Os alunos com deficiência podem demonstrar dificuldade na linguagem receptiva (compreensão), na linguagem expressiva (oral/escrita) ou em ambas. É óbvio que um aluno com uma deficiência de fala (p. ex., um distúrbio da articulação, um distúrbio da voz, gagueira) apresenta alguma dificuldade de comunicar-se através da fala. Mas os problemas de comunicação não se restringem aos alunos com deficiências de fala; outras deficiências também afetam a comunicação de um aluno. Por definição, os alunos com dificuldades de aprendizagem podem experimentar dificuldades na compreensão auditiva e/ou na expressão oral e escrita. Caracteristicamente, os alunos com retardo mental têm dificuldade para aprender e para usar a linguagem. As deficiências físicas, como a paralisia cerebral, podem afetar os músculos necessários para a articulação, dificultando o uso da fala. Com freqüência, os alunos com transtornos comportamentais ou emocionais têm dificuldades de linguagem. Na verdade, as dificuldades de linguagem e de comunicação são dados fundamentais no diagnóstico desses distúrbios. Alguns dos trabalhos mais abrangentes na área dos distúrbios invasivos de desenvolvimento têm sido realizados com alunos identificados como autistas. Quase metade desses alunos são não-verbais, enquanto alguns que demonstram capacidade verbal usam a linguagem de uma maneira incomum (Wicks-Nelson & Israel, 1984). Por exemplo, podem fazer observações inadequadas ou aparentemente fortuitas, ou usam palavras e expressões de maneira idiossincrática. Os alunos autistas podem ser ecolálicos, repetindo a última palavra de uma frase ou toda uma sentença falada para eles sem aparente compreensão do seu significado.

As deficiências de comunicação receptiva e expressiva têm um enorme impacto sobre a atuação de um aluno. Os resultados de avaliações formais e informais podem ser comprometidos porque um aluno pode ter capacidade limitada ou incapacidade para demonstrar a extensão do seu conhecimento ou de suas habilidades. Como membros da equipe educacional, devemos questionar a adequação dos objetivos, dos propósitos, dos materiais e das técnicas de ensino selecionados, tendo como base os resultados dessa avaliação. Além disso, um aluno que carece de habilidades de comunicação eficientes pode ser incapaz de expressar seus sentimentos e suas preocupações e recorrer, então, a comportamentos destrutivos e até violentos. Finalmente, o progresso acadêmico e social é prejudicado se o aluno tem habilidades limitadas para comunicar-se eficientemente com seus colegas e com os adultos.

Para algumas dificuldades de comunicação que citamos, podem ser feitas com relativa facilidade acomodações nos ambientes de ensino regular. Como foi anteriormente sugerido, um aluno cuja dificuldade de aprendizagem interfere na percepção auditiva pode beneficiar-se do uso de organizadores avançados e de recursos visuais no ensino. Entretanto, esforços mais intensivos são requeridos para lidar com dificuldades de comunicação mais graves. Uma vez conhecidos os problemas de comunicação associados às várias deficiências e os seus efeitos na comunicação bem-sucedida, é essencial que os membros da equipe educacional busquem alternativas aos métodos tradicionais de interação com alunos portadores de deficiência que tenham a comunicação afetada. Vamos tratar agora dessas alternativas.

SISTEMAS DE COMUNICAÇÃO AUMENTATIVOS E ALTERNATIVOS

Os sistemas de comunicação aumentativos e alternativos (CAA) podem ser usados como auxiliares de comunicação primários ou suplementares para indivíduos que têm dificuldade com a fala. Os sistemas de CAA que usam símbolos podem ser categorizados como apoiados ou não-apoiados. Cada uma dessas categorias apresenta várias opções.

Sistemas Simbólicos de CAA Não-Apoiados

Em um sistema simbólico de CAA não-apoiado, o aluno usa apenas o seu corpo para comunicar-se. Exemplos de sistemas não-apoiados incluem gestos, sinais manuais, vocalizações e expressões faciais. As pessoas sem deficiência usam freqüentemente símbolos não-apoiados para indicar preferências ou expressar suas opiniões. Acenamos para dizer adeus; balançamos a cabeça para indicar que não queremos mais comer; estalamos um dedo ou fazemos contato com o olhar para chamar um garçom. Alguns alunos cujas deficiências interferem no uso de suas habilidades de comunicação tradicionais são capazes de usar símbolos não-apoiados. Na verdade, alunos que não foram expostos a treinamento formal podem usar símbolos não-apoiados como única opção de comunicação aumentativa.

A linguagem de sinais é um exemplo de um sistema de comunicação simbólico não-apoiado. Há várias linguagens de sinais diferentes e elas variam na extensão em que correspondem à linguagem falada. As linguagens de sinais manuais oferecem várias vantagens. A linguagem de sinais está sempre disponível ao uso, porque não há equipamento para ser carregado ou ligado, pois não são necessários dispositivos adicionais para utilizá-la. Além disso, alguns sinais são icônicos, ou seja, muito clara e facilmente compreendidos mesmo por aqueles que não estão familiarizados com eles. Esses sinais indicam ações como beber e comer. Há também desvantagens. Primeiro, nem todos os sinais são icônicos, ou seja, fácil ou claramente compreendidos. Por exemplo, é improvável que uma pessoa não-familiarizada com a linguagem de sinais compreenda o sinal correspondente a banheiro. Desta maneira, a linguagem de sinais ajuda se todos os parceiros de comunicação tiverem um conhecimento operacional dela, o que é um objetivo difícil de ser atingido. Uma alternativa para que todos aprendam a usar a linguagem de sinais é ter um intérprete; entretanto, a presença constante de um intérprete pode destruir os benefícios da inclusão (Clark, 1984). Outra desvantagem é que o uso de sinais manuais não é um produto permanente e de fácil referência. Um aluno deve ser capaz de lembrar-se dos sinais que deseja usar. Finalmente, os resultados de um corpo substancial de pesquisa indicam que os alunos com retardo mental que requerem auxílios importantes e os alunos autistas podem aprender um mínimo de sinais básicos; entretanto, tais alunos aprendem apenas alguns sinais básicos e não os utilizam espontaneamente (Mirenda & Iacono, 1990).

Sistemas Simbólicos de CAA Apoiados

Os sistemas simbólicos de CAA apoiados requerem instrumentos ou equipamentos, além do corpo do aluno, para produzir uma mensagem. Muitos desses sistemas simbólicos são muito simples ou de baixa tecnologia; outros são tecnologicamente complexos, ou de alta tecnologia. Exemplos de sistemas simbólicos auxiliados de baixa tecnologia são os símbolos tangíveis, objetos reais ou objetos parciais, ou símbolos representativos. Os sistemas de alta tecnologia incluem os sistemas simbólicos apresentados nos comunicadores e nos computadores pessoais. Alguns dispositivos, como os quadros de comunicação, podem ser de baixa ou alta tecnologia.

Quadros de Comunicação. Um quadro de comunicação pode ser portátil ou ligado à carteira ou à cadeira de rodas de um aluno. A Figura 6.1 é uma ilustração de um quadro de comunicação ligado à cadeira de rodas de um aluno. Este exemplo é não-eletrônico, oferecendo vantagens como ser de baixo custo, fácil de fazer e atualizar, e portátil. Pode também funcionar como suporte para um sistema de CAA eletrônico mais sofisticado. Entretanto, há uma grande desvantagem em um quadro de comunicação como este. Como não há produção escrita ou falada, a pessoa com quem o aluno está interagindo (o parceiro da comunicação) deve ser capaz de enxergar o quadro e imediatamente interpretar o sistema simbólico.

Com um quadro de comunicação não-eletrônico, o aluno seleciona itens usando diretamente o toque ou outro tipo de pressão física, ou apontando sem contato físico, como indicando com os olhos. O aluno que é incapaz de usar um desses métodos pode precisar que alguém aponte opções entre aquelas exibidas. O aluno pode então assina-

FIGURA 6.1 Um quadro de comunicação.

lar sua opção movendo seus olhos ou outra parte do corpo. Um quadro de comunicação eletrônico pode ser adaptado para ser operado por um dedo, um apontador, um apontador de cabeça, um feixe de luz ou um controle que permita ao aluno selecionar uma figura, um símbolo, uma letra, uma palavra, uma expressão ou uma sentença desejada.

Seja não-eletrônico ou eletrônico, o quadro de comunicação deve ser facilmente adaptável quando as necessidades do aluno se alterarem. O quadro deve ser planejado individualmente, de modo que possa corresponder às habilidades do aluno. Os que têm extensão de movimentos limitada devem ter itens no quadro de comunicação posicionados de forma que o aluno possa ter fácil acesso a eles. Da mesma forma, o quadro de comunicação deve ser dinâmico, ou seja, deve acompanhar as necessidades variáveis do aluno. O quadro de comunicação planejado para um jovem obviamente não pode satisfazer às suas necessidades durante toda sua vida. O primeiro quadro de comunicação de um aluno pode exibir apenas figuras. Quando suas habilidades de comunicação e suas necessidades aumentarem, podem ser acrescentadas outras figuras e estas podem ser associadas a material impresso.

Há algumas variedades de quadros de comunicação. Mirenda e Iacono (1990) identificaram vários dispositivos de comunicação "caseiros" muito engenhosos, incluindo livros, estojos, aventais e vestes atraentes (*eye-gaze*) e cavaletes de comunicação.

Comunicadores Pessoais. Tecnologicamente mais sofisticados que os quadros de comunicação, mas não tão complexos quanto os computadores pessoais, são os dispositivos pessoais digitais com e sem produção de fala, como o Canon Communicator, o TouchTalker, o Liberator e o IntroTalker. Tais dispositivos são do tamanho de calculadoras ou de telefones celulares. Como pode ser visto na Figura 6.2, incluem teclados e visores de cristal líquido (liquid crystal displays – LCDs). Alguns têm a opção de uma impressora. Eles oferecem a vantagem de serem menos perceptíveis que um quadro de comunicação, são facilmente transportáveis e, devido à produção ser em inglês padrão falado ou escrito, são facilmente usados pelos parceiros de comunicação. É óbvio que eles requerem que o aluno seja capaz de compreender e usar os símbolos e consiga pressionar fisicamente as teclas com seus dedos ou outra parte do corpo, ou mesmo usando algum tipo de apontador.

Computadores Pessoais (Personal Computers – PCs). O incrível desenvolvimento na tecnologia dos computadores melhorou substancialmente os sistemas de CAA disponíveis para os alunos com necessidades especiais. Os computadores estão tornando-se cada vez menores, facilitando seu transporte. Também estão tornando-se mais potentes, mais flexíveis e mais facilmente adaptados para o uso individual. Por exemplo, os teclados expandidos aumentam a facilidade do seu uso para um aluno com deficiência física. Mensagens como expressões e perguntas freqüentemente usadas podem ser introduzidas e retiradas da memória do computador com um simples toque. A incorporação de dispositivos de fala sintética nos PCs permite que o som seja facilmente compreendido pelas pessoas com quem o aluno interage.

Os sistemas de computador pessoal incluem duas categorias. Na primeira categoria estão os sistemas dedicados, que são compostos do *hardware* e dos *softwares* (isto é, o próprio computador e os programas). Esses sistemas foram desenvolvidos

FIGURA 6.2 Um comunicador pessoal. (Fotografia cedida por cortesia da Canon U.S.A., Inc.)

especificamente para indivíduos que têm habilidades de fala limitadas. Na segunda categoria estão os sistemas integrados, que caracterizam comercialmente o *hardware* disponível (p. ex., o computador, um sintetizador de fala e o *software* de comunicação). Consulte Lewis (1993) e Lindsey (1993) para informações detalhadas sobre os sistemas dedicados e integrados disponíveis.

Componentes de CAA Combinados. Mais do que um componente de CAA pode ser necessário para maximizar a qualidade e a quantidade de interações de um aluno. Encorajamos aqueles que trabalham com esses alunos a identificar tanto os ambientes que eles freqüentam quanto os padrões de comunicação com os quais interagem. Vários componentes podem ser combinados em um sistema de CAA para que o aluno possa movimentar-se livremente entre os ambientes e para que consiga se comunicar eficientemente com as pessoas em geral. Por exemplo, um aluno pode usar um computador para conversas demoradas e para fazer os trabalhos escolares. Um comunicador pessoal ou um estojo de comunicação pode ser usado na sua vida diária. Acenos de cabeça, gestos simples e vocalizações podem ser usados para uma comunicação informal rápida.

Considerações na Escolha de um Sistema Simbólico Auxiliado

Discutimos apenas alguns dos dispositivos de CAA de baixa e alta tecnologia adequados a ambientes inclusivos. Entretanto, o quadro não está totalmente completo. Já mencionamos que os componentes de CAA, como os quadros de comunicação, usam sistemas simbólicos (isto é, objetos, quadros, símbolos, palavras). Além disso, já mencionamos que os alunos podem precisar de dispositivos de apoio (isto é, apontadores de mão ou de cabeça) para selecionar os itens. Trataremos agora destes tópicos.

Sistemas Simbólicos. Há vários sistemas simbólicos que podem ser selecionados para serem usados por um aluno ao transmitir uma mensagem, os quais incluem objetos tangíveis, gravuras, desenhos, símbolos de rébus, símbolos de Bliss, letras e palavras. A escolha de um sistema simbólico adequado não deve ser deixada ao acaso, mas deve refletir a mesma consideração e avaliação cuidadosas que ocorrem na escolha de outras opções de CAA.

Objetos Tangíveis. Anexar objetos a um quadro de comunicação pode ser incômodo, mas é adequado para um aluno com capacidade cognitiva limitada e/ou deficiências múltiplas, para quem algo menos concreto pode ser difícil de compreender. Podem ser usados objetos completos (p. ex., moedas). E, para economizar espaço, podem ser usados também objetos parciais (p. ex., um pedaço de um canudo). Além disso, podem ser usados objetos em miniatura, mas estes devem ser selecionados com cuidado, pois podem ser de difícil reconhecimento por alunos com deficiência intelectual (Beukelman & Mirenda, 1992).

Símbolos Representativos. Um sistema de CAA pode incorporar gravuras ou desenhos de pessoas, de lugares, de coisas e de ações que são importantes para o aluno. O uso de gravuras ou fotos pode ser ideal para o aluno que não precisa da referência concreta dos objetos. Um número menor de gravuras de tamanho grande pode ser usado no início de um programa que ensina um aluno a usar o sistema simbólico e um número maior de gravuras pequenas quando as habilidades de comunicação do aluno e do seu parceiro melhoram. Recomendamos cobrir as gravuras com plástico para evitar os danos resultantes do uso cotidiano.

Símbolos de Rébus. Um rébus é uma gravura que representa uma palavra ou uma sílaba. Um sistema de rébus que foi desenvolvido nos Estados Unidos usa aproximadamente 950 símbolos pictográficos (Clark, 1984; Clark, Davies & Woodcock, 1974), cada um deles representando um morfema único ou uma unidade básica de significado. Os símbolos de rébus são mais icônicos que alguns outros sinais, de forma que os alunos acham mais fácil entendê-los. Os símbolos de rébus podem ser combinados para construir frases que variam em complexidade. A Figura 6.3 apresenta uma amostra dos símbolos de rébus.

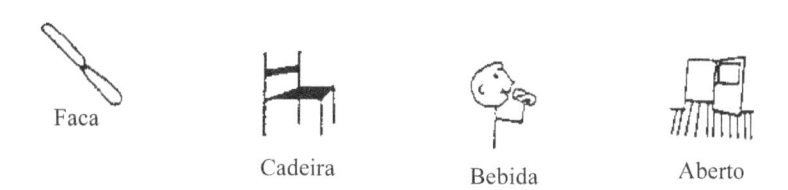

Faca   Cadeira   Bebida   Aberto

FIGURA 6.3 Amostra de símbolos de rébus.

Símbolos de Bliss. Os símbolos de Bliss (Bliss, 1965) foram apresentados originalmente como uma linguagem para a comunicação escrita internacional, mas em 1970 começaram a ser usados nos sistemas de comunicação aumentativos. Eles incluem aproximadamente 100 símbolos básicos que podem ser combinados de uma maneira lógica para a comunicação. Cada símbolo é baseado em uma forma geométrica e pode representar mais de um conceito. Por exemplo, o símbolo de Bliss para casa também significa construir (Clark, 1984).

O significado de cada símbolo de Bliss em geral é óbvio após uma breve explicação, o que significa que eles são transparentes em termos de iconicidade. Os símbolos de Bliss podem ser combinados para criar desenhos de linhas simples descrevendo objetos reais ou idéias. Como ilustrado na Figura 6.4, um símbolo pode ser pictórico e ao mesmo tempo parecido com o conceito que ele representa. Um símbolo de Bliss ideográfico representa idéias ou sentimentos sobre um conceito, enquanto um símbolo arbitrário representa um marcador gramatical. O sistema dos símbolos de Bliss pode comunicar conceitos lingüísticos complexos, como pluralidade, ação, número e tempo verbal. Os significados dos símbolos mudam alterando-se o tamanho, a orientação ou a posição do símbolo. Este sistema tem sido usado por estudantes com vários

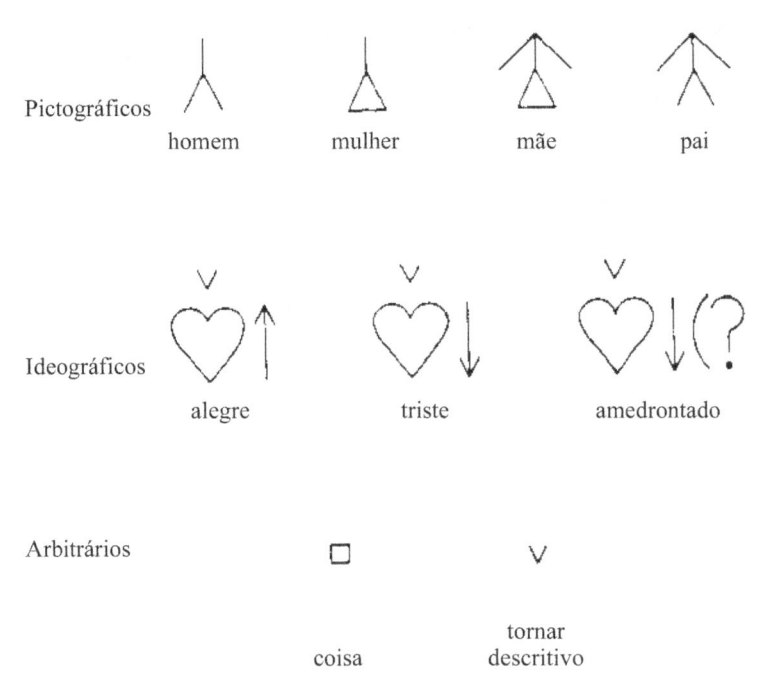

FIGURA 6.4 Amostra dos Símbolos de Bliss. (Os símbolos de Bliss aqui usados foram selecionados dos símbolos descritos no trabalho Semantography, copyright original de C.K. Bliss, 1949. Blissymbolics Communication International, Toronto, Canadá, Exclusive Licence, 1982; publicação autorizada.)

distúrbios de comunicação que são incapazes de usar a escrita mas que podem aprender um grande vocabulário. Para facilitar o uso com os parceiros de comunicação, os símbolos são sempre acompanhados por legendas escritas.

Ortografia Tradicional: Letras e Palavras. Letras, palavras e sentenças podem ser incorporadas em dispositivos de CAA usados por alunos que conseguem ler. Há uma vantagem importante em usar os símbolos ortográficos tradicionais; isto é, eles servem para comunicar um número ilimitado de mensagens e são compreendidos por qualquer parceiro de comunicação que saiba ler.

As letras sobre um quadro de comunicação ou exibidas em um comunicador pessoal ou em um PC podem ser dispostas em ordem alfabética ou no formato característico do teclado. As palavras em um quadro de comunicação podem ser agrupadas. Por exemplo, podem ser exibidos agrupamentos separados de nomes próprios (isto é, nomes de pessoas significativas), nomes comuns, verbos, advérbios e adjetivos. As palavras podem ser combinadas em sentenças freqüentemente usadas, formando uma outra categoria, por exemplo, "Estou com fome", "Não compreendo". Além disso, pode ser designado um número para cada uma das palavras: *alegre* e *triste* podem ser designadas pelos números 10 e 11, respectivamente. Um aluno teria, então, uma série de números anexados ao quadro de comunicação. Ele apontaria para o 1 e para o 0 para indicar alegria, ou apontaria para o 1 duas vezes para indicar tristeza.

Dispositivos de Apoio. A natureza exata das habilidades do aluno determina quais serão os dispositivos de apoio mais adequados para ele. Por exemplo, um aluno com paralisia cerebral pode não ter facilidade para indicar opções em um quadro de comunicação não-eletrônico ou capacidade física para pressionar teclas de computador. Vários dispositivos de apoio foram desenvolvidos para ajudar essas pessoas. Por exemplo, um aluno incapaz de usar seus dedos para selecionar itens ou teclas pode ser capaz de segurar e usar um apontador manual. O aluno pode ser capaz de usar um apontador de cabeça para selecionar os itens de um quadro de comunicação. Um controle, como um *joystick*, pode ser adaptado para que o aluno possa ativar seletores automáticos e *scanners* sem ajuda.

ESCOLHA E USO DOS SISTEMAS DE CAA

No início deste capítulo, deixamos claro que a responsabilidade pela seleção, pela implementação e pela avaliação de um sistema de comunicação aumentativo deve ser compartilhada entre os membros da equipe educacional. Seguindo as intenções da legislação previamente citada, as pessoas ideais para assumir tal responsabilidade são aquelas que desenvolvem e implementam o programa de educação do aluno. Para um aluno com uma deficiência grave, o grupo inclui caracteristicamente o aluno, os pais, a professora da escola e vários profissionais com especialidades específicas relacionadas às necessidades do aluno, como foniatras, fisioterapeutas, terapeutas ocupacionais ou fonoaudiólogos.

As necessidades e as possibilidades do aluno são a principal consideração na seleção e no desenvolvimento de um sistema de CAA. Por isso, a equipe deve primeiro proceder a uma avaliação completa das potencialidades, das habilidades e das necessidades atuais e projetadas do aluno, em várias áreas. Algumas dessas informações devem estar disponíveis, como o resultado dos procedimentos de avaliação obrigatórios existentes. São de particular interesse as habilidades cognitivas e lingüísticas do aluno, as habilidades motoras especificamente relacionadas ao acesso a vários dispositivos de CAA, as habilidades sensoriais e perceptuais e o funcionamento social. Outros dados de avaliação são necessários para descrever as necessidades do indivíduo e os ambientes em que ele atua, assim como as habilidades de comunicação verbal e não-verbal.

Ao decidir que opção ou opções de comunicação aumentativa são adequadas para o aluno, é essencial que os membros da equipe estejam plenamente informados sobre todas as opções disponíveis e sua adequação ao indivíduo, tendo como base os dados da avaliação. A preocupação fundamental é qual a opção, ou que combinação de opções, poderá capacitar um aluno a comunicar-se mais eficientemente. Os membros da equipe devem considerar a facilidade de transporte, a durabilidade e a simplicidade das opções selecionadas.

Como parte do processo de seleção de um sistema de CAA, a equipe deve identificar os métodos de acesso alternativos mais adequados para o aluno. Algumas técnicas de seleção direta já foram anteriormente discutidas. Além disso, um aluno pode transmitir mensagens por *scanning* ou por codificação. Um sistema que incorpora o *scanning* pode ser adequado para um aluno com dificuldades de controle motor. No *scanning*, os símbolos são exibidos e o aluno pode interromper o *scanning* do símbolo desejado. A codificação pode permitir que um aluno aumente o nível de comunicação. Em vez de construir uma mensagem item por item, um estudante pode enviar uma mensagem completa selecionando um código. Por exemplo, pode pressionar uma tecla para transmitir uma saudação que está armazenada na memória do dispositivo ou uma introdução previamente gravada. As opções de mensagem incluem produção visual, na forma de exibições impressas e visuais, e produção auditiva, na forma de fala digitalizada e sintetizada. Um sintetizador da fala é um dispositivo eletrônico que pode produzir várias vozes humanas. Corretamente utilizado, possibilita que um aluno fale.

A equipe deve também selecionar o sistema ou os sistemas simbólicos apropriados às necessidades e às habilidades do aluno. Chapman e Miller (1980) identificaram três fatores para orientar essa seleção. O primeiro fator são as habilidades cognitivas do aluno. Como foi mencionado, alguns alunos podem usar símbolos abstratos, como os símbolos de Bliss e as letras escritas. Alguns conseguem usar um sistema que envolve objetos tangíveis ou representações visuais. O segundo fator é a acuidade visual. Os objetos e as gravuras podem ser mais fáceis para um aluno enxergar do que alguns símbolos de rébus ou símbolos de Bliss. Estes, por sua vez, podem ser mais fáceis de ver do que letras ou palavras. O terceiro fator é a receptividade do ambiente. O sistema deve ser facilmente utilizável pelo aluno e por seus parceiros de comunicação, incluindo os membros da equipe educacional e os colegas.

O aluno e os parceiros de comunicação precisam aprender a usar o sistema de CAA. De início, o aluno pode trabalhar exclusivamente com uma pessoa – um paraprofissional, por exemplo – para garantir que a instrução seja consistente e sistemática. A instrução precisa orientar o aprendiz sobre a maneira de utilizar todos os componentes do sistema de CAA. Para envolver-se nas atividades características da turma, o aluno e os parceiros de comunicação precisam aprender a iniciar e responder a várias intenções de comunicação (p. ex., expressar as necessidades pessoais, formular e a responder perguntas, fazer e responder às solicitações e envolver-se na conversa). Os parceiros de comunicação devem ser ampliados na medida em que adquirem prática no uso do sistema de CAA. O aluno precisa praticar o uso do sistema em vários ambientes. Se necessidades futuras indicam que finalmente mais de um sistema será utilizado, a equipe educacional pode primeiro escolher um sistema de CAA que tenha o maior potencial para depois aumentar o acesso à comunicação e proporcionar um sucesso na comunicação. A incorporação de outros sistemas deve corresponder à progressão das necessidades e das habilidades do aluno.

O ideal é que todos os colegas da turma, familiares e funcionários da escola sejam capazes de usar o sistema de CAA para poder interagir com o aluno. Como muitos sistemas requerem mais tempo para acessar e usar que a fala normal, os parceiro de comunicação precisam ter paciência e ser aconselhados a não dominar a conversa. O aumento do número de parceiros de comunicação que possam comunicar-se com o aluno através de um sistema de CAA vai aumentar a qualidade e o sucesso de uma inclusão escolar. Como parte da aprendizagem do uso de um sistema, o aluno aprende a ser o mais responsável possível por seu transporte, cuidado e manutenção.

Finalmente, a adequação do sistema de CAA deve ser consistentemente avaliada. Várias perguntas precisam ser respondidas durante a avaliação. O aluno e outras pessoas, em casa e na escola, estão usando o sistema? O aluno está iniciando a comunicação mais freqüentemente e com uma maior variedade de parceiros de comunicação? Outras pessoas estão iniciando mais freqüentemente a comunicação com o aluno? O aluno está melhor capacitado a atingir os objetivos e as metas curriculares? Os problemas previamente identificados foram reduzidos? Algum componente do sistema de CAA precisa ser ajustado? Têm havido aperfeiçoamentos na tecnologia ou na metodologia do CAA que poderiam ajudar o aluno?

COMUNICAÇÃO FACILITADA

Não importa seu grau de sofisticação, nenhum dispositivo de CAA funciona a menos que o aluno e seus parceiros de comunicação o utilizem. Infelizmente, a própria deficiência, que torna as opções de comunicação tradicional indisponíveis, dificulta o uso dos CAA. Por exemplo, um aluno autista não-verbal pode não se concentrar em um quadro de comunicação. Este aluno pode também apresentar comportamentos que não indiquem o uso de dispositivos de CAA. Outros alunos com deficiência podem não ter capacidade para comunicar-se nos moldes tradicionais. Na década de 1990, surgiu uma acomodação de comunicação denominada comunicação facilitada (CF) como um possível método para ajudar tais alunos, auxiliando-os a superar obstáculos motores e dificuldades iniciais.

Definição da Comunicação Facilitada

Através da CF, o aluno tem acesso a um sistema de CAA e a um parceiro de comunicação, conhecido como facilitador, que proporciona ajuda física ao aluno enquanto ele digita as mensagens ou seleciona letras, gravuras ou símbolos no dispositivo de CAA. A assistência é iniciada com o apoio à mão ou ao pulso do aluno e, pouco a pouco, o apoio da mão ou pulso passa para o braço, cotovelo e ombro, até o objetivo final de comunicação independente (Figura 6.5). Tal apoio destina-se a reduzir tanto as demandas de habilidades motoras finas do aluno quanto a necessidade de planejamento e memória motores. O aluno desenvolve padrões de movimento funcionais, como por exemplo apontar, para que possa fazer solicitações, inserir comentários ou expressar sentimentos com maiores níveis de independência.

Considere o seguinte exemplo. Um aluno autista pode demonstrar perseverações; isto é, ele pode demonstrar uma tendência a repetir o mesmo padrão de comportamento. Este aluno pode corretamente responder "sim" a uma pergunta, mas devido à

FIGURA 6.5 O apoio de trás para frente durante a comunicação facilitada. (Fotografia cedida por cortesia de Steve Sartori.)

perseveração continua a indicar "sim" em resposta às perguntas subseqüentes que requerem uma resposta diferente. O facilitador pode retirar a mão do aluno do dispositivo de CAA depois de cada seleção, garantindo assim uma pausa antes do aluno fazer a próxima seleção. O papel do facilitador é reduzido à medida que aumentam as habilidades e a confiança do aluno (Crossley, 1990, 1993).

Fatos e Mitos Associados à Comunicação Facilitada

O pessoal de apoio tem declarado que a CF tem capacitado pessoas com deficiências cognitivas graves ou com autismo a demonstrar níveis inesperados de compreensão e potencial acadêmico (Biklen, 1993; Crossley, 1993). Há relatos de que algumas pessoas com deficiências em comunicação adquiriram algumas habilidades de alfabetização a partir da exposição incidental à linguagem escrita. Familiares ou profissionais podem não perceber essas habilidades pelo fato de os alunos serem incapazes de comunicar-se através dos meios tradicionais. Ao que consta, a CF tem permitido que esses alunos apresentem alguns indícios valiosos sobre a verdadeira natureza das suas habilidades. Outros ganhos atribuídos à CF incluem redução nas agressões e melhorias importantes na realização de tarefas, na interação social positiva, no contato visual melhorado e na fala com significado.

A literatura profissional está repleta de evidências dos benefícios da CF. Em nossa própria experiência, encontramos muitos profissionais e pais que falam com entusiasmo sobre ela. Esses relatos têm contribuído para o crescimento rápido do uso da CF em todo o país, somado a outros fatores. Por exemplo, o apetite inesgotável da mídia por histórias de interesse humano, incluindo realizações inesperadas de pessoas com deficiência, garante que a existência de um novo dispositivo como a CF seja amplamente divulgada (Crossley, 1993).

Nem tudo o que se escreve ou se relata sobre a CF é verdade. Por exemplo, Crossley (1993) identificou vários mitos associados ao uso da CF. Primeiro, acreditava-se que a CF era a melhor ou a única estratégia de comunicação disponível para os alunos que não falam. Um segundo mito é que a CF só é útil para pessoas que conseguem falar. Crossley (1993) declarou que ela pode ser usada, quando for indicado, para ajudar as pessoas que não falam a realizar seleções em seus meios de comunicação. O terceiro é a idéia de que os comportamentos tipicamente exibidos por alunos com deficiências graves não devem ser estimulados ou modificados. Crossley (1993) argumentou enfaticamente contra essa crença. Os facilitadores não devem permitir aos alunos apontar ou digitar sem olhar. Um aluno que olha ocasionalmente para o dispositivo de CAA usa apenas a visão periférica e o facilitador justifica essa pouca atenção com comentários como "Ele está usando a visão periférica" ou "Ele tem uma imagem do teclado em sua cabeça" (Crossley, 1993, p. 5). O aluno que não consegue falar ainda tem de aprender a apropriar-se de estratégias interativas. Não seria sensato acreditar que um aluno com uma deficiência grave de comunicação requeira menos instrução do que qualquer outro. Um quarto mito é que toda informação obtida com o uso da CF é confiável. Isso não ocorre; a garantia da confiabilidade será posteriormente discutida neste capítulo.

Pesquisa Envolvendo a Comunicação Facilitada

Mais perturbadora do que os mitos, no entanto, é a forte possibilidade de que a CF não seja o dispositivo eficiente e confiável de ajuda que seus defensores proclamam ser. Um fator importante que contribui para essa possibilidade é a ausência de uma maior evidência empírica para apoiar o seu uso. Biklen (1993), um dos principais defensores da CF, tem relutado em avaliar a CF através de métodos com rigor científico, acreditando que os esforços para validar a CF com procedimentos científicos controlados irão destruir a técnica. Infelizmente, como declaram Eberlin e McConnachie (1993), há uma história no campo da educação especial de aceitação e implementação não-questionada de tratamentos e programas que não foram testados quanto à eficácia ou a efeitos colaterais negativos. Apesar da ausência de apoio empírico, os procedimentos ganham ampla aceitação e absorvem recursos de tratamento valiosos. Além disso, o tempo valioso do aluno e do profissional é despendido na busca de benefícios que podem não existir. Esse pode ser o caso da comunicação facilitada.

Eberlin e McConnachie (1993) avaliaram os relatos usados para apoiar a CF. Observaram a omissão de informações confiáveis sobre os diagnósticos dos comunicadores dos alunos, suas habilidades antes da implementação da CF (incluindo seus níveis de funcionamento intelectual e de adaptação) e a quantidade e o tipo de treinamento de CF que os facilitadores e os alunos receberam. Wheeler, Jacobson, Paglieri e Schwartz (1993) sujeitaram-se a CF a testes mais rigorosos. Em seu estudo, um facilitador e o participante sentavam-se em uma extremidade de uma mesa longa, dividida no sentido do comprimento. Eram-lhes mostrados então pares de fotos. Tais pares nem sempre eram idênticos, e os facilitadores e os comunicadores não conseguiam enxergar as fotos um do outro. O comunicador foi solicitado a usar a CF para identificar a foto que ele via. Os resultados indicaram que os comunicadores só nomearam corretamente os itens nas fotos que haviam sido vistas pelos facilitadores.

Em outro estudo, Wheeler *et al.* (1993) observaram que alguns programas foram utilizados por responsáveis e professores, que foram ouvidos sobre a CF, mas que não tiveram acesso ao treinamento adequado ou a material didático para desenvolver as habilidades de facilitação. A ausência de informações sobre o que é a CF, ou como e por que ela é usada, tem conduzido a más interpretações e a erros na sua utilização.

Problemas e Cuidados com Relação à Comunicação Facilitada

O objetivo da CF de aumentar a independência e a escolha dos alunos com deficiência é admirável. Entretanto, concordamos com Eberlin e McConnachie (1993) que "a aceitação acrítica e sem comprovação do apoio da CF poderia conduzir a práticas mais opressivas e a menos controle para o participante do que se o facilitador produzisse um apoio contra os desejos do participante" (p. 11). A ausência de suporte empírico aos dados não significa que um caso bem-sucedido seja confirmado (Eberlin & McConnachie, 1993). Significa, no entanto, que devemos proceder com muito cuidado e estar preparados para interromper um programa se as respostas do comunicador não puderem ser validadas. Não podemos recomendar a adoção da CF sem aderir a um conjunto de várias diretrizes estritas. Os membros da equipe educacional do aluno que estão considerando o uso da CF devem planejar cuidadosamente e ter os seguintes cuidados:

1. Os alunos para os quais é indicado o treinamento com CF devem ser cuidadosamente avaliados. Em geral, são autistas ou apresentam problema de desenvolvimento. Não falam ou não usam a fala de uma maneira funcional e pode-se presumir que tenham deficiências intelectuais graves. Podem ter também má coordenação olho-mão, tônus muscular alto ou baixo, problemas com a abertura e as extensões dos dedos e perseveração (Biklen, 1993; Crossley, 1990).
2. O consentimento informado por parte dos pais ou responsáveis legais deve ser obtido antes de a CF ser iniciada. Eles devem estar conscientes dos problemas associados à CF e à ausência de apoio empírico.
3. Os facilitadores devem ser treinados. Os membros da equipe educacional são aconselhados a localizar os programas de treinamento para o facilitador disponíveis em sua área.
4. Biklen (1993) encoraja que se preste muita atenção às questões que cercam o apoio físico. A disposição das cadeiras, o posicionamento, o apoio das costas e a neutralidade do facilitador devem ser examinados.
5. A introdução de um aluno à CF deve ser atentamente monitorada. Durante a primeira sessão, o facilitador deve explicar ao aluno o que será feito. Deve falar de maneira a apoiá-lo e tratá-lo como competente, presumindo que o aluno compreende. A quantidade de apoio que um aluno precisa pode ser parcialmente determinada pela observação do tônus muscular ou de tremores.
6. O apoio emocional é importante. Em todos os momentos, o facilitador deve tratar o aluno com dignidade e respeito. Não deve dizer "errado", mas estimular o aluno a tentar novamente. Ao mesmo tempo, deve ser direto e firme sobre a necessidade de praticar e de persistir na tarefa.
7. Devem ser ensinadas habilidades interativas importantes que são pré-requisitos para a comunicação bem-sucedida. Assim como olhamos um para o outro quando conversamos, um aluno também deve olhar para o dispositivo da CAA. Melhorar o desenvolvimento da coordenação olho-mão ajuda o aluno que usa a CF a conquistar independência e evita que seja levado a dizer algo que não pretende (Crossley, 1993). O facilitador deve monitorar o contato visual do aluno e encorajá-lo a olhar para o quadro. Apontar antes do aluno estar olhando para a área e fazer movimentos estranhos (p. ex., gritar, bater em objetos e bater palmas) prejudicam a comunicação.

8. Se o aluno está usando a ortografia tradicional, deve-se apoiar o uso da soletração, da gramática e das palavras convencionais.
9. Os alunos precisam de tempo suficiente para responder. O tempo que ele requer para responder deve ser considerado em qualquer avaliação da eficácia da CF.
10. Parte da crítica armazenada sobre a CF envolve a dificuldade para confirmar as informações. Quando houver dúvida, o facilitador deve verificar a comunicação do aluno. Por exemplo, deve indicar que uma solicitação ou um fragmento de informação não foi compreendido e instruir o aluno a digitar ou a apontar novamente. O facilitador deve observar se um aluno usa consistentemente a mesma soletração ou gramática não-convencionais, independentemente de quem seja o facilitador. Eventualmente, ele pode usar a "comunicação de mensagem naturalista" (Moore, Donovan, Hudson, Dystra & Lawrence, 1993; Wheeler *et al.*, 1993). O professor pode mostrar uma gravura ao aluno quando o facilitador não está presente e depois fazê-lo voltar à sala e pedir que o aluno indique o que viu.
11. A manutenção e a generalização das habilidades devem ser parte de um programa de CF. O apoio físico deve ser reduzido com o tempo. Outros facilitadores e situações funcionais são também importantes para a generalização.
12. Os procedimentos, o progresso e as técnicas de avaliação devem ser documentados. Sessões de CF gravadas em vídeo permitem o exame das técnicas usadas pelo facilitador. Além disso, os efeitos da CF na capacidade de comunicação de um aluno devem ser cuidadosamente avaliados. São de interesse específico itens como o nível de comunicação sem facilitação, alternativas anteriores ao uso da facilitação, a qualidade e a quantidade da comunicação com facilitação, o grau de apoio requerido, o número de pessoas com quem o aluno se comunica e os ambientes em que a facilitação é usada.

RESUMO

Neste capítulo, descrevemos brevemente o impacto que várias deficiências podem ter no desenvolvimento e no uso das habilidades de comunicação. Identificamos sistemas simbólicos de CAA apoiados e não-apoiados que acreditamos ser adequados ao uso nas salas de ensino regular. Para cada sistema, demonstramos os seus princípios básicos e identificamos suas vantagens e desvantagens. Também recomendamos um conjunto de procedimentos para selecionar e usar os dispositivos e os sistemas simbólicos de CAA. Além disso, discutimos o uso da comunicação facilitada sob condições cuidadosamente controladas.

Este capítulo permitiu-nos apenas tocar nas informações mais importantes para as necessidades de um aluno e de uma equipe educacional que trabalha em uma sala de aula inclusiva. Os professores interessados em aprender mais sobre a CAA, sobre os sistemas simbólicos e sobre a CF devem localizar e rever os itens relacionados na seção de referências.

Em todo este capítulo há a mensagem aos membros da equipe educacional para colaborarem e documentarem cuidadosamente todos os aspectos de um programa de desenvolvimento das habilidades de comunicação de um aluno. Deve haver uma correspondência entre as habilidades e as necessidades e as opções de comunicação selecionadas. É essencial que o aluno, os familiares, os professores do ensino regular, de educação especial, os paraprofissionais e os colegas de aula recebam treinamento adequado no uso correto dessas opções. Mais importante, o efeito do programa deve ser documentado para garantir que ele esteja maximizando a capacidade de comunicação de um aluno. Esse ponto não pode ser minimizado ou negligenciado, devido às limitações na pesquisa conduzida para dar apoio a algumas opções descritas neste capítulo. Estamos conscientes de que a seleção, a implementação e a avaliação de um sistema de comunicação aumentativo ou alternativo adicionam-se às responsabilidades já arcadas pela equipe educacional. Entretanto, dada a importância da comunicação para o sucesso acadêmico e social na escola e na vida adulta, acreditamos que esses esforços sejam fundamentais. Finalmente, à medida que as habilidades de comunicação de um aluno desenvolvem-se e melhoram, aconselhamos a reavaliação do desempenho acadêmico e das habilidades sociais. Um aluno que está equipado com um método adequado de comunicação pode ser capaz de demonstrar um nível de conhecimento e de especialização anteriormente não-atingidos.

REFERÊNCIAS BIBLIOGRÁFICAS

Beukelman, D.R. & Mirenda, P. (1992). *Augmentative and alternative communication: Management of severe communication disorders in children and adults*. Baltimore: Paul H. Brookes Publishing Co.
Biklen, D. (1993). *Communication unbound: How facilitated communication is challenging traditional views of autism and ability/disability*. Nova York: Teachers College Press.
Bliss, C.K. (1965). *Semantography*. Sydney. Austrália: Semantography Publications.
Chapman, R. & Miller, J. (1980). Analyzing language and communication in the child. *In* R.L. Schiefelbusch (Ed.), *Nonspeech language and communication: Analysis and intervention* (p. 159-196). Baltimore: University Park Press.
Clark, C.R. (1984). A close look at the standard rebus system and Blissymbolics. *Journal of The Association for Persons with Severe Handicaps, 9*, 37-48.
Clark, C.R., Davies, C.O. & Woodcock, R.W. (1974). *Standard rebus glossary*. Circle Pines, MN: American Guidance Service.
Crossley, R. (1990). *Communication training involving facilitated communication*. Artigo apresentado na conferência anual da Australian Association of Special Education, Canberra.
Crossley, R. (1993). Facilitated communication: Training in North America: An Australian Perspective. *IEEIR Interchange* (Abril), 1-11.
Eberlin, M. & McConnachie, G. (1993). Facilitated communication: Employing research results to develop ethical practice guidelines. *The Forum, 19*(3), 9-12, 30.
Individuals with Disabilities Education Act of 1990 (IDEA), PL 101-476. (30 de outubro, 1990). Title 20, U.S.C. 1400 et seq: *U.S. Statutes at Large, 104*, 1103-1151.
Individuals with Disabilities Education Amendments of 1991, PL 102-119. (7 de outubro, 1991). Title 20, U.S.C. 1400 et seq: *U.S. Statutes at Large, 105*, 587-608.
Lewis, J.D. (1993). *Computers and exceptional individuals*. Austin, TX: PRO-ED.

Lindsay, R.B. (1993). *Special education technology: Classroom applications*. Pacific Grove, CA: Brooks/Cole.

Mirenda, P. & Iacono, T. (1990). Communication options for persons with severe and profound disabilities: State of the art and future directions. *Journal of The Association for Persons with Severe Handicaps, 15*, 3-21.

Moore, S., Donovan, B., Hudson, A., Dystra, J. & Lawrence, J. (1993). Brief report: Evaluation of eight case studies for the multihandicapped. *Journal of Autism and Developmental Disorders, 23*, 531-540.

Ryndak, D.L. & Alper, S. (1996). *Curriculum content for students with moderate or severe disabilities in inclusive settings*, Boston: Allyn & Bacon.

Wheeler, D., Jacobson, J.W., Paglieri, R. & Schwartz, A.A. (1993). An experimental assessment of facilitated communication. *Mental Retardation, 31*, 49-60.

Wicks-Nelson, R. & Israel, A.C. (1984). *Behavior disorders of childhood* (2ª ed). Englewood Cliffs, NJ: Prentice Hall.

7

Estratégias Administrativas para a Realização do Ensino Inclusivo

Daniel D. Sage

O TÍTULO deste capítulo, na verdade o título deste livro, pode ser mal-interpretado, pois sugere a idéia de que há ações simples (truques, artimanhas ou intervenções) que podem ser empregadas para produzir o ensino inclusivo. No contexto dos comportamentos administrativos, é particularmente irrealista sugerir que a improvisação possa provocar as mudanças necessárias para se atingir este objetivo. Em vez disso, devemos reconhecer que o ensino inclusivo requer uma mudança importante nos sistemas. Além disso, devemos reconhecer que resistimos à mudança porque ela é bastante desconfortável e em geral muito temida. Finalmente, devemos reconhecer que os diretores escolares têm uma expectativa ambígua, porque, embora se espere que eles liderem, também se espera que mantenham a estabilidade do sistema. Isso faz com que a promoção de uma mudança temida ou desconfortável torne-se um enorme desafio administrativo.

A NATUREZA DA MUDANÇA NECESSÁRIA NOS SISTEMAS

O ensino inclusivo não pode ocorrer espontânea ou prontamente. Entretanto, é um objetivo rumo ao qual todos os sistemas podem dirigir-se. As mudanças que precisam ocorrer para a realização do ensino inclusivo não devem ser vistas apenas como *pré-requisitos*, mas também como *co-requisitos*. Não podemos esperar, antecipadamente, ter todos os componentes nos seus lugares. Algumas coisas terão de vir com o tempo. As mudanças envolvem muitos níveis do sistema administrativo, incluindo a estrutura do setor central de educação, a organização de cada escola e a didática da sala de aula. O papel do diretor é de importância vital em cada nível, e diferentes níveis de pessoal administrativo estão envolvidos. Além disso, embora grande parte do que é preciso ser feito pelos diretores seja a facilitação da mudança para outras pessoas (as que eles têm a responsabilidade de supervisionar), um terreno importante de mudança diz respeito ao papel e à prática cotidiana dos próprios diretores.

Uma expressão do reconhecimento da necessidade de mudança e dos processos para realizá-la pode ser vista no trabalho do Council of Administrators of Special Education (CASE) em seu documento *CASE Future Agenda for Special Education: Creating a Unified Education System* (Council of Administrators of Special Education, 1993). As questões, as ações recomendadas e as implicações discutidas nesse documento dizem respeito ao seguinte:

1. A responsabilidade de *todos* os que defendem as mudanças para *todos* os alunos;
2. O desenvolvimento de uma visão e de uma missão visando a um sistema *unificado* que inclua *todos* os alunos;
3. A responsabilidade através de um sistema de resultados unificados;
4. A preparação de *todos* os educadores para educar *todos* os alunos;
5. Um sistema de subvenção unificada enfatizando os recursos compartilhados, mas sem rótulos;
6. A administração localizada como meio de construção de uma comunidade de aprendizes;
7. Uma estrutura de currículo unificada como meio de dirigir o diálogo sobre o planejamento e a organização do ensino;
8. Desenvolvimento da equipe estimulando a resolução de problemas *ad hoc*, os recursos compartilhados e a melhoria contínua do ensino escolar;
9. O acesso aos serviços comunitários integrados na escola ou próximo ao local da escola;
10. O acesso à tecnologia apropriada de apoio e o treinamento nessa tecnologia.

A agenda do CASE sugere que, para provocar a mudança requerida pelo ensino mais inclusivo, deve haver um ciclo de "políticas centralmente conduzidas e ações localmente conduzidas em uma comunidade de pessoas que defendem a mudança" (p. 5). O componente fundamental da política do ciclo envolve os cinco primeiros itens relacionados, enquanto o componente da ação local envolve os últimos cinco itens. Uma representação gráfica do ciclo *total* é mostrada na Figura 7.1. Este é um exemplo de uma elaboração dos passos dentro da fase de *ação* do ciclo:

> A primeira medida da direção da escola é construir uma comunidade escolar inclusiva, baseada nos propósitos da escola. O planejamento e o desenvolvimento do currículo que conduz aos resultados esperados pelo Estado e pelos setores educacionais devem vir logo em seguida. Preparar a equipe para trabalhar de maneira cooperativa e compartilhar seus conhecimentos específicos são o propósito fundamental de um programa de desenvolvimento de uma equipe em progresso contínuo. Um maior investimento na tecnologia para dar apoio a uma tomada de decisão individual e de grupo é uma das principais responsabilidades dos subgrupos da equipe. A tecnologia serve como um importante dispositivo da comunicação para conectar a escola à comunidade e o ensino aos resultados esperados. Também serve para apoiar a reflexão da equipe sobre a prática escolar. Um tempo para reflexão sobre a prática precisa ser criado na estrutura da escola e no dia letivo para que ela se prepare e se beneficie

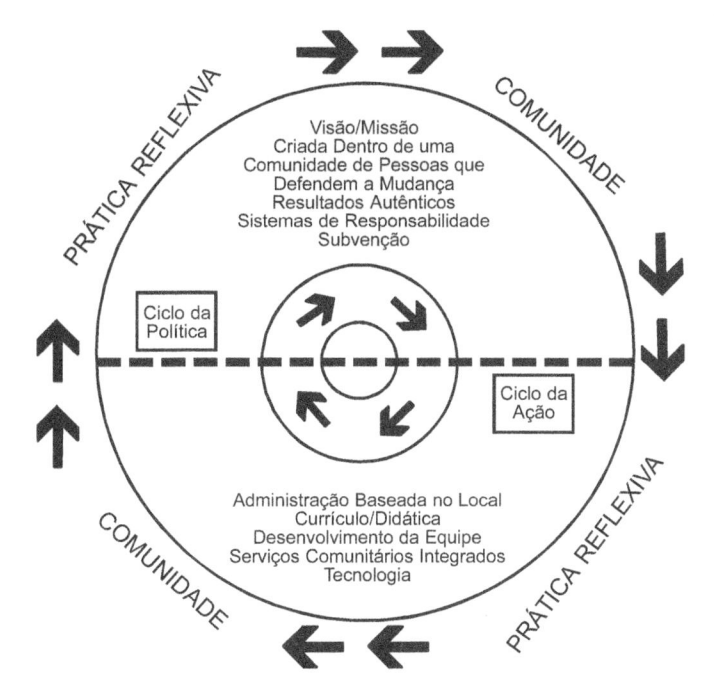

FIGURA 7.1 Ciclos de política e de ação – política centralmente conduzida e ações localmente conduzidas dentro de uma comunidade de pessoas que defendem a mudança. (Do Council of Administrators of Special Education. [1993]. *CASE future agenda for special education: Creating a unified system* [p. 5]. Albuquerque, NM: Author; publicação autorizada.)

de grupos de professores atuando como planejadores, instrutores e avaliadores de programas que conduzem a resultados esperados. (Council of Administrators of Special Education, 1993, p. 5)

A ESTRUTURA CENTRAL DO SETOR EDUCACIONAL

A realização do ensino inclusivo requer uma percepção do sistema escolar como um *todo unificado*, em vez de duas estruturas paralelas, separadas: uma para alunos regulares e outra para alunos com deficiência ou necessidades especiais. Isso exige pessoal administrativo no nível central que não apenas acredite que essa unificação seja desejável e possível, mas que também comunique essa visão em todo o seu comportamento público, tanto em palavras quanto em ações. Os comportamentos inclusivos de professores e diretores escolares de nível básico são seriamente reduzidos se os administradores do nível da política não lhes proporcionarem um apoio explícito. Os pronunciamentos desse apoio devem ser reforçados por passos organizacionais que demonstrem um sistema realmente unificado.

Um exemplo concreto dessa demonstração é a designação de responsabilidades administrativas e de supervisão dentro da equipe central, no âmbito do setor educacional. Em vez de indicar algum pessoal apenas para tarefas de liderança na educação especial e outro pessoal para os papéis do currículo e do ensino regular, as responsabilidades podem ser misturadas. Onde a especialização for julgada necessária, ela deve ser baseada nas funções de administração e supervisão – e não baseada nas diferenças ou nas classificações entre os alunos. Um modelo desse tipo de organização, encontrado em Johnson City, Nova York, é descrito por Sage e Burrello (1994), que observaram o seguinte:

> Em Johnson City, os relacionamentos entre a equipe do escritório central e os administradores locais são caracterizados pela colocação da principal responsabilidade por todos os programas e todas as crianças nos ombros dos diretores, com os administradores do escritório central atuando como capacitadores para ajudar o pessoal do âmbito local a exercer o seu papel. A estrutura para as funções do escritório central reflete uma considerável justaposição entre as quatro pessoas que têm o título de Diretor ou Vice-Superintendente, as quais por sua vez são subordinadas ao superintendente geral das escolas. Três destas estão envolvidas mais diretamente com os programas de ensino (a quarta é encarregada das questões administrativas do distrito), mas há um cuidado no tratamento dos interesses dos alunos com deficiência, daqueles que têm o inglês como segunda língua e todos os outros programas associados com subvenções externas, no programa de ensino regular. Dessa maneira, a especialização entre o pessoal da liderança é evitada e as linhas entre os domínios de especialidade e responsabilidade são intencionalmente obscurecidas. Embora um dos três diretores seja fundamentalmente responsável pela fusão da educação especial e da educação regular, e esteja por isso interessado no currículo e no ensino em todos os níveis, os outros dois diretores são responsáveis por atividades e funções que de certa maneira também contribuem para a inclusão bem-sucedida de todos os alunos, independentemente das diferenças individuais, em um ambiente escolar integrado. (p. 156-157)

Nesse exemplo, a estratégia administrativa é aquela empregada pelo diretor escolar e transmitida para toda a equipe administrativa. Essa estratégia envolve a adoção de uma estrutura organizacional inovadora, descartando os papéis e as responsabilidades convencionais e "vendendo" a sua crença de que a mudança vai conduzir a um sistema melhor para todos. Embora dificilmente se possa esperar que os pronunciamentos administrativos e os mapas organizacionais revisados por si sós produzam uma mudança sistêmica, sua contribuição para o processo é fundamental.

No Âmbito da Estruturação

A ênfase na descentralização e a correspondente retirada da ênfase na especialização têm importantes implicações para o diretor no âmbito da estruturação. O papel do diretor é significativamente afetado pelas mudanças no papel do diretor central da educação especial, que são absolutamente necessárias para pavimentar o caminho rumo a escolas inclusivas. Embora há muito se reconheça que o comportamento e a liderança simbólica do diretor estabeleçam o clima cultural da escola, a extensão de suas responsabilidades de incluir *todos* os alunos na escola permanece obscura. Tem sido bastante aceitável que o diretor as transfira para um escritório central especializado em questões e decisões sobre os alunos com deficiência. O deslocamento da responsabilidade primária do especialista para o generalista constitui uma mudança de papéis importante para ambas as partes.

Burrello e Lashley (1992) sugeriram que o papel de liderança da organização de uma escola inclusiva

> implica em estruturar um modelo conjunto para a escola, uma maneira de acreditar e enxergar padrões, relacionamentos e vínculos entre si e seus valores e propósitos compartilhados ... Os líderes criam uma cultura compartilhada que desafia a equipe e os alunos a assumirem a responsabilidade por seu próprio ensino e a ajudarem a moldar a educação em uma democracia ... As visões das escolas inclusivas emergem de um debate difícil e da análise das crenças dos defensores da mudança no potencial humano e no papel da educação para alcançá-lo. (p. 81)

Partindo destas concepções, a tarefa da estruturação é desenvolver uma política que dê suporte à cultura compartilhada da inclusão. Seguem-se as crenças necessárias para esse suporte:

1. todos na escola são responsáveis pela educação de cada aluno, desde a freqüência à escola, independentemente das necessidades de aprendizagem;
2. todos na escola estão concentrados na satisfação das necessidades de todos os alunos em um sistema de educação unificado. A rotulação e a segregação são contraproducentes à excelência educacional;
3. todos os professores têm habilidades e conhecimentos que devem ser usados para dar apoio aos esforços dos demais professores, para garantir o sucesso de todos os alunos em turmas regulares;
4. todos os alunos se beneficiam da participação em turmas e escolas inclusivas;
5. a prevenção de problemas de aprendizagem cabe à educação especial;
6. a avaliação das necessidades dos alunos é uma parte regular do planejamento curricular e didático para todos os professores e pessoal de serviço relacionado;
7. a educação especial e o pessoal de serviço atuam como membros integrantes dos grupos de professores, sob a liderança do diretor da escola;
8. a educação especial e o pessoal de serviço prestam serviços aos alunos no contexto do programa da escola regular;
9. modelos de subvenção e orçamento dão suporte à provisão de serviços para alunos com necessidades especiais na escola e na comunidade locais;
10. os serviços comunitários para crianças são coordenados na escola;
11. a avaliação da eficiência do programa de uma escola inclui a consideração da adaptação pós-escolar dos alunos com necessidades especiais. (p. 82-83)

Na Sala de Aula

As mudanças necessárias no âmbito da sala de aula, como aquelas no nível administrativo, envolvem o compartilhamento. Vários termos podem ser usados para descrever o processo, tais como cooperação, colaboração e trabalho em equipe. A dificuldade maior está em superar a dependência quando estabelecida entre os professores. Apesar de uma considerável parcela da literatura defender e dar testemunho dos esforços cooperativos e também do desenvolvimento da equipe a partir do enfoque cooperativo, uma proporção significativa dos professores ainda considera a prática "nãonatural".

A equipe cooperativa pode ser considerada segundo duas perspectivas: 1) as atividades de planejamento e tomada de decisão que ocorrem fora da sala de aula, e 2) as atividades didáticas compartilhadas, que ocorrem em aula. Thousand e Villa (1992) apresentaram os princípios básicos para o trabalho cooperativo de equipe dentro das escolas em termos de reestruturação escolar, capacitação do professor e satisfação das necessidades básicas. Ao rever a literatura, observaram cinco elementos que definem o processo de trabalho cooperativo em equipe:

1. Uma interação face a face entre os membros da equipe em uma base freqüente;
2. Um sentimento mútuo de interdependência positiva de "nós estamos todos juntos nisso";
3. Um enfoque no desenvolvimento de habilidades interpessoais do pequeno grupo para a construção de confiança, de comunicação, de liderança, de resolução criativa dos problemas, de tomada de decisão e de manejo do conflito;
4. Avaliação e discussão regulares do funcionamento da equipe e estabelecimento de objetivos para melhorar os relacionamentos e realizar as tarefas de maneira mais eficiente;
5. Métodos para manter os membros da equipe responsáveis pelos encargos e compromissos assumidos. (p. 76)

Os elementos relacionados têm fundamental importância para as atividades dos membros da equipe envolvidos em reuniões para o planejamento do ensino ou para outros processos de tomada de decisão. Tais elementos não dizem respeito diretamente às situações de *ensino em equipe*, em que dois professores (em geral um professor regular e um professor de ensino especial) compartilham uma aula e a responsabilidade por um grupo de alunos (em geral, um misto de alunos regulares e alunos com necessidades especiais). Entretanto, essas características das reuniões de equipe são importantes *precursores* de arranjos bem-sucedidos de ensino em equipe na sala de aula. Aprender a trabalhar junto em um espaço compartilhado é o próximo passo no ensino em equipe bem-sucedido. O desenvolvimento e a prática rotineira dessas habilidades são de vital importância porque a inclusão bem-sucedida de alunos com deficiência depende muito de se trazer o pessoal dos serviços de apoio à sala de aula do professor de educação regular.

O papel das equipes em melhorar o clima para a cooperação e para a inclusão é discutido por Sage e Burrello (1994), que observaram que os setores escolares precisam de sistemas de apoio e estruturas de resolução de problemas caracterizados por

- Equipes concentradas nos resultados para todos os alunos e nos diferentes ambientes em que tais resultados devem ser demonstrados – sala de aula, corredores, lanchonete, vizinhança, locais de trabalho etc.;
- Co-planejamento entre as equipes para o ensino em múltiplos ambientes e avaliação do desempenho, segundo critérios estabelecidos;

- Planejamento e encorajamento das equipes através do apoio natural dos colegas na sala de aula, na escola e nos ambientes fora da escola;
- As equipes finalmente compartilhando responsabilidades e respondendo por todos os alunos;
- As equipes adotando uma abordagem de resolução de problemas e refletindo regularmente sobre a sua prática;
- As equipes planejando o desenvolvimento da sua própria equipe, quando surge a necessidade de informação, reflexão e avaliação. (p. 265)

O papel do diretor em provocar as mudanças necessárias do sistema em cada nível – o setor escolar central, a escola e cada turma – é essencialmente um papel de facilitação. A mudança não pode ser legislada ou obrigada a existir. O medo da mudança não pode ser ignorado. O diretor pode ajudar os outros a encararem o medo, encorajar as tentativas de novos comportamentos e reforçar os esforços rumo ao objetivo da inclusão.

ESTRATÉGIAS PARA FACILITAR A MUDANÇA

Foi observado que uma peça fundamental na promoção de escolas inclusivas é o desenvolvimento de comportamentos cooperativos entre todos os defensores da mudança no ambiente escolar. O desafio desse objetivo está no fato de que as escolas, como a maior parte das empresas dentro da nossa cultura, são hierarquicamente organizadas, operam com expectativas estabelecidas referentes a relacionamentos de autoridade e responsabilidade. Skrtic (1991) observa que, embora o processo da educação sugira que as escolas devam ser estruturadas como burocracias *profissionais*, elas são em geral administradas e governadas como *máquinas* burocráticas. Essa estrutura tende a reduzir a decisão do professor, deixando os alunos com serviços menos personalizados e, por isso, menos eficientes. Skrtic enfatiza que a estrutura existente das escolas faz com que elas reajam às demandas públicas de mudança, construindo símbolos e cerimônias (p. ex., o programa de educação individualizada [PEI] e a participação dos pais) que criam a ilusão da mudança, enquanto as funções fundamentais da escola permanecem, na verdade, praticamente as mesmas. Entretanto, quando falamos sobre colaboração, devemos enfatizar a igualdade entre os pares. Para irem além das visões habituais das estruturas escolares e dos relacionamentos pessoais, os professores precisam mudar de paradigma educacional.

Enquanto a educação especial for percebida como uma subdivisão separada da empresa escolar total – um sistema paralelo – ela será considerada um subsistema minoritário. Baseado puramente na magnitude (número de alunos, pessoal e orçamento) e desconsiderando os valores referentes à sua missão, o sistema de ensino especial ocupa um degrau baixo na hierarquia escolar. Esse aspecto do paradigma só pode ser alterado desenvolvendo-se o conceito de um sistema *unificado* da educação, que englobe *todos* os alunos sem discriminação.

Colaboração entre os Pares

Entre o pessoal administrativo, a colaboração (com igualdade entre os parceiros) envolve a negociação e o esclarecimento dos papéis do diretor e do supervisor da educação especial, de maneira que enfatizem a responsabilidade do diretor em relação a todos os alunos e uma função de *suporte* para o especialista que evita cuidadosamente o "controle" de qualquer programa educacional do aluno. Isto é, os professores de ensino especial nunca devem aceitar a responsabilidade *exclusiva* pela educação de um aluno com deficiência, independente da equipe de educação regular. Nos sistemas em que a educação especial é separada da regular, isto pode ser difícil, independentemente da hierarquia de *status* que possa existir entre os especialistas da equipe central e os diretores de escola. Além disso, o *status* relativo do pessoal do escritório central e o da escola em um determinado sistema pode ajudar ou impedir a negociação das responsabilidades.

No âmbito do professor, deve haver uma preocupação similar pela igualdade entre os parceiros. É importante que qualquer percepção de hierarquia seja claramente rejeitada quando a participação cooperativa no ambiente de ensino for desejada. Quando dois professores cooperam em uma classe, é fundamental que evitemos a percepção de um deles como um "assistente". A maioria dos professores mantêm o controle da turma e têm o hábito de ser a única autoridade desses ambientes. Os visitantes (incluindo o diretor) podem ir e vir, mas a sala de aula é o território do professor. Tem sido tradicionalmente entendido que a autoridade não é compartilhada. Para o professor sentir-se à vontade em um ambiente de ensino cooperativo é necessária uma mudança definitiva nas atitudes e uma renúncia ao controle individual das salas de aula.

Liderança Simbólica

Os diretores de um sistema que está indo em direção rumo a um ambiente mais inclusivo desempenham um papel importante no exemplo do comportamento cooperativo. Tanto o diretor quanto o chefe ou supervisor do escritório central podem influenciar o ambiente pela maneira como exercem suas funções. Ao discutir o papel do diretor, Sage e Burrello (1994) citaram as forças de liderança identificadas por Sergiovanni (1984), que proporcionam uma estrutura para se examinar o comportamento do diretor. Essas forças são descritas como

1. Técnicas – derivadas das práticas de administração recomendadas;
2. Humanas – derivadas dos recursos sociais e interpessoais;
3. Educacionais – derivadas do conhecimento dos especialistas em questões de educação e ensino;
4. Simbólicas – derivadas da atenção a questões importantes para a escola;
5. Culturais – derivadas do desenvolvimento de uma cultura escolar única.

A maneira pela qual os diretores exercem as forças simbólicas e culturais através de suas atitudes e comportamento é particularmente importante quando se exemplificam as ações e as atitudes necessárias para a prevalência de um ambiente inclusivo nas escolas. Primeiramente, o comportamento do diretor é que estabelece o clima pelo qual se resolve que a escola é de todas as crianças. Segundo, o comportamento cooperativo do diretor e dos demais administradores proporciona um modelo para os professores que precisam de ajuda para romper com a prática de "trabalhar sozinhos".

Sage e Burrello (1994), tirando conclusões de uma série de estudos de caso sobre diretores, declaram que "As crenças e as atitudes dos diretores em favor da educação especial influenciam seu comportamento para com os alunos com deficiência" (p. 238). Os diretores cujas filosofias pessoais reconheciam os benefícios da inclusão "comunicavam sua atitude consistentemente de várias maneiras aos alunos, ao seu pessoal e aos pais, e esperavam que eles apoiassem esta atitude através de seus próprios comportamentos" (p. 238). Além disso, "o papel mais importante que o diretor desempenha na inclusão dos alunos com deficiências é o de líder simbólico" (p. 239). Isso é consistente com a idéia expressa por Tyler (1983), de que os diretores eficientes são muito conscientes do simbolismo até da mais rotineira de suas ações administrativas, e de que usam até as ocasiões mais comuns para demonstrar suas crenças.

Dada a importância das crenças e das at4itudes sustentadas pelos diretores,

> ... os funcionários da escola responsáveis pela seleção e pelo desenvolvimento profissional dos diretores devem tentar determinar as crenças e as atitudes dos candidatos e procurar aqueles que estejam dispostos a assumir a responsabilidade de uma escola para todos os alunos, independente das suas diferenças individuais. A necessidade de diretores dispostos a trabalhar com alunos com deficiência, apesar de quaisquer medos ou más interpretações, deve ser satisfeita para que os programas de educação especial sejam aceitos em uma escola.
>
> Além do exemplo e dos comportamentos simbólicos, o diretor deve também encorajar o sentimento de equipe entre o pessoal de educação regular e de educação especial. Essa necessidade de conhecimento sobre alunos com deficiência é substancial e os membros da equipe podem ser fontes de informação importantes um para o outro. As oportunidades de atividades de desenvolvimento da equipe cooperativa podem resultar em um aumento no conhecimento profissional, assim como no desenvolvimento de um relacionamento positivo entre o pessoal da educação regular e o da especial. (Sage & Burrello, 1994, p. 242)

Desenvolvimento da Equipe

O processo do desenvolvimento da equipe proporciona uma oportunidade para identificar a capacidade de liderança dentro da escola. Encorajando os professores a ajudar outros professores e reforçando esses comportamentos cooperativos, o diretor pode não apenas desenvolver habilidades desconhecidas, mas também ajudar a estabelecer a colaboração no ambiente escolar. Um modelo para se alcançar a norma de colaboração foi descrito por Porter (1994) em uma fita de vídeo e em um manual denominado

Teachers Helping Teachers. Embora o diretor escolar possa facilitar este processo, os principais benefícios vêm da interação dos pares. O diretor deve ser o principal revigorador do comportamento do professor que demonstra pensamentos e ações cooperativas a serviço da inclusão. É comum que os professores que tentam a inovação e assumem riscos sejam encarados de forma negativa e com desconfiança pelos pares que estão aferrados aos modelos tradicionais. O diretor é de fundamental importância na superação dessas barreiras previsíveis e pode fazê-lo através de palavras e ações adequadas que reforçam o apoio aos professores.

Entretanto, devemos reconhecer que essa "liderança estimulante" por parte do diretor requer um certo equilíbrio. Ao promover a inclusão dos alunos e a colaboração entre os professores, os diretores devem evitar a impressão de estar desvalorizando os professores que ainda não se sentem à vontade com a aplicação desses conceitos. Até mesmo os mais fortes defensores da inclusão reconhecem que os professores devem ter o direito de desenvolver-se voluntariamente rumo à prática e não podem ser obrigados a mudar. O diretor, mais que qualquer outro funcionário do sistema escolar, está em posição de entender e ser sensível ao *status* e às necessidades dos professores e de outros funcionários de serviço direto para desenvolver as atitudes e as habilidades necessárias para que as práticas inclusivas possam florescer. Quer através da avaliação formal das necessidades ou apenas conhecendo as pessoas com quem trabalha, o diretor deve ser capaz de discernir o que a equipe como um todo, e também seus membros individuais, necessitam para se desenvolver.

Administração do Tempo

Independente da força do compromisso de incluir, a administração do tempo é inevitável. Os arranjos organizacionais podem frustrar totalmente as boas intenções dos professores que estão dispostos e aprendem a trabalhar juntos em uma escola. Uma contribuição prática do diretor da escola é a de conceder tempo para que ocorram contato e interação entre os professores. Uma maneira de se conseguir esse tempo é prestar atenção ao planejamento do horário da escola. O horário é uma área que se espera que o diretor controle. Deve-se dar prioridade à reserva de um tempo no horário diário para cuidar do planejamento e de reuniões entre as pessoas que estão dividindo a responsabilidade por um grupo de ensino. É bastante comum perceber que o compromisso de reservar um horário para o planejamento e as reuniões evapora nas pressões cotidianas. O diretor pode ser o guardião desses compromissos de tempo, protegendo o horário e as oportunidades para que os professores trabalhem juntos. Crawford e Porter (1992) discutem a provisão de um tempo de planejamento flexível para os professores e descrevem vários estabelecimentos no Canadá em que os administradores do sistema escolar arranjaram esse horário através de dispositivos orçamentários e políticos. Embora cada diretor, com sua equipe de professores, seja livre para organizar o tempo, é mister que este tempo seja providenciado e usado. Crawford e Porter declaram que os professores precisam de tempo para:

(a) Trabalhar um com o outro ou trabalhar individualmente no planejamento das aulas e das atividades em aula;
(b) Modificar os materiais e realizar as revisões necessárias no currículo;
(c) Participar de várias outras atividades, incluindo consultas com os pais. (p. 45-46)

Em alguns estabelecimentos descritos por Crawford e Porter (1992), os arranjos orçamentários para o suprimento de professores substitutos liberou tempo para que os professores de educação regular e especial planejassem as atividades. Em outros estabelecimentos, os professores de educação especial atuaram como substitutos para que os professores de educação regular pudessem afastar-se para planejar a inclusão e o ensino de todos os alunos. É claro que, sejam quais forem os mecanismos utilizados para garantir tempo para o planejamento e para a colaboração direta, o apoio e o manejo desses dispositivos só podem ocorrer com o envolvimento ativo do diretor da escola.

CONCLUSÃO

As estratégias para a promoção de práticas inclusivas nas escolas, independentemente do papel ou da posição administrativa particular a que estejamos nos referindo, envolvem fundamentalmente a facilitação da mudança. Embora o administrador da equipe central deva manter uma perspectiva da amplitude do sistema e o diretor da escola deva concentrar-se nas questões locais específicas, as ações de ambos os administradores devem ser orientadas para as necessidades identificadas, visando mudar as atitudes e práticas existentes. O tipo de liderança pró-ativa requerida foi descrito por Lipp (1992):

> O papel do diretor foi alterado daquele que podia ser administrado com processos simples e mecânicos para um que exige estratégias complexas que devem ser trabalhadas em muitas frentes simultaneamente. Novos posicionamentos requerem uma mudança fundamental no estilo de liderança, de guardião da tradição para catalisador da mudança. O novo líder deve ser alguém capaz de manter relacionamentos de trabalho cooperativos entre os defensores da mudança, para que se atinja um objetivo comum. Para isso, a administração terá como tarefas:

- Tornar todas as estratégias de liderança pluralistas.
- Garantir que todas as perspectivas tenham sido revisadas.
- Usar uma perspectiva multicultural para interpretar os padrões das nuanças expressivas na comunicação.
- Garantir que todos os processos respeitem a autonomia do indivíduo e do grupo.
- Desenvolver estratégias para a colaboração entre os grupos de interesse. (Lipp, 1992, p. 32)

Baseando-se na análise de Lipp sobre mudanças de perspectiva na liderança administrativa, Sage e Burrello (1994) compararam as preocupações do generalista e do especialista em termos de orientação e prática administrativa. A cultura dos sistemas escolares como um todo está adequadamente se movendo

de uma ênfase na	para uma ênfase na
• Centralização	• Descentralização
• Responsabilidades dos professores	• Direitos dos professores
• Identificação da incompetência	• Desenvolvimento da competência
• Burocracia	• Centralização na criança
• Aplicação de pressão	• Aplicação de recursos
• Fuga à responsabilidade	• Participação

Com essas mudanças, o desenvolvimento do programa e o planejamento e a implementação de culturas escolares inclusivas tornam-se uma função específica das escolas, realizada pelos defensores da mudança – alunos, professores e diretores. "O papel da liderança da educação especial deve mover-se da provisão de serviços diretos aos alunos para a provisão de mais apoio técnico aos diretores e às suas equipes no planejamento e na implementação dos programas discentes" (Sage & Burrello, 1994, p. 22-23).

Skrtic (1994) observa uma justificativa política e econômica para práticas inclusivas nas escolas que vai além dos argumentos moral e familiar. Diferentemente da época em que as necessidades da sociedade eram atendidas por escolas estruturadas como máquinas burocráticas ou até mesmo burocracias profissionais, nossa sociedade pós-industrial está começando a reconhecer a necessidade de pessoas democráticas, interdependentes e reflexivas para resolverem os problemas. O impulso para a personalização da instrução, descategorização dos alunos e desespecialização do pessoal profissional reflete um movimento rumo à satisfação desta necessidade. Entretanto, o tipo de colaboração necessária para tornar as escolas realmente diferentes requer a abolição da ordem burocrática e a adoção de uma estrutura "adhocrática" que enfatize a inovação e a resolução dos problemas (Skrtic, 1994).

Tanto os administradores generalistas quanto os especialistas devem dirigir seus esforços para encorajar a cultura inclusiva a crescer, em vez de tentar forçar as estratégias da inclusão na estrutura tradicional e bastante inóspita que caracteriza muitas escolas. As estratégias administrativas requeridas para a inclusão são aquelas que promovem a própria pessoa tornando-a receptiva às possibilidades de mudança, que dão o exemplo de assumir riscos e que reforçam toda e qualquer tentativa de criar um ambiente de ensino inclusivo para todos os alunos.

REFERÊNCIAS BIBLIOGRÁFICAS

Burrelo, L. & Lashley, C. (1992). On organizing the future: The destiny of special education. *In* K. Waldron, A. Riester & J. Moore (Eds.), *Special education: The challenge of the future* (p. 64-95). San Francisco: Edwin Mellen Press.

Council of Administrators of Special Education. (1993). *CASE future agenda for special education: Creating a unified education system*. Albuquerque, NM: Author.

Crawford, C. & Porter, G. (1992). *How it happens: A look at inclusive educational practice in Canada for children and youth with disabilities*. Downsview, Ontario, Canadá: G. Allan Roeher Institute.

Lipp, M. (1992). An emerging perspective on special education: A development agenda for the 1990s. *Special Education Leadership Review, 1*(1), 10-39.
Porter, G. (Diretor). (1994). *Teachers helping teachers*. [Vídeo e manual]. Downsview, Ontario, Canadá: G. Allan Roeher Institute.
Sage, D. & Burrello, L. (1994). *Leadership in educational reform: An administrator's guide to changes in special education*. Baltimore: Paul H. Brookes Publishing Co.
Sergiovanni, T. (1984). Leadership and excellence in schooling. *Educational Leadership, 41*, 4-20.
Skrtic, T. (1991). *Behind special education*. Denver: Love Publishing.
Skrtic, T. (Dezembro, 1994). *A political and economic justification for inclusive education*. Artigo apresentado em uma reunião de The Association for Persons with Severe Handicaps, Atlanta.
Thousand, J. & Villa, R. (1992). Collaborative teams: A powerful tool in school restructuring. *In* R.A. Villa, J.S. Thousand, W. Stainback & S. Stainback (Eds.), *Restructuring for caring and effective education: An administrator's guide to creating heterogeneous schools* (p. 73-108). Baltimore: Paul H. Brookes Publishing Co.
Tyler, R. (1983). A place called school. *Phi Delta Kappan, 64*, 462-464.

8

O que eu Farei Segunda-Feira pela Manhã?

**Mary A. Falvey,
Christine C. Givner
e Christina Kimm**

EM ESTABELECIMENTOS EDUCACIONAIS INCLUSIVOS, o ensino está concentrado nas potencialidades, nos interesses e nas necessidades dos alunos que compõem a comunidade, bem como em currículos básicos explícitos e implícitos. Este capítulo dedica-se à prática de criação e orquestração do contexto cotidiano para a aprendizagem e para o ensino na sala de aula. As habilidades e as estratégias aqui discutidas baseiam-se em pesquisas recentes e em práticas comuns do "bom ensino", que incluem tanto a ciência quanto a arte de ensinar. Embora não haja uma fórmula mágica para a criação de turmas inclusivas eficientes, há vários elementos críticos que podem ajudar os educadores a conseguir uma aprendizagem eficiente em escolas heterogêneas.

CRIAÇÃO DE UMA COMUNIDADE DE APRENDIZES

Criar uma comunidade de aprendizes é fundamental para estabelecer o ensino inclusivo e é um dos primeiros componentes a ser tratado. A comunidade de aprendizes está no âmago do ensino inclusivo. A inserção está implícita no significado da inclusão (Kunc, 1992). Para que ocorra uma aprendizagem autêntica, cada aluno deve adquirir a sensação de pertencer ao grupo, uma sensação de conexão. Cada um deles deve sentir-se bem-vindo e valorizado. Os professores desempenham um papel fundamental como mediadores e facilitadores na criação de uma comunidade de aprendizes. O processo de criação de tal comunidade deve começar no início do ano letivo, quando os alunos se reúnem pela primeira vez. Este é o momento de serem estabelecidos regras e padrões de comportamento que determinarão o palco do ensino a ser proposto para a turma na escola.

O primeiro conjunto de atividades no processo de construção da comunidade deve estar concentrado em torno do objetivo de fazer com que os alunos se sintam bem-vindos e conheçam uns aos outros. Um recurso extremamente útil para que os professores desenvolvam atividades nesse sentido é o *Tribes* (Gibbs, 1987, 1994). O próximo passo importante é o estabelecimento de um contrato social – um acordo sobre como se comportar e que comportamentos são aceitáveis e inaceitáveis na sala de aula. Os alunos precisam estar envolvidos no desenvolvimento desse contrato social por várias razões. Em primeiro lugar, trata-se de uma oportunidade para que eles pratiquem a participação no processo democrático, um papel que eles vão assumir quando adultos, e, em segundo lugar, o envolvimento dos alunos garante que eles assumam posse do contrato social. Três tipos de comportamentos devem ser considerados nesse contrato: 1) regras de conduta interpessoal humanas, respeitosas, interessadas e solidárias; 2) regras de comportamentos positivos e produtivos durante as atividades de aprendizagem diárias; e 3) diretrizes de condução da aprendizagem diária. O professor atua como um facilitador, descobrindo maneiras de traduzir o contrato social em rotinas que possam ser treinadas e praticadas com os alunos até que as regras sejam internalizadas.

Outro fator importante na criação de uma comunidade de aprendizes é o estabelecimento de um clima de aprendizagem positivo. Como líderes do ensino, os professores precisam comunicar de maneira consistente e explícita as expectativas acadêmicas. Exemplos deste tipo de comunicação podem ser, por exemplo, discussões introdutórias anteriores a uma atividade de aprendizagem que apresente as expectativas específicas de desempenho e de comportamento em relação aos alunos; cartazes nas paredes reafirmando expectativas acadêmicas gerais aplicáveis a todas as atividades de aprendizagem (p. ex., Faça o Melhor que Puder!, Quando Tiver Dúvida, Peça Ajuda!); murais exibindo os trabalhos dos alunos e jornais de classe em que são publicados seus textos e desenhos, entre alunos.

Os professores precisam desenvolver um ambiente de trabalho seguro, pacífico e voltado para os objetivos acadêmicos. Podem comunicar de várias maneiras a mensagem de que a sala de aula é um ambiente seguro e pacífico. A segurança é importante para a aprendizagem, porque se um aluno não confia no ambiente escolar, como sendo protetor e gratificante, ele não se sentirá à vontade e não aprenderá com eficiência.

O professor pode estabelecer um ambiente voltado para os objetivos acadêmicos, utilizando várias estratégias de ensino. Ele pode estruturar o ambiente físico para comunicar ordem e enfoque acadêmico. Os móveis devem ser dispostos de maneira flexível, de forma que todos os alunos tenham acesso a diferentes tipos de atividades de ensino (p. ex., atividades de aprendizagem cooperativa em pequenos grupos, trabalho individual, discussão com toda a classe, projetos de construção ativa, atividades de aprendizagem formal e informal). O ambiente de aprendizagem deve ser disposto de tal forma que haja vários espaços para a aprendizagem (p. ex., uma área silenciosa e aconchegante, com tapetes para a leitura silenciosa, audição de fitas de áudio e vídeo ou reuniões de classe; uma área adequada para produções "confusas", como construção de um diorama ou de uma máquina em miniatura; uma área para computadores que minimize as distrações). Os professores devem também considerar aspectos como o trânsito entre essas áreas, equipamentos necessitados por determinados alunos, tais como cadeiras de roda ou computadores, e alunos que precisam de um apoio individual adicional, ao dispor o ambiente físico e ao organizar as rotinas diárias para otimizar a aprendizagem e minimizar as distrações.

Outro conjunto de fatores didáticos que têm um enorme impacto na criação de ordem e em um ambiente de aprendizagem com enfoque acadêmico envolve decisões na alocação e no gerenciamento do tempo, da transição, do ritmo e das decisões em grupo. Ao planejar o ensino, os professores decidem quanto tempo será dedicado a cada atividade de aprendizagem diária, como ela deve ser estruturada (p. ex., trabalho em pequenos grupos, trabalho individual ou uma combinação de ambos), como os alunos devem fazer a transição de uma atividade para outra e que ritmo de ensino deve ser usado para maximizar o entusiasmo e a atenção do aluno e para minimizar o comportamento que desvie a atenção da atividade. Outra consideração importante é quanto tempo os alunos precisam para compreender e realizar satisfatoriamente a tarefa. Quando um plano instrumental é estabelecido, o professor precisa monitorá-lo e adaptá-lo quando acha, por exemplo, que os alunos precisam de mais tempo para realizar a tarefa ou de explicação adicional. Além desses componentes gerais, outras estratégias apresentadas neste capítulo contribuem para a construção de uma comunidade de aprendizes.

AVALIAÇÃO, CURRÍCULO E ENSINO

Todos os alunos devem ter acesso a um currículo básico rico em conteúdos, embora as estratégias específicas para facilitar a aprendizagem dos conteúdos precisem ser baseadas em estilos de aprendizagem individuais. Às vezes o currículo é prescrito pela escola, pelo setor ou pelo departamento de educação; em outras situações, é amplamente determinado e usado apenas como um indicador para os professores. Independentemente da precisão com que o currículo será seguido, para garantir a aprendizagem, o conhecimento e as habilidades refletidos no currículo, devem ser desenvolvidas abordagens de ensino personalizadas ou individualizadas. O processo de ensino envolve um conjunto de tarefas extremamente complexo e dinâmico, que requer um nível extraordinário de competência na tomada de decisões em ambientes complexos e dinâmicos (Berliner, 1988). A *avaliação* é um componente fundamental dos processos de ensino e aprendizagem. Os educadores devem ter um amplo e profundo conhecimento dos seus alunos para poderem criar um ambiente de aprendizagem adequado para cada um deles. A avaliação pode ser definida como a reunião de informações de várias tarefas e de várias fontes com o propósito de se tomar decisões educacionais sobre um aluno (Salvia & Ysseldyke, 1991). Embora haja várias razões para uma avaliação educacional, no contexto deste capítulo a avaliação é estudada para o planejamento do ensino e para se conhecer o progresso do aluno. No intuito de tomarem decisões educacionais criteriosas e significativas, sensíveis às necessidades individuais dos alunos, os professores precisam ter dados. Isto é, precisam manter uma base de conhecimento abrangente e contínua dos inconstantes interesses, das potencialidades e das necessidades de seus alunos. Para planejar e implementar atividades de ensino centralizadas no aluno, extraídas do currículo básico e que promovam uma aprendizagem autêntica, a avaliação deve ser um aspecto interativo no processo de ensino.

Avaliação Formal e Informal

Há muitos tipos de avaliações em uso na educação. Uma tipologia da categorização das avaliações define a avaliação formal e a avaliação informal. As *avaliações formais* ou os testes padronizados são "desenvolvidos com procedimentos-padrão específicos de aplicação, pontuação e interpretação, que devem ser seguidos com precisão para a obtenção de resultados confiáveis" (Overton, 1992, p. 19). Os testes padronizados estabelecem adequação técnica, ou seja, estabelecem validade, confiabilidade e são normatizados em uma amostra representativa definida. Embora essa definição impressione, a realidade é que as avaliações formais proporcionam muito poucas informações importantes para o planejamento do ensino.

Em comparação, as *avaliações informais* são "qualquer tipo de procedimentos de avaliação utilizados ou criados para serem usados de modo a permitir o máximo de adaptações em seus procedimentos de aplicação, conteúdo, materiais e critérios de pontuação, segundo as necessidades da situação particular de avaliação" (Bennett, 1982, p. 337). Embora as avaliações informais não sejam padronizadas, são testes cuidadosamente planejados, sistematicamente aplicados e precisamente interpretados, elaborados por professores e destinados a obter informações específicas, úteis na tomada de decisão educacional (Zigmond & Silverman, 1984). Exemplos de avaliações informais incluem testes baseados no currículo e elaborados por professores, observações em classe, listas de verificação e entrevistas. As avaliações informais, devido à sua demasiada flexibilidade e conexão com o currículo ensinado em classe, proporcionam aos professores uma grande riqueza de informações educacionais. Por isso, a discussão neste capítulo concentra-se no uso das avaliações informais.

Um subtipo específico da avaliação informal é a *avaliação autêntica*. Na avaliação autêntica, os alunos são solicitados a gerar, ao invés de escolher, uma resposta. Os alunos são solicitados a realizar ativamente tarefas complexas e significativas, usando o conhecimento prévio, a aprendizagem recente e suas habilidades relevantes para solucionar problemas realísticos ou "autênticos" (Herman, Aschbacher & Winters, 1992). A avaliação autêntica é freqüentemente referida como avaliação alternativa ou baseada no desempenho. Exemplos de avaliação autêntica incluem exibições, investigações, demonstrações, respostas escritas ou orais, diários e portfólios.

Uma grande variedade de instrumentos pode ser usada para reunir dados que determinem os níveis atuais de desempenho do aluno nos domínios acadêmico e funcional apropriados para o planejamento e para a avaliação do progresso educacional de cada um. Várias avaliações diferentes podem ser realizadas por meio de tarefas que visam a aumentar a validade e a credibilidade das interpretações baseadas em dados. Seguem-se alguns dos tipos de avaliação mais pertinentes: os *inventários ecológicos* (IE) são análises ou observações usadas para identificar as habilidades nos locais atuais ou projetados em que o aluno atua (Brown *et al.*, 1979). Os *inventários de repertório do aluno* (IRAs) são avaliações necessárias após a realização dos inventários ecológicos. Um IRA é uma maneira de avaliar o desempenho de um aluno em uma habilidade identificada no inventário ecológico, comparando-o com o desempenho dos colegas da mesma idade, sem deficiências (Falvey, Brown, Lyon, Baumgart & Schroeder, 1980). A avaliação dos comportamentos (acadêmico ou de procedimento) a partir da observação direta, conhecida como considerações do comportamento, é outra importante avaliação informal. Alguns tipos de avaliações por observação direta incluem o registro de amostras de eventos, duração, latência ou tempo, e todos eles permitem que os professores documentem com precisão o desempenho do aluno em uma ou mais dimensões do comportamento (Alberto & Troutman, 1990).

A *avaliação baseada no currículo* é outro tipo de avaliação informal que proporciona aos professores excelentes dados para a tomada de decisão. Essa avaliação envolve medidas desenvolvidas a partir do currículo escolar que são aplicadas a todos os alunos em um grupo-alvo (p. ex., os alunos de 4ª série de uma turma). Os resultados proporcionam dados que são utilizados para determinar padrões de desempenho (Mercer & Mercer, 1993). A *avaliação de portfólio*, outro tipo de avaliação autêntica, é um processo em que um conjunto de trabalhos do aluno é avaliado, usando-se um número predeterminado de rubricas. O porfólio pode incluir amostras de trabalho de vários temas ou várias amostras de trabalho dentro de uma única área temática. As amostras do trabalho dos alunos compiladas nos portfólios incluem o tempo destinado à tarefa, o numero de rascunhos ou tentativas e as condições sob as quais o desempenho foi gerado (Meyer, 1992).

Os professores precisam desenvolver um entendimento inicial de cada aluno, assim como dos alunos enquanto grupo. Algumas áreas de avaliação inicial incluem os interesses do aluno, a motivação, as potencialidades e as necessidades acadêmicas, as habilidades sociais, as habilidades de comunicação, as habilidades motoras finas e grossas, o nível de habilidades de automanejo e as habilidades funcionais (p. ex., da vida diária). É de importância fundamental assegurar que as avaliações sejam conduzidas nos vários ambientes dos quais o aluno participa. Qualquer aluno, não apenas um aluno com uma deficiência identificada, pode ter dificuldades para aprender devido a uma combinação inadequada entre as suas próprias características, as características do ambiente de ensino e o conteúdo curricular (Kameenui & Simmons, 1990). Quando os professores determinam uma combinação inadequada, a metodologia de ensino, o currículo e/ou os materiais que refletem o estilo de aprendizagem deste aluno precisam ser reconsiderados.

Outra consideração importante na determinação das necessidades individuais do aluno é solicitar informações de pessoas importantes na vida do aluno e também do próprio aluno. Pais, amigos, irmãos e os outros educadores que trabalham com os alunos dispõem de um conjunto de informações relevantes para o planejamento educacional. No caso de alunos com deficiências, a consulta à equipe é um aspecto obrigatório da avaliação. Apesar disso, os pais são muitas vezes relegados a um papel superficial no planejamento do programa de educação individualizada (PEI) do aluno. Há várias estratégias para solicitar-se informações de pessoas importantes na vida do aluno. O *Making Action Plans* (MAPs) (anteriormente McGill Action Planning System) (Forest & Lusthaus, 1990) é um processo que permite aos educadores obterem informações de pessoas significativas na vida do aluno (Falvey, Forest, Pearpoint & Rosenberg, 1994) (ver Capítulo 5). O processo dos MAPs consiste em reunir essas pessoas que, em uma ou várias reuniões, compartilham informações, sonhos e planos para aquele aluno. O processo envolve um facilitador que pede aos participantes que respondam às seguintes perguntas:

- Qual é a história desta pessoa? (Em geral respondida por familiares e amigos íntimos)
- Que sonhos você tem para o futuro dela?
- Que medos ou pesadelos você tem sobre o futuro desta pessoa?
- Quem é esta pessoa?
- Quais são as potencialidades, os dons e os talentos desta pessoa?
- Quais são as necessidades desta pessoa?
- Que ações ou planos de ação precisam ser desenvolvidos para que os sonhos sejam realizados e os pesadelos evitados?

A resposta à última pergunta, como desenvolver um plano de ação, põe em movimento os passos que necessitam ser dados para que o aluno participe efetivamente de todos os ambientes, incluindo a escola e a classe.

Depois das avaliações iniciais serem conduzidas para identificar as potencialidades e as necessidades educacionais mais críticas do aluno, seu grau de desempenho atual e seu grau de participação nas várias atividades e ambientes, é importante manter uma avaliação contínua sobre *o que ensinar, como ensinar* e *quando mudar o ensino*. Essas são as três questões principais relacionadas ao ensino e à aprendizagem na sala de aula.

O Que Ensinar e Como Ensinar

A pergunta sobre *o que ensinar* é respondida contrapondo-se as potencialidades e as carências individuais (isto é, os objetivos educacionais do PEI) do aluno ao currículo básico. Deve ser usada a máxima flexibilidade para garantir que os tópicos sejam motivadores, que o currículo surja a partir dos interesses do aluno e também da estrutura curricular da rede escolar, e que seja proporcionado ao aluno o máximo de oportunidades para que ele faça opções ou crie suas próprias opções. Essas estratégias de ensino têm muitos benefícios, tais como: 1) o aluno torna-se mais ativo e independente, em vez de um recipiente passivo do "saber", e 2) o domínio da tarefa por parte do aluno aumenta sua motivação no sentido de ser um participante produtivo da aprendizagem (Bereiter & Scardamalia, 1989).

A pergunta sobre como ensinar é respondida à medida que o professor interage com cada aluno de uma maneira educacional "típica". A maioria das salas de aula do mundo inclui um grupo heterogêneo de alunos. A quantidade de tais alunos difere entre elas nas várias regiões geográficas. Entretanto, é provável que em todas as turmas, não importa o quanto os alunos se pareçam, há sempre alunos que aprendem de maneira diferente. Como resultado, os professores tornaram-se mais criativos e dispostos a experimentar estratégias de ensino múltiplas na educação de seus alunos. As salas de aula tradicionais, que não satisfazem às necessidades dessa variedade de alunos, são aquelas em que os professores ficam na frente da turma e expõem a matéria, com uma ocasional explicação escrita ou esquema na lousa, ou aquelas em que se espera que os alunos se concentrem e completem um grande número de folhas de trabalho, e em que os professores falam a maior parte do tempo e os alunos ouvem, concentrados, e tomam notas. Ao contrário dessas, as classes vivas e que motivam uma população diferente de alunos estão tornando-se cada vez mais comuns, mesmo nas escolas de ensino médio, em que essas características tradicionais são muito presentes (Goodlad, 1984; Sizer, 1992).

Teoria das Inteligências Múltiplas

As salas de aula fundamentadas nessa teoria têm maior chance de obter êxito no ensino de todos os seus alunos, incluindo aqueles que foram classificados e rotulados como tendo diferenças e deficiências, como estando sob risco ou como difíceis de ensinar. A Teoria das Inteligências Múltiplas de Gardner (1983), aperfeiçoada por Armstrong (1987, 1994), proporciona uma estrutura útil para a identificação de estratégias de ensino em multiníveis. As classes que oferecem essas estratégias de ensino têm maior possibilidade de proporcionar a uma população heterogênea de alunos o acesso a experiências de ensino significativas. Além disso, as oportunidades de ensino em áreas nas quais os alunos possuem poucas potencialidades ajudam-nos a ampliar sua aprendizagem e suas estratégias de aprendizagem. É provável que os alunos que possuem potencialidades na área da inteligência lingüística beneficiem-se das estratégias tradicionais, pois essa área tem sido o enfoque de grande parte do ensino na escola tradicional. As atividades de aprendizagem associadas à abordagem da linguagem envolvem estratégias que ajudam os alunos de lingüística e também facilitam a inteligência lingüística dos demais alunos. As seguintes estratégias podem ajudar os professores a ampliar a aprendizagem de seus alunos na área da inteligência lingüística: narração de histórias, discussões em classe, uso de gravadores, confecção de diários e várias formas de publicações (Armstrong, 1994).

Os alunos que possuem inteligência lógico-matemática têm obtido êxito e têm-se destacado nas aulas de matemática e de ciências das escolas tradicionais. Entretanto, nas escolas e nas turmas que privilegiam a inteligência lógico-matemática, são proporcionadas muitas oportunidades para o aprendizado de outros temas por meio dessa forma de pensamento. As estratégias listadas a seguir podem ajudar a desenvolver a inteligência lógico-matemática em todas as matérias escolares: o uso de cálculos, de quantificações, de classificações e de categorizações; aplicação do pensamento crítico e oferecimento de oportunidades de resolução de problemas, incluindo o questionamento socrático (em vez de falar aos alunos, deve-se falar com os alunos) e a heurística (estratégias lógicas para a resolução de problemas) (Armstrong, 1994).

A inteligência espacial envolve as potencialidades para responder e para registrar as informações apresentadas visualmente. Nas escolas tradicionais, esse tipo de inteligência é relegado às aulas de arte e não é incorporado ao restante do currículo. As escolas que efetivamente atendem às necessidades de alunos "heterogêneos", incluindo aqueles que aprendem melhor através de estratégias visuais, têm incorporado várias dessas estratégias. As seguintes estratégias podem ajudar a facilitar a aprendizagem através da inteligência espacial: dar aos alunos oportunidades para criar visualizações; criar símbolos coloridos em folhas de trabalho, lousas, livros e outros materiais impressos; fazer com que os professores ou alunos desenvolvam metáforas pictóricas de conceitos que estão aprendendo ou precisam aprender; e fazer com que os alunos esbocem ou extraiam soluções ou respostas para perguntas de todas as áreas do currículo (Armstrong, 1994).

A inteligência corporal-cinestésica é reforçada e ativada quando os professores ensinam os alunos a usar a motricidade grossa. Freqüentemente, os alunos que possuem essa inteligência mais desenvolvida recebem instrução no formato mais acessível a eles em aulas de educação física e, possivelmente, educação vocacional. Entretanto, as matérias acadêmicas tradicionais podem ser ensinadas utilizando-se atividades que envolvam vários movimentos. As seguintes atividades podem ser incorporadas para reforçar essa área da inteligência: usar os movimentos do corpo para responder perguntas (solicitando apenas aos alunos que levantam suas mãos); usar a sala para representar histórias em forma de dramatizações; problemas ou outros assuntos; fazer com que os alunos representem por mímica determinados conceitos; aprender por meio de materiais concretos (p. ex., não apenas ler sobre a erosão do solo, mas reproduzir elementos da terra e da água e seus relacionamentos); usar movimentos corporais específicos para construir um conhecimento específico (p. ex., usar os dedos para contar) (Armstrong, 1994).

Os alunos que possuem inteligência musical mais desenvolvida não são necessariamente cantores ou músicos bem-dotados, embora isso possa acontecer. O que é fundamental para os professores é saber que os alunos com potencial em inteligência musical aprendem ritmicamente, e essa estratégia não deve ser relegada apenas às aulas de música. Por isso, apresentar as informações em padrões rítmicos pode ajudar muito os alunos na aprendizagem de informações para as quais a memorização tradicional ou os cartões de memória não estão obtendo muito êxito. Estas são algumas maneiras de incorporar a inteligência musical a todo o currículo: usar ritmos, sons, *raps* e cantos para ensinar conceitos; usar seleções musicais para representar conteúdos curriculares; colocar música de fundo durante as atividades de ensino; e usar seleções musicais para descrever os acontecimentos em uma história ou em um livro (Armstrong, 1994).

Os alunos que demonstram forte inteligência interpessoal são freqüentemente descritos como gregários, expansivos e empáticos. Tais alunos são freqüentemente referidos como os aprendizes sociais do seu ambiente e respondem bem às atividades de cooperação. Estas atividades são sugeridas para o ensino de abordagens que incorporam interações entre os alunos: compartilhamento de materiais e de responsabilidades entre os colegas; fazer os alunos construírem "esculturas" dos conceitos usando outros alunos (p. ex., cada aluno é uma palavra do vocabulário ou da soletração e os alunos juntos criam uma história); compor agrupamentos cooperativos; usar jogos para ensinar e reforçar conceitos aprendidos; e usar as simulações para aprender sobre acontecimentos, sentimentos e estratégias alternativas de comportamento (Armstrong, 1994).

A área final da inteligência discutida na teoria das inteligências múltiplas (Gardner, 1983) é a inteligência intrapessoal, que é manifestada em alunos que são aprendizes autônomos; ou seja, alunos que têm maior probabilidade de aprender quando têm a oportunidade de aprender sozinhos. Embora tenha havido recentemente um ressurgimento dos agrupamentos cooperativos, os professores precisam considerar os alunos que relutam e não se adaptam às atividades cooperativas, precisando de oportunidades para aprenderem sozinhos. Estas atividades são métodos sugeridos para a incorporação da inteligência intrapessoal nas rotinas diárias: usar as atividades reflexivas em que os alunos são solicitados a parar o que estejam fazendo e refletir sobre o que aprenderam (essas reflexões não precisam ser compartilhadas); conectar o currículo às vidas pessoais e às expectativas futuras dos alunos; dar-lhes oportunidades de escolher o que fazer, quando fazer e como fazer, incluindo a determinação de seus próprios objetivos; e encorajar os alunos a expressarem seus sentimentos (mesmo que ninguém mais se sinta assim) (Armstrong, 1994).

A Figura 8.1 apresenta um exemplo de um instrumento de avaliação que pode ser usado por professores, pessoal de serviço relacionado direto, pais e administradores quando pretendem avaliar o estilo de aprendizagem de um aluno.

Acomodações para os Alunos

Alguns alunos precisam de ajuda mais específica para aprender do que as estratégias de inteligências múltiplas podem lhes proporcionar. O Americans with Disabilities Act de 1990 (ADA) (PL 101-336) exige que os empregadores e os membros da comunidade desenvolvam e ofereçam acomodações razoáveis, para que as pessoas com deficiência tenham acesso às suas comunidades. Também exige que as escolas proporcionem acomodações para facilitar o acesso dos alunos à aprendizagem. As acomodações, nesse contexto, são apoios individualizados para um aluno, visando a facilitar seu acesso à aprendizagem em uma situação na qual as expectativas acadêmicas

Avaliação das Inteligências Múltiplas

Nome do Aluno: _____

Verifique os itens que se aplicam:

Inteligência Lingüística

_____ Escreve melhor que a média da sua idade
_____ Inventa histórias fantásticas ou conta casos e anedotas
_____ Tem uma boa memória para nomes, lugares, datas ou trivialidades
_____ Gosta de jogos de palavras
_____ Gosta de ler livros
_____ Soletra as palavras com precisão (ou, no caso de pré-escola, tem uma soletração adiantada para a sua idade)
_____ Aprecia rimas absurdas, trocadilhos, conjunto de palavras difíceis de articular
_____ Gosta de ouvir a palavra falada (histórias, comentários no rádio, livros falados etc.)
_____ Tem um bom vocabulário para a idade
_____ Comunica-se com os outros de uma maneira extremamente verbal

Outras Potencialidades Lingüísticas:

Inteligência Lógico-Matemática

_____ Faz muitas perguntas sobre o modo como as coisas funcionam
_____ Resolve rapidamente de cabeça seus problemas de aritmética (ou, no caso de pré-escola, possui conceitos matemáticos avançados para a sua idade)
_____ Gosta de aulas de matemática (ou, no caso de pré-escola, gosta de fazer cálculos e de fazer outras atividades com números)
_____ Acha interessantes os jogos de matemática de computador (ou, se não está exposto a computadores, gosta de outros jogos de matemática ou de contar)
_____ Gosta de jogar xadrez, damas ou outros jogos de estrátegia (ou, no caso de pré-escola, jogos de tabuleiro que requerem a contagem de quadrados)
_____ Gosta de trabalhar com quebra-cabeças lógicos ou charadas (ou, no caso de pré-escola, gosta de ouvir absurdos lógicos como os de *Alice no País das Maravilhas*)
_____ Diverte-se colocando as coisas em categorias ou hierarquias
_____ Gosta de fazer experiências de uma maneira que mostre processos sofisticados de pensamento cognitivo
_____ Pensa em um nível mais abstrato ou conceitual que seus colegas
_____ Estabelece relações de causa e efeito evoluídas para a sua idade

Outras Potencialidades Lógico-Matemáticas:

(continua)

FIGURA 8.1 Avaliação das inteligências múltiplas. (Extraída de Armstrong, T. [1994]. *Multiple intelligences in the classroom*, p. 18-20. Alexandria, VA: Association for Supervision and Curriculum Development; publicação autorizada.)

FIGURA 8.1 *(continuação)*

Inteligência Espacial

_____ Relata imagens visuais com clareza
_____ Lê mapas, cartas e diagramas com mais facilidade do que textos (ou, no caso de pré-escola, diverte-se mais com a observação do que com o texto)
_____ Devaneia mais que os colegas
_____ Gosta de atividades artísticas
_____ Desenha figuras difíceis para a sua idade
_____ Gosta de assistir a filmes, *slides* ou outras apresentações visuais
_____ Gosta de fazer quebra-cabeças, labirintos, "Onde está Wally?" ou atividades visuais similares
_____ Faz construções tridimensionais interessantes para a sua idade (p. ex., construções com LEGO)
_____ Extrai mais das gravuras do que das palavras, quando está lendo
_____ Faz rabiscos nos livros didáticos, em folhas de trabalho ou em outros materiais

Outras Potencialidades Espaciais:

Inteligência Corporal-Cinestésica

_____ Distingue-se em um ou mais esportes (ou, no caso de pré-escola, mostra uma destreza física adiantada para a idade
_____ Movimenta-se, contorce-se, tamborila ou fica inquieto quando tem de ficar sentado por muito tempo
_____ Imita bem os gestos e os maneirismos de outras pessoas
_____ Gosta de desmontar coisas e montá-las de novo
_____ Coloca suas mãos em tudo o que vê
_____ Gosta de correr, pular, lutar ou de atividades similares (ou, caso seja mais velho, vai demonstrar esses interesses de uma maneira mais "contida" – por exemplo, correndo até à sala de aula, pulando sobre uma cadeira)
_____ Demonstra habilidade em trabalhos artesanais (p. ex., trabalhos em madeira, costura, mecânica) ou de coordenação motora fina
_____ Tem uma maneira dramática de se expressar
_____ Relata sensações físicas diferentes quando está pensando ou trabalhando
_____ Gosta de trabalhar com argila ou outras experiências táteis (p. ex., pintura com os dedos)

Outras Potencialidades Corporais-Cinéticas:

Inteligência Musical

_____ Percebe quando a música soa desafinada ou de alguma forma fora dos padrões
_____ Lembra-se das melodias das canções
_____ Tem uma boa voz para cantar

(continua)

FIGURA 8.1 *(continuação)*

_____ Toca um instrumento musical ou canta em um coro ou outro grupo de canto (ou, no caso de pré-escola, gosta de tocar instrumentos de percussão e/ou cantar em grupo)
_____ Tem uma maneira rítmica de falar e/ou de se movimentar
_____ Fala consigo mesmo inconscientemente
_____ Bate ritmicamente na mesa ou na carteira, enquanto trabalha
_____ É sensível aos ruídos do ambiente (p. ex., chuva no telhado)
_____ Reage favoravelmente quando ouve música
_____ Canta canções que aprendeu fora da classe

Outras Potencialidades Musicais:

Inteligência Interpessoal

_____ Gosta de estar com os colegas
_____ Parece ser um líder natural
_____ Dá conselho a amigos que têm problemas
_____ Parece ser esperto na rua
_____ É membro de clubes, comitês ou outras organizações (ou, no caso de pré-escola, parece fazer parte de um grupo social regular)
_____ Gosta de brincar com outras crianças
_____ Gosta de ensinar informalmente outras crianças
_____ Tem dois ou mais amigos íntimos
_____ Tem empatia ou interesse pelos outros
_____ As outras pessoas buscam a sua companhia

Outras Potencialidades Interpessoais:

Inteligência Intrapessoal

_____ Tem independência ou uma vontade forte
_____ Tem uma percepção realista de suas potencialidades e fragilidades
_____ Sente-se bem quando deixado sozinho para brincar ou estudar
_____ Segue um ritmo diferente em seu estilo de viver e de aprender
_____ Tem um interesse ou um passatempo sobre o qual não fala muito
_____ Tem um bom senso de direção
_____ Prefere trabalhar sozinho do que com outras pessoas
_____ Expressa com precisão a maneira como está se sentindo
_____ É capaz de aprender a partir de seus fracassos e sucessos na vida
_____ Tem uma auto-estima elevada

Outras Potencialidades Intrapessoais:

não foram modificadas. Por exemplo, uma acomodação poderia estar aumentando o tempo para um aluno com uma dificuldade de aprendizagem realizar um teste, porque ele lê em uma velocidade mais lenta do que seus colegas. Proporcionar aos alunos instrução em sua primeira língua, quando o aluno não é proficiente em sua língua, pode também ser considerado uma acomodação. Os dispositivos tecnológicos e outros dispositivos adaptados podem proporcionar os apoios necessários para os alunos com deficiência física e/ou de aprendizagem. Garantir acesso físico às escolas, salas de aula e atividades extracurriculares é essencial para os alunos com deficiência física.

Os métodos para determinação ou avaliação do desempenho de alunos que foram providos com acomodações não devem de modo algum penalizar seu desempenho por causa de tais acomodações. Em outras palavras, se um aluno recebe um computador para responder às perguntas em um exame final, enquanto outros alunos escrevem suas respostas à mão, não se deve fazer nenhuma menção ou consideração ao uso do computador ao dar a nota a esse aluno. Entretanto, é importante avaliar a eficiência de uma acomodação para determinar seu uso futuro. O apoio individual pode variar envolvendo variações periódicas do aluno, ajuda contínua para realizar uma atividade específica (p. ex., ajudar no cuidado pessoal de um aluno no banheiro), apoio contínuo em todas as atividades. Quando os alunos fazem transições de uma série para outra ou de um sistema de prestação de serviço para outro, muda-se para uma outra cidade ou passa do ensino fundamental para o ensino médio ou para o colegial, podem ser necessários apoios adicionais. Apoios individuais podem ser proporcionados por colegas da mesma idade ou mais velhos, professores de educação especial ou regular, pessoal de serviço relacionado, assistentes de ensino ou de saúde, voluntários ou diretores (Udvari-Solner, 1994).

Só devem ser providenciadas acomodações para os alunos quando elas forem necessárias para facilitar o seu acesso ao processo de aprendizagem. Quando as habilidades de um aluno tornam-se mais proficientes e a necessidade de acomodação diminui, a acomodação deve ser reduzida e, se possível, finalmente eliminada. No entanto, há alguns alunos que sempre irão requerer acomodações particulares.

Quando um aluno requer uma acomodação, deve-se estar atento para ajudá-lo no uso da acomodação, de tal modo que ele seja física, social e emocionalmente incluído em todas as atividades. Essa inclusão pode requerer ensinar aos alunos não-familiarizados com uma determinada acomodação o seu uso e propósito. Dar a todos os alunos a oportunidade de usar a acomodação pode reduzir qualquer mistério a seu respeito e facilitar a inclusão social e emocional do aluno que a usa. Por exemplo, os alunos que usam os livros de comunicação para interagir devem ser encorajados a compartilhá-los com seus colegas, o que lhes dá uma oportunidade de se tornarem mais familiarizados e à vontade com esta forma assistida de comunicação.

Ensino em Multiníveis

Ocasionalmente, mesmo por meio do uso de múltiplas estratégias de ensino e de acomodações, um aluno pode não conseguir entender as disciplinas acadêmicas de maneira significativa, sendo necessário o uso de outras alternativas. As estratégias de ensino alternativas são freqüentemente referidas como *ensino em multiníveis*. Este ensino proporciona ao aluno um apoio individualizado, para facilitar seu acesso à aprendizagem em uma situação na qual as expectativas acadêmicas para o aluno foram modificadas. O ensino em multiníveis proporciona oportunidades para participação nas aulas, ainda que parcialmente. O princípio da participação parcial encoraja os professores, os pais, os diretores e outros a criarem oportunidades para todos os alunos participarem de todos os aspectos da vida escolar e comunitária, mesmo que o seu nível de participação seja reduzido devido às deficiências (Baumgart *et al.*, 1982). Quando um aluno não reage ou não consegue realizar uma tarefa comum, o ensino em multiníveis pode ser usado, mas é preciso coletar dados (isto é, avaliação contínua do desempenho do aluno) para determinar sua eficácia. Esse processo encoraja os professores a serem racionais e a confiar nos dados em tomadas de decisão, e expressa a idéia do ensino como um processo científico. O ensino em multiníveis é planejado individualmente para o aluno e pode incluir: 1) o ensino do mesmo currículo, mas em um nível menos complexo, 2) o ensino do mesmo currículo, mas com uma aplicação funcional ou direta às rotinas diárias, 3) o ensino do mesmo currículo, mas com redução dos padrões de desempenho, 4) o ensino do mesmo currículo, mas em um ritmo mais lento, e 5) o ensino de um currículo diferente ou substituto. Cabe uma advertência: os professores devem lembrar-se de que o ensino em multiníveis só deve ser implementado quando necessário para garantir o êxito do aluno. Os alunos podem ter necessidades de ensino tão permanentes que certas adaptações e modificações devem ser feitas até mesmo para estruturar as tarefas de aprendizagem, visando sempre ao sucesso do aluno. Entretanto, os professores não têm nenhuma maneira de saber que tipos de adaptações ou modificações precisam ser implementadas para aumentar as oportunidades de sucesso de um aluno até que uma informação objetiva e abrangente seja obtida. Essas adaptações e modificações não devem ser usadas a menos que sejam absolutamente necessárias, e devem ser reduzidas assim que possível para liberar, e não limitar, as possibilidades do aluno. A Figura 8.2 lista estratégias de ensino, acomodações e opções de ensino em multiníveis para os professores utilizarem quando um aluno está experimentando dificuldades de aprendizagem. É importante notar que algumas opções, dependendo de como são aplicadas, podem servir como estratégias de ensino, acomodações ou oportunidades de ensino em multiníveis. Os professores devem ter em mente as definições específicas apresentadas anteriormente neste capítulo ao determinar que opção usar, e como usá-la.

 O momento de mudar de estratégia é de importância fundamental na determinação da eficácia do ensino. Uma vez que os objetivos e os propósitos foram estabelecidos e as intervenções foram iniciadas, o professor deve acompanhar o desempenho individual do aluno para determinar se está havendo progresso e, se não está, o que precisa ser revisto para melhor garantir o sucesso. Os erros na análise do desempenho do aluno nas tarefas de ensino relacionadas devem ajudar os professores a compreender melhor a dinâmica do entendimento do aluno – ou a sua ausência – em relação a objetivos de ensino específicos, assim como ajudar a decidir que acomodações ou

Opções para Facilitar o Acesso dos Alunos à Aprendizagem			
	Tipo de individualização		
Estratégias para facilitar o acesso dos alunos à aprendizagem	Estratégias múltiplas	Acomo- dação	Ensino em multiníveis
Mudar o ambiente físico Ajustar o ritmo Ampliar as exigências de tempo Variar freqüentemente a atividade Permitir interrupções Enviar textos para casa, para exame prévio Dar à família um conjunto de textos e de materiais para exame e revisão prévios Fazer acomodações no ambiente Acomodar a disposição da cadeira (p. ex., próximo à frente da classe, próximo do apoio dos colegas) Alterar a disposição física para reduzir distrações (visuais, espaciais, auditivas, de movimento) e garantir o acesso físico Ensinar os alunos a usar eficientemente o espaço Considerar a iluminação para os alunos (p. ex., luz em demasia para ver a exibição de um CD no computador, luz insuficiente para um aluno com pouca visão) poderem enxergar Mudar a organização do ambiente de aprendizagem Variar a disposição dos grupos Adotar o ensino coletivo Adotar o ensino em grupos pequenos Adotar o ensino individual Usar apoio e orientação dos colegas Propor atividades independentes Propor grupos de aprendizagem Variar os métodos de ensino Ensino dirigido pelo professor Ensino dirigido pelo aluno Proporcionar motivação e reforço Proporcionar reforço verbal e não-verbal Ser positivo			

(continua)

FIGURA 8.2 Opções para facilitar o acesso dos alunos à aprendizagem.

FIGURA 8.2 *(continuação)*

Opções para Facilitar o Acesso dos Alunos à Aprendizagem			
Estratégias para facilitar o acesso dos alunos à aprendizagem	Tipo de individualização		
	Estratégias múltiplas	Acomo-dação	Ensino em multiníveis

Elogiar realizações concretas/tangíveis
    Planejar seqüências de atividades motivadas
    Reforçar a iniciação
    Oferecer opções
    Usar freqüentemente as potencialidades e os interesses dos alunos
    Enviar bilhetes para casa
    Usar cédulas de dinheiro
    Motivar com tempo livre
    Motivar com atividades especiais
    Exibir mapas de progresso
Variar as regras
    Diferenciar as regras para alguns alunos
    Usar regras explícitas/implícitas
Ensinar automanejo e acompanhamento de atividades
    Usar horários e calendários diários visuais e pictóricos
    Verificar freqüentemente a compreensão/revisão
    Solicitar reforço dos pais
    Fazer com que o aluno repita as instruções
    Ensinar técnicas de estudo
    Usar as folhas de estudo para organizar o material
    Planejar/escrever indicações/prazos mais longos
    Rever e vivenciar situações reais
    Propor generalizações
    Ensinar em vários locais/ambientes
Mudar os métodos de apresentação
    Variar as estratégias curriculares
    Ensinar segundo o estilo de aprendizagem do aluno (lingüístico, espacial, lógico-matemático, corporal-cinestésico, musical, interpessoal, intrapessoal)
    Utilizar o currículo especializado			

(continua)

FIGURA 8.2 *(continuação)*

Opções para Facilitar o Acesso dos Alunos à Aprendizagem			
	Tipo de individualização		
Estratégias para facilitar o acesso dos alunos à aprendizagem	Estratégias múltiplas	Acomo- dação	Ensino em multiníveis
Propor o modelo de aprendizagem experimental			
Gravar as aulas/discussões para repetição			
Proporcionar anotações			
Proporcionar papel para os colegas fazerem anotações			
Demonstrar a aplicação funcional de habilidades acadêmicas			
Fazer demonstrações (por meio de exemplos)			
Utilizar objetos manipuláveis			
Enfatizar as informações críticas			
Ensinar o vocabulário previamente			
Fazer/utilizar fichas de vocabulário			
Reduzir o nível de linguagem das indicações de leitura			
Usar a comunicação total			
Usar a comunicação facilitada			
Compartilhar as atividades			
Usar seqüências visuais			
Variar a quantidade de conteúdos a serem aprendidos			
Variar o tempo para aprender novas informações			
Variar o nível conceitual			
Estabelecer a importância e o propósito da aprendizagem			
Modificar os materiais			
Variar a disposição do material na página			
Utilizar testes gravados e/ou outros materiais de classe			
Propor testes e guias de estudo específicos			
Usar materiais suplementares			
Proporcionar ajuda nas anotações: NCR ou copiar as anotações dos colegas			
Datilografar o material do professor			
Usar impressão em tipos grandes			
Usar equipamento eletrônico:			

(continua)

FIGURA 8.2 *(continuação)*

Opções para Facilitar o Acesso dos Alunos à Aprendizagem			
Estratégias para facilitar o acesso dos alunos à aprendizagem	Tipo de individualização		
	Estratégias múltiplas	Acomo-dação	Ensino em multiníveis

Usar equipamento eletrônico:
    Máquina de escrever elétrica
    Calculadora
    Adaptação para telefone
    Dispositivo de comunicação aumentativa
    Computador
    Videocassete
Variar a estrutura geral
  Usar organizadores avançados
  Apresentar previamente as questões
  Usar "dicas", dispositivos mnemônicos
  Proporcionar retorno imediato
  Envolver completamente os alunos
  Variar a quantidade de assuntos a ser trabalhada
    O tempo para a prática
    Em grupo/individual
    Dirigida pelo professor/independente
    Itens variando do fácil até o difícil
Mudar os métodos de avaliação
  Usar "Dicas" de testagem variadas
    Aplicar testes orais/verbais e escritos
    Usar a demonstração prática
    Usar testes gravados
    Usar gravuras
    Ler os testes para os alunos
    Antecipar a leitura das questões do teste
    Usar aplicações no ambiente real
    Providenciar para que o teste seja aplicado por uma pessoa especializada
    Usar respostas curtas
    Usar múltipla escolha
    Modificar o formato
    Encurtar a extensão
    Estender a duração			

(continua)

FIGURA 8.2 *(continuação)*

Opções para Facilitar o Acesso dos Alunos à Aprendizagem			
Estratégias para facilitar o acesso dos alunos à aprendizagem	Tipo de individualização		
	Estratégias múltiplas	Acomodação	Ensino em multiníveis

Usar várias instruções
    Dar as instruções em passos pequenos, separados (escritas/sinalizadas/verbais)
    Usar apoio escrito para as instruções orais
    Baixar o nível de dificuldade
    Reduzir as instruções
    Reduzir as tarefas realizadas com lápis e papel
    Ler ou gravar em fita as instruções para os alunos
    Usar instruções por sinais
    Dar sugestões ou "dicas" extras
    Permitir que o aluno grave ou datilografe as instruções
    Adaptar as folhas de teste
    Utilizar procedimentos compensatórios, proporcionando instruções/estratégias alternadas, quando houver conflito entre as demandas da classe
    Evitar penalizar os alunos por erros de soletração
    Evitar penalizar os alunos pela caligrafia
Oferecer apoio na interação social
    Encorajar a defesa dos colegas
    Encorajar a tutela dos colegas
    Estruturar as atividades para criar oportunidades de interação social
    Concentrar-se mais no processo social do que na atividade e no produto final
    Estruturar as experiências compartilhadas na escola e as extracurriculares
    Usar grupos de aprendizagem cooperativa
    Usar apoios múltiplos e rodízio dos colegas
    Ensinar a habilidade de fazer amigos, de compartilhamento e de negociação
    Ensinar as habilidades de comunicação social;
        Cumprimentos
        Compartilhamento
        Saber usar a sua vez quando em uma conversa
        Negociação			

adaptações precisam ser implementadas. Para responder à pergunta: "quando mudar?", os professores devem refletir sobre o desempenho do aluno e as oportunidades de aprendizagem oferecidas.

Organizando e Planejando o Ensino

Deve ser criado para cada aluno um plano de trabalho organizado, que possa implementar e individualizar o ensino do currículo explícito e implícito. Os professores devem implementar as atividades de aprendizagem que planejaram para seus alunos no dia-a-dia escolar. Para desenvolver de maneira efetiva e eficiente os planos de ensino diários, os professores precisam trabalhar com uma equipe composta por outros professores, pais e alunos que detêm as informações essenciais para o processo de planejamento e execução do que foi proposto. Criar comunidades de aprendizes e individualizar a instrução e o currículo são dois dos três elementos essenciais para a criação de turmas inclusivas. O terceiro elemento é o planejamento diário sistemático, que deve ser cooperativamente desenvolvido para garantir um ensino inclusivo. A organização do ensino está relacionada às ações e às tomadas de decisão "associadas à realização das atividades da turma no espaço e no tempo" (Doyle, 1986, p. 414). A organização do professor envolve processos delicados e complexos de manutenção da ordem na sala de aula, e ao mesmo tempo a implementação de atividades de ensino diário individualizado. O acompanhamento contínuo do desempenho dos alunos e da eficácia do ensino ministrado pelos professores é um processo fundamental na organização das atividades de classe.

Quando os alunos com deficiência foram colocados nas salas de aula de educação regular do modelo tradicional (que exigia que eles tivessem algumas habilidades como pré-requisitos para qualificá-los para as escolas regulares), raramente os apoios necessários os acompanharam (Falvey, 1995). Em vista disso, os professores não tiveram êxito na satisfação das necessidades de todos os alunos, e muitos alunos com deficiência foram incapazes de participar com sucesso do processo de aprendizagem acadêmica. Para se implementar a educação inclusiva, os apoios aos alunos com dificuldades serão bem-sucedidos se proporcionados dentro da sala de aula de educação regular e do ambiente escolar. Para integrar os apoios individuais ao aluno (isto é, estratégias múltiplas, acomodações, ensino em multiníveis), os objetivos e os propósitos e outras necessidades do aluno, Giangreco, Cloninger e Iverson (1993) desenvolveram uma *matriz de organização*. Uma matriz de organização é um quadro que se utiliza para alinhar as necessidades de um determinado aluno, identificadas como objetivos e propósitos do PEI, com a organização e a rotina da educação regular. A Figura 8.3 traz um exemplo de uma matriz preenchida. (Ver o Capítulo 16 para informações adicionais sobre esse processo.)

A resposta às necessidades individuais do aluno no planejamento da aula é facilitada pelo preenchimento de uma matriz de organização do PEI. O planejamento da aula é essencial por várias razões: ajuda o professor a cumprir suas obrigações de

Amostra da Matriz de Organização do PEI

Nome do aluno: Emily Yamashita   Idade: 9 anos   Série: Terceira

Objetivos do PEI	Organização							
	Abertura	Ling/Artes	Interv.	Mat.	Est.Soc./ Ciências	Almoço	Artes Música	E.F.
1. Interagir c/ colegas	5,A,B	3,5,A,H,a	A	3,A,d	3,5,A,C	A,C	3,5,B	3,5
2. Apontar gravuras na história	3,A,B	3,5,A,H,a		3,A,b	3,5,A,C		3,5,B	
3. Classificar objetos	3,5,A,B	3,5,A,H,a		3,A,a	3,5,A,C		3,5,A,B	3,5,A,B
4. Saudar os adultos	5,A,B	3,5,A,H,a	A	3,A,d	3,5,A,C	A,C	3,5,B	3,5
5. Transmitir mensagens	3,A,B				3,A,B,c			
6. Compartilhar materiais	3,5,A,B	3,5,A,B		3,5,A,B	3,5,A,B	A,C	3,5,A,B	3,5,A,B

Código:
Estratégias múltiplas
  Lingüística = 1
  Lóg/mat = 2
  Espacial = 3
  Corp/Cinét = 4
  Musical = 5
  Interpess. = 6
  Intrapess. = 7

Acomodações
  Assistência pessoal
    Colegas = A
    Prof. ed. ger. = B
    Prof. ed. esp. = C
    Serv. Relac. = D
  Modificações
    Espaço físico = E
    Equipamento/Materiais
      Cad. Rodas = F
      Outra cadeira = G
      Computadores = H
      Livros falados = I
      Hist. em vídeo = J
  Avaliação
    Mais tempo = K
    Mét. Alternat = L

Ensino em multiníveis
  Menos complexo = a
  Aplicação funcional = b
  Reduz desemp. padrão = c
  Mais lento = d
  Subcurrículo = e

FIGURA 8.3 Exemplo da matriz de organização preenchida de uma aluna.

TABELA 8.1 Formato de Plano de Aula Diário

Objetivos da classe e do grupo

Objetivos adicionais (ensino em multiníveis)

Objetivos substitutos (ensino em multiníveis)

Procedimentos (incluindo procedimentos de estratégias múltiplas, acomodações e ensino em multiníveis)

  Para alcançar objetivo(s) de classe e grupo

  Para alcançar objetivos alternativos e adicionais

Materiais necessários

Procedimentos de avaliação para todos os objetivos de grupo e individuais identificados

Plano de Unidade Temática

Objetivo(s) da turma e do grupo: Objetivos adicionais ou substitutos individuais:

_____   _____
_____   _____
_____   _____

Procedimentos (incluindo estratégias múltiplas)

Estratégias para o uso de palavras faladas ou escritas:	Estratégias para o uso de números, cálculos, classificações, lógica ou atividades para a resolução de problemas:	Estratégias para o uso de auxílios visuais, visualizações, cor, arte ou símbolos:	Estratégias para o uso de sons, música ou ritmo:
Estratégias para o uso de objetos manipuláveis ou atividades que envolvam atividades motoras grossas	Estratégias para apoio dos colegas e compartilhamento, agrupamento cooperativo e simulações de grupo	Estratégias para dar aos alunos opções e oportunidades para trabalhar sozinhos ou proporcionar-lhes oportunidades para descrever seus sentimentos ou lembranças	

Acomodações necessárias: Oportunidades necessárias de ensino em multiníveis:

_____   _____
_____   _____
_____   _____

Materiais necessários:
_____
_____
_____
_____

Procedimentos de avaliação para todas as estratégias de ensino múltiplas, acomodações e ensino em multiníveis planejados e/ou usados:
_____
_____
_____
_____
_____

FIGURA 8.4 Formato de Plano de Unidade Temática.

ensino, garante que o ensino esteja relacionado aos objetivos do aluno, proporciona as informações necessárias para a preparação da aula e ajuda os professores a criar um processo de aprendizagem que se baseia em conhecimentos anteriormente aprendidos. Além disso, e específico ao tópico deste capítulo, os planos de aula assim formulados ajudam os professores a oferecer apoios educativos que facilitam a aprendizagem de todos os alunos em um ambiente escolar heterogêneo. Para individualizar as aulas, para acomodar os estilos de aprendizagem de todos os alunos, a Tabela 8.1 mostra um exemplo de um de plano de aula diário. Além disso, a Figura 8.4 é um plano de unidade temática que pode ser usado para o planejamento do ensino durante um determinado tempo.

Este capítulo proporciona aos professores uma estrutura conceitual e também ferramentas e estratégias práticas para utilizarem na facilitação da aprendizagem de alunos em turmas e em escolas heterogêneas. Entretanto, não há receitas ou fórmulas. Cada professor deve ser capaz de desenvolver seu próprio estilo de ensino como cientista, artista e líder que é na sua sala de aula, além de ampliar seu repertório de táticas de ensino para criar uma verdadeira comunidade de aprendizes nas escolas.

REFERÊNCIAS BIBLIOGRÁFICAS

Alberto, P.A. & Troutman, A.C. (1990). *Applied behavior analysis for teachers* (3ª ed.). Columbus, OH: Charles E. Merrill.
American with Disabilities Act of 1990 (ADA), PL 101-336. (26 de Julho, 1990). Title 42, U.S.C. 12101 et seq: *U.S. Statutes at Large, 104*, 327-378.
Armstrong, T. (1987). *In their own way.* Los Angeles: Jeremy P. Tarcher.
Armstrong, T. (1994). *Multiple intelligences in the classroom.* Alexandria, VA: Association for Supervision and Curriculum Development.
Baumgart, D., Brown, L., Pumpian, I., Nesbit, J., Ford, A., Sweet, M., Messina, R. & Schroeder, J. (1982). Principles of partial participation and individualized adaptations in educational programs for severely handicapped students. *Journal of The Association for the Severely Handicapped, 7*(2), 17-27.
Bennett, R. (1982). Cautions for use of informal measures in the educational assessment of exceptional children. *Journal of Learning Disabilities, 15*, 337-339.
Bereiter, C. & Scardamalia, M. (1989). Intentional learning as a goal of instruction. *In* L.B. Resnick (Ed.), *Knowing, learning, and instruction: Essays in honor of Robert Glaser* (p. 361-392). Hillsdale, NJ: Lawrence Erlbaum Associates.
Berliner, D. (1988). The half-full glass: A review of research on teaching. *In* E.L. Meyen, G.A. Vergason & R.J. Whelan (Eds.), *Effective instructional strategies for exceptional children* (p. 7-31). Denver: Love Publishing Co.
Brown, L., Branston, M.B., Hamre-Nietupski, S., Pumpian, I., Certo, N, & Grunewald, L. (1979). A strategy for developing chronological age appropriate and functional curricular content for severely handicapped adolescents and young adults. *Journal of Special Education, 13*(1), 81-90.
Doyle, W. (1986). Classroom organization and management. *In* M.C. Wittrock (Ed.), *Handbook of research on teaching* (3ª ed., p. 392-431). Nova York: Macmillan.
Falvey, M. (1995). *Inclusive and heterogeneous education: Assessment, curriculum, and instruction.* Baltimore: Paul H. Brookes Publishing Co.

Falvey, M., Brown, L., Lyon, S., Baumgart, D. & Schroeder, J. (1980). Strategies for using cues and correction procedures. *In* W. Sailor, B. Wilcox & L. Brown (Eds.), *Methods of instruction for severely handicapped students* (p. 109-133). Baltimore: Paul H. Brookes Publishing Co.

Falvey, M., Forest, M., Pearpoint, J. & Rosenberg, R. (1994). Building connections: All my life's a circle. *In* J. Thousand, R. Villa & A. Nevin (Eds.), *Creativity and collaborative learning: A practical guide for empowering students and teachers* (p. 347-368). Baltimore: Paul H. Brookes Publishing Co.

Forest, M. & Lusthaus, E. (1990). Everyone belongs with the MAPs action planning system. *Teaching Exceptional Children, 22*(2), 32-35.

Gardner, H. (1983). *Frames of mind.* Nova York: Basic Books.

Giangreco, M.F., Cloninger, C.J. & Iverson, V.S. (1993). *Choosing options and accomodations for children: A guide to planning inclusive education.* Baltimore: Paul H. Brookes Publishing Co.

Gibbs, J. (1987). *Tribes: A process for social development and cooperative learning.* Santa Rosa, CA: Center Source Publications.

Gibbs, J. (1994). *Tribes: A new way of learning together.* Santa Rosa, CA: Center Source Publications.

Goodlad, J. (1984). *A place called school: Prospects for the future.* Nova York: McGraw-Hill.

Herman, J.L., Aschbacher, P. & Winters, L. (1992). *A practical guide to alternative assessment.* Alexandria, VA: Association for Supervision and Curriculum Development.

Kameenui, E.J. & Simmons, D.C. (1990). *Designing instructional strategies: The prevention of academic learning problems.* Columbus, OH: Charles E. Merrill.

Kunc, N. (1992). The need to belong: Rediscovering Maslow's hierarchy of learning. *In* R.A. Villa, J.S. Thousand, W. Stainback & S. Stainback (Eds.), *Restructuring for caring and effective education: An administrative guide to creating heterogeneous schools* (p. 25-39). Baltimore: Paul H. Brookes Publishing Co.

Mercer, C.D. & Mercer, A.R. (1993). *Teaching students with learning problems* (4ª ed.). Nova York: Merrill/Macmillan.

Meyer, C. (1992). What's the difference between authentic and performance assessment? *Educational Leadership, 49*(8), 39-40.

Overton, T. (1992). *Assessment in special education: An applied approach.* Nova York: Merrill/Macmillan.

Salvia, J. & Ysseldyke, J.E. (1991). *Assessment in special and remedial education* (5ª ed.). Boston: Houghton Mifflin.

Sizer, T.R. (1992). *Horace's school: Redesigning the American high scool.* Boston: Houghton Mifflin.

Udvari-Solner, A. (1994). A decision-making model for curricular adaptations in cooperative groups. *In* J.S. Thousand, R.A. Villa & A. Nevin (Eds.), *Creativity and collaborative learning: A practical guide to empowering students and teachers* (p. 59-78). Baltimore: Paul H. Brookes Publishing Co.

Zigmond, N. & Silverman, R. (1984). Informal assessment for program planning and evaluation in special education. *Educational Psychologist, 19*(3), 163-171.

PARTE 3

Colaboração

9

As Amizades como um Objetivo Educacional:
O que Aprendemos e para onde Caminhamos

Jeffrey L. Strully e
Cindy Strully

EM 1989, ESCREVEMOS um capítulo intitulado "As Amizades como um Objetivo Educacional" (Strully & Strully, 1989); alguns anos mais tarde ainda estamos envolvidos, com um renovado sentido de urgência, em desenvolver amizades na vida de nossa filha. O que aprendemos durante este período e ainda estamos aprendendo sobre a amizade é o enfoque deste capítulo. Discutimos também para onde acreditamos que nossa filha irá dirigir-se em sua jornada pela vida, ao mesmo tempo que nos esforçamos para criar uma comunidade inclusiva que inclua a amizade.

O problema nunca foi discutir se a amizade é uma boa idéia ou se é importante trabalhar esse tópico. As únicas perguntas que precisam ser respondidas são: Como você constrói, apóia e mantém as amizades nas vidas das pessoas? Como as pessoas passam a conhecer umas às outras e a desenvolver relacionamentos e, por fim, amizades que vão durar pela vida afora? Como podemos garantir que a vida das pessoas não seja vazia e solitária? Como podemos trabalhar juntos para apoiar a amizade entre as pessoas?

A amizade, antes de tudo, é mágica, é mistério e milagre. Há algumas estratégias concretas que as pessoas podem usar para ajudar a construir as amizades nas vidas das pessoas, mas são apenas estratégias. Não há soluções simples que funcionem o tempo todo para construir amizades entre as pessoas. Manter essas amizades requer trabalho árduo e energia, especialmente se as pessoas em questão têm longas histórias de segregação, isolamento, solidão profunda e poucas oportunidades.

As estratégias que temos usado estão delineadas neste capítulo. É importante lembrar que uma amizade é ainda uma questão de química e de milagre, mais do que de ciência. Realmente não há "manuais" disponíveis para ensinar como desenvolver amizades. Mesmo que houvesse livros que contassem o que se deve fazer, eles não nos ajudariam com as lutas do dia-a-dia associadas à construção e ao suporte às amizades. Entretanto, é fundamental reconhecer que, sem as amizades, é quase impossível as crianças e os adultos despenderem seu tempo aprendendo ou trabalhando. Se nossas escolas e comunidades não puderem receber e abraçar a diversidade e apoiar as amizades entre seus membros, não haverá inserção. E sem uma sensação de inserção, não é possível considerar questões de nível menos elevado, como aprender ou trabalhar. Finalmente, desenvolver amizades significa viver e aprender junto. Significa intencionalidade, participação na comunidade e inclusão. Significa enfrentar questões difíceis, frustrantes e muito tristes, e significa desapontamento. Mas, acima de tudo, desenvolver amizades é e sempre será uma das coisas mais importantes em que continuaremos a trabalhar, não somente para nossos filhos, mas também para nós mesmos.

O QUE OS AMIGOS DIZEM

A melhor amiga de nossa filha Shawntell, Cyndi Peters, recentemente escreveu a seguinte carta, apresentada por Strully, Strully, Strully e Peters (1994) na Shape Conference em Edmonton, Alberta, em 1994:

> Lamento muito não ter podido realizar a apresentação, mas achei que acabaria esquecendo de alguns conceitos. Olhando para trás, sei que de início eu estava tão nervosa quanto qualquer um que conhecesse Shawntell. Ela parecia tão diferente e eu (infelizmente) nunca tinha tido a oportunidade de estudar em uma sala de aula inteiramente inclusiva. Eu não sabia muito bem se eu era "boa" o bastante para Shawntell. Isto pode parecer estranho e talvez eu não esteja me expressando corretamente, mas eu achava que era preciso mais do que eu já tinha para ser amiga de Shawntell. Agora, seis anos depois, Shawntell é com certeza uma de minhas melhores amigas. Eu a amo profundamente. Não fiz nada diferente para ser amiga de Shawntell – apenas ser humana foi o bastante, e confio que todos nós somos humanos, certo? A vida de Shawntell seguiu caminhos separados dos meus, no passado. No colégio, fiquei muito envolvida nos estudos e nosso tempo juntas era às vezes limitado. Ela foi para a universidade e eu fui para New Hampshire. Mas atualmente nossa amizade continua, porque felizmente ela era forte o bastante para durar. É claro que nem tudo são flores. Temos nossos momentos difíceis, como todos os amigos, mas também nos vemos com muita freqüência. Eu a ajudo a atravessar os maus momentos e ela me ajuda nos meus. Temos tido muitos; mais que muita gente. Acredito, e espero que Shawntell também, que a nossa amizade dure para sempre. Somos amigas como todos os amigos do mundo. Amo você, Shawntell. Peço desculpas por este resumo, mas são duas horas da madrugada. Só queria deixar claro que não há limites para a amizade. O amor não conhece a "deficiência" – se conhecesse, fico imaginando se poderíamos amar alguém.

As outras amigas de Shawntell, Natalie, Joyce e Cheryl, escreveram cartas similares desde que Shawntell se mudou do Colorado para a Califórnia. Mudar-se para um novo local é difícil para todos nós. Deixar para trás nossos amigos e ambientes familiares para começar uma nova vida com novas experiências e conhecer novas pessoas não é uma tarefa fácil. Sabemos que vai demorar para Shawntell desenvolver o tipo de amizades que ela tinha no Colorado e, ao mesmo tempo, vai requerer esforço por parte de todos para ela continuar a manter suas amizades à distância.

As novas pessoas que apóiam Shawntell estão começando a conhecê-la, e ela está começando a conhecê-las também. Elas estão percebendo como Shawntell é e o que ela quer, precisa e deseja. Encontrar pessoas de apoio que tenham tempo para ouvir e aprender não é fácil. Todos desejam apenas "seguir programas" ou "ensinar Shawntell", em vez de apresentá-la a outras pessoas; ajudá-la a unir-se a organizações, clubes e associações; auxiliá-la a ser conhecida em sua nova comunidade; e facilitar o desenvolvimento de relacionamentos e amizades em sua vida.

Shawntell não fez nenhuma amizade de verdade desde que se mudou. Ela conheceu algumas pessoas e talvez elas venham a desenvolver uma amizade com ela, mas só o tempo vai nos dizer. Entretanto, não estamos desencorajados, porque sabemos que há pessoas que estão apenas esperando para conhecer Shawntell e esperando que Shawntell as conheça. Isso vai requerer tempo e energia, à medida que passamos para uma nova etapa na jornada de Shawntell.

RECORDANDO E OLHANDO PARA TRÁS

Em fevereiro de 1994, Shawntell quase morreu, e os médicos, com todos os seus diplomas, habilidades e competências, assim como suas licenças e créditos, estavam prontos para responsabilizar os amigos de Shawntell por esta situação.

Shawntell havia saído certa noite de segunda-feira com Joyce, amiga de longo tempo do colégio, que estava cuidando dela em nossa casa. Joyce e Shawn chegaram em casa tarde, e Joyce esqueceu-se de dar a Shawntell sua medicação da noite. Na manhã seguinte, Shawntell acordou e teve um ataque. Sua amiga Cyndi nos chamou. Dissemos a ela que deixasse Shawntell descansar e veríamos o que iria acontecer. No final da manhã Shawntell estava sentindo-se melhor. Ela e Cyndi decidiram sair. Pouco antes de saírem, Shawntell teve um segundo grande ataque epiléptico; ela cortou o queixo e os paramédicos foram chamados. Shawntell precisaria levar pontos para reparar o corte. Cyndi e Joyce acompanharam Shawntell até o hospital na ambulância e Cindy S. (mãe de Shawntell e co-autora deste capítulo) as encontrou lá. No hospital, deram pontos no queixo de Shawntell.

Cindy S. decidiu levar Shawntell para sua casa para passar a noite. Quando chegaram em casa, Shawntell teve outro ataque. Seu neurologista sugeriu uma medicação adicional. Quando um amigo da família chegou com a medicação, Shawntell teve vários outros ataques, sem retomar a consciência. Nessa ocasião, achou-se que ela precisava ir para o hospital. Naquela noite, Shawntell teve em torno de 13 ataques. Sua pressão sangüínea caiu perigosamente. Após medicá-la, a equipe do hospital finalmente estabilizou sua condição nas primeiras horas da manhã seguinte.

Nessa manhã, Jeff chegou (pai de Shawntell e co-autor deste capítulo). A médica informou-nos que Shawntell tinha cocaína em seu corpo e que ela (a médica) iria informar a polícia e também o Adult Protective Services. Informamos à médica que as amigas de Shawntell jamais fariam algo deste tipo, direta ou indiretamente. Entretanto, a médica tinha certeza de que suas amigas haviam permitido que Shawntell tivesse ingerido droga. Pedimos outro teste para confirmar os resultados. Demorou 48 horas para obtermos os resultados.

Nos próximos dois dias discutimos aquilo que a médica havia dito com as amigas e com as companheiras de quarto de Shawntell. Elas não conseguiam acreditar no que havia acontecido ou que pudéssemos acreditar por um momento sequer que elas tinham permitido que uma coisa dessas acontecesse com sua amiga. Os testes ficaram prontos – *resultados positivos*. Havia realmente cocaína no corpo de Shawntell. A médica renovou sua intenção de chamar a polícia e o Adult Protective Services para comunicar a situação. Nessa ocasião, Cindy S. conseguiu descobrir, com a ajuda do centro de controle de venenos, que a medicação dada a Shawntell quando ela chegou pela primeira vez ao hospital para dar pontos em seu queixo tinha uma base de cocaína. Foram o hospital e os médicos do pronto-socorro que quase mataram nossa filha. (A cocaína é conhecida por causar ataques em uma pessoa que não sofre de epilepsia; em uma pessoa epiléptica, pode baixar o limiar dos ataques, provocando muitos ataques sérios.) Entretanto, após tomar conhecimento deste resultado, a médica imediatamente mudou sua história, dizendo que foi a medicação não-tomada, e não a cocaína, que provocou os ataques de Shawntell.

A lição que tiramos desta história é que pessoas portadoras de credenciais, certificados e uniformes brancos quase mataram nossa filha, e suas amigas, jovens de 20 anos de idade, iam ser responsabilizadas por isso. Isto não torna todos os jovens de 20 anos perfeitos ou todos os profissionais ruins; apenas significa que depositamos muita credibilidade no profissionalismo e nos profissionais e muito pouca energia nos relacionamentos e nas amizades. Não podíamos acreditar que as amigas de Shawn, que a conheciam há anos, pudessem estar envolvidas em permitir que algo como a cocaína estivesse ao alcance de nossa filha.

Esta história testa a nossa fé e confiança nas pessoas que estão mais próximas do nosso filho ou de nossa filha. Em quem você confia? Onde deposita sua fé e confiança? Para nós, depositar nossa fé e confiança nas amigas de Shawntell foi a coisa certa a fazer.

As vidas de muitas pessoas com deficiência têm sido associadas a programas com profissionais altamente treinados e licenciados, que cuidam delas e fazem tudo para melhorar as condições de seus participantes. Tem havido uma predisposição para estigmatizar as pessoas com deficiência, em vez de aceitar-se as pessoas pelo que elas são. Se tivéssemos de esperar Shawntell aprender as habilidades consideradas pré-requisitos para desenvolver amizades, ela jamais teria tido nenhum amigo. Decidimos seguir outro caminho que não o tradicional, para garantir que a vida de nossa filha fosse repleta de pessoas que a amassem e a apoiassem como a uma amiga. Como chegamos a esta conclusão? Em parte, a resposta está em como Shawntell é e onde sua jornada nos conduziu.

DESCREVENDO NOSSA FILHA

Dependendo de quem está fornecendo a descrição, poderia parecer que temos duas filhas adultas. Poderíamos descrever nossa filha das seguintes maneiras:

Nós Descrevemos Shantwell assim:

- Ela tem 22 anos de idade;
- Mora em sua própria casa com amigas e companheiras de quarto;
- Freqüenta aulas na Colorado State University e muda constantemente de especialização;
- Faz trabalho voluntário no *campus* e na comunidade;
- Trabalha no centro recreativo da universidade;
- Viaja para o México, para a Califórnia e para a Flórida nas férias do inverno e da primavera;
- Gosta da liberdade de andar em seu próprio carro;
- Está tornando-se ela mesma, com seus próprios interesses, gostos e desejos;
- Tem um namorado;
- Fala sobre questões que a preocupam;
- Está tornando-se uma adulta de verdade, e não é mais a menininha de seus pais.

Dificilmente passamos um dia sem que pensemos sobre o tipo de futuro que gostaríamos para nossa filha. Nossos sonhos para ela são próximos ao que ela está vivendo: ter amigos, viver em seu próprio apartamento, trabalhar, fazer trabalho voluntário, ter alguém com quem se preocupar, aprender, descobrir quem ela é e o que quer fazer da sua vida. É ótimo ser uma jovem de 22 anos. Sua jornada é rica, com muitas possibilidades diferentes e um futuro feliz.

Os Outros Descrevem Shawntell assim:

Algumas pessoas descrevem Shawntell deste modo:

- Tem 22 anos de idade;
- Tem um retardo mental grave e profundo;
- Tem deficiência de audição;
- Tem deficiência visual;
- Tem paralisia cerebral;
- Sofre de epilepsia grave;
- Não mastiga sua comida e às vezes sufoca;
- Não controla suas funções esfincterianas;
- Não tem comunicação verbal
- Não tem um sistema de comunicação confiável;
- Ela se auto-estimula (mão no olho, mão na boca);
- Tem uma idade desenvolvimental de 17-24 meses;
- Adora brinquedos;
- Adora músicas infantis.

A maioria das pessoas tem dificuldade de imaginar um futuro desejável para Shawntell. Podem imaginá-la no futuro vivendo em um lar comunitário com seis ou oito outras pessoas na mesma situação que ela e passando seus dias em um centro de atividades protegido. Em termos de recreação, estaria envolvida na Olimpíada Especial, e como atividades sociais faria viagens em grupo com amigos "iguais a ela". Precisaria de uma programação contínua e poderia ter voluntários para "trabalhar" com ela nesses programas.

Como é possível que uma pessoa possa ser descrita de maneiras tão diferentes? Como determinamos o que um futuro individual deve incluir?

O que é mais Importante na Vida?

Ao pensarmos sobre futuros desejáveis para as pessoas com as quais nos importamos, precisamos pensar em questões relacionadas com o que geralmente achamos que seja importante para nossas próprias vidas, como descrevemos as pessoas e o que sonhamos para nossos filhos e filhas ou para as pessoas de quem cuidamos. Esperamos que a jornada de vida de Shawntell seja repleta de excitação e experiências ricas e que ela goste muito de viver. Isto inclui, como já dissemos, nossa esperança de que ela continue a viver em sua própria casa, com pessoas com as quais ela queira morar, trabalhe ou tenha uma carreira que ela goste e que seja bem-remunerada, que seja um membro ativo da comunidade, que se divirta e se socialize em sua comunidade e, mais que tudo, cerque-se de um grupo de amigos que queira estar com ela, porque gosta dela e porque ela gosta deles.

Shawntell precisa ter pessoas à sua volta com quem possa socializar-se, pessoas para ajudá-la quando precisar de apoio, pessoas a quem ela possa ajudar – em suma, pessoas que se importem com ela e com quem ela se importe. Definimos amizade exatamente da maneira que você determinaria a amizade para você próprio. Os principais ingredientes são reciprocidade, mutualidade, pontos em comum e, é claro, química.

Ainda restam muitas habilidades para Shawntell dominar, como controlar suas funções esfincterianas e habilidades de higiene, alimentação, comunicação, além de caminhar com estabilidade. Entretanto, apesar de nossos esforços ativos para ajudá-la nessas áreas, o fato de ela conseguir ou não dominar essas habilidades não é o que mais nos preocupa como pais. Nossas maiores preocupações são que não haja ninguém na vida de nossa filha que queira estar com ela, que ela possa correr o risco de ser vitimizada, que ela possa ficar sozinha e que não tenha amigos. Como pais de Shawntell, nosso maior medo é sua segurança e seguridade social. Como ajudar a garantir que a negligência, a vitimização, o abuso e a solidão profunda não sejam experiências que ela tenha de passar durante sua vida? Como garantir que depois da nossa morte as pessoas saibam qual é sua comida preferida? São essas as questões que mais nos preocupam.

Não queremos na vida de Shawntell apenas empregados remunerados de serviços humanos que vão e vêm. Não queremos profissionais que não conheçam nossa filha tomando decisões sobre o seu futuro. Como garantir que as pessoas passem algum tempo conhecendo Shawntell antes de decidir algo para ela? Como lidar com a possibilidade de o seu futuro poder ser isolado, solitário e sem amigos?

Dadas essas preocupações realistas, o que os pais, os professores e outras pessoas fazem para ajudar os indivíduos a desenvolver amizades? Como podemos garantir que a nossa filha e muitos outros indivíduos com o rótulo de deficiente tenham um círculo de amigos a longo prazo? O que podemos fazer para que Shawntell tenha sua "melhor amiga"?

Desenvolver amizades não é algo que ocorra de maneira fácil ou natural para nós, crianças ou adultos. A maioria das pessoas tem problemas ao relacionar-se com outras pessoas. As escolas, por sua vez, dão pouca atenção aos valores sociais e educacionais das amizades. Mas são nossas amizades e relacionamentos que nos tornam membros reais das nossas comunidades. As amizades protegem-nos de estar sós e vulneráveis e garantem que nossas vidas sejam ricas e plenas. Entretanto, as vidas das pessoas que são rotuladas como retardadas ou com deficiências parecem repletas de profunda solidão e isolamento – ou seja, com poucos amigos. Isso é algo que, para mudar, exige de todos nós muito esforço. Está tornando-se cada vez mais claro que, sem amigos, não pode ocorrer a verdadeira inclusão de uma pessoa na escola e na comunidade.

Precisamos começar a construir e a estimular as amizades na escola. Como foi estabelecido pelo Conselho de Educação do Novo México em sua política de inclusão, a amizade é um objetivo educacional formulado para *todas* as crianças. As escolas precisam saber que, se você não tiver amigos, não poderá aprender eficientemente. Por que alguém vai perder tempo aprendendo se não há ninguém em volta para brincar e lhe fazer companhia?

AMIZADES: QUESTÕES A CONSIDERAR

Enquanto temos lutado durante anos com estas preocupações em relação à nossa filha, assim como em relação a muitas outras pessoas, têm surgido continuamente as seguintes questões:

1. As pessoas precisam estar em muitos e variados lugares comuns e em companhia de pessoas comuns para que os relacionamentos se desenvolvam. Onde está o indivíduo a cada hora do dia? O que ele está fazendo e com quem? Por exemplo, se você está sozinho ou em um ambiente escolar segregado, como espera que as pessoas o conheçam? Se você não pertence a clubes, grupos ou organizações que se reúnem após a escola, como vai conhecer pessoas? Por que alguém lhe telefonaria para saber o que você vai fazer no fim de semana se as pessoas com quem você compartilha o seu espaço também estão sentadas esperando que alguém lhes telefone?

2. As pessoas precisam esforçar-se para desenvolver relacionamentos. Isso inclui pais, educadores, funcionários de serviços humanos, cidadãos e estudantes. Todos nós precisamos esforçar-nos para dar apoio a tais relacionamentos. Cabe a nós trabalharmos para construir amizades ou, pelo menos, esforçarmo-nos para proporcionar oportunidades para que as amizades sejam construídas. O que você fez hoje em relação às oportunidades de desenvolvimento de amizades entre os alunos?
3. As pessoas precisam reconhecer os dons, os talentos e as contribuições que cada pessoa possui e que pode oferecer e usá-los para desenvolver os relacionamentos. As pessoas gostam de compartilhar experiências ou gostos e preferências comuns. Onde as pessoas que gostam de ouvir música vão após a escola? Onde as pessoas jogam beisebol ou basquete? Se um indivíduo está interessado em selos, onde se reúnem as pessoas também interessadas em selo? Você primeiro precisa conhecer os dons e os talentos do seu filho ou filha ou da pessoa a quem você dá apoio para ajudá-la a se conectar com os outros.
4. As amizades vêm e vão, mudam, são imprevisíveis, são "livres" e difíceis de prender. Não as transformem em algo que não são. As amizades não são simples soluções para os problemas da vida. Elas são importantes, até mesmo fundamentais, mas não são uma panacéia para todas as angústias enfrentadas pelas pessoas com deficiência. À guisa de informação, nem todas as amizades são saudáveis e boas. Há também as amizades ruins.
5. As amizades têm mão dupla: em um relacionamento, ambas as partes devem dar e receber. Há uma diferença entre a amizade e outros tipos de relacionamentos. Não confunda essas diferenças. As pessoas que são boas, úteis e protetoras não são necessariamente amigas. Podem ser enfermeiras, mentoras e defensoras, mas não são amigas. Aquele que diz "oi" para você ou o ajuda na aula não é necessariamente seu amigo.
6. A amizade é oferecida gratuitamente. Os amigos não são pagos para estar com você; eles não estão conseguindo crédito extra para um projeto; não vão conseguir uma especialidade como escoteira ou o prêmio anual humanitário Madre Teresa de Calcutá. Os amigos não são a mesma coisa que tutores da mesma idade, companheiros especiais ou enfermeiros. Isso não quer dizer que essas formas de assistência não sejam úteis em determinadas condições, mas elas não são amizades.
7. Os amigos vêm de várias maneiras. Embora esta discussão diga respeito, antes de tudo, a pessoas com rótulos entrando em contato com pessoas sem rótulos, isso não impede a amizade entre pessoas com rótulos.
8. A maioria das pessoas está interessada em ter muitos amigos diferentes, com muitos modos de vida diferentes.
9. Finalmente, as amizades estão no cerne de qualquer comunidade, incluindo a comunidade escolar. As amizades são o aspecto mais importante da vida para passar o nosso tempo elaborando, pensando, refletindo, planejando.

Fazer amizades na escola é, para todas as crianças, uma das realizações mais importantes que nós, como pais e professores, podemos concretizar. Se "estar junto" significa, por exemplo, sair depois da escola para comer um hambúrguer, simplesmente ficar no pátio da escola conversando, visitar um amigo em sua casa ou levar alguém para a própria casa, as escolas precisam criar as oportunidades para o desenvolvimento de amizades entre pessoas com várias habilidades e características.

O QUE PRECISA ACONTECER PARA QUE AS AMIZADES SE DESENVOLVAM

Esta é uma lista de sugestões específicas e gerais para nutrir as amizades entre todos os alunos:

- Todas as crianças devem freqüentar a escola do seu bairro.
- Todas as crianças devem aprender juntas nas escolas regulares.
- Todas as crianças devem ir para a escola no ônibus escolar, caminhando, em vans ou de bicicleta. Estar lá já é metade da diversão.
- Todas as crianças devem ser incluídas na vida associativa da escola (isso inclui o baile de sexta-feira à noite, o jogo de beisebol de domingo pela manhã, clubes e organizações).
- O conceito de educação especial deve ser eliminado em favor da educação para todas as crianças com o apoio às necessidades de cada aluno.
- As escolas devem ser comunidades inclusivas, não exclusivas. Devem convidar as pessoas e recebê-las bem – todas elas!
- Os pais devem encorajar e exigir, se necessário, que as escolas ajudem as crianças a aprender a brincar e trabalhar juntas em salas de aula inclusivas.
- Os educadores precisam aprender a abraçar e dar apoio aos esforços necessários para que as amizades floresçam. Todos nós precisamos ajudar no desenvolvimento dos relacionamentos. Isso é tão importante quanto leitura, escrita e aritmética.
- Todas as crianças, sejam elas rotuladas como incapazes ou não-incapazes, devem estar envolvidas no desenvolvimento de amizades.
- As crianças precisam ser apresentadas umas às outras por outros amigos e por outras pessoas, como os que apóiam as amizades. Algumas crianças precisam do apoio de um facilitador para que as amizades se desenvolvam. Sem esse apoio, essas crianças não conseguem, muitas vezes, desenvolver amizades. Sem a intencionalidade, muitas amizades não se desenvolvem.
- Para que os relacionamentos se desenvolvam, sua facilitação precisa ocorrer desde o início e mesmo com o decorrer do tempo. Há uma crença de que as amizades simplesmente aconteçam. Embora isso às vezes possa ser verdade, muitos de nós sabemos que conquistar e manter uma amizade é uma tarefa árdua. É como um casamento: é preciso esforçar-se para que o casamento vá adiante. O mesmo acontece com as amizades.

É importante esclarecer o que queremos dizer aqui com inclusão e comunidade. Inclusão não significa uma turma de educação especial autocontida, com oportunidades para estar com crianças não-rotuladas durante o recreio, para trabalhos de arte, música e para o almoço. Inclusão não significa trazer crianças não-rotuladas para uma turma de educação especial e trabalhar em um projeto. Inclusão significa o processo de criar um todo, de juntar todas as crianças e fazer com que todas aprendam juntas. Inclusão significa ajudar todas as pessoas (crianças e adultos) a reconhecer e apreciar os dotes únicos que cada indivíduo traz para uma situação ou para a comunidade.

Comunidade é uma realidade que, em geral, não foi experimentada por pessoas "rotuladas". Há uma grande diferença entre estar em uma comunidade de profissionais em serviço e estar em uma comunidade de cidadãos. Precisamos esforçar-nos para que chegue o dia em que as igrejas, os bairros e as escolas possam tornar-se locais inclusivos, que respeitem as diferenças individuais de cada um, em vez de locais temerosos e ignorantes das diferenças. O que a comunidade precisa fazer é abraçar as diferenças, em vez de evitá-las. Nenhuma comunidade é perfeita ou isenta de problemas. Entretanto, todos nós pertencemos a uma comunidade.

Tudo isso é mais fácil de dizer do que de fazer. Como criar comunidades que incluam nossos filhos ou as pessoas que defendemos? A história a seguir ilustra algumas das medidas que os pais e os educadores podem tomar para facilitar as amizades de seus filhos.

A HISTÓRIA DE SHAWNTELL

Quando originalmente escrevemos "Friendships as an Educational Goal", Shawntell estava terminando seu primeiro ano na Arapahoe High School. Isso foi há quase seis anos – um longo tempo na jornada de Shawntell. Desde essa época, Shawntell terminou o colégio, estudou vários anos na Colorado State University e viveu em sua própria casa. Ela gostava de morar longe de sua família, trabalhar, aprender, ser voluntária, ir a festas e entrar em contato com pessoas em Fort Collins. Ela iniciou uma nova parte da sua jornada, que era a de tornar-se uma adulta, com novos interesses e sentimentos que faziam parte do seu "eu" adulto. Shawntell gostou da oportunidade de tornar-se uma moça, com uma vida separada da sua família.

Entretanto, essa parte da sua jornada também foi repleta de dificuldades, problemas e frustrações. As necessidades médicas de Shawntell, especialmente no que se refere a seus ataques, vieram outra vez à tona após muitos anos. A medicação que controlou seus ataques durante anos já não estava mais funcionando. Ela começou a ter muito mais ataques todos os dias. Além de suas necessidades médicas, houve outras dificuldades. Seu pessoal de apoio começou a discutir um com o outro; houve problemas com as companheiras de quarto. Alguns de seus problemas eram os mesmos que aqueles de outros alunos da universidade (quem tirou que comida da prateleira de quem, namorados, responsabilidade pela conta telefônica, dinheiro e tarefas de limpeza). Outras questões eram específicas de Shawntell (expectativas da família e mensagens conflitantes de Shawntell). Essas questões causavam problemas e tensões.

Agora, Shawntell foi transferida para a Califórnia. Atualmente está tentando conhecer pessoas, aprender o estilo de vida da Califórnia e manter suas necessidades médicas sob controle. Sua jornada está em fase de mudança.

Os Bons Velhos Tempos da Escola

Quando nos lembramos do tempo de Shawntell na Arapahoe High School, sentimos muitas emoções misturadas. A lembrança mais importante que temos é de todas as boas amigas que Shawntell fez no decorrer dos anos: Denise, Joyce, Brandi, Melissa, Ruth e Cyndi. Essas jovens foram a razão da experiência de Shawntell na escola ter sido uma experiência em geral positiva. Elas conheceram Shawntell por estarem na mesma classe que ela, por participarem dos mesmos clubes e organizações e trabalharem juntas dentro e fora da escola e por apenas estarem juntas. Com o tempo, envolveram-se na vida de Shawntell fora da escola. Finalmente, tornaram-se amigas, o que culminou em um forte círculo de amigos no último ano de escola de Shawntell.

Olhando para trás, as amizades foram o ponto alto da experiência educacional de Shawntell. Isso é muito interessante porque ouvimos a mesma coisa tantas vezes de outras pessoas que sabemos que é também verdade para eles. Sem seus amigos, a experiência de Shawntell no colégio teria sido um grande desapontamento, não importa que habilidades ou competências ela tivesse aprendido. Entretanto, Shawntell conheceu pessoas, e amizades foram construídas.

Esse processo foi diretamente atribuído a Leslie, encarregada de facilitar a integração de Shawntell na Arapahoe High School. Sem os esforços intencionais de Leslie, tais amizades jamais teriam acontecido. Os alunos do colégio que vieram a conhecer Shawntell e sua família continuaram envolvidos na vida de Shawntell não apenas durante o colégio, mas também quando ela entrou na Universidade. Sem o envolvimento de Leslie, para alguns de seus colegas Shawntell teria continuado a ser uma estranha. Estar fisicamente em uma turma de educação regular é apenas o início. Há muito mais trabalho e esforço a ser feito para desenvolver amizades. Um fator que ajuda no desenvolvimento de amizades é a escola ser inclusiva.

No entanto, o colégio de Shawntell nunca foi realmente uma comunidade inclusiva. A rede escolar nunca adotou realmente o conceito, nem acreditou que ele fosse importante. A rede não via o benefício da inclusão para todos os alunos. Embora "permitissem" a inclusão em uma base de aluno-por-aluno, jamais abraçaram a idéia. Por isso, a experiência de Shawntell no colégio, embora pessoalmente tenha sido muito boa, não teve o benefício a longo prazo de mudar a maneira como sua escola encarava as necessidades de todos os seus alunos. Isso foi, em nossa opinião, uma tragédia não apenas para nossa filha, mas para todos os jovens que ainda não passaram pela experiência de aprender em uma escola inclusiva. A rede escolar ainda não compreendeu a importância e o poder da inclusão. A rede escolar apenas viu a inclusão como uma coisa que ela tinha de fazer para uma família que teria tido problemas se a escola não incluísse Shawntell. Eles também jamais imaginaram as possibilidades que poderiam ser criadas se abraçassem esse conceito para todos os alunos. Esse foi o seu mal.

Entretanto, houve vários professores que apoiaram o que estávamos tentando realizar e aceitaram nossa filha em suas classes. Houve alguns diretores que deram apoio e foram flexíveis na acomodação de Shawntell. Apreciamos o compromisso e a dedicação dos professores, dos diretores e de outros profissionais que deram-lhe apoio em sua participação no colégio do bairro, freqüentando as aulas de educação regular o dia todo, fazendo trabalho voluntário e participando de todas as atividades escolares e extra-escolares. Por isso, a mensagem é que, mesmo que sua escola não seja perfeita, algo pode acontecer.

Em nossa opinião, no último ano de Shawntell no colégio, as coisas correram tão bem quanto era possível. Shawntell estava tendo aulas maravilhosas com excelentes professores. Estava envolvida em vários clubes e organizações, tanto durante quanto após a escola. E, mais importante, ela desenvolveu um círculo de amigos forte e interessado. A atendente de Shawntell passava cada vez menos tempo com ela, na medida em que suas amigas substituíam o apoio remunerado. Além disso, os amigos de Shawntell estavam encontrando-se regularmente para discutir como ela poderia tornar-se cada vez mais envolvida na comunidade escolar. Estavam também envolvidos em ajudar Shawntell a pensar sobre o próximo passo de sua jornada – a ida para a Colorado State University.

Fora do Colégio

Quando Shawntell terminou o colégio, no verão de 1991, seu círculo de amigos e a família reuniram-se para discutir qual seria o próximo passo em sua jornada. Foi decidido que ela deveria ir para a universidade. A razão era simples: é onde estão os jovens entre os 18 e os 21 anos. Além disso, as outras opções não eram atraentes – o trabalho ou o exército.

Leslie não podia mais ser a atendente de Shawntell, e tínhamos de encontrar outra pessoa. A primeira pessoa recrutada não funcionou, mas a segunda, Cheryl, não somente retornou atendente de Shawntell durante os dois anos seguintes, como acabou também amiga dos Shawntell.

Cheryl fazia essencialmente as mesmas coisas que Leslie havia feito. Ajudava Shawntell nas aulas da universidade (aulas como A Idade da Reforma, movimento e dança, sexualidade humana, escrevendo sua vida, estudos das mulheres, psicologia e natação). Também ajudou a encontrar um emprego para Shawntell no centro recreativo, que era bem no centro da universidade e um lugar onde as pessoas poderiam conhecer Shawntell. Shawntell começou a freqüentar o centro de alunos e a conhecer pessoas. Ofereceu-se como voluntária para outras atividades no *campus*. Finalmente, percebeu-se que Shawntell deveria residir na universidade. A razão disso está na diferença entre *estar na* comunidade e *ser parte da* comunidade.

Mudando-se para a universidade e vivendo fora de casa, Shawntell tornou-se mais envolvida na vida estudantil, como os outros alunos. Podia ir ao seu barzinho preferido, freqüentar eventos esportivos e peças de teatro e associar-se aos clubes e organizações do *campus*. Ela se tornou uma aluna como as outras!

Shawntell freqüentou a universidade durante os dois anos seguintes, até que se mudou para a Califórnia. Não queremos minimizar os problemas e as questões que envolvem estas experiências, mas Shawntell conheceu muitas pessoas novas e várias se tornaram suas amigas. Shawntell teve muitas experiências maravilhosas e seguiu uma nova jornada em sua vida. Como foi contado anteriormente, houve também lições a aprender quando as coisas deram errado. Houve problemas com relação ao apoio. Eram problemas sobre quem fez o quê e qual era o papel de cada um. E houve problemas com referência à comunicação entre a equipe de apoio e os amigos de Shawntell e seus pais. Houve brigas e perda de dinheiro. Entretanto, muitas lições foram aprendidas com essas experiências.

Há uma diferença entre viver em um sonho e viver um sonho. O primeiro tem a ver com fingir que as coisas são melhores do que são ou que as experiências da vida são maravilhosas e vão muito bem. Embora todos adoraríamos que isso acontecesse, não é essa a realidade. Viver um sonho tem a ver com ter uma visão intensa de um futuro possível e esforçar-se para atingi-lo, mesmo quando as coisas saem erradas ou estão longe da perfeição. Viva um sonho, contudo não viva *em* um sonho.

TEMAS IMPORTANTES AO FAZER AMIZADES

Nossas experiências em ajudar a promover relacionamentos significativos para Shawntell levaram-nos às seguintes sugestões para pais e educadores:

- Acreditem que as amizades são possíveis e fundamentais para o futuro do seu filho e também para o futuro das outras crianças, e acreditem que as pessoas querem conhecer e passar algum tempo com seu filho ou com a pessoa que você apóia.
- Esforço e intencionalidade são necessários para facilitar as amizades. Há erros e altos e baixos quando se trabalha com seres humanos. O planejamento é às vezes difícil.
- Para que as amizades ocorram, devem ser identificadas ocasiões oportunas para as pessoas estarem juntas – na sala de aula, em casa, após a escola ou na comunidade. Quanto mais oportunidades uma pessoa tem de estar com outras, maior a probabilidade de formar relacionamentos e amizades.
- Tirem os adultos do caminho e deixem as crianças conhecerem-se.
- Só usem os adultos como promotores de amizades quando isso for necessário e apenas pelo tempo estritamente necessário.
- *Peça, peça, peça.* Às vezes, simplesmente pedir às pessoas para conhecerem outra pessoa é um começo; outras vezes, convém pedir conselho a outras pessoas.

- Compreendam o poder de deixar as pessoas resolverem os problemas e pensarem em soluções criativas. Deixem-nas apresentar idéias; intervenha somente quando for necessário ou para proporcionar a direção ou o enfoque inicial.
- Ajudem as pessoas a compreender suas similaridades. As pessoas precisam ter um vínculo comum, seja ele a música, a compra de roupas, ir comer pizza, ir ao *shopping* ou cavalgar. A questão é descobrir o que as pessoas gostam de fazer e usar isso para uni-las umas às outras.
- Não façam exigências que as pessoas, especialmente os jovens, não possam cumprir. Aceitem as pessoas como elas são e ajudem-nas a ir em frente.
- O principal porta-voz é a própria pessoa. A maior parte dos jovens é boa em autopromoção. Deixem-nos fazê-lo!
- Notem que criar amizades para uma pessoa rotulada tem pelo menos os mesmos benefícios para o indivíduo não-rotulado.

CONCLUSÃO

Desenvolver amizades é algo necessário para todos nós, em qualquer idade. Não há uma maneira certa para desenvolver amizades; não há livros (incluindo este) com respostas rápidas e fáceis.

É claro que há caminhos que podem ser seguidos para facilitar a tarefa. A vida familiar é um caminho. As crianças precisam crescer em uma família – não em um lar coletivo, instalações ou instituições para o cuidado infantil – para aprender a dar e a receber nos relacionamentos. Evidentemente, assim como os amigos, as famílias têm seus pontos fortes e seus pontos fracos. As crianças também precisam ir à escola do seu próprio bairro, freqüentar as mesmas turmas que outras crianças da sua idade e envolver-se com crianças em atividades fora da escola. Os adultos não devem interferir, mas ao mesmo tempo devem entender que algumas crianças podem precisar de ajuda para serem apresentadas aos outros, para compartilhar suas potencialidades com outras pessoas e para estabelecer conexões pessoais. Esse é o papel fundamental do promotor da amizade, que precisa saber quando apoiar, quando sair do caminho e quando oferecer uma sugestão amável. Essa é uma tarefa difícil e que em geral não é ensinada, mas deveria ser aprendida por meio de cursos e de programas universitários.

Para os pais, a questão das amizades pode ser problemática, até mesmo ameaçadora. Os pais precisam reconhecer que trabalhar as amizades requer tempo. Eles precisam mostrar que as amizades com outros alunos e adultos são fundamentais nas vidas de seus filhos. Muitos pais acham que se seu filho receber mais uma hora de fonoaudiologia ou de instrução individualizada, ele está recebendo o que precisa. Alguns pais até se sentem culpados se seus filhos não estiverem recebendo instrução que um profissional ou outro lhes disse que deveria ser proporcionada em uma classe autocontida de educação especial. Entretanto, as questões da amizade e de educação de qualidade não são mutuamente excludentes. Na verdade, em nossa opinião, uma não pode ocorrer sem a outra.

Muitos pais têm sido colocados em uma situação de impasse e obrigados a optar entre uma educação de qualidade em uma sala de aula de educação especial e amizades em uma classe de educação regular. Na verdade, é impossível ter uma educação de qualidade sem ter amizades, e as amizades seguem um longo caminho até garantir uma educação de qualidade. Deve ser lembrado que é possível oferecer ambos – finalidade e amizade – dentro da estrutura de uma turma de educação regular. Entretanto, é impossível que ocorra amizades com colegas "normais" quando as crianças são trancadas em turmas ou escolas autocontidas de educação especial.

Para algumas crianças e pais, a promessa de um futuro é uma idéia nova. Para o aluno especial, passar a fazer parte de uma turma de educação regular, ser apenas mais um aluno, envolve algumas limitações e dificuldades. Por exemplo, pode significar ficar do lado de fora, na chuva, esperando pelo ônibus da escola, em vez de ficar dentro de casa até que a van especial toque sua buzina. Para os pais, significa pegar e levar as crianças a toda parte para encontrar amigos, freqüentar festas, nadar ou ir ao ginásio. Significa mandar seus filhos com os amigos para concertos, festas e *shoppings*. Significa certificar-se de que seus filhos vistam-se na moda, que tenham as posses "certas", que seu quarto seja parecido com o das outras crianças. Outros componentes prováveis incluem drinques suaves, música alta e conversas intermináveis no quarto com a porta fechada, telefonemas e penteados estranhos. *Significa lutar com os problemas da vida, não com os problemas da deficiência!*

As amizades estão de fato no cerne de que todos precisamos uns dos outros. São nossas amizades que nos permitem ser membros ativos e protegidos da comunidade. As amizades ajudam a garantir que fazer parte da comunidade – em vez de apenas estar na comunidade – é uma realidade para todos!

REFERÊNCIAS BIBLIOGRÁFICAS

Strully, J. & Strully, C. (1989). Friendships as an educational goal. *In* S. Stainback, W. Stainback & M. Forest (Eds.), *Educating all students in the mainstream of regular education* (p. 59-68). Baltimore: Paul H. Brookes Publishing Co.

Strully, J., Strully, C., Strully, S. & Peters, C. (Maio de 1994). Artigo apresentado na 1994 SHAPE (Severe Handicaps Alliance for Public Education) Conference, Edmonton, Alberta.

10

Promovendo Amizades

Kathryn D. Bishop,
Kimberlee A. Jubala,
William Stainback e
Susan Stainback

A IMPORTÂNCIA das amizades entre as crianças há muito tem sido reconhecida por famílias e educadores e constitui um tópico de pesquisa muito freqüente. Ao rever a literatura que discute o valor das amizades para as crianças, Grenot-Scheyer (1994) declarou que as amizades servem para aumentar uma variedade de habilidades comunicativas, cognitivas e sociais, assim como para proporcionar às crianças proteção, apoio e uma sensação de bem-estar. As amizades desenvolvidas na infância são a base para os relacionamentos formais, informais e íntimos na idade adulta.

O desenvolvimento de amizades por alunos com deficiências importantes foi freqüentemente negligenciado, pois os educadores e o pessoal de apoio concentravam seus esforços no desenvolvimento de habilidades funcionais e acadêmicas (Strully & Strully, 1989). Além disso, foi determinado que há uma carência de oportunidades para relacionamentos mais próximos, mútuos e contínuos na vida da maior parte das pessoas com deficiências importantes (Taylor, Biklen & Knoll, 1987). Cada vez mais os pais e os indivíduos com deficiência têm enfatizado o valor da amizade e de relacionamentos significativos, tanto entre crianças quanto entre adultos com deficiências importantes e seus pares que não têm deficiências (Barber & Hupp, 1993; Strully & Strully, 1989; Van der Klift & Kunc, 1994). Strain (1984) declarou que as amizades para crianças com deficiência podem ser até mais importantes do que para as outras crianças, devido à sua maior necessidade de desenvolvimento lingüístico, cognitivo, social, sexual e acadêmico.

Este capítulo apresenta estratégias úteis para pais e educadores no desenvolvimento de amizades especificamente entre alunos com deficiências importantes e seus colegas sem deficiência. É importante notar que não há pré-requisitos de habilidades comprovados (p. ex., resultados de testes de QI, habilidades de comunicação verbal, respostas motoras) para o desenvolvimento de amizades. Em um estudo realizado por Grenot-Scheyer

(1994), não foi determinada a relação de nenhum dos fatores de idade de desenvolvimento, idade da linguagem, movimento funcional, competência social ou competência comunicativa dos alunos com deficiências importantes com o desenvolvimento de amizades com pares sem deficiência. Uma vez que não se despende um tempo valioso exercitando habilidades de "preparo para a amizade", este capítulo traça algumas estratégias que podem ser usadas para servir de apoio ao desenvolvimento de amizades, independentemente das potencialidades ou das necessidades específicas de um determinado aluno.

ESTRATÉGIAS PARA FACILITAR AS AMIZADES

As amizades têm sido consideradas "extremamente individualistas, fluidas e dinâmicas, variando segundo a idade cronológica dos participantes e baseadas em grande parte na livre escolha e na preferência pessoal" (Stainback & Stainback, 1990, p. 52). Embora as amizades não possam ser forçadas, seu desenvolvimento pode ser encorajado, alimentado e facilitado nos ambientes educacional e comunitário. As estratégias sugeridas neste capítulo têm sido usadas por pais, educadores e outros profissionais para facilitar as amizades e os relacionamentos informais entre alunos de todas as idades, origens e capacidades.

A Proximidade como um Pré-Requisito

Embora não haja pré-requisitos de habilidades para o desenvolvimento de amizades, uma variável fundamental no estabelecimento das amizades é a proximidade física (Asher & Gottman, 1981; Grenot-Scheyer, Coots & Falvey, 1989). Para um aluno ter a oportunidade de desenvolver amizades com colegas sem deficiência, ele precisa estar na presença desses colegas. Os serviços educacionais para os alunos com deficiência desenvolveram-se da ausência de serviços até os serviços segregados, passando pelos serviços integrados e até chegar aos serviços e apoios inclusivos. Tem sido logicamente discutido que os relacionamentos entre os alunos portadores de deficiências e seus colegas sem deficiência têm maior probabilidade de serem desenvolvidos quando todos os alunos recebem sua educação em ambientes compartilhados (Hamre-Nietupski, Shokoohi-Yekta, Hendrickson & Nietupski, 1994).

A proximidade física ocorre quando os alunos com e sem deficiências compartilham os mesmos ônibus escolares; freqüentam as mesmas classes em *campus* integrados; e participam de clubes escolares, grupos da igreja, programas esportivos recreativos, escoteirismo, teatros comunitários e pontos de reunião informal, como *shoppings centers* ou restaurantes de *fast-food*. As oportunidades para a proximidade física dentro da sala de aula aumentaram muito com o modelo inclusivo de prestação de serviço. Entretanto, se os alunos com deficiência não estiverem freqüentando suas escolas do bairro ou não tiverem apoio nas atividades extra-escolares, as amizades iniciadas na sala de aula não se estenderão além do dia escolar.

Jaime – é um menino de dez anos que tem dificuldade de audição e é completamente cego, tem um grande senso de humor e importantes atrasos cognitivos; teve sua primeira oportunidade de educação inclusiva na quinta série. Embora ele freqüentasse uma turma de 5ª série de educação regular com apoios educacionais especiais, ele andava todos os dias 40 km de ônibus para ir até à escola, porque a escola do seu bairro não estava "preparada" para lhe proporcionar uma educação adequada. Jaime conseguiu desenvolver amizades com vários meninos que estavam com ele na 5ª série, e tornou-se bastante conhecido na escola. Ele foi escolhido pelos alunos para o cargo de encarregado do meio ambiente, no conselho de alunos.

As oportunidades sociais de Jaime ocupavam todo o dia escolar. Entretanto, depois da escola e nos fins de semana ele continuava isolado devido à distância geográfica de seus colegas da escola e à falta de contato regular com as crianças do seu bairro, que freqüentavam a escola fundamental local. Quando chegou o momento de Jaime fazer a transição para o ensino médio, aos 13 anos, suas oportunidades para interações sociais e desenvolvimento de amizades foram cuidadosamente consideradas. A equipe do Programa de Educação Individualizada (PEI) decidiu que Jaime freqüentaria o colégio local com os outros meninos do seu bairro. A proximidade com esses colegas, tanto durante o dia letivo quanto após a escola, permitiu que os relacionamentos de Jaime aumentassem, e suas tardes, noites e finais de semana passaram a ser compartilhados com os novos amigos. Como não precisava mais sair imediatamente da escola para iniciar sua longa jornada de volta para casa, Jaime pôde participar das atividades extra-escolares e, finalmente, conseguiu um lugar na equipe principal de luta livre da escola, juntamente com seus muitos companheiros de equipe.

Eric – é outro exemplo de envolvimento e de participação em seu bairro, o que finalmente o conduziu à inclusão na escola local. Eric vinha de uma família de duas irmãs e três irmãos, e de pais que tornavam sua casa o ponto de encontro da vizinhança. Eric, que teve paralisia cerebral e usava cadeira de rodas, era sempre parte integrante das atividades da família e da vizinhança. Podia ser visto com freqüência na rua, protegido e coberto com almofadas, andando em sua cadeira fortalecida por papelão reforçado. Como goleiro dos jogos de *hockey* de rua, ele era ao mesmo tempo elogiado e xingado por várias crianças.

O envolvimento natural de Eric nas atividades da família e da vizinhança suscitou a pergunta de por que ele passava 30 minutos por dia em um ônibus especial indo para uma escola especial, enquanto todos que ele conhecia bem iam andando para a escola alguns quarteirões adiante. Quando a rede escolar começou a oferecer a inclusão como uma opção de serviço, Eric passou a "caminhar" aqueles quarteirões para receber sua educação com seus irmãos e amigos do bairro.

Oportunidades para a Interação

Embora a proximidade física seja uma necessidade para o desenvolvimento de amizades, ela em si não é o suficiente. Há muitos exemplos de tentativas malrealizadas de ensino regular ou de inclusão em que os alunos com deficiência foram colocados em uma classe de educação regular, talvez recebendo atribuições adaptadas, e depois "se virando" ou então colocados com um professor auxiliar em um canto da sala. O desenvolvimento de amizades requer oportunidades contínuas de interação social entre os alunos com e sem deficiências.

As práticas educacionais mudaram de exercícios didáticos que desencorajam a interação entre os alunos para práticas que requerem essa interação com vistas à uma aprendizagem adequada. As estratégias de classe, como a aprendizagem cooperativa, os círculos comunitários, os parceiros de trabalho, as atividades organizadas no almoço e no recreio, o trabalho compartilhado e as designações de lição de casa em grupo ajudam as interações entre os alunos, assim como os arranjos do espaço de sala de aula que incluem mesas compartilhadas, mesas redondas e áreas de estudo em grupo, em vez de carteiras individuais (Gibbs, 1987; Johnson & Johnson, 1989; Jubala, Bishop & Falvey, 1995; Putnam, 1993; Thousand, Villa & Nevin, 1994).

Os alunos com deficiências devem desempenhar um papel que contribua para as interações sociais no contexto das atividades acadêmicas, físicas ou sociais. Por exemplo, em uma unidade de Ciências sobre botânica, um aluno com uma deficiência cognitiva pode ficar encarregado de organizar fisicamente as estruturas da planta, à medida que ela for sendo analisada e indicada pelos membros do grupo. Na aula de educação física, um aluno portador de uma deficiência física pode ser envolvido como capitão do time, treinador, estatístico, organizador do equipamento ou atirador de lance livre em um jogo de basquete. Os jogos cooperativos podem ser estruturados em torno das habilidades específicas de um aluno. Nas atividades sociais, é importante que o aluno com uma deficiência cumpra a sua parcela de participação, use o uniforme apropriado e assuma o maior número possível das mesmas responsabilidades de seus colegas. Por exemplo, os alunos que não conseguem dirigir podem providenciar lanches para os outros nas viagens para os clubes de esqui ou pagar a gasolina.

As oportunidades de contribuir de maneira significativa são importantes não somente para a auto-estima do aluno com uma deficiência, mas também para conquistar o respeito de seus colegas. O papel dos pais e dos professores é o de criar situações para um aluno com uma deficiência importante poder contribuir de maneira que suas limitações não se evidenciem. À medida que os relacionamentos crescem e as amizades se desenvolvem, a necessidade de contribuições extrínsecas diminui, pois o aluno passa a ser reconhecido por seu próprio valor intrínseco e os colegas começam a perceber as potencialidades e as habilidades inerentes a um e a outro.

Michael – as amizades dele não existiam quando ele ingressou na segunda série de sua escola fundamental local. Michael era autista, e juntamente com esse rótulo, vinha uma incapacidade de comunicar-se verbalmente, uma tendência de morder os adultos e uma propensão para envolver-se em comportamentos auto-estimulatórios não-característicos de seus colegas. Embora tenha havido uma tentativa de apresentar Michael a seus colegas através de uma estratégia modificada do Círculo de Amigos (Forest & Lusthaus, 1989), houve pouca interação significativa entre ele e seus colegas. Quando a rotina da classe se estabeleceu, os pais de Michael esforçaram-se muito para colaborar com seus professores criando áreas de especialidade para Michael. Para os estudos sociais, ele levou gravuras e objetos dos países que estavam sendo estudados; freqüentemente tinha muitos suprimentos para projetos de arte ou material manipulativo de matemática em sua carteira; e liderava os alunos na pista de obstáculos montada no *playground*. O pessoal da escola ajudou seus colegas a desenvolverem um "dicionário do Michael", que proporcionava interpretações dos seus comportamentos: "Quando Michael bate palmas, pode estar entediado; você pode convidá-lo para jogar um jogo ou ler um livro com você". "Quando Michael dá um grito, ele está contente e quer que você se aproxime e veja o que ele está fazendo." Quando os alunos começaram a entender Michael e perceber seus interesses, passaram a ficar mais tempo interagindo com ele. Finalmente, relacionamentos mais significativos desenvolveram-se com dois de seus colegas, que passavam algum tempo na casa de Michael, assim como ele na casa deles.

Marci – as amizades dela inicialmente limitavam-se aos amigos de sua irmã mais moça e a seus primos. Marci tinha importantes e múltiplas deficiências e passava a maior parte de sua vida em uma escola especial e segregada. Sua oportunidade de inclusão veio quando entrou no colégio e passou a freqüentar a escola do bairro, onde não havia apoio para educação especial. Como a escola estava pouco propensa a realizar a inclusão, a maior parte do apoio de Marci vinha de seus pais e do conselheiro do colégio. A rede escolar contratou um auxiliar para Marci, que foi treinado para cuidar de todas as suas necessidades físicas e médicas durante o dia letivo. O principal apoio para a participação de Marci nas salas de aula veio de seus próprios colegas, que contavam com o apoio dos professores de educação regular. Os professores proporcionavam muitas oportunidades para projetos e atividades em grupo, enquanto os colegas ficavam imaginando outras maneiras de Marci participar. Como Marci tinha muito pouco controle muscular, condição que limitava seus movimentos voluntários, e poucos meios sistemáticos para estabelecer uma comunicação efetiva e ainda um retardo mental com ampla necessidade de apoio, sua participação ativa era um desafio para todos. Mesmo com esses desafios, Marci ficou mais alerta e envolvida nas turmas inclusivas do colégio do que estava na classe especial para alunos com deficiências importantes.

Um aspecto positivo da inclusão de Marci foi o relacionamento que ela desenvolveu com sua melhor amiga. Heather compartilhava várias aulas com Marci e imediatamente assumiu um interesse pelo seu bem-estar. Após várias semanas, Heather começou a voltar da escola para casa com Marci e a mãe de Marci, e ficou sabendo mais coisas sobre as necessidades físicas e médicas da colega. Logo Heather começou a telefonar e pedir para pegar Marci e levá-la para fazer longas caminhadas pelo parque e pela vizinhança. Quando Heather e sua família fizeram uma viagem para uma estação de esqui durante as férias de inverno, ela mandava um cartão postal para Marci quase todos os dias. Quando perguntaram a Heather por que ela considerava Marci sua amiga, ela disse: "Primeiro, gosto de estar perto de Marci, porque isso faz com que eu me sinta importante e útil, e eu acho que ela tem um lindo sorriso. Depois que comecei a conversar com ela, nunca mais parei. Conto-lhe todos os meus segredos, meus medos e meus sonhos. Ela nunca me julga nem conta aos outros os meus segredos ... ela não pode contar meus segredos! Eu realmente preciso dela agora – ela me equilibra e faz com que eu me sinta em paz."

Para apoiar o desenvolvimento de amizades, convém que as famílias se envolvam e incluam os colegas e os amigos em potencial na vida doméstica de seus filhos. Uma mãe recordou a primeira vez que fizeram uma festa de aniversário em sua casa com os colegas "normais" de sua filha: "As crianças ficaram tão surpresas por ver que Jose tinha um quarto com cartazes do Power Ranger e um balanço no quintal!" É bom que os colegas vejam que, apesar de uma criança ter deficiências ela é parte de uma família e tem uma vida que não é tão diferente das suas. Além disso, algumas famílias descobriram que convidar um ou ambos os pais de um colega de escola para um café ou para o almoço enquanto as crianças brincam juntas aumentava a probabilidade de seu filho, por sua vez, ser convidado a ir a casa de seus colegas. Quando os pais de uma criança "normal" ficam conhecendo os interesses, o estilo de interação e as necessidades físicas ou comportamentais da criança com deficiência, ficam mais à vontade para apoiar o relacionamento de seus filhos com ela e para incluir a criança com deficiência em suas atividades familiares.

Criando uma Consciência da Amizade e um Respeito pela Diversidade

Quando a proximidade física e as interações sociais se estabelecem, pode ser útil promover uma consciência da importância das amizades para todos os alunos. Freqüentemente, as amizades parecem algo tão natural que as pessoas não se afastam de suas interações diárias e não consideram o valor da amizade de uma perspectiva mais ampla. Para encorajar uma consciência e uma apreciação da amizade, uma classe de sexta série (incluindo um aluno com deficiências importantes), desenvolveu uma unidade sobre a amizade. Um de seus exercícios foi determinar o significado da amizade. Bishop e Jubala (1994) relataram as seguintes declarações dos alunos:

> Acho que amizade é se divertir junto e conversar sobre nossos problemas. Acho também que amizade é compartilhar nossas posses e os lugares divertidos em que estivemos. Amizade é ir aos lugares junto.
> Amizade significa que as pessoas estão ao seu lado quando você precisa delas. Estão ali para nos animar quando estamos tristes e para nos ajudar quando necessário.
> Para mim, amizade significa ter uma pessoa que tem consideração e interesse por mim. Alguém que tenha os mesmos interesses e também interesses diferentes dos meus.
> Amizade significa ser leal e gostar do seu amigo. Para ser um amigo de verdade, a gente tem de desenvolver um relacionamento duradouro e não agir mal com ele.
> É se encontrar um com o outro na escola ou em casa, ser "legal" um com o outro e de vez em quando brigar, mas principalmente sermos amigos e ajudar um ao outro quando for necessário.
> Na minha opinião, neste mundo de hoje a maioria das pessoas precisa de pelo menos um amigo para conseguir sobreviver.
> Uma amizade é a melhor coisa que se pode conseguir em toda a vida. (p. 38)

A professora da turma percebeu que, conversando sobre as amizades e os familiares, os alunos começaram a procurar uns aos outros e dar mais apoio aos colegas que anteriormente eram deixados de lado durante o almoço e o recreio.

Vários colégios têm encorajado a formação de clubes da amizade, que permitem aos alunos a oportunidade de conhecerem pessoas diferentes e mostrarem, em uma atmosfera segura, que estão interessados em ter alguém com quem comer, ir a jogos ou ao cinema e conversar ao telefone. Os alunos novos em uma escola, que são tímidos e ficam pouco à vontade para iniciar interações, que foram desprezados anteriormente ou que simplesmente desejam mais apoio do que estão conseguindo, conseguem tirar vantagem das possibilidades de relacionamento em um ambiente não ameaçador.

Outras estratégias descritas mais detalhadamente no Capítulo 5, como os Making Action Plans (MAPs) (Falvey, Forest, Pearpoint & Rosenberg, 1994) (anteriormente McGill Action Planning System [Lusthaus & Forest, 1987]) e os Círculos de Amigos (Forest & Lusthaus, 1989), podem ser usadas não apenas para melhorar a consciência da necessidade de amigos e de apoio de um indivíduo, mas também com o objetivo de propor planos específicos para o desenvolvimento de novas amizades. Como foi declarado no Capítulo 5, em um Círculo de Amigos, os alunos representam os relacionamentos em suas vidas colocando as pessoas em uma série de círculos concêntricos. Revendo esses círculos e discutindo os resultados, os alunos analisam o padrão de suas amizades e das amizades dos outros (Sherwood, 1990).

No processo dos MAPs, um grupo de pares e pessoas importantes na vida de um aluno se reúne para discutir quem aquele aluno é como pessoa, suas esperanças, seus sonhos, seus medos, suas necessidades imediatas e seus objetivos para o futuro. Os participantes apresentam sugestões para resolver um problema atual ou para avançar rumo a um objetivo e então assumir a responsabilidade por ações específicas que vão fazer diferença na vida desse indivíduo. Seguem-se dois casos que ilustram a aplicação dessas estratégias.

Lauren – aluna do ensino médio, ficou arrasada porque seus pais não lhe permitiram freqüentar as atividades extra-escolares com seu namorado porque a consideravam jovem demais para sair de carro com ele. Como solução, seu círculo de apoio decidiu que nenhuma delas iria com o namorado para as atividades da escola. As garotas iriam juntas, chegando e partindo no mesmo carro, e os rapazes iriam em outro. Essa solução foi útil, não somente nesta situação, mas durante o ano todo, porque quando alguém do grupo não tinha uma companhia definida para um evento, era sempre incluído como parte do grupo.

Kristen e Garret – em outra situação, eles, dois alunos com deficiência, tiveram problemas com os professores devido às suas demonstrações públicas de afeto um pelo outro. Os colegas, em sua reunião de apoio, decidiram que o que eles faziam não era nada diferente do que os outros alunos faziam no *campus*; o problema era quando e onde isso era feito. Esses colegas tomaram para si a responsabilidade de proporcionar sugestões úteis ao jovem casal e observá-los na escola. Os relacionamentos estabelecidos durante as sessões de resolução de problema finalmente conduziram a convites para ir a festas, para assistir TV nas casas uns dos outros e para se reunirem durante os intervalos das aulas.

Deve-se tomar cuidado para que as atividades de desenvolvimento e consciência das amizades, inadvertidamente, não façam com que o aluno com uma deficiência seja destacado ou tratado de um modo que diminua a sua dignidade. É possível que essas estratégias possam ser erroneamente usadas para realçar as deficiências de uma pessoa e promover uma mentalidade artificial de "ser bom com o deficiente" (Van der Klift & Kunc, 1994). Deve-se enfatizar a premissa de que todos os alunos se beneficiam de um círculo de apoio e do conhecimento de que há pessoas à sua volta interessadas em suas vidas, dispostas a envolverem-se com eles e que podem realmente ajudá-los.

Para desenvolver uma consciência das necessidades e das possibilidades da amizade, é necessário criar uma comunidade nas salas de aula interessadas e também o reconhecimento da diversidade. Gibbs (1987) esboçou um processo "Tribes" para proporcionar aos alunos a sensação de pertencerem a uma turma e de terem o respeito dos colegas. O processo Tribes é uma síntese de teorias e métodos que

1. Situam os alunos em grupos de apoio de longa duração;
2. Desenvolvem a inclusão e a confiança dentro dos grupos antes de elaborar as tarefas;
3. Reservam um tempo para refletir sobre as experiências de aprendizagem individual e em grupo;
4. Têm um conjunto de "normas" de proteção (regras básicas) que garantem um clima positivo e seguro;
5. Transferem a responsabilidade do professor para os alunos, para ajudar a manter o ambiente de aprendizagem, resolver os problemas e ser responsáveis pela realização das tarefas; enfatizam o papel do professor e dos colegas para ensinar habilidades interpessoais e comportamentos de proteção;
6. Concentram-se no desenvolvimento social da criança para melhorar a realização acadêmica e
7. Promovem o respeito pelas diferenças individuais e sua aceitação ... (Gibbs, 1987, p. 22)

Tribes e outras estratégias para a implementação de ambientes escolares acolhedores (Jubala *et al.*, 1995) são essenciais para garantir uma sensação de valor e de inserção em cada aluno. Sem uma sensação de inserção, é difícil possuir a auto-estima necessária para estabelecer uma amizade genuína (Kunc, 1992).

Dando Tempo; As Amizades não Podem Ser Forçadas

Mai – a professora da 5ª série de Mai estava preocupada com o seu sucesso na escola. Mai estava fazendo progresso em seus objetivos de PEI e era uma participante ativa das atividades da classe. Entretanto, não estava desenvolvendo amizades com seus colegas como sua mãe e professora esperavam. Outros alunos com deficiência que a professora ensinara no passado haviam desenvolvido amizades com facilidade, com pequena intervenção por parte do adulto. Tentando encorajar amizades para Mai, a professora pediu a alguns alunos que considerassem a possibilidade de iniciar um grupo de jogo da amizade no intervalo, que incluísse Mai. Uma aluna escreveu uma resposta à professora declinando delicadamente; ela já tinha muitas amigas e estava satisfeita com as coisas que fazia nos intervalos, mas quem sabe em outra ocasião poderia estar interessada.

Embora os esforços da professora para promover diretamente as amizades tenham sido em sua maioria inúteis, Mai, com o tempo, estabeleceu sozinha um relacionamento importante. Sua amizade com Holly só foi desenvolver-se na primavera daquele ano, mas quando este capítulo foi escrito as duas já eram amigas há um ano e meio, o que é um recorde para meninas de 11 anos de idade! Quando Holly foi inquirida sobre sua amizade com Mai, ela disse: "Somos simplesmente amigas, ela vai à minha casa, eu vou à dela, somos amigas. Conversamos sobre a escola, os garotos e tudo o mais, e ela me faz rir. Em geral fazemos o que eu quero fazer. Não é nada demais, somos apenas amigas". A amizade entre Holly e Mai desenvolveu-se não por alguma atividade especial ou um processo dirigido – ela se desenvolveu com o tempo. Compartilhando experiências, tendo oportunidades para interagir dia após dia, semana após semana de uma maneira natural, o relacionamento desenvolveu-se – não pôde ser forçado, não pôde ser precipitado.

Sarah – os relacionamentos podem desenvolver-se de conhecimentos para amizades com a proximidade e a oportunidade, mas também precisam de uma certa quantidade de química para crescerem plenamente. Joachim teve muitas oportunidades para desenvolver uma amizade com Sarah, uma garota com deficiência, que sentava a seu lado na sua classe de 5ª série. Quando inquirido se Sarah era sua amiga, Joachim pensou bastante e respondeu: "Ela cospe na minha carteira, rouba meus lápis e come as borrachas, faz barulhos engraçados ... não, eu diria que Sarah não é minha amiga". Entretanto, Therese tornou-se amiga de Sarah quase imediatamente. Quando inquirida sobre sua amizade, Therese respondeu: "Ela faz barulhos engraçados que me fazem rir, é realmente ótima em pular corda e é boa comigo. É minha amiga, mas às vezes as pessoas acham que eu sou sua babá, porque ela é muito baixinha e eu sou muito alta – mas não sou. Somos realmente amigas. Não penso nela como alguém que tem uma deficiência – ela é apenas Sarah".

Van der Klift e Kunc (1994) propuseram que a amizade é "um terço de proximidade e dois terços de alquimia" (p. 393). Na verdade, as amizades, como os casamentos, não podem ser forçadas, ditadas pelos outros ou designadas ao acaso. Em algumas situações, as amizades desenvolvem-se porque dois indivíduos têm muita coisa em comum – por exemplo, ambos são fanáticos por esporte ou adoram o mesmo autor de histórias de mistério. Em outras situações, as amizades desenvolvem-se baseadas nos opostos – uma pessoa que é tímida fica amiga do palhaço da escola, uma criança que se sente perdida no meio de uma família grande torna-se amiga de uma que é filha única e passa a maior parte do seu tempo na atmosfera calma daquele lar. Embora os pais e professores não possam escolher os amigos de uma criança, podem observar as interações e alimentar as possibilidades que elas apresentam.

Atendente-Atendido *versus* Amizades Recíprocas

As definições de amizade variam quase tanto quanto os relacionamentos que as caracterizam. Stainback e Stainback (1990) afirmaram que as amizades podem variar desde eventos simples e de curto prazo, como dizer alô no corredor ou um aluno ajudando o outro a encontrar o caminho para a lanchonete, ou uma atribuição de lição de casa durante o horário de estudo, até relacionamentos mais complexos e de longo prazo, em que dois ou mais alunos "se reúnem", interagem socialmente e ajudam e assistem um ao outro, espontaneamente, dentro e fora da escola. (p. 52)

Grenot-Scheyer *et al.* (1989) definiram a amizade como "um vínculo entre dois indivíduos que é caracterizado pela preferência mútua um pelo outro, um estilo afetivo positivo, uma capacidade para envolver-se em interações sociais, e por terem interações que duram algum tempo" (p. 348). Evidentemente, há várias interações que compõem o contínuo da amizade.

Foram levantadas preocupações sobre a amizade entre pessoas com e sem deficiência (Van der Klift & Kunc, 1994; Strully & Strully, 1989). Embora as oportunidades para as crianças com deficiências desenvolverem relacionamentos com seus pares "normais" tenham aumentado com a inclusão, os relacionamentos raramente se transformaram em amizades. Van der Klift e Kunc (1994) expressaram a preocupação de que o uso em excesso dos sistemas de companheiros, círculos de amizade e coleguismo pode exacerbar o estereótipo de um aluno com deficiência como sendo uma pessoa necessitada de ajuda e dos colegas sem deficiências, que ficam relegados ao papel de atendentes. Van de Klift e Kunc declararam:

> Um excesso de ênfase no relacionamento "atendente/atendido" pode facilmente perturbar o delicado equilíbrio entre dar e receber, que é o precursor da verdadeira amizade. Por isso, é fundamental examinar, regular e cuidadosamente, a natureza da interação que desenvolvemos e as atitudes que a embasam. (p. 392)

As oportunidades de desenvolvimento de uma variedade de amizades e interações sociais são uma parte importante da vida de todos nós. Quando um aluno novo entra em uma escola ou sala de aula, os professores podem apoiá-lo, designando um comitê de boas-vindas para mostrar a escola ao aluno e ajudá-lo a familiarizar-se com o *campus* e conhecer as outras pessoas do local. Os grupos de tutela podem ajudar qualquer aluno que esteja em dificuldade com questões acadêmicas, e os grupos de aconselhamento a colegas permitem que os alunos ajudem uns aos outros de maneiras mais eficientes do que um adulto conseguiria atuar. Entretanto, os alunos cujas interações sociais primárias estão restritas a esses programas de assistência genérica podem carecer de oportunidades para experimentar a profundidade de um relacionamento recíproco, que é a base de uma verdadeira amizade.

Na sociedade contemporânea, uma pessoa saudável e bem cercada pode ser considerada alguém capaz de dar e receber ajuda quando necessário para um crescimento e uma auto-estima contínuos. A habilidade de perceber-se ao mesmo tempo como aquele que ajuda e é ajudado em qualquer amizade é valiosa para a manutenção e o crescimento desse relacionamento. Muito freqüentemente, supõe-se que as pessoas com deficiência são capazes de participar dos relacionamentos apenas como o atendido, o que é prejudicial para a profundidade e a longevidade do relacionamento. É importante perceber que a "ajuda" vem de várias formas e não requer habilidades ou competências específicas. Os alunos com deficiência têm muito a compartilhar e a beneficiar-se do papel de ajudar um colega.

Rashaan – Paul foi inicialmente apresentado a Rashaan quando foi contratado como seu ajudante pessoal e treinador para o trabalho. Com o tempo, desenvolveu-se uma verdadeira amizade entre os dois rapazes, que continuou depois que Paul se afastou para iniciar uma nova carreira. Ao falar sobre Rashaan, Paul se referiu assim:

> Nossa amizade não me parece extraordinária. Rashaan é um ótimo ouvinte e, embora não seja verbal, é muito simpático e empático. Posso dizer, observando seu corpo e suas expressões faciais, que ele me compreende. Eu posso sempre lhe dizer também o que ele está sentindo – isso é difícil de explicar se você não conhece Rashaan, mas ele tem uma enorme capacidade de transmitir emoção. É ótimo, porque ele me dá a oportunidade de ser realmente um bom amigo e alguns dos meus outros amigos não me deixam ser assim com eles.

Jaime – os três melhores amigos dele na 5ª série foram solicitados a comentar sobre o que aprenderam sendo amigos dele. As respostas a seguir refletem a reciprocidade de seus relacionamentos:

> Ele faz com que eu me sinta bem quando estou triste, e quando fico furioso ele me acalma. Eu ajudei Jaime a correr 7 minutos e 15 segundos em uma corrida e jamais vou me esquecer disso.
> Percebi que ele podia se adaptar com qualquer um na escola, que ele queria ter amigos, e ele é meu amigo. Ser amigo de Jaime tem suas vantagens. Ele é muito amável, atencioso, bom, educado e é o meu preferido – é um garoto "legal".
> Aprendi como deve ser um amigo de verdade. Ele é realmente um bom amigo. Aprendi que um amigo tem de ser bom, e aprendi isso com Jaime.
> Quando Jaime foi solicitado a falar sobre seus amigos, ele disse: "Tenho três amigos: Zach, Jose e Mark, um, dois, três. Eu gosto dos meus amigos. Gosto de implicar, correr e brincar com eles". (Bishop & Jubala, 1994, p. 39)

Os pais e os educadores que tentam facilitar e apoiar as amizades potenciais e os relacionamentos significativos entre os alunos devem considerar e alimentar a reciprocidade nas relações. Pode não ser prontamente aparente em qualquer relacionamento que forma essa reciprocidade deve assumir, mas, com o tempo, os participantes poderão articular os fatores que criam os vínculos de uma amizade genuína.

Ensinar Habilidades que Ajudem as Interações

Os alunos com e sem deficiências podem beneficiar-se da aprendizagem de habilidades específicas nos comportamentos que podem melhorar o desenvolvimento das amizades e das interações sociais. Como foi previamente mencionado, não é um pré-requisito que os alunos tenham alguma ou todas essas habilidades para envolverem-se em uma amizade, mas a consciência, o contato e o domínio dessas habilidades podem encorajar um grande número de amizades ou melhorar a qualidade das amizades já existentes. Stainback e Stainback (1990) identificaram e descreveram as seguintes categorias de comportamentos e habilidades que podem ser valiosas no desenvolvimento e na conservação das amizades:

Estilo de Interação Positivo. Um estilo de interação que promova uma atitude positiva e uma apreciação dos outros é importante para qualquer relacionamento. Ensinar os alunos a serem ouvintes ativos, a dar um retorno positivo, a fazer perguntas e a responder às necessidades dos outros pode ser um passo para a maior aceitação dos colegas.

Determinar as Áreas de Compatibilidade. Apresentar os alunos a colegas com interesses ou experiências em comum é uma maneira de estimular uma amizade potencial. Além disso, ensinar a um aluno como inquirir os colegas sobre seus passatempos, seus interesses, seus talentos, suas experiências e suas crenças, assim como de que maneira reconhecer e compartilhar os seus próprios, capacita-os a iniciar por si mesmos seus relacionamentos. Fazer perguntas específicas aos outros e ser capaz de responder às perguntas com mais do que sim ou não ajuda a melhorar a probabilidade de determinar áreas de compatibilidade. Os alunos que usam sistemas de comunicação aumentativos precisam de adaptações individuais para indicar a extensão de interesses que desejam compartilhar com os outros.

Assumir a Perspectiva dos Outros. Considerar as necessidades, os sentimentos e os interesses de várias pessoas ajuda os alunos a serem apreciados como amigos. Aprender a comprometer-se nas escolhas de atividades, ouvir as idéias e as necessidades das pessoas e colocar-se na posição do outro podem melhorar os relacionamentos. Aprender a interagir com tato e com sensibilidade e também a capacidade de "interpretar" uma situação social são habilidades úteis no estabelecimento de amizades positivas.

Compartilhar e Proporcionar Apoio. Aprender a compartilhar os pertences, as idéias e os sentimentos e proporcionar conforto, ajuda e apoio aos outros são também componentes das amizades. Mais uma vez, alunos com todas as habilidades beneficiam-se do papel de ajudar os colegas e podem estar enganados se forem sempre relegados ao papel daquele que necessita de ajuda.

Confiabilidade e Lealdade. O caráter ético e moral de um indivíduo freqüentemente determina a profundidade de seus relacionamentos. Um aluno pode sentir-se digno da confiança de um amigo quando aprende a guardar segredos e a não quebrar promessas. Defender um amigo em uma situação difícil e apoiar seus direitos mantém a integridade do indivíduo. Em alunos jovens, a confiabilidade e a lealdade são muitas vezes testadas, e as lealdades mudam constantemente. Ensinar os alunos a valorizarem-se e apreciarem seu próprio caráter pode ajudar em momentos de mudanças de lealdades.

Resolução de Conflitos. A habilidade dos alunos de resolver seus próprios conflitos e apoiar seus colegas quando estes o fazem tem recebido ampla atenção na literatura (Drew, 1987; Kreidler, 1984; Prutzman, Stern, Burger & Bodenhammer, 1988). As interações que ocorrem durante a resolução adequada de um conflito entre alunos proporcionam uma maneira segura para expor queixas, sentimentos e diferen-

ças de opinião (Jubala *et al*., 1995). As habilidades aprendidas através dessas práticas podem generalizar-se para situações encontradas durante a vida.
   Ensinar as Habilidades para Fazer Amigos. As habilidades para fazer amigos podem ser ensinadas na sala de aula e reforçadas em casa, da mesma maneira que são tratadas outras áreas do currículo. Proporcionar aos alunos exemplos específicos para analisar e discutir é uma maneira de introduzir alguns dos conceitos relacionados às interações sociais e aos relacionamentos. Troca de papéis, treinamento e discussões em pequenos grupos também ajudam o desenvolvimento e a consciência das habilidades sociais. Os círculos comunitários proporcionam momentos de discussão com toda a turma sobre incidentes particulares e ajudam os alunos a colocarem-se nas perspectivas de seus colegas e a adotarem estratégias para a resolução de problemas no futuro (Gibbs, 1987; Jubala *et al*., 1995). Talvez a estratégia mais eficiente para ensinar essas habilidades específicas seja proporcionar ao aluno apoio e informações durante situações reais. Dar a eles informações e sugestões em uma situação específica permite-lhes praticar suas habilidades. Por exemplo, a turma de 5ª série tem uma prova difícil programada como a primeira atividade da manhã. Convém dizer a Angel (uma aluna com deficiência importante) antes que ela entre na sala que os alunos estão todos muito ansiosos devido à prova, e ajudá-la a entrar na sala sossegadamente. Angel pode oferecer-se para apontar os lápis, o que pode evitar que ela perturbe seus colegas correndo e mostrando a todos seu novo brinquedo. Estimular os alunos a pensar primeiro e consultar seus colegas quando eles estiverem em dificuldades ajuda os alunos a aprimorarem-se na habilidade de tomar decisões. Além disso, ensiná-los a proporcionar informações honestas e úteis um ao outro (p. ex., "Eu fico magoado quando você fica implicando comigo por causa dos meus sapatos na hora do almoço") encoraja a comunicação aberta e proporciona a informação concreta necessária para a mudança de comportamento e para o crescimento na área da competência social.

Ficar Fora do Caminho

Os esforços bem-intencionados dos adultos para promover as amizades de seus filhos e dos alunos podem não ser bem-sucedidos se não forem cuidadosamente escolhidos e executados. Quantos jovens já foram obrigados a ir a "encontros às cegas" com o filho ou a filha da melhor amiga da Tia Sally ou tiveram de suportar brincadeiras ou almoços horríveis com o filho detestável do chefe do pai ou da mãe? Esses esforços podem ser interpretados como invasivos e indesejados, mesmo que arranjados com as melhores intenções. Como já foi dito, os relacionamentos não podem ser forçados, e quanto mais artificialmente arranjadas forem as oportunidades para interação, menor a probabilidade de elas encontrarem uma boa receptividade e uma atitude positiva. A sutileza, associada a oportunidades naturais, proporciona uma atmosfera com mais chance de promover amizades genuínas e interações positivas.
   Um desafio específico para promover amizades para alunos com deficiência é o séqüito de adultos que está freqüentemente envolvido no sistema de apoio ao aluno na

sala de aula na escola regular. Os professores de educação regular normalmente relatam dificuldades para assumir a responsabilidade de um aluno em sua aula, quando os auxiliares ou o pessoal de apoio de educação especial estão constantemente rodeando o aluno. Da mesma maneira, os colegas são obstruídos em seus esforços para iniciar interações quando parece que estes "profissionais adultos" são os únicos que têm permissão para interagir com o aluno. As crianças podem ser facilmente intimidadas por adultos com os quais não estão familiarizadas, e podem não fazer esforço para iniciar interações com uma criança que é cercada por tantos adultos diferentes. Mesmo os atendentes individuais podem interferir muito nas oportunidades de um aluno desenvolver relacionamentos.

Uma sugestão para neutralizar isso é que os adultos presentes na vida de um aluno apóiem o desenvolvimento de relacionamentos exemplificando as interações, ajudando a estabelecer interesses comuns e similaridades, e criando oportunidades para interações entre os alunos sem interferências diretas. Os alunos que precisam de apoio em tempo integral podem ser ajudados quando seus atendentes os posicionam para uma atividade e depois se distanciam um pouco e ficam lendo ou escrevendo (e não escutando as conversas do aluno), embora ainda controlando as necessidades deles. Os atendentes da turma podem também criar situações que permitam participação ativa de um aluno com deficiência. Depois de determinar a atividade e ensinar a todos os alunos como participar e como um permitir que o outro participe, o atendente deve ir para outro lugar da sala, para o ginásio, para o *playground*, etc., e deixar a atividade ser realizada com todos os, gracejos, piadas e tolices que acompanham uma brincadeira que não seja dirigida e supervisionada por um adulto.

Os alunos beneficiam-se de gozar da confiança dos adultos e de assumir a responsabilidade em muitas áreas. Embora um colega possa não estar habilitado a ajudar um aluno com deficiência a almoçar, ele pode muito bem ser capaz de segurar uma casquinha de sorvete para o outro lamber. Proporcionar aos colegas habilidades que lhes permitam sentir-se à vontade e ser competentes com os aparelhos físicos e de comunicação de um aluno pode melhorar a profundidade do relacionamento. Isso não significa que os colegas devam ser colocados em papéis atendentes, mas que devem ser encorajados a interagir em vários ambientes com pouca ajuda de adultos quando isso for razoável, considerando-se a idade, as necessidades e as habilidades dos alunos. Por exemplo, no ensino fundamental podem aprender a manipular com segurança a cadeira de rodas de um colega pelo *campus* e pelo bairro ou a programar um dispositivo de comunicação para que possam discutir o jogo de beisebol no fim de semana. Os alunos do colegial podem aprender a esvaziar o saco do cateter de um colega para que eles possam ir juntos ao *shopping* ou ajudar um colega a acalmar-se, se o ambiente for estimulante demais.

Essencialmente, as responsabilidades dos adultos na promoção das amizades são necessárias, mas tênues. Eles são solicitados a interpretar situações e intuir possibilidades de amizades entre os alunos, atuam como modelos através das suas próprias amizades e promovem a valorização individual de cada um. É necessário que os pais e os educadores ensinem, facilitem, apóiem e estimulem as amizades e fiquem fora do caminho, tanto quando as amizades encontrarem dificuldades como quando elas florescerem. As tentativas de promovê-las podem às vezes ser frustrantes e desencorajadoras, mas, quando bem-sucedidas, os resultados proporcionam recompensas incomparáveis, tanto para os alunos quanto para os adultos.

CONCLUSÃO

As amizades são muito valorizadas por crianças e adultos de todo o mundo. A maioria das pessoas não consegue imaginar a vida sem o apoio, o estímulo e os bons momentos passados em companhia de seus amigos mais íntimos. Embora facilmente negligenciada, a importância da amizade é mais nítida para aqueles que carecem desses relacionamentos. A educação de alunos com e sem deficiências em ambientes compartilhados trouxe à tona a necessidade de relacionamentos significativos. Quando estratégias as discutidas em todo este capítulo são implementadas, os benefícios aumentam para todos os alunos. Pais, educadores, membros da comunidade e os próprios alunos dividem a responsabilidade de chegar até o outro, de valorizar e apreciar a diversidade em nossos pares, e de defender os direitos do próximo. A amizade abrange os cumprimentos casuais trocados quando as pessoas se cruzam nas esquinas e no caminho para a escola, e também o compartilhamento íntimo de esperanças e de temores. A experiência da amizade pode ser estendida a todos em uma escola, em um bairro e em uma comunidade quando as pessoas trabalham juntas para criar oportunidades de entendimento, de apoio e de aceitação dos outros como eles são e do que estão dispostos a dar e receber.

REFERÊNCIAS BIBLIOGRÁFICAS

Asher, S. & Gottman, J. (Eds.). (1981). *The development of children's friendships*. Cambridge, MA: Harvard University Press.
Barber, D. & Hupp, S.C. (1993). A comparison of friendship patterns of individuals with developmental disabilities. *Education and Training in Mental Retardation, 28*(1), 13-21.
Bishop, K.D. & Jubala, K.A. (1994). By June, given shared experiences, integrated classes, and equal opportunities, Jaime will have a friend. *Teaching Exceptional Children,* 27(1), 36-47.
Drew, N. (1982). *Learning the skills of peacemaking*. Rolling Hills Estates, CA: Jalmar Press.
Falvey, M.A., Forest, M., Pearpoint, J. & Rosenberg, R.L. (1994). Building connections. *In* J.S. Thousand, R.A. Villa & A.I. Nevin (Eds.), *Creativity and collaborative learning: A practical guide to empowering students and teachers* (p. 347-368). Baltimore, Paul H. Brookes Publishing Co.
Forest, M. & Lusthaus, E. (1989). Promoting educational equality for all students: Circles and maps. *In* S. Stainback, W. Stainback & M. Forest (Eds.), *Educating all students in the mainstream of regular education* (p. 43-57). Baltimore: Paul H. Brookes Publishing Co.
Gibbs, J. (1987). *Tribes: A process for social development and cooperative learning*. Santa Rosa, CA: Center Source Publications.
Grenot-Scheyer, M. (1994). The nature of interactions between students with severe disabilities and nondisabled friends and acquaintances. *Journal of The Association for Persons with Severe Handicaps, 19*, 253-262.

Grenot-Scheyer, M., Coots, J. & Falvey, M. (1989). Developing and fostering friendships. *In* M. Falvey, *Community-based curriculum: Instructional strategies for students with severe handicaps* (p. 345-358). Baltimore: Paul H. Brookes Publishing Co.

Hamre-Nietupski, S., Shokoohi-Yekta, M. Hendrickson, J. & Nietupski, J. (1994). Regular educators' perceptions of facilitating friendships of students with moderate, severe or profound disabilities with nondisabled peers. *Education and Training in Mental Retardation and Developmental Disabilities, 29*(2), 102-117.

Johnson, D.W. & Johnson, R.T. (1989). *Cooperation and competition: Theory and research*. Edina, MN: Interaction Books.

Jubala, K.A., Bishop, K.D. & Falvey, M.A. (1995). Creating a supportive classroom environment. *In* M. Falvey (Ed.), *Inclusive and heterogeneous schooling: Assessment, curriculum, and instruction* (p. 111-129). Baltimore: Paul H. Brookes Publishing Co.

Kreidler, W.J. (1984). *Creative conflict resolution*. Springfield, IL: Scott, Foresman and Co.

Kunc, N. (1992). The need to belong: Rediscovering Maslow's hierarchy of needs. *In* R.A. Villa, J.S. Thousand, W. Stainback & S. Stainback (Eds.), *Restructuring for caring and effective education: An administrative guide to creating heterogeneous schools* (p. 25-40). Baltimore: Paul H. Brookes Publishing Co.

Lusthaus, E. & Forest, M. (1987). The kaleidoscope: A challenge to the cascade. *In* M. Forest (Ed.), *More education integration* (p. 1-17). Downsview, Ontario: G. Allan Roeher Institute.

Prutzman, P., Stern, L. Burger, M. & Bodenhammer, G. (1988). *The friendly classroom for a small planet*. Filadélfia: New Society Publishers.

Putnam, J.W. (Ed.). (1993). *Cooperative learning and strategies for inclusion: Celebrating diversity in the classroom*. Baltimore: Paul H. Brookes Publishing Co.

Sherwood, S.K. (1990). A circle of friends in a first grade classroom. *Educational Leadership, 48*(3), 41.

Stainback, W., & Stainback, S. (1990). Facilitating peer support and friendships. *In* W. Stainback & S. Stainback (Eds.), *Support networks for inclusive schooling: Interdependent integrated education* (p. 51-63). Baltimore: Paul H. Brookes Publishing Co.

Strain, P.S. (1984). Social interactions of handicapped preschoolers. *In* T. Field, J. Roopnarine, & M. Segal (Eds.), *Friendships in normal and handicapped children* (p. 187-207). Norwood, NJ: Ablex.

Strully, J.L. & Strully, C.F. (1989). Friendship as an educational goal. *In* S. Stainback, W. Stainback & M. Forest (Eds.), *Educating all students in the mainstream of regular education* (p. 59-70). Baltimore: Paul H. Brookes Publishing Co.

Taylor, S.J., Biklen, D. & Knoll, J. (Eds.). (1987). *Community integration for people with severe disabilities*. Nova York: Teachers College Press.

Thousand, J.S., Villa, R.A. & Nevin, A.I. (Eds.). (1994). *Creativity and collaborative learning: A practical guide to empowering students and teachers*. Baltimore: Paul H. Brookes Publishing Co.

Van der Klift, E. & Kunc, N. (1994). Beyond benevolence: Friendship and the politics of help. *In* J.S. Thousand, R.A. Villa & A.I. Nevin (Eds.), *Creativity and collaborative learning: A practical guide to empowering students and teachers* (p. 391-401). Baltimore: Paul H. Brookes Publishing Co.

11

Colaboração dos Alunos:
Um Elemento Essencial para a Elaboração de Currículos no Século XXI[1]

Richard A. Villa e
Jacqueline S. Thousand

Muitos de nossos problemas mais críticos não estão no mundo das coisas, mas no mundo das pessoas. Nosso maior fracasso como seres humanos tem sido a incapacidade de assegurar a cooperação e o entendimento com os outros. (Hersey & Blanchard, 1977, p. 1)

A HISTÓRIA da colaboração entre os professores em escolas da América do Norte no desenvolvimento, na elaboração e na modificação do currículo e da instrução é relativamente curta. Emergindo na década de 1960 sob a forma de arranjos para o ensino em equipe (Bair & Woodward, 1964; Beggs, 1964) e desenvolvendo-se e expandindo-se nas décadas de 1970 e 1980 para as abordagens de consulta e educação especial anteriores ao encaminhamento, como os grupos de estudo da criança (Graden, Casey & Christenson, 1985), os grupos de assistentes do professor (Chalfant, Psych & Moultrie, 1979), os sistemas de professor consultor (Knight, Meyers, Paolucci-Whitcomb, Hasazi & Nevin, 1981) e as abordagens de consulta cooperativa (Idol, Nevin & Paolucci-Whitcomb, 1992; Nevin, Thousand, Paolucci-Whitcomb & Villa, 1990; Tharp, 1975), a colaboração tornou-se uma palavra de efeito nas conceituações futuristas da escola eficiente do século XXI (Benjamin, 1989).

Embora a colaboração ainda não seja uma norma nas escolas norte-americanas, em geral se pensa nos adultos (professores) compartilhando o planejamento, o ensino e/ou as responsabilidades de avaliação dos alunos. O propósito deste capítulo é examinar as formas de colaboração escolar que usam os recursos dos alunos na determinação e na confecção dos currículos da comunidade escolar. Por exemplo, têm havido pedidos para a inclusão e a capacitação dos alunos nos processos de tomada de decisão com relação à disciplina (Curwin & Mendler, 1988) e à transmissão de instrução e apoio social aos colegas (Glasser, 1990; Johnson, Johnson & Holubec, 1994; Thousand, Villa & Nevin, 1994). Os reconhecidos benefícios e os fundamentos para um maior envolvimento dos alunos na determinação da forma e do conteúdo da sua própria educação incluem o aumento da motivação (Glasser, 1990; Johnson & Johnson, 1987b) e da realização (Johnson & Johnson,1989).

Entretanto, os argumentos mais fortes para melhorar a colaboração dos alunos estão menos preocupados com as noções tradicionais de desempenho e de motivação do que com o desenvolvimento de cidadãos que buscam informações e solução de problemas, e que sejam capazes de ter sucesso no complexo e diverso século XXI, rico em informações e voltado para a tecnologia. Os futuristas da educação observam as tendências sociais interdependentes e internacionais que tornam cada vez mais difícil para os currículos escolares acompanhar o aumento exponencial das informações e das descobertas tecnológicas e científicas. "Há simplesmente informações demais para qualquer um de nós conhecer, que dirá para ensinar para uma enorme quantidade de alunos em um dia letivo curto. Esse fato trágico leva-nos a uma conclusão libertadora: a sabedoria vale mais do que o conhecimento" (Wiggins, 1989, p. 58).

A sabedoria, na visão do futurista, inclui "hábitos da mente" (Wiggins, 1989, p. 48), tais como a capacidade de deter a descrença, de ouvir alguém que sabe algo "novo" e de questionar para esclarecer o significado ou o valor de uma idéia; a abertura para idéias novas e estranhas; e a inclinação para questionar declarações confusas ou "adequadas". A sabedoria envolve ter estratégias para enfrentar a diversidade e para ser um eterno aprendiz; significa ter a competência social para comunicar-se e interagir com outras pessoas, inclusive com as que trabalham em instituições democráticas internacionais.

Como, então, os futuristas vêem as escolas operando no século XXI, de tal forma que os formandos tenham adquirido tal sabedoria? Na literatura educacional futurista, a recomendação mais freqüente para as escolas do século XXI é aumentar a aprendizagem ativa por parte do aluno. A aprendizagem ativa envolve a participação dos alunos em todos os aspectos do processo de aprendizagem. A aprendizagem ativa também significa capacitar os alunos para determinar "o que" e "como" eles desejam aprender. Dada a provável explosão de informações do próximo século, os futuristas também recomendam que as escolas se concentrem em ensinar aos alunos como se comportarem como eternos aprendizes, e não apenas aprendizes de fatos. Além disso, os futuristas consideram a escola responsável por ajudar os alunos a ampliarem seus interesses para adiante de si e conquistar uma ética de serviço comunitário por meio de experiências desse tipo na vida real e de análises das experiências dentro das escolas.

O mundo futuro sugere "um novo papel cooperativo para os professores e para os alunos, em que os alunos aceitam uma ativa parceria no empreendimento da aprendizagem" (Benjamin, 1989, p. 9). Por isso, os professores das escolas do século XXI devem estar familiarizados com os métodos existentes e ser encorajados a experimentar estratégias para envolver ativamente os alunos em sua própria aquisição – e também na dos outros – de uma ética humanista do serviço público; em habilidades de comunicação, busca de informações e resolução de problemas; e no currículo básico considerado essencial pela escola e pela comunidade.

Este capítulo descreve vários dispositivos e estratégias cooperativos que envolvem os alunos com e sem deficiência nos papéis de gestão e de defesa da escola, e nos papéis de tomada de decisão que determinam o currículo, a organização e a direção da instituição. Entretanto, antes de examinar essas estratégias, o leitor deve refletir sobre suas experiências pessoais como aluno e avaliar a extensão em que essas experiências exemplificaram ou incorporaram um espírito cooperativo, respondendo às perguntas do Questionário de Colaboração do Aluno, apresentado na Figura 11.1.

Depois de ler o restante deste capítulo, o leitor deve imaginar-se como um aluno matriculado em uma escola, que usa as estratégias recomendadas de capacitação dos colegas e depois, retomando o questionário, encontrar mudanças positivas e drásticas nas notas de colaboração. Além disso, este capítulo deve permitir que os leitores explorem um pouco mais e implementem algumas estratégias discutidas de colaboração dos alunos nas escolas da comunidade, para que os futuros formandos que recorrerem a este mesmo questionário não somente dêem a si mesmos e às suas escolas notas altas, mas também possam articular o que é a vida no século XXI e como o ensino que receberam os preparou para ela.

Os autores agruparam as estratégias do *poder dos colegas* (colaboração dos alunos) discutidas neste capítulo em três categorias. Essas estratégias envolvem os alunos como 1) membros da equipe educacional, 2) defensores deles próprios e de seus colegas, e 3) indivíduos que tomam decisões.

OS ALUNOS COMO MEMBROS DA EQUIPE EDUCACIONAL

Grupos de Ensino

Os *grupos de ensino* são um arranjo educacional promissor para prestar serviços intensivos aos alunos; baseiam-se na suposição de que todos podem ser educados eficientemente na mesma escola e nas estruturas das salas de aula.

> Um grupo de ensino é um dispositivo de organização e de instrução composto por dois ou mais membros da escola e da comunidade que distribuem entre si responsabilidades de planejamento, de ensino e de avaliação para os mesmos alunos em uma base regular, por um longo período de tempo. As equipes podem variar em tamanho de duas a seis ou sete pessoas. Elas podem variar também em sua composição, envolvendo qualquer combinação possível de professores, pessoal especializado (p. ex., educadores especiais, patologistas da fala e da linguagem, orientadores, profissionais de saúde, especialistas em emprego), assistentes de ensino, estagiários, voluntários da comunidade (p. ex., pais, membros do programa local de "avô/avó substituto") e *os próprios alunos* [a ênfase é nossa]. (Thousand & Villa, 1990, p. 152-153)

Os grupos de ensino preparam qualquer aluno para receber apoio educacional intensivo dentro da sala de aula, eliminando assim a necessidade de um sistema de

1. Você, como aluno, observou ou viveu a experiência de ver seus professores colaborando, na instrução (p. ex., ensino em grupo), no planejamento ou na avaliação?
   Nunca   Raramente   Às vezes   Freqüentemente   Muitas vezes
2. Quando você era aluno, teve oportunidade e treinamento para atuar como instrutor de um colega?
   Nunca   Raramente   Às vezes   Freqüentemente   Muitas vezes
3. Quando você era aluno, teve a oportunidade de receber instrução de um colega treinado?
   Nunca   Raramente   Às vezes   Freqüentemente   Muitas vezes
4. Com que freqüência a instrução que você recebeu era estruturada de maneira a encorajar o uso de habilidades de raciocínio de nível mais elevado (p. ex., análise, síntese, avaliação, resolução de problemas criativa, metacognição)?
   Nunca   Raramente   Às vezes   Freqüentemente   Muitas vezes
5. Com que freqüência era esperado que você ajudasse a aprendizagem acadêmica e social de outros alunos, ao mesmo tempo em que era responsável por sua própria aprendizagem?
   Nunca   Raramente   Às vezes   Freqüentemente   Muitas vezes
6. Como aluno, você teve oportunidade e treinamento para servir de mediador de conflitos entre os colegas?
   Nunca   Raramente   Às vezes   Freqüentemente   Muitas vezes
7. Com que freqüência você foi solicitado a avaliar sua própria aprendizagem?
   Nunca   Raramente   Às vezes   Freqüentemente   Muitas vezes
8. Com que freqüência você teve a oportunidade de ajudar na determinação dos resultados educacionais para você e para seus colegas?
   Nunca   Raramente   Às vezes   Freqüentemente   Muitas vezes
9. Com que freqüência você teve a oportunidade de defender os interesses educacionais de um colega ou foi solicitado a ajudar na determinação de modificações e de acomodações ao currículo?
   Nunca   Raramente   Às vezes   Freqüentemente   Muitas vezes
10. Com que freqüência você, como aluno, foi encorajado a levar uma pessoa de apoio a uma reunião difícil para proporcionar-lhe apoio moral?
    Nunca   Raramente   Às vezes   Freqüentemente   Muitas vezes
11. Com que freqüência você foi envolvido em uma discussão de ensino com um instrutor?
    Nunca   Raramente   Às vezes   Freqüentemente   Muitas vezes
12. Com que freqüência você foi solicitado a proporcionar a seus professores um retorno sobre a eficiência e a adequação do seu ensino e de manejo da aula?
    Nunca   Raramente   Às vezes   Freqüentemente   Muitas vezes
13. Com que freqüência você participou em igualdade de condições com professores, diretores e membros da comunidade dos comitês da escola (p. ex., comitê de currículo, comitê de disciplina, comitê de contratação, conselho da escola)?
    Nunca   Raramente   Às vezes   Freqüentemente   Muitas vezes
14. Com que freqüência você, como aluno, achou que a escola "pertencia" a você, que as experiências da escola eram, antes de tudo, estruturadas tendo em vista os interesses dos alunos?
    Nunca   Raramente   Às vezes   Freqüentemente   Muitas vezes

FIGURA 11.1 Questionário de Colaboração do Aluno.

instrução especial separado e de um processo de encaminhamento para obter acesso a esse sistema. Os grupos aproveitam as diversas abordagens de conhecimento e de instrução de seus membros e também uma proporção mais elevada de instrutores em relação ao número de alunos, o que permite um diagnóstico mais imediato e preciso das necessidades do aluno e de uma aprendizagem mais ativa.

Aprender com o Colega ou Sistemas de Tutela dos Colegas

Os sistemas de aprendizagem com colegas da mesma idade ou de idades diferentes podem ser estabelecidos dentro de uma mesma turma, entre turmas diferentes ou em toda a escola. Os benefícios dos alunos que recebem instrução dos colegas estão bem-documentados (Harper, Maheady & Mallette, 1994; Topping, 1998) e incluem importantes ganhos acadêmicos, desenvolvimento de habilidades de interação social positiva com outros alunos e elevação da auto-estima. Os tutores também se beneficiam deste relacionamento educativo; recebem treinamento nas habilidades de comunicação eficientes que devem usar nas sessões de tutela (p. ex., elogiar e corrigir). Assumindo o *status* de professor, a própria auto-estima do tutor pode melhorar (Gartner, Kohler & Riessman, 1971). Além disso, a preparação para um ensino eficiente requer o uso de habilidades de pensamento de alto nível (p. ex., síntese, análise de tarefa ou de conceito) e promove um entendimento mais profundo do conteúdo curricular que está sendo ensinado (Johnson, Johnson & Holubec, 1994).

Os professores mais eficientes na colaboração com os alunos nos arranjos de tutela dos colegas têm estratégias bem-organizadas para recrutar, treinar, supervisionar e avaliar a eficácia dos tutores. Os leitores podem referir-se a Harper *et al.* (1994), LaPlant e Zane (1994), McNeill (1994) e Topping (1988) para modelos e sugestões para organização de sistemas de tutela entre colegas da mesma idade e de idade diferente que acrescentem recursos de ensino à turma sem adultos.

Sistemas formalizados de tutela no âmbito de toda a escola não podem ser organizados da noite para o dia. Os professores não-acostumados ou céticos quanto aos sistemas de tutela precisam familiarizar-se com a pesquisa e com as estratégias para o estabelecimento desses sistemas, observar diretamente os relacionamentos de aprendizagem bem-sucedida e ter acesso à ajuda técnica na iniciação e na supervisão de tais programas.

Exemplo: Evolução de um Sistema de Tutela dos Colegas em uma Escola do Ensino Fundamental. Durante um período de mais de três anos, no final da década de 1980 e início da década de 1990, na escola de ensino fundamental de Winooski, em Vermont, o uso de vários alunos-tutores em três turmas desenvolveu-se em um programa formalizado de treinamento e supervisão envolvendo mais de 80 por cento dos alunos como tutores ou tutelados em 18 das 21 turmas. Isso ocorreu porque a escola estabeleceu como prioridade o estabelecimento de estratégias de poder dos colegas, tais como sistemas de tutela e grupos de aprendizagem cooperativa, para fortalecer o exemplo dentro da sala de aula de prestação de serviços especiais e também a colaboração entre o pessoal da educação regular e especial.

No primeiro ano, três professores deram o primeiro passo, usando colegas tutores de idades diferentes, que foram recrutados do colegial, treinados e supervisionados pelos professores da turma. No ano seguinte, a tutela de colegas de idade diferente continuou. Além disso, uma professora da 4ª série e uma do seu grupo de apoio cooperativo estabeleceram na turma um sistema de tutela dos colegas que envolvia todos os alunos como tutores e tutelados. Dentro de alguns meses, uma professora da 1ª série solicitou que os tutores da 4ª série se tornassem tutores da sua turma. Consciente dos benefícios potenciais para seus alunos (p. ex., aumento da auto-estima, prática de habilidades de pensamento de alto nível, domínio do conteúdo), a professora da 4ª série preparou sete tutores para dar revisão de matemática para os alunos da 1ª série durante 30 minutos, quinzenalmente, às sextas-feiras. Cada tutor trabalhava com três ou quatro alunos da 1ª série, o que permitia que todos os alunos da turma recebessem instrução tutelar. A pessoa especializada em apoio, que trabalhava em ambas as turmas, treinou e monitorou os tutores nos procedimentos de instrução e de correção. Esse apoio foi prestado em fases, durante um período de mais de dois meses, e as responsabilidades da supervisão foram deslocadas para a professora da 1ª série, embora a pessoa de apoio continuasse a realizar encontros breves antes e depois dos encontros tutelares com os tutores, os tutelados e a professora. Os tutores finalmente se tornaram responsáveis pela criação de seus próprios materiais de ensino.

No final do ano escolar, vários tutores da 4ª série procuraram seus futuros professores da 5ª série, solicitando a garantia de que poderiam continuar a exercer sua tutela no ano seguinte. Além disso, um tutor apresentou os benefícios das experiências da tutela em um curso de liderança de verão voltado para as estratégias de integração e incluiu 10 membros da equipe do ensino fundamental. Por fim, as descrições do trabalho para todos os professores foram modificadas para incluir a responsabilidade pelo treinamento, pela supervisão e pela avaliação dos alunos-tutores.

No terceiro ano, os programas de tutela de colegas da mesma idade e de idades diferentes continuaram. Além disso, foi estabelecido um sistema para ser negociado um contrato com cada tutor e para ser obtida a permissão dos parceiros e compartilhadas informações com eles sobre a tutela. No terceiro ano, como mencionado, mais de 80 por cento dos alunos do ensino fundamental estavam envolvidos no programa de tutela, com 48 tutores de 4ª e 5ª séries ensinando quinzenalmente os alunos de 1ª, 2ª e 3ª séries. Nas semanas alternadas, os tutores envolveram-se em uma sessão de treinamento intensiva, durante a qual os procedimentos de instrução específicos e o manejo do comportamento e as habilidades de comunicação foram exemplificados e treinados.

Uma característica importante desse programa foi que muitos alunos que atuavam como tutores tinham necessidades especiais próprias, as quais os professores acreditam ter ajudado na experiência da tutela (p. ex., alunos com alto aproveitamento, carentes de experiências que exijam uma resolução de problemas criativa; alunos escolhidos para educação especial; alunos identificados como retraídos, tímidos ou com baixa auto-estima; alunos carentes de incentivos e oportunidades (como a oportunidade de ensinar), para motivar a realização do trabalho). Os tutores com suas próprias áreas de desafios acadêmicos podem tutelar estudantes mais moços nas mesmas áreas, o que lhes permite experimentar o sucesso no apreciado papel de professor, enquanto lidam com os objetivos do programa de educação individualizada (PEI) e praticam as habilidades básicas nas áreas em que apresentam deficiências.

Uma segunda característica importante foi que os professores podiam, periodicamente ajudados pelos tutores, observar seus alunos em outros contextos. É particularmente importante para os professores observar os alunos que constituem desafios acadêmicos ou comportamentais em suas próprias salas de aula tendo um bom desempenho e mostrando responsabilidade e comportamento social adequado em outras ocasiões.

Exemplo: Tutela dos Colegas Exercida por Alunos que Constituem Desafios Comportamentais. Atuar como tutores tem tido um impacto positivo poderoso sobre os alunos identificados como tendo dificuldades emocionais e comportamentais. Por exemplo, um aluno da 6ª série em uma escola de Vermont atuava como tutor nos últimos 45 minutos do dia letivo. Sua tutela dependia de um comportamento adequado, como estava estabelecido em seu contrato de comportamento. Embora o rapaz ainda apresentasse um comportamento intensamente desafiador para seus próprios professores e colegas, ele foi descrito como um modelo de comportamento adequado e um valioso recurso de ensino pela professora da 2ª série, responsável por seu treinamento e por sua supervisão como tutor de sua turma (M. Steady, comunicação pessoal, 2 de janeiro de 1990). Uma história de Natal esclarece a importância do relacionamento cooperativo para esse aluno. Na semana anterior às férias de Natal, o aluno optou por renunciar à festa da sua própria turma para comparecer à comemoração da turma da 2ª série; ele deu presentes individuais para cada aluno e um grande urso de pelúcia para a professora.

No mesmo distrito escolar, uma aluna da 4ª série descrita como hiperativa foi colocada no papel de tutora para ajudar a identificar e a moderar seu próprio comportamento desatento e violador das regras. Em seguida, a cada uma das suas sessões de tutela com os alunos da 2ª série, ela era "interrogada" e solicitada a analisar a eficiência das estratégias de ensino e de manejo do comportamento por ela utilizadas. Era enfatizada a discussão dos comportamentos exibidos por seus tutelados que interferiam com sua aprendizagem e manejo. Eram feitas analogias com relação aos comportamentos da própria tutora, seus efeitos sobre sua aprendizagem e as estratégias para ela moderar eficientemente seu comportamento.

Sistemas Cooperativos de Aprendizagem em Grupo

Os sistemas cooperativos de aprendizagem em grupo são as mais pesquisadas das estratégias de ensino que permitem e promovem um agrupamento heterogêneo de alunos (Davidson, 1994; Johnson & Johnson, 1987b; Johnson & Johnson, 1994; Slavin, 1984, 1989). Nesta estrutura os alunos são responsáveis não somente por sua própria aprendizagem, mas também pela aprendizagem dos outros membros do seu grupo. São também responsáveis pela exibição de alguns comportamentos pró-sociais com seus colegas. O papel do professor que estrutura grupos cooperativos desloca-se do papel de um transmissor de informações para o de mediador da aprendizagem. As cinco principais tarefas do professor no arranjo cooperativo entre aluno e professor são 1) especificar claramente os objetivos da lição, 2) tomar decisões sobre colocar os alunos em grupos de ensino para garantir a heterogeneidade, 3) explicar claramente que atividades de ensino são esperadas dos alunos e como a interdependência positiva deve ser demonstrada, 4) controlar a eficácia das interações cooperativas e intervir para proporcionar assistência à tarefa (p. ex., responder perguntas ou ensinar habilidades relacionadas a ela) ou melhorar as habilidades interpessoais e de grupo dos alunos, e 5) avaliar as realizações do aluno e a eficiência do grupo (Johnson & Johnson, 1987a).

Uma responsabilidade importante do professor na estruturação de grupos cooperativos é adaptar as exigências da lição a cada aluno. Isso pode ser realizado de várias maneiras. Cada membro do grupo pode ter diferentes critérios de sucesso; a quantidade de material que cada grupo precisa aprender pode ser ajustada; ou os membros do grupo podem treinar diferentes problemas de matemática, ortografia ou listas de vocabulário, ou materiais de leitura. Se um teste é aplicado, todos os membros do grupo podem receber uma nota comum baseada na extensão em que os membros excederam seus critérios de sucesso individual. (Ver Thousand, Villa & Nevin, 1994, para uma amostra dos planos cooperativos de lição em grupo, que contêm adaptações que incluem e melhoram a aprendizagem dos alunos com deficiências.)

Exemplo: Uma Lição Cooperativa em Grupo, Adaptada para uma Aluna com Deficiências Múltiplas. Uma lição em grupo que incluiu Sarah, uma menina de oito anos com deficiências múltiplas, ilustra estratégias de adaptação eficientes. Quando essa lição aconteceu, Sarah estava em sua escola local havia um mês e foi integrada na turma mista de 1ª e 2ª série. Embora Sarah ocasionalmente falasse muito alto, ela não usava a fala para comunicar-se. Um importante objetivo educacional no desenvolvimento de um sistema de comunicação aumentativo era determinar e desenvolver o uso de vários dispositivos de ligação em aparelhos de comunicação, como gravadores de fita e outros, por Sarah. Os objetivos comportamentais visavam a que Sarah permanecesse com um grupo durante toda uma atividade, se contivesse de pegar os materiais dos outros alunos e de falar alto, quando estivesse no grupo.

Nesta lição particular, os alunos foram divididos em grupos de cinco. Todos os membros, incluindo Sarah, deviam sentar-se em círculo, permanecer com o grupo durante toda a atividade e manter suas vozes em um volume pré-definido de conversa. Foi atribuída ao grupo a tarefa de ouvir uma gravação em áudio, enquanto seguiam as ilustrações e o texto no livro de histórias. Foram designados aos membros de cada grupo tarefas ou papéis específicos a serem desempenhados durante a lição. Uma delas era virar as páginas do livro de histórias em coordenação com a fita; outra era ligar e desligar o gravador. Sarah foi incumbida desta última tarefa no seu grupo. O papel foi adaptado de forma que Sarah operasse o gravador, empurrando um botão que precisava ser pressionado continuamente para que o gravador tocasse. Sarah recebia assistência direta de uma das duas professoras, quando necessário, para ativar o botão.

Essa atribuição não somente deu a Sarah um papel importante e necessário em seu grupo, mas também atendeu a dois objetivos do seu PEI. Primeiro, introduziu-a a um novo mecanismo de ligação e criou uma oportunidade para avaliar o seu potencial para usar este tipo de dispositivo em uma situação da vida real. Segundo, empurrar o botão para ativar o gravador impediu Sarah de alcançar os materiais dos outros (pelo menos com a mão envolvida na tarefa). Um gravador é um dispositivo educacional e recreativo para crianças e adultos, e era adequado que Sarah aprendesse a usá-lo sozinha.

Quando cada grupo terminou de ouvir a história, os membros criaram e concordaram sobre as respostas a um conjunto de perguntas relacionadas. Os grupos juntaram-se para formar um grupo maior e compartilhar suas respostas. Os objetivos de Sarah para essa parte da lição continuaram concentrados no comportamento – permanecer com o grupo e conter-se de fazer ruídos altos ou pegar os materiais dos colegas.

Exemplo: Uma Lição Cooperativa em Grupo, Adaptada para um Adolescente com Deficiências Múltiplas. Bob, um garoto com deficiências múltiplas, ilustra como uma lição cooperativa em grupo pode ser adaptada para envolver um adolescente com deficiências múltiplas. Na ocasião desta lição, Bob tinha 13 anos e estava na 7ª série do colégio local. A lição cooperativa em grupo descrita a seguir teve lugar na aula de biologia e a professora usava regularmente em suas aulas estruturas cooperativas de aprendizagem em grupo.

Os alunos foram separados em grupos de três e envolveram-se na tarefa de dissecar um sapo e identificar as partes do seu corpo. Enquanto os outros grupos usavam as mesas do laboratório para fazer o seu trabalho de dissecção, o grupo de Bob usou a mesinha dobrável acoplada a sua cadeira de rodas como espaço de trabalho. As atividades de Bob para essa lição eram diferentes das dos outros membros da turma e concentravam-se na comunicação. Por exemplo, ele estava incumbido de discriminar um objeto entre os que lhe eram familiares. Além do equipamento de dissecção do sapo, havia vários objetos de Bob na mesinha. De vez em quando, no decorrer da atividade, os colegas pediam-lhe para olhar um ou outro objeto. As respostas de Bob às perguntas eram registradas por uma atendente de ensino, que coletava os dados nos programas e ajudava os grupos quando necessário. Os alunos incorporaram facilmente os objetivos de Bob na atividade de dissecção.

Outro objetivo da comunicação era aumentar as vocalizações de Bob. Um grande motivador para a vocalização era a conversa e o reforço verbal de seus colegas, o que ocorria naturalmente durante esta e outras atividades em grupo. Bob ria e gritava tão prontamente quanto qualquer outro aluno quando um colega erguia uma parte do sapo e a sacudia na frente do seu rosto. Embora nenhum adulto estivesse diretamente envolvido em guiar as interações dos colegas com Bob, antes da aula a professora e sua colega da educação especial resumiram aos membros do grupo de Bob seus programas de discriminação e vocalização. Conhecendo os objetivos de Bob, os alunos facilmente o incluíram nas atividades planejadas, permitindo-lhe tentar alcançar seus objetivos voltados especificamente à comunicação, enquanto realizavam seu próprio trabalho.

Um Arranjo de Ensino Conjunto entre Professor e Aluno

"É ótimo quando você consegue ajudar alunos que estão tendo dificuldades para aprender: isso ao mesmo tempo desafia alguém como eu e não custa um tostão à rede escolar." Esta declaração foi feita por Bill, um aluno do ensino médio que finalizou seu currículo de matemática do 2º ano e assistia às aulas de matemática da Universidade em seus dois últimos anos de ensino médio. Naquele ano, ele conseguiu um curso de matemática independente que incluía ensino conjunto nas aulas de matemática mais adiantadas. Bill queria iniciar esse programa para aperfeiçoar suas habilidades didáticas. Também tutelava alunos em matemática depois das aulas.

Na primeira semana deste arranjo de ensino conjunto, Bill observou o professor da turma. No final da segunda semana, começou a ensinar nos últimos 10 minutos da aula e sua responsabilidade era introduzir o conceito ou a operação matemática que seria tratado na lição do dia seguinte. O professor e Bill reuniam-se diariamente, para que o professor pudesse rever e aprovar seu plano de ensino para estas miniaulas. Depois de um mês na sala de aula, Bill deu sua primeira aula inteira. Continuou a dar uma aula inteira aproximadamente uma vez por semana, pelo restante do semestre.

Quando Bill não estava instruindo o grupo como um todo, ele trabalhava individualmente com alunos que tinham perdido a matéria por terem faltado à aula ou que estavam com dificuldade em algum conceito. Continuou a observar os métodos didáticos do professor e conversava com ele diariamente para receber instruções sobre o seu ensino. Também solicitava um retorno regular dos alunos. Bill estava disponível para ajudar a qualquer aluno após as aulas. Vários alunos até o chamavam em casa para ajudá-los.

Good e Brophy (1987) sugeriram que os alunos-instrutores podem ser mais eficientes que os professores no ensino de alguns conceitos, como os de matemática (Cohen & Stover, 1981). Eles especulam que sua maior eficácia pode ser atribuída à tendência a serem mais diretos que os adultos, ao uso de uma linguagem e de exemplos mais adequados à idade, e à familiaridade ao conhecimento das potenciais frustrações de seus colegas em relação ao conteúdo. Tais especulações são validadas pelo comentário feito por um dos alunos de uma sala de aula, que disse: "Bill é mais fácil de entender e usa melhores exemplos."

A participação de Bill na equipe de matemática teve outros efeitos positivos. Bill relatou que estava melhorando sua didática e, ao mesmo tempo, aprendendo mais sobre as pessoas. Observou que sua autoconfiança aumentou em conseqüência desta experiência. Além disso, tendo sido um aluno da turma há apenas dois anos, ele entendia as dificuldades dos colegas com o material e achava que eles percebiam e apreciavam esta empatia. O professor da turma ficou impressionado com a maneira profissional e séria com que ele se conduzia, com a resposta positiva dos alunos à sua presença e com o seu progresso no uso de estratégias didáticas eficientes.

Os Alunos Determinam Acomodações para Colegas com Necessidades Educacionais Expressivas

Um dos desafios que os professores enfrentam em uma turma heterogênea é determinar adaptações curriculares e modificações didáticas importantes que permitam aos alunos com necessidades educacionais expressivas serem membros ativos da rotina diária da turma. Uma estratégia eficaz e simples para enfrentar esse desafio é empregada por vários professores de Vermont que têm alunos com deficiências importantes como membros de suas turmas de educação regular (Giangreco, Cloninger, Dennis & Edelman, 1994). Como parte da introdução rotineira das aulas, os professores perguntam: "De que maneira podemos tornar [nome do aluno] parte integrante desta atividade?" Eles relatam que seus alunos são solucionadores criativos de problemas e facilmente propõem estratégias de modificação práticas e realistas.

O Envolvimento do Aluno para Melhorar a Eficácia do Ensino

Em toda a América do Norte, as escolas estão ativamente envolvidas em um movimento de melhoria da escola e estão dedicando-se bastante ao treinamento em serviço para estabelecer "uma estrutura conceitual, uma linguagem e um conjunto de habilidades técnicas comuns para comunicar e implementar práticas que a pesquisa e a teoria sugerem que as irão capacitar a melhor reagir a um corpo de alunos diverso" (Villa, 1989, p. 173). Embora os distritos escolares escolham modelos diferentes de ensino e disciplina, todos têm a necessidade comum de uma agenda ampla de treinamento em serviço, que mova os professores da aquisição para o domínio do modelo escolhido. Uma comunidade escolar de Vermont colaborou no sentido de gerar uma proposta de reestruturação escolar, para criar uma "comunidade de profissionais altamente competentes" na década de 1990 (Villa, Peters, Zane, Ellenboden & Soutiere, 1989). Um comitê composto de representantes da comunidade, alunos, professores e pessoal administrativo identificou os resultados desejados e as estratégias para atingi-los. Uma das recomendações menos convencionais do comitê foi iniciar um programa de treinamento dos alunos que complementaria as estratégias (p. ex., ensino cooperativo em grupo, estratégias disciplinares que ensinam a responsabilidade) do corpo docente da rede de ensino. Um benefício esperado do treinamento dos alunos era a capacitação, de forma que os alunos que experimentassem dificuldades em uma lição ficassem à vontade, pedindo ao professor que revisse ou representasse um conceito de outra maneira. Além disso, os alunos poderiam oferecer aos professores um retorno imediato da eficácia do seu ensino e engajar-se com ele na resolução ativa dos problemas, para identificar maneiras de mudar a tarefa, alterar o padrão ou proporcionar apoios para melhorar a probabilidade de sucesso. Finalmente, os professores poderiam usar as informações dos alunos como dados de diagnósticos para determinar objetivos de crescimento profissional.

OS ALUNOS COMO DEFENSORES DOS COLEGAS

Os alunos podem atuar como defensores de seus colegas, participando de equipes de transição, equipes de treinamento e redes de apoio aos colegas.

Colegas nas Equipes de Planejamento da Transição

Os colegas mostram-se valiosos na ajuda à transição dos alunos com necessidades expressivas de um ambiente educacional para outro. A transição de Bob para dentro e fora da rede escolar de Winooski ilustra este ponto. Bob, o aluno com deficiências múltiplas mencionado, tinha 13 anos de idade quando se mudou para Winooski, vindo de uma instituição residencial segregada. O corpo de alunos reuniu-se em pequenos grupos com o pessoal da escola para planejar a transição de Bob. A participação dos alunos no planejamento ajudou a desenvolver um genuíno senso de compromisso e de responsabilidade pelo sucesso de Bob entre seus futuros colegas. Suas recomendações aos membros docentes facilitaram muito a aceitação imediata de Bob, e as sugestões variaram desde proporcionar um dispositivo de comunicação aumentativo que sugeriram para ajudar Bob a comunicar-se, até que tipo de caderno, mochila e fitas de música ele deveria ter para integrar-se (Scagliotti, 1987).

Após dois anos em Winooski, a família de Bob mudou-se para uma comunidade vizinha. Seus colegas ofereceram-se para conversar com os professores e os alunos da nova comunidade, visando a facilitar seu ajustamento e sua aceitação. Três colegas foram convidados para falar aos novos colegas de Bob. Uma carta de agradecimento da professora responsável pelo programa de Bob na nova comunidade resumiu claramente a importância e o impacto dos colegas nas transições bem-sucedidas:

> Moriah e Jason falaram para as turmas da tarde de Bob. Falaram de maneira articulada e com humor, e cobriram muitos aspectos importantes da integração de Bob em sua antiga escola. O mais importante foram o interesse e a admiração por Bob, evidentes em suas apresentações. Eles trabalharam muito bem. Chardra Duba, que veio para a escola às 7h para falar com as turmas da manhã de Bob, discutiu não somente as experiências de Winooski com ele, mas também suas próprias experiências com irmãos com deficiência.
> Embora Bob fosse o foco do seu trabalho, o impacto da presença destes jovens foi bem além dele. As atitudes e os comportamentos que eles exemplificaram foram lições de amizade e respeito mútuo para todos nós. O que nos ensinaram tornou o caminho mais fácil para muitos alunos com deficiência aqui. (K. Lewis, comunicação pessoal, 20 de novembro de 1989)

Muitos colégios têm agora eficientes processos de transição formalizados para vincular os alunos do ensino médio ao trabalho, à vida e aos serviços de apoio social após o término do curso. Uma equipe básica, que inclui o representante da comunidade, o pai ou a mãe, um orientador da escola, um professor colaborador, um diretor e um aluno, supervisionam o planejamento e a implementação dos planos de transição para cada um. A representação e a posição do aluno são importantes porque trazem uma perspectiva jovem ao grupo, além de indicarem um colega-defensor para qualquer um que precise ou solicite apoio pessoal, quando precisar ser transferido da escola para outras opções, após o curso secundário.

O Colega-Defensor nas Equipes de Planejamento

As escolas de toda a América do Norte incluem alunos em suas próprias equipes de planejamento do PEI, convidando-as a trazer colegas como seus defensores educacionais. Os colegas têm várias funções na equipe – podem falar em nome de um aluno que não é capaz de falar por si (p. ex., um aluno não-verbal), ou podem proporcionar apoio moral e ajuda na autodefesa, particularmente quando os alunos diferem dos pais ou dos educadores profissionais com relação ao enfoque da sua educação ou aos objetivos e às metas de seus PEIs.

Os Making Action Plans (MAPs) são um processo estruturado "para ajudar os indivíduos, as organizações e as famílias a determinarem como caminhar para o futuro de maneira eficiente e criativa" (Falvey, Forest, Pearpoint & Rosenberg, 1994, p. 353). Anteriormente conhecido como McGill Action Planning System (Lusthaus & Forest, 1987), essa estratégia está sendo cada vez mais usada nas escolas para determinar o programa educacional de alunos com deficiência em ambientes de educação inclusiva. Associado a um processo de extensão, o Planning Alternative Tomorrows with Hope (PATH), grupos de pessoas interessadas no aluno, desenvolve planos de ação detalhados para evitar os reveses e facilitar os resultados desejados – educacionais e sociais, a curto e longo prazo – para um aluno (Falvey *et al.*, 1994). Fundamental, tanto para os processos dos MAPs como para os do PATH, é a inclusão dos colegas em todas as etapas. O envolvimento dos colegas é benéfico não somente para os alunos, mas também para os colegas que através dessa experiência intensiva têm a oportunidade de aprender e de praticar a valorização da diversidade. Tanto nos processos dos MAPs quanto nos do PATH, os participantes colaboram respondendo a uma série de perguntas que os ajudam criativamente a sonhar, a planejar e a produzir resultados. (Ver Falvey *et al.* [1994] e o Capítulo 5 para exemplos específicos do uso eficiente dos MAPs e do PATH.)

Apoio dos Colegas

Historicamente, os alunos com necessidades expressivas foram excluídos não apenas dos programas acadêmicos, mas também dos co-curriculares e não-acadêmicos da vida escolar (p. ex., clubes escolares, bailes, eventos esportivos). Em algumas escolas, as redes de apoio têm sido estabelecidas para retificar essas situações. O propósito do apoio dos colegas foi claramente articulado por uma aluna que ajudou a organizar uma rede para si:

> O apoio dos colegas é um monte de garotos lutando juntos para derrubar as barreiras que a sociedade construiu apoiada na idéia que o público tem sobre o que é a norma. Os professores e os colegas precisam ser treinados; eles precisam compreender que o objetivo do apoio dos colegas não é acadêmico e competitivo. O objetivo é participar, conhecer pessoas novas, aprender a derrubar as barreiras. (Budelmann, Farrel, Kovack & Paige, 1987)

Rede de Apoio dos Companheiros. Uma rede de apoio dos companheiros é um tipo de apoio em que os colegas de turma ajudam voluntariamente um outro colega a enfrentar o dia letivo e envolver-se em atividades extra-escolares durante o ano. Os próprios alunos enfatizam a importância de recrutar um grupo de colegas diferentes, atuantes em várias atividades curriculares, sociais e comunitárias, para ajudar os companheiros. Essa estratégia é eficiente, porque os companheiros são ativos e motivados e têm uma rede social rica em que o outro aluno pode ser introduzido.

A variedade de apoios sociais que os companheiros podem proporcionar a outros alunos é ilimitada. Por exemplo, um companheiro pode ajudar um aluno com limitações físicas a usar os vestiários da escola, a subir e descer do ônibus escolar, a andar pelos corredores antes e depois das aulas ou a ir aos eventos esportivos ou bailes da escola. Os companheiros podem ajudar a adaptação de um aluno, conversando com outros alunos, professores e membros da comunidade sobre as características singulares e sobre os desafios diários do seu amigo.

Em algumas escolas, os companheiros reúnem-se periodicamente com um professor ou com um companheiro veterano para receber importantes informações sobre os alunos (p. ex., como reagir ao reflexo de sufocação hiperativo de um aluno) ou discutir sobre como podem melhor apoiar esse amigo.

Círculo de Amigos. Em Snow e Forest (1987), Falvey *et al.* (1994) e no Capítulo 5 deste livro, é descrito um processo de criação de um círculo de amigos em torno de um novo aluno com necessidades expressivas. No processo, um mediador adulto reúne um grupo de companheiros potenciais e faz com que eles montem quatro círculos concêntricos que se tornam progressivamente maiores em torno de uma figura fixa central (eles mesmos). Cada participante inclui seus relacionamentos mais próximos no primeiro círculo (p. ex., familiares, melhores amigos). Outras pessoas são colocadas no segundo e no terceiro círculos, tendo como base a proximidade com o aluno. No quarto círculo ficam as pessoas que são pagas para estar nas vidas dos alunos (p. ex., médicos, professores). A tarefa é repetida para o novo aluno. O objetivo dessa atividade é o de sensibilizar os colegas para as necessidades de amizade de um novo aluno, através de uma representação visual do desequilíbrio entre o número de pessoas em seus próprios círculos de amizade e o número de pessoas nos círculos do novo aluno. Forest e Lusthaus (1989) enfatizaram que o resultado do processo não é envolver os colegas em um relacionamento de ajuda especial, a curto prazo, mas criar "uma rede que permita o envolvimento genuíno das crianças na amizade, na proteção e no apoio a seus colegas" (p. 47).

Empreendimentos Cooperativos entre Colegas. O apoio dos colegas, em suas várias formas, pode tornar-se rapidamente a norma dentro de uma escola. Em uma escola na qual as redes de apoio dos colegas desenvolveram-se durante muitos anos, mais de 25 por cento dos alunos da 7ª série ofereceram-se como voluntários para serem companheiros de um novo aluno cujas únicas experiências escolares anteriores foram em classes especiais segregadas. Nesta mesma escola, o apoio social para uma pessoa expandiu-se para empreendimentos cooperativos mutuamente benéficos entre alunos com e sem deficiências. A Cota's Cool Cookies, uma parceria empresarial composta por alunos, ilustra tal evolução. A companhia derivou seu nome do de um aluno com uma deficiência importante que foi o fundador da companhia (isto é, Cota) e dos chocolates de menta* usados no produto. Quatro alunos e suas famílias formaram o negócio, com cada aluno tendo um papel específico. O aluno com deficiência era o executivo-chefe, responsável por misturar a massa do produto através do uso de um dispositivo de ligação em um painel e da ajuda de um sócio. Outros sócios eram responsáveis pelas tarefas de assar, embalar e distribuir o produto a várias escolas e a outros estabelecimentos da comunidade. A comunidade escolar mais ampla também se envolveu no negócio – os alunos de arte fizeram um concurso para produzir a melhor embalagem para o produto, e uma das turmas de administração desenvolveu o contrato da companhia. Nos primeiros meses, a companhia deu lucro e foi matéria em um artigo de jornal (Hemingway, 1989).

Suposições e Advertências com relação às Redes de Apoio dos Colegas. Stainback e Stainback (1990) sugeriram que em cada sala de aula deveria haver um comitê de apoio aos colegas com rodízio dos membros e com o objetivo de determinar as maneiras pelas quais os membros de uma sala de aula poderiam dar mais apoio uns aos outros e formar uma comunidade escolar mais interessada. Essa recomendação, assim como as outras abordagens de apoio aos colegas apresentadas, baseiam-se na proposição de que a escola é um local onde as crianças exercitam seus papéis para ser membros de uma comunidade. Seja qual for a abordagem que uma escola empregue para capacitar os alunos a apoiarem um ao outro, "a suposição subjacente ao envolvimento dos alunos é que a participação no planejamento de suas próprias vidas e também na ajuda aos outros é uma experiência educacional válida e vital" (Forest & Lusthaus, 1989, p. 46).

Van der Klift e Kunc (1994) lançaram uma séria advertência sobre o uso de qualquer processo destinado a reunir as crianças para apoio social e desenvolvimento de relacionamento. Colocado de maneira simples, deve-se ter o cuidado de não confundir amizade com ajuda. Ambas são valiosas, mas são coisas diferentes.

> Evidentemente, não há nada de errado com a ajuda; os amigos freqüentemente ajudam uns aos outros. Entretanto, é essencial reconhecer que a ajuda não é nem pode ser a base da

---

* N. de T. Cool, em português, significa "refrescante", "frio", por isso a alusão à "menta".

amizade. Precisamos tomar cuidado para não enfatizar demais o aspecto atendente-atendido de um relacionamento ... A menos que a ajuda seja recíproca, a inerente desigualdade entre o atendente e o atendido irá contaminar a autenticidade de um relacionamento ... Amizade implica em escolha e química ... Compreendendo isso, podemos reconhecer ... que não somos, nem precisamos ser, feiticeiros da amizade.

Contudo, os professores e outras pessoas têm alguma influência sobre a natureza da proximidade. Assim, criar e estimular um ambiente em que seja possível a amizade emergir poderia ser um objetivo mais razoável. (p. 393)

OS ALUNOS COMO INDIVÍDUOS QUE TOMAM DECISÕES

A eqüidade e a paridade entre os alunos e os adultos na tomada de decisões educacionais mais provavelmente promoverão uma participação ativa e a resolução de problemas por parte do aluno, o espírito comunitário e um clima de respeito mútuo, em vez de situações em que a maioria ou todas as decisões são tomadas por adultos. Os alunos podem unir-se na tomada de decisões em áreas que são em geral controladas pelos adultos nas comunidades escolares. A discussão a seguir oferece idéias para parcerias entre alunos e professores na tomada de decisões, para lidar com o comportamento dos alunos, para a melhoria do desempenho do professor e do diretor e para a determinação do currículo, do treinamento em serviço e do controle geral da escola.

Compromisso e Responsabilidade do Aluno

O compromisso e a responsabilidade do aluno envolvem, no mínimo, comportar-se dentro dos limites das normas sociais aceitas e estabelecidas "para" e "por" uma comunidade escolar. Além disso, os alunos devem aprender a resolver seus próprios conflitos e os conflitos de seus colegas (Schrumpf, 1994). Curwin e Mendler (1988, p. iii) começaram seu livro, *Discipline with Dignity*, com um poema que pergunta: "Que escola é esta, afinal?" Concluíram que as escolas são feitas para as crianças, que as crianças aprendem sobre a vida adulta por meio de suas interações com os adultos que os ensinam e disciplinam, e que os métodos de disciplina e os valores a eles subjacentes influenciam muito o "desenvolvimento do autoconceito dos alunos, a capacidade de assumir a responsabilidade pelas próprias ações, a maneira como as crianças aprendem a comunicar-se e a trabalhar cooperativamente com os outros" (p. 241).

Curwin e Mendler (1988), Glasser (1990) e outros preocupados com a disciplina e a capacitação dos alunos (p. ex., Villa, Udis & Thousand, 1994) recomendaram procedimentos para determinar as regras da sala de aula, as normas da escola e as conseqüências da violação das regras, que são determinadas conjuntamente por alunos e professores. As estratégias de disciplina sugeridas por estes autores estão mais interessadas na aquisição de comportamentos responsáveis do que na obediência. Desenvolver um comportamento responsável envolve que os alunos aprendam a determinar e a negociar as conseqüências "naturais" e lógicas para suas ações de violação das regras e a estarem dispostos e serem capazes de formular um plano de ação ou um contrato social para o comportamento futuro em relação à obediência às regras.

Entre as muitas idéias antecipadas por Curwin e Mendler para o envolvimento dos alunos está o seu envolvimento na determinação – junto com o professor – das regras e das conseqüências da turma. Curwin e Mendler (1988) recomendaram que os alunos desenvolvam regras para seus professores (p. ex., a lição de casa deve ser devolvida aos alunos três dias depois da entrega, o professor não poderá tomar café na sala de aula se os alunos não podem mascar chiclete), e também negociem regras para eles próprios. Também apresentaram as seguintes recomendações para a capacitação dos alunos, formulada por uma escola de ensino fundamental de um subúrbio:

1. Um conselho de "alunos com mal aproveitamento" e "alunos com problemas" (foram usados rótulos diferentes) foi estabelecido para ajudar a determinar a política da escola e para ajudar a modificar as suas regras e as conseqüências destas.
2. Os alunos que cumpriram castigos receberam o encargo de comentar como o clima da escola poderia melhorar.
3. Os alunos assumiram a tarefa de administrar a escola durante um ano, com os professores e com os diretores, mas estes assumindo os papéis de alunos.
4. Cada turma foi solicitada a ter pelo menos duas regras dos alunos a serem seguidas pelo professor. (Curwin & Mendler, 1988, p. 17-18)

Schrumpf (1994) descreveu as escolas norte-americanas que assumiram a questão do compromisso e da responsabilidade dos alunos, recorrendo aos programas de resolução de conflitos que situavam os alunos no papel de *mediadores dos colegas* ou *pacificadores* (p. ex., Schrumpf, Crawford & Usadel, 1991). Uma mediação dos colegas pode ser iniciada dentro de uma sala de aula ou em toda a escola, podendo ser adaptada para os alunos do ensino fundamental pelos alunos do ensino médio, e iniciar-se em pequena escala, com alguns alunos selecionados e treinados no processo de mediação do conflito. Os alunos-pacificadores ficam então disponíveis para conduzir as mediações entre os colegas durante as várias atividades em um dia letivo. Alunos, professores e diretores podem solicitar mediação. Em algumas escolas de ensino fundamental, os mediadores são designados às áreas do *playground* para resolver as disputas ali mesmo, sem a intervenção de adultos. Os autores são particularmente atraídos pela idéia de treinar todos os alunos em habilidades e em processos de negociação e mediação, através do currículo fundamental e de matérias do ensino médio, tais como estudos sociais, linguagem e aulas de saúde e bem-estar. Quando surge um conflito, os alunos podem ser então solicitados a negociar suas próprias diferenças. Se não conseguirem chegar a um acordo, um colega pode ser chamado para ajudar. Os adultos só intervêm se o colega-mediador não conseguir ajudar a resolver o problema. Em uma escola de ensino fundamental, em Minnesota, que usou essa abordagem, os encaminhamentos à direção caíram para zero e os conflitos entre alunos em que os professores foram solicitados a intervir decresceram 80% (Johnson, Johnson, Dudley & Burnett, 1992).

Os alunos graduados em escolas que os capacitaram a resolver ativamente os problemas relacionados ao seu próprio comportamento estarão melhor preparados para as complexidades da vida previstas para o século XXI. Especificamente, eles terão oportunidades para usar habilidades criativas de resolução de problemas, para lidar com os comportamentos de outras pessoas – habilidades necessárias em seus futuros ambientes de trabalho. Terão oportunidades para reconhecer que algumas soluções são mais bem-sucedidas que outras e que convém ter uma segunda abordagem para o caso de a primeira fracassar. Terão observado os professores e os colegas exemplificando as maneiras adequadas para enfrentar o estresse e a adversidade e para reagir quando surpreendidos quebrando uma regra. Em suma, terão tido múltiplas oportunidades para desenvolver uma apreciação saudável diante da complexidade e da diversidade do comportamento humano.

Compromisso do Professor e do Diretor

Evidentemente, os alunos não são os únicos atores de uma escola. Os professores e os diretores têm papéis designados como mediadores do ambiente de ensino e como líderes educacionais. Os alunos podem desempenhar um papel muito positivo e ativo para melhorar de várias maneiras o ensino. Por exemplo, alunos treinados em ensino eficiente podem usar esse conhecimento para proporcionar aos professores sugestões e críticas construtivas que promovam um ensino e uma aprendizagem mais efetivos. Os alunos podem também proporcionar aos colegas informações sobre sua firmeza impondo as regras da turma, responsabilizando-se pelas conseqüências de seus atos e dando o exemplo de uma reação educacional e não emocional ao comportamento desafiador e ao estresse.

Os alunos estão bem-qualificados para observar e relatar aos administradores informações com relação a 1) o clima da escola, 2) a visibilidade do pessoal da liderança da escola e sua disponibilidade para ouvir ativamente as preocupações dos alunos, e 3) a extensão em que eles (os alunos) estão envolvidos na aprendizagem e na determinação das políticas e dos procedimentos, no âmbito da escola.

Representação dos Alunos nos Comitês da Escola e no Conselho da Escola

Para que a colaboração entre os alunos e os adultos estenda-se além da sala de aula, os alunos precisam ser aceitos nos fóruns onde são tomadas as decisões globais com relação à missão da escola, ao currículo, ao treinamento em serviço, às políticas de contratação, aos procedimentos para avaliação do ensino, aos incentivos e aos prêmios para os professores, e à restruturação da organização da escola. Um comitê de replanejamento, do qual o primeiro autor foi membro, solicitou representação dos alunos no conselho da escola para decidir sobre o currículo, a disciplina e os comitês de treinamento em serviço, e sobre um proposto comitê de criatividade que teria a responsabilidade contínua de determinar as futuras necessidades de mudança organizacional, curricular e educacional (Villa *et al.*, 1989). Aceitar dessa maneira os alunos como indivíduos capazes de tomar decisões é um passo radical na reestruturação organizacional da escola. Mas é exatamente o que é preciso para realizar o sábio conselho de criar "um novo papel cooperativo para os professores e para os alunos, em que estes aceitem um papel ativo de parceria com os mais velhos no empreendimento do ensino" (Benjamin, 1989, p. 9).

CONCLUSÃO

A função da escola pública na América do Norte tem sido sempre a de preparar as crianças para seus papéis na sociedade. Tal função testemunhou dramáticas mudanças durante o século XX. No início do século, uma função preponderante das escolas públicas era a de introduzir os imigrantes à cultura, à língua e aos processos democráticos (Stainback, Stainback & Bunch, 1989) e preparar as massas para trabalhar nas fábricas da era industrial. A escola pública foi consagrada como o "grande equalizador" devido ao conhecimento e às habilidades comuns que ela transmitia às crianças.

Mas, como uma estrutura organizacional, a escola passou a espelhar o modelo padronizado e burocrático das fábricas (Skrtic, 1987). Como a fábrica, a escola foi estruturada para criar um produto padrão; todos os alunos recebiam e deviam dominar o mesmo currículo, na mesma proporção, através das mesmas metodologias de ensino (p. ex., grupo grande). Havia pouca tolerância ou apreciação pelas diferenças naturais entre as crianças em termos de cultura, estilo de aprendizagem, interesses e valores. Era uma época em que as crianças canhotas eram rotineiramente obrigadas a aprender a escrever com a mão direita, que era o padrão. Os alunos que não se adaptassem bem ao currículo rígido, padronizado, tinham permissão ou eram encorajados a sair da escola. A segregação de segmentos da população escolar firmou-se. Os nativos americanos e os afro-americanos eram educados separadamente; os alunos identificados como incapazes eram em sua maioria excluídos da escola pública; e a designação do aluno ao currículo adequado segundo seu aproveitamento tornou-se popular, com os jovens pobres e menos dotados designados aos currículos menos exigentes.

No final do século XX, a sociedade está muito mais complexa, global, interdependente, rica em informações, tecnológica e inclusiva. Tem havido uma mudança nos valores e uma tendência firme para incluir todos os alunos na educação regular (Reynolds & Birch, 1982), tornando as escolas reflexos da sociedade em que seu graduado vai entrar. No final do século XX, o saber envolve conhecer as estratégias para abraçar a diversidade. O futuro "mundo de trabalho vai requerer a habilidade de lidar com as informações e trabalhar com as pessoas. Os trabalhadores necessitarão de habilidades de pensamento de alto nível, assim como capacidade de adaptação" (Benjamin, 1989, p. 8). "O estoque de conhecimento do mundo quadruplicou durante o século XX"(Cornish, 1986, p. 14) e vai continuar a aumentar geometricamente a ponto de ninguém conseguir acompanhar esta explosão de informações. Quando entrarmos no próximo século, nós e nossos alunos saberemos apenas metade do que precisamos aprender e saber para realizar nossos trabalhos daqui a cinco anos. Como um resultado da vida curta do conhecimento útil, nossos filhos vão precisar aprender a ser eternos aprendizes.

Devido a estas mudanças na sociedade, que mudanças são necessárias na educação pública? Do ponto de vista organizacional, há uma necessidade de as escolas exemplificarem a colaboração entre o pessoal da escola, membros da comunidade e alunos (Idol et al., 1992; Thousand & Villa, 1992; Thousand et al., 1994) e de os educadores compartilharem seu poder e suas responsabilidades de tomada de decisão com seus alunos, em um clima de respeito mútuo. O currículo precisa expandir-se para incluir o desenvolvimento de valores, de atitudes e de caráter dos alunos. Do ponto de vista do ensino, há uma necessidade de "opções de ensino abrangentes e fluidas, em vez de 'enfiar' os alunos em um dentre vários programas estabelecidos, padronizados" (Thousand & Villa, 1989, p. 89). Finalmente, as suposições e as práticas educacionais devem ser examinadas regularmente para eliminar aquelas que impedem aos alunos as oportunidades de determinar ativamente e envolverem-se em sua educação, de serem membros colaboradores da sociedade através das experiências da vida real (p. ex., tutela de colegas, defesa dos colegas, serviço comunitário) e de experimentarem e valorizarem a diversidade. O ensino dominado pelo professor, a ênfase na competição e não na colaboração entre os alunos, o enfoque no desempenho acadêmico em vez do desenvolvimento da competência social, o ensino segregado e os currículos baseados no aproveitamento são todos exemplos de práticas educacionais que virão a ser consideradas arcaicas no século XXI, assim como se tornou arcaica a prática do século XX de amarrar a mão esquerda de um aluno para garantir uma sociedade de pessoas destras.

Benjamin (1989) previu que "o futuro vai chegar antes da hora" (p. 12). Por isso, é imperativo que demonstremos sabedoria e coragem agindo para mudar as escolas agora, para que os alunos possam se envolver de maneira mais ativa em sua própria aquisição – e na aquisição dos outros – de ética humanista, comunicação, busca de informações e habilidades para resolver problemas, e do currículo básico julgado essencial por sua comunidade. Pontos de partida para a mudança incluem a implementação das estratégias de colaboração do aluno apresentadas neste capítulo.

Esperamos que no século XXI os alunos que estão respondendo o Questionário de Colaboração do Aluno (Figura 11.1) sejam capazes de dar a si mesmos e a suas escolas notas mais elevadas que as dadas pelos graduados das escolas do século XX, as quais serão o resultado das múltiplas oportunidades que eles tiveram de participar em arranjos cooperativos no ensino, na defesa e na liderança.

A escola pertence às crianças (Curwin & Mendler, 1988), assim como o futuro. "Seus filhos não são seus filhos. São os filhos e as filhas do anseio da Vida por si mesma ... Suas almas habitam a casa do amanhã, que você não pode visitar, nem mesmo em seus sonhos mais absurdos" (Gibran, 1923, p. 18).

NOTA

[1] Partes do que está apresentado neste capítulo baseiam-se em material previamente publicado em Villa, R. & Thousand, J. (1992). Student collaboration: An essential for curriculum delivery in the 21st century. *In* S. Stainback & W. Stainback (Eds.), *Curriculum considerations in inclusive classrooms: Facilitating learning for all students* (p. 117-142). Baltimore: Paul H. Brookes Publishing Co.

REFERÊNCIAS BIBLIOGRÁFICAS

Bair, M. & Woodward, R.G. (1964). *Team teaching in action.* Boston: Houghton Mifflin.
Beggs, D.W., III. (1964). *Team teaching: Bold new venture.* Indianapolis: Unified College Press.
Benjamin, S. (1989). An ideascape for education: What futurists recommend. *Educational Leadership, 47*(1), 8-14.
Budelmann, L., Farrell, S., Kovack, C. & Paige, K. (Outubro, 1987). *Student perspective: Planning and achieving social integration.* Artigo apresentado na Least Restrictive Environment Conference, Burlington, VT.
Chalfant, J., Psych, M. & Moultrie, R. (1979). Teaching assistance teams: A model for within building problem solving. *Learning Disabilities Quarterly, 2,* 85-96.
Cohen, S.A. & Stover, G. (1981). Effects of teaching sixth-grade students to modify format variable of math work problems. *Reading Research Quarterly, 16,* 175-200.
Cornish, E. (1986). Educating children for the 21st century. *Curriculum Review, 25*(4), 12-17.
Curwin, R. & Mendler, A. (1988). *Discipline with dignity.* Alexandria, VA: Association for Supervision and Curriculum Development.
Davidson, N. (1994). Cooperative and collaborative learning: An integrative perspective. *In* J.S. Thousand, R.A. Villa & A.I. Nevin (Eds.), *Creativity and collaborative learning: A practical guide to empowering students and teachers* (p. 13-30). Baltimore: Paul H. Brookes Publishing Co.
Falvey, M.A., Forest, M., Pearpoint, J. & Rosenberg, R.L. (1994). Building connections. *In* J.S. Thousand, R.A. Villa & A.I. Nevin (Eds.), *Creativity and collaborative learning: A practical guide to empowering students and teachers* (p. 347-368). Baltimore: Paul H. Brookes Publishing Co.
Forest, M. & Lusthaus, E. (1989). Promoting educational equality for all students: Circles and maps. *In* S. Stainback, W. Stainback & M. Forest (Eds.), *Educating all students in the mainstream of regular education* (p. 43-57). Baltimore: Paul H. Brookes Publishing Co.
Gartner, A., Kohler, M. & Riessman, F. (1971). *Children teach children: Learning by teaching.* Nova York: Harper & Row.
Giangreco, M.F., Cloninger, C.J., Dennis, R.E. & Edelman, S.W. (1994). Problem-solving methods to facilitate inclusive education. *In* J.S. Thousand, R.A. Villa & A.I. Nevin (Eds.), *Creativity and collaborative learning: A practical guide to empowering students and teachers* (p. 261-274). Baltimore: Paul H. Brookes Publishing Co.
Gibran, K. (1923). *The prophet.* Nova York: Alfred A. Knopf.
Glasser, W. (1990). *The quality school: Managing students without coercion.* Nova York: Harper & Row.
Good, T.L. & Brophy, J.E. (1987). *Looking into classrooms* (4ª ed.). Nova York: Harper & Row.
Graden, J. Casey, A. & Christenson, S. (1985). Implementing a prereferral intervention system. *Exceptional Children, 57,* 377-384.
Harper, G.F., Maheady, L. & Mallette, B. (1994). The power of peer-mediated instruction: How and why it promotes academic success for all students. *In* J.S. Thousand, R.A. Villa & A.I. Nevin (Eds.), *Creativity and collaborative learning: A practical guide to empowering students and teachers* (p. 229-242). Baltimore: Paul H. Brookes Publishing Co.
Hemingway, S. (10 de Novembro de 1989). *High school feels loss of Bob Cota.* Burlington Free Press, B1.

Hersey, P. & Blanchard, K.H. (1977). *Management of organizational behavior: Utilizing human resources.* Englewood Cliffs, NJ: Prentice Hall.
Idol, L., Nevin, A. & Paolucci-Whitcomb, P. (1992). *Collaborative consultation* (2ª ed.). Austin, TX: PRO-ED.
Johnson, D.W. & Johnson, R. (1987a). *Learning together and alone: Cooperation competition, and individualization* (2ª ed.). Englewood Cliffs, NJ: Prentice Hall.
Johnson, D.W. & Johnson, R. (1987b). *A meta-analysis of cooperative, competitive and individualistic goal structures.* Hillsdale, NJ: Lawrence Erlbaum Associates.
Johnson, D.W. & Johnson, R. (1989). *Cooperation and competition: Theory and research.* Edina, MN: Interaction Book Co.
Johnson, D.W., Johnson, R., Dudley, B. & Burnett, R. (1992). Teaching students to be peer mediators. *Educational Leadership, 50*(1), 10-13.
Johnson, D.W., Johnson, R. & Holubec, E. (1994). *The new circles of learning: Cooperation in the classroom and school.* Alexandria, VA: Association for Supervision and Curriculum Development.
Johnson, R., & Johnson, D.W. (1994). An overview of cooperative learning. *In* J.S. Thousand, R.A. Villa & A.I. Nevin (Eds.), *Creativity and collaborative learning: A practical guide to empowering students and teachers* (p. 31-44). Baltimore: Paul H. Brookes Publishing Co.
Knight, M.F., Meyers, H.W., Paolucci-Whitcomb, P., Hasazi, S.E. & Nevin, A. (1981). A four year evaluation of consulting teacher services. *Behavior Disorders, 6*(2), 92-100.
LaPlant, L. & Zane, N. (1994). Partner learning systems. *In* J.S. Thousand, R.A. Villa & A.I. Nevin (Eds.), *Creativity and collaborative learning: A practical guide to empowering students and teachers* (p. 261-274). Baltimore: Paul H. Brookes Publishing Co.
Lusthaus, E. & Forest, M. (1987). The kaleidoscope: A challenge to the cascade. *In* M. forest (Ed.), *More education integration* (p. 1-17). Downsview, Ontario: G. Allan Roeher Institute.
McNeil, M. (1994). Creating powerful partnerships through partner learning. *In* J.S. Thousand, R.A. Villa & A.I. Nevin (Eds.), *Creativity and collaborative learning: A practical guide to empowering students and teachers* (p. 243-260). Baltimore: Paul H. Brookes Publishing Co.
Nevin, A., Thousand, J., Paolucci-Whitcombe, P. & Villa, R. (1990). Collaborative consultation: Empowering public school personnel to provide heterogeneous schooling for all. *Journal of Educational and Psychological Consultation, 11*, 41-67.
Reynolds, M. & Birch, J. (1982). *Teaching exceptional children in all America's schools* (2ª ed.). Reston, VA: Council for Exceptional Children.
Scagliotti, L. (1987). Helping hands: School works to overcome student's handicap. *Burlington Free Press*, B1, 10.
Schrumpf, F. (1994). The role of students in resolving conflicts in schools. *In* J.S. Thousand, R.A. Villa & A.I. Nevin (Eds.), *Creativity and collaborative learning: A practical guide to empowering students and teachers* (p. 275-291). Baltimore: Paul H. Brookes Publishing Co.
Schrumpf, F., Crawford, D. & Usadel, C. (1992). *Peer mediation: Conflict resolution in schools.* Champaign, IL: Research Press.
Skrtic, T. (1987). An organizational analysis of special education reform. *Counterpoint, 8*(12), 15-19.
Slavin, R.E. (1984). Review of cooperative learning research. *Review of Educational Research, 50*, 315-242.
Slavin, R.E. (1989). Research on cooperative learning: Consensus and controversy. *Educational Leadership, 47*(4), 52-54.
Snow, J. & Forest, M. (1987). Circles. *In* M. Forest (Ed.), *More education integration* (p. 169-176). Downsview, Ontario: G. Allan Roeher Institute.
Stainback, W. & Stainback, S. (1990). Facilitating peer supports and friendships. *In* W. Stainback & S. Stainback (Eds.), *Support networks for inclusive schooling: Interdependent integrated education* (p. 51-63). Baltimore: Paul H. Brookes Publishing Co.

Stainback, W., Stainback, S. & Bunch G. (1989). Introduction and historical background. *In* S. Stainback, W. Stainback & M. Forest (Eds.), *Educating all students in the mainstream of regular education* (p. 3-14). Baltimore: Paul H. Brookes Publishing Co.

Tharp, R.G. (1975). The triadic model of consultation: Current considerations. *In* C.A. Parker (E.d.), Psychological consulation: Helping teachers meet special needs (p. 133-151). Reston, VA: Council for Exceptional children.

Thousand, J., & Villa, R. (1989). Enhancing success in heterogeneous schools. *In* S. Stainback, W. Stainback, & M. Forest (Eds.), *Educating all students in the mainstream of regular education* (p. 89-103). Baltimore: Paul H. Brookes Publishing Co.

Thousand, J. & Villa, R. (1990). Sharing expertise and responsibilities through teaching teams. *In* W. Stainback & S. Stainback (Eds.), *Support networks for inclusive schooling: Interdependent integrated education* (p. 151-166). Baltimore: Paul H. Brookes Publishing Co.

Thousand J. & Villa, R. (1992). Collaborative teams: A powerful tool in school restructuring. *In* R.A. Villa, J.S. Thousand, W. Stainback & S. Stainback (Eds.), *Restructuring for caring and effective education: An administrative guide to creating heterogeneous schools* (p. 73-108). Baltimore: Paul H. Brookes Pyblishing Co.

Thousand, J.S., Villa, R.A. & Nevin, A.I. (1994), *Creativity and collaborative learning: A practical guide to empowering students and teachers*. Baltimore: Paul H. Brookes Publishing Co.

Topping, K. (1988). *The peer tutoring handbook: Promoting co-operative learning*. Cambridge, MA: Brookline Books.

Van der Klift, E. & Kunc, N. (1994). Beyond benevolence: Friendship and the politics of help. *In* J.S. Thousand, R.A. Villa & A.I. Nevin (Eds.), *Creativity and collaborative learning: A practical guide to empowering students and teachers* (p. 391-401). Baltimore: Paul H. Brookes Publishing Co.

Villa, R. (1989). Model public school inservice programs: Do they exist? *Teacher Education and Special Education, 12*, 173-176.

Villa, R. Peters, M.J., Zane, N., Ellenboden, G. & Soutiere, L. (1989). *Reinventing Vermont schools for very high performance: Winooski challenge grant proposal*. (Disponível escrevendo-se para Richard Villa, 6 Bayridge States, Colchester, VT 05446.)

Villa, R., Udis, J. & Thousand, J. (1994). Responses for children experiencing behavioral and emotional challenges. *In* J.S. Thousand, R.A. Villa & A.I. Nevin (Eds.), *Creativity and collaborative learning: A practical guide to empowering students and teachers* (p. 369-390). Baltimore: Paul H. Brookes Publishing Co.

Wiggins, G. (1989). The futility of trying to teach everything of importance. *Educational Leadership, 11*(3), 44-59.

12

Colaboração, Rede de Apoio e Construção de Comunidade

**William Stainback e
Susan Stainback**

HELEN HANSEN ELEMENTARY, em Cedar Falls, Iowa; Winnsboro High School, em Winnsboro, Texas; Elkins High School, em Sugarland, Texas; Winooski High, em Winooski, Vermont; Brook Forest School, em Oak Brook, Illinois; St. Francis School, em Kitchener, Ontario; Chapparal Elementary School, em Albuquerque, New Mexico; e Ed Smith Elementary School, em Syracuse, Nova York, são apenas algumas escolas que recentemente captaram a atenção de pais, educadores e membros das suas comunidades. São exemplos de uma nova cepa de escolas que se está desenvolvendo na América do Norte. O que estas e um número crescente de outras escolas têm em comum é a tentativa de desenvolver ambientes educacionais para garantir que todos os alunos, independentemente de quaisquer diferenças individuais que possam ter (sejam eles classificados como de risco, desabrigados, bem-dotados ou com deficiências), sejam plenamente incluídos nas escolas regulares. Este objetivo também incorpora a idéia segundo a qual todos os alunos merecem ser acolhidos, felizes, seguros e aprendizes bem-sucedidos na educação regular.

Professores, pais e alunos nas escolas inclusivas têm consistentemente declarado em entrevistas, em apresentações de conferências e em várias publicações que uma razão importante para o sucesso dessas escolas é o envolvimento de alunos, professores, especialistas e pais trabalhando em colaboração. Os alunos têm sido envolvidos em círculos de amigos, como defensores dos colegas, em situações de aprendizagem cooperativa, como tutores e parceiros dos colegas, e em equipes de planejamento educacional em igualdade de condições com professores, diretores e pais. Embora haja um número pequeno, porém crescente, de escolas em toda a nação similares às citadas, elas ainda são mais exceções do que a regra. Resta uma enorme quantidade de trabalho a ser feito para termos escolas eficientes, inclusivas e interessadas em uma base mais disseminada.

No início da década de 1990, um intelectual de Massachusetts resumiu claramente um grande obstáculo à inclusão:

> A paixão atual da nossa sociedade pela palavra "competitividade", que tem levado a discussões sobre educação, encoraja uma confusão entre duas idéias muito diferentes: a excelência e a busca desesperada de triunfar sobre outras pessoas ...
> Desde tenra idade, as crianças aprendem a não ser ternas. Tantos anos de escola nada fazem para promover a generosidade ou um compromisso com o bem-estar dos outros. Ao contrário, os alunos são formados para pensar que ser inteligente significa ser o número um. (Kohn, 1991, p. 498)

Um número cada vez maior de profissionais, de pesquisadores e de intelectuais (p. ex., Coleman & Hoffer, 1987; Flynn, 1989; Kohn, 1991; Sapon-Shevin, 1992; Solomon, Schaps, Watson & Battistich, 1992; Stainback & Stainback, 1992; Thousand & Villa, 1992) tem declarado que muitas escolas atuais perderam ou estão perdendo um sentido de comunidade, em que os alunos e os professores vivem, trabalham cooperativamente e apóiam uns aos outros. Há uma evidência empírica crescente que nas escolas em que os alunos e os professores *não* estabelecem amizades, compromissos e vínculos um com o outro (onde há uma ausência de comunidade) há problemas maiores de sub-realização, evasão de alunos, abuso de drogas, atividade de gangues e exclusão de alunos com deficiência do corpo regular de alunos (Coleman & Hoffer, 1987; Maeroff, 1990). Em vista disso, Coleman e Hoffer (1987) formularam a hipótese de que alguns problemas da educação, incluindo a exclusão de alguns alunos do ensino regular, devem-se, pelo menos em parte, à ausência do sentido de comunidade em muitas escolas de uma sociedade cada vez mais urbana, complexa e despersonalizada.

O QUE É COMUNIDADE?

A necessidade do sentido de comunidade como parte da renovação da escola foi discutida em detalhes no Capítulo 3. Nas escolas e nas turmas inclusivas, há muita ênfase na construção da comunidade escolar. Flynn (1989) proporcionou as seguintes informações básicas sobre comunidade:

> A verdadeira comunidade é rara na sociedade de hoje, mesmo que haja um anseio natural em cada um de nós para ser parte de algo. Scott Peck, em seu livro "The Different Drum", diz que nós humanos freqüentemente temos uma sensação de que nos bons e velhos tempos conhecíamos mais a comunidade do que a conhecemos hoje. Por exemplo, John Winthrop, primeiro governador da Massachusetts Bay Colony, em 1630, falando a seus companheiros colonos antes de desembarcarem, disse: "Nós devemos dar prazer um ao outro, tornar as condições das pessoas nossas próprias condições, ficar alegres juntos, chorar juntos, trabalhar e sofrer juntos, sempre tendo diante de nossos olhos a nossa comunidade, como membros do mesmo corpo".
> Duzentos anos depois, em 1835, o francês Alexis de Tocqueville publicou um livro intitulado "Democracy in America". No livro, ele se maravilhava diante de uma característica que en-

controu nas pessoas em todos os Estados Unidos, e que ele descreveu como individualismo. Entretanto, ele advertiu que, a menos que esse individualismo fosse contínua e fortemente equilibrado por "outros hábitos", conduziria inevitavelmente à fragmentação da sociedade americana e ao isolamento social de seus cidadãos.

Em 1985, Robert Bellah publicou um livro ironicamente intitulado "Habits of the Heart". No livro, Bellah declara de forma enfática que nosso individualismo não permaneceu equilibrado e que as previsões de Tocqueville realizaram-se e o isolamento e a fragmentação tornaram-se a ordem do dia. (p. 1)

Flynn (1989) prosseguiu, definindo comunidade:

> Para responder ao chamado da "comunidade", precisamos ter algum entendimento do que é comunidade – como ela é quando existe ... Eu acho que ... uma verdadeira comunidade é um grupo de indivíduos que aprenderam a comunicar-se honestamente um com o outro, cujos relacionamentos vão além do seu comedimento e que desenvolveram algum compromisso significativo de "ficar alegres juntos, chorar juntos, dar prazer um ao outro e tornar as condições dos outros as suas próprias condições." (p. 4)

Como percebemos a partir dessas declarações, comunidade é algo difícil de ser definido, mas para que ela seja promovida nas escolas, é essencial que se desenvolva um sentido de comunidade. Muitas escolas e turmas inclusivas bem-sucedidas que enfatizam a comunidade concentram-se em como organizar as aulas e as escolas em que todos participam, são aceitos, apóiam e são apoiados por seus colegas e pelos outros membros da comunidade escolar enquanto têm satisfeitas as suas necessidades educacionais.

Deve ser enfatizado que, nas comunidades inclusivas, os dons e os talentos de cada um, incluindo aqueles dos alunos tradicionalmente definidos como pessoas com deficiências importantes ou comportamentos destrutivos, são reconhecidos, encorajados e utilizados na maior extensão possível. Nas comunidades que dão apoio a seus membros, todos têm responsabilidades e desempenham um papel no apoio aos outros. Cada indivíduo é um membro importante e digno da comunidade e contribui para o grupo. Este envolvimento ajuda a estimular a auto-estima, o orgulho pelas realizações, o respeito mútuo e uma sensação de estar entre os membros da comunidade. Uma comunidade como tal não pode existir se alguns alunos estão sempre recebendo – e nunca prestando – apoio. Como foi observado por Wilkinson (1980), "As pessoas são interdependentes; cada uma tem uma função e cada uma tem um papel a desempenhar, e isso as mantém juntas e forma uma comunidade" (p. 452).

Para restabelecer um sentido de comunidade, os educadores e os líderes comunitários de algumas grandes escolas dos Estados Unidos e de outros países começaram dividindo suas escolas em unidades menores, cada uma com seu diretor, professores, alunos e com identidade própria. Nessas escolas menores, os professores e os alunos ficam juntos a maior parte do tempo – se não todo o tempo. Tais escolas tornam-se também um centro de atividades comunitárias, que envolvem os pais e os membros da comunidade. Para formar vínculos e amizades e criar instituições mais personalizadas e sensíveis, as pessoas precisam de oportunidades para comunicarem-se umas com as outras em um nível pessoal.

Em escolas como a Saint Francis School, em Kitchener, Ontario, e a Helen Hansen Elementary, em Cedar Falls, Iowa, os alunos tradicionalmente classificados como pessoas com deficiências importantes são incluídos nas turmas regulares através do uso de círculos de amigos (Snow & Forest, 1987) e outras abordagens que visam à conexão de alunos e professores em amizades e relacionamentos interessados. Esses esforços podem conduzir a um melhor sentido de comunidade em toda a escola (Flynn, 1989; Jackson, 1990).

Muitos capítulos deste livro proporcionam várias sugestões práticas com relação à maneira como os alunos podem amadurecer juntos, trabalhando cooperativamente e cuidando e apoiando um ao outro, e por que estas ações são fundamentais para melhorar suas realizações sociais, educacionais e pessoais. Os círculos de amigos (Snow & Forest, 1987), os Making Action Plans (MAPs) (Falvey, Forest, Pearpoint & Rosenberg, 1994), o Planning Alternative Tomorrows sith Hope (PATH) (Pearpoint, O'Brien & Forest, 1993) e as colaborações dos adultos são exemplos de maneiras práticas para construir o sentido de comunidade nas classes e nas escolas regulares. Os autores deste capítulo não repetem estas estratégias, mas em vez disso encaminham o leitor para outros capítulos deste livro, em particular os Capítulos 4, 5, 7, 9, 10, 11, 12 e 16.

PRINCÍPIOS DA REDE DE APOIO

Lendo os capítulos deste livro, fica evidente que há muita ênfase nos alunos e nos professores ajudando-se e apoiando-se mutuamente nos esforços para construir comunidades inclusivas e estimulantes. Têm surgido vários princípios básicos de redes de apoio que podem ser úteis, quando os temos em mente, ao trabalhar para construir comunidades inclusivas.

1. A rede de apoio baseia-se na premissa de que cada um tem suas capacidades, potencialidades, dons e talentos, inclusive os alunos classificados como pessoas com deficiência, que podem ser usados para proporcionar apoio e ajuda a seus companheiros da comunidade.
2. Na rede de apoio, todas as pessoas estão envolvidas na ajuda e no apoio mútuos, tanto em arranjos formais quanto em arranjos informais. Os relacionamentos são recíprocos, em vez de algumas pessoas serem sempre apoios e outras sendo sempre os apoiados.
3. Relacionamentos onde o apoio é natural, em que os indivíduos apóiam um ao outro como colegas, amigos ou companheiros de trabalho são tão importantes quanto o apoio profissional. Um enfoque nos apoios naturais ajuda a conectar as pessoas nas classes e nas escolas e, assim, estimula as comunidades que prestam apoio a seus membros.
4. Os indivíduos são únicos e diferem em suas necessidades, as quais, em geral, mudam com o tempo. Por isso, os componentes de uma rede de apoio não devem

ser baseados em uma lista pré-definida e rígida de opções de apoio que não podem ser modificadas para satisfazer as necessidades individuais.
5. A rede de apoio funciona melhor em turmas e escolas integradas e heterogêneas. A diversidade aumenta a probabilidade de que todos os membros da turma e da escola, incluindo alunos, professores, pais, especialistas, diretores e outros funcionários da escola, tenham os recursos necessários para dar suporte às necessidades um do outro para tornarem-se interdependentes.
6. Os apoios devem ser voltados ao consumidor. O enfoque deve ser o que o consumidor (a pessoa que está recebendo apoio) deseja e precisa, segundo ele próprio declarou. Se a pessoa é muito jovem ou incapaz de se comunicar de maneira eficiente com o provedor, seu advogado deve apresentar o que o consumidor deseja e precisa.
7. Qualquer apoio proporcionado deve visar à capacitação de uma pessoa para ajudar a si mesma e aos outros. Esse tipo de apoio inclui capacitar uma pessoa a buscar apoio, quando isso for requerido e prestar assistência aos outros.
8. O pessoal da escola nas situações administrativas ou de tomada de decisão não somente deve proporcionar oportunidades para o desenvolvimento de apoio informal entre todos os membros da comunidade escolar, mas também, quando possível, capacitar e encorajar as pessoas a prestar apoio mútuo.
9. A rede de apoio deve ser uma parte natural e contínua da escola e da turma. Não deve ser episódica ou reservada para ser usada apenas em épocas de dificuldade ou de crise.
10. A rede de apoio deve ser conduzida pelas pessoas de dentro da escola (isto é, indivíduos diretamente envolvidos nas comunidades da escola e da sala de aula). Esses indivíduos incluem os alunos, os professores, as secretárias, os diretores, os pais, os especialistas, os voluntários da comunidade e os outros funcionários da escola.
11. A rede de apoio é para todos. Planos que visam e operam para um único aluno ou professor em geral são ineficientes na promoção e na manutenção de uma comunidade inclusiva que presta apoio a seus membros.
12. A rede de apoio começa com um exame das interações sociais e das características de apoio que estão naturalmente operando nas classes e em outros ambientes da escola, e é construída sobre estes apoios naturais.
13. Um perigo inerente em proporcionar alguns tipos de apoio é que, se um apoio for incorretamente proporcionado, pode tornar um indivíduo desnecessariamente dependente dele. Por exemplo, se alguém ajuda um determinado aluno a encontrar o caminho para a lanchonete da escola, sem ao mesmo tempo ajudar o aluno a aprender o caminho e as habilidades necessárias para descobri-lo independentemente, esse aluno não aprenderá a chegar sozinho à lanchonete. Por isso, nas comunidades de sala de aula que prestam apoio a seus membros, é fundamental que, embora todos entendam que o objetivo é prestar apoio aos outros sempre que necessário, eles sempre se esforcem para capacitar as pessoas a se ajudarem e a se apoiarem mutuamente.

COMO A REDE DE APOIO PODE SER DESENVOLVIDA?

Os apoios informais e formais essenciais às comunidades inclusivas, que respondem às necessidades de todos os alunos, podem ser facilitados terminando-se com as escolas e classes especiais. Os professores das escolas especiais podem tornar-se professores regulares, professores de equipe, especialistas em recursos e colaboração, e facilitadores de redes de apoio na educação regular. Além disso, a riqueza de materiais, procedimentos, apoios, equipamento e recursos da educação especial podem ser integrados à educação geral.

Há literalmente bilhões de dólares sendo gastos e centenas de milhares de pessoas trabalhando em programas de educação especial segregada. Todos esses dólares e pessoal podem e devem ser integrados à educação regular, para facilitar a rede de apoio e tudo o mais que seja necessário para se construir comunidades inclusivas de escolas e salas de aula. Schenkat (1988) estimou que entre 30 e 35 bilhões de dólares estavam sendo gastos anualmente em educação especial. Este dinheiro poderia proporcionar um considerável apoio e ajuda para o estabelecimento de escolas inclusivas e de redes de apoio, para permitir que professores e alunos construíssem uma comunidade nas salas de aula. Além disso, Reynolds (1989) estimou que

> Um entre oito professores nos Estados Unidos está empregado na educação especial. Se acrescentarmos os psicólogos educacionais, assistentes sociais educacionais, terapeutas ocupacionais e outros profissionais que trabalham principalmente ... [em educação especial] ... chegamos a um total de cerca de 400.000 profissionais empregados nas escolas norte-americanas – cerca de 1/6 do número total dos profissionais empregados nas escolas. (p. x)

Outro importante elemento no desenvolvimento da rede de apoio e da comunidade é que todos nós apreciamos o valor da diversidade. A diversidade é valorizada nas escolas inclusivas. A diversidade fortalece a escola e a sala de aula e oferece a todos os seus membros maiores oportunidades de aprendizagem. A citação de Barth (1990), incluída no prefácio deste livro, precisa ser aqui reiterada:

> Preferiria que meus filhos freqüentassem uma escola em que as diferenças fossem observadas, valorizadas e celebradas como coisas boas, como oportunidades para a aprendizagem. A pergunta com que tantos educadores estão preocupados é "Quais são os limites da diversidade além dos quais o comportamento é inaceitável?"... Mas a pergunta que eu gostaria de ver formulada com mais freqüência é "Como podemos fazer um uso consciente e deliberado das diferenças de classe social, gênero, idade, capacidade, raça e interesse como recursos para a aprendizagem?"... As diferenças encerram grandes oportunidades para a aprendizagem. Elas oferecem um recurso livre, abundante e renovável. Eu gostaria de ver nossa compulsão para eliminar as diferenças substituída por um enfoque igualmente insistente em se fazer uso dessas diferenças para melhorar as escolas. O que é importante sobre as pessoas – e sobre as escolas – é o que é diferente, não o que é igual. (p. 514-515)

CONCLUSÃO

As escolas e as turmas inclusivas *não* estão interessadas em ajudar qualquer categoria particular de alunos, como aqueles classificados como deficientes, para que eles se adaptem às escolas regulares. Em vez disso, as escolas e as salas de aula inclusivas estão interessadas em como operar as turmas e as escolas como comunidades que proporcionam apoio a seus membros e que incluam e satisfaçam as necessidades de todos os alunos. Os funcionários das escolas e das salas de aula inclusivas estimulam intencionalmente um sentido de comunidade – em que todos estão inseridos, aceitos, apóiam e são apoiados por seus colegas e por todos os membros da comunidade escolar enquanto têm suas necessidades educacionais satisfeitas. Muita ênfase é colocada nos alunos – assim como em todo o pessoal da escola – se interessarem um pelo outro e aceitarem a responsabilidade um pelo outro.

Embora esta seja ainda uma abordagem relativamente nova, usada por um número crescente de escolas, já é amplamente reconhecida a necessidade de um maior desenvolvimento de comunidades inclusivas na escola e na sala de aula. Embora o ensino inclusivo tenha sido de início um esforço para aceitar e dar apoio a alunos portadores de deficiências nas escolas do bairro e nas classes de educação geral, a necessidade desta abordagem para a educação de todas as crianças é importante. Há uma crescente necessidade de apoio para todos os alunos, como tem sido evidenciado pela incidência cada vez maior de suicídios, violência de gangues, evasão escolar e fracasso no desempenho. Uma aluna do colegial, falando na reunião do conselho da escola local sobre as gangues em sua comunidade no meio-oeste, expressou a importância do envolvimento dos alunos nas tomadas de decisão na escola e também dos alunos que não estavam apenas necessitando, mas também buscando apoio.

> Vocês, caras, precisam falar diretamente com a gente ... não com o público, não com a TV. Falem conosco. Porque se há um problema, este problema somos nós, e é conosco que deve ser tratado ... Por que não nos perguntam porque nos juntamos às gangues? É simples. As pessoas querem fazer parte de algo ... querem ter alguém em quem possam se apoiar. Nas gangues, é isso que acontece. ("Gangs Hearing", 1990)

REFERÊNCIAS BIBLIOGRÁFICAS

Barth, R. (1990). A personal vision of a good school. *Phi Delta Kappan, 71*, 512-571.
Coleman, J. & Hoffer, T. (1987). *Public and private high schools: The impact of communities.* Nova York: Basic Books.
Falvey, M.A., Forest, M., Pearpoint, J. & Rosenberg, R.L. (1994). Building connections. In J.S. Thousand, R.A., Villa & A.I. Nevin (Eds.), *Creativity and collaborative learning: A practical guide to empowering students and teachers* (p. 347-368). Baltimore: Paul H. Brookes Publishing Co.
Flynn, G. (Novembro, 1989). *Toward community.* Artigo apresentado na conferência anual de The Association for Persons with Severe Handicaps, São Francisco.
Gangs hearing: School board's policy review draws wide range of opinions. (17 de abril, 1990). *Waterloo [IA] Courier.*
Jackson, J. (12 de Outubro, 1990). *Full inclusion at Hansen.* Artigo apresentado na University of Norther Iowa, Cedar Falls.
Kohn, A. (1991). Caring kids: The role of the schools. *Phi Delta Kappan, 71*(7), 496-506.
Maeroff, G. (1990). Getting to know a good middle school. *Phi Delta Kappan, 71*, 505-511.

Pearpoint, J., O'Brien, J. & Forest, M. (1993). *PATH*. Toronto: Inclusion Press.

Reynolds, M. (1989). Foreword. *In* R. Gaylord-Ross (Ed.), *Integration strategies for students with handicaps* (p. ix-x). Baltimore: Paul H. Brookes Publishing Co.

Sapon-Shevin, M. (1992). Celebrating diversity, creating community: Curriculum that honors and builds on differences. *In* S. Stainback & W. Stainback (Eds.), *Curriculum considerations in inclusive classrooms: Facilitating learning for all students* (p. 19-36). Baltimore: Paul H. Brookes Publishing Co.

Schenkat, R. (Novembro, 1988). The promise of restructuring for special education. *Education Week, 8*, 36.

Snow, J. & Forest, M. (1987). Circles. *In* M. Forest (Ed.), *More education integration* (p. 36-47). Downsview, Ontario: G. Allan Roeher Institute.

Solomon, D., Schaps, E., Watson, M. & Battistich, V. (1992). Creating school and classroom communities for all students. *In* R.A. Villa, J.S. Thousand, W. Stainback & S. Stainback (Eds.), *Restructuring for caring and effective education: An administrative guide to creating heterogeneous schools* (p. 41-60). Baltimore: Paul H. Brookes Publishing Co.

Stainback, S. & Stainback W. (Eds.), (1992). *Curriculum considerations in inclusive classrooms: Facilitating learning for all students*. Baltimore: Paul H. Brookes Publishing Co.

Thousand, J.S. & Villa, R.A. (1992). Collaborative teams: A powerful tool in school restructuring. *In* R.A. Villa, J.S. Thousand, W. Stainback & S. Stainback (Eds.), *Restructuring for caring and effective education: An administrative guide to creating heterogeneous schools* (p. 73-108). Baltimore: Paul H. Brookes Publishing Co.

Wilkinson, J. (1980). On assistance to Indian people. *Social Casework: Journal of Contemporary Social Work, 61,* 451-454.

PARTE 4
Considerações sobre o Currículo

13

O Currículo nas Salas de Aula Inclusivas:
Origens

Susan Stainback e
William Stainback

ESTE CAPÍTULO TENTA colocar em perspectiva a questão do currículo, revendo brevemente alguns objetivos básicos da inclusão, na medida em que eles se relacionam com o currículo. Os pressupostos e as premissas básicas subjacentes ao desenvolvimento e ao projeto do currículo em turmas de educação regular inclusivas estão aqui brevemente esboçados e discutidos. Finalmente, este capítulo trata da melhor maneira de projetar e adaptar os currículos para adequá-los às turmas inclusivas.

O CURRÍCULO EM PERSPECTIVA

Quando se discute o que os alunos devem aprender, deve-se tomar cuidado para não enfatizar em excesso interesses curriculares pré-definidos. Embora aprender matemática, história, geografia, habilidades da vida diária (p. ex., dirigir, cozinhar) e habilidades vocacionais seja importante, este não é o único ou o principal objetivo dos alunos com deficiências importantes. Strully e Strully (1985) deixaram claro este ponto:

> Nossa filha, Shawntell, não vai um dia acordar com todas as competências e habilidades de que necessita para viver independentemente. A realidade é que nos últimos nove anos temos trabalhado para ensinar Shawntell a usar o banheiro. Atualmente, ela está aproximadamente 58% treinada nesta habilidade. Esta é uma melhoria importante em sua prontidão, mas ela não conseguirá sucesso completo. O mesmo acontece em muitas outras áreas, tais como comer sozinha, andar e comunicar-se. Embora Shawntell tenha aprendido coisas importantes e continue aprendendo, a questão com que nos defrontamos é se as habilidades que nossa filha já aprendeu são o bastante para mantê-la na comunidade. Lamentamos dizer que a resposta é não.

Mas imagine que ela conseguisse dominar todas essas competências, fizesse todas essas coisas perfeitamente? A resposta continua a ser não! A capacidade de uma pessoa para aprender coisas ou dominar habilidades não é um teste específico da capacidade da pessoa para ser um membro ativo da comunidade e para ter amigos. O que importa, acreditamos nós, é tentarmos ser a melhor pessoa que pudermos e fazer as pessoas aceitarem-nos como somos, com todas as nossas potencialidades e deficiências. Se pudermos aceitar as pessoas como elas são e não como queremos que elas sejam, nossas comunidades terão dado um longo passo. Em suma, o fato de Shawntell adquirir ou não todas as competências e habilidades do mundo não é realmente fundamental. O fundamental é que outro ser humano se interesse por ela. Para Shawntell realmente ser um membro integrante da sua comunidade, ela vai precisar confiar nos seus amigos, que querem estar envolvidos com ela porque são seus amigos. (p. 7-8)

Como está evidente nessa declaração, entre os principais objetivos educacionais que permitem aos alunos serem membros ativos das suas comunidades estão a socialização e as amizades. Quando os adultos se concentram e estimulam os sistemas de companheiros e implementam outras atividades para encorajar as amizades, as crianças podem conquistar o que será a coisa mais importante de suas vidas – relacionamentos com um grande número de pessoas, que realmente se importam com elas como indivíduos. Assim, mesmo que uma criança nunca consiga aprender nada de matemática ou história, ainda é fundamental que ela seja incluída nas turmas de educação regular, para que todos os alunos tenham oportunidades de aprender o respeito mútuo, o interesse mútuo e o apoio mútuo em uma sociedade inclusiva.

Entretanto, um enfoque nas amizades não significa que os professores e outras pessoas não devam estar interessados em estimular os objetivos curriculares para todos os alunos em leitura, matemática, história, habilidades da vida diária ou habilidades vocacionais. É importante que todos aprendam o máximo que puderem nestas áreas, mas atingir os objetivos curriculares específicos nem sempre é o principal fator para mais tarde se ter sucesso e ser feliz.

Os autores observaram salas de aula e escolas que têm sido bem-sucedidas e malsucedidas na implementação da inclusão. As turmas e as escolas bem-sucedidas tendiam a voltar o seu enfoque para fazer os alunos sentirem-se bem-vindos, seguros e aceitos, e assegurar-lhes muito amigos entre os professores e alunos, ao mesmo tempo em que desenvolviam sentimentos de inclusão, auto-estima e sucesso. Em alguns casos, o principal objetivo era que o aluno fosse aceito por seus colegas e professores, enquanto desenvolviam amizades e relacionamentos que lhes prestassem apoio. Para esses alunos, o enfoque em objetivos curriculares pré-definidos foi posto de lado até que a aceitação e as amizades fossem desenvolvidas, embora grandes esforços fossem feitos para mantê-los ativamente envolvidos com seus colegas, através das atividades de aula relacionadas. Esses alunos eram em geral incluídos ou envolvidos no que seus colegas estavam fazendo durante as aulas, mesmo que os benefícios em longo prazo nem sempre fossem imediatamente claros. Serem aceitos, bem-vindos e sentirem-se seguros com seus colegas em um ambiente de aprendizagem eram considerados pré-requisitos para o sucesso posterior dos alunos nas tarefas de aprendizagem. Pouco a pouco, à medida que os alunos foram sendo aceitos, eles se envolveram nas atividades da turma de forma a alcançar os objetivos da vida diária, os objetivos acadêmicos e os vocacionais.

Em comparação, as turmas e as escolas que, caracteristicamente, não foram bem-sucedidas com a inclusão tendiam a voltar o seu enfoque quase que somente para a avaliação das competências dos alunos previamente excluídos das habilidades da vida diária, acadêmicas e vocacionais e para o planejamento de objetivos e atividades curriculares específicos para eles (independentemente do que um determinado aluno achava interessante ou sentia-se seguro fazendo), enfatizando muito pouco os relacionamentos, a aceitação e as amizades. Isso não significa que os alunos previamente excluídos devam inicialmente se concentrar apenas na socialização em uma classe inclusiva. Desde o primeiro dia, todos os alunos devem estar envolvidos em atividades interessantes, que valham a pena ser aprendidas, e que os envolvam ao máximo com seus colegas de aula. Não fazer nada ou realizar atividades isoladas, tediosas ou frustrantes pode levar qualquer aluno a não gostar do ambiente, ao rompimento e à rejeição inicial por parte dos colegas e dos professores.

Com um enfoque nas amizades, muitas oportunidades para uma aprendizagem significativa começam a surgir à medida que as amizades se desenvolvem. É através da socialização com diferentes colegas em ambientes de ensino regular que as crianças aprendem, encontram significado e propósito na aprendizagem e conseguem um maior entendimento das muitas disciplinas ensinadas na escola. Talvez ainda mais importante, se o processo de socialização for adequadamente organizado, ele poderá proporcionar oportunidades para os alunos conhecerem-se, respeitarem-se, interessarem-se e apoiarem-se mutuamente, ao mesmo tempo em que aprendem as habilidades acadêmicas, da vida diária, sociais, vocacionais e outras (p. ex., compartilhar, comunicar-se, iniciar, responder, fazer escolhas, vestir-se e agir adequadamente), fundamentais para a vida e para o trabalho em comunidades inclusivas. Todos nós aprendemos muitas das habilidades sociais e de comunicação necessárias para vivermos vidas produtivas e felizes através da socialização com nossos pares (Johnson & Johnson, 1987). Os alunos não aprendem apenas a partir das interações entre professor e aluno; grande parte do que é aprendido na escola é aprendido através das interações entre os alunos. Por isso, embora o tema deste capítulo seja os currículos para as classes inclusivas, é importante manter o currículo na perspectiva da experiência educacional geral oferecida a todos os alunos.

PREMISSAS BÁSICAS DO CURRÍCULO ESCOLAR

Há muito tempo o currículo tem sido encarado e implementado a partir da perspectiva de que as turmas de educação regular têm um conjunto padronizado de exigências acadêmicas ou de fragmentos de conhecimento e habilidades que todo aluno deve aprender para terminar com sucesso o seu curso. Tal visão baseia-se na suposição de que há áreas de conhecimento ou informação pré-definidas que, quando aprendidas em seqüência, resultam em sucesso na vida após a escola (Poplin & Stone, 1992). É esse conjunto de informações seqüenciadas que tem sido entendido por muitas escolas como "o currículo". Esse currículo seqüenciado padronizado é freqüentemente transmitido através de meios como aulas ministradas pelo professor e os alunos lendo livros didáticos e preenchendo folhas de atividades para aprender e exercitar os termos, conceitos e habilidades essenciais à matéria. Na maioria dos casos, se uma criança não consegue aprender o currículo através desse tipo de abordagem, ela falhou, e, em alguns casos, é excluída das turmas de educação regular.

Felizmente, para o movimento da escola inclusiva, tal visão do currículo está sendo cada vez mais rejeitada entre os professores progressistas do ensino regular (Smith, 1986). Eis algumas razões pelas quais tal visão está se transformando:

- O crescente reconhecimento de que em uma sociedade complexa, dinâmica e que se modifica tão rapidamente não há mais (se é que algum dia houve) um corpo de informações único, distinto e estático que vá resultar no sucesso dos alunos na vida adulta. Em vez disso, emergiu uma abordagem mais produtiva, que é ensinar aos alunos o processo de aprendizagem – um processo que envolve aprender a aprender ou tornar-se apto para discernir o que é preciso para adaptar e tornar-se proficiente em uma nova situação, além de "como" e "onde" ir para localizar a informação necessária.
- A falta de adaptação à diversidade, inerente às experiências passadas e à velocidade de aprendizagem, aos estilos e aos interesses de todos os alunos. Essa diversidade existe não apenas entre os alunos que têm sido rotulados como de risco, bem dotados/talentosos, ou com retardo mental, mas também entre a média dos alunos.
- A ênfase no currículo pré-definido, mais voltada para o próprio currículo do que para a criança. Atualmente, há uma tendência de partir da criança e construir o currículo em torno de suas experiências, percepções e conhecimento atual, mantendo sempre em mente o que as pessoas em geral precisam saber para viver vidas felizes e produtivas.
- A percepção de muitos alunos de que o currículo tradicional é tedioso, desinteressante e sem propósito (Smith, 1986). Os currículos padronizados de modo geral não se desenvolvem a partir da vida e do mundo que cerca os alunos – nem têm nada a ver com eles.
- A falta de capacitação dos indivíduos diretamente envolvidos no processo de aprendizagem. Um currículo padronizado é muitas vezes pré-definido por indivíduos tais como consultores das secretarias de educação e especialistas em currículo que compilam, por exemplo, leituras básicas e livros didáticos de matemática e história. O conhecimento e a experiência dos professores e dos alunos envolvidos na situação de ensino com relação ao significado dos materiais e as melhores maneiras de aprender com esses materiais são freqüentemente desconsiderados.

Diante destas falhas de um currículo rígido padronizado, maior atenção e aceitação estão sendo dadas a uma perspectiva mais holística e construtivista da aprendizagem. Há vários elementos comuns na perspectiva holística:

- O reconhecimento do aluno como o centro da aprendizagem (Lipsky & Gartner, 1992). A perspectiva holística começa com o aluno e é construída a partir de suas potencialidades (o que o aluno já sabe) para facilitar a aprendizagem e o sucesso escolar.
- A ênfase reduzida em remediar os déficits e as deficiências. Estes são tratados à medida que os alunos se animam com a aprendizagem e se envolvem em projetos e atividades significativas.
- O reconhecimento de que 1) o conteúdo do currículo deve levar em conta a natureza dinâmica das necessidades dos alunos para serem bem-sucedidos na vida e no trabalho em uma comunidade (daí o enfoque em aprender a aprender); e 2) para a informação ser aprendida, usada e lembrada ela deve ser significativa e fazer sentido para quem a está aprendendo (daí o enfoque em se levar em conta as experiências, o interesse e o nível de entendimento do aluno).
- O professor como mediador dos alunos que estão ativamente envolvidos no processo de aprendizagem de informações, em vez de transmissor de um currículo padronizado (Smith, 1986). O professor pode ensinar ou compartilhar seu conhecimento com os alunos através de mini-aulas ou de outros meios, mas seu enfoque primordial é apoiar e estimular os alunos a envolverem-se ativamente em sua própria aprendizagem.
- A ênfase em atividades e projetos significativos da vida real. Por exemplo, leitura e discussão de livros e histórias interessantes, em vez de concentrar-se em fragmentos isolados das habilidades de leitura (p. ex., os ditongos). Manter um diário ou um jornal, e escrever cartas, memorandos, histórias, livros e editoriais para o jornal constituem outras atividades de interesse. Há pouco enfoque na prática de habilidades como pontuação, uso de letras maiúsculas ou identificação de substantivo e verbo isoladamente; essas habilidades são aprendidas no contexto das atividades reais da escrita.
- O encorajamento de todas as crianças a ler (ou ouvir ou discutir) histórias ou informações do interesse delas e em seus níveis de capacidade individual, e escrever (ou comunicar de alguma outra maneira) informações importantes para elas. Essa perspectiva não defende um currículo rígido, estrito, predeterminado e padronizado que todas as crianças da mesma idade devem dominar ao mesmo tempo, independentemente de suas origens individuais, características de aprendizagem, interesses e experiências.
- O movimento contra ensinar aos alunos habilidades isoladas em ambientes isolados e a favor de sua aprendizagem através do envolvimento em projetos e atividades significativas, da vida real, enquanto eles interagem e cooperam um com o outro (p. ex., ver Smith, 1986, sobre o conceito dos clubes de aprendizagem).

Um exemplo dessa mudança de perspectiva está ilustrado em um intercâmbio que ocorreu entre uma professora de música do ensino médio e um mediador da inclusão, enquanto colaboravam para determinar o que um novo aluno da 7ª série que havia sido rotulado como não-verbal, autista e com retardo mental poderia desfrutar na aula de música. Nessa classe, a professora envolvia as crianças em ouvir música, ler sobre os princípios básicos da música, aprender a tocar vários instrumentos musicais e compor suas próprias peças. Ou seja, ela proporciona ao máximo o envolvimento em projetos e atividades reais de música. Embora houvesse algumas aulas tradicionais e leituras de livros didáticos, o enfoque era a criança gostar e envolver-se ativamente nas atividades musicais, enquanto aprendia sobre a música e como ela é criada. O intercâmbio inicial entre a professora e o mediador da inclusão ocorreu como resultado da pergunta da professora: "O que devo ensinar a este aluno?" Quando lhe foi perguntado o que ela queria que as outras crianças aprendessem, ela disse que era gostar da música e do seu vocabulário, como as escalas e as notas. Quando lhe foi perguntado se todos precisavam dominar todo o conteúdo para passar de ano, a professora de início respondeu que sim, mas depois reconsiderou sua resposta e replicou ser esperado que os alunos, individualmente, aprendessem quantidades variadas. Alguns alunos entravam na turma com um considerável conhecimento e apreciação da música através de suas experiências com aulas de piano e outras lições de música, enquanto outros alunos não tinham a menor familiaridade com a matéria. Depois de muito discutirem, os dois professores concordaram que se poderia esperar que todos os alunos, incluindo o novo aluno, adquirissem vários graus de apreciação e envolvimento com a música e o domínio dos termos e dos conceitos. Entretanto, concordaram que o domínio do currículo ou do conteúdo ensinado na turma não era o objetivo fundamental. Em vez disso, o currículo de música (como outras áreas curriculares, como história ou ciências) simplesmente proporcionava um meio para os alunos melhor compreenderem, apreciarem, adaptarem-se e usarem ao máximo a sua capacidade para o que está disponível no mundo que os cerca (nesse caso, a música), para viverem uma vida satisfatória e produtiva como membros da sua comunidade. Em uma turma desse tipo, a professora usa o currículo para desafiar cada um a conseguir o máximo possível. Sob uma perspectiva holística, construtivista, todas as crianças estão envolvidas no processo de aprender o máximo que puderem de uma determinada matéria; a quantidade e exatamente o que elas aprendem depende de suas origens, interesses e habilidades. A partir dessa perspectiva, todos os alunos podem tirar proveito das oportunidades de aprendizagem oferecidas na sala de aula, e o propósito do currículo não é definir alguns alunos como bem-sucedidos e outros como fracassados.

CONCLUSÃO

Os próximos capítulos desta parte incluem estratégias que ajudam a usar o currículo para estimular as diversas habilidades dos membros da turma em salas de aula inclusivas. Algumas estratégias descritas são holísticas, outras mais tradicionais, em uma tentativa de cobrir a ampla extensão dos estilos de ensino nas classes e nas escolas. Não obstante, um número cada vez maior de classes está movendo-se rumo a uma perspectiva holística e construtivista com referência ao currículo.

REFERÊNCIAS BIBLIOGRÁFICAS

Johnson, D. & Johnson, R.T. (1987). *Joining together: Group therapy and group skills* (3ª ed.). Englewood Cliffs, NJ: Prentice Hall.
Lipsky, D. & Gartner, A. (1992). Achieving full inclusion: Placing the student at the center of educational reform. *In* W. Stainback & S. Stainback (Eds.), *Critical issues confronting special education* (p. 5-20). Boston: Allyn & Bacon.
Poplin, M. & Stone, S. (1992). A holistic, constructivistic perspective. *In* W. Stainback & S. Stainback (Eds.), *Critical issues confronting special education* (p. 175-197). Boston: Allyn & Bacon.
Smith, F. (1986). *Insult to intelligence.* Nova York: Arbor House.
Strully, J. & Strully, C. (1985). Friendship and our children. *Journal of the Association for Persons with Severe Handicaps, 10*, 224-227.

14

A Aprendizagem nas Escolas Inclusivas:
E o Currículo?[1]

William Stainback,
Susan Stainback,
Greg Stefanich e
Sandy Alper

Não precisamos escolher entre a socialização e as amizades nas classes de ensino regular e uma educação de qualidade nas classes especiais. Podemos proporcionar uma educação de qualidade nas classes de ensino regular. (Strully & Strully, 1989, p. 77)

UM NÚMERO CRESCENTE de alunos previamente excluídos estão sendo integrados ao ensino regular (Alper & Ryndak, 1992; Falvey, 1995; Stainback & Stainback, 1992; Villa, Thousand & Nevin, 1994). Entretanto, esses alunos precisam mais do que apenas serem colocados nas escolas regulares. Também precisam ser *incluídos* como membros iguais e valorizados da classe. Tem havido uma ênfase considerável sobre de que maneira incluir todos os alunos na vida social da classe (ver Stainback & Stainback, 1990), mas uma atenção consideravelmente menor tem sido dada à maneira como todos os alunos podem ser envolvidos em uma aprendizagem ativa nas salas de aula inclusivas.

Este capítulo sugere algumas estratégias que os professores do ensino regular, em colaboração com os mediadores da inclusão e outros especialistas, podem usar para tornar o currículo da escola adaptável, flexível e desafiador para *todos* os alunos. As estratégias apresentadas baseiam-se em uma revisão da literatura e da pesquisa profissional com relação ao currículo na educação (p. ex., Falvey, 1995; Giangreco, Cloninger & Iverson, 1993; Sommerstein, Schooley & Ryndak, 1992; Stainback & Stainback, 1992) e nas experiências dos próprios autores no trabalho com escolas de ensino regular.

ESTRATÉGIAS PARA A ADAPTAÇÃO DO CURRÍCULO ESCOLAR

Uso de Objetivos de Ensino Flexíveis

Com tal diversidade de alunos incluídos nas turmas regulares, nós, educadores, precisamos ter uma visão crítica do que está sendo exigido de cada aluno. Embora os objetivos educacionais básicos para todos os alunos possam continuar sendo os mesmos, os objetivos específicos da aprendizagem curricular podem precisar ser individualizados para serem adequados às necessidades, às habilidades, aos interesses e às competências singulares de cada aluno. Por exemplo, um objetivo básico em uma aula de linguagem, como a comunicação eficiente, pode ser apropriado para todos os alunos, mas os objetivos específicos da aprendizagem que satisfaçam o objetivo podem não ser os mesmos para todos os alunos. Para muitos alunos, um objetivo pode ser aprender a escrever cartas para os amigos. Mas, para outros, um objetivo mais adequado poderia ser ditar uma carta em um gravador ou expandir as opções de vocabulário da comunicação para comunicarem-se com os amigos.

Quando o que é exigido dos alunos *não* é considerado em uma base individual, a apatia com relação ao trabalho escolar pode surgir como resultado. A persistência é um subproduto do sucesso, e se o sucesso está repetidamente fora do alcance do aluno, ele aprende a não tentar (Seligman, 1975). Esta "desesperança aprendida" é exibida pelos alunos quando não há uma correspondência adequada entre os objetivos da aprendizagem e seus atributos; por isso, não se pode esperar que um conjunto único de objetivos padronizados possa satisfazer a capacidade de aprendizagem singular de cada aluno nas classes inclusivas. As capacidades individuais podem e devem ser consideradas à luz das atividades curriculares do grupo de colegas da classe. Desenvolver objetivos separados ou diferentes para um ou vários alunos pode conduzir a seu isolamento e segregação dentro da classe. Criar atividades que abranjam as diferentes capacidades dos alunos e que, ao mesmo tempo, mantenham um contexto de grupo com os membros da turma lidando com objetivos diferentes em momentos diferentes, pode ajudar a superar esse problema potencial.

Uma ilustração dos objetivos de aprendizagem individualizados ocorreu em uma aula de ciências da 3ª série. A necessidade de escolher objetivos de aprendizagem adequados aos alunos individualmente resultou no trabalho conjunto entre a professora da classe e o facilitador da inclusão para desenvolver o plano de ação descrito a seguir. Embora o objetivo curricular básico da unidade de ciências, "Entendendo o Mundo Físico que nos Cerca – O que é Temperatura?", fosse considerado adequado a todos os alunos, cada um tinha habilidades e conhecimentos diferentes, de forma que cada aluno precisava concentrar suas energias em diferentes objetivos de aprendizagem específicos ao trabalhar para atingir o objetivo. A maioria estava aprendendo a usar as escalas de temperatura Fahrenheit e Celsius, enquanto outros estavam trabalhando com o movimento molecular em diferentes temperaturas. Um aluno estava aprendendo a reconhecer os termos *quente* e *frio* e a criar uma definição operacional descrevendo o termo a partir de experiências com objetos diferentes. Na unidade de ciências da educação geral, cada aluno era solicitado a contribuir para projetos de ciências da vida real envolvendo a temperatura e a engajar-se em atividades adequadas aos objetivos que ele tinha a responsabilidade de aprender. Ou seja, embora todos os alunos estivessem buscando atingir o mesmo objetivo educacional básico (o que é calor e como ele é medido) e aprendendo juntos nas atividades de aula, era necessário que se concentrassem em objetivos curriculares diferentes e fossem avaliados segundo estes objetivos.

Todos se beneficiaram da diversidade. As atividades do aluno que está aprendendo a diferenciar e a usar os itens quente e frio, por exemplo, eram, para os outros alunos que estavam aprendendo as escalas de temperatura, oportunidades para construir situações práticas e da vida real de coisas quentes e frias e para praticar a medição de várias temperaturas. Além disso, o aluno que precisava aprender a diferenciar e a usar os itens quente e frio teve muitas oportunidades e ampla assistência nessa aprendizagem.

Outro exemplo ocorreu em uma aula de matemática em uma classe de 4ª série. Esse exemplo baseia-se em uma situação de classe citada por Ford e Davern (1989), mas tem sido modificado para ilustrar vários pontos sobre as adaptações do currículo. Essa classe de 4ª série estava aprendendo a multiplicar e dividir números de três e quatro algarismos. O professor usou a abordagem tradicional de explicar a operação e formular perguntas sobre como multiplicar e dividir estes números, realizou vários problemas no quadro para ilustrar os conceitos e os procedimentos, distribuiu folhas de tarefa para os alunos fazerem exercícios e, próximo ao final da aula, discutiu com eles e fez-lhes perguntas sobre problemas de matemática da vida real envolvendo a multiplicação e a divisão de números de três e quatro algarismos.

Como havia alunos com capacidades e níveis de aproveitamento diferentes na classe, nem todos estavam preparados para aprender a multiplicar e dividir números de três e quatro dígitos. Uma das alunas, Shawn, estava revendo o reconhecimento de números, aprendendo a contar de 1 a 100, e comparando moedas a cédulas de dinheiro (representações gráficas de moedas).

O facilitador da inclusão ajudou analisando a aula de matemática para ver como os alunos que estavam em níveis diferentes poderiam ser incluídos na unidade geral. Por exemplo, para Shawn, foram exploradas as seguintes questões: O professor poderia pedir a Shawn para identificar alguns números (p. ex., o 6) nos exemplos do quadro, da mesma maneira que outros alunos seriam solicitados a calcular 8 vezes 9 ou reagrupar números? Quando as folhas de lição fossem distribuídas, Shawn poderia receber uma que exigisse o reconhecimento de números e moedas a serem comparadas com cédulas de dinheiro, em vez da folha de lição com problemas de multiplicação e divisão? Ao discutir os problemas de matemática da vida real envolvendo problemas de multiplicação e divisão com números de três e quatro algarismos, o professor poderia perguntar a Shawn que número é maior, 3 ou 5, no problema escrito no quadro, da mesma maneira que outro aluno seria solicitado a resolver o problema? O problema que esse exemplo apresenta é que o aluno poderia ser percebido como separado ou diferente porque estava envolvido em atividades de matemática diferentes.

Entretanto, nessa aula em particular, vários alunos freqüentemente se envolveram em atividades diferentes, e por isso não pareceu estranho aos outros alunos que Shawn trabalhasse no reconhecimento dos números.

Além disso, o professor da turma, com a ajuda do facilitador da inclusão, organizou uma atividade em que *todos* os alunos participaram de uma experiência prática da vida real que aplicava o que eles haviam aprendido na aula de matemática, e foi montado um microempreendimento de chocolate quente (Ford & Davern, 1989). Durante seis semanas, a turma operou a microempresa todos os dias, na aula de matemática. Grupos de cinco ou seis alunos eram designados, em rodízio, para um programa estabelecido pelo professor e pelo facilitador da inclusão.

Às segundas, terças e quintas-feiras, a microempresa era operada na aula, e às sextas a turma operava-a durante o recreio. Às quartas-feiras os alunos andavam duas quadras, até um armazém, onde compravam os suprimentos.

O planejamento da empresa, a realização dos registros e a anotação dos gastos, os preços e os lucros proporcionaram muitas oportunidades para praticar várias habilidades de matemática e aprender habilidades para serem usadas na comunidade (p. ex., ir até o armazém, localizar e comprar os suprimentos). Uma aula regular foi planejada para atingir vários objetivos, que incluíam aprender a aplicar os procedimentos de multiplicação e divisão em que muitos alunos estavam trabalhando. Os objetivos também incluíam as habilidades de aprendizagem que Shawn e outros alunos precisavam, tais como contar dinheiro, como comparar moedas de verdade com as representações de moedas nos cartões de dinheiro, e habilidades para serem usadas na comunidade. Além das habilidades de matemática que todos os alunos aprenderam, é importante reconhecer que essa atividade também proporcionou oportunidades para os alunos desenvolverem habilidades sociais e de comunicação, habilidades da vida diária (p. ex., comprar, ir à loja, cozinhar) e, para alguns alunos, como Shawn, habilidades motoras.

Adaptação da Atividade

Os professores também precisam modificar as atividades em que um determinado aluno participa, ou a maneira como ele atinge os objetivos. O exemplo a seguir ilustra como as modificações podem ser efetuadas.

Em uma unidade de história americana do colegial, os alunos tinham um objetivo curricular geral, "Entender a Guerra Civil". Um objetivo fundamental para os alunos era conhecer as personagens principais da guerra por meio de leituras, de pesquisas na biblioteca e de discussões em aula. Um aluno tinha muito talento artístico, mas não conseguia ler nem escrever, e tinha uma enorme dificuldade de expressar-se verbalmente. Enquanto a maioria dos alunos recebeu a incumbência de realizar leituras como lição de casa, foi designada a esse aluno a tarefa de desenhar os retratos dos personagens a partir das gravuras do livro. Posteriormente, seus desenhos foram usados como estímulo para a discussão sobre as pessoas que estavam sendo estudadas.

Os alunos foram solicitados a compartilhar com ele e com os outros o que haviam aprendido em suas leituras e pesquisas na biblioteca sobre uma determinada pessoa (p. ex., sua personalidade, as conseqüências das principais decisões que tomou durante a guerra).

Para a avaliação, enquanto a maioria dos alunos escreveu uma dissertação sobre uma das figuras da Guerra Civil para compartilhar com seus colegas, esse aluno, junto com alguns de seus colegas, imaginou e construiu um mural da Guerra Civil a ser exibido na classe, incluindo as figuras em alguma atividade a elas adequada. O mural constituiu uma base para compartilhar as dissertações e discutir as personagens históricas entre os membros da classe. Dessa maneira, esse aluno, que não possuía as habilidades necessárias para aprender e compartilhar, da mesma maneira que a maioria dos alunos, as informações sobre as figuras históricas da Guerra Civil, ficou apesar disso envolvido com seus colegas nas atividades do currículo da turma.

Nesse exemplo, o aluno contribuiu para a turma, produzindo cartazes e desenvolvendo um mural, tudo isso sendo usado para estimular as discussões. Ao mesmo tempo, teve oportunidades para melhorar suas habilidades em desenho, participação no grupo, informação voluntária (p. ex., apontar seus desenhos) e ouvir e responder os colegas (p. ex., mostre a figura de Robert E. Lee). Além disso, teve a oportunidade de compartilhar e de aprender com seus colegas de aula informações sobre as principais personagens da Guerra Civil.

Adaptações Múltiplas

Além das variações curriculares de elementos isolados para acomodar as diferentes habilidades dos alunos (p. ex., adaptação de objetivos, busca de objetivos diferentes, adaptação das atividades), várias dessas modificações podem ser implementadas simultaneamente. Os exemplos a seguir ilustram adaptações múltiplas.

Em uma aula integrada de literatura inglesa em uma turma de nível médio, os alunos estavam estudando o conceito de coragem. As atividades da unidade incluíam conhecer a história *"My Friend Flicka"* (O'Hara, 1988) e demonstrar ou explicar como a coragem era um elemento importante na história e como essa coragem podia relacionar-se às vidas dos próprios alunos. Muitas habilidades do aluno, interesses e conhecimento na classe influenciaram a seleção de diferentes objetivos de aprendizagem, desde o simples reconhecimento dos personagens e o que se entendia por coragem, até analisar, sintetizar e prever os eventos na história.

Para os alunos atingirem os objetivos de aprendizagem individuais, a professora e o facilitador da inclusão, trabalhando juntos, organizaram uma série de atividades que apresentavam e exploravam de várias maneiras os elementos da narrativa. Foram apresentadas aos alunos várias maneiras de aprender e relatar a história, incluindo leitura silenciosa, ouvir gravações, dispor em seqüência as gravuras da história e escrever relatos resumidos. Dessa maneira, alunos com habilidades diferentes poderiam participar da unidade. Um aluno que não conseguia ler ouviu uma gravação da história, explicando as idéias básicas do que ouviu em uma linguagem simplificada, e compartilhou esses elementos e idéias em discussões com os colegas. Alguns alunos fizeram um livro de gravuras e gravaram uma explicação destas para resumir o que foi aprendido, e outros escreveram relatos de livros tradicionais.

Após uma exposição inicial à história, os professores dividiram a turma em pequenos grupos de alunos com habilidades diferentes, com a tarefa de rever a história e compartilhar e explicar uns aos outros fatos, conceitos e opiniões sobre os personagens e o enredo. Com o estímulo e o apoio dos colegas, cada aluno compartilhou seus conhecimentos sobre o personagem principal e o que a coragem significava para ele. Alguns ajudaram os membros do seu grupo a analisar e a sintetizar os eventos da história.

Outro exemplo de adaptações múltiplas ocorreu em uma aula de biologia do colegial que estava estudando as plantas. O objetivo curricular era que os alunos aprendessem e entendessem vários aspectos das características e do crescimento da planta. Para garantir que os alunos tivessem experiência em observar as plantas, todos os membros da turma visitaram uma estufa e envolveram-se no cultivo de várias plantas na aula. Além do tradicional livro didático da turma, a professora e o facilitador da inclusão conseguiram vários livros sobre plantas, assim como livros com ilustrações de plantas em vários estágios de desenvolvimento, panfletos simples sobre o cuidado das plantas, livros com histórias sobre plantas, vídeos sobre cultivo com o uso de câmara lenta, livros didáticos dos níveis elementar até o universitário, e plantas. Muitos alunos foram encarregados de aprender e entender os tipos de plantas (p. ex., vasculares, não-vasculares), a terminologia técnica das partes da planta (p. ex., pedúnculos herbáceos), e processos técnicos da vida da planta (p. ex., fotossíntese).

Entretanto, durante a unidade os alunos tiveram objetivos específicos diferentes nas atividades em grupo. Por exemplo, uma aluna não conseguia ler as palavras técnicas ou compreender os processos de crescimento das plantas. Apesar disso, ela podia participar do estudo das plantas com seus colegas, concentrando-se em aprender objetivos que incluíam rotular as partes das plantas na linguagem do cotidiano, como raiz, tronco e folha. Também aprendeu junto com os colegas como plantar sementes, mudas, raízes e plantas novas no solo, e foi atribuída a ela a responsabilidade de cuidar delas (molhar, pôr fertilizante, colocar sob a luz). Durante as discussões em aula, a professora fez-lhe perguntas em linguagem cotidiana sobre as plantas e sobre os procedimentos práticos para cultivá-las, da mesma maneira que fez aos outros alunos perguntas sobre a terminologia técnica e os processos de crescimento.

Todos os alunos não apenas aprenderam sobre plantas, mas também trabalharam cooperativamente e contribuíram para a turma cultivando e cuidando de diferentes plantas na aula para todos observarem e estudarem. Todos se beneficiaram – a aluna que não conseguia ler aprendeu os termos práticos e cotidianos das plantas, como cultivá-las e algumas palavras técnicas. Outros membros da turma relacionaram a terminologia técnica, os conceitos e as idéias que estavam aprendendo nas aulas de biologia às plantas vivas reais.

CONSIDERAÇÕES SOBRE A IMPLEMENTAÇÃO

Uma Abordagem em Equipe

Alguns educadores tiveram pouca ou nenhuma experiência em organizar e adaptar um currículo de educação geral que satisfaça às necessidades de todos os alunos. Assim, para alguns, esta pode ser considerada uma tarefa difícil e intimidante. Este problema, em geral, pode ser superado por uma equipe (isto é, professores, pais, alunos da classe, diretores, terapeutas ocupacionais e fisioterapeutas, especialistas em comunicação, psicólogos educacionais), reunindo-se quando necessário para pensar e apresentar sugestões sobre os objetivos curriculares para uma determinada criança e como esses objetivos podem ser atingidos em turmas de educação regular. Quando os educadores têm alguma experiência e prática no planejamento e nas adaptações curriculares que incluam e desafiem todos os alunos, é bem mais fácil e natural para o professor, em colaboração com colegas, especialistas, alunos e pais, desenvolver procedimentos ou acomodações curriculares contínuos. Entretanto, de início, é provável que os professores precisem da ajuda de uma equipe para aprender como oferecer experiências de aprendizagem adequadas para os diferentes alunos de suas turmas.

Envolvimento dos Colegas

Os alunos podem ajudar os professores a implementar o tipo de flexibilidade curricular discutida neste capítulo. Na verdade, o envolvimento dos alunos em suas próprias experiências de aprendizagem e no planejamento e na implementação de experiências de aprendizagem intencionais e significativas para seus colegas é considerado fundamental para as turmas inclusivas. Os alunos podem propor atividades, reunir materiais e organizar e implementar qualquer ajuda de que algum deles necessite. Os autores observaram um círculo de amigos que oferecem voluntariamente seu tempo livre nos finais de semana para reunir materiais e organizar uma atividade curricular em sala de aula para um colega, e também para ajudar o professor da turma a implementar a atividade, ao mesmo tempo em que atingia seus próprios objetivos educacionais. Os alunos perceberam que ajudar alguém era uma valiosa experiência de aprendizagem e não viam isso como um desvio da atenção dos seus estudos ou uma drenagem do seu tempo. Na verdade, muitos relataram que, pela primeira vez, tiveram uma razão real para aprender totalmente o material que estavam estudando na aula e, como resultado, conseguiram notas melhores. Um dos alunos disse: "Eu descobri que quando a gente ajuda outra pessoa, em geral acaba ajudando a gente mesmo".

Habilidades Funcionais

As preocupações curriculares, como as habilidades da vida diária e as habilidades vocacionais, que eram tradicionalmente ensinadas devido à sua utilidade prática para os alunos em ambientes de aprendizagem segregados, não precisam ser eliminadas quando os alunos são incluídos em turmas de educação regular. Os alunos que requerem oportunidades para aprender habilidades da vida prática, vocacionais e sociais podem receber orientação e oportunidades em momentos naturais no decorrer do dia. O horário do almoço e do lanche e as aulas de economia doméstica podem proporcionar oportunidades para os membros da classe aprenderem as habilidades para preparar alimentos, comer e servir um jantar. As habilidades de vestir-se e arrumar-se podem ser estimuladas naturalmente antes e depois da escola ou das aulas de ginástica, e as habilidades para andar de ônibus podem ser ensinadas quando os alunos vão e vêm da escola e circulam pela comunidade. Com a orientação de seus colegas e adultos, e a interação com eles, muitas habilidades da vida diária são naturalmente aprendidas pelos alunos quando eles observam e compartilham com seus colegas atividades recreativas e profissionais nos ambientes regulares. Os autores observaram alunos de uma turma de ensino médio ensinando uma colega, sem o estímulo de adultos, a pentear seu cabelo, usar maquiagem e vestir-se na moda. Dentro de algumas semanas, a aluna vestia-se e tinha a aparência de qualquer outra aluna da escola, apesar de anos de fracasso na aprendizagem, na coleta de "dados difíceis" e na programação da "generalização" dessas habilidades "sistematicamente" em ambientes isolados. Da mesma forma, habilidades como fazer o pedido e comer em lanchonetes, ir ao cinema, fazer compras no *shopping*, são aprendidas naturalmente quando se está com os pais e os amigos.

Além disso, as habilidades ligadas à comunidade e as habilidades vocacionais podem ser ensinadas nos programas de trabalho e estudo da educação regular e em programas de educação cooperativos. Um pai descreveu como sua filha (uma aluna com síndrome de Down) adquiriu suas habilidades vocacionais mais valiosas em um programa supervisionado após a escola e nos empregos de verão para adolescentes de sua comunidade (Sylvester, 1987). Os empregos de verão, de fim de semana e após a escola são maneiras naturais e normais para todos os alunos desenvolverem habilidades vocacionais enquanto os apoios necessários são proporcionados.

Deve ser enfatizado que é um erro colocar aqueles alunos do ensino fundamental ou do ensino médio classificados como portadores de deficiências, durante o horário escolar na comunidade, para aprenderem "habilidades funcionais, ligadas à comunidade e vocacionais", a menos que os outros alunos das turmas de educação regular também estejam fazendo isso. Essa prática de segregação reduz as oportunidades de os alunos classificados como portadores de deficiências ficarem totalmente envolvidos e fazerem amigos nas turmas de educação regular. Como já foi mencionado, as habilidades funcionais, ligadas à comunidade, e vocacionais podem ser aprendidas nos ambientes naturais.

É importante *não* assumir que o currículo da turma regular seja não-funcional para alguns alunos. O exemplo a seguir ilustra isso. Toda manhã, durante os primeiros 15 minutos de aula de uma turma de 6ª série, a professora pedia aos alunos para contarem uma história que assistiram no noticiário da televisão ou leram no jornal. O facilitador da inclusão e a professora tinham dúvidas se esta atividade era funcional para um aluno de 12 anos de idade, classificado como portador de retardo mental e autismo, porque, na opinião deles, ele jamais compreenderia inteiramente ou se tornaria fluente nas discussões dos casos atuais. Entretanto, como estavam comprometidos com a inclusão, arranjaram maneiras de ele participar. Recomendaram à sua mãe que ele assistisse um noticiário de televisão toda noite e olhasse as figuras do jornal, enquanto ela as explicava para ele. Ela também foi solicitada a treiná-lo em uma história a cada noite para que ele pudesse compartilhá-la com a turma. (Ele gostava particularmente de esportes, e por isso as histórias eram freqüentemente relacionadas a eventos esportivos.) Aprendendo uma história a cada noite, o aluno tinha algo a dizer quando o professor pedia voluntários para contar uma história. O estímulo do professor e de seus colegas era quase sempre necessário, mas o aluno pouco a pouco tornou-se um participante ativo na turma.

Após atenta consideração, tanto a professora da classe quanto o facilitador da inclusão concluíram que isso era funcional para o aluno. Ele aprendia algo que lhe permitia participar da atividade com outros alunos da sua idade, o que abria oportunidades para a socialização e para potenciais amizades. Também tornava-se mais consciente do seu ambiente através de novas histórias, aumentava seu vocabulário, aprendia a usar seu turno na fala e a interagir com seus colegas, e exercitava a memória, a audição e o compartilhamento das idéias. Todas estas eram consideradas habilidades funcionais e úteis.

A definição do que significa funcional precisa ser ampliada para incluir ciências, artes, música, história, literatura inglesa e outras matérias. Todos os alunos precisam dominar o que puderem nessas áreas acadêmicas e usar o seu conhecimento para melhorar sua qualidade de vida com seus pares na comunidade. Ao contrário dos argumentos de alguns (p. ex., Brown *et al.*, 1990), aprender história, geografia, ciências e matemática com os colegas é funcional e, a longo prazo, do maior interesse para todos os alunos, incluindo aqueles classificados como portadores de deficiências intelectuais importantes. Embora nem todos possam aprender a mesma quantidade de coisas ou ter o mesmo nível de conhecimento nessas áreas acadêmicas, qualquer coisa que seja adquirida é válida e digna. É preciso mais para a vida de qualquer um do que aprender a fazer um sanduíche ou varrer o chão. Também é importante para todos nós, independentemente das características individuais, ter uma percepção de quem somos, saber quem são nossos ancestrais e apreciar o ambiente e o mundo que nos cerca. É um erro sério subestimar ou estabelecer limitações para alguns alunos, supondo que as únicas coisas que eles podem aprender que lhes sejam úteis são como amarrar seus sapatos ou andar de ônibus. Além disso, é fundamental evitar educar um subgrupo de alunos de tal forma que eles compartilhem poucas experiências e informações comuns com as pessoas com as quais se espera que eles vivam, socializem-se e trabalhem na comunidade.

Os argumentos sobre a aprendizagem das habilidades da vida prática e vocacionais *versus* a instrução acadêmica estão desaparecendo. Muitas pessoas estão começando a enxergar a necessidade de integrar todas essas habilidades nas experiências educacionais de todos os alunos. Tem sido visto que, embora a aprendizagem acadêmica possa conduzir a uma maior competência vocacional ligada à comunidade, esta pode proporcionar mais contexto e motivação para a aprendizagem das matérias acadêmicas e de habilidades intelectuais mais elevadas (Rosenstock, 1991; Wirt, 1991).

Ryndak (no prelo) descreveu um processo de mistura de currículo para desenvolver o conteúdo do currículo individualizado para os alunos das turmas inclusivas. Esse processo baseia-se nas habilidades funcionais e apropriadas à idade incluídas na educação especial e nos currículos de educação regular. A Figura 14.1 representa uma visão ampla do processo de mistura do currículo descrita em detalhes por Ryndak. Em primeiro lugar, as informações de várias fontes são reunidas para identificar as necessidades funcionais do currículo de um determinado indivíduo. Em segundo lugar, as informações são reunidas para identificar os objetivos importantes do currículo, a partir de um inventário dos locais de educação regular e do conteúdo do currículo. Em terceiro, a equipe educacional usa essa informação para negociar os objetivos anuais para o aluno e toma uma decisão com respeito a que esquemas seriam mais adequados para atingir os objetivos.

Desafio Educacional para todos os Alunos

Se os objetivos ou as atividades curriculares são muito facilitados pelas adaptações do currículo quando o aluno poderia, com persistência ou métodos de aprendizagem dife-

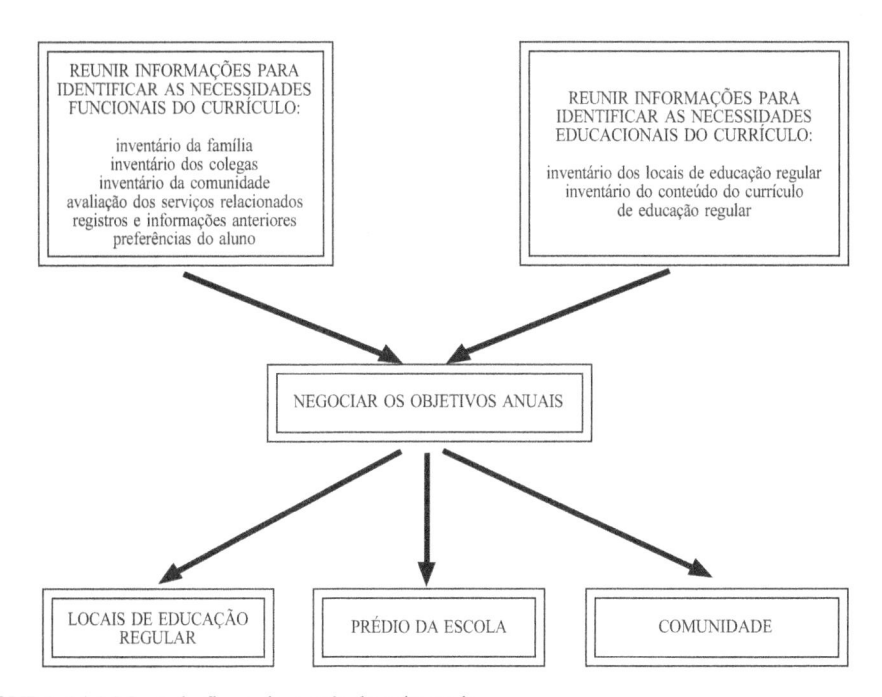

FIGURA 14.1 Mapa de fluxo do currículo misturado.

rentes, dominar oportunidades de aprendizagem mais desafiadoras, o aluno recebe um desserviço. A pesquisa tem mostrado que os alunos têm mais êxito educacional e social quando o pessoal da escola mantém altas expectativas para eles (Jones & Jones, 1986). Por isso, o currículo apresentado a *todos* os alunos deve desafiá-los a aprimorar ao máximo suas habilidades e a superar as realizações anteriores, com *os apoios e adaptações necessários*. Embora os objetivos e os métodos de ensino dos programas educacionais devam ser adaptados para satisfazer às necessidades individuais de cada aluno, altas expectativas e desafios para cada aluno, baseados em suas próprias capacidades e necessidades, são essenciais para proporcionar a cada aluno uma educação de qualidade.

CONCLUSÃO

A principal razão para a inclusão *não* é que os alunos previamente excluídos estarão necessariamente se tornando proficientes em socialização, história ou matemática, embora seja óbvio que nas turmas inclusivas há mais oportunidades para todos crescerem e aprenderem. Ao contrário, a inclusão de todos os alunos ensina ao aluno portador de deficiências e a seus colegas que todas as pessoas são membros igualmente valorizados da sociedade, e que vale a pena fazer tudo o que for possível para poder incluir todos na nossa sociedade. O modo previamente aceito de se lidar com as diferenças nas pessoas era a segregação, que comunica a mensagem de que não queremos aceitar todos e que algumas pessoas não são dignas de esforços para serem incluídas. Como declarou Forest (1988), "Se realmente queremos que alguém faça parte das nossas vidas, faremos o que for preciso para receber bem essa pessoa e acomodar suas necessidades" (p. 3).

NOTA
[1] Partes do que é apresentado neste capítulo baseiam-se em material previamente publicado em Stainback, W. & Stainback, S. (1992). Using curriculum to build inclusive classrooms. *In* S. Stainback & W. Stainback (Eds.), *Curriculum considerations in inclusive classrooms: Facilitating learning for all students* (p. 65-84). Baltimore: Paul H. Brookes Publishing Co.

REFERÊNCIAS BIBLIOGRÁFICAS

Alper, S. & Ryndak, D. (1992). Educating students with severe handicaps in regular classes. *Elementary Schools, 92*, 373-388.
Brown, L., Schwartz, P., Udvari-Solner, A., Kampschroer, E., Johnson, F., Jorgensen, J. & Gruenewald, L. (1990). *How much time should students with severe intellectual disabilities spend in regular education classrooms and elsewhere?* Madison: University of Wisconsin, Department of Behavioral Studies.
Falvey, M. (Ed.). (1995). *Inclusive and heterogeneous schooling: Assessment, curriculum, and instruction.* Baltimore: Paul H. Brookes Publishing Co.
Ford, A. & Davern, L. (1989). Moving forward with school integration. *In* R. Gaylord-Ross (Ed.), *Integration strategies for students with handicaps* (p. 11-31). Baltimore: Paul H. Brookes Publishing Co.
Forest, M. (1988). Full inclusion is possible. *Impact,* 1, 3-4.

Giangreco, M., Cloninger, C. & Iverson V.S. (1993). *Choosing options and accommodations for children: A guide to planning inclusive education*. Baltimore: Paul H. Brookes Publishing Co.
Jones, V. & Jones, L. (1986). *Comprehensive classroom management*. Boston: Allyn & Bacon.
O'Hara, M. (1988). *My friend Flicka*. Nova York: HarperCollins.
Rosenstock, L. (1991). The walls come down: The overdue reunification of vocational and academic education. *Phi Delta Kappan, 72*, 434-436.
Ryndak, D. (no prelo). The curriculum content identification process. *In* D. Ryndak & S. Alper (Eds.), *Curriculum content for students with moderate to severe disabilities in inclusive settings*. Boston: Allyn & Bacon.
Seligman, M. (1975). *Helplessness: On depression, development and death*. San Francisco: W.H. Freeman.
Sommerstein, L., Schooley, R. & Ryndak, D. (19 de Novembro, 1992). *Including students with moderate or severe disabilities in general education settings*. Artigo apresentado na conferência regional anual do Genessee County Special Education Training and Resource Center, Genessee, NY.
Stainback, W. & Stainback, S. (Eds.). (1990). *Support networks for inclusive schooling: Interdependent integrated education*. Baltimore: Paul H. Brookes Publishing Co.
Stainback, S. & Stainback, W. (Eds.). (1992). *Curriculum considerations in inclusive schools: Facilitating learning for all students*. Baltimore: Paul H. Brookes Publishing Co.
Strully, S. & Strully, C., (1989). Friendships as an educational goal. *In* S. Stainback, W. Stainback & M. Forest (Eds.), *Educating all students in the mainstream of regular education* (p. 59-68). Baltimore: Paul H. Brookes Publishing Co.
Sylvester, D. (Outubro, 1987). *A parent's perspective on transition: From high school to what?* Artigo apresentado na Least Restrictive Environment Conference, Burlington, VT.
Thousand, J.S., Villa, R.A. & Nevin, A.I. (Eds.). (1994). *Creativity and collaborative learning: A practical guide to empowering students and teachers*. Baltimore: Paul H. Brookes Publishing Co.
Wirt, J. (1991). A new federal law on vocational education: Will reform follow? *Phi Delta Kappan, 72*, 425-433.

15

Planejando Currículos Inclusivos desde o Início:
Estratégias e Exemplos Práticos para Salas de Aula do Ensino Médio[1]

Cheryl M. Jorgensen

NO CAPÍTULO ANTERIOR foram discutidos o planejamento e a adaptação do currículo escolar, tanto no nível fundamental quanto médio, para satisfazer às necessidades de todos os alunos. Neste capítulo enfocamos o planejamento de currículos inclusivos especificamente para alunos do ensino médio, um tópico sobre o qual pouco foi publicado até agora. O capítulo divide-se em quatro partes. Na Parte 1, letras de canções de Billy Joel são usadas para iniciar a discussão sobre o desenvolvimento de um currículo inclusivo para o nível secundário. Na Parte 2, são delineadas as bases do planejamento do currículo, e muitos exemplos práticos do cotidiano também são discutidos. A Parte 3 concentra-se nas estratégias de desenvolvimento profissional para dar apoio aos professores que desejam adotar esta inovação. A Parte 4 discute as dificuldades ainda encontradas no desenvolvimento de currículos inclusivos.

PARTE 1: O QUE UMA CANÇÃO DE BILLY JOEL TEM A VER COM O DESENVOLVIMENTO DE CURRÍCULOS INCLUSIVOS PARA O ENSINO MÉDIO

Na Souhegan High School, em Amherst, New Hampshire, e em outras escolas da Coalizão das Escolas Essenciais (Sizer, 1992), materiais de ensino estimulantes e o uso de um processo sistemático de planejamento de currículo podem acomodar a diversidade entre os alunos desde o início, em vez de através de posterior "modificação", "remediação" ou "enriquecimento". (A Tabela 15.1 exibe os princípios das escolas da Coalizão e a declaração da missão singular da Souhegan.)

TABELA 15.1 Princípios da Coalizão das Escolas Essenciais e declaração da missão da Souhegan High School

Princípios da Coalizão das Escolas Essenciais
1. Concentrar-se em ajudar os alunos a usarem bem sua capacidade mental
2. Objetivos simples, porém claros
3. Aprendizagem interdisciplinar
4. Personalização e independência
5. O aluno como um trabalhador
6. O professor como um mediador
7. O diploma reflete a aquisição de habilidades e de conhecimentos baseados no desempenho dos alunos
8. Uma ética de crescimento, desenvolvimento e investigação
9. Uma comunidade justa, que reflita princípios democráticos.

Declaração da missão
A Souhegan High Scholl aspira a ser uma comunidade de aprendizes nascida do respeito, da confiança e da coragem.
Nós, conscientemente, comprometemo-nos a:

Desenvolver os talentos, as paixões e as intenções específicos de um indivíduo.
Desenvolver e capacitar a mente, o corpo e o coração.
Desafiar e expandir os limites do pensamento, da tolerância e do desempenho.
Inspirar e honrar a participação ativa da família, da nação e do mundo.

Extraída do Programa de Estudos da Souhegan High School, 1994-1995.

A canção "We Didn't Start the Fire",* de autoria de Billy Joel (1989), foi usada por uma equipe de professores da Souhegan para ensinar aos alunos a cultura e a história dos Estados Unidos, durante a segunda metade do século XX. As "Perguntas Essenciais" que guiaram os 89 alunos da 9ª série da Souhegan nesta unidade foram: O que é o fogo? Quem começou o fogo? Houve algum cessar-fogo? Ainda arde algum fogo? Ainda há fogo queimando ou o fogo ainda está queimando?

Em uma fria manhã de segunda-feira, em janeiro, 89 alunos reuniram-se na Equipe 9A para ouvir a canção. Cada aluno recebeu uma cópia da letra, várias cópias da canção foram reproduzidas em fita e os professores explicaram a unidade de estudo. Eles queriam que os alunos aprendessem grande parte da história cultural da América, desde a década de 1940, através de uma unidade interdisciplinar cooperativa. Para uma mostra final (uma demonstração final que mostraria o que os alunos haviam aprendido), os alunos foram solicitados a "empolgar" seus colegas e professores com uma apresentação de 15 minutos que se referisse a pelo menos duas das questões essenciais, que explicasse uma parte da letra da música e que instruísse seus colegas. O

---

* N. de T. "Nós Não Começamos o Fogo" ou "Nós Não Começamos a Atirar". *Fire*, em inglês, significa *fogo*, mas também *atirar* (com arma de fogo). Tentaremos adaptar da melhor maneira o texto que se segue, quando a autora usa a palavra *fire*.

trabalho dos alunos foi avaliado em 11 categorias que variavam desde a "demonstração do tempo de preparação" até o "uso efetivo do meio escolhido". A escala de notas incluía "excelente", "eficiente", "aceitável", "ineficiente". Os professores aplicaram notas arbitrárias, referidas como o fator de "empolgação".

Os alunos aprenderam a tecnologia do disco laser para ver o material dos eventos históricos em telejornal, exploraram o meio do CD ROM e dominaram a tecnologia de vídeo, gravando discos em fitas e colocando trilhas sonoras e voz ao fundo. Riram quando descobriram que, embora cercados por um sofisticado equipamento audiovisual, não conseguiram encontrar um toca-discos no prédio!

As exibições finais variaram desde uma sátira do "Saturday Night Live",* em que Davy Crockett e Albert Einstein visitavam o "Mundo de Wayne", até uma demonstração de um modelo da teoria do ciclo, em que cada pessoa ou evento é identificada como um problema, uma inspiração ou uma solução. Um grupo representou uma recriação da explosão da ponte sobre o rio Kwai, e outro combinou o material do filme do funeral de Nasser com música de Prokofiev. A variedade das exibições, revelando talentos na escrita dos roteiros, da narração, da representação, no desempenho musical e na cenografia – tornou a unidade particularmente inclusiva de todos os alunos da equipe.

A equipe do professor de inglês gravou os comentários de seus colegas de equipe sobre o que eles, como professores, haviam aprendido:

- Precisamos desenvolver uma nova linguagem para descrever os alunos – não LD, SPED, alto nível ou muito desviante. Esses termos não se ajustavam à nossa experiência quando planejamos um currículo baseado em soluções da vida real para situações da vida real. (Professor de Estudos Sociais)
- Embora 20% da população da nossa equipe seja rotulada como "deficiente" do ponto de vista educacional, os visitantes da nossa turma tiveram dificuldade em identificar os alunos "mais rotulados". Certamente reconhecemos a necessidade de "serviços especiais"; cada um dos nossos 89 alunos requerem em algum momento serviços especiais. (Professor de Matemática)
- Alguns de nossos alunos precisam aprender a trabalhar com os outros, e outros precisam aprender a demonstrar a aprendizagem sem ser por meio de uma caneta ou de um teste de múltipla escolha. Alguns precisam de ajuda para escrever com clareza, para compreender o que lêem, para se concentrar e realizar uma tarefa, para serem melhor organizados ou para apresentar um trabalho de maneira criativa. (Professor de Ciências)
- Nossos alunos constituem uma grande diversidade de habilidades, capacidades e interesses, mas o equilíbrio se desloca segundo a natureza das tarefas. Cada vez que lidamos com questões essenciais que exigem uma ativa participação dos alunos, ouvimos os alunos atestarem que aprenderam mais em uma semana do que teriam aprendido em um mês em aulas expositivas. Com esse testemunho tão poderoso, como podemos voltar aos nossos antigos métodos? (Professor de Educação Especial)

---

* N. de T. Popular programa de variedades da televisão norte-americana.

PARTE 2: BASES DO PLANEJAMENTO DO CURRÍCULO INCLUSIVO

Quando alunos com talentos, interesses, estilos de aprendizagem e necessidades de apoio amplamente variados são plenamente incluídos em turmas do ensino médio, o desenvolvimento do currículo e a transmissão dos conhecimentos são desafiadores. Embora a formulação de perguntas essenciais (ver Tabela 15.2) seja um trampolim para o desenvolvimento de um currículo inclusivo, outros componentes do planejamento do currículo são também necessários para garantir que todos os alunos sejam desafiados e incluídos. Tais componentes compreendem um modelo de planejamento/ensino/avaliação que pode ser usado pelos professores individualmente ou por equipes de ensino (ver Figura 15.1). Cada passo no processo de planejamento/ensino/avaliação é explicado resumidamente e os exemplos são dados a partir de uma diversidade de disciplinas para uma diversidade de alunos. (Alguns exemplos foram extraídos da experiência da autora na Souhegan High School; outros são histórias de alunos de outras escolas de New Hampshire.)

Encontro de Quatro Membros da Turma de 1996

Colleen parece passar por seu trabalho acadêmico sem erguer um dedo. É claro, no entanto, que ela fica entediada em algumas de suas aulas, pois fica enrolando seu longo cabelo louro em um lápis e parece frustrada com o tempo que seu grupo de estudos sociais está demorando para decidir-se sobre um tema para o seu projeto.

Amro passou os 13 primeiros anos da sua vida em turmas segregadas para alunos com deficiência. Ele se comunica com uma velocidade incrível, apontando as

TABELA 15.2 Características e exemplos das perguntas essenciais

Características

1. Ajudam os alunos a tornarem-se investigadores.
2. Envolvem o pensar, não apenas o responder.
3. Oferecem um sentido de aventura e são divertidas de explorar e responder.
4. Todos os alunos podem respondê-las.
5. Requerem que os alunos conectem diferentes disciplinas e áreas de conhecimento.

Exemplos

1. Como o perfil da América vai mudar no próximo século?
2. Qual a sua idéia de lugar?
3. O que ter dinheiro causa às pessoas?
4. Se podemos, devemos?
5. O mundo é ordenado ou desordenado?
6. É verdade que quanto mais as coisas mudam, mais permanecem iguais?
7. Você pode ser livre se não for tratado com igualdade?
8. Como você pode afirmar que algo está vivo?

Planejando um Currículo Inclusivo Baseado no Desempenho

A. Tópico/título da unidade: _____ Tempo necessário: ____ semanas

B. Outras disciplinas com as quais esta unidade pode conectar-se: _____

C. Resultados/proficiências/habilidades: O que você espera que seus alunos se lembrem sobre esta unidade e sejam capazes de fazer daqui a um ano, quando tiverem esquecido todos os detalhes? Todos os alunos podem atingir alguns desses resultados? Os resultados levam em consideração a diversidade dos alunos?

1. _____
2. _____
3. _____
4. _____
5. _____
6. _____
7. _____
8. _____

D. Perguntas essenciais – elas são o "gancho" que prende os alunos à vontade de aprender. Todos os alunos podem responder a algumas dessas perguntas? Elas são provocativas? Envolvem o pensar, não apenas o responder? Proporcionam oportunidades para os alunos começarem a unidade a partir da sua própria experiência ou conhecimento anteriores?

1. _____
2. _____
3. _____
4. _____

E. As exibições baseadas no desempenho – maneiras pelas quais os alunos podem demonstrar que entendem o material e desempenham as habilidades da unidade. O que os alunos podem produzir que seria interessante e útil para outras pessoas? Qual é o público natural para o trabalho dos alunos? Há opções para alunos que têm estilos de aprendizagem e talentos diferentes?

1. _____
2. _____
3. _____
4. _____

F. Atividades, materiais e recursos: Estas atividades incluem oportunidades para os alunos utilizarem "inteligências" ou talentos diferentes? As atividades são centralizadas no aluno, exigindo que ele realize o "trabalho" de aprender? Os materiais e os recursos da aprendizagem são representativos de diferentes níveis de leitura e estilos de aprendizagem?

Atividade   *Recursos materiais necessários*

1.
2.
3. _____

(continua)

FIGURA 15.1 Formulário para o planejamento de currículo inclusivo baseado no desempenho.

FIGURA 15.1 *(continuação)*

G. Planejamento para alunos com grandes desafios de aprendizagem:
Aluno: _____
Objetivos prioritários da aprendizagem:
1. _____
2. _____
3. _____
4. _____

Tecnologia e materiais necessários:
1. _____
2. _____
3. _____
4. _____

H. Planos de aula – o programa das aulas ou atividades que serão oferecidas para ajudar os alunos a aprenderem sobre um tópico. Há oportunidades para os alunos aprenderem a colaborar? O principal teor do currículo é apreendido pelos alunos por meio do pensamento ativo, da especulação, de pesquisa, de debates, de discussões e de respostas, e não por meio de aulas expositivas ministradas pelos professores? Há muitos meios disponíveis através dos quais os alunos podem descobrir novas informações e idéias? Há apoio suficiente disponível para os alunos dentro e fora da classe?

Dia	Segunda	Terça	Quarta	Quinta	Sexta
1ª semana					
2ª semana					
3ª semana					

I. Como o trabalho do aluno será avaliado? Padrões e exemplos de trabalho de qualidade foram discutidos com os alunos? Os alunos terão a oportunidade de refletir e julgar sua própria aprendizagem? Um grande público está envolvido na avaliação do trabalho do aluno? Os comentários refletem sugestões construtivas que conduzirão os alunos a aumentarem seu interesse pela aprendizagem? As notas são dadas tendo por base expectativas individualizadas e não a comparação do trabalho de um aluno com o de outro?

O portfólio para esta unidade consiste dos seguintes itens (lição de casa, testes, exibições):
1. _____
2. _____
3. _____
4. _____
5. _____
6. _____

(continua)

FIGURA 15.1 *(continuação)*

Lições de Casa
1. _____
2. _____
3. _____
4. _____

Testes
1. _____
2. _____
3. _____
4. _____

Mostra 1
Descrição: _____

Resultado/proficiência/habilidade	Rubrica
	1. 2. 3. 4.
	1. 2. 3. 4.
	1. 2. 3. 4.
	1. 2. 3. 4.

letras em um quadro do alfabeto – o mesmo quadro que o acompanhou no campo, durante o outono, quando ele deu a partida em seu primeiro jogo de futebol. Amro tem grande dificuldade para lembrar fatos e detalhes sobre as matérias que estuda, mas não tem dificuldade para fazer conexões entre alguns tópicos gerais (p. ex., escravidão) e a sua própria vida.

    Brandon demora muito tempo para se deixar conhecer, mas ele tem um senso de humor agudo e uma personalidade divertida. No ano passado, uma aula de ciências do 1º ano do ensino médio aconteceu no rio Souhegan, para os alunos colherem amostras de água, e a professora de matemática levou Brandon nas costas pelos campos enlameados. A professora teve de rir, porque Brandon estava com as mãos tão firmemente agarradas no pescoço dela, que ela disse: "Brandon, agarre firme, mas não cubra meus olhos ou ficaremos em apuros". As mãos de Brandon instantaneamente se ergueram até os olhos dela. Este incidente mostra bem quem é Brandon, mas muitos de seus dias na escola não são felizes para ele. Às vezes ele consegue articular-se através da comunicação facilitada, mas há dias em que o seu silêncio é muito frustrante, tanto para ele quanto para aqueles que o cercam.

Andrew fez sua primeira apresentação na turma ano passado, no 1º ano do ensino médio. Ele escreveu um poema de quatro estrofes sobre carros, entrou com ele em um computador e o ilustrou com desenhos complicados de uma corrida de Fórmula-1. Andrew consegue somar e subtrair até 20, usa uma calculadora para as multiplicações e divisões, e lê em um nível de segunda série. Está em constante risco de sair da escola e precisa desenvolver uma formação geral para o trabalho e também habilidades adicionais de alfabetização e vocacionais antes de se formar.

Planejamento Retroativo para o Currículo Inclusivo

O processo pelo qual um professor ou uma equipe de professores desenvolve uma unidade curricular que acomode a diversidade entre os alunos em geral segue os passos delineados na Figura 15.1 (Fried & Jorgensen, 1994). O planejamento retroativo significa simplesmente que o planejamento do currículo começa com a identificação dos resultados que os professores querem que os alunos demonstrem, e que os detalhes básicos do currículo – o planejamento de cada aula e a seleção dos materiais didáticos – são determinados a partir dos resultados e das perguntas essenciais que guiam a unidade.

A. Tópico/Título da Unidade. Em um inverno, quando a Equipe 9B da Souhegan High School decidiu ensinar uma unidade interdisciplinar, cada professor da equipe fez uma breve apresentação do conteúdo do currículo que ele introduziria aos alunos no decorrer do mês seguinte. Os professores não sabiam para onde este conjunto de informações iria conduzir, mas estavam abertos a sugestões:

"Não quero ser egoísta", começou o professor de Estudos Sociais, "mas o Estado de New Hampshire exige que todos os alunos da 9ª série tenham uma unidade sobre economia, e eu simplesmente não sei onde vamos inserir essa unidade. Preciso lidar com dinheiro, distribuição de riqueza, e as forças micro e macro da teoria econômica."

"Eu estava planejando dar algo sobre os ecossistemas", disse o professor de Ciências. "Provavelmente usando a floresta tropical como exemplo, pois tenho algumas idéias que venho reunindo de várias comemorações do Dia da Terra e da minha viagem à Costa Rica. Quem sabe algum tipo de unidade que tenha a ver com o impacto negativo do desmatamento da floresta tropical brasileira pudesse nos ajudar a ligar algumas de nossas disciplinas?"

A professora de Inglês da equipe achou que, independentemente da unidade que escolhessem, ela poderia identificar literatura ligada ao tema. Aproveitando a idéia da unidade econômica, ela disse: "Sabem, eu usei *Raisin in the Sun* [Hansberg] e *Working*, de Studs Terkel, com os alunos da 9ª série para lhes dar uma idéia de algumas questões econômicas associadas à pobreza e à classe social."

O professor de Matemática disse, "Estou tão frustrado com meu livro didático do currículo de matemática integrada! Adoraria simplesmente ignorá-lo durante um mês e fazer algo real sobre gráficos, modelos de computador, taxas de juros e proporção que se adequasse às idéias das unidades de economia e ecossistemas. Vocês podem contar comigo para unir o que fazemos em matemática às demandas da mostra final."

O professor de apoio da equipe, disse: "Sabem, uma das técnicas mais eficazes que já usei para conseguir que os garotos entendessem algumas questões relacionadas à distribuição de riqueza e aos recursos naturais foi fazê-los viver a experiência de um "banquete de fome". A Oxfam tem alguns materiais que poderíamos usar para nos ajudar a planejá-lo. Poderia ser uma grande motivação para uma unidade centralizada no impacto econômico e ambiental do desmatamento da floresta tropical brasileira. Posso imaginar todos os tipos de atividades incríveis e as práticas que poderíamos fazer com os garotos, que usassem os talentos de cada membro da nossa equipe e realmente os fizesse trabalhar juntos. O que vocês acham?"

Estavam plantadas as sementes de uma unidade curricular interdisciplinar!

B. Conectando a Unidade a Outras Disciplinas. Essa equipe tinha experiência em trabalhar junto e, conversando, conseguiu chegar a um acordo entre seus membros. Outra técnica para se descobrir a justaposição entre as disciplinas é extrair uma matriz dos resultados ou proficiências de cada disciplina que participa da unidade e então selecionar questões ou problemas atuais e provocativos que poderiam exigir que os alunos aplicassem as habilidades dessas disciplinas para resolver o problema ou lidar com a questão de uma maneira abrangente.

C. Resultados/Proficiências/Habilidades. Muitos educadores estão preocupados com o que os alunos precisam saber e serem capazes de fazer quando se formam no ensino médio. Na Souhegan High School, por exemplo, os resultados obtidos pelas disciplinas têm sido adotados pelo Conselho de Educação local e pelo Conselho de Educação do Estado de New Hampshire. Dentro de cada unidade, os professores identificam os resultados prioritários para os quais vão voltar sua atenção. Na unidade interdisciplinar "Vidas de uma Célula", os objetivos finais incluíam: 1) adquirir e integrar informações fundamentais (conteúdo específico de ciências e de inglês), 2) interpretar e sintetizar as informações, 3) expressar claramente as idéias, 4) comunicar-se eficientemente através de vários meios, 5) esforçar-se para atingir os objetivos do grupo e 6) automonitoramento do comportamento individual dentro do grupo.

Evidentemente, os professores tinham expectativas diferentes para os alunos apresentados no início desta parte – Colleen, Amro, Brandon e Andrew. Esperavam que Andrew conseguisse entender as funções das diferentes estruturas das células, e que Colleen pudesse descrever como a função relacionava-se de maneira singular à estrutura e à forma. Se Brandon conseguisse atuar durante toda uma aula sem tentar arranhar outro aluno ou seu mediador, ele conseguiria um A no objetivo 6. Amro conseguiria facilmente uma boa nota no objetivo 5, devido à sua capacidade para inspirar ordem e organização em seu grupo. Atingir esse objetivo era muito difícil para Colleen e, no início do projeto de grupo, os professores não esperavam que ela conseguisse cooperar bem.

D. Perguntas Essenciais. Como já foi descrito, perguntas essenciais são perguntas, afirmações ou problemas abrangentes que exigem que os alunos apliquem o conhecimento de vários domínios diferentes. Por exemplo, dois professores trabalharam juntos em uma unidade sobre a Guerra Civil em torno da pergunta "O que Significa Ser Livre?" Um dos professores contou:

> Alguns alunos da minha turma poderiam responder a esta pergunta usando informações de suas leituras sobre a Guerra Civil e pensando sobre o processo dos direitos civis nos Estados Unidos. Um ou dois alunos da minha turma tiveram de abordar essa questão primeiro a partir da sua própria perspectiva pessoal. Amro sabe que é tratado de forma diferente dos seus irmãos e tem uma forte opinião sobre isso. Se partirmos da sua experiência pessoal, será um pouco mais fácil para ele estabelecer uma conexão com a Guerra Civil. (Fried & Jorgensen, 1994, p. 22)

Imaginamos que qualquer aluno pode encontrar uma maneira de responder a esta pergunta essencial. Alguns alunos poderiam ter demonstrado que compreenderam os inter-relacionamentos complexos entre os direitos dos estados e a economia da escravidão, escrevendo editoriais em oposição aos jornais de Boston e Atlanta de 1860. Outra aluna poderia ter mostrado seu entendimento da liberdade no primeiro dia em que usou um dispositivo de comunicação que produz voz para se comunicar.

E. Exibições Baseadas no Desempenho. A conclusão da primeira parte do processo de planejamento do currículo é a descrição das exibições que os alunos produzem para demonstrar o que aprenderam. A palavra que descreve isso – "exibição" – intencionalmente indica ação. Alguns exemplos de exibir na Souhegan High School foram: 1) participar de um dia inteiro de conferência ambiental, em que os alunos desenvolveram e apresentaram suas posições sobre o desmatamento da floresta tropical brasileira; 2) escrever uma carta para um aluno 30 anos no futuro, descrevendo o progresso nos direitos civis para os afro-americanos, 3) representar uma peça e produzir um vídeo, descrevendo um dos principais processos de vida que ocorrem em uma célula, e 4) preencher os formulários de imposto de renda da família.

Na unidade "O que Significa Ser Livre?", Amro aprendeu que as pessoas têm pele de cores diferentes umas das outras (ele nunca havia percebido isso antes) e que há um longo tempo algumas dessas pessoas foram escravos. Ele conseguiu entender como eram suas vidas, comparando a falta de liberdade deles com algumas de suas próprias experiências como um aluno com deficiência que estava segregado em uma turma de educação especial e que ainda não tinha algumas liberdades que seus colegas "normais" possuíam. Para sua exibição baseada no desempenho, Amro fez uma colagem descrevendo pessoas de diferentes origens étnicas convivendo pacificamente, com uma legenda impressa por computador que dizia "As Pessoas São Livres".

F. Atividades, Materiais e Recursos. As perguntas da Parte F da Figura 15.1 proporcionam aos professores uma indicação clara sobre o planejamento das atividades e dos materiais didáticos adequados para os diversos grupos de alunos. O exemplo a seguir ilustra como a escolha da metodologia de ensino afeta a adaptabilidade das aulas para todos os alunos.

A professora de Biologia usou uma atividade prática para ajudar os alunos a aprenderem as regras que regem o fenômeno da evolução conhecido como seleção natural. Ela sabia que os alunos se beneficiariam mais da descoberta dos princípios envolvidos na seleção natural do que apenas lendo sobre as experiências e memorizando fórmulas. Nesta aula, os alunos trabalharam com uma espécie hipotética (pequenos quadrados de papel de rascunho) em um ambiente hipotético (um jornal espalhado em uma mesa de laboratório). Para começar a atividade, os elementos das espécies com características diferentes – quadrados de papel vermelhos, quadrados de papel brancos e quadrados de jornal – foram espalhados por todo o ambiente (a folha de jornal). De uma maneira aparentemente casual, um membro de um grupo de quatro alunos "capturou" membros da população. Outro membro do grupo mantinha um registro do número e do tipo dos elementos remanescentes após cada "caçada". Após um número prescrito de caçadas, os alunos estudaram seus dados, e os dois outros membros do grupo registraram as respostas às seguintes perguntas: Alguma das três espécies tem mais sobreviventes que as outras duas? Os indivíduos vermelhos eram adequados ou inadequados ao seu ambiente? Você pode escrever uma fórmula que represente o que aconteceu nesta experiência? A aparência é a única característica que determina se um indivíduo ou um animal está adaptado ao seu ambiente? Nesta atividade, os alunos que tinham habilidade em matemática podem trabalhar no desenvolvimento da fórmula. Os alunos que têm dificuldade para compreender fórmulas abstratas podem achar mais fácil compreender as leis da seleção natural, observando e experimentando o processo em sala de aula. Se os objetivos de aprendizagem de outra aluna incluíam comunicação, seqüenciação, seguir instruções e uso de habilidades motoras finas, ela também poderia participar desta atividade. Como a própria estrutura da atividade requer a aplicação de muitos tipos de habilidades para resolver com sucesso o problema, ela é inerentemente "inclusiva".

G. Planejamento para Alunos com Grandes Desafios de Aprendizagem. Uma escola só é realmente inclusiva se cada aluno, incluindo aqueles com deficiências importantes, puder participar da aprendizagem e se esforçar para atingir resultados desafiadores. Com relação aos alunos com deficiências importantes, a estrutura de planejamento do currículo deve considerar suas necessidades de aprendizagem individual, concentrando a atenção dos professores no apoio e nas adaptações necessárias para cada aluno participar plenamente da unidade e atingir seus objetivos de aprendizagem (Tashie *et al.*, 1993). Alguns exemplos de apoios e acomodações individualizados são apresentados na Tabela 15.3.

Para planejar o currículo inclusivo, os professores devem fazer a si mesmos várias perguntas. A primeira é: *o aluno pode participar desta aula da mesma maneira que os outros alunos?* Freqüentemente, até os alunos com deficiências mais graves podem participar de muitas aulas e atividades sem apoio ou acomodação especiais. A segunda é, se o aluno é incapaz de participar plenamente sem acomodação, *que tipos de apoio e/ou modificações são necessários para a plena participação do aluno nesta*

TABELA 15.3 Exemplos de apoios e acomodações individualizados

Exemplos da participação do aluno sem apoio extra:
Amro conseguiu participar da aula de seu *chef* com muito poucas modificações, e ganhou um A.

Brandon conseguiu participar de atividades cooperativas no curso de cordas (uma atividade em que as pessoas tentam realizar tarefas físicas desafiadoras, muitas das quais requerem cooperação para serem executadas com sucesso) porque o apoio e a escolha para todos os alunos são inerentes à atividade.

Exemplos de apoios "de pessoas" que facilitam a plena participação:
Brandon tem uma deficiência visual e precisou que os materiais escritos fossem lidos para ele ou bastante ampliados.

Em uma aula de estudos sociais, os alunos trabalharam em pequenos grupos para representar uma sátira curta descrevendo os sem-teto, tema que haviam estudado durante várias semanas. Quando foi a vez de Amro dizer suas falas, um colega do seu grupo sussurrou as palavras ao seu ouvido, uma a uma, e ele as repetiu para a classe.

Shawna precisou de alguém para segurar sua mão enquanto ela introduzia os dados no computador em uma aula de teclado.

Exemplos de modificação dos materiais para facilitar a participação plena:
As falas de Jessica na aula de teatro foram gravadas por uma colega. Durante a apresentação da turma, ela apoiava sua cabeça contra um botão conectado a um gravador, que reproduzia suas falas nos momentos adequados.

Amro usava várias estratégias de comunicação e tecnologia (simples e sofisticada), dependendo da situação. Fazia sua lição de casa em um computador *laptop*. Às vezes a professora solicitava-lhe que escolhesse entre duas respostas, levantando suas mãos e pedindo-lhe que tocasse "esta mão para betuminoso ou esta mão para ígneo". No corredor, Amro cumprimentava os amigos com um aceno, erguendo a mão ou movendo a aba do seu boné. Durante as discussões em pequeno grupo, ele soletrava as palavras em um quadro laminado com letras de plástico, que eram então lidas por um colega ou pela assistente da turma.

Brandon realizava os testes de múltipla escolha apontando as letras *a, b, c* ou *d* escritas nos quatro quadrantes de um quadro portátil. Um assistente de ensino lia a pergunta e as escolhas de resposta, mas a folha de respostas precisava ser adaptada para que ele pudesse participar.

Os colegas de Brandon da turma de biologia da 10ª série aprenderam a ser observadores astutos dos fenômenos naturais. Eles caminhavam pelo bosque até às margens de um rio próximo e faziam desenhos pequenos, médios e grandes do que viam na margem do rio. Brandon não conseguia usar suas mãos para desenhar e, por isso, usava uma cópia dos desenhos de outro aluno para acompanhar as atividades da classe.

Exemplos de expectativas modificadas para facilitar a plena participação:
Matt estava em uma turma de biologia da 10ª série e não conseguia compor frases. Durante as experiências de laboratório, ele era responsável pela organização da bandeja de dissecção do seu grupo e por levá-la até o laboratório. Ele tirava fotos dos vários passos das experiências e, com a ajuda de outro membro do grupo, colava-as no caderno de laboratório do grupo, acompanhando o relato escrito correspondente.

A professora de Amro estava conduzindo uma unidade de estudo de geometria. Freqüentemente, desenhava figuras geométricas no quadro e, enquanto explicava os teoremas associados à figura, Amro era solicitado a soletrar o nome da figura em seu quadro de letras e indicar os lados mais curtos ou mais compridos. Seus objetivos em matemática eram específicos às suas necessidades de aprendizagem.

Embora Taryn participasse tão plenamente quanto qualquer outro aluno das turmas da 10ª série, seus objetivos de aprendizagem prioritários não incluíam o conteúdo das aulas de ciências, estudos sociais, inglês e matemática. Nas aulas de ciências, os alunos categorizavam as plantas por espécie, reino, filo e ordem. Os nomes das plantas da mesma espécie eram colocados no cartaz vermelho, aqueles do mesmo reino no cartaz verde, os do mesmo filo no cartaz azul e os da mesma ordem no cartaz amarelo. Os objetivos de Taryn eram escolher as plantas pela cor. Ela tinha muitas oportunidades de usar suas habilidades motoras finas nesta atividade, e às vezes olhava com expectativa pedindo ajuda a um colega da mesa, quando não conseguia alcançar um cartão. Trabalhou nesta atividade enquanto seu grupo estudou para um teste sobre o sistema de classificação das plantas.

aula? Alguns alunos podem não conseguir participar independentemente, mas podem participar com o apoio dos colegas ou de um adulto. Para muitos alunos é necessário modificar os materiais usados na aula para sua plena participação. Essas modificações podem incluir adaptações do ambiente de aprendizagem ou dos materiais de aprendizagem, ou a provisão de tecnologia de apoio.

A terceira pergunta é: *que expectativas devem ser modificadas para garantir a plena participação do aluno nesta aula?* Modificar as expectativas significa mudar 1) a maneira como os alunos demonstram o que sabem, 2) a quantidade ou o padrão de trabalho geralmente esperados ou 3) os objetivos da aprendizagem prioritários de uma determinada aula. Por exemplo, em vez de usar o tradicional relatório escrito, os alunos podem demonstrar o que sabem através dos seguintes produtos ou projetos: videotapes ou *slides*, quadros de avisos, livros de cozinha ou receitas, exposições ou vitrines, faixas, álbuns de fotografias, diários ou jornais, canções ou outras produções musicais, quadrinhos ou exemplos. A quantidade ou qualidade da produção exigida pode ser modificada, por exemplo, solicitando-se que o aluno resolva alguns problemas para demonstrar o domínio da matéria, determinando um padrão de qualidade diferente (precisa conseguir 50% de acertos, em vez de 100%, para passar para a próxima série de problemas), ou dando a um aluno mais tempo para terminar uma atribuição. Os objetivos da aprendizagem prioritários podem ser modificados, adaptando-se o conteúdo ou concentrando-se mais intensamente na comunicação, no movimento e nas habilidades organizacionais e/ou sociais incorporadas na unidade.

H. Planos de Aula. Neste ponto do processo de planejamento, os professores estão prontos para sentar-se com seus livros didáticos e planejar exatamente o que farão diariamente no decorrer da unidade de estudo. A programação das aulas e das atividades começa com a identificação de uma data-meta para as exibições dos alunos e depois com o planejamento das aulas que conduzirão a tais exibições.

Por exemplo, a Equipe 10C da Souhegan High School planejou uma unidade sobre "Evolução/Direitos Civis" baseada na pergunta essencial: A mudança é necessária para a sobrevivência? A Tabela 15.4 apresenta um esboço de um plano de aula de três disciplinas, para uma semana, referente à unidade.

I. Avaliação. Cada escola tem um conjunto único de restrições, segundo o qual a avaliação do trabalho de um aluno deve se desenvolver, isto inclui o julgamento profissional de professores, planos de ação do conselho escolar local, currículos e/ou exigências estaduais para avaliação de exames nacionais (p. ex., SATs), e exigências para a aceitação em programas de treinamento e educação pós-secundários. O desafio mais difícil da avaliação em uma escola inclusiva, entretanto, é fundir a filosofia e as práticas de valorização das necessidades de aprendizagem de todas as crianças com uma expectativa de excelência de aprendizagem igualmente valiosa. Uma abordagem de duas frentes para a avaliação forma a estrutura desta fusão bem-sucedida.

O primeiro componente do processo de avaliação baseia-se nas múltiplas fontes de evidência, escolhidas pelos alunos e pelos professores, que determinam a proficiência de um aluno no domínio dos resultados da unidade. Por exemplo, se for dada a opção de demonstrar o conhecimento de maneira individualizada e com apoio dos

TABELA 15.4 Plano de aula de três disciplinas, para uma semana, referente à unidade "Evolução/Direitos Civis"

Dia	Disciplina		
	Ciências	Estudos Sociais	Inglês
Segunda-feira	Conduzir uma reunião da comunidade para explicar a unidade	Responder às perguntas essenciais no diário	Ler e discutir *Inherit the Wind*
Terça-feira	Ler artigos e estruturar a pergunta	Ler as fontes originais da década de 1860	Ler e discutir o tema em pequenos grupos; cada dia grupos pequenos vão assistir ao filme
Quarta-feira	Assistir ao filme sobre Mendel e Darwin	Fazer em equipe mapas semânticos das opiniões	Ler e discutir em pequenos grupos as personagens
Quinta-feira	Discutir a teoria e a atividade da seleção natural	Experimentar as condições dos navios de escravos	Designar os papéis para a experiência
Sexta-feira	Reunir as equipes na exibição	Aula expositiva sobre a questão dos direitos dos Estados	Praticar trechos da experiência em pequenos grupos

professores, Steve poderá descrever a importância relativa dos quatro principais fatores que desencadearam a Guerra Civil? Taryn, usando tecnologia de apoio e com a orientação de seus parceiros de laboratório, poderá pressionar um botão que opera a centrífuga? Todos os alunos, se receberem dos professores instrução e informações, poderão trabalhar cooperativamente para produzir sua mostra final?

Para cada principal habilidade ou resultado, os professores e os alunos, juntos, precisam também desenvolver uma rubrica para julgar as demonstrações desse resultado. Usando um exemplo muito simples, poderia ser usada a seguinte rubrica de quatro níveis para o aluno dominar a mecânica da escrita: 1 = o trabalho contém muitos erros de mecanismo de escrita – fica evidente que o trabalho em questão é um primeiro rascunho; 2 = o mecanismo da escrita está deficiente e usado com inconsistência – são claramente necessários mais um ou dois rascunhos; 3 = entre três e cinco erros por página, mas o aluno consegue corrigi-los quando eles são mostrados; e 4 = o trabalho escrito precisa de pouca ou nenhuma correção do mecanismo da escrita.

Uma questão não-resolvida na avaliação (e, finalmente, no debate relacionado ao diploma do curso secundário) é se há um padrão mínimo (talvez o Ponto 2 ou o 3 em uma rubrica de 4 pontos) de cada habilidade que um aluno deve atingir para poder passar e formar-se. A resolução deste debate de uma maneira que considere todos os alunos só vai ocorrer quando as diferenças de cada um e de todos os alunos forem consideradas e quando os professores usarem um repertório igualmente diferente de currículos, de estratégias de ensino e de materiais para responder a essas diferenças.

À medida que os alunos passam, nos Estados Unidos, de um curso para o outro e de um ano para o outro, uma lista de proficiência deve acompanhá-los, para que, quando eles se formarem, seus futuros empregadores ou funcionários das admissões do ensino superior possam avaliar o que cada um desses graduados no ensino médio sabe e pode fazer.

O segundo componente do processo da avaliação – pelo menos na maioria das escolas dos Estados Unidos – é rotular o trabalho dos alunos com uma nota. Essa nota em geral representa a posição dos alunos desde o mais proficiente até o menos proficiente. Muitos professores também tentam usar as notas para avaliar os esforços dos alunos. É fácil perceber as escolas que estão tentando ansiosamente imaginar como avaliar autenticamente o desempenho do aluno sem relegar os alunos com dificuldades de aprendizagem à "turma do C". Seus cartões de relatório usam um sistema tradicional de notas por letras, e os alunos cujos objetivos de aprendizagem em uma determinada matéria foram modificados recebem um asterisco próximo à sua nota e notas de esforço de 1 a 4.

Enquanto as escolas apoiarem (ou se conformarem em aceitar) a necessidade de classificar os alunos, o sistema a seguir poderia satisfazer a necessidade de comunicar o que os alunos sabem e podem fazer, juntamente com uma avaliação do seu esforço. As listas baseadas na proficiência ou no resultado podem ser preenchidas pelos professores na conclusão de cada exibição importante. Uma nota atribuída por letra indicaria o desempenho real do aluno com relação ao desempenho esperado (p. ex., supor que nenhum grau abaixo de C seja aceitável, com o C indicando desempenho esperado; B, melhor que o esperado; e A, desempenho excelente). Esse sistema de notas pode ser uma maneira de reconhecer as inevitáveis diferenças de desempenho entre um conjunto de alunos diferentes, mas mantém para cada um expectativas bastante elevadas. Evidentemente, o fundamental é garantir que o que é esperado de um aluno não seja nem demais – de maneira que alguns jamais tenham a satisfação de receber um A ou estar no quadro de honra – nem muito pouco – de forma que alguns alunos nunca tenham a satisfação de aprender um conhecimento importante e desafiador.

Assim, quando os alunos tiverem terminado os quatro anos de ensino médio, seus diplomas significariam que eles conseguiram pelo menos uma nota C em todas as turmas, e seus portfólios e listas de proficiência documentariam exatamente o que eles aprenderam e podem fazer posteriormente.

PARTE 3: ESTRATÉGIAS DE DESENVOLVIMENTO PROFISSIONAL PARA DAR SUPORTE AOS PROFESSORES QUE DESEJAM ADOTAR ESTA INOVAÇÃO

As estratégias a seguir foram criadas para ajudar os diretores ou os membros da comunidade escolar a evitar algumas armadilhas comuns, ao implementar os planejamentos curriculares, e para introduzir alguns suportes que os professores têm considerado úteis.

1. Inicie um debate em sua escola sobre o que você acredita ser importante que todos os alunos saibam e sejam capazes de fazer quando se formarem. Certifique-se de que as necessidades e os talentos dos alunos com deficiência estejam representados em sua discussão.
2. Determine o que seus colegas estão prontos a fazer e qual é sua maior preocupação. Não faça suposições – pergunte, observe e identifique os professores que estão dispostos a assumir riscos e a trabalhar com você para experimentar novas abordagens.
3. De algum modo, encontre tempo fora da escola para trabalhar com um pequeno número de professores (não mais que seis) no desenvolvimento de unidades inclusivas, baseadas no desempenho. A oportunidade para afastar-se das distrações no recinto da escola, desfrutar de um almoço relaxado e dar-se ao luxo de realmente pensar no ensino é citada pelos professores como o apoio mais importante que eles precisam para desenvolver unidades inclusivas e baseadas no desempenho.
4. Estabeleça um mecanismo para conseguir informações sobre a unidade de estudo que você está ensinando de um outro professor, de um diretor (não durante sua avaliação anual!), de seus alunos e/ou de um membro do corpo docente da Universidade local.
5. Use o trabalho do aluno para avaliar a sua unidade experimental. Se um número maior de alunos que o habitual conseguiu "captar", você fez algo certo! Se um aluno que esteve calado o ano todo lê duas linhas de uma apresentação, aplauda! Se o garoto rude levantou um interruptor para um aluno que não pode usar suas mãos facilmente, um pequeno milagre ocorreu. Experimente o mesmo processo com outra unidade de estudo, e veja se os resultados são similares.

Se alguma unidade (ou muitas outras) fracassou completamente em fazer os alunos trabalharem em grupos cooperativos foi um desastre, se as exibições pareceram projetos ruins da feira de ciências do ensino médio, se você terminou a unidade e não tinha como dizer se os alunos aprenderam sem aplicar um teste de múltipla escolha – analise o que aconteceu e experimente algo diferente da próxima vez. Diga a seus alunos o que você queria realizar e faça com que eles trabalhem para desenvolver opções para a próxima etapa de exibições.

PARTE 4: O QUE AINDA ESTÁ CONFUSO – CONCLUSÃO

As dificuldades no desenvolvimento de um currículo inclusivo, baseado no desempenho, parecem estar agrupadas em quatro áreas gerais.

Em primeiro lugar, precisamos conviver com uma questão não resolvida, que é saber se devem haver resultados diferentes para alunos diferentes, e se todos os alunos devem receber um diploma do curso secundário. Em segundo, implementar um planejamento de currículo e um processo de ensino como esse requer uma mudança radical nos papéis do pessoal da educação especial, que deve agora assumir as responsabilidades de desenvolver o currículo e de ser professores de disciplinas, além de proporcionar recursos e apoio para todos os alunos da escola.

Em terceiro lugar, poucos professores – de educação regular ou especial – têm experiência em trabalhar cooperativamente com os colegas de outras disciplinas. Todos podem ses beneficiados do desenvolvimento do pessoal centrado nos processos de grupo e nas habilidades cooperativas de resolução de problemas.

Finalmente, a experiência de muitas redes escolares têm mostrado que os alunos com alto desempenho e seus pais expressam maior insatisfação com o currículo definido pelas palavras *inclusivo, não-seqüenciado* e *baseado no desempenho*. Assim como as equipes precisam concentrar-se intencionalmente nos alunos com grandes desafios de aprendizagem, elas devem também indagar se têm proporcionado um desafio para todo e cada aluno da escola.

NOTA

[1] A preparação deste capítulo foi subvencionada pela Lei no. H023R20018 do U.S. Department of Education, Office of Special Education and Rehabilitative Services, Office of Special Education Programs, Division of Innovation and Development. As opiniões expressadas neste capítulo não são necessariamente as do Departamento de Educação dos Estados Unidos ou da Universidade de New Hampshire.

REFERÊNCIAS BIBLIOGRÁFICAS

Fried, R. & Jorgensen, C. (1994). Creating questions that all students can answer. *Equity and Excellence, 2* (Primavera), 22.
Joel, B. (1989). We didn't start the fire. On *Storm Front* [CD]. Nova York: CBS Records.
Silva, P. (1993). Starting the fire in the heterogeneous classroom. *Equity and Excellence, 1* (Primavera), 4-5.
Sizer, T. (1989). Diverse practice, shared ideas: The essential school. *In* H.J. Walberg & J.J. Lane (Eds.), *Organizing for learning: Toward the 21st century*. Reston, VA: National Association of Secondary School Principals.
Sizer, T. (1992). *Horace's school: Redesigning the American high school*. Boston: Houghton Mifflin.
Tashie, C., Shapiro-Barnard, S., Schuh, M., Jorgensen, C., Dillon, A., Dixon, B. & Nisbet, J. (1993). *From special to regular: From ordinary to extraordinary*. Durham: Institute on Disability/University Affiliated Program, University of New Hampshire.
Terkel, S. (1985). *Working*. Nova York: Ballantine.

16

Escolhendo Opções e Acomodações para as Crianças (COACH):
Planejamento de Currículo para Alunos com Deficiência nas Classes de Ensino Regular[1]

Michael F. Giangreco

QUANDO UM ALUNO com deficiência é colocado em uma sala de aula de ensino regular, uma das preocupações mais comuns expressadas pelas famílias e pelo pessoal da escola é a necessidade de desenvolver um plano educacional relevante que satisfaça às necessidades individuais do aluno e faça sentido no contexto do ensino regular. Este capítulo apresenta informações sobre a Escolha de Opções e Acomodações para as Crianças (Choosing Options and Accomodations for Children – COACH) (Giangreco, Cloninger & Iverson, 1993), um instrumento de planejamento destinado a ajudar as equipes em seus esforços de planejamento para cada aluno. Este capítulo divide-se em três seções principais: a descrição do COACH, a discussão dos resultados da pesquisa recente sobre o COACH (que inclui validação especializada nacional e social do COACH, informações interculturais sobre o COACH) e o que se tem aprendido sobre seu uso e o impacto sobre alunos, famílias e profissionais, e, por último, são discutidas as implicações para o uso futuro do COACH.

O QUE É O COACH?

O COACH, Escolha de Opções e Acomodações para as Crianças (Giangreco, Cloninger & Iverson, 1993), é um processo de planejamento destinado a ajudar as equipes de planejamento a identificar o conteúdo dos programas de educação individualizada para alunos com deficiências importantes nos ambientes e nas atividades do ensino regular. Embora o COACH venha sendo usado principalmente com esta reduzida população, seus conceitos e procedimentos são em geral aplicáveis para o uso com alunos que têm características muito mais variadas, com pequenas adaptações no seu conteúdo. O COACH baseia-se em uma série de seis princípios básicos, assim como em um conjunto de cinco Resultados de Vida Valorizados (ver Tabela 16.1). Os Resultados de Vida Valorizados incluídos no COACH foram originalmente gerados através de entrevistas com 28 famílias de pessoas com deficiências graves e múltiplas (Giangreco, Cloninger, Mueller, Yuan & Ashworth, 1991) e foram mais tarde validados como importantes indicadores de uma vida de qualidade por mais outras 44 famílias (Giangreco, Cloninger, Dennis & Edelman, 1993).

O COACH é organizado em três partes principais. A Parte 1 (Entrevista de Priorização Familiar) é usada para identificar um pequeno conjunto de resultados de aprendizagem prioritários para o aluno. Tais resultados de aprendizagem prioritários são individualizados e selecionados pela família, tendo como base o impacto proposto sobre os Resultados de Vida Valorizados. A Parte 2 (Definição dos Componentes do Programa Educacional) é usada para 1) traduzir os resultados de aprendizagem prioritários selecionados pela família em metas e objetivos de um programa educacional individualizado (PEI), 2) ajudar a equipe inteira (que inclui a família) na identificação de outros resultados de aprendizagem importantes, além daqueles selecionados pela família, e 3) determinar os apoios e as acomodações gerais a serem proporcionados ao aluno, para permitir o acesso e a participação no programa de educação. Esta parte do COACH assegura que a seleção de um pequeno conjunto de prioridades não limite desnecessariamente a amplitude das oportunidades de aprendizagem do aluno e documente explicitamente os conteúdos do programa de educação em um formato sucinto (isto é, um Programa Resumido) para o uso prático da equipe da sala de aula. A Parte 2 presta um auxílio adicional aos membros da equipe, distinguindo entre os resultados

TABELA 16.1 A base do COACH

Princípios Básicos
1. Buscar os Resultados de Vida Valorizados é um aspecto importante da educação.
2. A família é o alicerce fundamental de um planejamento educacional relevante e longitudinal.
3. Uma equipe de trabalho cooperativa é essencial para a educação de qualidade.
4. O planejamento coordenado depende de objetivos compartilhados, independentes das disciplinas.
5. O uso de métodos de resolução de problemas melhora a eficácia do planejamento educacional.
6. A educação especial é um serviço, não um local.

Resultados de Vida Valorizados
1. Ter um lar seguro e estável onde viver agora e/ou no futuro.
2. Ter acesso a uma variedade de lugares e envolver-se em atividades significativas.
3. Ter uma rede social de relacionamentos pessoalmente significativos.
4. Ter um nível de escolha e controle pessoal que corresponda à própria idade.
5. Estar seguro e saudável.

de aprendizagem do aluno e os apoios ou as acomodações. Particularmente com alunos portadores de deficiências importantes, a confusão relativa a esta distinção tem conduzido a conflitos entre os membros da equipe e os PEIs que são desnecessariamente passivos (Downing, 1988; Giangreco, Dennis, Edelman & Cloninger, 1994). A Parte 3 (Lidando com os Componentes do Programa Educacional em Ambientes Inclusivos) é usada para determinar as opções que lidam com os componentes do programa de educação dos alunos em ambientes de classe de ensino regular e em outros ambientes (isto é, a comunidade, os ambientes vocacionais) com pessoas sem deficiência, através do uso de uma matriz planejada e um conjunto de diretrizes para a adaptação de aulas. A Tabela 16.2 apresenta uma visão geral das várias partes do COACH.

PESQUISA SOBRE O COACH

Embora o COACH esteja publicamente disponível desde 1985, só no início da década de 1990 foi realizada uma avaliação sistemática de sua validade e de seu uso e impacto. As sete versões atualizadas do COACH, que estiveram disponíveis entre 1985 e 1993, foram influenciadas por informações extremamente valiosas prestadas por professores de educação especial, provedores de serviços especializados e pais que usaram o COACH.

Validação por Especialistas Nacionais

Há dados iniciais estabelecendo o COACH como um instrumento congruente com uma variedade de práticas educacionais centralizadas na família (Giangreco, Cloninger, Dennis & Edelman, 1993). Setenta e oito especialistas em deficiências múltiplas, todos correspondendo a critérios especificados, revisaram e avaliaram o COACH. Quarenta e oito por cento ($n = 37$) desses especialistas usaram ou analisaram versões anteriores do COACH. Trinta e sete deles eram especialistas nacionais ou estaduais, como docentes do ensino superior, coordenadores estaduais para serviços de surdos e cegos e consultores regionais de redes de assistência técnica nacional. Quarenta e um eram pessoas com experiência decorrente de envolvimento prático com alunos com deficiência, tais como pais, professores do ensino especial e regular e provedores de serviços especializados. Essas pessoas indicaram que o COACH era extremamente congruente com as características dos profissionais relacionados às famílias (Capone, Ross-Allen, DiVernere & Abernathy, 1991) e com as várias práticas de 1) colaboração entre a família e a escola, 2) planejamento cooperativo, 3) planejamento curricular, 4) responsabilidade social e 5) instrução individualizada (Fox & Williams, 1991). Elas suplementaram suas altas avaliações do COACH com comentários positivos e por escrito, referentes a seu propósito, base filosófica, conteúdo, processo e apresentação (ver Tabela 16.3). Apresentaram comentários como os seguintes:

> Acho que o aspecto mais valioso deste instrumento é o fato de ele se mover da avaliação para a implementação do programa, sem interrupção. Muitas avaliações não consideram que seu

TABELA 16.2 Visão Geral do COACH

Parte do COACH	Aspecto Divergente	Aspecto Convergente
Parte 1.1 Resultados de Vida Valorizados	Reunir informações sobre a situação atual e a situação desejada no futuro de Resultados de Vida Valorizados para determinar um contexto para o resto do COACH.	Selecionar 1 a 3 Resultados de Vida Valorizados que a família acredite que devam ser enfatizados durante o ano, como parte da experiência escolar.
Parte 1.2 Seleção das Áreas Curriculares a Serem Avaliadas	Considerar todas as áreas curriculares do COACH para determinar que áreas precisam ser avaliadas na Parte 1.	Selecionar um subconjunto das áreas curriculares do COACH para avaliar na Parte 1, aquelas que incluem as prioridades potenciais para o ano.
Parte 1.3 Listas de Atividades	Reunir informações sobre o nível de funcionamento do aluno com relação às atividades relacionadas nas áreas curriculares que estão sendo avaliadas.	Selecionar as atividades que necessitam ser trabalhadas durante o ano.
Parte 1.4 Priorização	Dentro de cada área curricular avaliada, reconsiderar todas as atividades identificadas que necessitam ser trabalhadas durante o ano.	Selecionar dentre as atividades que necessitam de trabalho aquelas que constituem prioridades potenciais e relacionar as cinco principais.
Parte 1.5 Priorização Cruzada	Considerar um máximo de cinco principais prioridades de cada uma das áreas curriculares avaliadas.	Relacionar as oito prioridades gerais principais e determinar que prioridades devem ser incluídas no PEI.
Parte 2.1 Restabelecer as Prioridades Selecionadas como Objetivos Anuais	Considerar os contextos em que as prioridades a serem incluídas no PEI poderiam ser usadas.	Determinar os contextos em que o aluno usará as prioridades e combiná-los para escrever os objetivos anuais do PEI.
Parte 2.2 Amplitude do Currículo	Considerar uma variedade de áreas de educação regular e outras áreas curriculares para potencial inclusão no programa educacional.	Selecionar as áreas curriculares e os resultados de aprendizagem visados para a instrução durante o ano, além dos objetivos do PEI.
Parte 2.3 Apoios Gerais	Considerar a variedade dos apoios e das acomodações gerais que podem ser necessários ao aluno.	Selecionar os apoios gerais necessários para o aluno ter uma educação adequada.
Parte 2.4 O Programa Resumido	Nenhum	Resumir os componentes do programa educacional (Partes 2.1, 2.2 e 2.3).
Parte 2.5 Objetivos a Curto Prazo	Considerar diferentes condições, comportamentos e critérios.	Escrever os objetivos baseados nas condições, nos comportamentos e nos critérios selecionados.

(continua)

TABELA 16.2 *Continuação*

Parte do COACH	Aspecto Divergente	Aspecto Convergente
Parte 3.1 Organizar a Equipe de Planejamento Educacional	Identificar os indivíduos que serão afetados pelas decisões da equipe, e considerar as possíveis tarefas.	Determinar que membros da equipe comporão a equipe básica e a equipe ampliada e quem será responsável pelas tarefas identificadas.
Parte 3.2 Tornar-se Familiarizado com o Aluno	Considerar uma ampla extensão de fatos e necessidades sobre o aluno.	Resumir e documentar os fatos e as necessidades que pertencem à experiência educacional.
Parte 3.3 Tornar-se Familiarizado com o Programa e o Ambiente de Educação Geral	Considerar uma ampla extensão de fatos sobre o currículo, as instruções, as rotinas e os ambientes de educação regular.	Resumir e documentar as informações importantes para o aluno e esclarecer o que cada membro da equipe precisa saber.
Parte 3.4 Programar a Inclusão	Considerar as possibilidades para lidar com o programa educacional do aluno em ambientes inclusivos.	Desenvolver um programa que lide com os componentes do programa educacional do aluno em ambientes inclusivos.
Parte 3.5 Considerações para o Planejamento e a Adaptação da Aprendizagem	Considerar as adaptações de aula específicas para satisfazer às necessidades do aluno.	Selecionar as adaptações de aula específicas para satisfazer às necessidades do aluno.

Tabela extraída de Giangreco, M.F., Cloninger, C.J. & Iverson, V. (1993). *Choosing options and accommodations for children: A guide to planning inclusive education*. Baltimore: Paul H. Brookes Publishing Co.; reprodução autorizada.

propósito final deve ser o desenvolvimento de um programa que ajude a criança a aprender habilidades significativas. Este o faz!

O COACH é uma abordagem abrangente e sensível para proporcionar educação de qualidade para todos os alunos com deficiência. A utilização da abordagem centrada na família é fundamental no desenvolvimento e na implementação de um programa que satisfaça efetivamente às necessidades do aluno e da família. Muito freqüentemente, as disciplinas profissionalizantes falham no reconhecimento da família como um membro não somente viável, mas necessário, da equipe de planejamento cooperativo. O COACH certamente equilibra a produção profissional e do consumidor ... (Giangreco, Cloninger, Dennis, & Edelman, 1993, p. 112)

Informações Básicas sobre a Sensibilidade Cultural na Entrevista da Família

As perspectivas dos indivíduos dos grupos de minoria cultural foram substancialmente sub-representadas na validação do COACH por parte de especialistas nacionais (Giangreco, Cloninger, Dennis & Edelman, 1993). A comunidade educacional tem dado uma importância cada vez maior à prestação de serviços às famílias e aos alunos de maneira que respeitem, reconheçam e promovam sua diversidade e potencialidades culturais (Harry, 1992). A atenção à sensibilidade cultural é particularmente importante para os professores especializados porque 1) o número de crianças não-caucasianas nos Estados Unidos está aumentando, de forma que, no ano 2000, 38% das crianças com menos de 18 anos serão de ascendência não-caucasiana (Hansen, 1992); 2) os números de crianças provenientes de grupos de minoria étnica e racial que recebem serviços de educação especial são desproporcionalmente altos (Harry, 1992); e 3) a maior parte dos educadores deste país (mais de 80%) é branca, e a maioria mulheres (Banks, 1994). Devido à sub-representação das minorias nos estudos de validação, foi solicitado a um grupo de 14 pessoas que revisse o COACH a partir de uma perspectiva intercultural e apresentasse suas opiniões (Dennis & Giangreco, 1994). Os entrevistados eram 1) membros de um grupo de minoria cultural nos Estados Unidos (isto é, afro-americanos, hispânicos e latinos, americanos chineses, americanos japoneses, nativos americanos e índios americanos, americanos asiáticos, havaianos nativos e alasquenses nativos); 2) tinham conhecimento das questões culturais relacionais referentes à sua própria ascendência; e 3) tinham conhecimento das práticas recomendadas na educação dos alunos com deficiências importantes nos Estados Unidos. Cada uma das pessoas leu o COACH, fez um relato escrito das suas opiniões e foi posteriormente entrevistada por telefone.

Embora possa haver várias abordagens da entrevista familiar culturalmente sensível, é fundamentalmente a qualidade da interação e da conversa entre os membros das famílias e os profissionais como indivíduos que produz a informação necessária para designar e implementar programas educacionais significativos para alunos com deficiência. Embora a Tabela 16.4 relacione algumas opiniões importantes dos entrevistados com relação à sensibilidade cultural na entrevista familiar, as quais foram suscitadas por sua revisão do COACH, esses pontos são aplicáveis à entrevista familiar em geral.

Uso e Impacto do COACH

Entre 1991 e 1993, foi conduzida uma avaliação multilocalizada do COACH em oito estados, com 30 equipes que atendiam alunos com deficiências importantes e/ou múltiplas. Essa avaliação consistiu de entrevistas, observações e análise de documentos (isto é, preenchimento de formulários do COACH) (Giangreco, Edelman, Dennis & Cloninger, 1995). Esse estudo produziu alguns dados valiosos, se não surpreendentes.

Quando Usado de Maneira Incongruente com suas Suposições Básicas, o COACH Foi Menos Eficiente. Os profissionais acharam mais difícil e menos valioso usar o COACH quando tentaram usá-lo sem 1) um entendimento completo de seus princípios básicos, 2) um conhecimento operacional das instruções para seu uso, e/ou 3) o envolvimento adequado de outros membros da equipe ao decidir usar o instrumento.

TABELA 16.3 Aspectos positivos do COACH identificados pelos especialistas entrevistados

Propósito
　Ajuda no desenvolvimento de programas educacionais individualizados e na determinação de prioridades;
　Move-se da avaliação para o planejamento do programa, sem interrupção;
　Facilita o acesso aos ambientes e às atividades de ensino regular;
　Pode ajudar na transição dos alunos para ambientes inclusivos;
　Limita os objetivos do PEI a um número razoável.

Base filosófica
　Enfatiza a inclusão.
　É centralizado na família.
　É baseado no uso real nos ambientes de ensino regular.
　Enfatiza os Resultados de Vida Valorizados.

Conteúdo
　É atualizado, representativo das práticas atuais.
　É inteiro, completo, abrangente.
　Inclui listas de atividades e áreas curriculares que são sucintas, mas completas.
　Inclui listas de atividades funcionais e adequadas à idade.
　É construído a partir do currículo de educação regular existente, em vez de substituí-lo.

Processo
　Proporciona ampla oportunidade para a colaboração familiar.
　Facilita o trabalho cooperativo em equipe; equilibra a colaboração do profissional e do consumidor.
　Tem uma abordagem prática e ponderada.
　É sistemático e linear, porém flexível.
　Tem um tom participante sensível e informal.
　Enfatiza o envolvimento com o programa e a equipe de educação regular.
　É ágil.
　Inclui o uso das estratégias de resolução de problemas incorporadas no COACH.
　Inclui diretrizes para o desenvolvimento de metas, objetivos, amplitude do currículo e apoios gerais.
　Inclui automonitoração e treinamento dos pares, o que aumenta a sua proficiência.
　Usa eficientemente o tempo da equipe; dá uma forma moderna à avaliação e ao planejamento.

Apresentação
　Descrição e explicação em profundidade.
　Clara, fácil de entender, legível.
　Bem-organizada, ordenada com lógica.
　Programa Resumido eficiente para manter a equipe concentrada.
　A programação proporciona uma maneira concreta de mostrar o que está sendo trabalhado em ambientes integrados.

　　Como um complemento deste estudo, uma análise conceitual dos formulários COACH coletados pelas equipes que estavam sendo estudadas foi realizada, na tentativa de identificar adaptações do processo do COACH feitas por membros da equipe. As adaptações foram definidas como qualquer documentação sobre os formulários do COACH que não seguiram as instruções esboçadas no manual. Como o COACH não

TABELA 16.4 Perspectivas dos entrevistados sobre a sensibilidade cultural na entrevista com os pais

1. As famílias devem ser abordadas individualmente. Cada família é um grupo cultural, único e distinto das outras famílias (incluindo aquelas do mesmo grupo étnico ou racial), em virtude dos valores, das crenças e das experiências compartilhadas por seus membros. Por isso, precisamos salvaguardar-nos contra os estereótipos baseados na filiação cultural.
2. As famílias, individualmente, podem encarar seus próprios papéis (dentro da família), o papel dos filhos e particularmente os filhos com deficiência, de maneira diferente dos profissionais que os atendem na escola.
3. Os profissionais devem desenvolver uma apreciação dos ambientes em que as famílias vivem. Literalmente, "saber de onde as famílias vêm" pode ajudar os profissionais a entender as prioridades da família com relação às atividades da comunidade e aos objetivos sociais, recreacionais e vocacionais que consideram importantes para seus filhos.
4. Os profissionais precisam estar conscientes de que introduzem sua própria cultura em seus relacionamentos com as famílias. Sua posição, como representativa da agência pública, pode ser percebida de maneira diferente pelas famílias com as quais eles trabalham. As políticas, os formulários e outros materiais escritos que os profissionais usam comumente podem ser baseados em conceitos não necessariamente valorizados pelas famílias, o que pode fazer com que pareçam ilógicos, opressivos ou intimidadores para os que não têm contato com as regras, os regulamentos, a linguagem e os procedimentos de educação especial.
5. As interações pessoais podem transpor as diferenças culturais experimentadas tanto pelos profissionais quanto pelas famílias, se os profissionais forem sensíveis e respeitarem os estilos de interação cultural. Cabe ao profissional estar aberto a diferentes normas e costumes culturais com os quais possa não estar familiarizado.
6. O entendimento da família do propósito da entrevista, o uso da língua preferida por seus membros, questões de tempo e estilo preferido para compartilhar informações são aspectos importantes da sensibilidade cultural quando se entrevista as famílias.
7. Os profissionais que reconhecem a importância de práticas culturalmente sensíveis devem propositalmente buscar maneiras de aumentar seu entendimento e conhecimento sobre "outras maneiras de pensar e ser". Essas maneiras podem incluir estudar e ler sobre os assuntos próprios das famílias e da etnia, na literatura interdisciplinar profissional e não-profissional, os trabalhos em andamento ou uma aprendizagem mais experimental, com a ajuda de pessoas e famílias de outros grupos culturais além do seu próprio.
8. A extensão em que os profissionais precisam aprender detalhes específicos sobre um determinado grupo cultural varia e deve ser equilibrada com um entendimento dos processos culturais e uma apreciação da experiência da família do indivíduo, dos níveis de aculturação dos membros da família e da natureza mutável da própria cultura.

visa a ser um processo padronizado, as adaptações ao processo não são inerentemente positivas ou negativas. As adaptações foram identificadas, este autor (como criador do COACH) julgou se cada adaptação era congruente ou incongruente com os princípios básicos do COACH, como está relacionado na Tabela 16.1, e, se incongruente, que princípios básicos foram comprometidos. A Tabela 16.5 relaciona exemplos de como os indivíduos adaptaram o COACH de maneira incongruente com suas suposições básicas; tais exemplos são oferecidos para ajudar os futuros usuários do COACH a não cair nas mesmas armadilhas.

Quando Usado de Maneira Congruente com seus Princípios Básicos, o COACH Foi Considerado Eficiente. As tentativas dos profissionais para interagir mais

TABELA 16.5 Adaptações incongruentes com os princípios básicos do COACH*

Seção do COACH	Adaptações às instruções escritas	Princípios com os quais a prática é incongruente	Por que a prática é incongruente
Geral	A documentação do envolvimento da equipe foi incongruente (isto é, não relaciona todos os membros da equipe; não documenta os dados revistos com outros membros da equipe).	A equipe cooperativa é essencial para a educação de qualidade.	Não compartilhar informações ou não desenvolver uma estrutura e objetivos compartilhados interfere com o trabalho em equipe.
	Completou a Parte 1 do COACH (Entrevista de Priorização Familiar), mas não completou a Parte 2.	Buscar Resultados de Vida Valorizados é um aspecto importante da educação.	A Entrevista de Priorização Familiar proporciona uma visão incompleta e desnecessariamente estreita do programa educacional do aluno.
	A família preencheu sozinha e em casa os formulários do COACH.	Usar métodos de resolução de problemas melhora a eficiência do planejamento educacional.	Tanto os aspectos divergente/convergente de resolução de problemas quanto os aspectos interativos incorporados no COACH são perdidos.
Parte 1.2: Seleção das Áreas Curriculares a Serem Avaliadas	Não completou esta seção.	Usar métodos de resolução de problemas...	O campo de possibilidades não foi estreitado.
Parte 1.3: Listas de Atividades	Acrescentou a pontuação NA (não se aplica) à variedade existente de opções de pontuação.	Buscar Resultados de Vida Valorizados ...	O acréscimo do NA (não se aplica) interfere na provisão de maior oportunidade para o – e menos restrição ao – potencial do aluno.
Parte 1.4: Priorização	Pulou a coluna "Prioridades Potenciais" e foi diretamente para a pontuação.	Usar métodos de resolução de problemas...	Se mais de 5 itens foram marcados com "S" sob o título de "Necessita de Trabalho", o não uso da coluna das Prioridades Potenciais falha em tirar proveito da abordagem divergente/convergente da resolução de problemas.

* Ver Tabela 16.1 para as suposições básicas ao COACH. *(continua)*

TABELA 16.5. *Continuação*

Seção do COACH	Adaptações às instruções escritas	Princípios com os quais a prática é incongruente	Por que a prática é incongruente
	Marcou todos os itens que "Necessitam de Trabalho" como "Prioridades Potenciais".	Usar métodos de resolução de problemas...	Marcar todos os itens como prioridades potenciais não ajuda a reduzir a seleção das prioridades.
	Ordenou os itens da Relação das Atividades (p. ex., Manejo Pessoal) de 1 a 9. (Estes foram todos marcados com "Sim" para "Necessitam de Trabalho" na Parte 1.3)	Usar métodos de resolução de problemas...	Usa o tempo de maneira ineficiente, porque somente um máximo de cinco itens principais ordenados continuarão a ser considerados no próximo nível (1.5).
	Marcou os itens como "Prioridades Potenciais" e os ordenou como prioridades, embora eles tivessem sido marcados com um N na Parte 1.3, indicando que não "Necessitam de Trabalho" este ano.	Usar métodos de resolução de problemas...	Somente aqueles itens que "Necessitam de Trabalho" são considerados "Prioridades Potenciais".
Parte 1.5: Priorização Cruzada	Na categoria "Outros", acrescentou o item "Mantém variação de movimento através de posicionamento/extensão.	O planejamento coordenado depende de objetivos compartilhados, independentes das disciplinas escolares.	A Parte 1.5 lida com os resultados da aprendizagem apenas em uma tentativa de distingui-los dos apoios gerais.
	Acrescentou "aumento da excitação" à categoria de "Outros".	O planejamento coordenado ...	Este item não é uma "atividade", mas antes uma "sububilidade"; e seria necessário colocá-lo em um contexto funcional, para ser considerado uma atividade.
	Relacionou as Prioridades Gerais como "Comunicação", "Academia".	Usar métodos de resolução de problemas...	Esses descritores são meramente curriculares, não são resultados de aprendizagem.

(continua)

TABELA 16.5 *Continuação*

Seção do COACH	Adaptações às instruções escritas	Princípios com os quais a prática é incongruente	Por que a prática é incongruente
	Não relacionou os Resultados de Vida Valorizados que correspondem às "Prioridades Gerais".	A família é o alicerce fundamental de um planejamento educacional relevante e longitudinal.	Pode interferir com o fato de os profissionais compreenderem adequadamente o significado das prioridades selecionadas pela família.
	Não indicou se as Prioridades Gerais devem ser "Incluídas no PEI", "Amplitude do Currículo" ou "Lar".	A família é o alicerce fundamental ... e a equipe de trabalho cooperativa ...	Não consegue esclarecer as expectativas dos membros da equipe.
Parte 2.1: Registro de Dados dos Objetivos Anuais	Não determinou o contexto para os objetivos anuais.	Buscar Resultados de Vida Valorizados ...	Interfere com a busca de Resultados de Vida Valorizados, porque não situa os resultados da aprendizagem em contextos que são individualmente significativos para o aluno.
Parte 2.2: Amplitude do Registro de Dados do Currículo e da Listagem	Relacionou apenas turmas de educação regular, em que o aluno é atualmente colocado, em vez daquelas disponíveis para todos os outros alunos, naquela série particular.	Usar métodos de resolução de problemas... buscar Resultados de Vida Valorizados ... e a educação especial é um serviço, não um local.	A relação não é responsável pela consideração divergente de todas as possibilidades disponíveis ao aluno.
Parte 2.3: Apoios Gerais	Não indicou os Resultados de Vida Valorizados buscados através da provisão dos Apoios Gerais.	Buscar Resultados de Vida Valorizados ...	Pode interferir com o fato de os membros da equipe compreenderem adequadamente o significado dos Apoios Gerais selecionados.

cooperativamente com as famílias foram facilitadas ou impedidas pela maneira como eles decidiram familiarizar-se com os princípios e as instruções para usar o COACH (Giangreco *et al.*, 1995). Como acontece com qualquer coisa nova, o uso proficiente do COACH requer um investimento de tempo e energia (p. ex., ler o manual, considerar um modelo competente gravado em vídeo personalizado, ou realizar discussões com os membros da equipe para facilitar a compreensão, utilizar-se da dramatização antes do uso real, proporcionar informações após o uso). Os resultados do estudo sugeriram que confiar nos membros da equipe para aprender juntos através da prática e do treinamento dos pares poderia mitigar alguns dos problemas inerentes da aprendizagem e da aplicação solitária (p. ex., dificuldade para explicar o COACH às famílias, má interpretação das instruções escritas, erros individuais no julgamento, falta de motivação para completar várias partes, ausência de domínio por parte dos membros da equipe no uso dos resultados do COACH) (Giangreco *et al*., 1995).

Nas situações em que as pessoas usaram o COACH, como está descrito no manual ou em adaptações menos congruentes com seus princípios básicos (p. ex., variações na pontuação, individualização da língua de formulação das perguntas), a reação ao seu uso foi muito positiva. Como dois professores especializados disseram, respectivamente, "Eu gostei muito dele, porque se trata de uma maneira muito dirigida e organizada de se discutir coisas que às vezes são difíceis de discutir". "É uma combinação de estruturas, mas com flexibilidade ... de forma que podemos adaptá-lo às necessidades individuais de cada pessoa" (Giangreco *et al*., 1995).

Os profissionais e os pais relataram que o uso do COACH os levou a pensar de maneira diferente. Um pai comentou: "Eu gosto da estrutura, porque ela nos permite pensar em coisas que não consideramos antes". O uso do COACH "estimulou algumas conversas que não acho que teriam ocorrido se não tivéssemos usado o COACH" (professor do ensino especial). Este aspecto provocativo do COACH pode ser atribuído principalmente ao uso múltiplo e alternativo de perguntas divergentes e convergentes. Essa estratégia é uma adaptação do Processo Criativo de Resolução de Problemas de Osborn-Parnes (CPS) (Parnes, 1985, 1992). Os métodos do CPS para despertar novas idéias são facilitados pela criação de oportunidades para se adiar o julgamento (divergência) e também as oportunidades para envolver ativamente o julgamento (convergência). Os pontos múltiplos de geração de fatos e de decisão no COACH distinguem-no de outros instrumentos de planejamento, como as listas de verificação, que podem proporcionar o relato do nível de atuação de um aluno, mas não propiciam um processo para a tomada de decisão sobre as informações reunidas. Embora algumas famílias sejam articuladas e estejam ansiosas para dar suas opiniões quando questionadas através de perguntas abertas, o formato discreto e de respostas curtas do COACH proporciona um veículo que permite a muitas famílias organizar e comunicar suas idéias.

Um dos comentários mais comuns sobre o COACH foi que ele ajudou as pessoas a concentrarem-se nas prioridades de um dado aluno. Como declarou um professor de educação regular, "Acho que o COACH ajuda a focalizar as prioridades das famílias para os alunos e realmente faz com que vejam o que é e o que não é importante para elas". Os pais fazem eco a esse sentimento, e uma das mães disse: "De tudo o que tentamos – e tentamos muitas abordagens diferentes com Sandra no decorrer dos anos para cumprir os objetivos do PEI – este nos ajudou muito a perceber o que realmente queríamos para ela e nos ajudou a cristalizar o que realmente não queríamos".

Esse enfoque acrescentou visivelmente clareza e relevância aos PEIs, que foram desenvolvidos tendo-se como base as prioridades do COACH selecionadas pela família. As famílias relataram que os resultados de aprendizagem prioritários que selecionaram através do uso preciso do COACH refletiram as necessidades de seus filhos.

A Amplitude do Currículo (Parte 2.2) foi considerada um mecanismo eficiente para serem tomadas decisões sobre um conjunto mais amplo de resultados de aprendizagem, visando a complementar as prioridades selecionadas pela família. Foram incluídos nessa visão mais ampla os resultados de aprendizagem do currículo de educação regular, uma fonte de resultados que raramente foi considerada – se é que chegou a ser considerada – antes do uso do COACH. Como observou um professor de educação especial, "Observando o currículo de educação regular, acho que as pessoas ficaram surpreendidas ... fez uma enorme diferença quando as pessoas examinaram o currículo elementar e disseram: 'Uau!' Gente, há muita coisa aqui que poderíamos estar considerando."

Quando os profissionais perceberam que o componente Amplitude do Currículo proporcionava uma oportunidade substancial para compartilharem seus conhecimentos e perspectivas, eles relataram que era mais fácil deixar aos pais o controle da tomada de decisão, através da Entrevista de Priorização Familiar. Alguns professores consideraram os Apoios Gerais (Parte 2.3) um mecanismo útil para distinguir e documentar a diferença entre o que queriam que um aluno aprendesse e o que precisavam oferecer a este aluno.

Tradicionalmente, as listas de verificação e as diretrizes curriculares da educação especial não proporcionam um mecanismo para considerar o conteúdo do currículo de educação regular. O componente Amplitude do Currículo inclui explicitamente a descoberta de fatos e a tomada de decisões sobre os resultados da aprendizagem no currículo de educação regular como uma maneira de aumentar e estender as relações incluídas na Parte 1 (Entrevista de Priorização Familiar) do COACH. Esta expansão garante que as opções de aprendizagem dos alunos não sejam artificialmente limitadas. A combinação da Entrevista de Priorização Familiar (Parte 1), Amplitude do Currículo (Parte 2.2) e Apoios Gerais (Parte 2.3) destina-se a oferecer amplitude e equilíbrio ao programa de educação pouco prováveis de serem conseguidos usando-se apenas a Parte 1 do COACH.

Embora reconhecendo a extensão do tempo envolvido no COACH, os participantes do estudo comentaram que ele "valeu a pena" e indicaram que ficaram "realmente contentes com os resultados". O uso do COACH serviu como um estímulo motivador para as equipes trabalharem juntas. "Acredito que o COACH nos tenha comprometido a trabalhar bastante para conseguir adequar melhor os resultados de aprendizagem do COACH ao nosso dia letivo". Em alguns casos, observou-se que as prioridades identificadas no COACH foram ensinadas nas salas de aula, enquanto a equipe era encaminhada ao Programa Resumido do aluno (Parte 2.4), que é um resumo dos resultados do COACH. Como declarou um professor de educação regular, "Nós o usamos todos os dias. Há um número bastante discreto [sic] de [resultados de aprendizagem prioritários] que estamos tentando tratar; isso tem feito com que todos se lembrem do que está sendo trabalhado."

Um fisioterapeuta resumiu suas perspectivas sobre o uso do COACH dizendo:

Acredito firmemente no processo e o considero extremamente desafiador e excitante, compondo um programa educacional muito melhor para a criança. É também uma maneira muito gratificante de trabalhar, porque sentimos que temos um mapa que nos indica o caminho a tomar para chegarmos onde desejamos chegar. Foi interessante observar ...

O COACH foi usado por algumas equipes como um elemento do planejamento de transição anual de ano para ano, assim como um componente para transições importantes como as dos programas para crianças da educação infantil e das experiências durante o ensino médio e posteriores. Em dois casos o uso do COACH foi útil para ajudar os alunos a realizar a transição de uma situação em classe especial em tempo parcial para uma situação de educação regular em tempo integral, quando os membros da equipe reconheceram que os Resultados de Vida Valorizados e os resultados de aprendizagem identificados para o aluno não poderiam ser adequadamente atingidos em ambientes separados. Como declarou uma das mães, "O COACH foi útil na transição para a colocação em sala de aula regular, porque fomos capazes de dizer 'Meu Deus, como conseguiremos trabalhar com um grupo grande em uma classe autocontida?'"

Como os Programas de Educação Individualizada (PEIs) Mudaram Tendo em Vista o Uso do COACH. O uso do COACH freqüentemente resultou em um pequeno número de objetivos incluídos no PEI que têm sido característicos. Os objetivos do PEI, que tendem a ser amplos e gerais (p. ex., melhorar as habilidades de comunicação), passaram a ser bastante específicos (p. ex., fazer solicitações para sair da cadeira de rodas) (Giangreco et al., 1995). Para alunos colocados em tempo integral no ensino regular, o deslocamento foi uma das habilidades funcionais tradicionalmente associadas às classes especiais (p. ex., manejo pessoal/autocuidado) para as habilidades sociais e de comunicação, que refletiam as necessidades variáveis dos alunos que participam de ambientes com a presença de alunos sem deficiência. Um professor especializado disse: "Esta é a primeira vez que Kevin não conseguiu atingir um objetivo de alimentação em seu PEI, o que é algo interessante; isto é uma coisa que mudou como resultado do uso do COACH". Usar o COACH para considerar as prioridades potenciais e outros resultados de aprendizagem (isto é, Amplitude do Currículo) nos ambientes de educação regular também levou algumas equipes a considerar pela primeira vez os resultados de aprendizagem acadêmica (p. ex., a alfabetização).

O COACH Afetou Positivamente os Relacionamentos entre as Famílias e os Profissionais. Foi relatado que o COACH melhorou os relacionamentos entre os pais e os profissionais, proporcionando um processo para as famílias expressarem suas idéias e prioridades, enquanto o papel principal do profissional era o de ouvir e de buscar compreender as perspectivas das famílias (Giangreco et al., 1995). Como declarou um professor especializado: "Acho que o COACH realmente proporcionou uma oportunidade para os pais terem uma maneira articulada de contribuir na vida educacional, e para nós, como equipe, de tomar conhecimento dessas perspectivas".

Para algumas famílias, o uso do COACH foi a primeira oportunidade em que elas foram realmente solicitadas a dar sua contribuição, em vez de receberem as recomendações profissionais para sua aprovação ou desaprovação. Os pais indicaram que o COACH lhes proporcionou uma maneira aceitável de dizer não aos profissionais que não lhes solicitavam explicar ou racionalizar suas decisões. O COACH ajudou algumas famílias a esclarecer seus pensamentos dentro da unidade familiar. Uma mãe declarou: "Acho que ajudou a mim e a meu marido, porque o respondemos [o COACH] juntos, porque às vezes temos diferentes opiniões sobre o que Eddie deveria estar fazendo ou sobre a nossa visão de Eddie".

Foi relatado que a mudança na natureza das interações entre os pais e os profissionais aumenta o nível de participação no planejamento educacional e abre o diálogo sobre questões anteriormente não discutidas: "Ajudou-nos a ampliar nossas idéias ..." Para algumas equipes, o desenvolvimento desse relacionamento entre pais e professores estabeleceu uma sensação de apoio mútuo e de interdependência. "As pessoas sentiram-se muito melhor com relação à equipe; o fato de não se estar ali sozinho tentando operar milagres naquela criança ... Conseguir que as pessoas se sentassem, se comunicassem e falassem realmente ajudou."

No início, alguns profissionais caracterizaram negativamente os pais de um aluno (isto é, não-informados, com baixas expectativas, irrealistas, exigentes, com julgamentos deficientes). Foi relatado que o uso do COACH estimulou vários profissionais a encarar os pais sob uma ótica mais favorável. Os profissionais relataram estar agradavelmente surpresos com a profundidade, a qualidade e o realismo da produção dos pais, despertada pelo uso do COACH. "Eles [os pais] estão se esforçando muito o tempo tudo [durante a Entrevista de Priorização Familiar]. É como se eles estivessem refletindo e tivessem muito a dizer ... Os comentários que os pais fizeram foram todos muito valiosos." Com referência a um conjunto de pais que originalmente haviam sido descritos como "muito exigentes", um prestador de serviços disse: "Quando começamos a trabalhar com eles, e realmente trabalhamos com eles como parte integrante da equipe, eles foram pais excepcionalmente maravilhosos e foi um prazer trabalhar com eles".

Os profissionais disseram que interpretaram mal os baixos níveis de participação dos pais nos encontros anteriores, citando: desinteresse, falta de cuidado ou incapacidade para tomar decisões adequadas. Esses profissionais disseram que o COACH propicia uma maneira de extrair informações e *insights* importantes de pais que tendiam a ficar quietos durante as reuniões. O COACH proporciona oportunidades para as famílias mostrarem ter conhecimento sobre seus filhos. O que os profissionais ficaram sabendo após ouvir as famílias ajudou-os a compreendê-las melhor e a trabalhar com seus filhos. Segundo um professor especializado afirma:

> Fiquei impressionado com a profundidade com que esta mãe conhece seu filho. Fiquei muito impressionado com seus objetivos atuais e expectativas para o futuro, e não tinha essa visão até responder o COACH com ela pela primeira vez. Percebi que seus objetivos e suas expectativas eram muito realistas. O COACH mostrou-me um lado da mãe que eu não havia anteriormente percebido, e fiquei muito satisfeito com isso.

Quando os profissionais atuam considerando as prioridades estabelecidas pelos pais, eles têm condições de enviar uma poderosa mensagem de respeito à família, reforçando as palavras proferidas e escritas com ações substantivas.

O COACH Deslocou o Controle da Tomada de Decisão Educacional. O uso do COACH desafiou os tipos e os níveis tradicionais de controle profissional com respeito à tomada de decisão educacional, proporcionando maior controle aos pais, particularmente através da Entrevista de Priorização Familiar (Giangreco *et al.*, 1995). Como reconheceu um pai: "Nós sentimos que temos mais controle". Alguns profissionais relataram que a perspectiva de perder parte do controle era "desagradável" e "desconfortável". Conforme um professor especializado disse "Eu me sentia como se não pudesse abandonar a programação que nós [profissionais] tínhamos ..." Alguns destes profissionais indicaram que o COACH ajudou a legitimar essa mudança de controle. Como mencionou outro professor especializado: "O COACH realmente tirou de mim aquele sentimento de culpa [de não estar no controle de todas as decisões do planejamento educacional]". Para outros profissionais, renunciar à parte do controle proporcionou-lhes uma sensação de alívio:

> Uma coisa que foi ótima para mim foi deixar parte das coisas fluírem, perceber que eu poderia delegar parte delas a outra pessoa. Não precisava saber todas as respostas. Eles [os pais] podiam dizer "Que tal tentarmos isso?" e eu poderia responder: "Ótima idéia!"

Quer os profissionais sentissem alívio ou ansiedade, vários reconheceram o valor de ceder parte do seu controle. Como declarou um professor especializado:

> Embora inicialmente fosse "Oh, isso é difícil para mim", a gente no fim reconhece, pela maneira como as coisas se desenvolvem, como isso tornou o PEI muito mais tranqüilo, como nossa equipe passou a trabalhar muito melhor, como eu passei a me sentir realmente bem. Fez uma grande diferença no geral, e em todo o relacionamento que tive com os pais. Posso honestamente dizer que eles agora fazem parte da nossa equipe.

Proporcionar aos pais um mecanismo para assumir um maior controle distingue o COACH de muitos outros processos de planejamento. O maior controle para os pais tem o poder de mudar o relacionamento estabecido entre a família e os profissionais de adversário para mais cooperativo, estimulando os profissionais a enxergar claramente seus papéis ao oferecer às famílias estratégias para tomar sérias decisões educacionais.

O Impacto do COACH sobre os Resultados de Vida Valorizados para os Alunos. As mudanças nos Resultados de Vida Valorizados, facilitadas pelo uso do COACH, refletem-se em novas oportunidades programáticas e sociais (Giangreco *et al.*, 1995). Entretanto, é claro que as mudanças relatadas não podem ser atribuídas exclusivamente ao COACH. Os elementos contextuais que aperfeiçoam seu uso são 1) inclusão na educação regular; 2) trabalho cooperativo em equipe; 3) disposição dos membros da equipe para aprender novas idéias e habilidades; 4) disposição para dividir o controle; 5) participação ativa dos alunos nas atividades de sala de aula de educação regular, mesmo que tenham resultados de aprendizagem diferentes; 6) apoio dos pares e outros apoios naturais; e 7) agir conforme os planos.

Por isso, os Resultados de Vida Valorizados discutidos aqui são aqueles que os membros da equipe disseram ter sido facilitados pelo uso do COACH em combinação com outras práticas eficientes. O impacto dos Resultados de Vida Valorizados sobre os alunos começou para alguns participantes do estudo com um conhecimento básico sobre o que poderia tornar melhor a vida de um aluno. Como disse um dos pais: "Acho que se algo beneficiou minha maneira de pensar e a maneira de pensar da equipe sobre o que é mais adequado para Sam, foram os Resultados de Vida Valorizados". A formulação de perguntas sobre os Resultados de Vida Valorizados como um contexto para o planejamento educacional não produziu necessariamente resultados imediatos; os membros da equipe relataram que às vezes houve um impacto retardado, assim como sementes plantadas que brotam em uma época posterior.

Para vários alunos, o uso do COACH conduziu a novas oportunidades e criou expectativas, algumas das quais foram tão básicas quanto andar no ônibus da escola com os colegas, ter acesso ao contato humano ou comunicar-se ativamente com os colegas. Os pais falaram sobre as rotinas de suas famílias e as novas oportunidades que seus filhos tiveram como resultado das prioridades estabelecidas com o uso do COACH. Para algumas famílias, isto significou que seus filhos estavam agora assistindo aos jogos de um irmão mais velho, freqüentando os serviços religiosos com a família, indo às compras ou participando das turmas de educação regular. A mãe de uma aluna do colégio disse: "Seu repertório de atividades expandiu-se e muitas coisas que foram identificadas [durante a entrevista do COACH] têm sido tratadas". Novas oportunidades na escola conduziram a outras oportunidades após a escola. Foi relatado que essas novas experiências proporcionaram oportunidades para os alunos com deficiência fazerem amigos. Uma mãe disse: "Ele ia aos bailes, aos jogos, era parte daquilo tudo. Era um garoto que estava na 6ª ou 7ª série. Era muito bom ver aquilo; coisas que as pessoas em geral consideram absolutamente naturais."

Freqüentemente os Resultados de Vida Valorizados identificados no processo do COACH estão inter-relacionados. Por exemplo, os pais de Tim estavam preocupados com sua saúde; eles selecionaram as atividades de exercícios físicos como resultados de aprendizagem prioritários para ele. A equipe montou um esquema para Tim treinar na Associação Cristã de Moços local. Lá, ele fez novos amigos, com quem se exercitava regularmente. Neste exemplo, pelo menos dois outros Resultados de Vida Valorizados identificados pela família foram também tratados: o acesso a uma variedade de lugares e o envolvimento em atividades significativas, e uma rede social de relacionamentos pessoalmente significativos. O modo com que a equipe optou por lidar com as melhorias na saúde de Tim – em um ambiente comunitário junto com outras pessoas – criou oportunidades adicionais para atingir Resultados de Vida Valorizados adicionais.

Novas oportunidades freqüentemente estimularam tanto os profissionais quanto os pais a mudar, a expandir e a elevar suas expectativas com relação aos modos pelos quais os alunos poderiam participar na escola, em casa e na comunidade. A mãe de uma aluna surda e cega do ensino médio passou a considerar o emprego apoiado como um resultado realista e alcançável por sua filha, algo que, em sua opinião, anteriormente nem sequer teria considerado. O otimismo dessa mãe não estava baseado na especulação, mas na realidade das experiências de sua filha na escola. Segundo sua mãe, "ela é uma adolescente; precisa de dinheiro; está ganhando um salário mínimo".

O uso do COACH estimulou o apoio natural dos colegas. Quando os professores criam ambientes interativos entre os alunos, "eles [os colegas] sabem quando ele precisa de alguém por perto, e automaticamente vão ficar com ele." Como explicou uma das mães:

> Se ela precisa de algo, se precisa de ajuda para abrir o vidro de tinta, ela bate no ombro ou no braço de um dos colegas e aponta o vidro, como se dissesse, "Você sabe, eu não consigo tirar esta tampa". E eles ficaram tão excitados quanto eu fiquei. "Ei, a Holly quer que eu abra o vidro! A Holly me pediu para abrir o vidro! Ela está se comunicando!"

IMPLICAÇÕES PARA O USO FUTURO

O COACH está desenvolvendo-se continuamente desde sua concepção; para manter-se como um instrumento de planejamento viável, essas mudanças têm de continuar. A ênfase original do COACH em alunos com deficiências importantes deve ser estendida a alunos com uma variedade mais ampla de características, considerando-se as similaridades nos Resultados de Vida Valorizados e incluindo as necessidades de individualização do currículo também para alunos sem deficiência. Por isso, no futuro, o COACH deve mover-se rumo ao processo genérico que está sendo cada vez mais aplicável a um público sempre crescente. Para realizar tal extensão, os Resultados de Vida Valorizados e os resultados da aprendizagem específica incluídos no COACH vão precisar de considerações e mudanças adicionais, para que possam ser interpretados de maneira individualmente significativa por mais famílias com características e necessidades diferenciadas. O processo do COACH também precisa sofrer uma reavaliação contínua para reter seus atributos de resolução de problemas, ao mesmo tempo em que se simplifica e se moderniza, para tornar-se mais facilmente utilizável. Embora tais revisões potenciais devam ser facilitadas através da pesquisa continuada, as maiores fontes de idéias para as suas melhorias potenciais são as adaptações criteriosas ao processo criadas por profissionais e familiares que se unem em prol dos alunos que eles cuidam e educam. Por isso, tal como está estabelecido no manual do COACH, "Os consumidores devem ter em mente que o COACH é um instrumento flexível. Seu processo destina-se especificamente a ajudar as equipes a desenvolver planos educacionais que reflitam Resultados de Vida Valorizados identificados pela família e encorajem a participação em vários ambientes inclusivos. Sua equipe é estimulada a modificar o COACH sempre que for necessário e sob circunstâncias específicas" (Giangreco, Cloninger & Iverson, 1993, p. 31).

NOTA

[1] Parte deste texto é baseado em Giangreco, M., Edelman, S., Dennis, R. & Cloninger, C. (1995). Use and impact of COACH with students who are deaf-blind. *Journal of the Association for Persons with Severe Handicaps,* 20(2), 121-135. Utilizado com permissão.

REFERÊNCIAS BIBLIOGRÁFICAS

Banks, J.A. (1994). *Knowledge construction, curriculum transformation and multicultural education* [Gravação em fita cassete n° 2-94145x99]. Alexandria, VA: Association for Supervision and Curriculum Development.
Capone, A., Ross-Allen, J., DiVernere, N. & Abernathy, N. (1991). *Characteristics of family-centered practitioners.* Burlington: University of Vermont, University Affiliated Program of Vermont.
Dennis, R. & Giangreco, M.F. (1994). *Creating conversation: Reflections on cultural sensitivity in family interviewing.* Burlington: University of Vermont, University Affiliated Program of Vermont. Manuscrito sendo analisado para publicação.
Downing, J. (1988). Active versus passive programming: A critique of IEP objectives for students with the most sever disabilities. *Journal of The Association for Persons with Severe Handicaps, 13,* 197-210.
Fox, T. & Williams, W. (1991). *Best practice guidelines for meeting the needs of all students in local schools.* Burlington: University of Vermont, University Affiliated Program of Vermont.
Giangreco, M.F., Cloninger, C.J., Dennis, R.E. & Edelman, S.W. (1993). National expert validation of COACH: Congruence with exemplary practice and suggestions for improvement. *Journal of The Association for Persons with Severe Handicaps,* 18(2), 109-120.
Giangreco, M.F., Cloninger, C. & Iverson, V. (1993). *Choosing options and accommodations for children: A guide to planning inclusive education.* Baltimore: Paul H. Brookes Publishing Co.
Giangreco, M.F., Cloninger, C.J., Mueller, P., Yuan, S. & Ashworth, S. (1991). Perspectives of parents whose children have dual sensory impairments. *Journal of The Association for Persons with Severe Handicaps, 16,* 14-24.
Giangreco, M.F., Dennis, R., Edelman, S. & Cloninger, C. (1994). Dressing your IEPs for the general education climate: Analysis of IEP goals and objectives for students with multiple disabilities. *Remedial and Special Education,* 15(5), 288-296.
Giangreco, M.F., Edelman, S., Dennis, R. & Cloninger, C.J. (1995). Use and impact of COACH with students who are deaf-blind. *Journal of The Association for Persons with Severe Handicaps, 20*(2), 121-135.
Hansen, M. (1992). Ethnic, cultural and language diversity in intervention settings. *In* E. Lynch & M. Hansen (Eds.), *Developing cross cultural competence: A guide for working with young children and their families* (p. 3-18). Baltimore: Paul H. Brookes Publishing Col.
Harry, B, (1992). *Cultural diversity, families, and the special education system: Communication and empowerment.* Nova York: Teachers College Press.
Parnes, S.J. (1985). *A facilitating style of leadership.* Buffalo, NY: The Creative Education Foundation, Inc.
Parnes, S.J. (1992). *Sourcebook for creative problem-solving: A fifty year digest of proven innovation processes.* Buffalo, NY: The Creative Education Foundation, Inc.

17

Celebrando a Diversidade, Criando a Comunidade:
O Currículo que Honra as Diferenças, Baseando-se Nelas[1]

Mara Sapon-Shevin

A CRIAÇÃO DE UMA ESCOLA INCLUSIVA onde todos os alunos sintam-se reconhecidos, valorizados e respeitados envolve cuidar dos conteúdos ensinados e da maneira como o currículo é transmitido. Não somente as estratégias de ensino devem ser designadas e as áreas curriculares determinadas para responder a uma ampla variedade de diferenças entre os alunos, mas o próprio currículo deve destinar-se às muitas maneiras em que os alunos se diferenciam.

    Comunidades inclusivas são aquelas em que todos os membros consideram-se pertencentes e às quais acham que podem dar uma contribuição; os alunos não podem constituir uma comunidade, não podem ficar à vontade, se acharem que o preço a pagar é a indiferença a suas próprias diferenças e às de seus colegas. Nosso objetivo como membros da comunidade não deve ser o de tornarmo-nos indiferentes às diferenças, desatentos à diversidade que nos cerca. Encorajar os alunos a ignorar as diferenças não é um objetivo realista nem desejável. A mesma criança que percebe que uma determinada personagem está usando chapéu na página 4 e não está usando chapéu na página 5 certamente percebe que há colegas maiores ou menores que ela, que usam cadeira de rodas, que têm a cor de pele diferente, que falam línguas diferentes, que comemoram feriados diferentes ou vêm de famílias não-tradicionais. Não lidar diretamente com as diferenças, ignorar nossas diferenças (assim como nossas semelhanças), transmite às crianças a mensagem de que as diferenças são algo que não pode ou não deve ser comentado. Se os professores não se referem às diferenças, as discussões das crianças sobre como elas diferem ocorrem em segredo e transformam-se em ocasiões para cochichos e risadinhas, para exclusão e isolamento.

Nosso objetivo como educadores deve ser o de explorar honestamente as diferenças, dando oportunidade aos alunos de experimentar e compreender a diversidade dentro de uma comunidade segura e protetora.

PENSANDO INCLUSIVAMENTE SOBRE O ENSINO INCLUSIVO

As crianças diferenciam-se em muitos aspectos, e a identidade de cada uma é moldada por sua participação como membro de grupos variados. Descrever Jonas, de seis anos de idade, apenas como uma criança com "desafios físicos" é ignorar o fato de que ele é também judeu e filho único. Discutir Carmen apenas como uma criança que requer extensos materiais de enriquecimento devido a seu desempenho acelerado pode mascarar o fato de que ela é descendente de uma família hispânica e é filha de mãe solteira. Assim como rótulos isolados para as crianças não são importantes para o oferecimento de uma programação educacional adequada, tornar alguns aspectos do currículo inclusivos sem atender à identidade geral ou à vida geral da criança é também inadequado. Adaptar uma atividade artesanal de Natal a Jonas para que ele consiga fazer enfeites com as outras crianças não lida com o fato de que um projeto artesanal desse tipo pode ser inadequado ou insensível às diferenças religiosas das crianças. Proporcionar a Carmen um livro adequado a seu nível de leitura é importante, mas isso não nos deve impedir de observar que todos os livros e os materiais de leitura da classe retratam apenas famílias tradicionais brancas e de classe média e não tratam da realidade de uma criança de origem hispânica que mora com a mãe em um apartamento.

A crescente diversidade racial e étnica da nossa sociedade e das nossas escolas tornou imperativo que os programas e os currículos escolares sejam sensíveis às diferenças entre as crianças. Ramsey (1987) descreveu oito objetivos para o ensino a partir de uma perspectiva multicultural, e todos são aplicáveis ao conceito da inclusão. O autor relacionou esses objetivos da seguinte maneira:

1. Ajudar as crianças a desenvolver identidades positivas de gênero, de raça, de cultura, de classe e individuais, e reconhecer e aceitar sua participação como membro de muitos grupos diferentes.
2. Capacitar as crianças a enxergarem-se como parte de uma sociedade mais ampla; identificarem-se, empatizarem e relacionarem-se com indivíduos de outros grupos.
3. Estimular o respeito e a apreciação pelos diversos modos de viver das pessoas.
4. Encorajar, nos primeiros relacionamentos sociais das crianças pequenas, uma abertura e um interesse pelos outros, uma disposição para incluí-los e um desejo de cooperar.
5. Promover o desenvolvimento de uma consciência realista da sociedade contemporânea, um sentido de responsabilidade social e um interesse ativo que se estenda além da família ou do grupo da própria pessoa.
6. Capacitar as crianças para tornarem-se analistas e ativistas autônomos e críticos em seu ambiente social.
7. Apoiar o desenvolvimento de habilidades educacionais e sociais necessárias para as crianças tornarem-se participantes plenos da sociedade, de maneiras mais adequadas aos estilos, orientações culturais e origem lingüística individuais.
8. Promover relacionamentos eficazes e recíprocos entre as escolas e as famílias. (p. 3-5)

Como declararam Sleeter e Grant (1988), a educação multicultural pode não ser adequada para criar uma sociedade justa, a menos que trate diretamente de questões estruturais de desigualdade social, de poder e de opressão. Esses autores argumentaram que precisamos ir além da simples "celebração da diversidade" e ensinar os alunos a entender as desigualdades sociais e capacitá-los para trabalhar ativamente na mudança da sociedade. Nosso ensino deve ser especificamente anti-racista e anti-sexista para superar as mensagens predominantes que as crianças recebem em outros ambientes da sociedade.

Ensiná-las a perceber as diferenças, a apoiar os outros e a serem agentes ativos da mudança, desafiando estruturas que são opressivas aos vários grupos, pode começar dentro das salas de aula inclusivas. Provavelmente não há melhor situação – no intuito de ajudar os alunos a experimentar as estruturas democráticas que capacitam e apóiam todos os participantes – do que uma sala de aula que trate aberta e diretamente dos interesses, das necessidades e das possibilidades de todos os seus membros.

Nosso objetivo deve ser criar uma comunidade que englobe as diferenças, use-as entre as crianças como parte do currículo, e respeite as diferenças dos alunos por meio de todos os aspectos do programa da escola. Este capítulo explora algumas áreas de diversidade que os professores precisam abordar se quiserem criar comunidades escolares que reflitam sobre e respeitem a natureza multicultural e multifacetada de seus alunos e que ensinem os alunos a reagir efetivamente à injustiça e à desigualdade.

TRANSFORMANDO NOSSAS SALAS DE AULA

Aprendendo sobre as Diferenças Raciais

Aprender sobre as diferenças raciais não pode ser uma atividade separada do currículo; uma feira multicultural de um dia pode ser uma experiência de aprendizagem interessante para as crianças, mas pouco contribui para comunicar a mensagem de que pessoas de cor fazem parte de toda a história da humanidade e que as contribuições dos homens e das mulheres de cor não são uma coisa à parte do currículo-padrão. O respeito e o reconhecimento positivos das diferenças raciais podem permear tudo o que acontece na sala de aula, incluindo não somente as aulas de estudos sociais, mas também os quadros de avisos, os livros da biblioteca da turma e as canções aprendidas na aula de música.

Dependendo das diferenças raciais representadas na sala de aula, os objetivos dos professores nessa área podem diferir. Derman-Sparks e a A.B.C. Task Force (1989) sugeriram que nas turmas compostas principalmente por crianças de cor, a tarefa fundamental é construir o conhecimento e o orgulho das características físicas de sua raça e contrapor-se às influências do racismo que fazem algumas crianças acreditarem que ser branco é melhor do que ter pele mais escura. Nas turmas em que todos são brancos, as crianças podem ser orientadas a ver de que maneiras são diferentes dos demais colegas, incluindo o tom da pele, a cor dos cabelos ou sardas. Os professores que ensinam em comunidades predominantemente brancas têm uma responsabilidade particular pelo ensino da diversidade racial e por fazê-lo de modo preciso e respeitoso. Em salas de aula onde há apenas algumas crianças de cor, é importante que os professores falem sobre em que aspectos todas as crianças são diferentes, em vez de sugerir que "todos nós somos iguais, exceto Michael".

Derman-Sparks e a A.B.C. Task Force (1989) apresentaram os seguintes avisos e palavras de advertência com respeito à promoção de um "currículo de turista", que apresente a diversidade como algo estranho, exótico e isolado do resto da turma. Eles alertam os professores a evitar o seguinte:

- Banalizar: Organizar atividades somente em torno das festividades ou somente em torno de comida. Só envolver os pais nas atividades festivas e no preparo de comidas.
- Praticar o simbolismo: Uma boneca Negra entre muitas bonecas Brancas; um cartaz de imagens "étnicas" como a única diversidade na classe; apenas um livro sobre qualquer grupo cultural.
- Desconectar a diversidade cultural da vida cotidiana da classe: Ler livros sobre crianças de cor apenas em ocasiões especiais. Ensinar uma unidade sobre uma cultura diferente e depois nunca se referir novamente a essa cultura.
- Estereotipar: Imagens de americanos nativos apenas do passado; pessoas de cor sempre mostradas como pobres; pessoas de fora dos Estados Unidos mostradas apenas em trajes "tradicionais" e ambientes rurais.
- Representar inadequadamente os grupos étnicos americanos: Gravuras e livros sobre o México para ensinar sobre os mexicanos-americanos; do Japão, para ensinar sobre os japoneses-americanos; da África, para ensinar sobre os negros-americanos. (p. 63)

Há muitos recursos excelentes disponíveis para ajudar os professores a refletir sobre a inclusão de diferenças raciais em tudo o que ensinam, incluindo diretrizes curriculares sobre educação multicultural, fontes para livros infantis sobre crianças de cor e currículos para ensinar sobre as diferenças. (Alguns estão incluídos em uma relação de recursos no final deste capítulo.)

A história apresenta uma oportunidade ideal para ensinar perspectivas múltiplas. Por trás da história de Colombo, por exemplo, e de sua "descoberta" da América, estão muitas histórias sobre a destruição dos povos nativos, o tráfico de escravos iniciado por Colombo e os efeitos da ganância e do colonialismo sobre os povos e suas culturas. História inclusiva significa falar sobre a razão de muitas pessoas considerarem o Dia de Colombo como um dia de luto, encorajar os alunos a ler de uma maneira crítica os livros-texto padronizados e não limitar o nosso estudo dos acontecimentos históricos a uma única perspectiva. Podemos ir além do estudo das diferenças raciais para ajudar os alunos a compreender o racismo (preconceito acrescido ao poder) e as maneiras pelas quais podemos ser aliados das pessoas que são discriminadas devido à sua raça.

Praticamente todas as atividades ou todos os projetos curriculares podem ser expandidos ou redefinidos para tornarem-se inclusivos. Por exemplo, uma atividade sobre os pintores americanos pode ser expandida para incluir as pinturas de Ben Shan e Raphael Soyer, ambos imigrantes brancos da Rússia; Diego Rivera e Antonio Garcia, dois artistas mexicanos que trabalharam nos Estados Unidos; e Allan Crite e Charles White, ambos artistas afro-americanos (Grant & Sleeter, 1989). Os alunos podem ser apoiados para enxergar a diversidade na pintura americana e os efeitos das várias influências culturais na arte. As atividades musicais também podem ser inclusivas: ouvir música do mundo todo e aprender canções em linguagem de sinais, canções tradicionais de outras culturas e canções familiares que se relacionem a vários rituais ou celebrações de feriados. Incluir uma canção chanukah no programa de Natal tradicional é um exemplo de simbolismo e pode realmente desencorajar as crianças a entender a diversidade cultural de seus colegas de turma. Incluir uma ampla variedade de atividades musicais durante o ano todo é uma demonstração mais convincente de inclusão e de respeito.

Aprendendo sobre as Diferenças Culturais

Toda pessoa tem uma cultura, uma origem, uma história e costumes que informam sua vida cotidiana, suas crenças, suas atitudes e seu comportamento. Embora possa ser tentador acreditar que apenas os grupos "minoritários" visíveis têm uma cultura, isso não é verdade. Mesmo dentro de uma sala de aula que parece ser homogênea, há muitas diferenças nas origens culturais. Por isso, é melhor abordar a aprendizagem das diferenças culturais a partir da perspectiva de que toda pessoa tem uma cultura, todas as culturas são importantes e merecem respeito, e a diversidade enriquece a sala de aula. Whaley e Swadener (1990) explicaram que "a educação multicultural desde o início não é um currículo; é uma perspectiva e um compromisso com a eqüidade, com a sensibilidade e com a capacitação" (p. 240).

Uma maneira particularmente útil de começar a falar sobre origens e culturas diferentes é através dos nomes das crianças. Quando as crianças são solicitadas a contar a origem de seus nomes completos, emergem muitos detalhes interessantes de origem cultural e histórica: Rebecca tem este nome em homenagem à sua bisavó judia Rivka, que veio da Rússia para os Estados Unidos na virada do século. Por que a avó de Rebecca veio? O que estava acontecendo com o mundo naquela época? Que tipo de nome é Rebecca? O que ele significa? Richard Flying Bye é um nativo americano. A que tribo ele pertence? Quem lhe deu o seu nome e por quê? Quais são os costumes da sua tribo com relação aos nomes e à nomeação das pessoas? Jenna, que foi adotada aos dois anos, é coreana. Qual é o significado do seu nome do meio, Mei-Wan, e como ela o obteve? Por que algumas pessoas chamam Richard de *Ricardo*, e como ele prefere ser chamado? Um exercício como esse deixa claro que todas as crianças têm uma cultura e uma origem singulares e permite que as crianças e os adultos tenham orgulho da sua própria herança e enxerguem as suas similaridades e as suas distinções.

As diferenças de linguagem apresentam outra maneira excelente de aprendizagem sobre a diversidade. Por exemplo, algumas crianças desta classe falam espanhol, LaMont tem paralisia cerebral e é preciso chegar muito perto dele para conseguir entendê-lo, duas crianças estão estudando hebraico depois da escola, uma criança fala japonês com sua mãe em casa e com sua avó quando a visita na Califórnia, Carla usa linguagem de sinais e Dustin usa um computador falante. O que todas essas crianças têm em comum é a necessidade de comunicarem-se, de serem entendidas e de conectarem-se com outras pessoas. As salas de aula inclusivas encorajam as crianças a tornarem-se o mais multilinguais possível. Todas as crianças podem aprender os rudimentos da linguagem de sinais, podem aprender o alfabeto braille e podem aprender a dizer frases importantes em outros idiomas. O professor pode enfatizar o valor desses repertórios múltiplos, fazendo alguns sinais da sala de aula em outros idiomas, contando histórias em linguagem de sinais ou convidando um pai ou uma mãe de origem hispânica para ir até à classe e contar uma história em seu próprio idioma. A mensagem é importante. Há muitas maneiras de comunicarmo-nos, e podemos aprender como falar um com o outro, se realmente quisermos fazê-lo.

Os professores também podem usar as experiências diretas das crianças para discutir exemplos de preconceito, discriminação e injustiça relacionados às diferenças culturais ou raciais. Carl Burk, um professor de Estudos Sociais da Gompers Middle School, em Madison, Wisconsin, usou uma controvérsia local sobre os direitos de caça e pesca para envolver seus alunos em uma discussão sobre os direitos e as tradições dos nativos americanos. Os alunos haviam lido, em cartazes, "Mate um Índio, Salve um Peixe", e alguns estavam certos de que muitos caçadores e desportistas estavam queixando-se de que "Os índios estão tirando nossos peixes, nossos gamos e nossa terra", mas muitos jamais haviam se encontrado ou conversado com um nativo americano. Quando o Sr. Burk convidou membros de várias tribos para conversar em aula sobre suas tradições e crenças, os preconceitos e os estereótipos dos alunos foram confrontados (The Teacher's Workshop, 1989).

Aprendendo sobre as Diferenças Familiares

Há muitos tipos de famílias. Algumas crianças moram com um dos pais; outras moram com as famílias ampliadas, ou seja, com primos, tios e tias na mesma casa; alguns moram em famílias mescladas; algumas moram com pais adotivos; e outras moram com famílias de criação. Como podemos comunicar às crianças que há muitos tipos de famílias, muitas maneiras de oferecer às pessoas apoio e amor?

Crianças muito pequenas podem ser ajudadas a fazer cartazes ou livros sobre as pessoas de suas famílias. Uma reação do professor à diversidade pode proporcionar um modelo de aceitação de vários arranjos familiares: "O pai de Tara mora na Califórnia, mas ela o colocou em seu cartaz porque ele ainda é parte da sua família", ou "Zach desenhou duas mães em seu cartaz, porque Mama Alice e Mama Kate são ambas parte de sua família – ambas o amam e cuidam dele".

Crianças mais velhas podem envolver-se em lições mais sofisticadas sobre padrastos e madrastas, meio-irmãos, adoção e cuidado de criação, famílias constituídas por um casal de homossexuais femininas ou custódia conjunta, por exemplo. Os professores devem ter em mente que não estão levantando questões difíceis ou constrangedoras com os alunos; estão reconhecendo e validando as situações que os alunos já estão vivenciando e deixando claro que não há nenhum problema em falar sobre essas diferenças.

Os professores também devem tomar cuidado com a implementação de projetos ou de atividades que presumam que todas as crianças vêm de famílias nucleares tradicionais. Jogos de hóquei entre pai e filho, chás entre mãe e filha e até mesmo dias de visita aos avós podem ser dolorosos para crianças cujos pais ou avós não estão vivos, disponíveis, dispostos ou capazes de participar dessas atividades. Os professores podem criar oportunidades mais inclusivas: o dia do traga-até-a-escola-alguém-que-você-ama (que pode ser um membro de uma igreja do aluno, sua irmã caçula ou o vizinho do lado) e outras oportunidades criativas vão deixar claro a todas as crianças que há muitos tipos de famílias e muitas maneiras de estarmos próximos e calorosamente ligados às pessoas.

Os professores também devem usar de cautela ao dar lições referentes às árvores familiares, fotos de bebê e outras atividades que presumam que as crianças estão morando com seus pais biológicos e têm acesso a informações sobre seus primeiros anos de vida. Atribuições alternativas podem preservar a intenção da lição e, além disso, homenagear várias situações e experiências das crianças; por exemplo, entrevistar alguém da comunidade que tenha mais de 60 anos e descobrir como eram as coisas quando essa pessoa era criança, ou trazer uma foto sua quando era pequeno ou uma foto de outra pessoa da sua família e deixar que os outros adivinhem quem é essa pessoa.

Aprendendo sobre as Diferenças de Gênero

Como acontece com outras áreas de diferenciação, nosso objetivo nesta área deve ser o de propiciar às crianças o reconhecimento e a aceitação das diferenças de sexo e, ao mesmo tempo, não limitá-las a essas características. Dois objetivos específicos nessa área devem ser: 1) libertar as crianças de visões constrangedoras e estereotipadas do que "as meninas podem fazer" e do que "os meninos podem ser", abrindo assim maiores opções para o crescimento e para o desenvolvimento; e 2) encorajar as crianças a interagirem e entenderem umas às outras a partir do que é, infelizmente, chamado de "o sexo oposto".

Para satisfazer o primeiro objetivo, os professores devem estar atentos à sua própria linguagem, a seus comportamentos na sala de aula e aos materiais e atividades que apresentam aos alunos. Advertências como "homem não chora" ou tentativas de afastar um menino das tarefas domésticas e aproximá-lo do velho clichê comunicam claramente que há certas coisas que os meninos não devem fazer. Da mesma forma, estudar apenas autores homens, inventores homens e a história do mundo a partir da perspectiva do homem priva as meninas e os meninos de entenderem plenamente ou orgulharem-se das realizações e do potencial das mulheres.

Os professores devem continuamente examinar seus materiais e suas atividades para garantir que todas as crianças sintam-se incluídas e bem-recebidas. Há muitos livros infantis disponíveis que desafiam papéis estereotipados: ler *William's Doll* (Zolotow, 1972), por exemplo, pode ajudar todas as crianças a explorar o papel que amar e nutrir pode desempenhar em suas vidas. As crianças mais velhas podem ler livros com protagonistas mulheres e podem ser encorajadas a descobrir mulheres que foram omitidas dos livros de história. As crianças também podem ser encorajadas a tornarem-se consumidores críticos e desafiadores do sexismo em suas vidas e em seus materiais. Os professores podem ajudar até as crianças muito pequenas a explorar as suposições nos livros que lêem: "Neste livro eu percebi que somente as mulheres estavam cozinhando ... os homens também podem cozinhar? Vocês conhecem homens que cozinham?" O horário das histórias pode ser então seguido por uma atividade culinária que envolva todos os alunos. As crianças também podem explorar catálogos de brinquedos e observar que há uma "seção de meninos" e uma "seção de meninas", e discutir que brinquedos lhes parecem interessantes e por que e como os pais e os outros adultos freqüentemente tomam decisões sobre "quem ganha o quê" considerando o fato de ser menino ou menina.

Se o professor percebe que as meninas raramente escolhem projetos de ciências, por exemplo, ele pode resolver tratar dessa questão diretamente, atribuindo às meninas projetos específicos que possam edificar sua competência e confiança na área de ciências. Se um menino é alvo de chacota porque menciona que está aprendendo a fazer crochê, o professor pode falar sobre a história de homens tecelões e fabricantes de redes e pode ensinar *todas* as crianças a fazer gorros e cachecóis de crochê para o inverno.

Fazer com que as crianças brinquem e interajam usando as linhas dos gêneros pode ser conseguido da mesma maneira que com outras estratégias de integração. Os professores devem perguntar: Como posso dispor minha turma e minhas atividades de forma que os meninos e as meninas sintam-se à vontade, trabalhando juntos e escolhendo seus parceiros? Mais uma vez, os professores precisam ter cuidado para evitar a perpetuação dessas distinções artificiais, fazendo uma "fila de meninas" e uma "fila de meninos" ou tendo uma menina líder de uma semana e um menino líder de outra. Entretanto, pode ser necessário um maior número de intervenções para contrapor-se às práticas e atitudes predominantes que tendem a separar as meninas e os meninos e impedir que eles formem relacionamentos significativos. Os professores podem designar crianças para trabalhar com parceiros ou em grupos em uma base regular e podem garantir que tais grupos sejam heterogêneos em gênero e também em raça e capacidade. As designações de tarefas e de responsabilidades casuais podem também tornar o gênero uma questão de menor importância na turma – se os nomes das crianças forem tirados de uma caixa para os parceiros de matemática do dia, algumas duplas podem ser de meninos, algumas de meninas, e algumas de um menino e uma menina. Se um professor observa chacota ou ridicularizações devido a questões de gênero, como "Olha, o Michael escolheu cor de rosa para pintar seu desenho", "José está brincando com as meninas" ou "Marina está lendo um livro de menino", o professor pode intervir e tratar da questão diretamente. No mínimo, o professor deve explicar que não é permitido debochar do colega; melhor ainda seria uma discussão sobre a razão de as pessoas acharem que cor de rosa é uma cor de menina ou que os livros sobre foguetes são considerados livros de meninos. Podem ser proporcionadas muitas oportunidades para as crianças envolverem-se em projetos que transpõem as linhas de gênero tradicionais (cozinhar, trabalhar com madeira, artes e artesanato). Uma professora da 3ª série do ensino fundamental ensinou todos os seus alunos a fazer ponto de cruz contado. Relatou que nenhum dos meninos ou seus pais objetaram, e todos ficaram agradavelmente surpreendidos com os bonitos bordados feitos pelas crianças. Uma professora da 5ª série fez com que todos os alunos construíssem e lançassem foguetes; esta não foi apresentada como uma atividade de meninos, enquanto as meninas construíam, por exemplo, recipientes para alimentar passarinhos.

Como as normas culturais relacionadas aos papéis dos sexos diferem consideravelmente, Derman Sparks e a A.B.C. Task Force (1989) advertiram que os professores devem tomar cuidado para não serem racistas ao tentar ser anti-sexistas. Por exemplo, insistir que as meninas usem calças compridas para fazer ginástica ou brincar ao ar livre pode violar princípios culturais ou religiosos de algumas crianças e suas famílias. Os autores propuseram que os professores apresentem os papéis dos sexos oferecendo escolhas múltiplas, em vez de atribuir valores superiores a alguns papéis, e que os professores encontrem maneiras de proporcionar opções que promovam o pleno desenvolvimento das crianças e ainda assim respeitem suas origens. Eles declararam, por exemplo, que se os pais realmente fazem objeção ao fato de a filha usar calça comprida ou ao fato de o filho ser encorajado a chorar, o professor deve desenvolver alternativas, como ter alguns períodos do dia em que as calças compridas são usadas para a realização de grandes atividades motoras ou encorajar o menino a escrever o que sente ou a declarar seus sentimentos em uma história.

Aprendendo sobre as Diferenças Religiosas e os Feriados

Embora a Constituição norte-americana ordene a separação da Igreja e do Estado, a realidade é que muitas escolas e muitos professores comportam-se como se todas as crianças fossem cristãs. Muitos professores organizam suas salas de aula e atividades de um dia santo para a outro. Outubro é Todos os Santos, novembro é Ação de Graças e dezembro é Natal. Os enfeites dos quadros de avisos, as histórias, as músicas, os projetos de arte e o currículo em geral giram em torno desses feriados. Há muitas razões pelas quais os professores concentram a atenção de suas aulas e dos currículos em torno dos feriados: eles promovem uma maneira excelente de programar as áreas disciplinares em torno de um tema, os símbolos são conhecidos de muitas crianças, e muitas atividades características dos feriados (festas, peças, cânticos e projetos comunitários) representam uma agradável fonte de oportunidades de desenvolvimento social e afetivo (Sapon-Shevin, King & Hanhan, 1988).

Entretanto, as crianças que são Testemunhas de Jeová podem não comemorar nenhum dia santo, as crianças nativas americanas podem sentir-se pouco à vontade com as apresentações tradicionais de Ação de Graças, e o período do Natal pode ser difícil para as crianças cujas famílias não o comemoram ou o celebram de forma religiosa, não material. Aprender sobre as diferenças religiosas pode estar intimamente associado a aprender sobre diferenças culturais, raciais e familiares; os professores devem encontrar maneiras de ensinar sobre as diferenças religiosas e respeitar as maneiras em que as crianças diferem, sem fragmentar sua turma ou destruir o sentido de comunidade. Assim como acontece com outras áreas de diferença, é importante que os professores evitem a linguagem do "nós" e "eles"; por exemplo, "Enquanto nós estamos tendo nosso dia santo, Naomi e sua família estão tendo o delas". A mensagem não deve ser a de que a maioria de nós é igual, enquanto alguns de nós são diferentes, mas que todos nós temos origens e características singulares.

Como ponto de partida, os professores podem tirar a ênfase dos feriados tradicionais, de forma a que não ocupem a maioria do tempo e das atividades da escola. As crianças têm inúmeras oportunidades para comemorar o Natal com suas famílias e em suas igrejas; o tempo que passam na escola pode ser dedicado a outras áreas de estudo e de envolvimento. Quanto aos feriados que os professores optam por celebrar, deve haver um compromisso sério de apresentar perspectivas multiculturais. Por exemplo, Davids e Gudinas (1979), do Departamento de Relações Humanas do Distrito Escolar de Madison, Wisconsin, prepararam e divulgaram um "Programa para o Dia de Ação de Graças" para ser usado pelos professores do ensino fundamental do distrito. O programa incluía "Ação de Graças: Uma Nova Perspectiva", um artigo descrevendo a pesquisa recente sobre o primeiro dia de Ação de Graças e suas implicações para as escolas; "Índios e Peregrinos", uma história simulada para ajudar as crianças a vivenciarem o que deve ter sentido o povo indígena quando os europeus chegaram e estabeleceram-se nos Estados Unidos; "Ação de Graças: Uma Abordagem Multicultural", uma atividade que enfatiza como o conceito de gratidão é expressado pelas pessoas em todo o mundo; e "Ensinando sobre a Fome", uma lista de sugestões para ajudar as crianças a pensar sobre a fome e em soluções para a fome. Outros estados, como o Oregon, também implementaram currículos de âmbito estadual com relação ao Dia de Ação de Graças e ao Dia de Colombo, que apresentam vários pontos de vista e respeitam a história e as tradições do povo indígena.

Os professores também podem fazer um esforço sério para aprender e ensinar sobre outros feriados religiosos e não-religiosos: Kwanzaa, as diferentes comemorações de Ano Novo em todo o mundo, Sukkot e o aniversário de Buda apresentam oportunidades para falar sobre religiões, nacionalidades e crenças diferentes. Uma das principais barreiras ao ensino de outras religiões e costumes é, com freqüência, a própria inexperiência e a relativa ignorância dos professores. Embora os pais e as crianças possam proporcionar recursos maravilhosos, os professores também devem considerar seriamente sua própria responsabilidade de ler, escutar e informar-se, para poderem falar com propriedade sobre as diferenças religiosas. Também é possível organizar o ensino em torno de temas não ligados aos feriados. Uma professora organizou todo um mês do currículo em torno dos ursos: as crianças leram histórias sobre ursos, aprenderam canções de ursos, estudaram sobre os ursos em ciências, representaram peças e compuseram histórias sobre ursos, e fizeram projetos de arte relacionados aos ursos. A unidade culminou com uma festa de ursos, para a qual as crianças levaram ursos empalhados e comeram doces feitos com mel! Outra professora organizou uma unidade em torno dos oceanos e implementou atividades, em todo o currículo, relacionadas à água, às marés, à vida animal e vegetal do oceano, e aos mitos e lendas sobre o mar. Essas unidades preservam os benefícios de organizar o ensino por tópicos, incluem todas as crianças e estendem os limites do currículo além das canções, das histórias e dos projetos de arte tão repetidos do passado.

As comemorações dos feriados também são populares porque são freqüentemente a ocasião de os professores envolverem-se em atividades de construção da comunidade em sua turma e em sua escola. Os "Secret Santas" (as crianças sorteiam amigos secretos aos quais vão prestar favores) e as doações de alimentos no âmbito de toda a escola proporcionam importantes oportunidades para as crianças pensarem empaticamente sobre seus colegas e a comunidade em geral. Essas oportunidades, no entanto, não precisam ser limitadas aos feriados. As despensas locais necessitam de alimentos o ano todo, não apenas em dezembro, e preocupações ambientais, como a reciclagem, são contínuas. Um compromisso a longo prazo por parte de uma determinada turma com um projeto desse tipo seria uma demonstração valiosa da importância de preocupar-se com os outros o tempo todo, não apenas em determinadas ocasiões. Cantar, preparar alimentos, fazer favores a amigos, fabricar presentes e ser amável podem todos ser implementados o ano inteiro. As atividades de edificação da comunidade são mais eficientes quando consideradas importantes e valorizadas durante todo o ano escolar, e não apenas ocasionalmente.

Aprendendo sobre as Diferenças entre as Aptidões e as Habilidades

Embora algumas diferenças nas aptidões e nas habilidades possam ser mais prontamente aparentes em uma sala de aula inclusiva – por exemplo, Dalia tem uma deficiência auditiva e usa um aparelho no ouvido, Everett termina sua lição de matemática antes de todo mundo, Carlos não consegue andar e usa uma cadeira de rodas – a realidade é que todas as crianças têm potencialidades e debilidades, áreas de competência e áreas em que precisam de ajuda. Para contradizer e desafiar algumas hierarquias típicas que se estabelecem nas salas de aula, partindo do desempenho das crianças em uma determinada área (o melhor do grupo de leitura, o corredor mais rápido), os professores podem fazer com que todas as crianças sejam envolvidas em uma grande variedade de atividades e projetos durante o ano inteiro, permitindo assim que muitos tipos de talentos e especialidades sejam admirados e compartilhados. Uma professora criou as Páginas Amarelas da Classe, as quais relacionavam os nomes das crianças, suas áreas de "especialidade" e as maneiras em que estavam dispostas a ajudar os colegas. O guia incluía verbetes como:

LaDonna Smith: Canções e *jingles* para pular corda; pronta para ensinar a pular e atravessar a corda a qualquer pessoa interessada.

Miguel Hernandez: Colecionador de cartões de beisebol; pode mostrar aos interessados como começar uma coleção, como procurar por cartões especiais e como calcular as médias e as estatísticas dos rebates.

Encorajando os alunos a ir além dos temas escolares típicos pelos quais eles se situam e avaliam a si mesmos e um ao outro, a professora criou novas áreas de interesse, promoveu a interação dos pares e quebrou os estereótipos existentes sobre quem era "inteligente" e quem não era.

Os professores também podem promover debates sobre o tema "ajudar" e podem fazer com que os alunos gerem e pratiquem maneiras adequadas de oferecer e receber ajuda, tais como "Posso ajudá-lo?" em vez de "Deixe que eu faço isso, você é muito pequeno/bobo/lento", e maneiras de aceitar e recusar ajuda amavelmente, como "Não, obrigado, estou indo bem" em vez de "Você acha que eu sou bobo ou coisa do gênero?" Estes são repertórios que todas as pessoas precisam, não somente aquelas cujas habilidades são limitadas. Os professores podem ajudar os alunos a refletir sobre perguntas como as seguintes:

- Quais são as três atividades em que eu sou bom?
- Quais são as três atividades com as quais tenho dificuldades?
- De que maneira posso proporcionar ajuda às pessoas?
- Em que atividades preciso de ajuda, e que tipo de ajuda eu gostaria de receber?

Gerando respostas dessa maneira, os alunos e o professor podem ver que todos têm aptidões e habilidades e que todos precisam de ajuda em algumas áreas. Karen pode ser ótima em leitura, mas pode precisar de ajuda nas brincadeiras no *playground*. Carmen pode ter dificuldade em matemática, mas é ótima para lembrar-se de coisas e organizar pessoas e atividades. As salas de aula podem tornar-se comunidades de apoio mútuo se os professores promoverem o respeito pelas diferenças e proporcionarem oportunidades diversificadas para os alunos enxergarem uns aos outros de muitas maneiras.

Outros capítulos neste livro explicam em que sentido as estruturas competitivas de ensino e avaliação são incompatíveis com a criação de comunidades escolares acolhedoras e inclusivas. Os quadros de estrelas na parede, indicando a todos que entram quem está indo "bem" e quem está indo "mal", escolhendo o "melhor artista" ou o grupo mais disciplinado, ou recompensando as crianças por acabarem primeiro, não são práticas que conduzem à criação de comunidades que respeitam a diversidade. A competição é prejudicial não apenas ao aluno que tem um mau desempenho ("Não queremos Miguel na nossa equipe de matemática; já tivemos ele na semana passada"), mas também aos alunos que vão consistentemente bem ("Ela se acha muito inteligente só porque consegue fazer as coisas mais depressa do que os outros").

Nas classes cooperativas, as crianças ajudam-se, proporcionam umas às outras ajuda nos estudos e apoio a colegas e descobrem que, trabalhando juntas, podem realizar muito mais do que trabalhando sozinhas. As crianças com diferentes potencialidades e repertórios podem todas ser membros atuantes e colaboradores nos grupos, porque as habilidades e especialidades são compartilhadas. As salas de aula cooperativas comprovam a verdade do dito "Nenhum de nós é tão esperto quanto todos nós".

Os alunos podem perguntar aos professores "Por que LaVonne não faz a mesma lição de matemática que fazemos?" ou "Quando vou conseguir trabalhar no computador como Kari?" As respostas dos professores a essas perguntas e a perguntas similares determinam o tom da classe. De modo geral, respostas honestas e diretas parecem ser as melhores: "LaVonne trabalha com um livro diferente porque ela está trabalhando com adição e ainda não está pronta para a multiplicação", ou "Vamos encontrar um horário para você poder trabalhar com Kari no computador". Depois de algum tempo, a maior parte das crianças aceita o fato de que assim como elas têm diferentes formas e tamanhos, também podem fazer trabalhos diferentes. Quando a necessidade de ajuda não é estigmatizada, mas vista como uma ocorrência normal, comum, e quando a prestação de ajuda é encarada como uma ocorrência natural preciosa, as crianças podem ser muito complacentes com os desafios umas das outras e valorizar suas realizações.

A lista de recursos no final deste capítulo inclui algumas leituras excelentes a respeito do ensino sobre as diferenças. Entretanto, os professores devem tomar cuidado para não enfatizar as diferenças sem permitir que os alunos enxerguem as muitas maneiras em que eles são similares. Para os alunos encontrarem seu campo comum, os professores devem certificar-se de que demonstram que todos os alunos estão na escola para aprender, que todas as pessoas têm coisas que fazem bem e coisas que não fazem bem, e que todos nós atuamos melhor se formos encorajados e apoiados. Um professor deu uma aula maravilhosa em que as crianças aprenderam que algumas delas tinham olhos azuis, algumas tinham bichinhos de estimação, algumas tinham irmãos menores, algumas eram boas corredoras, algumas gostavam de espinafre, algumas conheciam outro idioma, mas que todas as crianças tinham sentimentos que podiam ser feridos, e que todas as crianças queriam ter amigos.

Aprendendo e Desafiando os Estereótipos e a Discriminação

Para criarmos e mantermos escolas e comunidades realmente inclusivas, as crianças e os professores devem enxergar-se como agentes ativos da mudança, dispostos e capazes de enfrentar e desafiar os estereótipos e o comportamento opressivo e discriminatório. Dependendo da idade dos alunos, diferentes níveis de ação e reação social são adequados, mas até mesmo as crianças pequenas podem reconhecer e reagir aos estereótipos e aos preconceitos.

Uma professora da 1ª série do ensino fundamental explicou a seus alunos a diferença entre "não gostar" e "preconceito". Ela permitia que os alunos não gostassem de alguma coisa, ou seja, tivessem uma reação negativa a algo (uma comida, uma atividade) depois de terem tido muita experiência com ela, mas não permitia que prejulgassem as pessoas e as coisas sem suficiente experiência. As crianças passaram a discriminar o "não gostar" legítimo ("Experimentei brócolis e detestei" ou "Jared bate nas crianças e eu não quero brincar com ele") dos preconceitos ("Não quero experimentar isso, parece detestável" ou "As crianças com pele escura são desprezíveis"). Uma professora da educação infantil ensinou à sua turma frases que eram "excludentes" e "afastavam as pessoas", tais como: "Você não pode brincar conosco" e "Não há lugar para você aqui", e frases que eram "inclusivas" e "uniam as pessoas", como "Você quer entrar no nosso grupo?" e "Vamos abrir um espaço para Micah."

As crianças também podem tornar-se consumidores críticos de seus próprios ambientes e dos materiais que encontram. Há muitas relações que permitem aos leitores (mesmo os mais jovens) examinar os materiais para buscar evidência de discriminação, má informação e omissão de pessoas de cor, mulheres, pessoas com deficiência ou famílias não-tradicionais, por exemplo. As crianças pequenas podem reconhecer que não há pessoas de cor em muitos livros infantis ou que, nos livros, todas as mães ficam em casa e todos os pais vão trabalhar de terno, embora suas mães sejam garçonetes e seus pais sejam trabalhadores rurais. As crianças mais velhas podem envolver-se em análises mais sofisticadas dos materiais de aula. Em um artigo sobre a sensibilização das crianças aos estereótipos dos nativos americanos, Califf (1977; p. 7) contou suas experiências ensinando crianças sobre os valores e as tradições dos nativos americanos e mostrou como reconhecer as representações inadequadas e os estereótipos dos povos nativos americanos nos meios de comunicação. Para culminar, ela mostrou à classe um livro sobre Cristóvão Colombo e ficou encantada ao ver que as crianças detectaram muitos estereótipos e distorções. Treze crianças escreveram cartas ao editor da Scholastic Magazines (que publicou o livro). A seguir temos duas cartas:

> Caro Editor, eu li seu livro. Ele fez os índios parecerem cachorros. Essas pessoas falavam da maneira como nós falamos e como o senhor fala, mas na sua linguagem ... Quando eles queriam dar algo, o livro não dizia que língua eles falavam. Dizia apenas que eles falavam língua de índio. Atenciosamente, Scott Dames.

> Caro Editor, não gosto do seu livro chamado *The Cruise of Mr. Christopher Columbus*. Não gostei dele porque o senhor disse coisas sobre os índios que não foram verdade ... Outra coisa que eu não gostei foi que na página 69 ele diz que Cristóvão Colombo convidou os índios para irem à Espanha, mas o que realmente aconteceu foi que ele roubou eles. Atenciosamente [sic], Raymond Miranda.

Quando o editor respondeu aos alunos e disse que concordava com a crítica e concordava em não publicar o livro, as crianças puderam experimentar a importância e os efeitos de estarem unidos e de enfrentarem o racismo.

Os alunos também podem aprender a enfrentar o racismo, o sexismo e a discriminação em seus próprios ambientes. Um professor de Estudos Sociais da 7ª série designou a seus alunos a tarefa de realizar uma verificação da acessibilidade da sua escola (Sapon-Shevin, 1988). Os alunos saíram com normas de procedimentos e trenas para verificar se os alunos que usam cadeiras de roda, aqueles que lêem braille e aqueles que não conseguem ouvir poderiam ter pleno acesso ao prédio e a seus programas. Então esses alunos escreveram cartas ao diretor, contando o que haviam comprovado. Seus *insights* para a inclusão ("O elevador sobe, mas não desce, de forma que os alunos que usam cadeiras de roda nunca poderiam assistir aulas no segundo andar") e sua indignação com relação à injustiça ("O senhor gostaria que seu filho não pudesse freqüentar esta escola?") foram indicadores promissores de sua crescente capacidade para reconhecer e desafiar a discriminação e a exclusão.

No nível mais básico, as crianças também podem aprender como responder ao chamado por nomes e à exclusão de crianças tendo como base as diferenças. As escolas públicas de Madison (1989) articularam uma política específica nesta área, que prega: "Segundo a política de não-discriminação do Distrito, o chamado por nomes com conotações raciais não será tolerado. Isso inclui quaisquer linguagem, gestos e comportamentos depreciativos com implicações raciais".

O documento distribuído pelo distrito prossegue, declarando que as crianças precisam saber que os nomes e os insultos com conotações raciais representam uma forma de abuso verbal e são inaceitáveis. Eles sugerem que, quando uma linguagem racista for usada, podem ser úteis as seguintes declarações: "O chamado por nomes com conotação racial não é permitido nesta escola. O chamado por nomes com conotação racial é humilhante. Acho essa palavra ofensiva. Valorizamos todas as pessoas das nossas turmas e da nossa escola e não usamos essa linguagem".

Similarmente, as crianças podem passar a reconhecer e a interromper piadas racistas, sexistas e étnicas. Os professores podem explorar com os alunos as maneiras pelas quais tais piadas perpetuam os estereótipos e são prejudiciais às pessoas, embora possam pretender serem engraçadas. Os alunos podem aprender maneiras de interromper com firmeza esse tipo de humor ("Não acho isso engraçado") e também podem ser encorajados a descobrir e contar piadas e histórias que são engraçadas, mas não às custas de outro grupo. Um professor disse à sua turma que os cinco primeiros minutos da aula seriam dedicados a contar piadas, contanto que elas não fossem ofensivas a nenhum grupo específico. Isso fez com que os alunos ouvissem criticamente as piadas que escutavam e analisassem o humor através de suas potenciais conotações e conseqüências negativas.

É importante que as crianças sintam que elas podem contribuir para uma mudança. As salas de aula inclusivas trabalham para capacitar todas as crianças a melhorarem suas próprias situações e as de seus colegas. Os alunos que se sentem poderosos e eficientes no ensino fundamental têm muito mais probabilidade de tornarem-se adultos capazes de mudar as coisas. O dia ou o ano letivo proporcionam múltiplas oportunidades para a resolução de problemas de inclusão. Quando uma turma de 5ª série, que incluía uma criança vegetariana, uma que guardava o *kosher* e uma criança muçulmana, quis planejar refrescos para sua festa, as crianças esforçaram-se para escolher comidas que permitissem que todas as crianças comessem à vontade. Quando uma criança que usava uma cadeira de rodas não teve força bastante para levantar-se da sua cadeira, toda a turma uniu-se em torno da unidade de preparação física e desenvolvimento muscular para aumentar a força da parte superior do corpo. As mensagens dessas turmas foram consistentes: Somos uma comunidade, estamos todos juntos nisso, vamos assumir a responsabilidade um pelo outro, não vamos abandonar as pessoas por causa de suas diferenças ou dificuldades.

CONCLUSÃO

Criar turmas que honrem e respeitem todas as crianças e todas as suas diferenças é um desafio contínuo e que demanda tempo. Como professores, precisamos continuar a lutar com nosso próprio idioma, ensino e currículo na tentativa de implementar a inclusão, a justiça e o respeito. A coisa mais importante que os professores podem fazer é explorar seus próprios conhecimentos, valores e crenças sobre a diversidade. Por exemplo, quando e como você tomou conhecimento das diferenças raciais e o que lhe foi comunicado? Quando criança, com que grupos de pessoas você teve contato contínuo e com quem você nunca interagiu? Você se sente à vontade com pessoas de cor? Lésbicas? Mães solteiras? Afro-americanos? Hispânicos? Judeus? Latinos? Coreanos? Somente explorando nossas próprias histórias e experiências pessoais podemos tentar desvendar os efeitos da nossa própria criação, fortalecendo assim nossos compromissos adultos para criar escolas inclusivas que exemplifiquem justiça social e igualdade.

Swadener, Gudinas e Kaiser (1988, p. 5) pediram aos professores para responderem com uma declaração que se iniciasse com "Eu acho" às seguintes citações típicas de pais:

> Pai chinês americano: "Meu filho de quatro anos de idade perguntou-me: 'Quando eu crescer posso ser loiro? É melhor ser loiro, Pai!'" Eu acho ...

> Pai adotivo de criança coreana: "Tivemos de tirar nossa filha da creche quando as outras crianças passaram a provocá-la por 'não ser uma verdadeira americana' e a professora não levou a coisa a sério". Eu acho ...

> Pai *hmong*: "Em nossa tradição *hmong*, as máscaras têm importância espiritual. Meu filho foi solicitado a fazer um trabalho de arte criando máscaras assustadoras e ficou muito perturbado com isso". Eu acho ...

> Pai de baixa renda: "É tão difícil dizer a meu filho de seis anos que não podemos ter as coisas que são tão naturais para as outras crianças da escola – você sabe, *jeans* de *griffe*, brinquedos caros". Eu acho ...

Discutir nossas próprias reações a essas preocupações dos pais e aos dilemas da turma pode nos ajudar a sermos sensíveis aos muitos tipos de diversidade que nossas crianças apresentam e à necessidade de desenvolver reações cuidadosas e inclusivas. A tarefa é difícil, mas é fundamental para desenvolver nossa habilidade de moldar os tipos de escolas com que sonhamos.

NOTA
[1] Este capítulo é uma versão revista de Sapon-Shevin, M. (1992). Celebrating diversity, creating community: Curriculum that honors and builds on differences. *In* S. Stainback & W. Stainback (Eds.), *Curriculum considerations in inclusive classrooms: Facilitating learning for all students* (p. 19-36). Baltimore: Paul H. Brookes Publishing Co. Publicação autorizada.

REFERÊNCIAS BIBLIOGRÁFICAS

Califf, J. (1977). Sensitizing nine-years olds to Native American stereotypes. *Interracial Books for Children Bulletin,* 8(1), 3-7.
Davids, D.W. & Gudinas, R.A. (1979). *Student activities and teacher materials for use during the Thanksgiving season.* Madison: Department of Human Relations, Madison Wisconsin School District.
Departamento de relações Humanas do Distrito Escolar de Madison. (1989). *Racial name-calling: Strategies, activities and resources.* Madison: Author.
Derman-Sparks, L. & the A.B.C. Task Force. (1989). *Anti-bias curriculum: Tools for empowering young children.* Washington, DC: National Association for the Education of Young Children.
Grant, C.A. & Sleeter, C.A. (1989). *Turning on learning: Five approaches for multicultural teaching plans for race, class, gender and disability.* Columbus, OH: Charles E. Merrill.
Ramsey, P.G. (1987). *Teaching and learning in a diverse world: Multicultural education for young children.* Nova York: Teachers College Press.
Sapon-Shevin, M. (1992). Ability differences in the classroom: Teaching and learning in inclusive classrooms. *In* D. Byrnes & G. Kiger (Eds.), *Common bonds: Anti-bias teaching in a diverse society.* Washington, DC: Association for Childhood Education International.
Sapon-Shevin, M., King, R. & Hanhan, S. (1988). The holiday-centered curriculum. *Education and Society, 1*(3), 26-31.
Sleeter, C.E. & Grant, C.A. (1988). *Making choices for multicultural education: Five approaches to race, class, and gender.* Columbus, OH: Charles E. Merrill.
Swadener, E.B., Gudinas, R.A. & Kaiser, R.B. (1988). Parent perspectives: An activity to sensitize teachers to cultural, religious and class diversity. *Journal of School Social Work, 2*(2), 1-7.
The Teachers' Workshop. (Novembro, 1989). *The Teachers' Workshop Newsletter.* Madison, WI: Emerson Elementary School.
Whaley, K. & Swadener, E.B. (1990). Multicultural education in infant and toddler settings. *Childhood Education, 66*(4), 238-240.
Zolotow, C. (1972). *William's doll.* Nova York: Harper & Row.

RECURSOS

Há muitos recursos excelentes disponíveis para ensinar as crianças sobre as diferenças, para implementar uma educação multicultural e para ajudar alunos e professores a desafiar o racismo, o sexismo e outras formas de opressão e discriminação.
Os professores também são encorajados a procurar e identificar livros infantis inclusivos e que representem positivamente a diversidade.

Barnes, E., Berrigan, C. & Biklen, D. (1978). *What's the difference: Teaching positive attitudes towards people with disabilities.* Syracuse, NY: Human Policy Press.
Byrnes, D. (1987). *Teacher, they called me a ...* (Disponível na Anti-Defamation League, B'nai B'rith, Department JW, 823 United Nations Plaza, Nova York, 10017.)
Byrnes, D, & Kiger, G. (Eds.). (1992). *Common bonds: Anti-bias teaching in a diverse society.* Washington, DC: Association for Childhood Education International.
Children's Book Press, 1461 Ninth Avenue, São Francisco, CA, 94122. (Editores de literatura e audiocassetes multiculturais para crianças.)
Council on Interracial Books for Children, 1841 Broadway, Nova York, NY 10023. (Editores de listas de livros, filmes e outros meios de comunicação sobre racismo não aprendido.)
Cummings, M. (1977). *Individual differences: An experience in human relations for children.* (Disponível na Anti-Defamation League, B'nai B'rith, Department JW, 823 United Nations Plaza, Nova York, 10017.)

Derman-Sparks, L. & the A.B.C. Task Force (1989). *Anti-bias curriculum: Tools for empowering young children.* Washington, DC: National Association for the Education of Young Children.

Froeschl, M. & Sprung, B. (1989). *Resources for educational equity: A guide for grades pre-K-12.* Nova York: Garland Publishing.

Grant, C.A. & Sleeter, C.A. (1989). *Turning on learning: Five approaches for multicultural teaching plans for race, class, gender and disability.* Columbus, OH: Charles E. Merrill.

Kendall, F. (1983). *Diversity in the classroom: A multicultural approach to the education of young children.* Nova York: Teachers College Press.

Ramsey, P.G. (1987). *Teaching and learning in a diverse world: Multicultural education for young children.* Nova York: Teachers College Press.

Ramsey, P.G., Vold, E.B. & Williams, L.R. (1989). *Multicultural education: A sourcebook.* Nova York: Garland Publishing.

Schniedewind, N. & Davidson, E. (1983). *Open minds to equality: A sourcebook of learning activities to promote race, sex, class and age equity.* Englewood Cliffs, NJ: Prentice Hall.

18

Aprendizagem Comunitária nas Escolas Inclusivas

Michael Peterson

EM UMA REDE DE ENSINO de um estado do meio-oeste, em uma semana de abril, um grupo de 20 alunos participou de uma expedição de canoagem com duração de um dia e colheu amostras para verificação da qualidade da água, como parte de um projeto com um ano de duração sobre os efeitos de um novo empreendimento na comunidade, no meio ambiente e na economia. Três alunos que haviam recentemente emigrado de outros países estavam estudando inglês enquanto compartilhavam seu conhecimento. Um aluno com retardo mental era co-diretor dos materiais e dos suprimentos do grupo. O grupo de aprendizagem também incluía um aluno autista, cujos talentos para organização e memorização estavam sendo úteis para ajudar o grupo a acompanhar as informações importantes. O professor ajudou a organizar uma equipe de manejo para a expedição que facilitou o desenvolvimento e a coordenação das equipes de trabalho. Um aluno quadriplégico era presidente da equipe que estudava a qualidade da água. A equipe administrativa reunia-se todas as manhãs e tomava decisões para o "trabalho de aprendizagem" do dia. À tarde, eles assistiam aulas de linguagem, matemática e outras matérias tradicionais nas quais focalizavam seu desenvolvimento de habilidades em áreas relacionadas ao projeto de aprendizagem. Antes de voltar para a escola, o grupo reuniu-se com o professor para resumir e comentar questões pessoais e de aprendizagem.

Esse cenário ilustra alguns conceitos importantes para aprendizagem, currículo e construção da comunidade nas escolas inclusivas. Os alunos aprendem habilidades e adquirem conhecimento envolvendo-se em atividades de resolução de problemas importantes e do mundo real, em grupos heterogêneos nos quais as pessoas assumem vários papéis. Durante esse processo, os alunos aprendem a lidar com a complexidade e a diversidade, como acontece no mundo real. E, mais importante, durante o processo, eles experimentam uma sensação de apoio, diversão e comunidade. Uma ampla variedade de abordagens de reestruturação curricular ilustradas por este cenário pode ser resumida em três temas simples, mas poderosos:

- *O que é aprendido*: Os alunos aprendem a atuar como membros eficientes de suas comunidades em uma sociedade democrática.
- *Como os alunos aprendem*: Os alunos aprendem envolvendo-se em atividades do mundo real, significativas, nas quais as habilidades são aprendidas através de sua aplicação, nas quais a investigação, a reflexão e o pensamento crítico ocorrem em interação com os outros aprendizes e são por eles apoiados, e em que são usadas múltiplas abordagens e estilos de aprendizagem.
- *Quem aprende com quem*: Os alunos aprendem em grupos diversos e heterogêneos, nos quais desenvolvem relacionamentos de apoio mútuo, aprendem a trabalhar em equipe e aprendem como valorizar e acomodar uma grande diversidade.

Várias abordagens do currículo são baseadas nessas idéias – aprendizagem referenciada na comunidade; instrução baseada na comunidade; currículo autêntico; currículos temáticos, interdisciplinares; aprendizagem baseada em problemas; e aprendizagem ativa. Embora cada uma dessas seja distinta, a idéia básica é a mesma. O termo usado neste capítulo é aprendizagem comunitária. A aprendizagem comunitária tem significados múltiplos que se reforçam mutuamente e que juntos proporcionam uma abordagem abrangente. Quais são esses significados? Primeiro, a aprendizagem é *para* a comunidade; ou seja, a aprendizagem prepara os alunos para a participação ativa na vida comunitária e para a liderança em atividades comunitárias que variam desde manter um emprego até identificar e lidar com questões comunitárias e sociais fundamentais. Segundo, a comunidade pode ser também um local geográfico que é o centro para grupos de pessoas ou redes de indivíduos de vários locais. Finalmente, a comunidade diz respeito à sensação psicológica de fazer parte, que ocorre quando as pessoas sentem que têm conexões e apoio mútuo. Nesse sentido, os alunos aprendem a valorizar e ajudar o desenvolvimento de uma sensação de mutualidade, trabalho em equipe e interesse entre diferentes grupos de pessoas. A aprendizagem também ocorre *na* comunidade. A aprendizagem acontece por meio de atividades aplicadas; fazer e aprender tornam-se vinculados.

A JORNADA RUMO À APRENDIZAGEM COMUNITÁRIA PARA DIFERENTES ALUNOS APRENDIZES

O conceito de aprendizagem comunitária não é novo. Dewey (1943) adotou a experiência como a base da educação. Preocupava-se com o isolamento escolar da vida comunitária típica e com a rotina natural da aprendizagem na sala de aula, e pregou a utilização do trabalho e das atividades comunitárias como o foco da aprendizagem. Essas abordagens não apenas ajudariam os alunos a aprender as habilidades e suas aplicações na comunidade, mas a aprendizagem social e a construção de relacionamentos também ocorreriam.

Uma sociedade é constituída por várias pessoas reunidas, trabalhando ao longo de linhas comuns, em um espírito comum e com referência a objetivos comuns ... Na sala de aula, a motivação e a base da organização social são uma carência similar ... A diferença que aparece quando as ocupações se tornam os centros de articulação da vida escolar não é facilmente descrita em palavras; é uma diferença na motivação, de espírito e atmosfera. Quando se entra em uma cozinha movimentada na qual um grupo de crianças está ativamente envolvido na preparação de comida, a diferença psicológica, a mudança de uma recepção e contenção mais ou menos passivas e inertes para uma atitude de energia contínua e entusiasmada é tão óbvia que aparece no rosto das pessoas. (Dewey, 1943, p. 18)

No espírito do ensino inclusivo, Dewey exigia escolas que unissem as crianças e criassem oportunidades para a aprendizagem por meio da ação e de relacionamentos de apoio mútuo. É claro que as escolas não incorporaram a experiência como a base para a aprendizagem cognitiva e social. Ao contrário, a educação nos Estados Unidos tomou um caminho, baseado no mesmo paradigma dos processos fabris e industriais, de separar um do outro quantidades cada vez maiores de alunos, ensinar as lições de modos cada vez mais abstratos e segmentados, e aumentar a distância entre a casa, a escola e a comunidade. Goodlad (1984), por exemplo, em seu estudo clássico das escolas de ensino médio nos Estados Unidos, verificou que a aula e o currículo escolar típicos são baseados na aprendizagem mecânica de habilidades isoladas através de apostilas e exercícios. O resultado disso é que muitos alunos deixam as escolas sem saber como trabalhar no mundo real e realizar as tarefas da vida comunitária.

A preocupação com a natureza dos currículos acadêmicos nas escolas públicas é particularmente marcante entre os que lidam com alunos com necessidades educacionais "especiais". Em resposta a essa questão, desde a década de 80 muitos projetos, programas e publicações têm tentado desenvolver "currículos funcionais" para alunos especiais – uma instrução em que o enfoque é menor nas habilidades acadêmicas do que em habilidades funcionais profissionais, domésticas e comunitárias necessárias aos alunos com deficiência. Inicialmente, grande parte do enfoque dirigiu-se para *o quê* os alunos deveriam aprender e para a identificação de *locais* na escola ou na comunidade em que tal aprendizagem poderia ocorrer. Grande parte desse trabalho foi concomitante com o movimento de educação profissional. Na década de 1960, Brolin começou a trabalhar no currículo da *Life-Centered Career Education* (Educação Profissional Centralizada na Vida), que talvez esteja entre os currículos funcionais mais reconhecidos e utilizados (ver Brolin, McKay & West, 1993, para a versão mais atual). Quando o enfoque passou a concentrar-se mais nos alunos com deficiências importantes, o campo começou a desenvolver abordagens e tecnologia sobre *como e onde* ensinar essas habilidades funcionais. Assim, o *ensino baseado na comunidade* foi desenvolvido e implementado por vários pesquisadores (Falvey, 1989; Ford et al., 1989; Wilcox & Bellamy, 1982). Até certo ponto, os educadores especiais interessados nessas questões trabalharam em dois grupos – um deles associado ao Council for Exceptional Children (Conselho para Crianças Excepcionais – CEC), voltado principalmente para os alunos com dificuldades de aprendizagem; o outro associado a The Association for Persons with Severe Handicaps (Associação para Pessoas com Deficiências Graves – TASH), cuja ênfase óbvia tem sido os indivíduos com deficiências graves.

Ao mesmo tempo, várias pessoas estavam trabalhando para incluir e dar suporte aos alunos com necessidades especiais nas aulas de educação vocacional do ensino médio. A abordagem da educação vocacional do ensino das habilidades através da instrução e do envolvimento diretos nas atividades de trabalho e na utilização da aprendizagem no emprego na "educação cooperativa" pareceu a muitos fundamental para lidar com a necessidade dos alunos com deficiência para aprender habilidades do mundo real e em ambientes do mundo real. Embora grande parte da instrução fosse ministrada em programas vocacionais separados para alunos especiais, muitos sistemas de apoio efetivos foram estabelecidos para incluir esses alunos em classes regulares de educação vocacional. De muitas maneiras, esses programas de educação vocacional desenvolveram tecnologia para proporcionar objetivos e estratégias de aprendizagem individualizados dos apoios necessários que constituíam a base do que mais tarde foi chamado de "educação inclusiva".

Recentemente, vários movimentos concomitantes, alguns tenuemente conectados entre si, mas todos parte de um esforço para facilitar importantes reformas nas escolas públicas, ganharam força. O movimento para a reestruturação das escolas está agora no ponto em que a reforma do ensino está sendo considerada em uma base ampla. Embora os esforços anteriores para a reforma do ensino tenham em grande parte se concentrado nos processos de tomada de decisão e gerenciamento, a reestruturação do ensino começou a voltar-se para o quê, onde, como e com quem as crianças aprendem. Alguns esforços visaram aos métodos da reforma curricular e ao impacto negativo de processos educacionais separados para alunos portadores de deficiências e alunos pouco dotados ou extremamente bem-dotados (Ogle, Pink & Jones, 1990). Subseqüentemente, foram concedidas subvenções destinadas às escolas que "saíam dos moldes", cuja maioria estabeleceu abordagens realmente interessantes que incorporam todos os alunos na aprendizagem através da atuação conjunta.

Várias iniciativas questionaram a prática de separar os alunos com necessidades especiais da comunidade escolar geral. Uma controvérsia substancial foi gerada pela pesquisa relacionada ao caminho seguido pelos alunos e seu impacto sobre a aprendizagem. Muitos interpretaram os resultados da pesquisa como um apoio a agrupamentos heterogêneos de alunos, e surgiram publicações e iniciativas de "desencaminhá-los".

O movimento rumo à educação inclusiva de alunos com deficiências ocorreu simultaneamente a todos esses esforços, e os elos comuns entre muitas dessas iniciativas que antes ocorriam ao longo de caminhos paralelos são agora reconhecidos. Tanto a prática quanto a política estão movendo-se rumo à integração de muitos desses temas e rumo à fusão de conceitos do desenvolvimento de escolas inclusivas e da aprendizagem aplicada.

Entretanto, ainda há muito a fazer. Esses movimentos confrontam os professores especializados e regulares com algumas escolhas e desafios importantes, à medida que nos esforçamos para melhorar o ensino em geral. É ainda verdade que a maioria de nossas escolas – particularmente as escolas de ensino médio – utilizam métodos rotineiros e padronizados de ensino e de aprendizagem, com pouca coisa envolvendo a aprendizagem ou a prática por meio de atividades operacionais e comunitárias importantes. Muitos professores especializados especiais expressam preocupação de que a aprendizagem adequada de habilidades funcionais possa não ocorrer nessas escolas. Conseqüentemente, eles acham melhor envolver-se em programas separados de habilidades da vida funcional e aprendizagem baseada na comunidade destinados especificamente a alunos com deficiência. A Divisão de Retardo Mental do CEC assumiu essa posição (1992). A partir dela, é declarado com freqüência que a educação inclusiva está optando pelo aumento das experiências sociais e pela minimização da aprendizagem ou do desenvolvimento de habilidades. Brown *et al.* (1991) sugeriram que a colocação básica para alunos com deficiências importantes deveria ser a sala de aula de educação regular, mas que, quando necessário, os alunos fossem envolvidos em instrução baseada na comunidade fora da sala de aula.

Há várias questões que devem ser cuidadosamente consideradas. Primeira: será que os programas de ensino separados existentes – os baseados na comunidade e os baseados nas habilidades funcionais – atingem os resultados pretendidos? Segunda: qual é o impacto real sobre o desenvolvimento das habilidades e a participação comunitária quando os alunos com deficiência são incluídos nas turmas de educação regular, mesmo nos níveis atuais? Terceira, e a mais importante para este capítulo: devemos considerar o que queremos que nossas escolas sejam no futuro e se a educação regular e a educação especial fundir-se-ão para moldar esse futuro juntas ou continuar a seguir caminhos separados. Temos a oportunidade de moldar escolas que produzam melhores resultados para todos os alunos quando nos mobilizamos para criar escolas que incorporem novas tecnologias e novos ensinamentos a partir das idéias desenvolvidas por Dewey (1943) e outros, no início do século XX. Os professores especializados desenvolveram muita experiência no planejamento e na implementação de currículos funcionais, no ensino baseado na comunidade e na transição da escola para a vida adulta. Os professores do ensino regular envolveram-se no desenvolvimento de inovações relacionadas ao ensino autêntico, à aprendizagem baseada nos problemas e a estratégias similares. Eles têm muito a aprender uns com os outros e a oferecer uns aos outros, e isso vai melhorar a aprendizagem de todos os alunos. Há muitas oportunidades em muitos níveis para os professores especializados e regulares trabalharem juntos a fim de melhorar a importância e o significado das escolas e garantir o apoio a uma diversidade de estilos e habilidades de aprendizagem. O objetivo deste capítulo é proporcionar algumas idéias e recursos que auxiliem este processo.

EDUCAÇÃO BASEADA NOS RESULTADOS

Quando pensamos em melhorar os resultados da aprendizagem nas escolas inclusivas, precisamos primeiro considerar *o quê* os alunos vão aprender. Um movimento importante da reestruturação do ensino visa à *educação baseada nos resultados*, ou seja, identificar o que todos os alunos devem aprender e manter as escolas responsáveis pelos resultados da aprendizagem dos alunos. Ysseldyke, Thurlow e Shriner (1992) encorajaram o pessoal da educação especial a ficar integralmente envolvido no processo de identificação dos resultados da aprendizagem dos alunos. Isso apresenta tanto oportunidades quanto desafios.

Tradicionalmente, as escolas têm preocupações, antes de tudo, com a capacidade de demonstrar as habilidades dos alunos avaliadas em testes abstratos, em ambientes artificiais, independentemente dos resultados futuros. Embora essa abordagem tenha mudado com a expansão da educação vocacional, de vários cursos opcionais e de atividades extracurriculares, as escolas visam fundamentalmente às habilidades acadêmicas básicas em contextos desconectados do que é utilizado na vida profissional e no dia-a-dia. Isso continua a ocorrer, apesar da ineficácia dessas abordagens ser evidente. No entanto, como a reestruturação curricular ocorre através da associação com redes de reforma nacional (Coalition for Essential Schools e outras), estamos observando as escolas e os estados esclarecerem e focalizarem o conteúdo, ou padrões, da aprendizagem. Em quase todos os casos, tais esforços resultam em objetivos de aprendizagem que visam a resultados no mundo real do educando.

Algumas elaborações fundamentais podem ser úteis na classificação deste complexo de habilidades de desempenho esperado dos alunos. Podemos pensar em alunos adquirindo *conhecimento* e *habilidades básicas* (de leitura, de escrita, psicomotoras) para conseguirem envolver-se em *atividades* comunitárias e rotineiras importantes e ter *papéis* necessários e valorizados (amigos, presidente de comitê, membro do coro, empregado). Esperamos também que os indivíduos tenham pensamento crítico para lidar com problemas importantes e que os alunos desenvolvam uma rede de *relacionamentos* de apoio e saibam como *trabalhar em equipe* para realizar o trabalho.

Habilidades para a Vida Adulta e Comunitária

Caracteristicamente, os educadores e as comunidades acreditam que as escolas devem equipar os alunos com habilidades que lhes permitam atuar como adultos e membros comunitários eficientes (Berryman, 1988; Jones, 1990; Michigan Department of Education, 1994). Embora a linguagem específica varie, a maioria dos estudos indica que as pessoas acreditam que as escolas devem preparar os alunos para os desafios da vida adulta e comunitária. Esses objetivos mudam o enfoque da educação de habilidades acadêmicas isoladas para habilidades comunitárias. O Departamento de Educação de Michigan (1994), por exemplo, identificou as competências que se espera estarem integradas nas áreas do "currículo básico" mais tradicional, que incluem habilidades para administrar a própria vida, vocação, ocupação, capacidade para conseguir emprego, apreciação estética e tecnologia. Anteriormente, Benjamin (1989) descreveu a educação que visa à pessoa por inteiro, incluindo habilidades afetivas, relacionamentos, saúde mental e saúde física, além das habilidades acadêmicas mais tradicionais.

Segundo outros autores, os alunos devem ter oportunidades para entender os problemas comunitários, estaduais, nacionais e mundiais, e envolver-se em atividades destinadas a lidar com esses problemas (Banks, 1988; Berryman, 1988; Boyer, 1984; Jones, 1990). O currículo ampliado envolve naturalmente e de uma maneira ativa os alunos na vida comunitária.

Habilidades de Pensamento Crítico

É fundamental às reformas de reestruturação do currículo escolar um enfoque nas habilidades de pensamento crítico. Em vez de oferecer aos alunos um conteúdo predeterminado, ensinar os alunos a pensar envolve-os em processos ativos de identificação de problemas, reunião de informações e identificação, testagem e avaliação de soluções potenciais. Essas habilidades de pensamento crítico e resolução de problemas destinam-se a ser a base de toda aprendizagem, em lugar de estarem disponíveis aos alunos somente após o básico ter sido aprendido (Berryman, 1988; Jones, 1990; Resnick & Klopfer, 1989). A resolução de problemas é dominada apenas pelo envolvimento nas atividades reais de resolução de problemas, e não como um tema separado e abstrato (Benjamin, 1989). A partir dessa perspectiva, a participação dos alunos em círculos de apoio, o planejamento de vida, a adaptação do currículo e outras atividades destinadas a ajudar os alunos com deficiência proporcionam excelentes oportunidades para a aprendizagem e para o uso das habilidades de pensamento crítico.

Trabalho em Equipe e Relacionamentos Interpessoais

Os relacionamentos estão claramente ligados às nossas interações com os outros e com o tipo e a extensão da conexão com eles. Procuramos criar comunidades em que todas as pessoas tenham uma rede de relacionamentos de apoio por parte de amigos íntimos, conhecidos e prestadores de auxílio. Nossa sociedade depende cada vez mais de relacionamentos interpessoais complexos, em grupos que trabalham juntos para resolver problemas. Por isso, o trabalho em equipe e a comunicação interpessoal são cada vez mais importantes como objetivos educacionais (Berryman, 1988). Os alunos precisam de oportunidades para envolver-se em trabalhos de equipe em uma ampla variedade de atividades. A aprendizagem cooperativa considera o trabalho em equipe um objetivo em si da aprendizagem, embora também seja uma estratégia de aprendizagem eficaz para a aquisição de outras habilidades (Johnson & Johnson, 1989). É particularmente importante, no local de trabalho, a capacidade para atuar como parte de uma equipe, para planejar e testar soluções para os problemas técnicos e sociais (Berryman, 1988).

PRINCÍPIOS DA PRÁTICA PARA A APRENDIZAGEM COMUNITÁRIA

Quais são os princípios que regem o que chamamos de aprendizagem comunitária? Newmann e Wehlage (1993) descreveram cinco padrões de "instrução autêntica" que captam grande parte dos princípios nos quais estamos interessados. Estes incluem:

- Pensamento de ordem superior
- Profundidade do conhecimento
- Conexão com o mundo além da sala de aula
- Apoio social para a realização do aluno

Estes são alguns padrões ou princípios críticos que podem ser acrescentados:

- Aprendizagem transdisciplinar ou interdisciplinar
- Aprendizagem ativa
- Grupos heterogêneos
- Diferentes estilos e habilidades de aprendizagem

Esses conceitos proporcionam diretrizes ou padrões práticos para o desenvolvimento e a implementação da aprendizagem comunitária que melhoram a aprendizagem de todos os alunos. A seguir, cada padrão é descrito com maior profundidade.

Pensamento de Ordem Superior

O pensamento de ordem inferior ocorre quando os alunos recebem ou repetem informações factuais. No pensamento de ordem superior, os alunos usam as informações para chegar a conclusões. Esse pensamento crítico requer um elemento de incerteza, assim como habilidades de julgamento e resolução de problemas. A suposição típica é a de que os alunos com necessidades especiais de aprendizagem usam apenas o pensamento de ordem inferior. Isso pode ser verdade para alguns indivíduos, mas não o é para a maioria. Seja como for, os alunos com deficiências importantes podem freqüentemente participar de equipes de aprendizagem usando habilidades de pensamento de ordem superior, que contribuem para sua aprendizagem.

Profundidade do Conhecimento

O conhecimento pode ser considerado "superficial" quando "não lida com conceitos importantes de um tópico ou de uma disciplina" (Newmann & Wehlage, 1993, p. 9). Quando os alunos estão envolvidos com idéias fundamentais, com o desenvolvimento de argumentos ou com a resolução de problemas, aprendem as informações em um nível mais substancial. A aprendizagem superficial em geral ocorre quando um grande número de tópicos é coberto de maneira fragmentada. Por isso, a profundidade do conhecimento pode ocorrer mais facilmente quando um número menor de tópicos é coberto.

Conexão com o Mundo além da Sala de Aula

Para a aprendizagem ser eficaz, as escolas devem estar reconectadas de muitas maneiras com a comunidade. Essa talvez seja a peça fundamental para a melhoria do ensino. Tal reconexão deve ocorrer de várias maneiras. Os alunos devem envolver-se na aprendizagem através de atividades significativas, relacionadas à comunidade, dentro da comunidade. Além disso, os membros da comunidade devem estar envolvidos no processo da aprendizagem através de orientação, prática como aprendiz, palestras ou aconselhamento em aprendizagem comunitária. Devem ser feitas parcerias com organizações comunitárias, tais como universidades, hospitais e empresas, e com membros comunitários de todos os tipos para trabalharem cooperativamente com as escolas, estimulando a aprendizagem dos alunos. As pessoas mais velhas podem orientar os alunos e apresentar suas experiências (Angelis & Wathen, 1994). As pessoas com deficiência podem compartilhar suas experiências e aprender e apresentar questões políticas em aulas relacionadas a problemas sociais. A busca dessas conexões aumenta os recursos da aprendizagem, reduz o isolamento da escola e torna a aprendizagem real para todos os alunos.

Apoio Social para a Realização do Aluno

Os alunos aprendem mais efetivamente em uma atmosfera de apoio, cooperação e encorajamento, em que todos são bem-vindos, do que em uma atmosfera de competição e de exclusão. Todos os alunos beneficiam-se quando proporcionam apoio a outros colegas. A supervisão da tutela dos colegas deve garantir que essa interação atinja os objetivos de aprendizagem definidos tanto para o tutor quanto para o tutelado.

Aprendizagem Transdisciplinar ou Interdisciplinar

A aprendizagem transdisciplinar também tem sido adotada na literatura de reestruturação do ensino (Jones, 1990). Na aprendizagem transdisciplinar, várias disciplinas ou temas escolares são focalizados em conjunto, com objetivos de aprendizagem relacionados. Os problemas comunitários requerem freqüentemente a aplicação simultânea da linguagem, de matemática, de ciências e de habilidades interpessoais. Por isso, quando os alunos aprendem a envolver-se em atividades comunitárias e a aplicar suas habilidades, espera-se que os professores destas várias disciplinas trabalhem juntos. Por exemplo, vários professores podem juntar-se para envolver-se em um projeto comunitário relacionado a problemas ambientais. Em um problema desse tipo, os alunos poderiam aplicar habilidades relacionadas à matemática, às ciências, à linguagem técnica e a outras habilidades.

Aprendizagem Ativa

As atividades de aprendizagem comunitária proporcionam oportunidades para os alunos serem construtores ativos, e não recipientes passivos, do processo de aprendizagem. Sob a orientação dos professores, os alunos identificam problemas, desenvolvem equipes de aprendizagem e direcionam o curso da aprendizagem.

Grupos Heterogêneos

Todos os alunos aprendem mais eficientemente quando sua educação é individualizada e quando têm oportunidades para participar de um grupo heterogêneo. A maioria dos modelos de aprendizagem comunitária move-se intencionalmente rumo à transformação da escola e do ensino conjunto de alunos diferentes. À medida que a aprendizagem comunitária vai além dos confins estreitos das paredes da sala de aula e das matérias, com o objetivo de melhorar a aprendizagem essencial, o envolvimento de diferentes alunos compartilhando várias percepções, trabalhando juntos em diferentes culturas e habilidades, e envolvendo-se na resolução dos problemas uns dos outros, é visto como um componente fundamental da aprendizagem. Por exemplo, alguns alunos podem prestar assistência a outros, envolvidos em tarefas de aprendizagem de nível mais elevado; os alunos que estão trabalhando em tarefas simples podem aprender tais tarefas com outros alunos, e os grupos de estudo podem ser usados, envolvendo alunos de todos os níveis na resolução conjunta dos problemas. Uma abordagem de aprendizagem diversificada proporciona a todos os alunos oportunidades para atingir seus objetivos individuais de aprendizagem, embora aprendendo com um grupo heterogêneo.

Diferentes Estilos e Habilidades de Aprendizagem

Para responder efetivamente a grupos de alunos heterogêneos, a aprendizagem comunitária precisa desenvolver mecanismos para responder aos vários estilos de aprendizagem, às inteligências múltiplas (Armostrong, 1994; Gardner, 1983) e às diferentes habilidades de aprendizagem e desempenho. O conceito e a abordagem do ensino de Gardner (1983), que respondem às várias inteligências dos alunos, proporcionam uma estrutura e um conjunto de estratégias eficientes. Armstrong (1994) forneceu informações e exemplos que podem ser usados pelos professores para o desenvolvimento de estratégias de aprendizagem que respondam a várias potencialidades individuais de aprendizagem e de pensamento.

APRENDIZAGEM COMUNITÁRIA E ESCOLAS INCLUSIVAS

A aprendizagem comunitária apresenta oportunidades para a aprendizagem de habilidades funcionais através de simulações e de instrução baseadas na comunidade e parece atingir as preocupações e as práticas recomendadas e desenvolvidas para os alunos especiais. Entretanto, como acontece com o ensino inclusivo em geral, a questão é como podemos lidar com a instrução de alunos com objetivos de aprendizagem, habilidades, idiomas e culturas tão variados? Alguns alunos podem aprender a pegar o ônibus, lavar suas roupas e trabalhar em equipe. Outros podem envolver-se na resolução de uma crise financeira de uma corporação simulada. Como a aprendizagem comunitária vai facilitar o processo da aprendizagem inclusiva, ou realizá-la? Certamente, abraçar a inclusão não ocorre automaticamente com a aprendizagem comunitária, mas a aprendizagem comunitária certamente oferece a oportunidade para que a inclusão ocorra, para o benefício de todas as pessoas envolvidas. Por que e como isso pode ocorrer?

As estratégias de aprendizagem comunitária oferecem uma extensão muito maior de tarefas, atividades e papéis do que oferece a sala de aula típica de educação regular. Vamos usar o exemplo do início deste capítulo da equipe de aprendizagem em uma expedição de canoagem, conduzindo experiências e entrevistando as pessoas locais. Todas essas atividades podem incluir alunos de vários níveis de habilidade e com diferentes estilos de aprendizagem, porque pessoas são necessárias para proporcionar apoio emocional, para organizar o grupo, para carregar os suprimentos e para participar da tomada de decisão da equipe.

Assim como identificamos metas e objetivos de aprendizagem para os alunos com deficiência, que se concentram em resultados funcionais rotineiros no trabalho, em casa, na comunidade e nos relacionamentos, podemos identificar maneiras de incorporar esses objetivos às atividades de aprendizagem comunitária. Além disso, as atividades de aprendizagem comunitária podem ser planejadas tendo em mente as necessidades e os interesses de vários alunos. Por exemplo, se é importante que um aluno com deficiência aprenda a usar o ônibus da cidade, as atividades de aprendizagem comunitária poderiam simplesmente incluir isso. Um grupo de aprendizagem pode tomar o ônibus para vários destinos diferentes. O professor deve dar instruções ao aluno com deficiência e a um colega seu. Eles podem tomar o ônibus e depois ensinar os outros alunos a usar o ônibus. Embora isso ajude o aluno com deficiência e desenvolva um sentido de comunidade, o fato é que essa é uma habilidade que outros alunos também necessitam. Além disso, essas atividades podem freqüentemente se conectar de maneiras mais complexas com questões que estão sendo estudadas em aula. Se o grupo de aprendizagem também está interessado no impacto de um novo negócio, como isso afeta as necessidades de transporte? O transporte dos potenciais trabalhadores é adequado? As necessidades específicas de um aluno com deficiência podem ser fonte de análises muito interessantes e complexas por parte de todos os alunos. Questões sociais importantes estão envolvidas nestas questões: Como lidamos com a diversidade em nossas comunidades e locais de trabalho? Como as pessoas com culturas diferentes, estilos de aprendizagem diferentes e habilidades físicas e mentais diferentes trabalham juntas, e que recursos – habitação, transporte, emprego – estão disponíveis para possibilitar isso? Enquanto os estudos lidam com essas questões na aprendizagem comunitária, os professores criativos podem encontrar muitas oportunidades para relacionar as necessidades de vários alunos.

ESTRATÉGIAS PARA A APRENDIZAGEM COMUNITÁRIA

Uma grande variedade de abordagens pode ser usada para centralizar a aprendizagem em atividades comunitárias significativas, em que os papéis e os relacionamentos são também enfatizados. *Estratégias isoladas baseadas na turma* são aquelas que podem ser implementadas por um professor dentro das limitações de um currículo tradicional. Por exemplo, simulações e projetos baseados na comunidade podem ser planejados por um determinado professor para qualquer área temática. *A cooperação por parte de dois ou mais professores* envolve relacionar as aulas com as matérias em torno de um tema ou de um projeto comum. Por exemplo, um professor de Matemática e um professor de Ciência Política podem colaborar em um projeto envolvendo a análise do orçamento do estado e suas implicações para a comunidade local. *Programas especiais* são estabelecidos especificamente com o propósito de proporcionar aprendizagem comunitária, e podem ser integrados e coordenados com o resto do currículo ou implementados de forma paralela. Educação vocacional cooperativa, aprendizagem de serviços e alguns métodos de implementação de programas tutoriais são exemplos de programas especiais. O *projeto curricular envolvendo toda a escola* utiliza estratégias em que a aprendizagem da atividade está no centro do processo de aprendizagem. Caracteristicamente, isso envolve um conjunto de matérias tradicionalmente organizadas e o ensino por uma equipe interdisciplinar baseado em temas maiores e em projetos comunitários.

Outro aspecto da aprendizagem comunitária refere-se a onde o ensino ocorre na escola, na comunidade ou em ambos. Algumas estratégias tendem a ser usadas na escola – simulações, centros de aprendizagem – seja em uma única turma ou como um esforço cooperativo envolvendo dois ou mais professores e matérias.

Simulações em Sala de Aula

Nas simulações em sala de aula, os elementos essenciais das atividades comunitárias são representados e repetidos na escola, podendo envolver atividades relativamente curtas com alguns alunos ou envolver uma turma toda (ou mesmo uma escola) em um projeto. Berryman (1988) descreveu uma professora de 5ª série, da Virginia, que realizou a simulação de uma pequena economia em sua sala de aula. Segundo Berryman (1988), "A 'tributação' passou a ser mais significativa quando o colega que representava o governo comprou a porta da sala de aula, obrigando todos a pagar impostos a cada vez que precisavam entrar ou sair da sala ..." (p. 8).

Um método de aplicar as simulações na sala de aula é estruturar os centros de *aprendizagem aplicada* em uma turma individualmente ou para toda uma escola. Peterson, LeRoy, Field e Wood (1992) descreveram alguns exemplos. Em uma turma de 3ª série, o foco da aprendizagem de matemática concentrou-se nas avaliações durante duas semanas do outono. Na base deste foco, os alunos foram encorajados a realizar pelo menos cinco atividades de avaliação. Eles tinham uma listagem para registrar suas respostas e reações a cada atividade. No final da listagem havia dois espaços em branco encorajando os alunos a criar suas próprias atividades de avaliação e a "testar" essas atividades com outros alunos. Todas as atividades no centro de aprendizagem requeriam trabalho em equipe, e os parceiros eram designados pela professora. Para cada atividade na base, os níveis de desempenho eram individualizados, visando a permitir a participação de alunos com diversos interesses e habilidades. Algumas atividades eram medir quantidades de ingredientes para fazer pipoca, salada e biscoitos; medir a temperatura de vários líquidos e acompanhar as mudanças que ocorrem neles; imaginar os pesos de vários objetos e depois pesá-los; calcular a quilometragem de uma viagem familiar usando um mapa e uma medida em escala.

A representação e as demonstrações são outras técnicas valiosas. Peterson *et al.* (1992) descreveram vários exemplos: um professor incorporou o agrupamento cooperativo em uma aula de produção de televisão do 1º ano do ensino médio, com técnicas de demonstração que envolviam ativamente seus alunos em aprender produção de televisão. Eles trabalharam em pequenos grupos para desenvolver um formato para ensinar os alunos da 9ª série a operar com câmeras e gravadores de vídeo. Em uma sala de aula do ensino fundamental, a turma da 5ª série demonstrou como estruturar uma atividade de grupo cooperativa para os colegas da 2ª série e depois os ajudaram a fazer uma pizza.

Utilizando os Recursos Comunitários

No nível mais básico da aprendizagem comunitária está a utilização dos recursos comunitários para projetos a curto prazo. Esses projetos podem concentrar-se em matérias e trabalhos de casa tradicionais ou concentrar-se em projetos de aprendizagem referenciada na comunidade, mas baseados na escola. Peterson *et al.* (1992) descreveram alguns exemplos dessa estratégia. Em uma turma de 3ª série, os alunos foram divididos em pequenos grupos para visitar a biblioteca municipal. Os pais e os voluntários da comunidade ajudaram cada grupo individualmente quando da visita à biblioteca. Os alunos aprenderam a atravessar ruas, a identificar placas de sinalização, a utilizar os recursos da biblioteca, a encontrar e a examinar livros sobre um determinado tópico e projeto que cada aluno tinha de pesquisar. Um aluno com prática adicional para dominar essas habilidades acompanhou vários grupos nas visitas à biblioteca.

Escolas dentro das Escolas

Os prédios da escola podem ser transformados em comunidades menores e coesas, que facilitem o planejamento e a implementação da aprendizagem comunitária e que desenvolvam um sentido de apoio mútuo entre os alunos e os professores. Um grupo central composto de professores e alunos reúne-se para todas as atividades de ensino. Estas miniescolas podem estabelecer identidades separadas através da escolha de um nome ou de um mascote, realizando recuos para desenvolver um sentido de participação e de comunidade, e planejando experiências de aprendizagem no âmbito de toda a escola e em torno de temas específicos (p. ex., ecologia, guerra civil, uma feira multicultural). Turmas inteiras podem assumir vários temas, e as crianças misturam-se com toda a escola para envolver-se em cada atividade de aprendizagem (Peterson *et al.*, 1992).

Aprendizagem Baseada em Problemas

Neste tipo de aprendizagem, são apresentados aos alunos problemas do mundo real e eles recebem apoio para pesquisar e desenvolver soluções para esses problemas. Por exemplo, em um programa de verão de uma escola, os alunos foram desafiados a conhecer e desenvolver idéias com relação aos riscos de saúde provocados pelo lixo nuclear de nível inferior. Visitaram um depósito de lixo, pesquisaram a comunidade, conduziram experiências e apresentaram suas soluções a funcionários do governo e a ativistas comunitários.

Na aprendizagem baseada em problemas, os alunos "Aprendem a usar um processo interativo de avaliação do que sabem, identificando o que precisam saber, reunindo informações e colaborando na avaliação de hipóteses ..." (Stepien & Gallagher, 1993). Os alunos assumem os papéis reais de cientistas, historiadores, médicos e outros profissionais que têm uma posição real sobre as questões e suas soluções. O objetivo disso é desenvolver o pensamento crítico e as habilidades de resolução de problemas, cooperação e desenvolvimento de equipes. Os professores atuam como modelos, conselheiros e mentores. Eles pensam em voz alta com os alunos, ajudando-os a formular questões e a pensar durante o processo de resolução de problemas. Com o tempo, os alunos passam a trabalhar em equipes autodirigidas com o apoio permanente de um professor.

O Centro de Aprendizagem Baseada em Problemas, da Academia de Matemática e Ciências de Illinois, desenvolveu uma série de cursos e projetos sobre a aprendizagem baseada em problemas na comunidade. Um desses cursos, "A Ciência, a Sociedade e o Futuro", é ensinado por uma equipe de professores de Ciências e de Ciências Sociais, e focaliza questões sociais não-resolvidas relacionadas às ciências. Os projetos a curto prazo também podem ser usados na sala de aula. Por exemplo, uma simulação fez os alunos responderem a uma carta do ministro da propaganda "nazista" que lhes pedia que, como diretores de galerias de arte, revissem suas coleções e livrassem-se das obras de arte degeneradas. O professor pergunta: "O que devemos saber para poder responder a isso?" Os alunos então pensam em como responder a esta situação (Stepien & Gallagher, 1993).

Projetos Comunitários

Os projetos podem transformar a aprendizagem diária em um processo ativo para todos os alunos. Peterson *et al.* (1992) descreveram vários exemplos de projetos comunitários. Em uma aula de Estudos Sociais da 7ª série, por exemplo, os alunos completaram relatórios sobre vários estados. Dois alunos trabalharam como parceiros, e o projeto continha os seguintes componentes: um relatório escrito, um cartaz de viagem e um relatório oral para a turma e/ou para outra turma da escola, e uma dentre as quatro seguintes atividades opcionais: uma peça sobre um acontecimento histórico interessante ou sobre uma pessoa interessante desse estado, um festival de comida relacionado à cozinha local, uma simulação em vídeo de uma entrevista com o governador do estado ou uma atividade criada pelo aluno. Cada equipe formulou um plano com o professor para realizar o projeto e desenvolveu um cronograma para suas atividades.

Em uma aula de direito do ensino médio, as equipes de alunos atuaram em júris juvenis do sistema legal local. Através dessa experiência, eles conseguiram um conhecimento direto do processo judicial. Serviram de testemunhas em casos reais de tribunal juvenil (baseados em um acordo entre o juiz e o advogado de defesa), deram veredictos e recomendaram punições. Depois dessa passagem na corte, os alunos voltaram à sala de aula para compartilhar suas experiências por meio de representações e resumos escritos.

Em uma turma de 6ª série, uma parceria entre uma sala de aula e uma filial do banco local permitiu aos alunos praticarem várias atividades de interesse acadêmico, comunitário e vocacional durante o ano. Pequenos grupos de alunos viajaram nos ônibus públicos para passar um dia no banco, várias vezes durante o ano. No banco, os alunos aprenderam sobre as funções bancárias e os papéis pessoais, e desenvolveram habilidades sociais e habilidades para lidar com dinheiro. Almoçaram com o pessoal do banco e seguiram suas rotinas. Os alunos envolveram-se na aprendizagem baseada na necessidade individual – um aprendeu sobre empréstimos, outro ajudou um caixa, enquanto outro aluno contou dinheiro na caixa-forte. Em uma aula de física, equipes de alunos trabalharam em uma firma local de bioengenharia para desenvolver um equipamento adaptado para um colega de turma. Em uma aula de economia doméstica, as equipes de alunos fizeram rodízio uma vez por semana, indo até a igreja local para preparar comida para o programa de café da manhã do abrigo.

Yager (1987) sugeriu que, em ciências, a aprendizagem não vem da aplicação do conhecimento para resolver problemas; em vez disso, se os alunos identificam problemas do mundo real que querem resolver, eles vão buscar conhecimento para isso. Por exemplo, em uma turma de biologia da 9ª série, um professor envolveu os alunos em aprendizagem ativa sobre ecologia, investigação e medição científicas. Nessa atividade, os alunos formaram equipes de aprendizagem que testaram a qualidade da água de um rio local quinzenalmente. As equipes coletaram amostras da água, cultivaram os organismos e mediram os níveis dos vários produtos químicos presentes na água. Um aluno com necessidades especiais assistiu às experiências e trabalhou em outro programa de educação individualizada (PEI), como atravessar a rua no cruzamento, ficar familiarizado com a comunidade e andar em terreno acidentado.

Aprendizagem de Serviços

Os alunos também podem ser diretamente envolvidos em atividades comunitárias como parte do processo de aprendizagem. Benjamin (1989), por exemplo, descreveu a aprendizagem de serviços, em que os alunos envolviam-se na resolução de problemas reais e nas atividades de trabalho de sua comunidade. Toffler (1981) e Shuman (1984) sugeriram que a aprendizagem deve ser focalizada nos problemas reais, em que os alunos prestem serviços à comunidade. Esses compromissos de serviço podem ser associados à discussão e à análise na escola. As experiências de serviço podem incluir assistência em hospitais, museus, agências comunitárias, escolas e outras organizações por via de estagiários e tutelas. Em uma escola, por exemplo, os alunos passavam suas manhãs ajudando a comunidade através do programa "A Cidade Enquanto Escola". Os alunos escolheram áreas do seu interesse, tais como o trabalho nos parques locais, na estação de TV local, na prefeitura, em programas para pessoas idosas ou em centros de cuidado infantil. Um aluno de 15 anos descreveu seu trabalho com crianças do ensino fundamental que enfrentavam alguns dos mesmos problemas que ele teve (Richardson, 1994).

A aprendizagem de serviços conseguiu um impulso substancial com a aprovação do National Comunity Service Trust Act de 1993, que proporciona recursos para as escolas e os alunos locais envolverem-se no serviço comunitário como parte integral da sua educação. Embora a educação vocacional tenha implementado durante anos essa educação vocacional cooperativa, a diferença é que essas atividades iriam tornar-se fundamentais para o processo educacional no currículo *total* da escola.

Os Tutores e o Trabalho como Aprendiz

Os alunos podem estar conectados com os indivíduos na comunidade, os quais podem concordar em ser seus mentores para o desenvolvimento e o apoio do aluno, e/ou em participar de um trabalho como aprendiz em uma área de habilidade específica em uma grande variedade de ambientes. Em vez de envolver uma turma inteira, essas abordagens são individualizadas. Por exemplo, Peterson et al. (1992) descreveram um programa de ensino médio em Michigan que criava um *campus* aberto e cooperativo com a comunidade e a escola. Em cada turma acadêmica e não-acadêmica, foram desenvolvidos quatro ou cinco encaminhamentos comunitários para o desenvolvimento das habilidades dos alunos. Cada aluno precisava realizar uma experiência comunitária em pelo menos 50% de suas aulas, e a escolha era dele. Os alunos recebem crédito acadêmico para cada experiência de aprendizagem. Por exemplo, em inglês, os alunos podem realizar experiências comunitárias escrevendo textos jornalísticos no jornal local, escrevendo para o rádio em uma das três estações locais, escrevendo roteiros para televisão na estação de TV local, escrevendo para o jornal de uma igreja, escrevendo para boletins de organizações sem fins lucrativos, escrevendo textos de propaganda em uma das empresas de publicidade locais, ou aprendendo habilidades editoriais na editora de livros local. Equipes de alunos de artes e de administração realizam estágios em um dos centros de arte locais, desenvolvendo conhecimento prático e habilidades na publicidade, na seleção e na reserva de eventos artísticos, e em administração empresarial.

Transição da Escola para o Trabalho

Com a aprovação do School-to-Work Opportunities Act (PL 103-239), tem havido uma maior ênfase no desenvolvimento de parcerias entre as escolas e as empresas e na conexão da aprendizagem dos alunos com os locais de emprego. Isso de muitas maneiras dependeu dos esforços da década de 1970 com relação à educação profissional e dependeu da experiência educacional em proporcionar a aprendizagem de habilidades profissionais baseada na escola e a baseada no empregador como parte do currículo escolar. Além disso, os professores especializados vêm trabalhando há muitos anos para desenvolver programas de transição para alunos com deficiência que proporcionem instrução baseada na comunidade e aprendizagem no emprego. Muitas estratégias são usadas para incorporar a aprendizagem para o emprego no currículo escolar, incluindo:

- Educação cooperativa, em que os alunos trabalham tempo parcial e os estudos na escola são ligados à aprendizagem no emprego;
- Tutelas em que os empregadores ou os trabalhadores ajudam os alunos a aprenderem as habilidades necessárias e também a desenvolverem relacionamentos com eles para ajudá-los a planejar sua vida, além de proporcionar apoio emocional;
- Programas vocacionais e de exploração profissional, que utilizam programas computadorizados de tomada de decisão e exploração; "sombra", atividade em que os alunos passam um dia no emprego com um funcionário, observando o que ele faz; feiras profissionais, onde os alunos podem conversar com diferentes empregadores; e entrevistas informativas para exploração profissional.

Microssociedade

As escolas do tipo microssociedade reproduzem cidades em miniatura com todas as instituições que existem no mundo real – legislaturas, tribunais, bancos, correios, jornais, empresas e um serviço de renda interna. Cerca de 30 escolas do tipo microssociedade são operadas nos Estados Unidos. Nessas escolas, pela manhã os alunos assistem às aulas das diversas matérias, que são ministradas com enfoque nas aplicações do mundo real. Por exemplo, nas aulas de inglês, a ênfase pode estar na escrita e na publicação; nas aulas de matemática, na economia pessoal e social; nas aulas de estudos sociais, nos governos. À tarde, os alunos vão para seus empregos em empresas, agências do governo, jornais ou outras empresas dirigidas por alunos. Um mercado em miniatura, dinheiro e sistema legal são estabelecidos e utilizados no curso dos eventos durante o ano letivo.

Aprendizagem Expedicionária

A aprendizagem expedicionária envolve os alunos em atividades que se estendem para fora da escola, em que as disciplinas escolares tradicionais são misturadas. Segundo Richardson,

> As expedições baseadas na escola duram cerca de três a nove semanas ... Os alunos passam cerca de 25% do seu tempo fora da sala de aula ... O restante do seu tempo é despendido em atividades curriculares para que eles estabeleçam conexões entre seus estudos e tirem suas próprias conclusões. (1994, p. 25)

Partes do currículo, como leitura ou ciências, podem ser ministradas através de aulas tradicionais, e os professores trabalham para conectar as expectativas da rede de ensino local e do estado com referência aos objetivos curriculares tradicionais (leitura, matemática) com as expedições.

As expedições envolvem os alunos em desafios da vida real e são baseadas em vários princípios fundamentais: autodescoberta, responsabilidade pela aprendizagem, intimidade e cuidado, diversidade e inclusividade, sucesso e fracasso, solidão e reflexão, e serviço e compaixão. Esses princípios proporcionam uma base sobre a qual os alunos aprendem fazendo e a partir da qual os relacionamentos, o apoio mútuo, a descoberta e o desenvolvimento de habilidades são mesclados.

As expedições giram em torno de temas ou atividades. Por exemplo, uma escola fundamental passou várias semanas estudando os transportes e a exploração do espaço. Esses estudos, em conjunto, envolveram várias atividades, incluindo demonstrações de um balão movido a ar quente, um helicóptero aterrissando na escola e uma visita a uma mostra de transportes aéreos. Em LaCrosse, Wisconsin, uma rede escolar desenvolveu um programa "A Escola no Rio", no qual os alunos se envolveram em estudos o ano inteiro sobre o Rio Mississipi. Eles fizeram muitas viagens ao rio para praticar canoagem, para pescar, para recolher amostras do ecossistema do rio e para visitar a usina de tratamento de esgoto (Pitsch, 1994). O "Limite Externo" foi uma estratégia de aprendizagem expedicionária desenvolvida na Inglaterra, que envolveu expedições às áreas selvagens para facilitar a aprendizagem sobre o trabalho em equipe, a perseverança e a liderança. As viagens duram até três semanas, e os grupos envolvem-se em atividades como escalar pedras, exercícios com corda e acampamento. Outra escola planejou um curso de educação física, "Esportes Métricos", para ensinar aos alunos aplicações da métrica através de excursões como uma expedição de pesca (Richardson, 1994).

À medida que os projetos são implementados, os professores trabalham em equipe com grupos de alunos para facilitar a "descoberta guiada". Os alunos mantêm diários das atividades e têm um tempo destinado a refletir sobre suas experiências de aprendizagem. Além disso, recebem oportunidades para manejar o currículo e rever as atividades. Os professores trabalham com os grupos de alunos durante um período de dois anos. O objetivo disso é facilitar o desenvolvimento de um sentido de comunidade, uma variação das "escolas dentro das escolas" (Richardson, 1994).

Atividades Extracurriculares

Cada vez mais, atividades extracurriculares, como olimpíadas da mente, clubes de teatro, clubes de serviço e outras, preenchem funções que o modelo "fabril", típico das escolas públicas, não desempenhou.

Recursos das Matérias Curriculares

Como os responsáveis pelo currículo escolar planejam, implementam e testam os esforços de reestruturação curricular, os profissionais de várias áreas disciplinares tradicionais estão trabalhando para conectar o conteúdo de aprendizagem de suas disciplinas com as atividades da comunidade. Seguem-se os recursos que são úteis para dar aos professores idéias sobre o desenvolvimento de projetos e programas de aprendizagem comunitária:

Leitura. O ensino da língua e da leitura enfatizando o uso da linguagem em contextos naturais, baseando-se nas experiências que os alunos têm com a vida e com a linguagem, e envolvendo-os no entendimento ativo do que estão lendo, em vez de concentrar-se na mecânica do processo de leitura (Comissão de Leitura, 1990; Weber & Dyasi, 1985).

Matemática. Os educadores de matemática (Conselho Nacional dos Professores de Matemática, 1990) reestruturaram o ensino da matemática e recomendam que os alunos aprendam e apliquem as habilidades de matemática relacionadas às situações problemáticas reais como parte de equipes de aprendizagem. Romberg (1988) observou que "em várias salas de aula, pode-se esperar alunos anotando as medidas de objetos reais, coletando informações e descrevendo as propriedades dos objetos utilizando a estatística, ou explorando as propriedades de uma função examinando sua representação gráfica" (p. 16).

Ciências. Yager (1987) descreveu os elementos fundamentais de um currículo de ciências para as escolas de ensino fundamental: 1) entender e experimentar os processos de descoberta, 2) criatividade, 3) atitudes positivas com relação à ciência, e 4) conexões e aplicações na vida cotidiana. Um currículo de Iowa ("Ciência, Tecnologia e Sociedade") envolve os alunos na investigação ativa e na resolução de problemas relacionados às atividades do mundo real associadas às suas vidas cotidianas.

Estudos Sociais. O Conselho Nacional de Estudos Sociais (Viadero, 1992) articulou abordagens similares. As abordagens usadas por grupos de ambiente padronizado proporcionam oportunidades muito naturais para envolver alunos de todas as variedades de níveis de capacidade na aprendizagem simultânea em situações comunitárias reais. Tais esforços são importantes, pois muitas escolas estão realizando reformas curriculares que mantêm as disciplinas escolares existentes. No currículo básico de Michigan, por exemplo, as competências da vida estão incorporadas nas disciplinas curriculares básicas de arte, saúde, linguagem, matemática, ciências e estudos internacionais (Michigan Department of Education, 1994).

Hendrikson (1992) descreveu um currículo de estudos sociais para o "estudo comunitário" baseado em um modelo quadridimensional: a comunidade como uma fonte de conteúdo, a comunidade como uma fonte de experiência de aprendizagem, o serviço comunitário como uma dimensão do estudo comunitário, e a comunidade como uma fonte de desenvolvimento de habilidades. Ele declarou que os estudos comunitários melhoram a motivação do aluno e auxiliam no desenvolvimento de "habilidades de participação na cidadania".

Civismo. Nader (1993) declarou que "o civismo não pode ser adequadamente ensinado sem a comunidade ser usada como um laboratório natural, de forma que os alunos possam aprender fazendo, conectando-se com a definição de problemas e as respostas sobre onde eles vivem" (p. 40). Segundo Nader, há uma ansiedade entre os jovens para tornarem-se conectados com suas comunidades e com o mundo, com muitos defendendo uma exigência de serviços comunitários para a graduação, e a maioria declarando que o serviço voluntário deveria receber crédito escolar. Para isso, o Center for the Study of Responsive Law and Essential Information patrocinou uma publicação com diretrizes para a aprendizagem comunitária, *"Civics for Democracy: A Journey for Teachers and Students"* (Isaac, 1992). O livro contém perfis e estudos de caso de alunos na aprendizagem comunitária, a história dos principais movimentos de cidadania, técnicas para a participação democrática e projetos dos alunos que podem ser utilizados como aulas temáticas para conectar o currículo com duas ou mais disciplinas.

Instrução Baseada na Comunidade para Alunos com Necessidades Especiais

Na década de 1960, os professores especializados começaram a desenvolver programas de "trabalho e estudo" para alunos com deficiências. Desde então, foi desenvolvida muita instrução baseada na comunidade para proporcionar oportunidades de aprendizagem comunitária aos alunos com necessidades especiais. Alguns excelentes recursos foram também desenvolvidos e são brevemente descritos a seguir. Tais recursos podem ser usados de muitas maneiras. Primeiro, eles proporcionam estruturas curriculares gerais que se concentram nas necessidades de vida dos alunos. Embora o nível específico das atividades possa ser individualizado, elas proporcionam uma estrutura para a organização dos currículos que considera a vida dos alunos na comunidade. Os professores do ensino regular podem adaptar esses recursos às atividades de aprendizagem comunitária ou à aprendizagem comunitária funcional diante das necessidades específicas de alunos especiais. Segundo, os recursos proporcionam excelentes diretrizes para o planejamento individual para alunos com deficiência. No entanto, deve-se tomar cuidado para não usar rigidamente uma diretriz curricular. Estamos o tempo todo aprendendo mais sobre o modo de criar melhores resultados através da aprendizagem comunitária para todos os alunos. O uso de quaisquer recursos precisa ser abordado como uma experiência de aprendizagem.

**Educação Profissional Centralizada na Vida
(Life-Centered Career Education – LCCE)**

A educação profissional centralizada na vida (Brolin *et al*., 1993) é planejada em torno de "competências" para a vida adulta em três áreas (habilidades da vida diária, habilidades pessoais-sociais e orientação e preparação ocupacional), 22 competências e 102 subcompetências. Exemplos de competências associadas às habilidades da vida diária incluem a administração das finanças familiares; a escolha, a administração e a manutenção do lar; a atenção com as necessidades pessoais; a criação de filhos; o enriquecimento da vida familiar; e a aquisição e o cuidado com as roupas. Os materiais de apoio incluem um manual de treinamento abrangente e um guia curricular que proporciona estratégias de ensino sugeridas para cada uma das competências e subcompetências. Algumas escolas têm desenvolvido uma matriz de competências de vida e seu relacionamento potencial com as ofertas curriculares da escola.

Guia Curricular Referenciado na Comunidade de Syracuse para Alunos com Deficiência Moderada e Grave

Ford e seus colegas da Universidade de Syracuse e das escolas públicas de Syracuse desenvolveram e testaram um currículo e procedimentos instrucionais baseados na escola e na comunidade e destinados a alunos com deficiências importantes. Este recurso proporciona excelentes informações detalhadas de procedimentos e atividades de ensino e manejo da instrução baseada na comunidade. O currículo de Syracuse combina estratégias para o desenvolvimento de várias habilidades cognitivas, sociais e motoras com o desempenho de atividades e tarefas nos ambientes comunitários (Ford *et al*., 1989).

O Catálogo de Atividades

Wilcox e Bellamy desenvolveram um currículo que identifica atividades comunitárias valorizadas, que são as coisas que as pessoas *fazem* nas comunidades. O manual do currículo identifica as atividades e proporciona uma análise simples de cada atividade e estratégia, dos materiais sugeridos e dos locais para ajudar os indivíduos com deficiências importantes a participar de atividades de sua escolha. Por exemplo, algumas atividades relacionadas às aquisições de alimentos incluem os restaurantes de *fast-food*, um restaurante tradicional, uma lanchonete e o uso de máquinas de venda de alimentos e bebidas. Um cartão com gravuras das várias atividades é proporcionado para ajudar o aluno a escolher as atividades de seu interesse para aprendizagem e participação.

Currículo Baseado na Comunidade

O currículo baseado na comunidade e o processo de ensino desenvolvidos por Falvey (1989) estão voltados para os alunos com deficiências importantes. As áreas de ensino incluem habilidades comunitárias, habilidades domésticas, habilidades recreacionais, habilidades de emprego, habilidades motoras, habilidades de comunicação e o desenvolvimento e o estímulo às amizades.

PLANEJANDO CURRÍCULOS DE APRENDIZAGEM COMUNITÁRIA

Uma escola interessada na implementação de reforma curricular em uma rede de ensino ou em um prédio organiza os professores para trabalhar em equipes de planejamento, com a assistência de um consultor, para desenvolver o currículo. Os professores relatam que o tempo despendido envolvendo-se nesse planejamento é substancial, mas os resultados parecem valer o esforço. As estratégias para proporcionar o tempo necessário incluem minilicenças, dias de folga durante o ano letivo e trabalho remunerado no verão (Richardson, 1994).

Entretanto, se as escolas não se envolvem nessas abordagens abrangentes, os professores podem começar a implementar muitos desses mesmos princípios individualmente ou em colaboração com outros professores da mesma escola. Quaisquer estratégias de planejamento, abordagens e recursos relacionados à aprendizagem comunitária podem ser utilizados e adaptados por um ou mais professores trabalhando em conjunto. Uma questão fundamental é começar aos poucos e ir somando sucessos.

Cada escola ou cada professor que trabalha com outros professores vai precisar envolver-se no planejamento cooperativo. Isso envolve colaboração entre professores de educação regular e especial, e recursos comunitários. A colaboração é um fator-chave, porque um dos objetivos fundamentais é reduzir o isolamento dos alunos na escola e na comunidade. Como tal, o planejamento da aprendizagem comunitária pode ser uma experiência que muitas pessoas não tiveram. Embora o processo seja um desafio, os professores relatam que o processo de planejar e aprender a trabalhar em equipe é muito importante e valioso. Planejar e implementar a aprendizagem comunitária ajuda os próprios professores a desenvolver um sentido de comunidade, desafio e aprendizagem. Isso pode ser transmitido a seus alunos.

Do Multidisciplinar ao Transdisciplinar

Drake (1993) apresentou um guia útil para ajudar os professores a planejarem a integração do currículo, em que ela distinguiu três abordagens básicas. Em uma *abordagem multidisciplinar*, o enfoque são as conexões óbvias entre determinadas disciplinas ou matérias. Os professores podem trabalhar em equipe, mas a aprendizagem concentra-se em torno da pergunta: O que é importante aprender em minha disciplina? Os esforços são então dirigidos para a conexão entre as disciplinas, por meio de estratégias como a rede e o agrupamento/reagrupamento. Em uma *abordagem de habilidades interdisciplinares*, a ênfase desloca-se para os pontos comuns entre as disciplinas, enfatizando freqüentemente as habilidades de pensamento crítico. O conteúdo tem sua importância reduzida quando os professores concentram-se em aprender a aprender.

A *abordagem transdisciplinar/mundo real* organiza a aprendizagem em torno da pergunta: Como podemos ensinar os alunos a ser cidadãos produtivos no futuro? Essa abordagem é mais consistente com a aprendizagem comunitária descrita neste capítulo. Quando os resultados do aluno são identificados, as equipes de planejamento identificam as interconexões múltiplas das informações. Segundo Drake (1993), "Não importa que enfoque ou questão inicie o processo, a mesma série de grandes interconexões torna-se imediatamente aparente. Cada tema é incorporado em seu contexto cultural ou da vida real" (p. 42). Embora o processo de planejamento e descoberta da natureza complexa das interconexões possa ser ameaçador e opressivo para os grupos de planejamento, lutar com essa complexidade e organizar um ensino em que as disciplinas transcendam seus limites típicos resulta em um ensino e um currículo desafiador e estimulante, tanto para os professores quanto para os diferentes alunos.

Instrumentos de Planejamento

Os professores e as equipes de planejamento encontraram vários instrumentos processuais úteis para o planejamento do currículo e relacionamento dos objetivos de aprendizagem individual com o currículo geral.

Rede Curricular. A rede curricular é uma maneira simples, porém poderosa, de pensar e organizar os relacionamentos entre as idéias. "Palavras-chave", palavras que descrevem temas curriculares de interesse, são colocadas no centro da rede. Depois, os conceitos relacionados são identificados, cada um deles com outras relações. A rede permite uma representação gráfica do conteúdo disciplinar que ajuda os professores a pensar sobre as relações entre matérias complexas. A rede pode ser feita sobre vários temas, e as equipes curriculares podem então agrupar e reagrupar o conteúdo da matéria, de maneira que as ajude a organizar a aprendizagem em que os conceitos-chave, e não as disciplinas tradicionais, estejam no centro (Drake, 1993).

Composição da Matriz do Currículo. A composição da matriz do currículo é um processo em que são identificados os relacionamentos dos diferentes métodos para a organização da instrução. Por exemplo, os objetivos de aprendizagem podem ser identificados para um determinado aluno e composta uma matriz que ilustre várias aulas e atividades didáticas em que esses objetivos de ensino possam ser alcançados. Uma matriz de currículo também pode ser usada para o planejamento curricular geral. Por exemplo, temas importantes podem ser compostos em uma matriz para as matérias de aula tradicionais em uma abordagem de planejamento curricular multidisciplinar. Em uma abordagem transdisciplinar, com os objetivos de aprendizagem e os temas atuando como os organizadores da instrução, áreas de habilidade de linguagem, leitura e matemática podem ser compostas como matrizes para estes temas. Isto permite uma maneira de se pensar e mostrar o relacionamento entre atividades e projetos de aprendizagem comunitária como uma microssociedade ou a aprendizagem expedicionária com as habilidades acadêmicas.

Por Onde Começar

Os professores podem começar praticamente por qualquer lugar – pelas necessidades de um determinado aluno, por um projeto particular ou por um tema ou enfoque de problema que os professores desejam usar como base para projetos de aprendizagem aplicada durante o ano. As seguintes abordagens podem ser úteis:

Começando pela Disciplina. Pode ser mais fácil para muitas pessoas começar o processo do planejamento da aprendizagem comunitária concentrando-se primeiro na matéria como ela é ensinada e perguntando-se: "Como posso ensinar esses objetivos de uma maneira mais prática e inserida na comunidade?" Convém observar a extensão dos objetivos curriculares. O próximo passo é identificar projetos que têm o potencial para atingir este objetivo. Esse é, essencialmente, um processo de elocubração. Se os professores estão a par dos problemas de suas comunidades através dos meios de comunicação e do envolvimento com grupos comunitários, estes podem sempre ser fontes para localizar idéias ou questões de importância local. Os professores podem primeiro identificar uma ou duas questões e depois usar a rede para ajudar a expandir as idéias, como está discutido. Isso vai ajudá-los a pensar de que modo um tópico vincula-se ao currículo e também os ajuda a identificar maneiras de trabalhar com outros professores. Os professores podem então passar a esboçar o que fazer realmente, identificando atividades na classe através de simulações, atividades e situações na escola e na comunidade que possam ser usadas para a aprendizagem. Os recursos curriculares e as estratégias de aprendizagem comunitária recém-descritos podem ser úteis. Os professores podem começar com um projeto simples, a curto prazo, ou usar um tema para envolver os alunos em projetos múltiplos no decorrer do ano.

Começando pelos Objetivos de Aprendizagem de Determinados Alunos. Os alunos, suas famílias e os educadores podem usar os MAPs (Making Action Plans; discutidos detalhadamente no Capítulo 5) ou outros processos de planejamento para identificar os objetivos de aprendizagem. Inicialmente, os professores podem usar uma matriz curricular para comparar estes objetivos de aprendizagem com o currículo existente. Entretanto, os professores podem também considerar como usar objetivos interessantes e singulares, particularmente aqueles que são difíceis de se ajustar ao currículo escolar regular, como base para o planejamento de uma atividade de aprendizagem comunitária para toda a classe. Segue-se um exemplo de um objetivo de aprendizagem para um aluno, assim como possíveis atividades de aprendizagem comunitária relacionadas ao tema que envolve uma classe ou muitos professores organizados em torno dele. Um determinado aluno pode precisar aprender como andar de ônibus. Essa atividade de aprendizagem seria incorporada a uma unidade sobre transportes que incluiria as seguintes atividades: estudar os recursos da comunidade, a disponibilidade de transportes públicos e as necessidades de transporte; tomar ônibus para adquirir essa experiência; entrevistar indivíduos com mobilidade comunitária limitada; estudar a maneira como as pessoas aprendem a usar o sistema de ônibus e os problemas que elas têm nesse sentido; e entrevistar passageiros e motoristas.

Começando com os Resultados e os Temas da Aprendizagem. Os professores e as escolas podem começar pensando cuidadosamente sobre os tipos de resultados desejados para todos os alunos *e* sobre os tipos e a variedade de opções necessárias para se alcançar objetivos de aprendizagem individualmente dirigidos. Isto conduz a um processo de organização do currículo e à instrução em torno de temas importantes e de áreas de aprendizagem. O fundamental nesta abordagem é selecionar uma série de temas que serão eficientes para ajudar os alunos a atingir resultados desejados. O processo de rede é usado para ajudar a pensar nos aspectos múltiplos de qualquer tema. A complexidade do mundo torna a seleção de temas específicos uma questão menos problemática do que se poderia pensar. O fato é que tudo no mundo está relacionado de maneira concreta a virtualmente todo o resto. Conseqüentemente, quando se usa o processo de rede, o conteúdo atravessa muitas áreas, envolvendo uma grande variedade de atividades e habilidades. Para ser mais eficiente, este processo precisa envolver toda a escola. Entretanto, um professor individualmente ou um grupo de professores podem trabalhar juntos para centralizar seu próprio processo de ensino em torno de temas.

CONCLUSÃO: APRENDENDO A DESENVOLVER A COMUNIDADE

Dewey (1943) e Sarasson (1974) escreveram sobre o isolamento das escolas das suas comunidades e sobre o isolamento das crianças e da educação familiar das suas comunidades. Quando desenvolvemos escolas inclusivas, é fundamental nos lembrarmos de que o propósito dessas escolas é fortalecer a comunidade entre todos nós. Talvez fosse previsível que quando separássemos os processos de aprendizagem da comunidade em que eles ocorriam e criássemos estes locais de aprendizagem segregados que chamamos de escola, descobríssemos que o processo de separação continuaria, separando os tipos de aprendizagem (matérias, educação vocacional, educação especial) e os tipos de alunos (bem-dotados, com deficiência). Separamos nossa sociedade de várias maneiras. Nosso desafio é criar e dar apoio à comunidade – o elo comum que nos une, que, por sua vez, é apoiado e mantido por nossos relacionamentos. Entretanto, em um mundo complexo os relacionamentos e as conexões não podem existir apenas entre os indivíduos ou mesmo apenas em nosso grupo menor, a família. Em nossa vida comunitária, os relacionamentos de apoio mútuo são fundamentais entre as organizações. A aprendizagem comunitária proporciona a oportunidade para reconectar as escolas com a vida comunitária. Não surpreende que essas abordagens possam também ser nossa maior esperança de ajudar as pessoas das nossas comunidades a se reconectarem umas com as outras, de forma que as escolas inclusivas tornem-se incubadores sociais para a criação de comunidades e de uma sociedade que valorize, inclua e celebre as diversas culturas e habilidades de seus membros. Temos uma oportunidade de partir juntos para uma excitante jornada, cujo fim só conheceremos quando lá chegarmos.

REFERÊNCIAS BIBLIOGRÁFICAS

Angelis, J. & Wathen, L. (Novembro 9, 1994). Involving older adults in schools. *Education Week, 33*.
Armstrong, T. (1994). *Multiple intelligences in the classroom*. Alexandria, VA: Association for Supervision and Curriculum Development.
Banks, J. (1988). Education, citizenship, and cultural options. *Education and Society, 1*(1), 19-22.
Benjamin, S. (1989). An ideascape for education: What futurists recommend. Educational Leadership, 7(1), 8-14.
Berryman, S.E. (Outubro, 1988). *The educational challenge of the American economy*. Artigo apresentado em um fórum da National Education Association, Washington, DC.
Boyer, E. (1984). A critical examination of American education. *In* J. Surwill (Ed.), *A critical examination of American education: A time for action*. Billings: Conferência patrocinada por Eastern Montana College (ERIC Document Reproduction Service No. 269 357)
Brolin, D., McKay, D. & West, L. (1993). *Trainers guide to life-centered career education*. Reston, VA: Council for Exceptional Children.
Brown, L., Schwarz, P., Udvari-Solner, A., Kampschroer, A., Johnson, F., Jorgensen, J. & Gruenwald, L. (1991). How much time should students with severe intellectual disabilities spend in regular education classrooms and elsewhere? *Journal of the Association for Persons with Severe Handicaps, 16*(1), 39-47.
Comissão de Leitura. (1990). What is reading? *In* D. Ogle, W. Pink & B.F. Jones (Eds.), *Restructuring to promote learning in America's schools*. Columbus, OH: Zaner-Bloser.
Conselho Nacional dos Professores de Matemática. (1990). *Curriculum and evaluation standards for school mathematics*. Reston, VA: Author.
Dewey, J. (1943). *The school and society*. Chicago: University of Chicago Press.
Division of Mental Retardation, Council for Exceptional Children. (15 de Abril, 1992). *Position statement on educational program design*. Reston, VA: Author.

Drake, S. (1993). *Planning integrated curriculum: The call to adventure.* Alexandria, VA: Association for Supervision and Curriculum Development.
Falvey, M. (1989). *Community-based curriculum: Instructional strategies for students with severe handicaps* (2ª ed.). Baltimore: Paul H. Brookes Publishing Co.
Ford, A., Schnorr, R., Meyer, L., Davern, L., Black, J. & Dempsey, P. (1989). *The Syracuse community-referenced curriculum guide for students with moderate and severe disabilities.* Baltimore: Paul H. Brookes Publishing Co.
Gardner, H. (1983). *Multiple intelligences: The theory in practice.* Nova York: Basic Books.
Goodlad, J. (1984). *A place called school: Prospects for the future.* Nova York: McGraw-Hill.
Hendrikson, L. (1992). *Community study.* ERIC Digest No. 28 ED268065.
Isaac, K. (1992). *Civics for democracy: A journey for teachers and students.* Washington, DC: Essential Books.
Johnson, D.W. & Johnson, R.T. (1989). *Leading the cooperative school.* Edira, MN: Interaction Books.
Jones, B.F. (1990). The importance of restructuring schools to promote learning. *In* D. Ogle, W. Pink & B.F. Jones (Eds.), *Restructuring to promote learning in America's schools.* Columbus, OH: Zaner-Bloser.
Michigan Department of Education. (1994). *Core curriculum content standards.* Lansing, MI: Author.
Nader, R. (7 de Abril, 1993). Teaching the other half of democracy's story. *Education Week,* p. 40.
Newmann, F. & Wehlage, G. (Abril, 1993). Five standards of authentic instruction. *Educational Leadership,* 8-12.
Ogle, D., Pink, W. & Jones, B.F. (1990). *Restructuring to promote learning in America's schools.* Columbus, OH: Zaner-Bloser.
Peterson, M., LeRoy, B., Field, S. & Wood, P. (1992). Community-referenced learning in inclusive schools: Effective curriculum for all students. *In* S. Stainback & W. Stainback (Eds.), *Curriculum considerations in inclusive classrooms: Facilitating learning for all students* (p. 207-227). Baltimore: Paul H. Brookes Publishing Co.
Pitsch, M. (12 de Outubro, 1994). Mississippi learning. *Education Week,* 29-30.
Resnick, L.B., & Klopfer, L.E. (1989). Toward the thinking curriculum: An overview. *In* L.B. Resnick & L.E. Klopfer (Eds.), *Toward the thinking curriculum: Current cognitive research 1989 ASCD yearbook.* Washington, DC: Association for Supervision and Curriculum Development.
Richardson, J. (9 de Novembro, 1994). Adventures in learning. *Education Week,* 25-28.
Romberg, T.A. (Novembro, 1988). *Principles for an elementary mathematics program for the 1990s.* Artigo apresentado no California Invitational Symposium on Elementary Mathematics Education, São Francisco.
School-to-Work Opportunities Act of 1994, PL 103-239. (4 de Maio, 1994). Title 20, U.S.C. 6101 et seq.: *U.S. Statutes at Large, 108,* 568-608.
Shuman, R. (1984). Education, society, and the second millennium. *NASSP Bulletin, 68*(474), 95-103.
Stepien, W. & Gallagher, S. (Abril, 1993). Problem-based learning: As authentic as it gets. *Educational Leadership,* 25-28.
Toffler, A. (1981). Education and the future. *Social Education, 45*(6), 422-426.
Viadero, D. (1992). The gain unity council defines social studies. *Education Week, XII*(13), 12.
Weber, L. & Dyasi, H. (1985). Language development and observation of a local environment: First steps in providing primary-school science education for non-dominant groups. *Prospectus, XV*(4), 665-676.
Wilcox, B. & Bellamy, T. (1982). *Design of high school programs for severely handicapped students.* Baltimore: Paul H. Brookes Publishing Co.
Wilcox, B. & Bellamy, T. (1987). *The activities catalog: An alternative curriculum for youth and adults with severe disabilities.* Baltimore: Paul H. Brookes Publishing Co.
Yager, R. (1987). Assess all three domains of science. *The Science Teacher, 54*(7), 33-37.
Ysseldyke, J.E., Thurlow, M.L. & Shriner, J.G. (1992). *Teaching Exceptional Children, 25*(1), 36-50.

PARTE 5
Considerações Comportamentais

19

Estratégias para o Manejo de uma Sala de Aula Inclusiva

Annette M. Iverson

UMA CARACTERÍSTICA FUNDAMENTAL do professor eficiente é o manejo da turma (Emmet & Evertson, 1981). A diversidade nas salas de aula de hoje é grande (Rogers, 1993) e apresenta vários desafios de manejo aos professores (Froyen, 1993). Rogers (1993) afirmou que a inclusão, *caracteristicamente*, insere uma criança que tem *mais* necessidades que a maioria das outras crianças da turma, mas essas necessidades nem sempre são diferentes daquelas de outras crianças da classe. Por isso, o professor e os mediadores eficientes de classes não-inclusivas podem também esperar ser professores e mediadores eficientes em classes inclusivas (Rogers, 1993).

Descobriu-se que o manejo eficiente da sala de aula contribui mais para a aprendizagem na escola do que para o planejamento do currículo, a instrução, a demografia do aluno, a motivação, o apoio doméstico e a política da escola (Wang, Haertal & Walberg, 1993). As estratégias de manejo da sala de aula não devem ser negligenciadas durante o planejamento de estratégias práticas para o ensino inclusivo. Na verdade, devem até ser uma prioridade no processo de planejamento, o qual está relacionado com os sentimentos de eficácia e sucesso (Bandura, 1977; Ashton, 1984). A necessidade de um plano de manejo de sala de aula, similar à necessidade de um plano de aula, foi sugerida por Charles (1992) e Medland e Vitale (1984).

Este capítulo apresenta estratégias que os professores eficientes de turmas inclusivas podem usar em seus planos de manejo, em especial estratégias que encorajam a participação do aluno. Este capítulo não pretende apresentar conhecimentos básicos relacionados às disciplinas, no âmbito de toda a escola e no manejo da sala de aula. Há muitos excelentes testes e vídeos didáticos para os professores que receberam pouco treinamento formal em manejo de sala de aula. O item a seguir, sobre o desenvolvimento do pessoal, inclui alguns recursos que podem ajudar a desenvolver um conhecimento básico em manejo de sala de aula.

DESENVOLVIMENTO DO PESSOAL

Lee (1993) ofereceu treinamento no desenvolvimento de um plano flexível de manejo de sala de aula para a turma toda e para alunos individualmente. O treinamento é não-teórico oferece um grande menu de estratégias adequadas para lidar com os comportamentos difíceis mais comuns. Os professores selecionam estratégias com as quais podem trabalhar confortavelmente. Espera-se que os professores que completam o treinamento desenvolvam seu próprio plano de manejo, o qual inclui abordagens preventivas, abordagens de intervenção geral, abordagens motivacionais e abordagens de apoio e de comunicação.

Além de um plano de manejo, os bons professores possuem outras habilidades que são baseadas em (Jones & Jones, 1990):

- Conhecer a pesquisa e a teoria sobre o manejo de sala de aula;
- Conhecer as necessidades dos alunos;
- Saber como estabelecer relacionamentos positivos, que ajudem a satisfazer às necessidades psicológicas básicas dos alunos;
- Saber como usar os métodos de ensino que promovem a aprendizagem por parte dos alunos individualmente e da turma como um todo;
- Saber como usar os métodos de ensino que maximizam o comportamento dos alunos nas tarefas;
- Saber como usar uma grande variedade de métodos que envolvem os alunos no exame e na correção dos seus comportamentos inadequados

Deve ficar claro que os bons mediadores de classe são frutos da aprendizagem – eles não nascem bons. Sempre há aqueles poucos professores que são mediadores naturais, que tiveram muito pouca capacitação formal, e que simplesmente parecem saber o que fazer na maioria ou em todas as situações problemáticas. Entretanto, a maioria dos professores precisa de uma capacitação adequada para um bom manejo das aulas. Os professores que ficam animados com o uso do seu vasto arsenal de conhecimento e técnicas para ensinar sua matéria, mas que não têm capacitação adequada para manejo da classe, freqüentemente ficam frustrados com seu trabalho, frustrados com seus alunos, zangados, alterando o tom de suas vozes e reclamando durante todo o dia letivo, prontos para usar a punição e enfrentando um estresse intenso (Froyen, 1993).

Uma ilustração de problemas de manejo e disciplina é apresentada como exemplo de uma situação com a qual o pessoal da escola deve estar preparado para lidar. Mediadores de classe não-capacitados e capacitados foram solicitados a encontrar soluções para problemas de sala de aula. Suas respostas são descritas para enfatizar a importância da capacitação específica em manejo de classe.

Exemplo de Caso

Um artigo de 1994 de um jornal local de uma cidade do meio-oeste ilustrou como os problemas de manejo podem aumentar muito rapidamente na aparente ausência de planejamento e de habilidades para satisfazer às diferentes necessidades dos alunos. Para os propósitos deste exemplo, supôs-se que a notícia divulgada era precisa e que o jornal não distorceu os fatos. A história começou quando um aluno da 6ª série não quis permanecer em sua sala. O professor agarrou o aluno quando ele correu para sair da sala. O professor declarou que segurou o aluno pelo braço porque o aluno estava rebelde e o professor estava tentando colocá-lo "na linha", mantendo os outros alunos em segurança, inclusive o aluno em questão, que foi então levado até o escritório da vice-diretora para telefonar para sua mãe e explicar o que ele havia feito.

A mãe entendeu seu filho dizer que o professor colocou as mãos em torno do seu pescoço para contê-lo. Foi imediatamente à escola com seu namorado. Na escola, achou que ninguém estava escutando as queixas de seu filho e que ela também não estava sendo ouvida. Aparentemente não sendo uma reunião privada, os alunos, secretários, professores, administradores e outros estavam presentes para testemunhar todos os acontecimentos. Quando a mãe decidiu que a vice-diretora estava tomando partido do professor, deu um soco na vice-diretora, começou a atirar vasos, precipitada por seu medo de uma professora do grupo que tinha nas mãos uma tesoura. Foram também relatados puxões de cabelo. A mãe e seu namorado saíram então do prédio. Vários funcionários da escola sofreram danos menores e uma pessoa precisou de atendimento médico no hospital local.

O jornal citou que o porta-voz da escola declarou que a mãe do aluno começou a briga e que o aluno foi tratado segundo a política da escola. A insinuação era a de que o pessoal da escola acreditava que estava no seu direito e nada fez para causar os problemas. O jornal citou a mãe, declarando que já estava furiosa com a escola antes de seu filho telefonar para casa, porque alunos mais velhos tinham batido em seu filho alguns dias antes. Depois declarou que também estava furiosa porque o pessoal da escola fez seu filho lhe telefonar. Ela acreditava que cabia a eles fazer a ligação. Lamentava o incidente e esperava que o assunto pudesse ser resolvido.

Que situação terrível para essa escola! Havia muitas questões em jogo – variadas e de considerável magnitude. Estendiam-se desde a imagem da escola na comunidade até a restauração de um relacionamento de trabalho saudável com a criança e sua mãe. Esse é um exemplo dos problemas de manejo que os professores e diretores encontram tanto em escolas inclusivas quanto em escolas não-inclusivas. O planejamento e as habilidades poderiam ter evitado o aumento do problema.

Depois do fato, vários professores criaram soluções para o problema, visando tanto a prevenir quanto a remediar situações parecidas. É óbvio que os profissionais que haviam sido treinados em manejo abordaram o problema a partir de uma base de conhecimentos mais rica e mais ampla do que os profissionais que não haviam sido capacitados nesse sentido. Os profissionais não-capacitados em manejo de classe reagiram como previram Swanson, O'Conner e Cooney (1990); os novatos, especificamente, foram muito mais simplistas na análise do problema, não levaram em conta todas as razões possíveis para o comportamento do aluno ou da mãe, e tiveram poucas intervenções a recomendar. Os não-capacitados atribuíram culpas pelos comportamentos à situação socioeconômica, à raça e às deficiências em jogo, e decidiram que nada poderia ser feito com "essas pessoas", que havia um número cada vez maior delas nas escolas, e que os professores tinham um triste futuro. Foram recomendados encaminhamentos para um estabelecimento de educação especial. Os professores capacitados em manejo de classe acreditavam que os problemas poderiam ter sido evitados ou minimizados. Ofereceram as seguintes sugestões de planejamento nas áreas de relacionamentos entre o lar e a escola, prevenção e desenvolvimento abrangente do pessoal:

- Fazer com que os alunos participassem da construção de regras e procedimentos em aula, durante a primeira semana letiva.
- Informar os responsáveis por meio de cartas, enviadas no início do ano, sobre regras e procedimentos disciplinares da escola e da sala de aula (ver Figura 19.1).
- Dar aos responsáveis a oportunidade de discordar dos procedimentos e negociar alternativas.
- Desenvolver parcerias entre o lar e a escola, por meio de atividades, tal como reuniões abertas destinadas a alertar os pais sobre diferenças (Silberman & Wheelan, 1980) entre os lares e as escolas (ver Tabela 19.1).
- Ensinar aos professores técnicas de manejo de classe que incluam o manejo do conteúdo acadêmico, do aluno e dos relacionamentos entre professor e aluno e entre os colegas;
- Desenvolver procedimentos para lidar com alunos que saem da sala e ensinar esses procedimentos aos alunos nas primeiras semanas de aula;
- Capacitar os professores no uso de técnicas de restrição adequadas;
- Capacitar os professores em habilidades que visam a desenvolver a harmonia, habilidades de escuta, incluindo aquelas necessárias para reduzir a raiva dos alunos e dos pais;
- Capacitar os professores a utilizar os passos da resolução de problemas, incluindo o estabelecimento de uma atmosfera calma como o primeiro desses passos. (Ver Tabela 19.2)

O cenário da vida real apresentado enfatiza a necessidade das redes escolares implementarem um plano de alta qualidade de desenvolvimento do pessoal voltado para a disciplina da escola em geral e para o manejo de sala de aula. Um número cada vez maior de redes está realizando esse desenvolvimento do pessoal, porque estão enfrentando o surgimento de problemas de disciplina e muitos professores têm pouca ou nenhuma capacitação em manejo de classe.

Schendel (1994) observou que muitas pessoas têm opiniões pouco lisonjeiras sobre o desenvolvimento do pessoal. Os *workshops* podem ser ocasiões sociais, talvez insípidos e tediosos, e podem não apresentar nada de novo. Os formatos de palestras,

> Caros Pais/Responsáveis,
> Quero que saibam como seu filho é bem-vindo em minha turma. Vamos ter um ano desafiador e interessante. Vocês, como pais ou responsáveis, são importantes para o progresso de seu filho em minha turma, e é importante que nos comuniquemos. O melhor horário para encontrar-me é entre as 15h e 15h45min no telefone 515-5555, ou podem telefonar para a secretaria, no número 555-2168 para marcar um encontro comigo. Retornarei sua chamada o mais rápido possível.
> Para terem o melhor ambiente de aprendizagem, os alunos e eu selecionamos cinco regras a serem seguidas pelos alunos na escola e na minha aula:
>
> - Sempre fazer o melhor trabalho possível;
> - Trabalhar em silêncio e realizar suas tarefas dentro do prazo;
> - Cooperar com o professor e com os colegas;
> - Ouvir e seguir as instruções;
> - Erguer a mão para fazer perguntas e comentários.
>
> Os alunos e eu conversamos sobre as regras e as praticamos em aula. Seria conveniente que vocês também discutissem essas regras para certificar-se de que seu filho as entendeu.
> Problemas especiais podem suscitar conseqüências, como manter seu filho após a aula ou exigir que ele lhes telefone para discutir um problema. Preencha o espaço para indicar sua permissão para o uso dessas regras e conseqüências para o seu filho. Se houver alguma observação a fazer, por favor, utilizem o espaço fornecido e conversarei com vocês para decidirmos as conseqüências aceitáveis.
>
> ____ Concordo com as regras e conseqüências   ____ Não concordo
>
> Observações: _____
> _____
>
> Estou satisfeito por ter seu filho em minha turma este ano. Creio que será um ano proveitoso.
> Atenciosamente,

FIGURA 19.1 Exemplo de uma carta aos pais explicando as regras e os procedimentos da escola e da turma.

as técnicas de apresentação deficientes e o conteúdo inadequado são alguns indicadores de esforços deficientes de desenvolvimento do pessoal (Schendel, 1994). O desenvolvimento do pessoal não precisa ser limitado à capacitação formal. Ele pode ser realizado de várias maneiras:

- Aprendizagem autodirigida;
- Capacitação dos colegas;
- *Workshops* na formação em serviço;
- Curso superior.

TABELA 19.1 Esboço da reunião de apresentação para informar os pais sobre as diferenças entre o lar e a escola

1. As salas de aula são locais com muitas pessoas;
2. As salas de aula permitem pouca privacidade;
3. Os relacionamentos de classe não são tão íntimos ou próximos quanto os do lar;
4. O menu de recompensas e punições não é tão rico quanto o do lar;
5. A autoridade do professor é mais facilmente corroída do que a autoridade dos pais.

Adaptada de Silberman e Wheelan (1980).

TABELA 19.2 Passos para a resolução de problemas

1. Estabelecer uma atmosfera calma;
2. Identificar o problema;
3. Reunir informações e depois descrever o problema;
4. Analisar todas as causas que contribuem para o problema;
5. Pensar sobre todas as possíveis soluções para o problema;
6. Escolher uma solução e indicar as obrigações;
7. Implementar a solução;
8. Avaliar os efeitos e retomar todos os passos se a solução não funcionar.

Entretanto, para ser eficiente, um plano de desenvolvimento do pessoal deve ter *todos* os seguintes elementos:

- Relevância para as necessidades dos participantes;
- Objetivos claros;
- Oportunidades para praticar as habilidades e para envolver-se na aprendizagem ativa.

A menos que todos esses elementos sejam parte do plano de desenvolvimento do pessoal, os professores não vão desenvolver as habilidades específicas de que necessitam. Os professores devem participar ativamente do planejamento de sua própria capacitação, assegurando que todos os três elementos recém-referidos estejam incluídos. Os professores devem garantir que o plano de capacitação ofereça oportunidades de aprendizagem autodirigida e de capacitação dos colegas.

Os planos de desenvolvimento do pessoal que se voltam para o treinamento de professores no conhecimento básico do manejo da classe devem considerar os seguintes tópicos:

- Desenvolver uma disciplina de aula e um plano de responsabilidade: regras e expectativas, primeiras semanas de aula, procedimentos para corrigir comportamentos irresponsáveis e inadequados e para reconhecer comportamentos responsáveis, e procedimentos para as transições.

- Ensinar os alunos a concentrar-se em expectativas positivas.
- Estabelecer atitudes positivas para o sucesso de cada aluno.
- Designar o ambiente físico para dar o apoio adequado ao comportamento do aluno.
- Examinar, monitorar e lidar com a proximidade.
- Praticar o manejo do conteúdo: analisar a programação diária e planejar as aulas.
- Praticar o manejo estipulado: habilidades de comunicação, clima da turma, desenvolvimento dos relacionamentos.

Sprick, Sprick e Garrison (1993) desenvolveram excelentes materiais de capacitação para os profissionais adquirirem conhecimento e habilidades avançadas no planejamento e na implementação de intervenções de manejo que encorajem a responsabilidade e a motivação dos alunos em risco. Os autores proporcionam instruções passo a passo e roteiros de capacitação para dezenas de problemas comuns e não tão comuns de manejo de classe. São apresentadas formas de ajudar a registrar e realizar as intervenções e estas em geral são isentas de proteção de *copyright*. Um conjunto de materiais de capacitação pode ser adquirido para todo o estabelecimento e mantido na sala dos professores, para servir como consultoria de manejo para outros profissionais da escola. O pessoal do estabelecimento escolar pode conduzir suas próprias sessões de desenvolvimento do pessoal utilizando os materiais de Sprick *et al.* (1993) e um consultor interno como facilitador/formador. Essa é uma maneira barata de aumentar os conhecimentos do pessoal da escola através de um programa de desenvolvimento do pessoal. Quem sabe? Os diretores das redes escolares podem estar dispostos a usar os recursos destinados aos usuais porta-vozes do desenvolvimento do pessoal para proporcionar aos participantes uma remuneração e para praticar as habilidades em suas salas de aula.

PROBLEMAS DE MANEJO EM SALAS DE AULA INCLUSIVAS

Os professores experientes de turmas inclusivas indicam que os problemas prioritários no manejo da turma são: 1) moldar o ensino para o nível adequado de cada aluno, 2) facilitar a aceitação por parte dos colegas de alunos com diferenças, e 3) enfrentar efetivamente comportamentos fisicamente perigosos e significativamente destrutivos (R.M. Iverson, comunicação pessoal, 27 de dezembro de 1994). É interessante notar que cada um desses problemas de manejo corresponde a uma das categorias fundamentais de Froyen (1993) no planejamento das estratégias de manejo de turma. O primeiro ponto (adaptação didática) corresponde ao manejo didático ou do conteúdo, o segundo ponto (facilitação da aceitação dos colegas) refere-se ao manejo do acordo ou do relacionamento, e o terceiro ponto ao manejo da conduta ou do comportamento. As seções a seguir ilustram estratégias em áreas específicas para enfrentar vários problemas que os professores podem encontrar em um grupo de alunos mais diferenciados.

Problemas no Manejo do Conteúdo

Há três reações comportamentais gerais para um aluno durante períodos de aula ou tempo envolvido nos estudos acadêmicos: 1) voltado para a tarefa e envolvido na aprendizagem, 2) desinteressado pela tarefa e sentado passivamente ou distanciado, ou 3) desinteressado pela tarefa e com comportamento destrutivo. Muitos alunos com necessidades especiais são desinteressados pela tarefa e ficam distanciados ou comportam-se de maneira destrutiva durante os períodos de aula. A partir de uma perspectiva de manejo do conteúdo, pelo menos dois conceitos da teoria da aprendizagem e da literatura de pesquisa proporcionam direcionamento para um comportamento de redução do desinteresse pela tarefa e maior envolvimento na tarefa durante os períodos de aula. Especificamente, os professores precisam planejar aulas que levam em consideração 1) o conhecimento prévio e os interesses dos alunos e 2) o domínio da orientação dos alunos.

Conhecimento Prévio e Interesses. As aulas que são planejadas considerando o conhecimento prévio e os interesses dos alunos aumentam o envolvimento e a compreensão do aluno. Recht e Leslie (1988) apresentaram um exemplo da importância do conhecimento prévio ao ajudar a compreensão de leitores com dificuldades em uma tarefa de leitura. Eles testaram bons e maus leitores com dificuldades sobre conhecimentos de beisebol e descobriram que os conhecimentos de beisebol não estavam relacionados à capacidade de leitura. Os alunos foram então identificados como: bons leitores/grande conhecimento de beisebol, bons leitores/pouco conhecimento de beisebol, maus leitores/grande conhecimento de beisebol, maus leitores/pouco conhecimento de beisebol. Em seguida à identificação do nível de leitura e do conhecimento prévio de beisebol de cada aluno, todos eles leram uma passagem, descrevendo um jogo de beisebol e responderam perguntas para verificar se tinham compreendido e se lembravam do que haviam lido. A importância do conhecimento prévio foi claramente demonstrada, pois os leitores com dificuldades que conheciam beisebol lembraram-se *mais* do texto lido do que os bons leitores com pouco conhecimento de beisebol, e quase tanto quanto os bons leitores que conheciam beisebol.

Quando a lição é difícil de compreender, porque os alunos têm pouco ou nenhum conhecimento e pouco interesse no tópico, os comportamentos estranhos à tarefa aumentam e a compreensão diminui. O conhecimento prévio ou os interesses dos alunos com necessidades especiais, incorporados ao planejamento das aulas, melhora o envolvimento e a realização acadêmicos.

Os professores que não têm conhecimento sobre o conhecimento prévio ou dos interesses dos alunos têm dificuldade para planejar aulas que satisfaçam esses critérios. Para ajudá-los a obter informações sobre os interesses e o conhecimento prévio dos alunos, a Figura 19.2 contém um inventário das perguntas que os alunos devem responder. Os professores podem então adaptar as aulas ao conhecimento prévio e aos interesses de seus alunos. É óbvio que não é possível planejar aulas que se refiram ao conhecimento ou aos interesses de todos os alunos. Os professores são aconselhados a planejar as aulas em torno dos resultados do inventário de alunos com necessidades

> Do que você gosta?
> Nome _____ Data _____ Série _____
> Por favor, responda cada pergunta integralmente.
> 1. Quando não estou na escola, eu gosto de (três coisas):
>   _____
> 2. Se você não pode assistir à televisão em casa, o que mais gosta de fazer?
>   _____
> 3. Se você pudesse fazer qualquer coisa que quisesse neste fim de semana, o que faria?
>   _____
> 4. Se pudesse aprender o que quisesse aprender, o que escolheria?
>   _____
> 5. Qual é seu programa preferido de televisão? _____
> 6. Você gosta de dar o máximo de si em seus trabalhos de grupo ou nos trabalhos individuais? _____
> 7. De que matérias escolares você mais gosta? _____
> 8. Quais são as três coisas que você mais gosta de fazer na escola?
>   _____
> 9. Se você tivesse 30 minutos de tempo livre na escola todos os dias para fazer o que realmente gosta, o que faria? _____
> 10. Quais são as três tarefas que você gosta de fazer na aula?
>   _____

FIGURA 19.2 Inventário de interesses do aluno.

especiais, porque é mais provável que eles sejam os alunos mais desligados da tarefa e não envolvidos na aprendizagem.

Orientação para o Domínio da Tarefa. O manejo do conteúdo através do conhecimento prévio e dos interesses não é uma intervenção suficiente para aumentar o envolvimento na tarefa de alunos estranhos à essa tarefa e que não estão orientados para o domínio da mesma. Os alunos orientados para o domínio da tarefa têm uma grande necessidade de realização e pouco medo do fracasso. Eles estabelecem objetivos de aprendizagem moderadamente difíceis e desafiadores e acreditam que o esforço e o uso da estratégia correta são as razões do seu sucesso. Os alunos orientados para o domínio da tarefa usam estratégias adaptadas para resolver seus problemas educacionais (p. ex., experimentam uma outra maneira, procuram ajuda, exercitam-se ou estudam mais).

Infelizmente, alguns alunos com necessidades especiais não acreditam que sejam capazes de dominar tarefas acadêmicas que envolvam uma nova aprendizagem. Esses alunos exibem comportamentos que evitam o fracasso ou que aceitam o fracasso. Os alunos aprenderam a reagir à aprendizagem de maneira a evitar ou a aceitar o fracasso devido ao seu manejo anterior em casa, na escola ou em casa e na escola. Por exemplo, na escola, os alunos podem ter experimentado muitas dificuldades ou fracassos já na educação infantil. Talvez eles não tenham sido bem-sucedidos em tarefas de pré-leitura (p. ex., aprendizagem do alfabeto, rimas infantis) ou em tarefas de pré-escrita (p. ex., não conseguiam colorir devidamente, não gostavam de desenhar). Quando os professores faziam muitas correções ou marcas vermelhas em suas folhas de tarefa, estas crianças tornavam-se desencorajadas e logo desenvolviam comportamentos não-orientados para o domínio do conteúdo, evitando o fracasso ou aceitando-o. Mesmo que os professores sejam compreensivos, algumas crianças comparam-se a outras na turma e tornam-se desencorajadas. Ter alunos assim torna o manejo do conteúdo uma tarefa mais complexa.

Os alunos que evitam o fracasso acreditam que não possuem capacidade para aprender e que a capacidade para aprender não pode ser aumentada. Subseqüentemente, têm um grande medo do fracasso. Você pode reconhecer os alunos que evitam o fracasso porque eles 1) determinam objetivos de desempenho muito exagerados ou muito fáceis e 2) usam estratégias autodestrutivas (p. ex., fazem pouco esforço, fingem não se importar, inventam desculpas para não realizar a tarefa, inventam desculpas para não buscar a ajuda oferecida).

Os alunos que aceitam o fracasso esperam fracassar. Eles tendem a não estabelecer objetivos de aprendizagem e acreditam que sua ausência de capacidade para aprender é a causa de seus fracassos acadêmicos. Se tentam realizar uma tarefa, é provável que logo a abandonem. Para compreender o conceito de aceitação do fracasso, convém lembrar as ilustrações nos testes de psicologia com cães mantidos em jaulas que eram eletricamente ligadas por todos os lados. Quando a eletricidade era ativada, os cães não podiam escapar da punição, não importa o quanto se movimentassem. No início, eles se movimentavam ativamente, tentando encontrar uma maneira de conseguir livrar-se do choque. Mas não importava o que tentassem, todas as partes da jaula que eles tocassem davam-lhes choques. Os cães finalmente desistiam e ficavam passivamente deitados na jaula; seu comportamento era denominado desesperança aprendida. Uma vez que um cão assumisse as características da desesperança aprendida, era difícil ajudá-lo a readquirir um sentido de orientação para o domínio da tarefa. Weiner, Russell e Lerman (1978) relataram que os alunos também experimentavam uma desesperança aprendida quando atribuíam seus fracassos a causas estáveis e incontroláveis.

Os alunos que aceitam o fracasso experimentam a escola como uma situação de punição, não importa o que façam. Esses alunos sofrem de desesperança aprendida e desistem, freqüentemente, experimentando sentimentos de depressão. São aqueles que ficam passivamente sentados, fazendo pouco ou nada, e, em geral, não são destrutivos. Os professores são pessoas muito ocupadas, e "a roda que guincha consegue óleo" tanto nas aulas quanto em outros locais. Por isso, os alunos que aceitam o fracasso são freqüentemente negligenciados e passam de uma série para outra produzindo pouco trabalho e aprendendo muito pouco. Os alunos que aceitam o fracasso têm maior probabilidade de receber mais atenção e ajuda se forem destrutivos, e raramente o são. Lembre-se de que o seu comportamento não é diferente daquele dos cães que ficam passivamente deitados na jaula eletrificada, sem fazer nada, nem sequer tentando fugir.

As diretrizes a seguir, adaptadas de Woolfolk (1993), são oferecidas como maneiras de se ajudar um aluno a readquirir um sentido de domínio através do encorajamento do próprio valor.

- *Escolher Tarefas de Aprendizagem Adequadas.* Exemplos de estratégias para ajudar na escolha de tarefas de aprendizagem adequadas são: 1) Pedir aos coordenadores pedagógicos para orientarem você a planejar as aulas e a conseguir materiais. Se o aluno estava em um ambiente segregado antes de ir para sua turma, peça às equipes de educação especial para que lhe passem o currículo e os materiais. A maioria deles fica satisfeito quando você solicita sua especialização e 2) capitalizar os interesses e o conhecimento prévio do aluno, estudando os PEIs passados e realizando um inventário de interesses (ver Figura 19.2).

- *Ajudar os Alunos a Estabelecer Objetivos de Aprendizagem e Ensinar os Alunos a Orientação para o Domínio da Tarefa.* Exemplos de estratégias para ajudar os alunos a estabelecer objetivos e orientá-los para que consigam o domínio da tarefa são: 1) oferecer um menu de objetivos de aprendizagem adequados e fazer com que os alunos façam a escolha a partir deles, 2) ajudar os alunos a determinar um nível adequado de dificuldade para atingir seus objetivos, 3) reconhecer o progresso e a melhoria, ajudando o aluno a representá-lo graficamente, 4) ler histórias sobre alunos que superaram desafios similares, 5) compartilhar exemplos de como você se desenvolveu em uma determinada área, e 6) ajudar o aluno a ter um bom desempenho, apesar de seus fracassos fora da escola.

Enfatizar o Progresso dos Alunos. Exemplos de estratégias para enfatizar o progresso do aluno são: 1) Voltar às tarefas anteriores e mostrar ao aluno como elas são fáceis agora. Perguntar ao aluno: "Lembra-se de como isto era difícil para você antes? Olhe como seu esforço valeu a pena. Agora você faz isso com tanta facilidade." 2) Manter uma pasta dos melhores trabalhos do aluno para que ambos a consultem regularmente. 3) Fazer com que o aluno aprenda mais, ao invés de voltar atrás para melhorar o trabalho anterior.

Oferecer Sugestões Específicas de Melhoria antes de Solicitar e Graduar os Esboços Finais. Exemplos de estratégias que oferecem sugestões específicas para a melhoria são: 1) Fazer comentários sobre o que o aluno fez certo, sobre o que o aluno fez errado, e por que o aluno cometeu erros. 2) Usar informações e trabalhos dos colegas antes do aluno apresentar o primeiro esboço. 3) Fazer gráficos das notas para mostrar que aquelas mais altas revisadas refletem a aprendizagem e a competência do aluno.

Apontar as Conexões entre Esforço e Realização. Seguem-se alguns exemplos de estratégias que apontam para conexões entre esforço e realização: 1) Dizer ao aluno que seu esforço resultou em um projeto bem-sucedido, que sempre o esforço conduz ao sucesso. 2) Capacitar o aluno para ser capaz de determinar que seu esforço resultou em um projeto bem-sucedido: "Meu projeto é bom porque eu me esforcei muito e usei as estratégias certas". 3) Enfrentar diretamente as estratégias autoderrotistas: "Você está agindo como se não se importasse. É isto o que está realmente sentindo?" 4) Enfrentar diretamente as estratégias para evitar o fracasso: "Você está desistindo porque acha que, não importa o que faça, não será o certo. O que pensa em fazer quando se sente assim?" Sugira que o aluno declare, "Preciso determinar um objetivo e esforçar-me para atingi-lo. Depois das minhas primeiras tentativas, posso deixá-lo de lado e melhorá-lo mais tarde."

É mais fácil e consome menos tempo intervir com os alunos que evitam o fracasso e ajudá-los a tornarem-se orientados para o domínio da tarefa, do que intervir – e ajudar – os alunos que aceitam o fracasso. Os professores que se comprometem a ajudar qualquer tipo de aluno orientado para o fracasso com o objetivo de torná-lo orientado para o domínio da tarefa devem ter consciência de que a intervenção será necessária durante todo o aluno letivo. Os alunos provavelmente irão fazer pequenos progressos durante longos períodos de tempo rumo ao domínio. Se no ano seguinte o professor continuar as intervenções, mais progresso será alcançado, e assim ele poderá prosseguir.

Problemas do Manejo das Regras ou do Relacionamento

Os professores das classes inclusivas podem precisar aumentar suas habilidades no manejo dos relacionamentos entre professor e aluno. Por exemplo, as habilidades de comunicação podem construir relacionamentos que evitam problemas e/ou ajudam a reduzi-los quando eles já se iniciaram. A Tabela 19.3 apresenta exemplos de abordagens de comunicação (Lee, 1993) que os professores precisam desenvolver. As habilidades de comunicação não são fáceis de desenvolver somente através da aprendizagem autodirigida. A capacitação dos colegas e a capacitação formal são recomendadas para aqueles professores que têm dificuldades quanto à aquisição das habilidades para construir relacionamentos entre aluno e professor através de abordagens de comunicação.

Os relacionamentos entre os alunos representam uma área adicional que os professores precisam desenvolver nas classes inclusivas. O aspecto cognitivo das crianças influencia o desenvolvimento das amizades. Os psicólogos desenvolvimentais oferecem alguns *insights* úteis para a formação de amizades por faixa etária. As crianças da educação infantil e do início do ensino fundamental não discriminam muito os que chamam de amigo. Por exemplo, um amigo é qualquer pessoa com quem estejam brincando no momento. As "pré-turmas" começam a formar-se na pré-adolescência e são agregações informais de membros do mesmo sexo. As amizades nessa faixa etária são baseadas nas atividades que os amigos compartilham (p. ex., somos amigos porque fazemos coisas juntos) e são mais estáveis do que as amizades de crianças menores. As "turmas" formam-se no início da adolescência e são grupos de indivíduos (em geral mais que nove) que se reúnem regularmente, tendo como base interesses mútuos. As "panelinhas" desenvolvem-se dentro das turmas, e têm normalmente menos de nove membros, todos eles compartilhando intimidades psicológicas.

Os professores de turmas inclusivas notaram que alguns alunos com necessidades especiais na pré-adolescência podem não desfrutar do mesmo nível de aceitação dos demais colegas. Os professores devem interpretar isto como uma progressão desenvolvimental normal e não obrigar os alunos a aceitar um ao outro. Em vez disso, podem implementar intervenções que se concentrem em compartilhar atividades e fazer as coisas juntos, para facilitar os relacionamentos entre os alunos (ver Tabela 19.3).

TABELA 19.3 Abordagens de comunicação

Abordagens de comunicação que constroem relacionamentos entre aluno e professor:

As "Mensagens" são mensagens de enfrentamento transmitidas sem emoção ou culpa. Por meio delas, o professor deixa que o aluno saiba como ele se sente a respeito do seu comportamento.

A "Escuta Ativa" inclui parafrasear ou tornar a declarar o que o aluno disse e também a sensação do aluno de ter sido compreendido.

As "Entrevistas" são usadas para falar com os alunos sobre suas atividades fora da escola. Resultam em maior proximidade entre alunos e professores e reduzem o mau comportamento.

"Enviar Bilhetes" quando os alunos experimentarem sucesso, dificuldades ou doença. Isso é excelente para desenvolver um bom relacionamento com os alunos.

Abordagens de comunicação que facilitam os relacionamentos entre os alunos:

"Díades" são duplas de alunos que não se conhecem bem e que o professor reúne para conversar sobre seus interesses.

O "Treinamento das Habilidades Sociais" ocorre depois que o professor aponta as necessidades dos alunos (isto é, brincar com os outros, iniciar uma conversa). As melhores abordagens treinam os alunos em ambientes naturais com os colegas.

O "Controle da Raiva" ensina os alunos a controlar a raiva, ensina técnicas de redução da raiva e estratégias de auto-reforço (Sprick, Sprick & Garrison, 1993).

A "Aprendizagem Cooperativa" reúne pequenos grupos para usar o pensamento crítico e a criatividade no sentido de resolver problemas em uma atividade conjunta. O professor designa um papel a cada membro do grupo. As habilidades sociais são necessárias para que uma pessoa seja um membro de grupo bem-sucedido.

Abordagens de comunicação que constroem relacionamentos entre o lar e a escola:

"Dar um Telefonema de Apresentação" é uma oportunidade para os professores construírem um bom relacionamento com os pais durante a primeira semana de aula. Segue-se um exemplo de um roteiro para um telefonema:

"Olá, eu sou a Sra. Brown, professora de sua filha. Só tenho Shawna em minha turma há alguns dias, mas realmente estou apreciando como ela é útil aos outros. Espero que não se importe de eu estar lhe telefonando e quero que se sinta à vontade para entrar em contato comigo aqui na escola sempre que desejar informações sobre o progresso de Shawna. Já deve ter recebido ou logo receberá uma carta informando-lhe sobre as regras da turma. Queria também lhe lembrar da nossa reunião. Espero ver a senhora e o Sr. Smith aqui."

Problemas no Manejo da Conduta

Um pouquinho de prevenção consegue muita cura. O manejo do conteúdo e das regras evitam que muitos comportamentos difíceis ocorram na sala de aula, mas não evitam todos eles. Os professores astutos prevêem as piores cenas e, por isso, planejam suas soluções. O planejamento envolve estabelecer regras e procedimentos para a turma e ensinar os alunos e o pessoal da escola a seguir as regras e os procedimentos.

Por exemplo, alguns alunos com necessidades especiais podem apresentar comportamentos fisicamente perigosos ou gravemente destrutivos, e os professores devem sempre estar preparados com um plano para lidar com qualquer coisa que aconteça. O planejamento é realizado para a segurança do aluno destrutivo, dos seus colegas e do professor. Exemplos destes comportamentos incluem brigar, bater na cabeça, quebrar janelas, morder a si mesmo, bater em si mesmo, comportamentos descontrolados, ameaças verbais, porte de armas, desafio aberto ou flagrante desrespeito aos adultos, espancamento, gritos e outros comportamentos altamente destrutivos (Sprick *et al.*, 1993).

Os psicólogos educacionais, os professores e os profissionais de educação especial, os técnicos em orientação escolar e outros precisam saber lidar com comportamentos difíceis e com recursos que se aplicam aos planos de classe e no âmbito de toda a escola. Os planos de intervenção devem incluir procedimentos para garantir de imediato a segurança de todos, o envolvimento de pais/guardiães, a manutenção de registros, a determinação da necessidade de apoio, e para ensinar o aluno a lidar com seu próprio comportamento (Sprick *et al.*, 1993). Pode ser necessário capacitar o pessoal da escola e os professores para lidar com algumas situações extremas, inclusive.

Os professores precisam ter um plano para cada contingência de suas classes. Segue o exemplo de um plano abrangente desenvolvido para se lidar com o comportamento de um aluno com uma história de ocasionalmente ficar fora de controle (p. ex., atirar livros, derrubar carteiras, gritar, dizer palavrões) em uma classe da sexta série.

Primeiro, o pessoal da escola tomou medidas para garantir a segurança de todos, através de um sistema de manejo de crise bem-articulado e bem-compreendido. Não confundir regras e políticas escolares sobre o comportamento violento com plano e procedimentos de ação indicados para serem implementados quando um aluno está fora de controle. Na primeira semana de aula, os professores ensinam os alunos a treinar e praticar rotinas de segurança para incêndios, terremotos e tornados. O mesmo tipo de procedimento deve ser realizado para garantir a segurança diante de outras ameaças, como o comportamento descontrolado de um colega. Os professores periodicamente repetem o exercício e a prática durante todo o ano letivo, e uma vez por mês, em geral, não é muito para ensaiar as rotinas de segurança, se as ameaças ocorrem com freqüência e os alunos têm dificuldade para seguir ou lembrar-se dos procedimentos. Se uma prática de rotina não é exercida com facilidade, realize-a de novo imediatamente.

Um exemplo de um roteiro que os professores podem usar para introduzir instruções de segurança é apresentado na Figura 19.3. O roteiro inclui o ensino da importan-

> Pode haver situações em que não a escola não é segura, não devido a um incêndio ou a um tornado, mas porque alguém está perturbado e está fazendo coisas perigosas, como brigar e bater. Você pode pensar em algumas outras coisas perigosas que alguém pode fazer quando está perturbado? [Discuta as respostas dos alunos.]
> Quando alguém está fazendo coisas que não são seguras, é muito importante que o resto de nós aja com muita rapidez para manter todos em segurança. Vou informar-lhes as medidas para manter a segurança e depois vamos praticá-las. Quando percebo que alguém está perturbado e fazendo coisas perigosas, vou dizer. "Saiam da sala." Quando me ouvirem dizer "Saiam da sala", cada um de vocês vai permanecer calmo e afastar-se do perigo. O que significa permanecer calmo? [Discuta as respostas dos alunos.]
> Para afastar-se do perigo, vocês têm de sair da sala e esperar no corredor até a chegada de um adulto. Duas medidas para isso são: 1) o professor vai perceber o perigo e dizer "Saiam da sala"; e 2) os alunos vão permanecer calmos e rapidamente se afastar do perigo, sair da sala e esperar no corredor.
> Vamos ensaiar Sair da Sala. Nem todos conseguem sair da sala ao mesmo tempo e eu vou lhes mostrar como usar a sua vez para sair. Quando tivermos terminado nosso primeiro exercício, vou responder quaisquer perguntas que desejem fazer.
> [O ensaio é terminado e os alunos retornam às suas cadeiras.] Shawna tem passado por momentos muito difíceis. Todos nós precisamos continuar a trabalhar como uma comunidade/grupo. Shawna provavelmente sentiu-se muito pouco à vontade com o que aconteceu e será importante que todos nós a ajudemos a sentir-se como uma aluna regular da 6ª série. Todos aqui têm um objetivo especial para trabalhar, não apenas Shawna. Por exemplo, eu tenho de me esforçar para ser mais paciente. Shawna terá de trabalhar para lidar com seus sentimentos de raiva.

FIGURA 19.3 Roteiro para uma aula sobre ameaças à segurança a uma turma de 6ª série.

te ordem "Evacuem a Sala". Os professores usam essa ordem para impelir os alunos a realizar a rotina de segurança prescrita. A ordem pode ser escrita em uma tabuleta e ficar à mostra nas paredes da sala, juntamente com as instruções de segurança para tornado e incêndios. Os professores podem achar adequado usar variações desta ordem. Por exemplo, a ordem "Alunos, saiam" pode afastar os alunos de uma zona de perigo se o caminho para a porta e para o corredor é obstruído ou se a ameaça é grande o bastante para necessitar tirar os alunos do caminho, mas não tão grande que os alunos precisem sair da sala. Se alguém está brandindo uma arma, os alunos podem não conseguir sair da sala. Podem ser ensinados de que uma ordem significa ter calma e rapidamente se lançar ao chão, permanecendo fora do campo visual da ameaça.

O roteiro apresentado na Figura 19.3 deve ser seguido para representação ou treinamento e prática das ações que os alunos devem realizar em caso de uma ameaça. Por exemplo, o professor apresenta uma lição de segurança e formula a ordem: "Saiam da sala". Diz aos alunos para imaginarem que alguém no meio da sala está furioso e vai atirar algo, e então faz com que os alunos afastem-se do meio da sala para o corredor. É importante notar o último parágrafo do roteiro da Figura 19.3. Os professores devem sempre apresentar esta parte da aula para facilitar a aceitação e o apoio dos colegas em relação ao aluno que demonstrou o comportamento descontrolado.

Nessas situações, os professores estão em geral ocupados com o aluno descontrolado ou estão ajudando os outros alunos. Por isso, eles devem treinar três alunos responsáveis e confiáveis a buscar ajuda. As opções para conseguir ajuda incluem um aluno assistente contatar o escritório do diretor via interfone, telefone ou sistema de alarme da escola.

Depois que a sala é evacuada, os professores podem sair para o corredor, ficar do lado de fora da sala e controlar o aluno perturbado até que chegue ajuda. Às vezes os professores podem conseguir usar suas habilidades de comunicação para acalmar o aluno. A intervenção física só é usada para evitar danos físicos. Os professores que prevêem ter alunos com comportamentos fisicamente perigosos e gravemente destrutivos em suas turmas devem insistir no treinamento das habilidades para restaurar a calma e acalmar os ânimos, e na contenção física.

Segundo, o aluno precisa aprender a manejar a raiva e a controlar o impulso. Ajuda acadêmica, reestruturação da conversa interior, sugestão de interferência com sinais, aconselhamento, determinação e redução dos objetivos, autocontrole, sistemas estruturados de reforço, manejo do estresse e aumento das interações positivas podem ser intervenções úteis nessa tarefa e estão totalmente descritas e escritas por Sprick *et al.* (1993).

Terceiro, um componente adicional do processo de planejamento é estabelecer um menu de conseqüências positivas e de negações que os alunos podem esperar encontrar quando seguem ou não as regras e os procedimentos. A Tabela 19.4 apresenta esse menu, e os professores podem usá-lo para desenvolver sua própria hierarquia de conseqüências.

CONCLUSÃO

O manejo de classe eficiente é um ingrediente necessário para um ensino eficiente. Os professores de turmas inclusivas podem ter proveito, aumentando seu repertório de habilidades de manejo de conteúdo, regras e conduta, e fortalecendo essas habilidades para ensinar mais eficientemente a todas as crianças. Este capítulo apresentou conhecimentos, procedimentos e condições (quando e por quê) de cada uma das três categorias de manejo. Foram citadas referências que podem orientar os professores a capacitarem-se no desenvolvimento do pessoal, em níveis básicos e avançados do manejo de classe.

Outros capítulos deste livro concentram-se especificamente em uma das três categorias de manejo: manejo do conteúdo ou do currículo ou planejamento do ensino, manejo das regras ou planejamento dos relacionamentos, e manejo da conduta ou planejamento dos comportamentos. Tudo o que os professores fazem em suas salas de aula constitui uma ação de manejo. O planejamento é necessário para ajudar a criar ambientes de aprendizagem produtivos, seguros e respeitosos. Não se deve esperar

TABELA 19.4 Hierarquia das conseqüências positivas e negativas nas salas de aula

Conseqüências positivas:
  Informações verbais e escritas para os alunos e responsáveis:
    Dizer ao aluno o que ele/ela fez bem
    Enviar um bilhete especial para o aluno ou dar ao aluno um certificado de mérito
    Telefonar para os pais ou responsáveis e contar-lhes o que o aluno fez bem
    Enviar um bilhete positivo para os pais ou responsáveis
  Responsabilidade social
    Dar ao aluno tarefas especiais – auxiliar de alunos, tutor dos colegas
    Dar privilégios ao aluno
    Deixar o aluno ensinar parte da lição
  Liberdades
    Dar à turma 5 minutos de tempo livre
    Proporcionar tempo extra no computador
    Permitir alguns minutos-extra de recesso
    Manter a turma fora da sala
    Organizar uma festa curta da sala
    Colocar música durante o trabalho na sala de aula
    Organizar o dia dos elogios e o dia das reprimendas
    Deixar os alunos escolherem a atividade
  Atenção pública
    Cumprimentar o aluno diante de outro membro da equipe da escola
    Pedir a outro membro da equipe para reconhecer as realizações do aluno
    Expor o trabalho do aluno em um lugar público
    Ler o trabalho do aluno para a turma
    Cumprimentar o aluno
    Dar ao aluno tempo extra com um adulto

Conseqüências negativas:
  Ignorar
  Fazer reprimendas verbais
  Fazer sugestões e advertências verbais
  Aceitar o atraso
  Contatar os pais
  Aumentar o tempo devido
  Aumentar o tempo fora da sala de aula
  Preencher o formulário de melhoria de comportamento com dados negativos da participação do aluno

que os professores criem esses ambientes sozinhos. As escolas devem proporcionar apoio e solidariedade para que professores e alunos participem juntos do planejamento do manejo.

REFERÊNCIAS BIBLIOGRÁFICAS

Ashton, P. (1984). Teacher efficacy: A motivational paradigm for effective teacher education. *Journal of Teacher Education, 35*, 28-32.

Bandura, A. (1977.). Self-efficacy: Toward a unifying theory of behavioral change. *Psychological Reviews, 84*, 191-215.
Charles, C.M. (1992). *Building classroom discipline* (4ª ed.). Nova York: Longman.
Emmer, E.T., & Evertson, C.M. (1981). Synthesis of research on classroom management. *Educational Leadership, 38*, 342-345.
Froyen, L.A. (1993). *Classroom management: The reflective teacher-leader*. Nova York: Macmillan.
Jones, V. & Jones, L.S. (1990). *Comprehensive classroom management* (3ª ed.). Boston: Allyn & Bacon.
Lee, S.W. (1993). *The flex model classroom management planning system*. Lawrence, KS: Child Research Institute.
Medland, M. & Vitale, M. (1984). *Management of classrooms*. Nova York: Holt, Rinehart & Winston.
Recht, D.R. & Leslie, L. (1988). Effect of prior knowledge on gooe and poor readers'memory of text. *Journal of Educational Psychology, 80*, 16-20.
Rogers, J. (1993). The inclusion revolution. *Research Bulletin, 11*. Bloomington, IN: Center for Evaluation, Development and Research.
Schendel, J. (Outubro, 1994). *Staff development: A tool for change*. Apresentação para a convenção anual de Iowa School Psychologists Association, Des Moines, IA.
Silberman, M.L. & Wheelan, S.A. (1980). *How to discipline without feeling guilty*. Champaign, IL: Research Press.
Sprick, R., Sprick, M. & Garrison, M. (1993). *Interventions: Collaborative planning for students at risk*. Longmont, CO: Sopris West.
Swanson, H., O'Conner, J.E. & Cooney, J.B. (1990). An information processing analysis of expert and novice teachers' problem solving. *American Educational Research Journal, 27*, 533-556.
Wang, M.C., Haertel, G.D. & Walberg, H.J. (1993). Toward a knowledge base for school learning. *Review of Educational Research, 63*, 249-294.
Weiner, B., Russell, D. & Lerman, D. (1978). Affective consequences of causal ascriptions. *In* J.H. Harvey, W.J. Ickes & R.F. Kidd (Eds.), *New directions in attribution research* (Vol. 2). Hillsdale, NJ: Lawrence Erlbaum Associates.
Woolfolk, A.E. (1993). *Educational psychology* (5ª ed.). Boston: Allyn & Bacon.

20

Apoio e Estratégias de Ensino Positivas[1]

Wade Hitzing

A MAIOR PARTE DAS EMPRESAS não contrata especialistas em comportamento para trabalhar com seus clientes! Não o fazem porque operam com uma premissa diferente daquela da maioria dos serviços humanos e programas educacionais. Sua premissa é a de que o cliente está sempre certo. Quando um produto não vende ou um serviço não está sendo usado, elas não contratam funcionários para "segurar" o cliente. Eles escutam os fregueses e mudam os serviços e os produtos para satisfazer melhor às necessidades e aos desejos dos seus clientes. Imagine o alvoroço que seria criado se, depois de observar cuidadosamente um produto e decidir não comprá-lo, um cliente se afastasse, apenas para que um especialista em comportamento de repente aparecesse e gritasse: "Não!" e depois, gentil mas firmemente, redirecionasse o cliente de volta ao produto – proporcionando uma assistência direta, se necessário. Se um adolescente decide não comprar nada na loja de música, os funcionários não tentam enviar um bilhete com ele para casa, indicando que ele vai ficar sem sobremesa para garantir que o comportamento inadequado de compra não seja recompensado. Não são necessárias expulsões da loja, porque a maior parte delas respeita as decisões dos clientes e não requer que se tornem destrutivos, até perigosos, antes de seus desejos serem satisfeitos. Assim como as escolas e outros programas de serviços humanos, as empresas estão vitalmente interessadas em mudar o comportamento do cliente, mas em vez de supor que o cliente está errado e que deve ser consertado ou transformado, a maior parte das empresas, especialmente aquelas que têm sucesso, resolve os problemas de comportamento que enfrentam mudando seus produtos ou a maneira de prestar seus serviços (isto é, o seu comportamento). É claro que a situação na escola é diferente. Uma suposição básica de todos os programas de educação é que o aluno (o cliente) será modificado de alguma maneira – o conhecimento do aluno será aumentado ou suas habilidades serão melhoradas. Se um programa escolar operasse apenas com a premissa de que o cliente está sempre certo, os alunos não se modificariam e importantes objetivos educacionais não seriam alcançados. Entretanto, aqueles que trabalham em programas educacionais precisam aprender que a satisfação das necessidades educacionais de todos os alunos, especialmente daqueles com comportamento desafiador, requer que ouçamos suas informações e respeitemos seu papel como clientes e críticos dos programas que oferecemos.

Embora tenha havido um progresso significativo na inclusão de grupos minoritários, incluindo alunos com deficiências importantes, nos programas de escola pública, há uma longa história de expulsão e exclusão dos alunos devido ao seu comportamento destrutivo, perigoso ou de alguma outra forma desafiador (Gliedman & Roth, 1980; Wooden, 1976). Este capítulo concentra-se na compreensão das causas desses comportamentos e na aplicação deste entendimento para a indicação de programas escolares que dêem mais apoio à inclusão de todos os alunos, incluindo os que apresentam comportamento desafiador.

COMPREENDENDO E APOIANDO OS ALUNOS COM COMPORTAMENTO DESAFIADOR

Abordagem de Manejo do Comportamento Tradicional

Antes de tomar decisões sobre a melhor maneira de abordar um aluno com comportamento desafiador, é importante, em primeiro lugar, observar cuidadosamente como pensamos e falamos sobre tal comportamento. Isso é muito importante, pois a maneira como enxergamos o comportamento do aluno determina como

- "Estruturamos" ou definimos o problema;
- Selecionamos os objetivos;
- Escolhemos os procedimentos de intervenção adequados;
- Definimos o sucesso.

Estruturar ou Definir o Problema. Uma abordagem tradicional de um aluno com comportamento desafiador é rotular ou categorizar seu comportamento como inadequado ou "problemático", e como um comportamento que deve ser muito reduzido ou eliminado. Na verdade, freqüentemente se considera que, até que o comportamento desafiador do aluno seja reduzido ou eliminado, outros objetivos "positivos" não serão alcançados. Embora haja algum reconhecimento de que práticas de ensino inadequadas contribuem para o comportamento, há uma forte suposição de que o comportamento inadequado do aluno é o problema que deve ser diretamente tratado, e é o aluno quem deve mudar.

Selecionar os Objetivos. Os planos de ensino ou de comportamento desenvolvidos nesta abordagem concentram-se na eliminação do comportamento destrutivo ou perigoso do aluno (Bailey & Bostow, 1969; Foxx, 1982). Comportamentos alternativos, adequados, também podem ser identificados, assim como procedimentos de ensino desenvolvidos para fortalecê-los, mas o enfoque principal da energia e do tempo do professor refere-se às tentativas de reduzir o comportamento desafiador (Rose, 1979).

Escolher os Procedimentos de Intervenção Adequados. A maioria dos procedimentos ou planos de comportamento desenvolvidos para lidar com o comportamento desafiador concentra-se em alterar as contingências do reforço e da punição no ambiente escolar. O plano de comportamento característico em geral requer que o pessoal da escola mude sua reação diante do comportamento inadequado, ignorando-o, e não o recompensando, ou em alguns casos punindo o aluno quando ocorre o mau comportamento. O caso também pode exigir que o pessoal "surpreenda o aluno sendo bom" e organize um programa de reforço positivo para a equipe de ensino seguir e recompensar o comportamento adequado do aluno.

Definir o Sucesso. O sucesso é definido como a satisfação dos objetivos para a redução ou eliminação do comportamento em questão. Havendo sucesso na redução ou na eliminação do comportamento inadequado, o processo é explicado de dois modos: 1) um comportamento seriamente destrutivo e possivelmente perigoso foi eliminado ou pelo menos reduzido, e 2) a redução do comportamento permite, agora, que a equipe se mobilize para alcançar objetivos de ensino mais positivos com o aluno.

O Comportamento Destrutivo e Desafiador como Comunicação

Uma maneira fundamentalmente diferente de olhar um aluno com um comportamento desafiador é encarar seu comportamento destrutivo e às vezes perigoso como uma comunicação ou como uma informação sobre suas necessidades e desejos ou mesmo sobre a qualidade ou a adequação das estratégias de ensino, tal como podem ser percebidas pelo aluno (Carr & Durand, 1985b; Donnellan, Mirenda, Mesaros & Fassbender, 1984; Prizant & Wetherby, 1987). Alguns dizem "Deixe-me só", "Preste atenção em mim!", "Dê-me isso", "Não quero fazer isso" ou "Não entendo isso – preciso de ajuda", envolvendo-se em um comportamento destrutivo e algumas vezes perigoso. A descrição a seguir proporciona uma breve explicação de como essa aprendizagem ocorre (o ciclo de aprendizagem), e a Figura 20.1 ilustra um círculo vicioso. O ciclo de aprendizagem pode ser descrito em quatro etapas:

1. Os alunos podem receber tarefas e atribuições escolares que não valorizam, não entendem ou não sabem realizar.
2. Os alunos podem então se *sentir* confusos, ameaçados, zangados ou em sofrimento.
3. Os alunos podem então se *comportar* de maneiras destrutivas e às vezes perigosas. Se suas atribuições escolares resultam em tédio ou em confusão, seu comportamento freqüentemente se torna mais errático e menos previsível.
4. Os alunos *aprendem* a partir de suas experiências e tendem a repetir ações que para eles funcionam. Os comportamentos destrutivos ou perigosos em geral funcionam imediatamente, pois o aluno consegue escapar das tarefas e

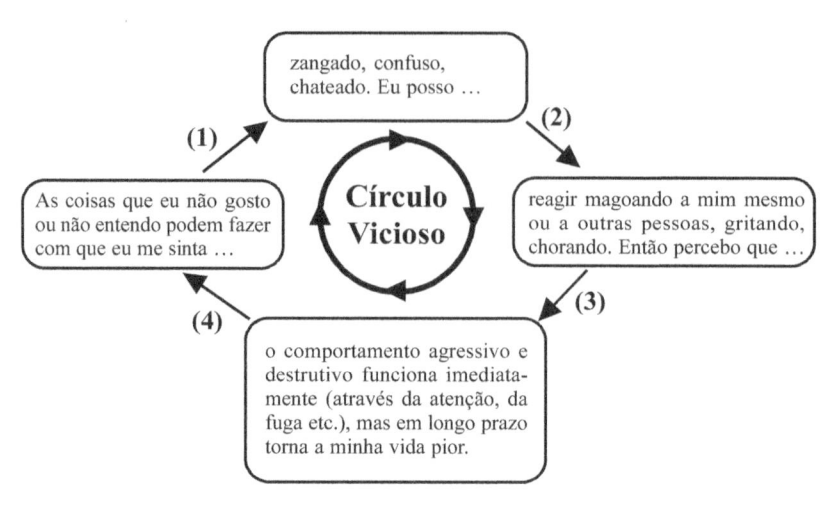

```
        ┌─────────────────┐
        │ zangado, confuso,│
        │ chateado. Eu posso ...│
        └─────────────────┘
   (1) ↗              ↘ (2)
┌──────────────────┐   ╭─────────╮   ┌──────────────────────┐
│ As coisas que eu │   │ Círculo │   │ reagir magoando a mim│
│ não gosto ou não │   │ Vicioso │   │ mesmo ou a outras    │
│ entendo podem    │   ╰─────────╯   │ pessoas, gritando,   │
│ fazer com que eu │                 │ chorando. Então      │
│ me sinta ...     │                 │ percebo que ...      │
└──────────────────┘                 └──────────────────────┘
   (4) ↖              ↙ (3)
        ┌─────────────────────────┐
        │ o comportamento agressivo│
        │ e destrutivo funciona   │
        │ imediatamente (através  │
        │ da atenção, da fuga etc.),│
        │ mas em longo prazo torna │
        │ a minha vida pior.      │
        └─────────────────────────┘
```

FIGURA 20.1 O círculo vicioso da aprendizagem.

ganha a atenção do professor. Entretanto, embora o comportamento destrutivo com freqüência resulte em recompensas imediatas, mais problemas são criados a longo prazo, tais como alienação, exclusão e isolamento, que, em geral, aumentam o desconforto e a confusão na vida escolar do aluno, podendo resultar em um comportamento mais destrutivo ainda. O círculo vicioso da aprendizagem é claramente visível nas vidas de muitos alunos que apresentam comportamento desafiador.

Muitos comportamentos desafiadores são aprendidos porque têm uma função de comunicação muito poderosa e em geral imediata. Por exemplo, um aluno pode receber uma tarefa que ele ache confusa e frustrante. Se não tem habilidades vocais ou de linguagem de sinais, pode ser difícil para o professor entender que o aluno está confuso e que deveria ter sido apresentada a ele uma tarefa mais adequada. Se o professor – como acontece na maioria das vezes – *compreende*, escutando o aluno ou observando sua linguagem corporal e outros sinais, ele ainda assim prossegue com a tarefa, devido a um enfoque na aquiescência comportamental ou na realização da tarefa. Na verdade, muitos programas de comportamento exigem que o professor ignore todas as solicitações inadequadas para fazer um intervalo ou parar a aula. O professor é aconselhado a agir como se não conseguisse escutar o aluno, caso ele esteja comportando-se de modo inadequado. Entretanto, poucos professores – se é que há algum – conseguem continuar a ignorar um soco no estômago, um tapa no rosto ou gritos e berros altos. Se ele espera até que o comportamento do aluno aumente, ao ponto da destruição ou do perigo, antes de recuar ou de permitir que o aluno interrompa a tarefa, o aluno está sendo ensinado, na verdade, a envolver-se em um comportamento destrutivo para escapar da tarefa ou da situação (Carr, Newsom, & Binkoff, 1980; Weeks & Gaylord-

Ross, 1981). Um plano de comportamento formal pode exigir que o professor ignore ou não recompense tentativas menos destrutivas ou perigosas de comunicação, mas no mundo real da turma o comportamento mais destrutivo e especialmente perigoso é, na verdade, percebido e recompensado.

Para obter um melhor entendimento das causas do comportamento de um aluno, é necessário realizar uma análise funcional desse comportamento, o que resulta em uma descrição abrangente do currículo do aluno, do ambiente escolar e da maneira como esse comportamento do aluno funciona para ele. Deve-se prestar atenção especial aos ambientes, aos acontecimentos e às ações (antecedentes) que estão presentes ou que tipicamente precedem as ocorrências de comportamento destrutivo e as conseqüências que se seguem, especialmente as reações dos outros alunos e da equipe docente (Durand & Crimmins, 1988; LaVigna & Donnellan, 1986). Tal análise conduz a um entendimento de que os atos destrutivos e perigosos do aluno não são simplesmente comportamentos que se quer eliminar, e permite-nos estruturar a questão de uma maneira que reconhece o papel funcional e de adaptação do comportamento e a nossa responsabilidade em contribuir para o seu desenvolvimento.

Uso de Apoios e Estratégias de Ensino Positivas para Alunos com Comportamentos Desafiadores

Estruturar o Problema. Reconhecer que o comportamento destrutivo, até mesmo perigoso, tem uma função comunicativa não significa que devamos aceitá-lo e nada fazer para ajudar o aluno a fazer escolhas melhores. Entretanto, este reconhecimento requer que reconheçamos a legitimidade da comunicação do aluno e que o problema enfrentado pelo pessoal da escola é muito mais complicado do que simplesmente reduzir ou eliminar o comportamento desafiador do aluno. O exemplo a seguir, de Cathy, mostra a importância de o problema ser estruturado de uma maneira que satisfaça tanto aos interesses da escola quanto aos do aluno.

Cathy, que foi rotulada como sendo uma pessoa com retardo mental, teve muita dificuldade para ajustar-se a seu novo programa escolar. Durante os primeiros meses, ela freqüentemente chorava e tentava fugir da aula. Sua professora lidou com essas situações ignorando ao máximo o seu choro e redirecionando a sua volta à carteira, ao tentar fugir da sala. Esses procedimentos foram bem-sucedidos na redução do choro e das fugas de Cathy, mas sua professora ficou preocupada com um novo comportamento, que apresentava problemas ainda mais sérios: Cathy começou a vomitar quando estava na escola. No início ocorria raramente, mas o comportamento foi pouco a pouco aumentando, até ela vomitar todos os dias na sala.

Um especialista em comportamento foi chamado para orientar a professora de Cathy. Ele perguntou o que acontecia, caracteristicamente, quando Cathy vomitava na escola. A professora disse que ela tinha de ser mandada para casa quase sempre e em geral só voltava para a escola no dia seguinte. Baseado nesta evidência, foi desenvolvido um plano de comportamento para eliminar os episódios de vômito. O plano era simples: a professora foi instruída a ignorar, tanto quanto possível, o comportamento de Cathy, limpá-la se necessário, mas, fora isso, agir como se nada tivesse acontecido. Ela também elogiava Cathy e a recompensava caso passasse períodos sem vomitar.

No início, parecia que o plano não funcionaria. Cathy vomitou muitas vezes durante os dois primeiros dias. Na verdade, no terceiro dia ela vomitou, ou pelo menos tentou vomitar, 23 vezes. Entretanto, depois do terceiro dia, a situação começou a melhorar. A frequência dos vômitos decresceu consistentemente durante os próximos 27 dias, e no trigésimo dia ela passou o dia todo sem vomitar. Ela nunca mais vomitou na sala.

A professora e o especialista em comportamento atingiram o objetivo *deles* – o comportamento de Cathy foi completamente eliminado. Mas será realmente uma história de sucesso? É importante observar o sucesso do plano de comportamento do ponto de vista de *todos* os indivíduos relacionados. Dada a maneira como a professora e o especialista estruturaram o problema, eles julgaram seus esforços um sucesso. Os outros alunos da turma provavelmente apreciaram a mudança no comportamento de Cathy. Mas ... e quanto a Cathy? Como ela poderia responder à questão do sucesso? Se ela tivesse sido entrevistada no primeiro dia em que não vomitou, o que teria dito? "Eu adoro estar aqui! Meu trabalho escolar é muito interessante e estou aprendendo muito"? Ou poderia ter dito "Ainda não gosto daqui. Preferia ir embora. Mas não vou falar mais nada a ninguém sobre isso"?

Não era muito provável que Cathy enxergasse o plano de comportamento como um sucesso, porque nada era feito para ajudá-la com o problema *dela*. Uma análise funcional razoável provavelmente teria mostrado que o seu problema era: 1) ela não gostava ou estava com medo do ambiente da turma ou 2) ela não achava nada na escola mais interessante ou mais envolvente do que voltar para casa. O plano de comportamento não fez nada para ajudar ou melhorar tais preocupações. O plano de comportamento era simplesmente isso – um plano de *comportamento*. Foi bem-sucedido ao melhorar o comportamento de Cathy, mas nada fez para ajudar as razões básicas do comportamento problemático.

Selecionar os Objetivos. O primeiro passo para o desenvolvimento de um plano educacional mais eficaz poderia ser melhorar o apoio do aluno, mudando os objetivos do plano. A necessidade de repensar os objetivos básicos pode ser vista no exemplo a seguir.

Betty trabalhava como auxiliar em uma turma de 3ª série. Embora ela ajudasse a professora de muitas maneiras diferentes, sua principal responsabilidade era proporcionar ajuda especial para Robbie. Robbie era o único aluno da turma com uma deficiência importante – tanto mental quanto física – e com antecedentes de agressões a si mesmo e aos outros. Betty e a professora reuniram-se com a psicóloga da escola na tentativa de desenvolver maneiras mais eficientes para trabalhar com Robbie. Elas explicaram que se uma delas se sentasse ao lado de Robbie e tentasse envolvê-lo em uma tarefa, ele tentava escapar, afastando sua cadeira de rodas da mesa. Se Betty evitava sua fuga, segurando a cadeira de rodas, ele começava a gritar e recusava-se a cooperar na tarefa. Se tentasse guiá-lo manualmente, ele tentava mordê-la e arranhála. Betty indicou que tentava agir nesses episódios ignorando, tanto quanto possível, o comportamento agressivo de Robbie, redirecionando-o para a tarefa. Ambas concordaram que se Robbie parecesse estar realmente perturbado, elas o deixavam em paz durante algum tempo e introduziam-no à tarefa mais tarde. A principal preocupação de Betty era que essa estratégia não estava funcionando – na verdade, a freqüência e a gravidade do comportamento destrutivo de Robbie pareciam estar aumentando.

Betty não obteve uma resposta clara quando a psicóloga perguntou-lhe *o que* ela estava tentando realizar com Robbie. Ela tendia a pensar mais em termos de *como* ela estava ensinando e se estava usando o procedimento de ensino correto do que em termos de *o que* ela estava tentando ensinar. Entretanto, à medida que a discussão progrediu, a professora pegou o programa de educação individualizada (PEI) de Robbie e mostrou à psicóloga um exemplo de um dos objetivos que ela tentava ajudar Robbie a atingir. O critério da tarefa era que "o aluno separasse 20 objetos, de quatro cores diferentes, em 10 minutos, com pelo menos 90% de precisão, usando apenas ordens verbais". O objetivo era que Robbie atingisse esse critério por três dias consecutivos e então passasse para o próximo objetivo na seqüência de ensino. Nem a turma nem Betty haviam considerado seriamente se pelo menos um dos fatores que contribuía para o comportamento de Robbie era a ausência de uma boa correspondência entre os objetivos de ensino que a equipe selecionou e os *interesses* de Robbie. Os objetivos do PEI de Robbie, como os da maioria dos alunos, concentravam-se primordialmente na aquisição de habilidades (principalmente habilidades de auto-ajuda, acadêmicas e sociais) e na redução ou eliminação de comportamentos inadequados. Estes objetivos eram considerados os mais importantes para suas *necessidades* educacionais e podiam parecer objetivos razoáveis até se considerar que 1) se a professora ou a auxiliar se sentava ao lado de Robbie para trabalhar com ele, ele tentava fugir; 2) se a equipe não o deixava escapar, ele gritava e recusava-se a cooperar; e 3) se tentavam ajudá-lo fisicamente a realizar a tarefa, ele tentava mordê-los, arranhá-los e bater neles.

Dada a longa história de comportamento perturbado de Robbie, provavelmente teria sido mais adequado primeiro ajudá-lo a aprender que 1) sala de aula é um lugar seguro e ele pode confiar em seus professores, e 2) será interessante, divertido, envolvente e de alguma maneira válido que ele coopere e trabalhe com a equipe da escola. Seu comportamento sugeria que, a partir *do ponto de vista dele*, havia pouca razão para cooperar e que ele estava disposto a se "esforçar" (gritar, bater, morder) muito para escapar da situação. É difícil acreditar que a maneira mais eficiente de ajudar Robbie a aprender a confiar em seus professores e aprender que a cooperação de alguma maneira compensa era ensinar-lhe a realizar uma tarefa que ele não entendia e claramente não via recompensa por realizá-la, e era quase certo que conduziria a interações negativas com seus professores. Embora isso pareça óbvio, situações similares podem ser observadas muitas vezes ao dia nas salas de aula de todo o país. O pessoal da escola tenta realizar mudanças importantes no comportamento de um aluno antes de primeiro conseguir um relacionamento de trabalho razoável através do estabelecimento de uma sensação de segurança, de confiança e de cooperação.

Diretrizes para que uma Sensação de Segurança, de Confiança e de Cooperação seja Estabelecida. De início, pode parecer pouco usual pensar em desenvolver estratégias de ensino formais para ajudar um aluno a aprender que é seguro estar na sala de aula e que é possível confiar no pessoal da escola. É claro que os professores jamais tentam intencionalmente ensinar ao aluno que a sala é um lugar a ser temido ou que não se deve confiar no pessoal da escola. Entretanto, muitas pessoas da escola envolveram-se na implementação de planos de comportamento que contribuíram para esses sentimentos e crenças de um aluno. Muitos desses planos exigem recompensas e reforços a um comportamento considerado adequado e punição a um comportamento destrutivo e perigoso. Em um momento, os alunos são agraciados com chocolates, prêmios e elogiados por seu comportamento e cooperação na tarefa, e no outro, são punidos, sendo advertidos ou colocados fora da sala por seu comportamento inadequado. Há uma pesquisa ampla e experiências para provar que essa combinação de prêmios e punição pode resultar em uma redução do comportamento destrutivo ou perigoso. Entretanto, podem haver outros efeitos negativos não-pretendidos em tais procedimentos, como: "O que a professora vai fazer agora? Primeiro ela me bateu no ombro e disse 'bom trabalho'... dois minutos depois jogou molho de pimenta na minha boca quando eu estava mordendo minha mão – tinha um gosto horrível – o que vem agora?" Mesmo que o aluno não tenha experimentado essas práticas em sua escola atual, o pessoal pode precisar lidar com experiências escolares passadas. O aluno poderá encarar a sua professora como um clone de professores passados, reagindo como se ela fosse "um deles" até que ela prove o contrário. Isso pode ajudar a pensar em termos de uma hierarquia de objetivos que o professor deseja que o aluno aprenda. Por exemplo:

- Nível 1: É seguro estar comigo e pode-se confiar em mim.
- Nível 2: Será divertido, interessante, envolvente ou de alguma forma compensador cooperar e trabalhar comigo.
- Nível 3: Será benéfico fazer uma modificação no comportamento, aprender uma nova habilidade, adquirir competência ou reduzir o comportamento problemático.

A seleção dessa hierarquia específica é arbitrária, e há várias maneiras diferentes de se descrever essa análise. A intenção aqui é simplesmente enfatizar a seqüência de seleção de objetivos.

Várias estratégias podem ser usadas para ajudar a alcançar os objetivos nos níveis 1 e 2, sendo que ambos podem, em geral, ser considerados ao mesmo tempo. Primeiramente é importante manter um enfoque claro ao atingir esses dois objetivos. A maioria dos professores é treinada para enfatizar a mudança de comportamento e a aquisição de habilidades, e é difícil deixar esses objetivos de lado e concentrar-se na segurança, na confiança, na cooperação e na edificação de um relacionamento de trabalho positivo e forte.

Por exemplo, uma professora que acabou de ter um difícil relacionamento com um novo aluno decidiu que ia parar de tentar fazê-lo seguir os objetivos educacionais do seu PEI e simplesmente sentou-se para tomar um copo de suco com ele. O aluno havia batido várias vezes na própria cabeça. Ela queria passar alguns minutos que fossem os mais calmos e agradáveis possíveis com ele. Começou servindo a ambos dois copos de suco. Ele tomou um pouco e depois cuspiu o resto. Ela não fez um grande estardalhaço pela cuspida, mas tentou mostrar-lhe como segurar o copo com mais cuidado. Ele resistiu aos esforços dela e se recusou a cooperar, servindo mais suco. Ela se serviu também e depois lhe ofereceu. Ele recusou-se a tomar o suco, mesmo quando ela o levou até a boca dele e ele finalmente derrubou o copo da mão dela. (Era claro que a professora estava pouco a pouco, mas de maneira significativa, realizando uma mudança importante nos objetivos dela para esta interação.) Mais uma vez ela não reagiu de forma exagerada, mas simplesmente pegou o copo e tentou ajudar o aluno a servir-se de suco. Quando ele se recusou a cooperar, ela serviu o suco e ergueu o copo para que ele tomasse. Nesse momento, qualquer um que estivesse observando a interação deles teria concluído que, não importa o que a professora possa ter dito ou pretendido, ela estava, na verdade, tentando fazer com que ele conseguisse tomar uma bebida. O enfoque e a energia da professora haviam claramente se deslocado para um enfoque de promoção de mudança de comportamento, e a situação não era nem calma nem agradável.

Se a professora tivesse mantido seu objetivo original, ela não teria se importado que o aluno cuspisse o suco ou cooperasse em servi-lo. Assim que percebeu que talvez tenha cometido um erro em escolher esta situação particular como a maneira de relaxar e compartilhar alguns momentos agradáveis, ela poderia ter dito algo como "Desculpe, pensei que você quisesse um pouco de suco. O que mais podemos fazer?" Não teria tomado esta situação como uma oportunidade para ensiná-lo a servir-se de suco ou trabalhar sua obediência. Em vez disso, o foco dos seus esforços teria sido envolver o aluno em algo que ele pudesse achar interessante e compensador, que lhes permitisse passar um tempo juntos com poucas exigências – ou nenhuma – por parte de um ou de outro.

Embora seja possível e adequado lidar simultaneamente com os objetivos dos dois primeiros níveis, é importante ter em mente a distinção entre os dois níveis. Por exemplo, é provável que um sentido de segurança e confiança tenha sido estabelecido, mas o aluno pode não ter tido experiências de sala de aula que resultassem em interesse, envolvimento e cooperação. Ele pode confiar na equipe e sentir-se seguro na sala, mas não tem razão, do seu ponto de vista, para cooperar ou trabalhar com a equipe, especialmente no trabalho *escolar*. É claro que a maior parte dos alunos entra na sala de aula com disposição. Eles causam poucos problemas até a professora dizer "Hora de trabalhar. Vamos todos sentar e começar nosso trabalho". Então os problemas começam a aparecer. O dia letivo parece girar em círculo entre perturbações e problemas quando se tenta envolver o aluno no trabalho escolar, e há um relativo sossego quando é permitido ao aluno realizar as tarefas preferidas e quando são dadas poucas instruções e feitas poucas exigências.

Esses alunos exigem dos professores muita energia e criatividade. De início, pode não ser fácil identificar ou programar uma grande variedade de atividades que interessem a eles, especialmente se o professor se limita às atividades *educacionais* tradicionais. Nesse primeiro estágio, é importante ter em mente que o principal objetivo é que tanto o aluno quanto a equipe sobrevivam ao dia letivo. Muito freqüentemente, são impostos critérios comportamentais rígidos e são instituídos procedimentos de manejo do comportamento intensivos e inflexíveis para aumentar o desempenho na tarefa e reduzir os comportamentos problemáticos. Em geral, como o professor docente é maior e mais forte que o aluno, ele pode "ganhar" as lutas de poder. Entretanto, quando esses procedimentos de manejo do comportamento não obtêm êxito, quem sofre mais é o aluno. Exposto ao currículo didático padronizado e sendo julgado por padrões gerais de comportamento, o aluno é visto como fracassado e pode ser encaminhado para um programa de ensino mais restritivo ou segregado, destinado ao ensino em casa, ou expulso. Em vez disso, seguindo uma estratégia de "primeiros socorros", o professor poderia implementar um currículo e usar estratégias que tivessem mais possibilidade de interessar ou envolver o aluno, *quer ou não estas atividades pudessem ser justificadas como educacionalmente adequadas segundo os padrões tradicionais.* Depois de estabelecer uma história de interesse e de sucesso na aula, seria possível negociar com o aluno e, pouco a pouco, passar para atividades mais tradicionais que se concentrem no desenvolvimento de competências e potencialidades.

A adoção dessa abordagem no estabelecimento de objetivos educacionais não implica em uma ausência de compromisso para ajudar o aluno a realizar mudanças importantes em seu comportamento (isto é, aumentar a competência e reduzir o comportamento desafiador). Na verdade, para muitos alunos com longas histórias de comportamento desafiador, essa pode ser a única maneira realmente eficiente de *começar* a realizar mudanças. Freqüentemente, a imposição de pacotes curriculares e regras disciplinares predeterminadas que se aplicam a todos os alunos resultam em um índice elevado de comportamento perturbado que provoca a expulsão ou a exclusão do aluno com comportamento desafiador da escola ou da turma. Isso é justificado como necessário devido à suposição de que o aluno deve ter alguns objetivos em seu PEI e que todos os alunos devem obedecer às regras gerais de comportamento. Os professores não devem interpretar mal o fato de que a ausência de individualização no planejamento do currículo e nas estratégias de ensino não resulta em um comportamento desafiador para a maioria dos alunos. Muitos alunos estão tão insatisfeitos quanto os que apresentam comportamento desafiador. Eles simplesmente desistiram de falar a respeito ou ainda não aprenderam que os gritos, a destruição da propriedade, a agressão e o dano a si mesmo são uma certa linguagem de sinais que funciona bem na escola.

Decidir sobre Procedimentos de Intervenção Adequados. Reconhecer o comportamento destrutivo e perigoso do aluno como comunicativo também tem um impacto importante na seleção das estratégias de intervenção que podem ser desenvolvidas para melhorar a situação. Quatro alternativas de intervenção que podem ser usadas individualmente ou, mais provavelmente, combinadas serão agora discutidas.

Instituir Estratégias de Apoio Estratégias de apoio devem ser implementadas, porque contribuem para o desenvolvimento de um relacionamento de trabalho positivo entre o professor e o aluno e tornam mais fácil para o aluno aprender formas de comunicação menos destrutivas e alternativas, eliminando pelo menos algumas fontes de frustração e de confusão.

O processo de planejamento educacional típico não se presta bem ao desenvolvimento de planos de apoio realmente abrangentes. Várias influências ambientais importantes, como o tamanho e a composição da turma são considerados tácitos e não-adaptáveis para melhor satisfazer às necessidades do aluno. Para muitos alunos com longas histórias de comportamentos desafiadores, especialmente aqueles cujas necessidades não estão sendo satisfeitas pelas estratégias educacionais existentes, uma abordagem de planejamento mais abrangente voltada para o aluno, como Personal Futures Planning, pode ser necessária (Mount & Zwernik, 1988; O'Brien, 1987).

É consistente com a hierarquia dos objetivos descrita neste capítulo concentrar-se primeiramente na remoção dos aspectos negativos (julgados a partir do ponto de vista do aluno) do ambiente de ensino. Há vários estudos que mostram que a redução da dificuldade das tarefas escolares e a mudança da freqüência e da forma das diretrizes do ensino podem ter um impacto significativo na redução do comportamento destrutivo (isto é, o aluno tem menos a se queixar a respeito) (Carr *et al.*, 1980; Gaylord-Ross, Weeks & Lipner, 1980).

Para planejar um currículo que dê mais apoio ao aluno e facilite o entendimento de que a cooperação na sala de aula pode ser divertida, interessante ou de alguma forma compensadora, o professor deve fazer-se as seguintes perguntas:

- O aluno escolheria realizar esta tarefa?
- A habilidade adquirida será funcional, de maneira que tenha significado para o aluno ou diretamente o beneficie?
- O aluno estará disposto a recompensar o professor por ajudá-lo a alcançar este objetivo didático?
- Se apagarmos um dado objetivo, o aluno sentirá a sua falta e solicitará que ele seja retomado?

É improvável que um professor possa desenvolver um plano educacional que provoque a resposta "sim" a todas essas perguntas. Por exemplo, a maior parte das pessoas provavelmente se beneficiou ao aprender as tabelas de multiplicação, mas é difícil enxergar o seu benefício ou ficar interessado pelo processo na ocasião da aprendizagem. Da mesma forma, os professores provavelmente têm de incluir alguns objetivos de ensino que o aluno não escolheria. Entretanto, essa base lógica não pode ser uma desculpa para implementar um plano educacional que contenha poucas ou nenhuma atividade de ensino que o aluno ache interessante, envolvente e que queira escolher. A proporção freqüentemente parece estar invertida: quanto *mais* dificuldades existem na aprendizagem, *menor* a probabilidade de o aluno escolher objetivos da sua preferência. Os planos desses alunos parecem ser, em grande parte, uma coleção de atividades de treinamento da obediência.

Desenvolver planos de apoio realmente eficientes é difícil. Talvez, como resultado da formação do professor centrada no comportamento acadêmico do aluno, a maioria dos professores está mais habilitada e sente-se mais à vontade ensinando os alunos a lidar com a frustração do que em criar estratégias para remover parte das importantes fontes de frustração dos programas de ensino.

Ensinando Maneiras Alternativas de Comunicação Por várias razões um aluno pode não ter aprendido maneiras padronizadas de comunicar-se ou pode, devido às suas deficiências, ser incapaz de comunicar-se eficientemente de maneira típica (vocal). Tal incapacidade é especialmente importante, porque os pesquisadores têm relatado um relacionamento inverso entre a capacidade de uso eficiente de alguma forma de sinal ou sistema de comunicação verbal e a presença de comportamentos desafiadores (Cantwell, Baker & Mattison, 1981; Carr, 1979; Durand, 1987). Por isso, não surpreende que ensinar o aluno a substituir uma forma de comunicação menos destrutiva, mas ainda assim eficiente, pode resultar em uma redução significativa do seu comportamento inadequado (Carr & Durand, 1985a, 1985b; Carr *et al.*, 1980; Eason, White & Newsom, 1982). Com o reconhecimento de que grande parte do comportamento destrutivo e perigoso de um aluno freqüentemente tem função comunicativa, o principal objetivo da maior parte dos planos de intervenção iria necessariamente se concentrar em ajudar o aluno a comunicar-se de maneiras igualmente eficientes e adaptativas e não destrutivas ou perigosas. Donnellan *et al.* (1984) declararam:

> Há uma consciência crescente entre os professores de que o funcionamento bem-sucedido e prolongado de pessoas com deficiências graves depende mais da expansão de seus repertórios de respostas limitados do que simplesmente da limitação de seus comportamentos inadequados. Nesse aspecto, do ponto de vista educacional, fazem sentido as intervenções destinadas a ensinar comportamentos funcionalmente relacionados em lugar de respostas aberrantes. Além disso, uma abordagem desse tipo reconhece de modo explícito a legitimidade funcional até mesmo do comportamento aberrante, e, assim fazendo, comunica uma atitude respeitosa com relação ao indivíduo que exibe tal comportamento. (p. 209)

Ajudando o Aluno a Aprender a Tolerar as Condições da Escola. Ajudar o aluno a aprender a tolerar algumas condições da escola é uma estratégia que só deve ser usada quando essas condições não podem ou não devem ser mudadas (isto é, é claramente do maior interesse do aluno aprender a adaptar-se ou tolerar a condição). As estratégias podem variar da dessensibilização formal ou de procedimentos de relaxamento para ajudar o aluno a superar fobias e medos (Morris & Kratochwill, 1983; Workman & Williams, 1980) até simplesmente estabelecer uma empatia com as preocupações do aluno e deixá-lo saber de forma clara que o professor está ali para apoiá-lo.

Ensinando o Aluno a "Ficar Quieto", Interromper a Comunicação. Esforços cuidadosos para compreender as causas do comportamento destrutivo e perigoso de um aluno quase sempre resultam em informações que podem ser usadas para implementar apoio e estratégias positivas, baseadas nas três alternativas mencionadas: apoio, ensino e tolerância. Entretanto, há momentos em que até mesmo os melhores esforços de análise não resultam nas informações necessárias para provocar mudanças, ou não possibilitam a realização das mudanças necessárias no local, no pessoal e no currículo, pelo menos não imediatamente. Nessas circunstâncias (isto é, na ausência de uma idéia melhor), o professor pode ter de implementar procedimentos de *manejo* do comportamento, para reduzir diretamente o comportamento desafiador do aluno, sobretudo se ele é extremamente destrutivo ou perigoso. Se obrigado a estabelecer este compromisso, é importante que se usem os procedimentos de ensino menos invasivos e menos aversivos possíveis. Pode ser suficiente simplesmente garantir que o comportamento destrutivo não seja recompensado. Entretanto, se esse procedimento não é eficiente, o professor terá de recompensar o aluno por não se envolver no comportamento destrutivo. Os procedimentos disciplinares devem ser brandos, como as restrições às atividades compensadoras. Não há nada inerentemente abusivo ou estigmatizante envolvido em ensinar a um aluno que uma conseqüência do seu comportamento agressivo e perigoso no *playground* é ele ter de voltar para a sala. Entretanto, em uma situação desse tipo é sempre preferível tentar compreender as condições que conduzem à raiva e à agressão e também ajudar o aluno a aprender que há outras maneiras igualmente eficientes de lidar com a mesma situação. Várias estratégias de programação positivas estão descritas em muitos livros (Donnellan, LaVigna, Negri-Shoultz & Fassbender, 1988; Evans & Meyer, 1985; LaVigna & Donnellan, 1986; Meyer & Evans, 1989).

Algumas estratégias de ensino consideradas positivas podem ainda ter componentes desagradáveis do ponto de vista do aluno. Por exemplo, os alunos não gostam de ser deixados "de lado"; a maior parte dos alunos que se recusam a fazer uma tarefa escolar preferiria ser deixada em paz do que redirecionada, preferiria ter livre acesso a atividades compensadoras do que ter de conseguir esse acesso *não* se comportando de maneira destrutiva. Entretanto, nunca há justificativa para o uso do sofrimento, quer emocional ou físico, para controlar o comportamento do aluno.

Definir o Sucesso. Grande parte do comportamento destrutivo e perigoso de um aluno pode proporcionar ao professor informações valiosas sobre o que ele está pensando e sentindo, sobretudo sobre a qualidade das estratégias educacionais. Tais informações deixam claro que os professores não podem concordar em ensinar aos alunos que simplesmente interrompam as comunicações ou fiquem quietos. O exemplo de Cathy aponta a necessidade de o sucesso ser definido tanto em termos do professor como dos alunos.

CONCLUSÃO

Grande parte deste capítulo dedicou-se à necessidade de implementação de planos educacionais que tentam reduzir o comportamento desafiador de um aluno e melhorar sua qualidade de vida na escola. Os alunos, especialmente aqueles com comportamentos desafiadores, são com freqüência sujeitos a planos de manejo do comportamento que se concentram na redução de atitudes específicas, antes da implementação de planos de apoio que garantam a melhor correspondência possível entre os desejos e as necessidades atuais do aluno e o que é oferecido no programa educacional. Além disso, o plano educacional de um aluno pode requerer importantes mudanças no seu comportamento, sem apresentar razões para a mudança as quais façam sentido para o aluno. Esse ponto foi vivamente descrito em uma conferência proferida pela mãe de um rapaz com uma deficiência importante. No final da palestra, ela declarou que com o passar dos anos ela reuniu páginas e páginas de dados, proporcionados pelo pessoal que trabalhou com seu filho. Ela mostrou ao público uma pasta grossa que continha apenas dados sobre a capacidade de seu filho de controlar seus movimentos de cabeça. O rapaz tinha paralisia cerebral e durante muitos anos participou de vários programas de treinamento de controle da cabeça. Ela disse que, revendo os dados, ficou claro que, mesmo após muitos anos de treinamento, seu filho ainda não tinha um "bom controle da cabeça". Alguns participantes da audiência reagiram defensivamente, e, por isso, a mãe rapidamente comentou que não pretendia criticar os esforços de treinamento da equipe, compreendia que a paralisia cerebral de seu filho era uma barreira importante ao sucesso dos seus esforços de ensino. Entretanto, acrescentou ela, no último verão eles haviam descoberto que ele conseguia manter sua cabeça levantada, que ele podia conseguir isso – contanto que o cercassem de belas jovens! Assim que cessou o riso que este comentário despertou na platéia, ela fez sua observação mais importante. Mostrou a pasta para dar uma idéia das incontáveis horas da vida do seu filho representadas pelos dados contidos ali. Observou que, embora entendesse por que centenas, possivelmente milhares de horas do tempo da equipe foram despendidas em treinar seu filho para erguer sua cabeça, ela não conseguia entender nem aceitar que quase nenhum tempo fosse despendido envolvendo seu filho em situações e atividades que garantissem que, se ele olhasse para cima, haveria algo para ser visto.

Infelizmente, esse jovem não é o único. Todos os dias, milhares de alunos são solicitados a seguir planos de ensino que requerem "âmbito de atenção aumentada" e "tempo aumentado na tarefa". Muitos desses planos nem sequer especificam qual é a tarefa – ela é deixada como uma lacuna a ser preenchida mais tarde. Muitos planos não têm sentido e o aluno não encontra motivos para mudar seu comportamento, além de receber uma recompensa imediata ou agradar o professor. Precisamos aprender a implementar planos educacionais que refletem claramente nossa responsabilidade de mudar, de ouvir comentários críticos, para adaptar nossas práticas de ensino de modo que satisfaçam aos desejos e às necessidades dos alunos.

NOTA

[1] O autor deseja reconhecer os esforços das seguintes pessoas cujo trabalho nos projetos de ensino da Society for Community Support contribui substancialmente para o conteúdo deste capítulo: Lysa Jeanchild, Larry Douglass e Kathy Hulging.

REFERÊNCIAS BIBLIOGRÁFICAS

Bailey, J.S. & Bostow, D.E. (1969). Modification of severe disruptive and aggressive behavior using brief time out and reinforcement procedures. *Journal of Applied Behavior Analysis, 2*, 31-37.

Cantwell, D.P., Baker, L. & Mattison, R.E. (1981). Prevalence, type and correlates of psychiatric diagnoses in 200 children with communication disorders. *Developmental and Behavioral Pediatrics, 2*, 131-136.

Carr, E.G. (1979). Teaching autistic children to use sign language: Some research issues. *Journal of Autism and Developmental Disorders, 9*, 345-359.

Carr, E.G. & Durand, V.M. (1985a). Reducing behavior problems through fuctional communication training. *Journal of Applied Behavior Analysis, 18*, 111-126.

Carr, E.G. & Durand, V.M. (1985b). The social-communicative basis of severe behavior problems in children. *In* S. Reiss & R. Bootzin (Eds.), *Theoretical issues in behavior therapy* (p. 219-254). Nova York: Academic Press.

Carr, E.G., Newson, C.D. & Binkoff, J.A.(1980). Escape as a factor in the behavior of two retarded children. *Journal of Applied Behavior Analysis, 13*, 113-129.

Donnellan, A.M., LaVigna, G.W., Negri-Shoultz, N. & Fassbender, L.L. (1988). *Progress without punishment*. Nova York: Teachers College Press.

Donnellan, A. M., Mirenda, P.L., Mesaros, R.A. & Fassbender, L.L. (1984). Analysing the communicative functions of aberrant behavior. *Journal of The Association for Persons with Severe Handicaps, 9*, 201-212.

Durand, V.M. (1987). Assessment and treatment of psychotic speech in an autistic child. *Journal of Autism and Developmental Disorders, 17*, 17-28.

Durand, V.M. & Crimmins, D.M. (1988). Identifying the variables maintaining self-injurious behavior. *Journal of Autism and Developmental Disorders*, 18 (1), 17-28.

Durand, V.M. & Crimmins, D.M. (1988). Identifying the variables maintaining self-injurious behavior. *Journal of Autism and Developmental Disorders, 18*(1), 17-28.

Eason, L.J., White, M.J. & Newsom, C. (1982). Generalized reduction of self-stimulatory behavior: An effect of teaching appropriate play to autistic children. *Analysis and Intervention in Developmental Disabilities, 2*, 157-169.

Evans, I.M. & Meyer, L.H. (1985). *An educative approach to behavior problems: A practical decision model for interventions with severely handicapped learners*. Baltimore: Paul H. Brookes Publishing Co.

Foxx, R.M. (1982). *Decreasing behaviors of severely retarded and autistic persons*. Champaign, IL: Research Press.

Gaylord-Ross, R.J., Weeks, M. & Lipner, C. (1980). Analysis of antecedent, response, and consequence events in the treatment of self-injurious behavior. *Education and Training of the Mentally Retarded, 15*, 35-42.

Gliedman, J. & Roth, W. (1980). *The unexpected minority: Handicapped children in America*. Nova York: Harcourt Brace Jovanovich.

LaVigna, G.W. & Donnellan, A.M. (1986). *Alternatives tu punishment: Solving behavior problems with non-aversive strategies*. Nova York: Irvington.

Meyer, L.H. & Evans, I.M. (1989). *Nonaversive intervention for behavior problems: A manual for home and community*. Baltimore: Paul H. Brookes Publishing Co.

Morris, R.J. & Kratochwill, T.R. (1983). *Treating children's fears and phobias: A behavioral approach*. Elmsford, NY: Pergamon.

Mount, B. & Zwernik, K. (1988). *It's never too early, it's never too late*. St. Paul, MN: Metropolitan Council.

O'Brien, J. (1987). A guide to lifestyle planning: Using The Activities Catalog to integrate services and natural support systems. *In* B. Wilcox & G.T. Bellamy (Eds.), *A comprehensive guide to The Activities Catalog: An alternative curriculum for youth and adults with severe disabilities* (p. 175-189). Baltimore: Paul H. Brookes Publishing Co.

Prizant, B.M. & Wetherby, A.M. (1987). Communicative intent: A framework for understanding social communicative behavior in autism. *Journal of the American Academy of Child and Adolescent Psychiatry, 26*, 472-479.

Rose, T.L. (1979). Reducing self-injurious behavior by differentially reinforcing other behaviors. *The American Association for the Education of the Severely/Profoundly Handicapped, 4*, 179-186.

Weeks, M. & Gaylord-Ross. (1981).Task difficulty and aberrant behavior in severely handicapped students. *Journal of Applied Behavior Analysis, 14*, 449-463.

Wooden, K. (1976). *Weeping in the playtime of others: America's incarcerated children.* Nova York: McGraw-Hill.

Workman, E.A. & Williams, R.L. (1980). Self-cued relaxation in the control of an adolescent's violent arguments and debilitating somatic complaints. *Education and Treatment of Children, 3*, 315-322.

21

Uma Abordagem Funcional para Lidar com o Comportamento Desafiador Grave

David P. Wacker,
Wendy K. Berg,
Jay Harding e
Jennifer Asmus

AO CONSIDERAR O COMPORTAMENTO DESAFIADOR GRAVE, é tentador concentrar-se quase que exclusivamente na forma desses comportamentos. Por exemplo, é comum categorizar o comportamento como agressivo, autoflagelatório ou destrutivo, entre outros termos. Dado o enfoque na forma, um capítulo como este conteria então subseções separadas para cada comportamento, com uma abordagem direta da discussão das práticas atuais recomendadas para avaliar e tratar cada um por categoria. Essa abordagem de categorização do comportamento pela forma (ou topografia) é atrativa porque, intuitivamente, faz sentido reagir às diferentes formas de comportamento com intervenções diferentes. O empecilho é que as razões para a ocorrência de comportamento difícil, independentemente da forma, raramente são identificadas, exceto de uma maneira bastante genérica. Por exemplo, a ocorrência da agressão poderia ser atribuída a um nível de funcionamento do aluno, ao grupo diagnóstico ou a uma situação doméstica. Entretanto, a partir da observação de crianças que exibem tais comportamentos, sabemos que a maioria delas não é autoflagelatória, agressiva ou destrutiva em todas as situações. Na verdade, para quase todas as crianças, podemos identificar situações em que elas raramente exibem um comportamento difícil, mas, ao contrário, envolvem-se em comportamentos muito adequados, desejáveis. As mudanças no comportamento de uma criança que ocorrem em diferentes contextos indicam que seu comportamento é influenciado ou controlado por eventos no ambiente. Observando-a atentamente em vários contextos, podemos em geral identificar acontecimentos ambientais específicos que estão associados ao comportamento adequado e acontecimentos ambientais específicos que estão associados ao comportamento desafiador. Quando identificamos os efeitos que os diferentes acontecimentos têm no comportamento de uma criança, podemos formular hipóteses sobre as razões de sua ocorrência. Por isso, em vez de atribuir o comportamento ao retardo mental, ao grupo diagnóstico ou à sua vida doméstica, definimos o comportamento como uma resposta a acontecimentos específicos no ambiente da criança; ou seja, o comportamento serve a um propósito ou tem uma função para a criança.

Identificar o propósito ou a função de um comportamento é a base para uma abordagem funcional rumo ao comportamento difícil. Independentemente da sua forma, uma abordagem funcional do comportamento concentra-se na identificação dos acontecimentos no ambiente que o provocam e as conseqüências que reforçam tal comportamento quando ele ocorre. Por exemplo, as atividades de grupo, como o trabalho em círculo, podem provocar o comportamento agressivo de dois alunos em salas de aula separadas. A criança da primeira turma poderia ser retirada da atividade de grupo e colocada em uma área quieta da sala sem nada para fazer (isto é, suspensão da atividade). Para ela, o comportamento agressivo seria o fim de qualquer solicitação para participar da atividade em grupo. Para a criança da segunda turma, o comportamento agressivo durante a atividade em grupo poderia resultar em uma auxiliar da turma sentar-se junto a ela e estimular sua participação na atividade. Para essa criança, a agressão resultou em atenção e ajuda para participar do restante da atividade em grupo. O contexto que provocou o comportamento agressivo foi o mesmo para ambas as crianças. Entretanto, o comportamento agressivo produziu um resultado diferente ou serviu a uma função diferente para cada uma delas.

Carr e Durand (1985) propuseram que os efeitos do comportamento podem ser categorizados em três funções: conseguir os eventos desejados, tais como atenção ou itens tangíveis; fugir de ou evitar acontecimentos indesejáveis; e conseguir efeitos internos ou automáticos, como auto-estimulação, que não podemos observar diretamente. A partir do enfoque da intervenção, a questão é determinar a que função serve o comportamento desafiador para o indivíduo. Se a função é identificada, então a intervenção pode ser baseada diretamente naquela função. Por exemplo, considere o aluno da primeira turma, cujo comportamento agressivo resultou em uma fuga do grupo. Várias opções de intervenção estão disponíveis, incluindo reduzir ou modificar a atividade e ensinar o aluno a solicitar ajuda ou fazer paradas. Dependendo do aluno e dos objetivos do seu programa de educação individualizado (PEI), podem ser consideradas quaisquer dessas opções. Entretanto, o uso da suspensão da atividade provavelmente não será adequado, pois deixar o aluno sem atividade afasta as demandas dependentes da agressão e, assim, reforçam o comportamento agressivo. Até que tenhamos identificado a função do comportamento problemático, não podemos determinar uma intervenção eficiente.

Nas seções a seguir, descrevemos um modelo de avaliação e de intervenção funcional que temos usado com sucesso com as crianças na escola e no ambiente doméstico (Wacker & Berg, 1992a, 1992b). Esse modelo é baseado na metodologia da análise funcional descrita por Carr e Durand (1985) e Iwata, Dorsey, Slifer, Bauman e Richman (1982). Primeiro, descrevemos uma abordagem abrangente da avaliação comportamental e, depois, descrevemos como a intervenção pode ser associada aos resultados da avaliação. Três exemplos de procedimentos de intervenção específicos são apresentados, juntamente com algumas considerações para o seu uso a longo prazo.

O PAPEL DA AVALIAÇÃO

O propósito específico da avaliação comportamental é identificar por que o comportamento ocorre dentro de um determinado contexto, para que uma intervenção adequada seja desenvolvida (Wacker, Northup & Cooper, 1992). Vários procedimentos são úteis para identificar a função do comportamento, todos eles envolvendo a observação direta da criança. Descobrimos que as técnicas de avaliação apresentadas na Tabela 21.1 são uma abordagem útil e abrangente da avaliação.

AVALIAÇÃO DESCRITIVA

Os dois primeiros métodos de avaliação relacionados na Tabela 21.1, representação dispersa e A-C-CQ, proporcionam avaliações descritivas. A avaliação descritiva refere-se aos procedimentos que descrevem as interações entre o comportamento da criança e os eventos que ocorrem naturalmente na rotina regular dessa criança (Bijou, Peterson & Ault, 1968). Para identificar a função do comportamento, primeiro precisamos determinar o momento do dia, as atividades e as pessoas associadas à sua ocorrência. A análise da representação dispersa descrita por Touchette, MacDonald e Langer (1985) é usada para identificar os momentos do dia (por segmentos de 30 minutos) em que geralmente ocorre o comportamento desafiador. Se maiores freqüências do comportamento ocorrem durante momentos específicos do dia, é importante, primeiramente, identificar esses momentos. Em seguida, convém registrar os acontecimentos ambientais que envolvam sua ocorrência. Este procedimento é às vezes chamado de avaliação A-C-CQ, porque descreve os antecedentes (A) do comportamento (isto

TABELA 21.1 Resumo dos procedimentos de avaliação

Método	Propósito
Representação dispersa (descritiva)	Identificar os momentos do dia associados ao comportamento
Avaliação de Antecedente-Comportamento-Conseqüência (A-C-CQ) (descritiva)	Identificar eventos de ocorrência natural com o comportamento
Análise estrutural (experimental)	Identificar eventos antecedentes que determinam a ocasião para o comportamento
Análise funcional (experimental)	Identificar a manutenção dos eventos para o comportamento

é, os eventos que ocorrem antes de ou juntamente com o comportamento), o comportamento específico (C) associado ao acontecimento, e as conseqüências (CQ) do comportamento (isto é, eventos que ocorrem imediatamente após o comportamento e que podem servir para reforçá-lo). Por exemplo, um professor pode observar que uma criança freqüentemente começa a morder a mão quando lhe é apresentada uma tarefa de trabalho (antecedente), o que, por sua vez, muitas vezes resulta na remoção da tarefa (conseqüência). Essa seqüência sugere que a apresentação de uma tarefa de trabalho (exigência) determina a ocasião para o comportamento desafiador e que a remoção das tarefas reforça tal comportamento. No exemplo da atividade em grupo anteriormente descrita, a agressão da primeira criança ocorreu durante a atividade em grupo e pareceu funcionar como uma maneira de evitar essa atividade.

As avaliações descritivas são métodos preliminares e úteis para reunir-se informações com relação aos eventos de ocorrência natural, associados ao comportamento. Entretanto, trata-se apenas de avaliações preliminares, usadas para identificar os momentos e as atividades relacionadas ao comportamento difícil. Como os eventos que ocorrem naturalmente não são controlados, muitas hipóteses são possíveis com relação à razão desses eventos parecerem controlar o comportamento de um indivíduo (Mace & Lalli, 1991). Por exemplo, se um aluno se envolveu nas atividades preferidas quando saiu do grupo, nesse caso tanto a fuga (do grupo) quanto o ganho (o acesso às atividades preferidas) são hipóteses igualmente plausíveis. Para determinar quais são as mais prováveis, o próximo passo na avaliação é realizar análises que mostrem com maior precisão o relacionamento causal entre o comportamento e as variáveis no ambiente. Estas avaliações são chamadas análises experimentais (Iwata, Vollmer & Zarcone, 1990), porque sistematicamente avaliam as variáveis ambientais nos projetos de casos isolados. Há duas versões dessas avaliações: análises estruturais, que avaliam as variáveis do antecedente, e as análises funcionais, que avaliam as variáveis da conseqüência.

ANÁLISE ESTRUTURAL

A análise estrutural (Axelrod, 1987; Carr & Durand, 1985) é um procedimento para identificar os eventos antecedentes que determinam a ocasião para o comportamento desafiador. Nesse procedimento, o professor ou consultor usa a informação da avaliação descritiva para determinar se as variáveis específicas do antecedente correlacionam-se com a ocorrência do comportamento. Isso é realizado comparando-se o comportamento da criança em uma série de condições alternadas em que a variável imaginada (isto é, atenção social, exigências da tarefa) é apresentada e quando ela está ausente. Por exemplo, se a avaliação descritiva revela que a atenção é a variável do interesse, o professor pode apresentar uma tarefa e proporcionar atenção contínua (condição de atenção elevada) ou requerer que o aluno trabalhe independentemente (condição de atenção baixa). As duas condições seriam repetidas várias vezes para observar se emergiria um padrão de comportamento estável. Se a criança se envolvesse em um comportamento desafiador mais freqüentemente nas condições em que pouca atenção lhe era oferecida, então a atenção seria provavelmente função do comportamento. Se desconfiamos que o comportamento desafiador ocorre quando tarefas difíceis ou que não são da sua preferência lhe são apresentadas, alternaríamos as tarefas exigentes (p. ex., tarefas acadêmicas difíceis) com tarefas não-exigentes (p. ex., brincar com os brinquedos preferidos). Níveis similares de atenção social seriam proporcionados por ambas as tarefas.

O benefício de uma análise estrutural é que podemos identificar a função do comportamento difícil, sem reforçá-lo. Assim, se o comportamento desafiador ocorre mais freqüentemente com altas demandas ou baixa atenção, então as funções de fuga ou de atenção, respectivamente, podem ser inferidas. Entretanto, o papel dessas funções ainda não foi diretamente testado; temos de inferir que conseqüência está reforçando o comportamento. Para testar diretamente os efeitos de uma conseqüência sobre o comportamento, é necessária uma análise funcional.

ANÁLISE FUNCIONAL

A análise funcional (Iwata *et al.*, 1982) é um procedimento em que são diretamente testadas as hipóteses relacionadas às conseqüências (reforçadores) que mantêm o comportamento difícil. Podemos avaliar diretamente uma função de fuga (reforço negativo), alternando duas situações, várias vezes durante dias. Na primeira situação, é apresentada ao aluno uma tarefa exigente, mas ele pode terminar a tarefa rapidamente quando exibe um comportamento desafiador. Por exemplo, o professor pode afastar-se do aluno e retirar a exigência durante vários segundos, cada vez que o aluno "explode". Na segunda situação, o professor pode ignorar o aluno enquanto este não se envolve no comportamento desafiador, mas atendê-lo (reprimindo, discutindo, reorientando) brevemente, cada vez que ocorre. Se o comportamento desafiador ocorre mais freqüentemente quando resulta em uma interrupção da tarefa, é identificada uma função de fuga. Inversamente, se ocorre com mais freqüência quando resulta em atenção, é identificada uma função de atenção.

É muito possível que o comportamento de um aluno seja mantido tanto por funções de atenção quanto de fuga. Nesse caso, ocorrem problemas em ambas as situações descritas. Para mostrar que o comportamento ocorre para ambas as funções e não por outras razões como reforço automático, incluímos uma situação-controle. Por exemplo, as duas situações mencionadas poderiam ser alternadas com uma situação de atividade livre, em que o aluno recebe uma atenção contínua, mas pode envolver-se na atividade de sua preferência. Nesta situação, nenhuma exigência é feita a ele, e uma atenção constante está à sua disposição. Se não ocorre nenhum comportamento desafiador durante a atividade livre, percebemos que o comportamento é mantido tanto pela fuga quanto pela atenção. Se o comportamento ocorre de forma mais ou menos igual em todas as três condições, precisamos considerar uma hipótese alternativa.

Não há regra geral que determine quantas vezes deve ser conduzida uma situação de avaliação. Entretanto, é melhor conduzir tantas quanto possível, para garantir a consistência dos resultados. Até mesmo versões breves de análise funcional podem ter utilidade (Northrup *et al.*, 1991). Em geral, recomendamos a seguinte seqüência: começamos com uma avaliação descritiva, que ocorre durante um período de uma a duas semanas ou até que sejam identificados horários ou atividades previsíveis relacionados ao comportamento desafiador. Conduzimos, então, uma análise estrutural das variáveis ambientais mais prováveis e estendemos essa análise por pelo menos uma semana. Quando um padrão é observado, conduzimos apenas algumas situações breves (p. ex., de 10 minutos) da análise funcional, porque queremos reduzir o número de vezes que reforçamos o comportamento. Por exemplo, podemos conduzir duas situações de fuga, duas de atenção e duas de atividade livre em ordem equilibrada.

EMPARELHANDO AS INTERVENÇÕES COM AS FUNÇÕES DO COMPORTAMENTO PROBLEMÁTICO

Em geral, podemos avaliar três funções de comportamento difícil com as análises estruturais ou funcionais que acabam de ser descritas. Estas funções e os procedimentos de intervenção geral associados a cada função estão apresentados na Tabela 21.2. Como está mostrado nesta tabela, quando a função é identificada, podemos iniciar uma intervenção que corresponda à função do comportamento desafiador (Iwata *et al.*, 1990). Do ponto de vista conceitual, isso é muito simples, mas pode ser muito

TABELA 21.2 Funções ambientais e intervenções gerais correspondentes à função

Função	Tipo de reforço	Abordagem da intervenção
Atenção	Positivo	Proporciona atenção dependente do comportamento adequado ou neutro; retira a atenção do comportamento desafiador; evita reprimendas, discussão ou outra forma de atenção para o comportamento desafiador.
Atividades tangíveis/preferidas	Positivo	Dá acesso às atividades ou brinquedos preferidos dependendo do comportamento adequado; restringe o acesso em todos os outros momentos; evita mudar a atividade ou dar brinquedos para "confortar" a criança ou como reação ao comportamento desafiador.
Fuga/evitação	Negativo	Proporciona interrupções e traz auxílio apenas para o comportamento adequado; reduz as demandas ou, se possível, muda as atividades, mas nunca imediatamente depois do comportamento desafiador.

complicado de um ponto de vista pragmático. Quando iniciar uma intervenção, lembre-se de que está ensinando ao aluno uma nova habilidade e o treinamento vai demorar pelo menos tanto tempo quanto para qualquer outra habilidade que você pode ensinar-lhe. Na verdade, esse tipo de ensino provavelmente vai exigir até mais tempo, porque o comportamento desafiador, pelo menos inicialmente, interferirá na aprendizagem. É fundamental que você não desista ao começar a intervenção. Se não obtiver êxito, o comportamento desafiador pode tornar-se ainda mais resistente às tentativas de intervenção subseqüentes. Assim, quando começar uma intervenção, não deixe de levá-la até o fim.

Por razões que provavelmente jamais serão totalmente conhecidas, o aluno aprendeu a envolver-se em comportamentos desafiadores para receber reforço (para ter acesso às situações de sua preferência ou para fugir às situações que lhe desagradam). Isso não significa necessariamente que o aluno tem consciência do motivo que o leva a apresentar esses comportamentos. Significa apenas que ele tem sido reforçado em tais atitudes. O objetivo agora é substituir o comportamento desafiador por um comportamento mais aceitável (Carr, 1988). Para realizar esse objetivo, precisamos remover todo reforço ao comportamento desafiador e, em vez disso, proporcionar reforço ao comportamento desejado.

Infelizmente, de início, é necessário um tempo para mostrar ao aluno que está em vigor um novo conjunto de regras. Do ponto de vista do aluno, você está retirando um comportamento que funcionou no passado e o está substituindo por novos. Quando você considera a situação dessa maneira, faz sentido que o aluno continue a resistir até que o novo comportamento seja aprendido. Em um nível prático, isso significa que o comportamento difícil freqüentemente irá piorar antes de melhorar (isto é, ocorre uma explosão final). Mesmo depois de o aluno ter realizado progresso e seu comportamento haver melhorado, os comportamentos desafiadores muitas vezes reaparecem periodicamente (isto é, acontece uma recorrência espontânea). Esses acontecimentos são normais e, se você os prevê, a intervenção geral pode ocorrer de maneira mais suave.

O principal fator para o sucesso é confiar na intervenção. Por isso, recomendamos a condução de uma análise estrutural ou, se possível, de uma análise funcional antes da intervenção. Descobrimos que uma análise experimental deixa-nos mais confiantes em nossa intervenção do que se baseássemos a intervenção apenas em uma avaliação descritiva ou em nenhuma avaliação.

Depois de identificada a função do comportamento desafiador, há dois componentes fundamentais para todo programa de intervenção bem-sucedido. Primeiro, proporcionar reforço *apenas* ao comportamento desejado. Segundo, remover *todo* o reforço do comportamento desafiador. A falta de um dos componentes reduz bastante a probabilidade de sucesso. Os passos que se seguem são essenciais para uma intervenção bem-sucedida:

1. Identificar da maneira mais conclusiva possível a função do comportamento desafiador.

2. Determinar da forma mais clara possível o comportamento alternativo que será reforçado.
3. Remover todo o reforço ao comportamento desafiador.
4. Proporcionar o máximo de reforço possível ao comportamento desejado.

A abordagem mais direta na intervenção é o uso de procedimentos diferenciados de reforço mais extinção (Iwata *et al*., 1990). Para o comportamento de manutenção da atenção, é preciso que você mostre ao aluno, de maneira precisa e específica, como obter atenção (p. ex., mostrar o trabalho terminado, levantar a mão), e que você não atende a comportamentos desafiadores (desconsideração planejada). Se necessário, um intervalo pode ser usado para aumentar a desconsideração. Em outras situações, você pode querer posicionar o aluno na sala de forma a maximizar a quantidade de atenção recebida e depois, pouco a pouco, aumentar o tempo em que ele trabalha independentemente. Com relação ao comportamento de fuga mantida, devem ser proporcionados ao aluno intervalos e ajuda no trabalho ou na continuação da tarefa, mas esta deve ser continuada no caso de ocorrer comportamento desafiador. Para que o aluno continue a tarefa, pode ser necessária a obediência guiada. De início, você poderá reduzir as exigências, até que o aluno obtenha êxito e então, pouco a pouco, aumentá-las.

OPÇÕES DE INTERVENÇÃO ESPECÍFICAS

Todas as intervenções comportamentais envolvem procedimentos de reforço diferenciais ou variações desses procedimentos. Esta seção descreve três opções que aumentam os procedimentos de reforço diferencial padronizado anteriormente resumidos.

Treinamento da Comunicação Funcional

O treinamento da comunicação funcional (TCF) foi desenvolvido por Carr e Durand (1985), e um excelente resumo deste procedimento é proporcionado por Durand e Carr (1991). (Ver também Carr *et al*., 1994; Durand, 1990; e Reichle & Wacker, 1993, para livros sobre esta abordagem.) No geral, encaramos o TCF como um primeiro passo na intervenção eficiente, porque outras formas de intervenções diferenciais baseadas no reforço serão necessárias após o sucesso do TCF.

Como foi descrito por Carr (1988), o objetivo do TCF é substituir o comportamento desafiador por um *mand* alternativo. Um *mand* é uma resposta de comunicação reconhecível que implica um resultado desejado. Por exemplo, se o comportamento desafiador é mantido pela atenção, o aluno é ensinado a pedir, a apontar, a fazer um gesto ou a usar um dispositivo externo para obter atenção. Ao mesmo tempo, o comportamento desafiador é ignorado. Com relação ao comportamento de manutenção da fuga, o aluno é ensinado a solicitar interrupção, ajuda ou uma atividade diferente (p.

ex., brincar). Quando a função do comportamento desafiador for identificada, o *mand* pode ter a mesma função; e se somente o *mand* for reforçado, faz sentido que o aluno aprenda-o e substitua o comportamento desafiador por ele.

Para fazer com que esse processo ocorra com tranqüilidade, é importante que o *mand* seja fácil para o aluno produzir e facilmente reconhecido pelos outros. Se os *mands* forem complexos ou difíceis de realizar e exigirem mais esforço que o comportamento desafiador, a intervenção será mais difícil. Como foi discutido por Mace e Roberts (1993), quatro fatores devem ser considerados na seleção de reações alternativas, como os *mands*: 1) a eficiência da resposta, 2) o atraso entre a resposta e o reforço, 3) a quantidade de reforço, e 4) a qualidade do reforço. Se possível, torne os *mands* mais fáceis de usar do que o comportamento desafiador – faça com que o *mand* seja mais eficiente, mais adequado, resulte em maiores quantidades de reforço e produza um reforço de melhor qualidade que o comportamento desafiador. A Tabela 21.3 apresenta um exemplo de um programa de TCF conduzido em relação a estes quatro fatores. Como está mostrado, três deles foram influenciados pelo *mand*.

Como foi anteriormente referido, consideramos o TCF um primeiro passo, porque em geral apenas o *mand* não basta. Por fim, o aluno deve também concordar, pouco antes de lhe ser permitido receber reforço. Sugerimos que, inicialmente, o objetivo seja reduzir a zero ou quase zero, pelo máximo de tempo possível, a ocorrência de comportamento desafiador. Quanto mais tempo for suprimido o comportamento difícil, maior a probabilidade de se fazer exigências cada vez maiores ao aluno. Se esse objetivo for alcançado, você pode começar a demorar cada vez mais antes da interrupção ou do redirecionamento ou aumentar as exigências para a apresentação de reforço.

Com relação ao comportamento de manutenção da atenção, use uma abordagem de adiamento. Comunique ao aluno que você vai atendê-lo (olhe para o aluno e acene ou coloque o dedo indicador no ar) e, no início, adie apenas um segundo. Quando este

TABELA 21.3 Exemplo de programa de treinamento da comunicação funcional (TCF) para o comportamento de manutenção da atenção

Comportamento	Fatores			
	Eficiência	Demora	Quantidade	Qualidade
Mand (assinalando-POR FAVOR)	Tocar o peito	Imediata (dentro de 5 segundos)	30-60 segundos de atenção	Entusiástica, contato com o olhar, comove o aluno
Comportamento desafiante (autoflagelação)	Bater a cabeça	Demorar o máximo possível antes da interrupção/redirecionamento	Contato breve	Neutra, sem contato com o olhar
Comparação influenciada	Similar	*Mand*	*Mand*	*Mand*

procedimento obtiver êxito, continue a comunicar-se com o aluno, mas pouco a pouco aumente o intervalo do adiamento. Com relação ao comportamento de manutenção da fuga, inicialmente exija apenas que o aluno utilize o *mand* de maneira adequada antes de interromper a tarefa. Torne as interrupções mais longas que o tempo para a tarefa. Com o tempo, aos poucos, vá requerendo mais trabalho ("Você pode fazer um intervalo depois que terminar o próximo item") antes de permitir pausas e, pouco a pouco, reduza a duração do intervalo.

Procedimentos de Intercalação de Tarefas

Este procedimento é freqüentemente útil quando o comportamento desafiador é usado para fugir às exigências da tarefa ou de tarefas que não são do agrado do aluno. A capacidade de seguir instruções é uma habilidade fundamental para as crianças pequenas (Singer, Singer & Horner, 1987), e não se deve permitir que elas evitem tarefas desafiadoras por longos períodos em seu desenvolvimento. Quando uma criança se envolve em um comportamento difícil em resposta a uma instrução ou solicitação de tarefa, os pais ou os professores podem começar a modificar o tipo de conteúdo de suas solicitações para reduzir a probabilidade de a criança envolver-se em comportamento difícil (Horner, Day, Sprague, O'Brien & Heathfield, 1991). Na essência, a criança pode não ser mais solicitada a realizar tarefas funcionais difíceis, desafiadoras, instrutivas ou funcionais que são necessárias para o desenvolvimento de habilidades sociais, adaptativas e acadêmicas. Um possível empecilho ao uso do TCF para crianças cujo comportamento funciona para fugir às exigências da tarefa é que o TCF ainda permite que a criança escape de sua realização.

Desde o final da década de 1970, os procedimentos de intercalação de tarefas têm sido usados para aumentar a obediência (Dunlap, 1984). Tais procedimentos atribuem tarefas curtas e familiares às crianças com a possibilidade de serem corretamente realizadas e com alta probabilidade de serem seguidas por reforço. Dessa maneira, a criança consegue experimentar o sucesso e recebe reações sociais positivas antes de envolver-se em uma tarefa mais difícil ou menos agradável, que esteja caracteristicamente associada com um esforço maior.

Horner e seus colegas (1991) demonstraram que as solicitações intercaladas são procedimentos simples, eficazes e eficientes que podem produzir freqüências menores de comportamento desafiador e uma maior obediência à instrução sobre tarefas novas ou difíceis. Por exemplo, se a tarefa difícil de menor agrado para a criança é escovar os dentes, ela deve ser intercalada com uma tarefa "divertida", como apontar para diferentes partes do corpo ou soprar bolhas (ver Tabela 21.4). A quantidade de tempo envolvida nas tarefas difíceis ou de menor agrado é pouco a pouco aumentada, até que a tarefa divertida ocorra apenas após a realização da tarefa difícil.

Temos usado as solicitações intercaladas com sucesso ao trabalhar com crianças pequenas em suas casas, com os pais conduzindo a intervenção (ver o segundo exemplo na Tabela 21.4). Temos sempre intercalado a tarefa de menor preferência da crian-

TABELA 21.4 Procedimentos de intercalação de tarefas

Tarefa muito exigente	Tarefa divertida	Componentes da intervenção
Escovar os dentes	Soprar bolhas	1) A criança tem permissão de soprar bolhas, e as solicitações dos pais para ela escovar os dentes são intercaladas. 2) São proporcionados atenção positiva e elogios quando a criança soprar bolhas e escovar os dentes.
Guardar brinquedos neutros	Brincar com os brinquedos preferidos	1) A criança tem permissão de brincar com os brinquedos, e as solicitações dos pais para que ela guarde determinados brinquedos são intercaladas. 2) São proporcionados atenção positiva e elogios durante as atividades de brincar e guardar os brinquedos. 3) A criança é redirecionada a guardar os brinquedos no caso de apresentar comportamento desafiador.

ça no contexto da situação de uma brincadeira de preferência (baixa exigência). Por exemplo, Luke, um menino de três anos de idade, apresentava comportamento agressivo, destrutivo e de autoflagelamento diante de tarefas exigentes. Durante a análise estrutural, observamos que Luke muitas vezes escolhia brincar com um conjunto de blocos de encaixe, mas somente se pudesse brincar "à sua maneira". A demanda difícil da tarefa era que a mãe de Luke solicitava que ele colocasse um bloco sobre o outro (p. ex., "Luke, coloque este bloco vermelho em cima deste bloco verde"). Inicialmente, Luke fugia da tarefa, atirava longe o bloco ou ficava balançando a cabeça em resposta à sua solicitação. A intervenção intercalou solicitações dos pais 1) para Luke pegar um bloco que sua mãe lhe entregasse e o colocasse em qualquer lugar da estrutura em construção (uma resposta de alta probabilidade) e 2) para Luke colocar um bloco em um local específico indicado pelo pela mãe (p. ex., "Luke, coloque este bloco vermelho em cima do verde, bem aqui") (uma resposta de baixa probabilidade). Sempre começamos com a resposta de alta probabilidade. Como resultado da intercalação de solicitações de tarefa de alta probabilidade com uma tarefa de baixa probabilidade, conseguimos reduzir a resistência de Luke à realização da tarefa, aumentar sua concordância com a tarefa e aumentar as interações sociais positivas entre os pais e a criança.

Desse modo, o processo de utilização da intercalação inclui identificar uma variação da tarefa (brincadeira dirigida entre pai/mãe e filho) ou uma resposta compatível (soprar bolhas quando for solicitado a escovar os dentes) característica da criança. Comece com a tarefa de alta probabilidade e a intercale com a tarefa original de baixa probabilidade. Este processo aumenta a quantidade geral de reforço que a criança recebe. Inicialmente, passe mais tempo realizando a tarefa divertida e depois, pouco a pouco, aumente o tempo despendido na tarefa desafiadora. Finalmente, é provável que seja necessária a extinção da fuga. Isso significa que quando a tarefa desafiadora for apresentada ou solicitada, seu cumprimento é necessário antes do retorno à tarefa divertida. Lembre-se de não reforçar o comportamento desafiador, permitindo – neste caso – que a criança evite a tarefa.

Realização de Escolha

Um programa de realização de escolha é uma boa opção de intervenção para alunos cujo comportamento difícil é mantido pela preferência ou por reforço tangível. O primeiro passo do programa de realização de escolha é identificar claramente o que é preferido ou reforçador para o aluno. Os pesquisadores têm usado vários métodos para identificar estímulos preferidos que podem ser usados para reforçar o comportamento desejado. Tais métodos incluem treinar alunos com retardo mental a usar um microssinalizador para indicar as preferências de reforço (Wacker, Berg, Wiggins, Muldoon & Cavanaugh, 1985), medindo a porcentagem de respostas aproximadas a determinados itens (Pace, Ivancic, Edwards, Iwata & Page, 1985), e fazendo os alunos escolherem entre dois itens disponíveis (Fisher et al., 1992).

Depois que as atividades ou itens preferidos e não-preferidos tenham sido identificados, a realização de escolha pode ser incorporada à intervenção (Cooper et al., 1992; Dunlap, Kern-Dunlap, Clarke & Robbins, 1991). Por exemplo, Dunlap et al. (1991) usaram escolhas com uma adolescente com múltiplas deficiências e uma longa história de comportamento perturbado (p. ex., agressão, destruição). Quando a aluna tinha permissão de escolher as tarefas acadêmicas a serem realizadas, ocorreram reduções substanciais no comportamento desafiador. Similarmente, Cooper e sua equipe (1992) usaram um procedimento de escolha com um menino portador de deficiência de nove anos que, em geral, não obedecia às solicitações de seu professor. Foi permitido ao aluno escolher entre as tarefas acadêmicas preferidas e não-preferidas, em oposição ao professor simplesmente lhe indicar a tarefa preferida. Os resultados mostraram que o aluno tinha um desempenho melhor durante as sessões de escolha, mesmo que ele realizasse suas atividades preferidas durante as sessões de não-escolha. Isso sugeriu que proporcionar uma escolha das atividades era tão importante quanto a relativa preferência das atividades. Nestes dois exemplos, a escolha era a principal variável da intervenção e, dados os benefícios pragmáticos, deve ser considerada sempre que possível.

Em muitos casos, no entanto, temos percebido que a escolha funciona porque uma opção é preferida à outra. A criança obedece de início porque tem preferência por uma das tarefas apresentadas. Isso é importante, porque a criança está aprendendo a seguir as solicitações do professor. Pouco a pouco, com o passar do tempo, as escolhas oferecidas podem relacionar-se menos às preferências da criança. Como a criança aprendeu a realizar uma escolha e depois obedecer, o grau de preferência entre as opções disponíveis pode ser reduzido com o passar do tempo. Basicamente, a criança aprendeu uma regra: fazer uma escolha e depois realizar a atribuição. Finalmente, isso é modificado para uma prática mais comum: realize a tarefa de menor preferência e depois terá a tarefa preferida.

Nos ambientes domésticos, com crianças pequenas, temos usado os procedimentos de escolha de maneira um pouco diferente. Rob, um menino de quatro anos diagnosticado com a síndrome do X frágil e retardo mental, apresentava um comportamento de destruição, desobediência e autoflagelamento (batia no próprio rosto, mordia os dedos) quando sua mãe pedia-lhe para fazer algo que não era de sua preferência. As sessões de realização de escolha aconteceram na sala de estar da família, que foi dividida colocando-se uma tira de fita crepe no centro da sala. No início de cada sessão, a mãe dirigia-o até a fita e descrevia as escolhas disponíveis. Rob tinha permissão de movimentar-se livremente entre as duas áreas, e marcamos o tempo que ele passou em cada área. Sua escolha inicialmente foi entre brincar com sua mãe com os brinquedos preferidos ou brincar sozinho com brinquedos neutros. Ele escolheu brincar com sua mãe e os brinquedos preferidos. Evidentemente, essa escolha era esperada, mas ensinou-lhe a regra: realizar uma escolha. Sua próxima escolha era brincar com sua mãe com brinquedos neutros ou brincar sozinho com os brinquedos preferidos. Ele escolheu brincar com sua mãe. Finalmente, sua escolha foi entre a brincadeira dirigida com sua mãe (uma situação problemática no passado) ou brincar sozinho com brinquedos dos quais não gostava muito. Além disso, se Rob não obedecesse à solicitação de sua mãe depois de escolher brincar com ela, ela segurava sua mão para ajudá-lo. Depois de alguma resistência, ele consistentemente escolheu brincar com sua mãe e brincar "do jeito da Mamãe". Assim, no final da intervenção, Rob obedeceu voluntariamente às solicitações dela, baseado em uma abordagem de intervenção de realização de escolha. Pouco a pouco aumentamos a quantidade de esforço dele requerida, até ele realizar atividades de menor preferência durante períodos de tempo mais prolongados.

OUTRAS CONSIDERAÇÕES

Até agora, descrevemos várias alternativas que podem ser associadas à função do comportamento desafiador. Essas intervenções são úteis para iniciar o processo e podem ter excelentes resultados a longo prazo (Durand & Carr, 1991). Entretanto, para aumentar a probabilidade de a intervenção resultar em efeitos duráveis e positivos com o passar do tempo, é importante considerar 1) a generalização do estímulo e 2) a generalização da resposta. A generalização do estímulo, neste caso, refere-se à exibição de comportamento aceitável entre pessoas, locais e tarefas. Nosso objetivo é, finalmente, conseguir que a criança exiba o comportamento recém-adquirido em várias situações. Usando o TCF como exemplo, o objetivo é que a criança generalize o uso dos *mands* da casa para a escola e de uma classe para outra. A generalização da resposta refere-se ao desenvolvimento de um número maior de comportamentos aceitáveis. Assim, além de indicar um "POR FAVOR" para solicitar atenção, seria desejável que a criança também aprendesse a exibir outros comportamentos adequados para consegui-la (p. ex., erguer o trabalho pronto, sorrir para a professora). Esta seção descreve brevemente procedimentos para programar esses tipos de respostas generalizadas.

Generalização do Estímulo

Tipicamente, a intervenção é iniciada em um mesmo ambiente, com um adulto trabalhando com um tipo específico de exigência de tarefa ou atividade com a criança. Através da consistência e da prática, as reduções no comportamento desafiador são muitas vezes alcançadas, mas apenas no contexto da intervenção. A generalização é a demonstração de um comportamento desejado (p. ex., uso do sinal indicativo de PAUSA, para conseguir uma breve interrupção na exigência da tarefa) sob condições que são diferentes da situação de treinamento e na qual não ocorreu nenhum treinamento específico ou treinamento muito limitado (Stokes & Baer, 1977). Usando essa definição, a generalização ocorreu quando 1) uma tarefa específica (p. ex., arrumar os brinquedos) é realizada em uma situação não-treinada (p. ex., na casa da Vovó) ou 2) a quantidade de treinamento necessário para realizar as subseqüentes variações da tarefa (p. ex., arrumar as roupas em vez de os brinquedos) é substancialmente reduzida. A maioria das pessoas, com ou sem deficiência no desenvolvimento, precisa de pelo menos uma quantidade mínima de instrução direta quando está diante de novas versões de uma tarefa (p. ex., colocar os brinquedos em uma prateleira, em vez de em uma cesta). Descrevemos duas estratégias para produzir generalização: exemplos suficientes e instrução de caso geral.

Uma maneira de promover a generalização de comportamentos específicos a situações novas é proporcionar à criança treinamento com exemplos múltiplos (suficientes) em ambientes importantes com pessoas que conduzem o treinamento e com tarefas usadas para conduzir o treinamento (Stokes & Baer, 1977). Proporcionando treinamento em vários ambientes, com pessoas diferentes e com diferentes tarefas e atividades, você aumenta a probabilidade de a criança continuar a demonstrar as reações desejadas, apesar das mudanças no ambiente, nas solicitações da tarefa ou nas pessoas que fazem a solicitação. O treinamento é considerado suficiente quando a criança faz a generalização através das mudanças de estímulos anteriores. Por exemplo, quando o treinamento é realizado para ensinar uma criança a pedir ajuda para conseguir auxílio na arrumação dos brinquedos, o treinamento inicial pode ser realizado em casa pela mãe ou pelo pai. Com um treinamento com exemplos suficientes, o enfoque do treinamento seria então incluir a expansão do número de pessoas que induzem a criança a pedir ajuda (p. ex., papai, vovó, vovô, um vizinho), as situações em que a criança é induzida a pedir ajuda (p. ex., vestir-se, escovar os dentes, obter acesso a alimentos) e os locais em que a criança é induzida a pedir ajuda (p. ex., casas de outras pessoas, biblioteca, escola). Em geral, o treinamento de exemplos suficientes é usado para promover a generalização entre variações na situação, e o treinamento continua até que a criança seja apresentada a uma nova situação e tenha um desempenho desejado.

A instrução de caso geral é uma extensão do treinamento de exemplos suficientes (O'Neill & Reichle, 1993). As variações potenciais da tarefa são analisadas segundo as características específicas do estímulo, e as demandas de resposta são escolhidas para treinamento (Berg, Wacker & Flynn, 1990). Por exemplo, se estamos ensinando uma criança a reconhecer a cor vermelha, incluiríamos vários exemplos (brinquedo vermelho, peça de roupa vermelha, triângulo vermelho, objetos grandes vermelhos, objetos pequenos vermelhos). Dessa maneira, o treinamento assegura que a característica definidora se relacione com a cor vermelha, e não com a forma, o tamanho, a textura ou a localização dos materiais de treinamento. Ensinar o caso geral às crianças com comportamento desafiador significa que a instrução deve incluir diferentes situações que variem de alguma forma (solicitar atenção em situações individuais, em pequenos grupos e com brincadeiras não-estruturadas). Em vez de simplesmente treinar exemplos múltiplos, o professor ou mãe/pai determina antes do treinamento as variações prováveis nas pessoas (adultos, crianças), nos ambientes e nas tarefas que a criança vai encontrar. O treinamento é conduzido para abranger o máximo possível de variações.

Igualmente importante é o fato de que as crianças são ensinadas a exibir seu comportamento recém-adquirido. Por exemplo, solicitar uma pausa através de sinais nem sempre é importante. Por isso, durante o treinamento, é importante incluir situações relevantes e irrelevantes e ensinar a criança a discriminar essas situações. Com relação aos programas de TCF, ensinamos tanto uma pausa quanto um *mand* de atenção, e estabelecemos situações de treinamento em que a criança deve escolher o *mand* adequado.

Generalização da Resposta

A generalização da resposta refere-se ao aumento de freqüência de outros comportamentos adequados quando um comportamento visado é reforçado. Por exemplo, quando a criança aprendeu a conseguir atenção através de sinais, é provável que ocorram muitos outros comportamentos socialmente aceitáveis. A criança pode sorrir, usar outras palavras ou sinais, ou exibir afeição física. Esses comportamentos podem ser agradáveis ao provedor de cuidados e, assim, também resultar em reforço. É fundamental que tais comportamentos sejam percebidos e reforçados à medida que ocorram. Dessa maneira, a intervenção pode resultar na aquisição de uma ampla série de reações adequadas e não se limitar apenas a uma ou duas respostas visadas. Em relação aos programas de TCF, por exemplo, o desenvolvimento de comportamentos colaterais pode ter importantes implicações para a manutenção. Inicialmente, o *mand* atua como uma substituição individual para o comportamento problemático (Carr, 1988). Entretanto, quando ocorrem novos comportamentos positivos, as oportunidades de mais reforço geral para a criança aumentam, porque a criança agora tem muitos comportamentos, não apenas um *mand*, a serem reforçados.

A situação de Billy ilustra este processo. Billy, um menino de dois anos e meio, foi diagnosticado como tendo retardo no desenvolvimento. Segundo a mãe de Billy, ela o carregava no colo para todo lugar na maior parte do dia, porque as tentativas de colocá-lo no chão resultavam em ataques severos em um comportamento de autoflagelação (bater a cabeça). Os resultados de uma análise funcional confirmaram a hipóteses de que a atenção dos pais mantinha o comportamento difícil de Billy. Baseada nessa avaliação, a mãe de Billy implementou um treinamento de comunicação funcional, em que Billy foi ensinado a sinalizar POR FAVOR para conseguir a atenção de sua mãe. Durante toda a intervenção, os brinquedos preferidos foram associados à atenção de sua mãe. Cada vez que ele tocava em um brinquedo, ele recebia atenção, e, depois de várias semanas, brincava sozinho e somente ocasionalmente fazia sinais em busca de atenção. Sua mãe ensinou-lhe a brincar como um "efeito colateral" do programa de TCF. Assim, quando ela estava ocupada, ele freqüentemente brincava. Quando Billy passava mais tempo na brincadeira adequada, exibia muitos novos comportamentos sociais e no brinquedo. Esses novos comportamentos também eram reforçados por sua mãe, e, enfim, ele muitas vezes a ignorava porque estava ocupado, brincando. Através do ensino incidental, sua mãe ensinou-lhe vários comportamentos desejáveis, todos relacionados a brinquedos e brincadeiras, que reduziram mais ainda as demonstrações de autoflagelação.

CONCLUSÃO

Este capítulo apresentou uma abordagem funcional para a avaliação de comportamentos desafiadores e para a intervenção com relação a eles. O processo é complexo e envolve muitas fases e metodologias. Entretanto, as propriedades essenciais dessa abordagem são 1) identificar a função do comportamento desafiador ou seu reforço, 2) proporcionar reforço apenas para o comportamento desejado, 3) treinar situações novas para produzir generalização do estímulo, e 4) tirar vantagem das oportunidades de ensino para reforçar comportamentos novos que concorram com o comportamento desafiador.

REFERÊNCIAS BIBLIOGRÁFICAS

Axelrod, S. (1987). Functional and structural analyses of behavior: Approaches leading to reduced use of punishment procedures? *Research in Developmental Disabilities, 8*, 165-178.
Berg, W., Wacker, D. & Flynn, T. (1990). Teaching generalization and maintenance of work behavior. In F. Rusch (Ed.), *Supported employment: Models, methods, and issues* (p. 140-160). Sycamore, IL: Sycamore Press.
Bijou, S.W., Peterson, R.F. & Ault, M.H. (1968). A method to integrate descriptive and experimental field studies at the level of data and empirical concepts. *Journal of Applied Behavior Analysis, 1*, 175-191.
Carr, E.G. (1988). Functional equivalence as a mechanism of response generalization. In R. Horner, G. Dunlap & R.L. Koegel (Eds.), *Generalization and maintenance: Life-style changes in applied settings* (p. 221-241). Baltimore: Paul H. Brookes Publishing Co.

Carr, E.G. & Durand, V.M. (1985). Reducing behavior problems through functional communication training. *Journal of Applied Behavior Analysis, 18*, 111-126.

Carr, E.G., Levin, L., McConnachie, G., Carlson, J., Kemp, D. & Smith, C. (1994). *Communication-based intervention for problem behavior: A user's guide for producing positive change.* Baltimore: Paul H. Brookes Publishing Co.

Cooper, L.J., Wacker, D.P., Thursby, D., Plagmann, L.A., Harding, J. & Derby, K.M. (1992). Analysis of the role of task preferences, tas demands, and adult attention on child behavior in outpatient and classroom settings. *Journal of Applied Behavior Analysis, 25*, 823-840.

Dunlap, G. (1984). The influence of task variation and maintenance tasks on the learning and affect of autistic children. *Journal of Experimental Child Psychology, 37*, 41-64.

Dunlap, G., Kern-Dunlap, L., Clarke, S. & Robbins, F.R. (1991). Functional assessment, curricular revision, and severe behavior problems. *Journal of Applied Behavior Analysis, 24*, 387-397.

Durand, V.M. (1990). *Severe behavior problems: A functional communication training approach.* Nova York: Guilford Press.

Durand, V.M. & Carr, E.G. (1991). Functional communication training to reduce challenging behavior: Maintenance and application in new settings. *Journal of Applied Behavior Analysis, 24*, 251-264.

Fisher, W., Piazza, C., Bowman, L., Hagopian, L., Owens, J. & Slevin, I. (1992). A comparison of two approaches for identifying reinforcers for persons with severe and profound disabilities. *Journal of Applied Behavior Analysis, 25*, 491-498.

Horner, R., Day, H., Sprague, J., O'Brien, M. & Heathfield, L. (1991). Interspersed requests: A nonaversive procedure for reducing aggression and self-injury during instruction. *Journal of Applied Behavior Analysis, 24*, 265-278.

Iwata, B.A., Dorsey, M.F., Slifer, K.J., Bauman, K.D. & Richman, G.S. (1982). Toward a functional analysis of self-injury. *Analysis and Intervention in Developmental Disabilities, 2*, 3-20.

Iwata, B., Vollmer, T. & Zarcone, J. (1990). The experimental (functional) analysis of behavior disorders: Methodology, applications, and limitations. *In* A. Repp & N. Singh (Eds.), *Perspectives on the use of nonaversive and aversive interventions for persons with developmental disabilities* (p. 301-330). Sycamore, IL: Sycamore Press.

Mace, F.C. & Lalli, J.S. (1991). Linking descriptive and experimental analyses in the treatment of bizarre speech. *Journal of Applied Behavior Analysis, 24*, 553-562.

Mace, F.C. & Roberts, M.L. (1993). Factors affecting selection of behavioral interventions. *In* J. Reichle & D. Wacker (Eds.), *Communication and language intervention: Vol. 3. Communicative alternatives to challenging behavior: Integrating functional assessment and intervention strategies* (p. 113-133). Baltimore: Paul H. Brookes Publishing Co.

Northup, J., Wacker, D., Sasso, G., Steege, M., Cigrand, K., Cook, J. & DeRaad, A. (1991). A brief functional analysis of aggressive and alternative behavior in an outclinic setting. *Journal of Applied Behavior Analysis, 24*, 509-522.

O'Neill, R. & Reichle, J. (1993). Addressing socially motivated challenging behaviors by establishing communicative alternatives: Basics of a general-case approach. *In* J. Reichle & D. Wacker (Eds.), *Communication and language intervention: Vol. 3. Communicative alternatives to challenging behavior: Integrating functional assessment and intervention strategies* (p. 205-235). Baltimore: Paul H. Brookes Publishing Co.

Pace, G., Ivancic, M., Edwards, G., Iwata, B. & Page, T. (1985). Assessment of stimulus preference and reinforcer value with profoundly retarded individuals. *Journal of Applied Behavior Analysis, 18*, 249-255.

Reichle, J. & Wacker, D. (Eds.). (1993). *Communication and language intervention series: Vol. 3. Communicative alternatives to challenging behavior: Integrating functional assessment and intervention strategies.* Baltimore: Paul H. Brookes Publishing Co.

Singer, D., Singer, J. & Horner, R. (1987). Using pretask requests to increase the probability of compliance for students with severe disabilities. *Journal of The Association for Persons with Severe Handicaps, 12*, 287-291.

Stokes, T. & Baer, D. (1977). An implicit technology of generalization. *Journal of Applied Behavior Analysis, 10*, 349-367.

Touchette, P.E., MacDonald, R.F. & Langer, S.N. (1985). A scatter plot for identifying stimulus control of problem behavior. *Journal of Applied Behavior Analysis, 18*, 343-351.

Wacker, D.P. & Berg, W.K. (1992a). *Functional analysis of feeding and interaction disorders with young children who are profoundly disabled.* Washington, DC: U.S. Department of Education. National Institute on Disability and Rehabilitation Research.

Wacker, D.P. & Berg, W.K. (1992b). *Inducing reciprocal parent/child interactions.* Washington, DC: Department of Health and Human Services, National Institute of Child Health and Human Development.

Wacker, D., Berg, W., Wiggins, B., Muldoon, M. & Cavanaugh, J. (1985). Evaluation of reinforcer preferences for profoundly handicapped students. *Journal of Applied Behavior Analysis, 18*, 173-178.

Wacker, D., Northup, J. & Cooper, L. (1992). Behavioral assessment. *In* D. Greydanus & M. Wolraich (Eds.), *Behavioral pediatrics* (p. 57-69). Nova York: Springer-Verlag.

22

Estruturando a Sala de Aula para Evitar Comportamentos Inadaptados

**William Stainback e
Susan Stainback**

OS CAPÍTULOS ANTERIORES sobre questões do comportamento introduziram importantes considerações práticas para lidar com comportamentos inadaptados. O enfoque deste capítulo é estruturar a sala de aula para evitar, em primeiro lugar, a ocorrência de problemas disciplinares. As idéias e as estratégias apresentadas não são particularmente novas ou inovadoras, mas estratégias simples, conhecidas e baseadas no bom senso, que os professores têm usado há anos para evitar problemas disciplinares por parte de alunos com várias habilidades e características. Elas surgiram das experiências dos autores em salas de aula, de estudos de pesquisas sobre como evitar comportamentos inadaptados (p. ex., Anderson & Prawat, 1983; Brophy, 1981; Evertson, 1982; Jones & Jones, 1994; Stainback & Stainback, 1980) e de entrevistas e conversas informais com professores que estão nas salas de aula e que têm obtido êxito na prevenção de problemas disciplinares.

DISPOSIÇÃO DO ESPAÇO FÍSICO E REGRAS DE TRÂNSITO

Para evitar problemas disciplinares, o professor precisa ter consciência do que está realmente acontecendo na sua sala de aula. Uma maneira de facilitar tal consciência é dispor os móveis e o equipamento da sala de modo a permitir o controle visual dos alunos, quer sentados ou de pé. O professor deve poder examinar com uma visão rápida a turma e detectar quando os alunos precisam de ajuda e que padrões de interação social estão ocorrendo.

Também é importante considerar como os alunos trabalham na sala. As áreas da sala de aula com muito trânsito devem ser livres de obstáculos e bastante amplas para possibilitar o fluxo. Em áreas de trabalho estreitas, amontoadas e congestionadas, os alunos freqüentemente esbarram nos móveis e uns nos outros, o que pode provocar acessos de riso e empurrões. Áreas de trânsito liberadas e não-congestionadas podem reduzir a probabilidade de comportamentos inadaptados.

Os professores podem identificar importantes rotas de trânsito "caminhando" durante as atividades que podem ter lugar no decorrer de um dia letivo. Podem descobrir que os móveis e o equipamento colocados muito próximos das áreas de armazenamento de material, do vestiário ou da porta da sala devem ser realocados para permitir um trânsito mais livre e desobstruído. Da mesma forma, a testagem do padrão de trânsito pode sugerir um plano ou regra que elimine parte da congestão ou perturbação; por exemplo, não são permitidos mais de três alunos de cada vez no vestiário; entrar no vestiário pela esquerda e sair pela direita.

CONTROLE DO TEMPO

Um objetivo importante do controle do tempo é aumentar o tempo do aluno na tarefa. Isso não apenas aumenta as oportunidades de ensino, mas também evita problemas de disciplina, mantendo a atenção concentrada em atividades escolares produtivas. Quanto mais tempo os alunos passam na tarefa, maior a probabilidade de aumentar a aprendizagem e também de reduzir o tempo ocioso disponível para envolverem-se em comportamentos escolares nocivos ou inadequados. O tempo na tarefa pode incluir atividades planejadas entre professores e alunos, não somente nas áreas acadêmicas, mas também em áreas como interação social, brincadeiras e tempo livre com os colegas. O tempo na tarefa não precisa ser consistentemente dirigido para o professor. Para desenvolver habilidades de aprendizagem independentes e dirigidas para um lado objetivo, os alunos precisam ter a responsabilidade de tornar-se ativamente envolvidos no desenvolvimento, na direção e na realização das suas próprias atividades de aprendizagem.

Um controle de tempo eficaz é facilitado pela prontidão do professor e dos alunos para as aulas e atividades diárias e pelo pronto acesso aos materiais e ao equipamento. Algumas interrupções ou demoras são inevitáveis: por exemplo, um aluno fica doente ou o diretor precisa de informações imediatas sobre um aluno. Entretanto, o professor deve tomar cuidado para não piorar essas interrupções, fazendo com que os alunos aproveitem o tempo para planejar a próxima aula de matemática ou reunir os materiais necessários para a aula de arte. Em qualquer momento em que os alunos fiquem ociosos, um ou dois irão inevitavelmente tentar perturbar a turma.

ATRIBUIÇÕES

A maneira pela qual as atribuições são desenvolvidas e apresentadas é fundamental para facilitar a aprendizagem e evitar problemas disciplinares. Relacionar as atribuições às necessidades e aos interesses dos alunos e escolher cuidadosamente os métodos usados para apresentá-las pode influenciar sua eficácia, particularmente para os alunos que experimentam dificuldades de aprendizagem. As sugestões a seguir destinam-se a melhorar a eficácia das atribuições de sala de aula.

As atribuições devem ser claras e facilmente compreendidas pelos alunos. A ambigüidade pode levar à frustração e fazer com que alguns alunos evitem ou fujam da tarefa designada e envolvam-se em comportamento inaceitável. As instruções devem ser dadas de tal forma que os alunos saibam exatamente o que se espera deles.

As atribuições devem ser estruturadas de maneira que os alunos tenham oportunidade de obter sucesso. Um aluno que experimenta o sucesso tem menos probabilidade de ter uma estrutura mental rebelde e pode conseguir a atenção do professor e dos colegas sem precisar exibir um comportamento nocivo. A experiência do sucesso também desenvolve as próprias expectativas de sucesso dos alunos, que, desse modo, têm reduzidas suas possibilidades de tornar-se apáticos com relação à situação da turma ou desinteressados pelos acontecimentos de aula, sejam eles bons ou ruins. Esse tipo de envolvimento do aluno pode ser um fator preponderante na prevenção de problemas disciplinares.

Os materiais e as atribuições devem ser apresentados de tal maneira que os alunos esperem com prazer cada dia letivo. Embora haja materiais, tópicos e atribuições que não são, por sua própria natureza, particularmente interessantes, e outros que requerem bastante repetição, muito pode ser feito para melhorar a atração dessas atividades. Por exemplo, perguntas estimulantes, jogos, discussões, projetos especiais, debates, filmes, palestrantes convidados e trabalhos de campo podem tornar qualquer tema mais interessante e excitante.

A atitude do professor ao apresentar as atribuições também é de vital importância. O entusiasmo é contagiante. O professor deve tratar as atribuições e os novos materiais como algo especial e envolver ativamente os alunos, permitindo-lhes expor qualquer experiência que tenham tido com o tema. As tarefas devem ser relacionadas a coisas do interesse dos alunos e com as quais estejam familiarizados. Eles devem ser estimulados a descobrir novas informações, idéias e conceitos próprios de uma maneira estruturada e compartilhar suas informações com os colegas. Matérias menos interessantes podem ser associadas a materiais mais interessantes. Por exemplo, durante a aula de matemática, o professor pode deixar os alunos determinarem a quantidade de dinheiro necessária para cultivar um jardim que enfeite a área da escola. Então, se for possível, eles podem concretizar o projeto.

Finalmente, o professor deve proporcionar retorno e reconhecimento imediatos às realizações de cada aluno, por menores que elas sejam. É muito raro que o retorno semanal estimule o interesse e aumente a motivação, em especial para alunos que experimentam dificuldades de aprendizagem e de comportamento. Uma maneira de proporcionar retorno imediato é a troca de trabalhos dos alunos entre si ou a correção, por parte do asistente do professor, do trabalho dos alunos. Lembre-se, um aluno que não entende o que é esperado dele, e que não é desafiado, não obtém sucesso, é desinteressado, não é informado sobre o seu progresso, pode tornar-se um desordeiro. Entretanto, se as atribuições forem adequadamente selecionadas e apresentadas, esses problemas podem ser substancialmente reduzidos.

PRÁTICAS DE AGRUPAMENTO

A maneira de agrupar os alunos em uma turma pode influir na freqüência de comportamento inadaptado manifestado. Infelizmente, os alunos desordeiros tendem a gravitar em torno um do outro. Quando esses alunos ficam juntos, tendem a dar o exemplo, encorajando e reforçando os comportamentos inadaptados uns dos outros. Em conseqüência disso, todo o grupo exibe um aumento nos referidos comportamentos.

Entretanto, os alunos inadaptados que são agrupados com alunos bem-comportados exibem menos comportamentos dessa natureza, e o grupo como um todo tende a permanecer bem-comportado (Stainback, Stainback, Etscheidt & Doud, 1986). Essa redução no comportamento desordeiro parece ser uma função não somente de modelos comportamentais adequados, mas também da pressão dos colegas, pois os alunos bem-comportados tendem a ignorar os comportamentos inadequados dos alunos desordeiros ao passo que encorajam e recompensam os comportamentos adequados.

Outra consideração no agrupamento dos alunos para evitar a ocorrência de comportamento inadequado é organizar atividades em grupo de uma maneira mais cooperativa do que competitiva ou individualista. A estruturação cooperativa de grupo, na qual o grupo como um todo tem um objetivo comum, tende a promover um comportamento dos alunos mais voltado para o objetivo do que as estruturas nas quais os alunos são encorajados a trabalhar sozinhos, com o propósito de superar um ao outro (competição) ou de satisfazer um critério estabelecido (aprendizagem individualista) (Johnson & Johnson, 1980, 1986). Na estruturação de objetivos cooperativos, todos os alunos devem permanecer orientados para a tarefa e coordenar seus esforços para atingir o objetivo do grupo. (Ver Capítulo 11 deste livro para maiores informações sobre a aprendizagem cooperativa.)

ATMOSFERA DA SALA DE AULA

Os temas ou as atitudes consistentes exibidas quando se apresentam as regras, os materiais, as atividades e as atribuições de aula contribuem para o desenvolvimento de uma atmosfera ou orientação da turma toda. Há vários temas que tendem a estimular o comportamento positivo e produtivo.

As expectativas e os planos de sucesso, mais do que os de fracasso, podem ajudar a estimular atitudes positivas nos alunos em relação a seu próprio comportamento e ao comportamento de seus colegas em aula. Os alunos gostam de estar com professores positivos, satisfeitos e que transmitem a atitude de que gostam dos seus alunos como membros dignos e bem-sucedidos do grupo.

O reconhecimento dos comportamentos adequados pelo professor, mais do que dos inadequados, e das realizações, mais do que das deficiências, também pode promover uma atmosfera positiva em sala de aula. Uma abordagem que muitos professores têm adotado para ajudá-los a valorizar os comportamentos adequados de um determinado aluno é registrar o número de vezes que o aluno apresenta alguns comportamentos adequados e quantas vezes os comportamentos são reconhecidos e elogiados.

O reconhecimento e o entendimento de cada membro da turma como um indivíduo com seu próprio conjunto de características, de necessidades, de experiências passadas e domésticas é outro tema que pode reduzir o potencial para problemas disciplinares. Reconhecendo cada aluno como um indivíduo, o professor pode estimular a comunicação da turma em um nível mais pessoal e significativo. O autoconceito dos alunos pode ser melhorado se os professores indicarem que consideram seus alunos importantes o bastante para ficarem sabendo a respeito deles e conhecê-los particularmente.

Um tema ou atitude de toda a turma, que comunique a expectativa de hábitos de trabalho produtivos, também pode evitar problemas disciplinares. Por exemplo, um quadro de avisos pode exibir o bom trabalho de *todos* os alunos, com o nome de cada um relacionado e um espaço correspondente para o aluno colocar o trabalho de sua escolha. O melhor trabalho de cada aluno é exibido toda semana, comunicando assim a expectativa de que cada criança realizará um bom trabalho toda semana. Além disso, podem ser apresentados modelos, regras, procedimentos e materiais produzidos em aula que reflitam padrões de preparo, de limpeza e de organização nas atividades designadas.

Os alunos podem ser apoiados em seu desenvolvimento no sentido de um maior autodirecionamento e independência em sua adesão a rotinas consistentes e procedimentos estruturados na aula diariamente. Por exemplo, afixar uma programação das atividades diárias e examiná-la a cada manhã permite-lhes saber quando e que material será necessário guardar ou pegar em vários momentos durante o transcorrer do dia.

Da mesma maneira, podem ser desenvolvidas, revistas e afixadas regras que informem aos alunos como realizar atividades rotineiras, tais como apontar lápis, pegar suprimentos ou ir ao banheiro, ou o que fazer quando se termina uma tarefa. Listas individuais das atividades e das obrigações diárias do aluno ou pastas de cada um deles ressaltando as tarefas a serem realizadas também podem ajudar a orientá-los no decorrer de uma aula ou de um dia letivo com uma assistência mínima por parte do professor. Esses procedimentos podem ser usados, pelo menos até certo ponto, com a maioria dos alunos – senão com todos – , tomando-se o cuidado de ajustar a apresentação das instruções para satisfazer às necessidades individuais do aluno, seja sob forma escrita, ilustrada ou gravada em áudio ou vídeo.

Estimular um tema ou uma atitude de sala de aula em que cada aluno divida a responsabilidade com o professor para atingir seus objetivos de aprendizagem também pode fazer muito para concentrar sua atenção na aprendizagem e para reduzir potenciais problemas de disciplina. A promoção de uma atitude desse tipo pode ser melhorada trabalhando-se com cada aluno para selecionar objetivos de aprendizagem apropriados que encorajem uma tarefa ou uma orientação para tais objetivos na sala de aula.

CONDUTA PROFISSIONAL

A adoção de uma conduta profissional com os alunos pode reduzir a chance de pequenas infrações em sala de aula tornarem-se problemas disciplinares importantes. Uma conduta profissional pode ser estimulada mantendo-se uma perspectiva calma diante de comportamentos inadequados. Os professores devem atrair o mínimo de atenção possível para o comportamento inadequado e concentrar-se em ajudar os alunos a exibir um comportamento adequado. Além disso, os professores podem construir confiança e compreensão, sempre que possível resolvendo os problemas da turma de uma maneira privada e discreta. As reprimendas públicas muitas vezes conduzem a constrangimentos e a humilhações desnecessárias. Os professores devem ser consistentes em suas reações aos comportamentos, para que os alunos saibam o que esperar. Finalmente, tanto quanto possível, os problemas da turma devem ser tratados pelos próprios professores, e não por outros profissionais da escola, para indicar que eles têm o conhecimento e a autoridade para tomar decisões com respeito às infrações.

CONCLUSÃO

Todos os alunos, independentemente de terem sido classificados ou não como pessoas com deficiência, precisam aprender a comportar-se da melhor maneira dentro de suas possibilidades. É importante que as turmas inclusivas sejam ambientes nos quais os alunos sintam-se seguros e tenham oportunidades para aprender sem ser indevidamente perturbados por outros alunos.

A melhor maneira de lidar com problemas disciplinares é, em primeiro lugar, evitar que eles ocorram. Embora não haja uma maneira totalmente segura de evitar todos os problemas disciplinares, a organização e a estruturação adequadas do ambiente físico, o controle do tempo, as atribuições, as práticas de agrupamento e a atmosfera de uma sala de aula podem ajudar a reduzir a freqüência dessas ocorrências.

REFERÊNCIAS BIBLIOGRÁFICAS

Anderson, L. & Prawat, R. (1983). Responsibility in the classroom: A synthesis of research on teaching self-control. *Educational Leadership, 40*, 62-66.
Brophy, J. (1981). Teacher praise: A functional analysis. *Review of Educational Research, 51*, 301-318.
Evertson, C. (1982). *What research tells us about managing classroom instruction effectively.* Palo Alto, CA: Teaching and Learning Institute.

Johnson, D. & Johnson, R. (1980). Integrating handicapped students into the mainstream. *Exceptional Children, 47*, 90-98.
Johnson, D. & Johnson, R. (1986). Mainstreaming and cooperative learning strategies. *Exceptional Children, 52*, 553-561.
Jones, V. & Jones, L. (1994). *Comprehensive classroom management*. Boston: Allyn & Bacon.
Stainback, S. & Stainback, W. (1980). *Educating children with severe maladaptive behavior*. Nova York: Grune & Stratton.
Stainback, W., Stainback, S. Etscheidt, S. & Doud, J. (1986). A nonintrusive intervention for acting out behavior. *Teaching Exceptional Children, 19*(1), 38-41.

23

Alguns Comentários sobre Abordagens Positivas para Alunos com Comportamento Difícil

Herbert Lovett[1]

A "VERDADEIRA" NATUREZA da educação tem sido o foco de reiterados e irritantes debates desde o advento da linguagem escrita, e sem final previsível à vista. Os campos opostos tendem a ser constituídos em dois sistemas de crenças básicos sobre as pessoas, incluindo os alunos: um deles desenvolve-se a partir de uma fé básica na natureza humana, e o outro a partir do medo e da desconfiança na natureza humana. Para citar alguns exemplos: o aluno já tem um conhecimento e o professor o ajuda principalmente com a memória (p. ex., Platão); o aluno é ignorante e o trabalho do professor é instilar as informações necessárias para ele ser considerado "educado" (p. ex., Locke). Burgess (1973) apresentou uma dicotomia similar em *The Wanting Seed*, ambientado em uma Grã-Bretanha futurista, onde a ideologia prevalecente do governo oscila entre a Pelphase, nome derivado do grego Pelágio, que acreditava que as pessoas eram capazes de buscar sua própria salvação, e a Gusphase, nome derivado de Augustine, Bispo de Hippo, que pregava a idéia de que a humanidade nasce em pecado original e a salvação só é possível através da Igreja.

Uma terceira variante dessa dicotomia foi oferecida pelo poeta inglês Matthew Arnold (1869/1962), cujo pai era o eminente educador liberal Thomas Arnold e, ele próprio, inspetor de escolas. Arnold sugeriu uma divisão essencial na história européia entre duas visões de mundo que ele rotulou de helenismo e hebraísmo:

> A principal idéia do helenismo é enxergar as coisas como elas realmente são; a principal idéia do hebraísmo é a conduta e a obediência. Nada pode pôr fim a esta inextinguível diferença ... Enquanto o hebraísmo apodera-se de algumas indicações claras e fundamentais da ordem universal, e prende-se, digamos assim, a uma grandeza sem paralelos de seriedade e intensidade em seu estudo e observação, a tendência do helenismo é seguir, com uma atividade flexível, todo o jogo da ordem universal, não perder nem uma parte dela, não sacrificar

uma parte em prol de outra, resistindo a apoiar-se nesta ou naquela indicação, ainda que fundamental. E esta tendência visa a uma total clareza da mente, um movimento livre do pensamento. A idéia fundamental do helenismo é a *espontaneidade da consciência*; a do hebraísmo, a *rigidez da consciência*. (Arnold, 1869/1962, p. 132-133).

É possível considerar alguns pontos de Arnold quanto a pessoas com deficiência em geral e a pessoas com "comportamento difícil" em particular: a principal idéia do helenismo é ver as coisas como elas realmente são, enquanto a principal idéia do hebraísmo é a conduta e a obediência.

A cultura americana e a política educacional que a acompanha têm uma longa história de luta com a educação vista como o esclarecimento e com a educação cista como um treinamento para a conduta e a obediência cívica. No século XIX, o ideal jeffersoniano de uma população alfabetizada, bem-informada (supostamente capaz de ver as coisas como elas realmente são) foi absorvido pela necessidade de uma força de trabalho industrial submissa. A educação norte-americana, empreendimento profundamente conservador e de mudanças lentas, ainda considera como uma de suas principais tarefas preparar bons profissionais para o mundo dos negócios.

As linhas de produção empregavam intencionalmente cada indivíduo como uma parte de uma grande máquina de produção. O modelo do dono da fábrica no topo da pirâmide dando ordens para a base foi, durante certa época, uma maneira eficiente de fabricar produtos. Esse modelo também presume uma camada de base que abrirá mão da individualidade e da propriedade em troca de um salário. Essa América, em grande parte, não existe mais.

PONTOS DE VISTA DAS PESSOAS COM DEFICIÊNCIA

As escolas são rotineiramente desafiadas a descobrir o que é a conduta adequada e como desenvolvê-la. Considerando-se que os alunos com deficiência ainda são freqüentemente vistos recebendo uma educação em virtude da extremada indulgência do público, qualquer desvio das normas comportamentais de sua parte é mais rapidamente percebido. Além disso, muitos alunos com deficiência precisam ser atendidos, tanto na instrução quanto na compreensão, e, quando seus comportamentos aborrecem ou chamam a atenção, são vistos como "exagerados". Poderemos dizer que a competência da escola é "reduzida" a essas circunstâncias.

Os gregos valorizavam a juventude e a beleza física como reflexo de uma condição moral de excelência. Uma pessoa com uma deficiência não podia, por definição, ser admirável. Na verdade, Sócrates, que era notoriamente feio, foi considerado o mais sábio dos gregos enquanto era vivo, mas uma pessoa com uma deficiência física ou mental importante teria sido considerada uma pessoa inferior. Esse preconceito perdura.

No pensamento contemporâneo, esta tendência tem um potencial mais positivo e pode ser vista naqueles que atribuiriam o comportamento difícil a condições neurológicas ou fisiológicas: o trabalho de Donnellan e Leary (1993) mostrando distúrbios desenvolvimentais profundos (DDP) (p. ex., autismo, síndrome de Tourette e distúrbio por déficit de atenção/hiperatividade) como manifestações de distúrbios motores, ou a discussão de Mesulam (1985) sobre a agressão como secundária a distúrbios temporolímbicos. Esse pensamento desloca a conduta inadequada da intenção pessoal para os movimentos involuntários de um corpo que não se adapta com precisão à vontade.

A visão que o Velho Testamento tem do corpo é que ele perturba a contemplação do desejo de Deus. O amor mais elevado é regozijo com Seus mandamentos (Arnold, 1962). Essa visão contrapõe-se às pessoas com deficiência, pois elas não podem se adequar às normas das pessoas sem deficiências. Se uma cultura dá mais ênfase à conduta certa do que ao pensamento certo (uma variante da discussão vigente de conteúdo *versus* processo), então aqueles que podem se adaptar do ponto de vista comportamental têm um valor mais elevado que aqueles que não podem. Muitas pessoas com deficiência, por quaisquer razões que sejam, não se adaptam às normas sociais. Isso não surpreende, porque as normas são determinadas pelas pessoas mais poderosas, e as pessoas com deficiência (com algumas raras exceções) em geral não são encontradas em posições de poder.

Obviamente, em uma visão de mundo que enxerga as crianças como quadros em branco, não se considera que nenhuma delas possa pensar adequadamente. A imagem de pessoas com deficiência mental como eternas crianças deriva, em parte, desta idéia geral sobre as crianças. Como não pode haver felicidade racionalmente derivada por parte de indivíduos que não podem, por definição, pensar racionalmente, o único recurso é governar cada impulso e cada ação que manifestam. O pensamento racional é uma rede de prescrições que governam cada momento, cada impulso e cada ação da vida de um indivíduo com deficiência. Tal estereótipo persiste em todas as formas de educação para os jovens aprendizes e estende-se para pessoas de todas as idades que apresentam deficiência intelectual.

CONFIANÇA *VERSUS* DESCONFIANÇA

Os professores facilitam a aprendizagem e reagem aos comportamentos difíceis – ou pensam a esse respeito – baseados na confiança ou na desconfiança que sentem por seus alunos. Implicações da situação sobre as práticas educacionais estão esboçadas na Tabela 23.1.

IMPLICAÇÕES PARA A REAÇÃO A PESSOAS COM COMPORTAMENTO DIFÍCIL

O poder de qualquer relacionamento está em sua mutualidade – não mutualidade no nível do dinheiro ou da posição social, necessariamente, mas no nível da empatia e da preocupação. Essa mutualidade tem sido classicamente difícil de articular, porque é

TABELA 23.1. A dicotomia entre a confiança e a desconfiança dos alunos

Confiança	Desconfiança
Diretrizes	
Turmas que estabelecem seus próprios códigos de conduta	A política de tolerância zero para a violência nas escolas e expulsão automática para a agressão
Confiança nos professores e nos alunos para escolher o conteúdo	Imposição de um currículo nacional antigo e irrelevante (mas apesar disso uniforme)
Abolir as notas em favor de relatórios sobre o progresso individual	Esforços para impor a conformidade através dos uniformes escolares e da programação das orações na escola
Satisfação do consumidor	Testes padronizados e divulgação dos resultados
Colaboração	Crítica e padrões externos
Cooperação negociada entre os alunos e o professor	Os alunos seguindo a eficiência da liderança do professor
Como os alunos em geral gostam de aprender, a sensação de que a principal função do professor é apoiá-los naquilo que eles querem aprender primeiro	Como a educação é acompanhada de algum sofrimento, a sensação de que os alunos tendem a evitar a aprendizagem (a função do professor é dar o exemplo e proporcionar disciplina através de um sistema de recompensas e punições)
Conteúdo	Algo que o professor (ou o conselho da escola) determinou que é importante aprender
Algo que o aluno acha importante aprender	
Escolha	Autonomia para a autoridade local determinar o currículo
Autonomia para cada pessoa da turma	

quase inteiramente não-verbal. Nossa primeira experiência da empatia e do enfoque completo ocorre quando somos bebês e estamos no centro da preocupação do adulto, em geral por nenhuma outra razão, exceto o fato de existirmos. Quando aprendemos a devolver essa empatia e esse enfoque, podemos aprender as normas sociais a partir deles, mas os sentimentos genuínos são não-verbais e, portanto, difíceis de quantificar.

Todos os relacionamentos, de qualquer intensidade emocional ou com quaisquer exigências externas – amizade, casamento ou outras parcerias – correm o risco de tornarem-se autoritários, arbitrários ou abusivos. Pelo mesmo princípio, até os relacionamentos inerentemente desiguais – médico-paciente, supervisor-empregado – podem tornar-se relacionamentos de apoio mútuo. A diferença é que os fatores que controlam o relacionamento são internos a ele e à maneira como as pessoas envolvidas percebem suas responsabilidades e seus potenciais umas em relação às outras e em relação a si mesmas. Um recurso indispensável para uma discussão adicional sobre esse tópico é *Punished by Rewards* (1993), de Kohn.

O preconceito contra as crianças com deficiência é que elas não podem negociar a cooperação com outros alunos ou professores, não são capazes de saber por si mesmas o que é importante aprender, e que sem controles externos elas realizarão más escolhas e experimentarão dificuldades. Na medida em que estas são características da condição humana, elas são verdadeiras para as pessoas com deficiências – todos nós cometemos erros na elaboração e na escolha do que fazer e como fazê-lo. Infelizmente, esse preconceito muitas vezes acompanha a arrogância que se origina do poder não-desafiado. Parte da corrupção absoluta que vem do poder absoluto é a arrogância de saber o que os outros precisam ou devem precisar fazer – ou ser.

Os fatores relacionados sob o título de Desconfiança na Tabela 23.1 podem, na verdade, promover um tipo de excelência educacional. Quando os alunos obedecem aos mais velhos, podem assimilar boas idéias e valores essenciais. O problema é que isso só funciona quando os próprios alunos sentem-se parte da cultura escolar e estão relacionados com seus professores e, assim, submetem-se à sua instrução. Quando esses elementos estão ausentes, os alunos tornam-se inquietos e rebeldes, e os diretores, caracteristicamente, tornam-se controladores. Isso só piora a situação, pois o controle tende a alienar as pessoas, e então toda a premissa de valores e relacionamentos compartilhados desaba. Para as pessoas com deficiência, essa falência no entendimento conduziu a um abuso prolongado e à morte em nome da terapia. Há ainda relatos de professores que colocam os alunos de castigo e, infelizmente, alguns estados ainda subsidiam a tortura de alunos com deficiência com eletrochoque ou outras conseqüências dolorosas de seu fracasso em cumprir os padrões de seus diretores.

Em geral, os fatores relacionados sob o título de Confiança na Tabela 23.1 tendem a promover o comportamento mutuamente pró-social. Se respeitamos a autonomia de um indivíduo, isso cria o clima em que se é, em troca, respeitado. Similarmente, quando as pessoas escolhem "quando", "o que" e "como" aprender, a rebeldia torna-se uma estratégia de comunicação irrelevante. Se os simples protestos de uma pessoa resultam em uma mudança, é improvável que ela precise aumentar seu comportamento inadaptado. Freqüentemente, quando um aluno resiste a ser ensinado, a pergunta passa a ser: "Como podemos motivar esta pessoa?" Isso muitas vezes conduz a uma luta crescente e dolorosa para todos os envolvidos. A pergunta mais sensível deveria ser: "O que esta pessoa quer fazer?", e relacionar esse entusiasmo a uma habilidade ou a uma realização socialmente valorizada.

As implicações de confiança *versus* desconfiança para as abordagens positivas controladoras para os comportamentos difíceis estão delineadas na Tabela 23.2.

IMPLICAÇÕES

Espera-se que o reflexo dos propósitos educacionais conduzam a uma melhor formação e a um melhor comportamento. Minha preocupação sobre as preferências e individualidades das crianças vem de uma preocupação por seu bem-estar. Entretanto, esse impulso vem também do meu desejo de ser uma pessoa íntegra e com respeito próprio. É difícil manter essa postura como adulto ao mesmo tempo que se esmaga o respeito próprio das crianças. Nos momentos em que me vejo dese-

TABELA 23.2 Abordagens positivas e abordagens controladoras do comportamento difícil

Abordagens positivas	Abordagens controladoras
Apoiar as pessoas a crescerem e desenvolverem-se, para tomarem suas próprias decisões, atingirem seus objetivos pessoais, desenvolverem relacionamentos e desfrutarem da vida como membros plenamente participantes da sua comunidade.	Avaliar as deficiências do aluno, estabelecer objetivos e critérios para o progresso e o sucesso, usar a remediação e a reabilitação para satisfazer esses objetivos, reavaliar o progresso em termos da submissão do aluno ao programa.
Exigir um exame de todos os aspectos da vida, incluindo o ambiente em que ela vive, seus relacionamentos, atividades e sonhos pessoais. Concentrar-se na pessoa inteira, não apenas em segmentos de sua vida. Se alguém resiste aos prestadores de serviço (p. ex., os professores), reexaminar seu entendimento inicial para ver que aspectos da pessoa foram negligenciados.	Examinar o ambiente, os relacionamentos e as atividades da pessoa e tornar o acesso a eles contingente à submissão da pessoa a um programa de comportamento. Se a pessoa protesta ou resiste, os controles são caracteristicamente aumentados.
Ouvir cada pessoa e conhecer suas qualidades singulares e sua história pessoal. Dessa maneira, as atividades e as técnicas seguem as preferências e o estilo da pessoa.	Exigir uma avaliação ecológica, que é em geral "isenta de valor", pois é usada em escolas especiais nas quais os alunos não têm liberdades ou direitos civis básicos, nem nas turmas de educação regular.
Supor que todo comportamento tem significado e que o comportamento de um indivíduo pode ser um método para comunicar suas necessidades e seus desejos.	Supor que o comportamento pode ser comunicativo, mas o principal esforço é feito para eliminar o comportamento indesejado pelo professor (ou qualquer pessoa que seja mais poderosa) e aumentar os comportamentos valorizados por aqueles que detêm o poder.
Medir o sucesso pela satisfação da pessoa que está sendo apoiada.	Medir o sucesso pelos dados que mostram conformidade com os objetivos estabelecidos por outras pessoas.
Não se concentrar em "moldar" uma pessoa, mas em desenvolver competências, criar oportunidades e oferecer escolhas que ajudem cada pessoa a viver uma vida plena.	Tentar realizar uma mudança de comportamento rápida, sem considerar o que a pessoa com dificuldades pensa ou sente. O objetivo ideal é tornar a vida melhor para o objeto destas intervenções, mas, na prática, mais freqüentemente torna a vida mais confortável para aqueles que estão no poder.
Proporcionar alternativas viáveis e eliminar a necessidade de confiar em métodos aversivos e coercivos.	Usar níveis cada vez maiores de controle, até a pessoa se submeter. Se medidas brandas não conseguirem os resultados desejados, a história destas tecnologias mostra que a coerção e a aversão podem ser escaladas até a pessoa ficar seriamente magoada ou morrer.

Adaptada do Department of Public Welfare (1991).

jando ser controlador ou ferino, sei que está acontecendo algo que preciso aprender sobre mim mesmo.

O que os Professores Fazem em Situações Reais de Sala de Aula?

Algumas idéias sobre a maneira que um professor poderia começar a pensar antes de agir estão relatadas a seguir. Estas não são receitas ou planos passo a passo, mas preocupações recorrentes que tenho encontrado em meu próprio trabalho.

Quem Ama esta Criança? Quem esta Criança Ama?

Se para as duas perguntas a resposta é "ninguém", fica óbvio saber de onde seu trabalho precisa começar. Uma criança que vive em tal isolamento não está em posição de ter entusiasmo para aprender sobre muita coisa, menos ainda sobre o "comportamento socialmente adequado". O fato de que as crianças tenham pais que obviamente as amam não significa que a criança se sinta amada. Seria simples supor que o que parece ser amar é amar. Freqüentemente, contudo, ninguém conhece a criança bem o bastante para responder a essas perguntas com precisão, ou a criança não tem um relacionamento bastante próximo com alguém para que a resposta seja verdadeira.

Amando a Criança

Se é você quem ama e é amado pela criança, o que pode ser feito que não envolva julgamento ("Ele é apenas um garoto detestável!") ou culpa ("É culpa da sua mãe/de seu pai/do professor/do sistema!")? Os sistemas coercivos e abusivos "resolvem" os problemas deslocando e reatribuindo a culpa. Se isso é o melhor que as pessoas podem fazer, então é preciso tomar algum cuidado, pois as crianças podem ficar magoadas e confusas. Culpar um "sistema" ou os "professores" não é mais lógico que culpar os "garotos" ou os "pais".

Superando o Impasse

O que ajudaria todas as partes a superar o impasse? Quem tem o poder ou a capacidade para fazer com que isso aconteça? Se todas as pessoas nessa situação fizessem o que quisessem fazer (em vez do que se "supõe" que deveriam estar fazendo), onde se encontrariam? Quando e onde seus diferentes interesses iriam se justapor? A motivação não é tão intrinsecamente compensadora, embora pudesse ser, mas está ligada à conexão entre o desejo do aluno e o material que está à mão. Estou menos interessado em recompensas do que em ajudar as pessoas a seguir sua sensação interna de prazer.

Por alguma razão, uma suposição sobre a aprendizagem é a de que as pessoas desejam aprender o mínimo, quando minha experiência demonstrou-me que as pessoas desejam aprender o máximo. Se apresentamos a educação como uma oportunidade para você aprender o que mais o atrai sobre o mundo, provavelmente você vai esforçar-se para conseguir saber o máximo, não o mínimo. Entretanto, se a educação é apresentada como uma obrigação e um conjunto de tarefas que você precisa realizar para alguém, então é realmente provável que você encontre subterfúgios e faça o mínimo de esforço possível. A natureza do desejo – que em si não é bom nem ruim – é querer mais. A bênção ou a maldição disso vem do enfoque desse desejo, e não do próprio desejo.

"Imagine a Realidade"

"No entanto, dizer que você e eu somos humanos não significa dizer que somos iguais. Ao contrário, eu preciso enxergar você como outra pessoa e não como um espelho de mim ou como um objeto da minha experiência. A empatia, no sentido de eu me colocar na sua situação, não é o bastante: o importante é enxergar a sua situação a partir da sua perspectiva, que não é idêntica à minha. Eu preciso 'imaginar o real' – enxergar o mundo como você o enxerga, vivenciar sua vida interior." Isso, segundo Buber, é "um movimento amplo" – exigindo a mais intensa atividade de uma pessoa – para o interior da vida da outra" (Buber, 1966, p. 81).

> Quando eu ao mesmo tempo o encaro como um indivíduo e reconheço sua individualidade, ocorre a realização do relacionamento humano em sua plenitude. Todos nós podemos esforçar-nos para receber os outros desta maneira, e assim fazendo preparamos o campo para o diálogo genuíno, um compartilhamento recíproco através do qual ambos os participantes ficam enriquecidos. (Kohn, 1993, p. 137-138)

O conceito de "deficiência", isoladamente, proporciona pouca clareza ao problema maior do comportamento difícil nas escolas. A confusão em torno de como reagir às crianças com deficiências e ao "comportamento desafiador" é principalmente uma expansão da incerteza cultural geral de como resolver este enigma em *qualquer* criança.

A Mudança de Comportamento como uma Interação Mútua: "Nosso Antagonista é Aquele que nos Ajuda"

Caracteristicamente, as crianças com comportamento difícil são vistas como "carentes de aprender algo". Isso pode ser verdade, mas elas em geral não têm de aprender as coisas unilateralmente. Não podemos ensinar sem aprender; nem nós podemos abusar dos outros sem, no final, nos ferirmos.

Muitas crianças com comportamento difícil têm condições médicas não-diagnosticadas, dificuldades emocionais ou histórias de abuso ou negligência. Entretanto, mutuas vezes nos esquecemos de que os professores também as têm. Os professores que enxergam os alunos com comportamento difícil como oportunidades de aprofundar sua própria cura podem achar mais fácil atuar de modo sensível do que os professores que definem o seu trabalho como restrito a ensinar o aluno.

Por que nós, enquanto adultos, prestamos atenção à nossa própria realidade e à realidade da criança como uma interação, em vez de apenas uma ou outra? Por que nos detemos no nosso próprio presente – e presença – em vez de controlarmo-nos e ficarmos ansiosos com relação ao futuro da criança? À medida que aprendemos a enxergar as situações difíceis como reveladoras de nós a nós mesmos, percebemos que o bom ensino é também uma questão de eterna aprendizagem.

Para as coisas funcionarem bem, tem de haver muito espaço para elas funcionarem mal. A busca da perfeição exclui a realidade, enquanto o respeito pela realidade tem incorporado em si a possibilidade de algum brilho e de breves momentos de perfeição.

O fracasso da psicologia-como-tecnologia, como uma solução para os problemas humanos: o sonho de que alguém tem – ou logo terá – um programa para "curar" a dificuldade comportamental acabou. Os programas de reabilitação e terapêutica são fundamentalmente um fracasso, exceto quando conseguem estimular os relacionamentos necessários para as pessoas crescerem, e neste caso, os relacionamentos são a variável importante, e não os invólucros terapêuticos nos quais são apresentados.

Os "professores dos alunos perturbados emocionalmente" de um grande sistema escolar urbano explicaram como entendiam o seu trabalho: "Ajudar os garotos a adquirirem bastantes habilidades emocionais e cognitivas para voltar às suas aulas regulares". Nessa escola, 250 alunos estão atualmente matriculados, mas apenas três graduaram-se nessa terapia no ano passado.

Ser Cruel para Ser Bom Continua Sendo Cruel

> Por isso, o primeiro objetivo é manter seu filho sob uma total sujeição. Ensinar-lhe que ele deve obedecer. Às vezes, dar-lhe seus motivos; na maioria das vezes, negá-los. Mas deixá-lo entender perfeitamente que ele deve fazer o que lhe é ordenado. Acostumá-lo a uma imediata e satisfeita aquiescência à sua vontade. Isso é obediência. E isso é absolutamente essencial para a boa administração familiar. Sem isso, sua família vai apresentar uma cena contínua de barulho e confusão; a labuta de criar seus filhos será quase insuportável; e, muito provavelmente, seu coração vai ficar partido com sua futura licenciosidade e ingratidão.
> Mas a condução dessa questão é bem mais cruel, pois vai permitir que a inflamação da mente aumente e permaneça sem ser examinada; pois, em vez de infligir a dor momentânea necessária para subjugar o desejo obstinado e conter a irritação, vai permitir que a desordem moral adquira tal força que se torne incurável. Assim, as conseqüências resultantes são muito mais desastrosas. Elas afetam a natureza imortal do homem e prosseguem até a eternidade. Não há crueldade mais destrutiva que essa. (Abbott, 1834/1972, p. 76)

A obsolescência no aconselhamento sobre a educação dos filhos tem atualmente um lado hilário, mas ainda presente entre algumas tecnologias impingidas às crianças com deficiência. Quando o governo eficiente ou a ação forte dos pais conseguiu pôr fim ao uso do sofrimento para controlar o comportamento, os psicólogos que anteriormente usavam a punição corporal e outros métodos aversivos adornaram suas tecnologias viciosas chamando-as de estratégias de ensino e intervenções reabilitadoras. As pessoas autistas parecem particularmente atrativas para este tipo de profissional; novas "curas" para o autismo surgem na mesma proporção em que cai o uso dos métodos aversivos. Poucos pais esperam ter de tornar-se clínicos experientes meses depois de terem um filho; mas, a menos que isso ocorra, eles serão presas de toda forma de arrogância profissional.

É interessante notar que a maior parte dos programas que vão "curar" deficiências envolve a intervenção precoce. Isso faz sentido do ponto de vista desenvolvimental, mas também é muito conveniente para os charlatães que podem deixar os pais ansiosos de que, se não intervirem nos modos contra-intuitivos e nocivos, vão "magoar" seu filho, impedindo-o de ter acesso a uma terapia vital e que pode mudar sua vida. Como a maioria dos pais faz qualquer coisa para ajudar um filho, terminam fazendo muitas coisas para ajudar qualquer um, menos seu filho.

Entretanto, a linguagem ultrapassada de Abbott é sempre usada pelo poderoso sobre o menos poderoso. Não é difícil encontrar a mesma receita para uma "criança modelo" ser usada em vários momentos da história com escravos, camponeses, mulheres, cães, pessoas com deficiência. Ela é sempre apresentada como um comentário sobre o escravo ou o camponês, mas na verdade é um polimento na arrogância daqueles que enxergam os outros dessa maneira. Os programas rápidos de ajuste do comportamento (que só são rápidos para tornarem-se sórdidos se você não o ajustar suficientemente rápido) e outras intervenções impessoais para o comportamento difícil têm mais a ver com a ausência de poder da pessoa diferente e com a falta de imaginação daqueles que pretendem ajudá-la do que com qualquer outra coisa.

Inclusão

A inclusão, neste momento, é um processo político e um movimento de libertação. Como a maior parte dos movimentos de libertação, ela é realmente o oposto do que parece ser. O "problema" das "pessoas negras" na sociedade norte-americana era realmente um problema para as pessoas brancas. Do mesmo modo, as carências de adaptação das pessoas com deficiência são relativamente menores do que as carências daqueles temporariamente sem deficiência. Enxergar que a realidade do cotidiano (com suas escadas, curvas, boxes de toalete estreitos e a apreciação perversamente estreita do que constitui "inteligência") precisa de reabilitação e enxergar as pessoas com deficiência com igualdade inverte radicalmente a antiga suposição de que essas pessoas eram inúteis e, como tal, inadequadas para o mundo real.

O mundo real é inadequado para praticamente todos nós. As adaptações que tornam a vida cotidiana mais acessível para um pequeno grupo de pessoas tornam-nas mais convenientes para muitas outras. Não são apenas as pessoas que usam cadeiras de rodas as beneficiadas por uma arquitetura acessível – centenas de pessoas que *po-*

dem usar escadas acham-nas penosas e desagradáveis. A sala de aula que consegue adaptar-se às necessidades óbvias de um aluno invariavelmente beneficia pessoas cujas necessidades não são tão óbvias. Se não houver outra utilidade, adaptar as escolas e as turmas para incluir todos significa dizer, implicitamente, "a escola pertence a todos". Qualquer cultura que diga "você é importante" aumenta a probabilidade de seus membros serem capazes de dizer o mesmo uns para os outros e para si mesmos.

NOTA

[1] O autor deseja agradecer a Susannah Joyce, Jill Long e Teresa Sotela pelas sugestões e pelos comentários úteis feitos ao longo do tempo.

REFERÊNCIAS BIBLIOGRÁFICAS

Abbott, J.S.C. (1972). *The mother at home; or, the principles of maternal duty*. Nova York: Arno Press and The New York Times. (Trabalho original publicado em 1834)

Arnold, M. (1962). Hellenism and Hebraism. *In* R.H. Super (Ed.), *Culture and anarchy: Vol. V. The complete prose works of Matthew Arnold* (p. 116-175). Ann Arbor: University of Michigan press. (Trabalho original publicado em 1869)

Buber, M. (1966). *The knowledge of man: A philosophy of the interhuman*. Nova York: Harper Torchbooks.

Burgess, A. (1973). *The wanting seed*. Londres: Heinemann.

Department of Public Welfare, Commonwealth of Pennsylvania (8 de Fevereiro, 1991). *Mental Retardation Bulletin*, Number 00-91-05, p. 2-3.

Donnellan, A. & Leary, M. (1993). *Movement disorders*. Madison, WI: DRI Press.

Erikson, E. (1963). *Childhood and society* (2ª ed.). Nova York: Norton & Co.

Kohn, A. (1993). *Punished by rewards: The trouble with gold stars, incentive plans, A's, praise, and other bribes*. Boston: Houghton Mifflin.

Mesulam, M. (1985). *Principles of behavioral neurology*. Filadélfia: F.A. Davis Co.

PARTE 6

Outras Considerações

24

A Inclusão e o Desenvolvimento de uma Auto-Identidade Positiva em Pessoas com Deficiência

Susan Stainback,
William Stainback,
Katheryn East e
Mara Sapon-Shevin

A QUESTÃO DA integração ou da inclusão educacional tem sido o enfoque de muitos debates, mas há pouca ou nenhuma atenção concentrada sobre a maneira pela qual a inclusão na educação regular influencia o desenvolvimento da auto-identidade positiva entre alunos com deficiências. Algumas pesquisas (Branthwaite, 1985) apóiam o argumento de que a auto-identidade – sentimentos de confiança e valor – de um indivíduo influencia a maneira como ele interage com o ambiente. Gliedman e Roth (1980) apresentaram evidências da importância de os indivíduos com deficiência desenvolverem uma auto-identidade positiva, incorporando sua deficiência. Ferguson e Asch (1989) descreveram a questão da seguinte maneira:

> Como as pessoas com deficiência podem pensar em si mesmas de maneira que incorporem sua deficiência como uma parte importante de sua identidade pessoal e social? Esse é um tema que complica o apelo para a inclusão educacional. Tanto na literatura quanto em nossas reflexões pessoais, encontramos um reconhecimento inegável de que um sentido de identidade bem-desenvolvido, como um adulto com deficiência, necessita de um envolvimento importante quando criança com outras pessoas (crianças e adultos) com deficiências similares. (p. 131)

Embora o objetivo da inclusão seja criar uma comunidade em que todas as crianças trabalham e aprendem juntas e desenvolvem repertórios de ajuda mútua e apoio dos colegas, o objetivo da inclusão não é o de esquecer as diferenças individuais entre elas. Dentro do campo da educação multicultural, o objetivo do não-reconhecimento das diferenças (todas as pessoas são iguais e não percebemos as diferenças) foi desacreditado e substituído por modelos que reconhecem e apóiam o desenvolvimento da auto-identidade positiva para grupos de indivíduos. Similarmente, o objetivo da inclusão nas escolas é criar um mundo em que todas as pessoas se reconheçam e se apóiem mutuamente, e esse objetivo não é atingido por nenhuma falsa imagem da homogeneidade e em nome da inclusão. Ao contrário, precisamos observar cuidadosamente a maneira como as escolas têm caracteristicamente se organizado em torno das diferenças individuais e como desenvolveram outras alternativas. Modelos típicos dos serviços de educação especial têm envolvido a identificação das diferenças individuais, rotulando-as e depois proporcionando serviços segregados para pessoas similarmente rotuladas. Entretanto, a alternativa não é inserir os alunos em grupos heterogêneos e ignorar suas diferenças individuais. Este é o medo expressado por muitos que se opõem à inclusão – que as necessidades individuais dos alunos percam-se no processo. Precisamos encontrar maneiras de desenvolver comunidades escolares inclusivas que reconheçam as diferenças entre os alunos e suas necessidades e isto dentro de um contexto comum.

Dada a importância dessa questão, nós, como profissionais, precisamos examinar como podemos aumentar o desenvolvimento dessa auto-identidade no contexto do movimento escolar inclusivo. Este capítulo delineia o desenvolvimento de uma auto-identidade positiva e apresenta uma perspectiva sobre a abordagem dessa preocupação.

O MOVIMENTO RUMO À INTEGRAÇÃO E O PROBLEMA QUE ELE CRIA NO DESENVOLVIMENTO DE AUTO-IDENTIDADE POSITIVA

Como detalharam os primeiros capítulos deste livro, a prática educacional de agrupamento ou reunião homogênea de indivíduos, tendo como base uma característica comum, tem sido considerada por muitos inadequada. Esse agrupamento homogêneo também tem sido reconhecido como distante do ideal para pessoas com deficiência que estão aprendendo a viver e a trabalhar em comunidades inclusivas (Disability Rights, Education, & Defense Fund, 1983).

Entretanto, nas salas de aula inclusivas, podem existir indivíduos portadores de deficiência com incidência relativamente baixa na população geral, como cegueira ou espinha bífida, que correm o risco de ter restringidas suas oportunidades de conhecer e interagir com outros indivíduos com características similares. Para evitar este isolamento, podem ser necessárias providências para esses alunos se identificarem positivamente com outros com características similares. Uma maneira de proporcionar tal acesso é através de oportunidades planejadas para que pessoas que compartilham características comuns reúnam-se em ambientes escolares e comunitários.

RECONHECENDO AS CARACTERÍSTICAS INDIVIDUAIS ATRAVÉS DO ACESSO INTENCIONAL

Uma maneira de reconhecer as características ou as diferenças individuais dos alunos é proporcionar-lhes oportunidades para encontrarem-se com outros em grupos formados em torno de características ou questões específicas e lhes permitir compartilhar informações, apoio e estratégias para transformar o preconceito, a discriminação e as práticas de vida. Da mesma maneira que o movimento das mulheres capacitou-as através de grupos de elevação da consciência em que os membros estivessem seguros e pudessem então lidar com a sociedade, outras pessoas – especificamente os alunos – podem ter necessidades similares.

O acesso intencional é uma característica proeminente desses grupos de apoio. Esse acesso (isto é, as oportunidades planejadas que permitem às pessoas que compartilham uma característica comum reunirem-se) proporciona oportunidades para afiliações voluntárias entre indivíduos que compartilham características comuns, mas permite-lhes conservar sua qualidade de membros da comunidade como um todo. Asch, uma colega cega, comentou que, embora fosse importante para ela o desenvolvimento educacional e social que ela recebia na escola pública do bairro, ter a oportunidade de comparar observações e compartilhar experiências com outros colegas cegos era-lhe igualmente proveitoso. Ela declarou (Ferguson & Asch, 1989):

> Conversávamos sobre a maneira como nossos pais, professores e colegas em nossas escolas nos tratavam por sermos cegos. Às vezes alguém que resolvia um problema nos contava o que havia descoberto. Às vezes nos queixávamos juntos dos problemas que nenhum de nós tinha conseguido resolver. Era importante comparar as observações, ter amizades sólidas nas quais a visão ou a ausência dela não afetava os termos da interação, e simplesmente, no geral, não se sentir sozinho. (p. 132-133)

Os benefícios do apoio formal e informal ou dos grupos de interesse foram citados por alunos filhos de pais divorciados, alunos surdos, vítimas de abuso ou estupro, futuros fazendeiros, grupos religiosos, entusiastas de esportes com cadeiras de rodas e garotas adolescentes, entre outros (Hahn, 1985). Esses grupos têm vários componentes importantes. Um deles é que a situação de membros e a participação não são impostas (os indivíduos podem escolher participar ou não) nem exclusivas (qualquer um que deseje ser parte do grupo é aceito). A qualidade de membro do grupo baseia-se nas necessidades e nos interesses expressos de um indivíduo, e não na percepção de um adulto ou de uma figura de autoridade da característica de identificação de um indivíduo (p. ex., cegueira, surdez). Dessa maneira, os indivíduos realmente têm livre acesso para formar amizades e para identificar-se com quem quiserem. Como ilustração, em uma situação de trabalho na qual vários indivíduos com retardo mental estavam aprendendo habilidades profissionais, os membros da equipe expressaram preocupação com relação a uma jovem que escolheu interagir socialmente com a equipe, em vez de interagir com os outros indivíduos com retardo mental. Quando lhe perguntaram por que, a mulher explicou: "Por dentro eu sou uma pessoa normal, e parece que não consigo fugir disso". (Kauffman, 1984, p. 89) Todas as pessoas são "normais" por dentro e, para poderem desenvolver um sentido saudável de identidade social devem ter amplas oportunidades para expressar sua normalidade através de seus talentos, características, amizades e interesses. Se um grupo de indivíduos que compartilha uma característica comum tal como possuir uma deficiência ou ser um afro-americano, ser mulher ou ser católico quer estar junto, compartilhar experiências ou formar um grupo de defesa, isso é escolha pessoal deles. Embora a formação de um grupo possa ser ajudada por aqueles que estão em posição de autoridade, a participação obrigatória pode ser contraproducente, sobretudo se o objetivo é aumentar a auto-identidade positiva.

Há um risco quando aqueles que estão em posição de autoridade fazem suposições sobre quem deve ser agrupado junto e em torno de que característica ou questão. Em outras palavras, se o diretor decidiu que todos os alunos bilíngües devem ser agrupados juntos, porque sua língua materna não é o inglês, ou o coordenador de educação especial decidiu que todos os alunos com deficiências de mobilidade deveriam reunir-se uns com os outros, o potencial para cada grupo conseguir capacitação individual e de grupo fica automaticamente limitado, porque o grupo não foi formado segundo um interesse comum ou identificação mútua, mas devido a uma definição imposta por alguém externo ao grupo.

Outra consideração relacionada é que os grupos precisam ser iniciados e definidos pelos membros para evitar a violação de seus interesses, necessidades e direitos básicos (Stainback, Stainback & Forest, 1989). Há riscos quando as pessoas em posição de autoridade, incluindo educadores e pais, concentram-se em qualquer uma das características de um indivíduo (p. ex., deficiência, raça, religião) e organizam sua vida em torno dessa característica. Segundo Strully e Strully (1985), os pais e os educadores que encorajam as crianças com deficiência a ter apenas amigos com deficiência e a participar apenas de eventos sociais para pessoas com deficiência perpetuam a segregação. O perigo real é que esses grupos tornam-se o único porto seguro para pessoas definidas como "diferentes" e, desse modo, retiram da sociedade a responsabilidade de tornar a comunidade mais ampla, acessível e receptiva.

O PAPEL DO PESSOAL DA ESCOLA

A partir das experiências de pessoas com deficiência, há uma evidência crescente de que desenvolver uma auto-identidade positiva que incorpore a deficiência não entra necessariamente em conflito com adquirir uma inclusão escolar e comunitária (ver Ferguson & Asch, 1989; Hahn, 1985; People First, 1987). Tais experiências indicam que a inclusão nas escolas e nas comunidades pode ser conseguida sem restringir os direitos de qualquer pessoa ou grupo a formar livremente amizades e vínculos ou a identificar-se com quem quiser. Entretanto, o pessoal da escola precisa ser sensível aos desejos de alguns alunos de identificar-se com outros que compartilham características e interesses similares.

As escolas podem proporcionar a estrutura necessária para permitir que os alunos formem esses grupos, assim como têm possibilitado aos alunos iniciar outros agrupamentos, como círculos de amigos (Snow & Forest, 1987) ou clubes de fotografia. Algumas escolas, por exemplo, patrocinam grupos de apoio especial para alunos cujos pais estão divorciando-se, para que possam superar a sensação de isolamento e de alienação em suas vidas.

As oportunidades para esses grupos de interesse, de iniciativa dos alunos, podem estar disponíveis em todos os níveis de ensino, desde a pré-escola até o colégio. A ajuda de adultos pode ser requerida de várias maneiras. As escolas que apóiam grupos flexíveis orientados pelo interesse do aluno e compostos por membros que optam por estar ali possibilitam a ocorrência dos benefícios da auto-identidade. Nesse contexto, a escola assume o papel de proporcionar maneiras de os alunos conhecerem-se e interagirem com outros indivíduos com características similares às suas, se assim o desejarem.

Como foi observado no início deste capítulo, esses grupos são em geral auto-escolhidos – ou seja, iniciados por seus membros. Embora um adulto ou uma figura de autoridade possa certamente facilitar a formação do grupo quando há um interesse expresso, qualquer membro da comunidade escolar deve ter a oportunidade de iniciar um grupo, incluindo os alunos. Por exemplo, se um aluno decide que gostaria de reunir-se com outros que estão tendo problemas com irmãos mais velhos, ou com colegas preocupados com brigas no recreio, é assim que o grupo será definido. Estruturando os grupos dessa maneira, eles não se tornam necessariamente grupos orientados para a deficiência, mas sim grupos de interesses especiais relacionados a uma área ou a um tópico específico. Se vários alunos com deficiência auditiva decidem reunir-se para discutir suas experiências na Jefferson Middle School como alunos com deficiências auditivas, eles podem procurar outros que também se identifiquem ou estejam interessados nisso e formar um grupo. Tais grupos também podem envolver alunos que desejem identificar-se como aliados – pessoas que vão ajudar a combater qualquer discriminação que os alunos estejam experimentando e que vão comprometer-se a estar do lado deles e defendê-los em suas lutas para alcançar seus objetivos. Tendo os grupos escolhido formar-se dessa maneira, a preocupação de que possa ocorrer uma re-segregação de pessoas com deficiência é minimizada.

Como foi declarado antes, o pessoal da escola deve facilitar os grupos autodefinidos, que são aqueles que decidem não apenas quem pertence a eles, mas também quais são seus enfoques e propósitos. Um grupo de alunos com deficiência visual pode decidir que seu objetivo é apenas apoio mútuo e o compartilhamento de problemas e preocupações em um ambiente seguro. O mesmo grupo pode também decidir que seu objetivo é a defesa de seus interesses, instruir os alunos e os professores sobre as suas necessidades e a melhor maneira de satisfazê-las.

Finalmente, a literatura profissional emergente sobre grupos de apoio mútuo (Vaux, 1988) indica que eles devem ser flexíveis. Grupos flexíveis são aqueles que permanecem intactos somente enquanto são úteis e satisfazem às necessidades dos seus membros. Assim como as pessoas recém-divorciadas ou viúvas podem procurar um grupo de apoio para essa fase de transição e deixam esse grupo quando não sentem mais a necessidade desse tipo de apoio particular, os grupos não devem ser iniciados com uma duração prefixada ou inflexível. Unir-se ao grupo e decidir quanto tempo o grupo vai funcionar deve ser decisão de seus membros.

UM APELO PARA PESQUISA

Até o presente, há pouca ou nenhuma pesquisa em educação especial sobre as questões que envolvem o desenvolvimento da auto-identidade. Um conhecimento desta questão por todos os alunos poderia ser ampliado pela pesquisa. Um caminho que essa pesquisa poderia tomar é perguntar aos alunos como seu senso de auto-identidade na escola está sendo melhorado ou poderia ser melhorado. Outra via de pesquisa poderia ser perguntar aos alunos que já saíram da escola que mudanças poderiam ter tornado sua experiência educacional mais positiva. Utilizando-se os dados colhidos dos alunos, juntamente com o entendimento de como os grupos de interesse e apoio nas escolas e nas organizações comunitárias são desenvolvidos e facilitados, poderia ser desenvolvido um processo para garantir um acesso intencional e significativo de todos os indivíduos a grupos de interesse e apoio. Depois da implementação, poderia ser investigado o impacto do envolvimento nesses grupos de apoio sobre os indivíduos, sobre seus colegas, sobre a família e sobre os professores.

CONCLUSÃO

Para desenvolver uma auto-identidade positiva, um indivíduo necessita de oportunidades para exercer e expressar suas escolhas. Os indivíduos precisam exercer a escolha sobre suas amizades e suas filiações a grupos. Para permitir essas escolhas, as escolas e a comunidade em geral precisam ser flexíveis, adaptativas e sensíveis às necessidades singulares de todos os seus membros. O acesso intencional ou significativo aos grupos de apoio ou interesse pode introduzir essas qualidades na sociedade em geral, permitindo que cada indivíduo tenha a oportunidade de desenvolver um senso de identidade positivo. A escola deve tornar-se um lugar onde o acesso intencional aos grupos é facilitado e onde cada aluno tem a oportunidade de desenvolver sentimentos positivos sobre as qualidades singulares que ele traz à comunidade educacional. Acima de tudo, o objetivo da inclusão não é o de apagar as diferenças, mas o de que todos os alunos pertençam a uma comunidade educacional que valide e valorize sua individualidade.

Finalmente, enquanto a inclusão continua a ser discutida, é fundamental que as vozes dos alunos sejam ouvidas. Uma maneira de garantir que os alunos tenham uma voz é proporcionar-lhes oportunidades para reunirem-se, formar amizades, gerar parcerias entre os grupos e aprender a assumir sua própria educação e suas próprias vidas.

REFERÊNCIAS BIBLIOGRÁFICAS

Branthwaite, A. (1985). The development of social identity and self-concept. *In* A. Branthwaite & D. Rogers (Eds.), *Children growing up*. Filadélfia: Open University Press.

Disability Rights, Education, and Defense Fund. (1983). *The disabled women's education project: Report of survey results: Executive summary*. Berkeley, CA: Author.

Ferguson, P. & Asch, A. (1989). Lessons from life: Personal and parental perspectives on school, childhood, and disability. *In* D. Biklen, A. Ford & D. Ferguson (Eds.), *Disability and society* (p. 108-140). Chicago: National Society for the Study of Education.

Fullwood, D. (1990). *Chances and choices: Making integration work*. Baltimore: Paul H. Brookes Publishing Co.

Gliedman, J. & Roth, W. (1980). *The unexpected minority: Handicapped children in America*. Nova York: Harcourt Brace Jovanovich.

Hahn, H. (1985). Toward a politics of disability: Definitions, disciplines and policies. *The Social Science Journal, 22*, 87-105.

Kauffman, S. (1984). Socialization in sheltered workshop settings. *In* R. Edgerton & S. Bercovici (Eds.), *Mental retardation*. Washington, DC: American Association for Mental Deficiency.

People First. (1987). *People First* [vídeo]. Downsview, Ontario: Canadian Association for Community Living.

Snow, J. & Forest, M. (1987). Circles. *In* M. Forest (Ed.), *More education integration*. Downsview, Ontario: G. Allan Roeher Institute.

Stainback, S., Stainback, W. & Forest, M. (Eds.). (1989). *Educating all students in the mainstream of regular education*. Baltimore: Paul H. Brookes Publishing Co.

Strully, J. & Strully, C. (1985). Friendship and our children. *Journal of The Association for Persons with Severe Handicaps, 1*, 224-227.

Vaux, A. (1988). *Social support: Theory, research and intervention*. Nova York: Praeger.

25

Conquistando e Utilizando o Apoio da Família e da Comunidade para o Ensino Inclusivo

Lynne C. Sommerstein e
Marilyn R. Wessels

POR QUE, APÓS MUITOS anos desde a aprovação do Education for All Handicapped Children Act of 1975 (PL 94-142), mais tarde novamente aprovado como o Individuals with Disabilities Education Act of 1990 (IDEA) (PL 101-476) e posteriormente corrigido em 1991 com o PL 102-119 – Individuals with Disabilities Education Act Amendments of 1991 – ainda é necessário escrever um capítulo sobre a conquista e a utilização do apoio da família e da comunidade para o ensino inclusivo? Por que, quando a lei já deveria estar completamente implementada, não estamos sequer próximos disso? Já analisamos, organizamos, examinamos e até brigamos com êxito, e ainda estamos produzindo efeito sobre as crianças apenas de modo limitado e caso por caso. O que mais precisamos fazer? Este capítulo examina por que a PL 94-142 ainda não foi totalmente implementada (U.S. Department of Education, 1993), por que o nosso progresso rumo à inclusão de pessoas com deficiência tem sido tão dolorosamente lento, o que os pais das crianças com deficiência podem fazer para conseguir e utilizar o apoio da família e da comunidade, e o que precisam para estar *cientes* e *advertidos* sobre o direito de reivindicar o lugar certo para seus filhos nas escolas do bairro e nas comunidades.

ESTAR CIENTE DO NEGATIVISMO IRRELEVANTE

Depois de cada exame, avaliação, diagnóstico, prognóstico, escapei com minha filha, Michelle, para nosso banco preferido no *shopping*. Os *nunca, não pode e não vai* roubaram minha confiança e seqüestraram meus sonhos. Quando eu me sentava na frente da Sears observando Michelle fazer seus dois ... três ... cinco ... sete anos de idade, ela resgatava minha confiança e restaurava meus sonhos lembrando-me que ela ainda continuava a ser a filha engraçada, tola, doce e teimosa que era quando acordamos aquela manhã. (Sommerstein, 1994)

Bem-vindo ao mundo das deficiências, onde os documentos reinam e o negativismo, o pessimismo e a resistência à mudança transpiram em cada página. Não tem de ser assim. O negativismo é sintomático de uma sociedade competitiva que idolatra os vencedores e evita os perdedores. Este preconceito faz com que a sociedade e os próprios pais encarem a deficiência não como uma característica pessoal neutra, mas como uma qualidade negativa definidora que requer segredo, defensiva e vergonhosa. A natureza estigmatizante desse negativismo tem evitado que as crianças com deficiência sejam bem-recebidas nas escolas do seu bairro, contribuindo assim para a negação de sua cidadania plena nas comunidades .

A percepção negativa de pessoas com deficiência surge no início do processo de avaliação, quando os profissionais ansiosamente garantem aos pais a confidencialidade das informações que estão sendo reveladas e compartilhadas. Embora haja muito boas razões para a confidencialidade ser mantida, o segredo envolvido no processo e a relutância em compartilhar todas as informações até mesmo com os pais envia uma mensagem em si negativa de que algo está "errado" com a criança. Os pais precisam compreender que essa mensagem não tem nada a ver com o valor ou com as potencialidades do seu filho, mas sim com um processo definido pelas atitudes sociais.

As próprias avaliações são freqüentemente testemunhas da documentação deficitária quanto às previsões estatísticas bem-intencionadas. Essas descrições "servem para enfatizar as diferenças da criança e criam um quadro 'sem esperança'" (Schaffner & Buswell, 1991, p. 16) de baixas expectativas e profecias autocumpridoras. Os pais oscilam entre o choque e a culpa, inconscientes de que "quando o oráculo é alto e claro, em geral está errado. Temos sido tratados com um ... espalhafato profissional, e este é um remédio muito amargo – quanto mais por ser praticamente ineficaz" (Akerley, 1985, p. 24). O que os pais não sabem *pode* magoar seus filhos. Eles *devem* questionar, até mesmo desafiar, os resultados da avaliação; *podem* recusar-se a assinar a liberação dos formulários de informação; *podem* exigir avaliações independentes por parte de profissionais esclarecidos que documentem tanto as potencialidades quanto as carências; *devem* insistir em uma ênfase baseada nas potencialidades em todos os aspectos da vida do seu filho.

> Quando eu recebia os relatórios sobre Michelle de seu psicólogo, fonoaudiólogo, médico, neurologista ou qualquer outro profissional, sempre os considerava rascunhos. A primeira coisa que eu fazia era me sentar com uma caneta marca-texto amarela e marcar todos os comentários positivos sobre ela. Se o relatório não estivesse pelo menos 50% amarelo, eu fazia os acréscimos e pedia que eles fossem acrescentados. Somente uma vez eu permiti que um relatório que eu não havia previamente examinado fosse enviado à escola. Nunca, jamais, deixei que isso tornasse a acontecer. (Sommerstein, 1994)

Os pais não devem aceitar as expectativas baixas ("realistas") sugeridas por testes padronizados cujas previsões em geral são tão confiáveis quanto as do *Farmer's Almanac*.

O "Ponto Máximo"

Os pais também devem ter consciência de algumas noções preconcebidas, fora de moda e até anacrônicas, sustentadas por alguns psicólogos, educadores ou diretores que muito freqüentemente recomendam apoios e serviços segundo essas crenças. A idéia de "ponto máximo" é uma dessas noções. Quando os testes mostram progresso lento ou ausência de progresso, particularmente em crianças mais velhas, os serviços podem ser reduzidos porque a criança chegou ao seu "ponto máximo". Se aplicarmos simplesmente o bom senso, vamos perceber que a aprendizagem é uma atividade da vida toda e que a única coisa que chegou ao "ponto máximo" é a estratégia de ensino ou a experiência dos que estão prestando esse serviço. A expectativa de que os alunos com deficiência precisam de menos apoio no ensino médio reflete esse pensamento. Em vez disso, os serviços devem concentrar-se na pessoa e ser determinados por suas necessidades individuais, e não pelo que o sistema em geral deseja proporcionar. Os pais devem proteger-se contra profecias autocumpridoras, garantindo que as expectativas para seus filhos permaneçam otimistas e elevadas. Se for para errarmos em nossas expectativas, que seja em favor de expectativas mais altas, e não mais baixas.

Compartilhamento da Visão

Os pais desempenham um papel fundamental no afastamento das nuvens pessimistas que cercam seus filhos, um papel que talvez estejamos relutantes em assumir por também aceitarmos as percepções negativas da sociedade. Precisamos de um apelo às armas para ir além do politicamente correto, rumo ao esclarecimento educado. Precisamos nos desviar da culpa e do medo e, em vez disso, investir em nossa intuição e experiência como pais. Não precisamos "rotular" nossas crianças; precisamos, sim, redefinir o termo "vencedor".

A maneira mais eficiente dos pais realizarem isso é usando sua própria experiência na identificação dos resultados que mais valorizam para seus filhos. Eles devem começar tendo como guia as expectativas existentes para crianças da mesma idade, sem deficiências, e não as expectativas que a sociedade em geral tem para as pessoas com deficiência. Podem então adaptar as expectativas "normais" para as carências e necessidades de seu filho; este mapa do caminho – ou objetivos para o futuro – passa a ser a visão do pai/mãe e é a base para todo planejamento, a partir do qual derivarão todas as demais decisões. Ao desenvolver essa visão, os pais devem usar os recursos a seu alcance para informarem-se sobre todas as possibilidades: a própria criança, familiares e amigos, outros pais com maior experiência, pessoas com deficiência que eles consideram "histórias de sucesso", e livros e artigos. "Pense sobre esses anos futuros ... anote suas idéias do que a vida do seu filho ou filha deverá ser quando os anos de escola terminarem. A partir daí, sua visão deve influenciar o desenvolvimento do ... futuro do seu filho ..." (Maryland Coalition, 1991, p. 6). A visão pode precisar ser de tempos em tempos revisada, mas seu compartilhamento garante que os serviços sejam individualizados e não predeterminados pelo sistema.

Quanto a sonhar – tantos conselhos que os pais recebem visam a chorar a "morte" da criança perfeita! Se os pais de crianças com deficiência devem chorar, também devem chorar os pais de crianças sem deficiências, pois não há crianças perfeitas. Mudar suas expectativas não significa pôr fim a um sonho – significa apenas que eles sonhem sonhos diferentes. Ao desenvolver sua visão, os pais não devem se esquecer de sonhar.

TER CONSCIÊNCIA DA MENSAGEM DO SILÊNCIO

No brutal processo de descoberta, os pais tendem a ser relutantes em compartilhar informações até mesmo com seus confidentes mais próximos ou com a própria criança, com medo de que eles não os entendam. Seu segredo reforça as percepções negativas em torno das crianças com deficiência, contribuindo não-intencionalmente para colocar barreiras à inclusão e à aceitação. Os pais podem atenuar isso desde cedo na vida de seu filho, substituindo o silêncio ou a defensiva com abertura, otimismo e celebração do maior esforço. Um truque difícil, pode-se dizer, em função do negativismo das atitudes existente entre as famílias, entre os amigos ou entre os conhecidos.

"EDUCAR TODA A ALDEIA"

Nós, pais, que lutamos para proteger nossos filhos dos outros através do silêncio precisamos interromper o ciclo de ignorância da sociedade, assumindo um risco e compartilhando nossos filhos com os demais, permitindo aos outros acesso às informações e à apreciação do que já possuímos, para que possam participar um pouco dos dons e das realizações de nossos filhos. Para a grande maioria dos pais, ter um filho com deficiência não tem de ser uma tragédia. Um desafio? Sim! Uma inconveniência? Muitas vezes! Uma preocupação? Definitivamente! Mas não uma tragédia. É isso que precisamos dizer a uma sociedade que em geral sente pena de uma pessoa com deficiência, que acha seus pais uns santos e não sabem como eles conseguem lidar com isso. Se é verdade, segundo um provérbio africano, que é "preciso toda uma aldeia para educar uma criança", os pais têm a obrigação de compartilhar os dons e as carências de seu filho com seus familiares, amigos, conhecidos, membros da comunidade, empregados, supervisores, funcionários da mercearia, médicos, enfermeiras, recepcionistas, caixas do banco, motoristas de ônibus e policiais, entre outros, em conversas casuais, debates e até mesmo apresentações formais. Não espere que as pessoas reconheçam as realizações de seus filhos – conte a eles! Não espere que as pessoas saibam do que seu filho precisa – conte a eles! Não espere que as pessoas saibam quem seu filho realmente é – conte a eles! Poucos pais guardam para si as homenagens e as realizações de seus filhos, e não é natural que o façam. Precisamos desenvolver nossa consciência de que as realizações das crianças com deficiência, não importa em que nível, devem ser valorizadas, celebradas e homenageadas.

CONSCIENTIZE-SE DE COMO COMPARTILHAR

O compartilhamento de informações sobre nossos filhos, que é às vezes chamado de consciência da deficiência, tem sido questionado por alguns respeitados defensores.

> Algumas práticas comumente utilizadas nas escolas e consideradas úteis para os alunos desenvolverem os relacionamentos podem realmente desviar os esforços de facilitação da amizade. Embora essas atividades possam ser úteis por outras razões, às vezes separam os alunos com deficiência, concentrando-se em seu jeito "especial" ou em suas diferenças. Facilitação não significa ... atividades de conscientização da deficiência ... (Schaffner & Buswell, 1992, p. 18)

É claro que todos nós esperamos que os relacionamentos se desenvolvam de forma natural, e isso provavelmente ocorreria em um mundo melhor, em que as pessoas com deficiência e seus pais não tivessem de lutar em prol de aceitação. Embora a situação pareça estar melhorando, as amizades entre as pessoas com deficiência e "indivíduos não-deficientes ainda parece ser mais a exceção do que a regra" (Lutfiyya, 1990). A maior parte das pessoas em nossas escolas e comunidades tem pouco contato significativo com pessoas portadoras de deficiência. Até que todas as crianças sejam educadas juntas em salas de aula e escolas de educação regular, as pessoas com deficiência serão percebidas como diferentes. Essas percepções são provocadas por uma lacuna nas informações. A maioria das pessoas não compreende que as diferenças serão na melhor das hipóteses, superficialmente amigáveis ou neutras e, na pior das hipóteses, insensíveis e cruéis. Quando essa lacuna for preenchida com informações positivas, o preconceito e o desconforto serão reduzidos ou desaparecerão.

"Não queremos chamar a atenção para o aluno" ou "O aluno com deficiência ficará constrangido" são preocupações expressadas por críticos da consciência da deficiência. Ambas revelam uma atitude negativa com respeito às deficiências. Não é verdade que chamamos a atenção para o orador da turma, o herói do futebol e o vencedor da bolsa de estudos? Não é verdade que os alunos desfrutam a atenção positiva de compartilhar informações sobre si mesmos com seus colegas? Aqueles que fazem objeções, porque acreditam que isso chame a atenção para o aluno, estão negando que muitos alunos com deficiências já chamam a atenção, já são diferentes, e que talvez sua relutância em falar diretamente sobre isso seja um reflexo do seu próprio desconforto. Em vez de isolar a pessoa, a consciência da deficiência, quando realizada da maneira correta, é um investimento na remoção da diferença; é uma peça essencial na resolução do quebra-cabeça da amizade e do emprego.

"A criança sem deficiências vai sentir pena da criança com deficiência" é outro argumento para o silêncio. Infelizmente, a maior parte das pessoas já sente pena das pessoas com deficiência, como é demonstrado pelo número de serviços de telefone de ajuda disponíveis. A tarefa dos pais de crianças com deficiência é mostrar as potencialidades e os sucessos de seus filhos para que as pessoas não precisem sentir pena deles. Se encaramos a deficiência como uma característica neutra, a informação que está sendo compartilhada é apenas informação, não são julgamentos, e não há razão para piedade, para constrangimento ou para vergonha.

O que os críticos da consciência da deficiência estão real e corretamente questionando é a maneira da apresentação e do conteúdo da consciência. A informação quase sempre é apresentada de uma maneira que reforça os estereótipos negativos de pessoas com deficiência. As diretrizes a seguir identificam estratégias para compartilhar informações através da consciência da deficiência:

Planejar com Consentimento e Participação da Pessoa com Deficiência e sua Família

Algumas pessoas podem não estar prontas para compartilhar; outras têm medo do que poderia ser dito. Seria errado compartilhar informações sem o consentimento da pessoa e da família, além de ser também uma violação do caráter confidencial. Entretanto, planejar com eles o que será dito e demonstrar como será apresentado pode acalmar muitas de suas preocupações. No mínimo, vai dar algo a eles para pensar como uma opção para o futuro.

Usar Informações Concentradas na Pessoa

As informações compartilhadas devem ser específicas da pessoa que está em discussão. As informações devem apresentá-la como um indivíduo e evitar generalizações que perpetuem estereótipos e concepções equivocadas.

Manter a Dignidade e o Respeito

Enfatizar a semelhança e demonstrar apreciação e orgulho pela pessoa com deficiência é um longo caminho no desenvolvimento de atitudes positivas. O uso de uma linguagem respeitosa é essencial. Deve-se evitar uma linguagem que retrate a pessoa como uma vítima ou uma sofredora.

Usar uma Abordagem Baseada nas Potencialidades

É importante mostrar que uma deficiência é apenas uma pequena parte da pessoa. Mostrar competência, habilidade, interesse e potencialidades em vez de déficits contribui para percepções positivas: inCAPACIDADE em vez de INcapacidade, ou, melhor ainda, consciência da CAPACIDADE.

Reduzir a Ênfase nos Rótulos

Os rótulos médicos e técnicos (dos manuais) reforçam os estereótipos e os medos e criam confusão. Os rótulos proporcionam poucas informações, pois generalizam e criam barreiras. Tais rótulos deveriam ser evitados.

Prescrever em vez de Descrever

As informações sobre a deficiência de uma pessoa devem concentrar-se naquilo que a pessoa precisa para ser bem-sucedida, em vez de concentrar-se no que está "errado" com ela. Muitas das pessoas que se sentem desconfortáveis são realmente pessoas boas que não sabem o que fazer ou como ajudar. Quando se sentem inseguras ou inadequadas, evitam a pessoa ou a situação. As informações prescritivas devem concentrar-se em por que algo poderia acontecer e em o que os outros poderiam fazer para ajudar de maneira adequada.

Envolver a Pessoa como um Participante Ativo

A pessoa com deficiência deve estar presente quando estão sendo prestadas informações sobre ela, para ser evitada qualquer percepção de vergonha ou de que se está falando sobre ela "nas suas costas". Se ela opta por não estar presente, o indivíduo que fornece as informações deve deixar claro que foi escolha da pessoa não estar presente, mas que ela sabe e endossa o que está sendo dito. A pessoa com deficiência deve ser encorajada a participar daquilo que quiser. Uma pessoa particularmente verbal pode fazer uma apresentação sozinha, outro indivíduo pode usar cartas com ícones e outro pode distribuir folhetos. Seja qual for a adaptação, estar presente e ativo no compartilhamento das informações mostra capacidade e exige respeito. Isso permite à pessoa aceitar mais prontamente sua deficiência, desestigmatizando-a.

Estimular Perguntas e Identificar Fontes de Apoio e de Informações

O tom do compartilhamento das informações deve ser leve; o humor ajuda. As pessoas devem ser estimuladas a formular perguntas para que possam progredir até um nível de conforto no qual se esqueçam da deficiência. Devem saber a quem recorrer se surgirem perguntas, a primeira escolha sendo a pessoa com deficiência. Responder às perguntas com ajuda e apoio encoraja o desenvolvimento de habilidades de autodefesa; as habilidades de autodefesa vão ajudar o indivíduo em toda a sua vida a explicar a deficiência, a identificar os apoios necessários, e a consegui-los.

Quando as crianças são pequenas, a questão da consciência da deficiência não é importante para elas e para seus colegas. Quando crescem e tomam consciência das diferenças, a aceitação pode ser difícil. Em um ensaio, "Growing Up Together", o autor descreveu as mudanças na aceitação por parte do seu filho Billy de sua deficiência, quando ficou mais velho:

> Quando Billy era pequeno, não tínhamos problemas para aceitar seu retardo; nem ele. Ele era feliz, saudável e confiante do seu lugar na família. Quando ficou mais velho e mais integrado na escola e nas atividades sociais, suas diferenças naturalmente se tornaram mais aparentes para nós, para ele e para as outras pessoas. Temos sempre usado livremente o termo retardado; e o próprio Billy, ajudando-me a arrumar meu escritório, disse, "Os livros para ler ficam aqui, "os livros de retardados ficam aqui", ou "Venha assistir TV, Mamãe; são crianças retardadas". Como adulto, no entanto, ele não usa o termo muitas vezes e freqüentemente tenta negar seu próprio retardo. (Schulz, 1985, p. 15)

Segundo a nossa experiência, as crianças com menos de oito anos não apresentam desconforto com relação às deficiências e, na verdade, parecem não percebê-las. Sua consciência das diferenças torna-se aparente por volta dos oito, nove anos, e uma breve explicação em uma situação de ocorrência natural em geral será suficiente, sobretudo se as perguntas forem encorajadoras. A próxima mudança parece ocorrer entre a 6ª e a 7ª séries, quando as crianças estão atravessando mudanças sociais e físicas drásticas. É quando os pais e os professores precisam estar atentos na comunicação de informações tanto em situações estruturadas quanto de ocorrência natural. Aqueles que dizem que a ponte entre as crianças com e sem deficiências vai desenvolver-se naturalmente não conversaram com os muitos pais de adolescentes isolados, com deficiência. Todas as crianças têm problemas sociais nesta idade; as crianças com e sem deficiências precisam de apoio extra durante esse período crítico para poderem superar o abismo que surge entre elas.

O ensino médio pode ser uma época de grandes oportunidades ou de grande isolamento, e isso acontece quando ocorre de acordo com o compartilhamento das informações. Embora algumas crianças de qualquer idade possam ser muito cruéis, muitas podem ser também incrivelmente compassivas e úteis quando recebem informações suficientes através do conhecimento e dos apoios formais e informais sobre sua capacidade. No ensino médio, os pais e os professores precisam ser criativos e até diretos no registro da assistência dos colegas para maximizar os contatos entre os alunos com deficiência e seus colegas sem deficiências. Quanto mais contatos os alunos tiverem, associados a informações e apoio, maior a probabilidade do desenvolvimento de relacionamentos duradouros.

ESTAR CONSCIENTE DOS ALIADOS

Além de compartilhar informações, os pais podem ajudar a promover a consciência da deficiência abrindo suas casas aos jovens da vizinhança, orientando-os com relação às atividades, esperando que a escola facilite os relacionamentos sociais (até mesmo incluindo isso no programa de educação individualizada [PEI]), lendo os comunicados e o manual da escola para saber o que está acontecendo na escola, participando de atividades da escola na APM, no clube de apoio, no comitê de decisões compartilhadas, no dia de reconhecimento do professor e na festa de final de curso, entre outras. Quando participam, os pais podem compartilhar continuamente sua visão, seu orgulho e suas informações em situações que ocorrem naturalmente. Os resultados serão novos aliados na comunidade, que vão variar desde os "líderes da torcida" até seus participantes ativos, pessoas que vão atingir individualmente os alunos com deficiência e seus pais, encorajando seus próprios filhos a relacionarem-se com eles, que vão conectar os pais a uma rede de informações orais valiosas, que os ajudarão a negociar no labirinto da educação especial, conversando com os diretores da rede escolar e com os conselhos de educação para exigir plena participação dos alunos com deficiências em suas escolas; são os aliados que vão escrever cartas para as agências estaduais e federais, dando apoio às escolas inclusivas. São também estas pessoas que serão os futuros vizinhos, empregadores, colegas de trabalho e amigos dos alunos com deficiência. Como os pais compartilharam sua apreciação e informações sobre seus filhos e filhas com deficiência, estas pessoas estarão mais dispostas e propensas a incluí-los em suas comunidades. Os aliados informados são importantes no desenvolvimento das coalizões posteriormente descritas neste capítulo.

Os pais que pensam que isso é exaustivo provavelmente estão certos, mas vejam, o isolamento e a discriminação são piores. Nossos filhos com deficiência terão uma vida melhor, porque despendemos nossa energia de forma produtiva.

Há alguns pais e pessoas com deficiências que não podem ou não querem compartilhar informações por problemas de cultura, de capacidade ou de oportunidade. Quanto mais invisível a deficiência, maior a relutância em compartilhá-la. Basta mudar nossa própria maneira de pensar, conhecer objetivos diferentes e trabalhar para atingi-los. Os pais que podem, devem fazê-lo; os que não podem, devem apoiar os que podem. Toda essa consciência vai tornar-se desnecessária quando as pessoas com deficiência não forem mais estigmatizadas. A desestigmatização começa com as percepções que as famílias e as pessoas com deficiência têm de si mesmas.

ATENÇÃO: NEGOCIAR NO LABIRINTO NEM SEMPRE É O BASTANTE

Quando os pais fizeram tudo ao seu alcance para capacitar seus filhos a tornarem-se parte integrante de toda a comunidade, por que essas crianças freqüentemente continuam à parte dela, sobretudo na comunidade escolar? Os pais muitas vezes perguntam: "Como meu filho é aceito nos escoteiros, em nossa igreja, nas atividades recreativas da nossa comunidade, mas ainda não é considerado parte da escola?"

"Building Community Support for Restructuring" (Wessels, 1992) identifica algumas razões por que não fizemos mais progresso na colocação de alunos em ambientes inclusivos, apesar dos esforços de alguns pais muito obstinados e dedicados. Neste capítulo, foi levantada a questão: "Como podemos conseguir que os administradores e os membros do conselho da escola percebam a mágoa, a frustração e a indignação dos pais, e sintam-se motivados para o mais rapidamente possível implementar uma mudança neste sistema escolar arcaico?" (Wessels, 1992, p. 297)

Reconhecendo que fizemos muito progresso na organização e na modificação das atitudes, as colocações em ambientes inclusivos em um número muito grande de estabelecimentos ainda são feitas criança por criança, em vez de basear-se na mudança dos sistemas. É óbvio que ainda não caminhamos muito na exploração do motivo pelo qual, após tantos anos, ainda temos de travar batalhas tão monumentais para conseguir a implementação da legislação. Precisamos observar mais de perto que circunstâncias ainda impedem a plena implementação do Individuals with Disabilities Education Act of 1990 (IDEA). Devemos responsabilizar os sistemas escolares por isso ou a ausência de controle adequado por parte dos departamentos de educação federal e estadual?

ATENÇÃO PARA AS LIÇÕES DE HISTÓRIA

Sabemos que na década de 1940 havia poucos serviços para pessoas com deficiência, fossem adultos ou crianças. Sabemos que a tecnologia desenvolvida na Segunda Guerra Mundial ajudou a ciência médica a tratar com sucesso as pessoas com deficiência, aumentando assim seu tempo de vida e sua capacidade de atuar. Sabemos que os pais dessas crianças começaram a desafiar o sistema que dizia: Mantenha suas crianças em casa, escondidas, ou institucionalize-as em um estabelecimento operado pelo estado ou por alguma entidade privada.

Sabemos que, a partir desse desafio, as organizações de defesa dos pais começaram a ampliar-se para proporcionar apoio e serviços desesperadamente necessários. Em meados da década de 1960, essas organizações estavam começando a ter um impacto real sobre as legislaturas estaduais, que reagiram, destinando dólares para programas escolares inicialmente permitidos e, mais tarde, autorizados. Sabemos que à medida que os distritos escolares estaduais e municipais começaram a assumir uma responsabilidade cada vez maior pela prestação de serviços para crianças com deficiência em idade escolar, algumas dessas mesmas organizações de defesa que haviam sido pioneiras nesses serviços perceberam que o seu papel estava mudando – as crianças estavam tornando-se adultos. Transferiram os programas educacionais para as redes escolares locais e começaram a desenvolver serviços para adultos. O lamentável é que poucos desses serviços estavam na comunidade, e todos esses adultos foram segregados.

Infelizmente, muitas dessas organizações que surgiram da necessidade real de proporcionar serviços educacionais para crianças com deficiência fracassaram no deslocamento do seu enfoque para atender aos adultos. Tais agências continuaram a manter escolas para crianças com deficiência, apesar da capacidade das redes escolares locais para fornecer os mesmos serviços. Embora o IDEA obrigasse as escolas públicas a proporcionar serviços em ambientes "menos restritivos possíveis", essas agências estavam preocupadas com seu próprio desejo de expandir seus prédios e o seu pessoal – em outras palavras, com a perpetuação do *status quo*; elas continuaram a proporcionar serviços segregados, apesar da crescente percepção de que eles eram mais caros, mais restritivos e menos eficientes. Algumas agências haviam encontrado o seu nicho, estavam satisfeitas em manter as coisas como estavam e conseguiram convencer os outros – pais, funcionários do governo e legislaturas estadual e federal – que continuava a existir uma necessidade. Além disso, conseguiram uma desculpa pronta para as redes escolares que não queriam estas crianças nas escolas de seus bairros e que estavam bastante satisfeitas em que outros realizassem essa parte de sua tarefa educacional. A educação segregada proporcionada por estas agências privadas era uma alternativa conveniente para lidar com alguns alunos com deficiência, e a exigência do IDEA de um *continuum* de serviços permitiu que as redes escolares agissem deste modo. As escolas mantiveram o *status quo* para seus próprios propósitos, em vez de mudar para beneficiar os indivíduos que professam servir. É essa a lição de história que os pais precisam saber. Os pais precisam ter consciência do proveito das agências e do conflito de interesses que pode afetar negativamente os serviços destinados às crianças.

ATENÇÃO PARA OS LEGISLADORES BEM-INTENCIONADOS

A revisão da legislação promulgada no início deste século revela que, em sua maioria, as autoridades bem-intencionadas aprovaram uma legislação que confinou dezenas de milhares de indivíduos com deficiência em grandes instituições, colocando-os "com pessoas iguais a eles", afastando-os de suas famílias e de suas comunidades. Essa legislação privou os indivíduos com deficiência de seus direitos constitucionais, sem o benefício do devido processo da lei (Cook, 1990). O que tal legislação realmente conseguiu foi retirar da sociedade uma fonte de desconforto. A maior parte das pessoas com deficiência foram obrigadas a viver em condições terríveis, subumanas (Blatt & Kaplan, 1967).

Embora essas iniqüidades tenham sido em sua maioria eliminadas, é importante revisitar o cenário político para descobrir por que nossos legisladores não estão assumindo um papel mais ativo para garantir a implementação plena do IDEA e de suas subseqüentes emendas. Será que a resposta a isso ainda poderia ser, como um dia foi, que a sociedade deseja segregar as pessoas com deficiência e, por isso, muitos de nossos legisladores, não desejando contrariar seus eleitores, estão ignorando isso ou, pior ainda, contribuindo para o problema? Afinal, os legisladores, em sua maioria, não são diferentes de qualquer um de nós no que diz respeito a seu trabalho. Uma vez eleitos, querem manter a posição, fazendo o máximo possível para evitar ofender alguém, para serem reeleitos. Na verdade, se tiverem de terminar ofendendo as pessoas, melhor que seja uma pequena minoria do seu eleitorado, como as pessoas com deficiência, do que a maioria.

Muitos dos mesmos provedores de serviços que foram tão bem-sucedidos nas décadas de 1950 e 1960, conseguindo que os legisladores reconhecessem as necessidades das pessoas com deficiência, têm longevidade e credibilidade com seus legisladores. Não surpreende que os provedores públicos e privados de serviços segregados sintam-se ameaçados por qualquer tentativa de obrigar o cumprimento da lei que requer que as crianças com deficiência sejam educadas em um ambiente menos restritivo: eles temem que possam ter de desistir do negócio ou pelo menos reconfigurar sua maneira de trabalhar. Os legisladores são, talvez, um dos primeiros e mais fundamentais contatos que eles procuram para manter suas organizações, apesar das necessidades das crianças e das exigências da lei.

Devido ao tempo de relacionamento dos provedores com os legisladores, fica muito difícil que organizações mais novas consigam a influência necessária para que a legislação seja cumprida e emendada. Por isso, é necessário que os pais tentem fazer mudanças para derrubar do poder as agências influentes e acabar com o controle que elas exercem sobre os legisladores bem-intencionados e suas equipes. Não podemos esperar que os políticos compreendam os conflitos de interesse existentes nas agências ou os problemas que os geram. Os pais, individualmente, podem influir decisivamente no modo de agir dos legisladores. Os pais devem reservar um tempo para falar sobre seus filhos com os legisladores, enfocando a inclusão, a segregação e a necessidade de criar ambientes menos restritivos de educação escolar. Podem fazê-lo, prestando informações pessoais sobre seus filhos, incluindo fotografias, trabalhos escolares e, mais importante, o propósito de um futuro inclusivo para seus filhos. Eles devem indicar a natureza de servir a si mesma de algumas agências, reunindo muitas informações, incluindo as vantagens do ambiente menos restritivo (300.550) do IDEA (PL 101-476), e artigos e ensaios disponíveis nos centros de treinamento e defesa dos pais.

Os pais devem reunir pelo menos o mesmo grau de influência daqueles que se estão esforçando para manter o *status quo*. Em outras palavras, os defensores da inclusão devem tornar-se muito fortes em número e voz para poder contrapor-se à mensagem freqüentemente enganosa transmitida aos legisladores pelos provedores de serviços segregados. Embora alguns legisladores tomem decisões baseadas na avaliação de ambientes educacionais inclusivos, observando a pesquisa ou até mesmo visitando programas-modelo, outros determinam suas ações através dos simples números daqueles que os telefonam, escrevem ou visitam. O número mais elevado de defensores, seja pró ou contra, em geral determina a decisão do legislador, sobretudo em um ano eleitoral.

Embora a reunião dos apoios necessários para influenciar a área legislativa não seja fácil, isso pode ser feito observando-se a comunidade para ver quem vai dar apoio à causa. Os pais que compartilharam as possibilidades e as necessidades de seus filhos com a família, amigos e comunidade já têm aliados em sua causa. Muitos desses aliados estarão dispostos a escrever cartas ou fazer telefonemas. Alguns podem estar dispostos a registrar o apoio de grupos aos quais eles pertencem, mas não espere que pensem nisso – peça-lhes apoio! O efeito de penetração pode gerar um apoio surpreendente. Além disso, se necessário, os pais podem organizar os indivíduos em grupos de apoio à causa. Organizar um grupo de apoio não precisa ser um processo complicado; alguns dos grupos mais eficientes começaram com um café na casa de alguém. Alguns dos pais mais eficientes começaram com nada mais do que o desejo de melhorar as vidas de seus filhos e filhas com deficiência.

> Crescemos em todas as partes do país, estimulamos aqueles que nunca estão contentes, não importa quão modernas sejam as escolas segregadas que vocês construam e quão moderno seja o equipamento. Não podemos ser silenciados. Tanques de terapia não mais nos satisfazem ... Rejeitamos o que vocês nos oferecem ... Reunimos a coragem para insistir que nossos filhos sejam inseridos. (Moore, 1992)

ATENÇÃO PARA NÃO SER USADO INADEQUADAMENTE

Um dos rumores populares da década de 1990 tem sido a escolha dos pais. Muitos provedores de programas segregados têm freqüentemente usado essa expressão para manipular e confundir os pais em defesa dos serviços que eles, os provedores, oferecem. Entretanto, os pais têm o direito legal de estar significativamente envolvidos na tomada de decisões em prol de seus filhos. Têm o direito de buscar uma avaliação independente às custas da rede escolar, caso discordem da mesma. Têm o direito de informar sobre seu filho à equipe de educação infantil. Têm o direito de preferir e recomendar opções. Têm o direito de contrapor-se às decisões. Entretanto, não têm o direito de escolher um lugar na escola para seus filhos; precisam fazê-lo em conjunto com a equipe de educação infantil. Os pais também não têm o direito de escolher escolas que proporcionem um ambiente menos restritivo a seus filhos. As redes escolares, contudo, permitem muitas vezes que os pais realizem essa escolha para não enfrentarem processo legal.

Por isso, torna-se tão incrivelmente importante que os pais sejam instruídos, não apenas sobre seus direitos, mas também informados sobre várias opções, para que possam defender de maneira inteligente o que seus filhos requerem e merecem. Só os pais bem-instruídos podem avaliar de maneira eficiente as recomendações feitas para seu filho.

Quando os pais tomam conhecimento da deficiência de seu filho, um negativismo desnecessário faz com que se sintam chocados e vulneráveis. Muitas vezes não são informados sobre o que devem fazer, aonde devem ir, com quem devem conversar e no que devem acreditar. Muito freqüentemente são incapazes de fazer contato com o bom senso daqueles mais próximos deles, porque ainda não se sentem à vontade para transmitir essas informações sobre seu filho. Em vez disso, confiam no que lhes é dito por um profissional que pode estar tão preocupado em preencher quotas e receber reembolso financeiro quanto com o bem-estar da criança. A parte triste disso é que a criança e os pais ficam presos na armadilha de um sistema de prestação de serviço que em geral não visa a interesses da criança. Nessa situação, os pais estão sendo involuntariamente manipulados para defender as agências contra mudanças que provavelmente vão ajudar o seu filho.

As agências, cujo principal interesse é o de perpetuar-se, freqüentemente dizem aos pais que se ocorrerem algumas mudanças, seus filhos vão perder os serviços. Os pais são convencidos de que cabe a eles influenciar seus legisladores em defesa da agência. São até mesmo instruídos sobre o que escrever ou dizer. Apesar dessa exploração vergonhosa, a prática é quase impossível de ser detida devido à incapacidade dos defensores de terem acesso às famílias que são assim manipuladas. Os pais devem tomar consciência da sua vulnerabilidade a essas práticas e questionarem-se sobre as informações recebidas. Podem buscar informações através de grupos de pais, de centros de treinamento e de grupos de defesa. Podem também buscar o conselho de familiares e de membros da comunidade que conhecem seus filhos; essas pessoas freqüentemente têm um enorme bom senso.

ATENÇÃO: OS INSPETORES TAMBÉM PRECISAM SER INSPECIONADOS

Aqueles que delinearam o IDEA sabiam que não bastaria esboçar uma legislação que incluísse apenas exigências programáticas e de procedimento para que alunos com deficiência tivessem o direito a uma educação pública adequada e gratuita; todas as crianças precisam ter um programa de educação individualizado, e todas têm o direito de freqüentar a escola em um ambiente menos restritivo. Eles, os defensores que lutaram durante anos para conseguir os direitos dos alunos com deficiência, sabiam que outras proteções teriam de ser conseguidas, para garantir que as redes escolares não violassem essas exigências. Por isso, foram delegadas aos governos nacional e estadual algumas responsabilidades que demandavam o acompanhamento dos programas nos níveis estadual e local para assegurar o cumprimento da lei.

Por exemplo, no âmbito nacional, o U.S. Department of Education (DOE) está encarregado de garantir que todos os estados tenham um sistema de controle mútuo oficial que garanta que todas as partes do IDEA vigorem e sejam plenamente implementadas. Cada estado precisa submeter ao DOE um plano estadual para documentar como o IDEA está funcionando. O Office of Special Education Programs (OSEP) exige que os estados apresentem estes planos a cada três anos. Além disso, o OSEP deve inspecionar todo estado a cada três anos para comprovar a implementação documentada no plano do estado. Durante estas visitas de inspeção, os representantes do OSEP, além de examinar as políticas do estado, visitam as redes locais, para examinar os PEIs dos alunos e para garantir que tudo o que o estado e os distritos dizem estar acontecendo realmente esteja.

Para tornar ainda mais eficiente o que parece ser um sistema de supervisão perfeitamente seguro, os departamentos de educação estaduais devem, por sua vez, inspecionar cada agência educacional (escola) pública e privada em intervalos de poucos anos, entrevistando professores e administradores, examinando PEIs, garantindo que os documentos exigidos pela legislação federal estejam em vigor e sendo usados adequadamente. Devido a esse sistema de inspeção em níveis múltiplos, poderia parecer que as violações dos direitos dos alunos – nesse caso, colocações inadequadas em outros ambientes não inclusivos – seriam raras. Segundo The ARC Report Card (1992), temos falhado terrivelmente em educar alunos com deficiências graves juntamente com crianças sem deficiência. O *Thirteenth Annual Report to Congress on the Implementation of the Individuals with Disabilities Education Act* (1991)

revela violações, por toda a nação, de exigências estatutárias fundamentais. Não obstante, apesar da obrigação clara do DOE de corrigir essas violações, o relatório também exibe um processo federal de inspeção e de implemento da obediência à lei que é virtualmente não-funcional em importantes aspectos. Por isso, a supervisão das questões de obediência à lei fica a cargo, antes de tudo, das próprias agências que tratam das violações à lei. Além disso, o DOE aparentemente abdicou de suas responsabilidades, queixando-se ao Congresso dessas mesmas agências, criando assim um arranjo institucional que termina em um caso clássico da raposa tomando conta do galinheiro; tal arranjo garante que as violações não serão corrigidas nem apresentadas ao Congresso ... O IDEA requer que os alunos com deficiência sejam educados em ambientes menos restritivos (least restrictive environment – LRE). O IDEA atribui às agências educacionais do estado (state educational agencies – SEAs) a responsabilidade de cumprir as exigências de LRE; é atribuída ao DOE a obrigação de fazer com que algumas SEAs cumpram suas responsabilidades de supervisão, obediência e cumprimento à lei. A partir desta estrutura de responsabilidades, fica claro que se o DOE não cumpre adequadamente sua obrigação, é menos provável que as SEAs cumpram as delas, e se as SEAs não cumprem suas responsabilidades, é menos provável que as redes escolares eduquem seus alunos em LRE. (M. Mlawer, correspondência pessoal, 1992)

No *Thirteen Annual Report to Congress* (1991), o U.S. Department of Education, os guardiães da lei, declararam que

A variação nos índices de colocação do estado entre os diferentes ambientes educacionais deve-se a vários fatores, incluindo o papel histórico das escolas particulares no estado, o papel das instituições segregadas, as práticas e as interpretações dos formulários de coleta de dados do OSEP, as diferenças reais e as necessidades dos alunos.

Mas, nas palavras do Sr. Mlawer,

É curioso que uma possibilidade óbvia – que as violações do LRE sejam uma causa importante da variação nos índices de colocação entre os estados – não seja sequer mencionada como uma explicação possível ... Esta interessante omissão é ainda mais confusa à luz do fato de que as três primeiras explicações possíveis adiantadas pelo DOE violavam as exigências de LRE do IDEA. As agências públicas não podem segregar os alunos devido ao papel histórico das escolas particulares no Estado, ao papel das instituições segregadas do estado ou às fórmulas que fundamentam a educação especial nos estados.

Desde o relatório de 1991, a OSEP fez muito para garantir o cumprimento do IDEA nos estados, mas dois anos mais tarde o *Fifteenth Annual Report to Congress on the Implementation of the Individuals with Disabilites Education Act* (1993) ainda citava uma ladainha de problemas que foram identificados como questões importantes de não-obediência à lei.

Em todos os 14 estados e Áreas Afastadas que receberam relatórios finais de inspeção em 1992, o OSEP documentou preocupações sobre os procedimentos de inspeção das SEAs para identificar as falhas e garantir sua correção. Alguns dos achados encontrados pelo OSEP sobre a inspeção estadual incluem: 13 das 14 SEAs não têm procedimentos de inspeção estadual para identificar falhas com respeito à provisão de uma educação pública gratuita e adequada; 8 das 14 SEAs não têm procedimentos de inspeção estadual adequados, ou têm procedimentos ineficientes para garantir o desenvolvimento de PEIs em reuniões que ocorressem pelo menos uma vez por ano; 14 das 14 SEAs não têm procedimentos de inspeção estadual adequados, ou têm procedimentos ineficazes para garantir que o programa do PEI de cada criança incluísse o conteúdo exigido; 11 das 14 SEAs não têm procedimentos de inspeção estadual adequados, ou têm procedimentos ineficazes para garantir que a instrução sob o número 34 CFR 300.504 incluísse uma explicação completa de todas as garantias de procedimento disponíveis para os pais na Subparte E; e 9 das 14 SEAs não têm procedimentos de inspeção estadual adequados, ou têm procedimentos de inspeção inadequados para garantir que a colocação educacional de cada criança com deficiência seja baseada em seu programa de educação individualizada. (U.S. Department of Education, 1993, p. 135)

    O DOE documentou repetidamente violações claras e importantes do IDEA que apenas reforçam a imagem da raposa tomando conta do galinheiro. O DOE é como um pai que continuamente ameaça seu filho por um mau comportamento, mas nunca cumpre suas ameaças. Os estados sabem que, embora violem a lei, o máximo que vai acontecer é receberem um tapinha na mão. Não espanta que o desafio pareça tão insuperável – se as políticas e os procedimentos ordenados pelo IDEA fossem conscienciosamente aplicados, a grande maioria das crianças seria agora educada em salas de aulas adequadas à idade em suas escolas de bairro.
    Se o IDEA e a legislação que ela relegitima fossem novos, o nível de não-cumprimento descrito poderia ser desculpável. No entanto, não estamos realmente falando sobre novas leis. Algumas das explicações mais simples para o não-cumprimento poderiam ser devidas às agências federais e estaduais, que não têm pessoal suficiente para inspecionar a implementação com a freqüência que deveriam; aos instrumentos de inspeção destinados a identificar as áreas de não-cumprimento que não funcionam; ao pessoal da inspeção não é tão bem-treinado quanto deveria ser; aos que implementam o IDEA no âmbito distrital porque têm muitas outras atribuições e não conseguem garantir o total cumprimento; ao fato de não ser destinado dinheiro suficiente para o treinamento de pessoal. Essas são algumas desculpas rotineiras que continuamos a ouvir ano após ano, e nenhuma delas é justificável. Realmente não há desculpa aceitável para continuar a ignorar e não cumprir estas leis.
    A verdadeira razão para o não-cumprimento leva-nos de volta aos ventos políticos que continuam a girar ao redor das crianças com deficiência e impedem o cumprimento da lei. As perguntas que os pais devem formular são: Quem está inspecionando os inspetores? Por que o maravilhoso sistema de supervisão que está em vigor e tem estado em vigor durante todo este tempo não funciona? Tornar o sistema responsável não é tão terrível quanto parece. Os pais não devem relutar em telefonar para os departamentos de educação local, estadual e federal e relatar as violações. Não podemos enfatizar suficientemente a importância de desenvolvermos um poder em números e usar esse poder para enviar uma mensagem audível ao Congresso de que desejamos o IDEA e suas subseqüentes emendas totalmente implementados. Na ausência de uma supervisão federal adequada, todo pai deve estar vigilante para garantir que seu filho

seja educado no ambiente menos restritivo. Precisamos ser decididos o bastante para dar o próximo grande passo de iniciar um processo legal contra o U.S. Department of Education pelo seu fracasso em garantir a implementação do IDEA e de suas emendas.

CONCLUSÃO

Em todo o país estão ocorrendo mudanças para as pessoas com deficiência. Um número crescente de pais, de educadores e de simpatizantes estão comprometidos com a plena participação e com a cidadania das pessoas com deficiência. A caixa de Pandora foi aberta em 1975, e nunca vamos voltar para trás. Os pais podem confiar no progresso – embora lentamente, as pessoas com deficiências estão indo em frente. O passo do progresso vai ser acelerado quando os pais se conscientizarem do poder que possuem, conectando seus filhos e filhas à família e à comunidade e tomando consciência das ciladas políticas que podem impedir o seu progresso. Como declarou Corey Moore (1992), líder nacional e mãe de uma criança com deficiência,

> Considero a democracia como um elefante dormindo. Você tenta puxá-lo por trás e ele não sai do lugar. Você puxa a sua tromba e ele continua dormindo. Mas há outra maneira de acordar o elefante, que é ser um mosquito zumbindo, incansável em seu ataque direto. Mais cedo ou mais tarde, esse elefante da burocracia pode se mexer.

Cada pai e cada mãe podem fazer diferença para seu filho. Nossos aliados estão em toda parte. Cabe a nós mobilizá-los.

REFERÊNCIAS BIBLIOGRÁFICAS

Akerley, M.S. (1985). False gods and angry prophets. *In* H.R. Turnbull & A.P. Turnbull (Eds.), *Parents speak out then and now* (p. 23-31). Columbus: Charles E. Merril..
Blatt, B., & Kaplan, F. (1967). *Christmas in purgatory*. Boston: Allyn & Bacon.
Cook, T. (1990). The Americans with Disabilities Act: The move to integration. *Temple Law Review, 64*, p. 393-469.
Education for All Handicapped Children Act of 1975, PL 94-142. (23 de Agosto, 1977). Title 20, U.S.C. 1401 et seq: *U.S. Statutes at Large, 100*, 1145-1177.
Individuals with Disabilities Education Act of 1900 (IDEA), PL 101-476. (30 de Outubro, 1990). Title 20, U.S.C. 1400 e seq: *U.S. Statutes at Large, 104*, 1103-1151.
Individuals with Disabilities Education Act Amendments of 1991, PL 102-119. (7 de Outubro, 1991). Title 20, U.S.C. 1400 e seq: *U.S. Statutes at Large, 105*, 587-608.
Lutfiyya, Z.M. (1990). *Affectionate bonds: What we can learn from listening to friends*. Syracuse, NY: Center on Human Policy, Syracuse University.
Maryland Coalition for Integrated Education. (1991). *Achieving inclusion through the IEP process*. Hanover, MD: Author.
Moore, C. (Fevereiro, 1992). *From a parent's point of view*. Address to U.S. Department of Education Office of Special Education Programs, Washington, D.C.

Schaffner, C.B. & Buswell, B.E. (1991). *Opening doors: Strategies for including all students in regular education.* Colorado Springs, CO: PEAK Parent Center, Inc.

Schaffner, C.B. & Buswell, B.E. (1992). *Connecting students.* Colorado Springs, CO: PEAK Parent Center, Inc.

Schulz, J.B. (1985). Growing up together. *In* H.R. Turnbull & A.P. Turnbull (Eds.), *Parents speak out then and now* (p. 11-20). Columbus: Charles E. Merrill.

Sommerstein, L.C. (Novembro, 1994). *Curriculum adaptations/classroom modifications.* Artigo apresentado em The Launching The Dream Conference, Rochester, Nova York.

The ARC's Report Card on including children with mental retardation in regular education. (Outubro, 1992), *The Arc.*

U.S. Department of Education. (1991). *Thirteenth annual report to Congress on the Implementation of the individuals with disabilities education act.* Washington, DC: Author.

U.S. Department of Education. (1993). *Fifteenth annual report to Congress on the Implementation of the individuals with disabilities education act.* Washington, DC: Author.

Wessels, M.R. (1992). Building community support for restructuring. *In* R.A. Villa, J.S. Thousand, W. Stainback & S. Stainback (Eds.), *Restructuring for caring and effective education: An administrative guide to creating heterogeneous schools* (p. 285-297). Baltimore: Paul H. Brookes Publishing Co.

26

Observações Finais:
Preocupações sobre a inclusão

Susan Stainback e
William Stainback

OS AUTORES QUE CONTRIBUÍRAM para esta obra discutiram argumentos teóricos e também estratégias práticas para reestruturar as escolas, de forma que as necessidades de todos os alunos possam ser satisfeitas dentro de um único sistema inclusivo de educação. Os autores de cada capítulo apresentaram fragmentos dessa visão. Juntos, identificaram maneiras específicas pelas quais o pessoal da escola pode, colaborando um com o outro, estimular amizades entre os alunos, implementar estratégias de ensino nas salas de aula que melhorem a aprendizagem de todos e tratar de problemas comportamentais.

Entretanto, na literatura profissional, tem havido preocupações e reservas sobre a inclusão e a reestruturação das escolas. Neste último capítulo, vamos tratar de algumas dessas importantes preocupações.

O QUE NÃO DEVE SER FEITO

Quando a integração racial nas escolas começou na década de 1950, houve muitos argumentos declarando motivos pelos quais esta não era uma boa idéia ou não iria funcionar: os alunos negros serão rejeitados pelos professores e pelos alunos brancos; não é de grande interesse das escolas; as escolas não estão preparadas para isso; precisamos de mais análise e estudo; e este é um complô comunista. As justificativas apresentadas (p. ex., Fuchs & Fuchs, 1994; Kauffman, 1989; Kauffman, Lloyd, Baker & Riedel, 1995; Vergason & Anderegg, 1989) para continuar a colocação de alunos com deficiência em salas de aula e escolas especiais segregadas são também numerosas. Seguem-se alguns exemplos: a educação regular não está preparada; a integração é um complô para reduzir os subsídios para os alunos com deficiência; há necessidade de mais análise e estudo; precisamos manter um *continuum* dos serviços; os alunos com deficiência precisam de tratamentos e intervenções especiais; e uma realização educacional é mais importante que a colocação.

Mas nenhum destes argumentos pode realmente justificar a segregação dos alunos com deficiência ou de qualquer outro aluno da escola regular e da vida comunitária. Uma analogia pode tornar esse ponto mais claro:

> Na época da Guerra Civil Americana, Abraham Lincoln deveria ter pedido para ver a evidência científica dos benefícios de se pôr fim à escravidão? Deveria ter consultado "os especialistas", quem sabe um sociólogo, um economista, um cientista político? Claro que não. A escravidão não é agora, e não era na época, uma questão para ciência. É uma questão moral. Mas, apenas por um momento, suponha que um economista tivesse sido capaz de demonstrar que os negros – e todo o Sul – sofreriam economicamente com a emancipação. Isso justificaria manter a escravidão? E suponha que um cientista político houvesse argumentado que os negros não tinham experiência com a democracia, não estavam preparados para ela. Isso teria justificado prorrogar a escravidão? Ou imagine que um sociólogo pudesse ter aconselhado Lincoln contra a abolição da escravidão, argumentando que ela destruiria a estrutura social básica das plantações, das aldeias e das cidades do Sul. Todos esses argumentos poderiam ter parecido "verdadeiros". Mas poderiam realmente justificar a escravidão? É claro que não. A escravidão não tem justificativa. (Biklen, 1985, p. 16-17)

Embora possam ser apresentados argumentos sobre a motivação de Lincoln e sobre o fato de que a abolição da escravidão realmente só ocorreu quando a 13ª emenda transformou-se em lei, essa analogia mostra que algumas coisas são simplesmente moral e eticamente erradas. Os pais, os profissionais, os políticos e os membros da comunidade que entraram na luta em prol da inclusão de todos os alunos no sistema educacional regular realizaram um julgamento de valor de que a educação inclusiva é a maneira melhor e mais humana de proceder. A partir da sua perspectiva, os comentários que acabaram de ser apresentados sobre a escravidão também se aplicam às atuais práticas segregacionistas nas escolas de toda a América. Se desejamos uma sociedade inclusiva em que todas as pessoas sejam consideradas iguais e com direitos iguais, a segregação nas escolas não pode ser justificada. Não pode se apresentar desculpas ou argumentos defensáveis nem qualquer pesquisa científica pode ser conduzida para, em última análise, justificar a segregação. A segregação não tem justificativa. Como declarou Gilhool (1976): "A separação é repugnante para nossa tradição constitucional. A inclusão é um valor constitucional fundamental – não a inclusão que nega a diferença, mas a inclusão que acolhe a diferença; deve-se apreciá-la e celebrá-la" (p. 8).

O QUE NÃO PODE SER FEITO

Alguns educadores acreditam que a inclusão simplesmente não pode ser implantada (p. ex., Lieberman, no prelo). Entretanto, cada vez mais pessoas estão convencidas de que é possível educar todos os alunos na rede educacional regular americana, contanto que todos sejam sensíveis às diferenças individuais e que os professores e os alunos tenham apoio e assistência adequados. A razão disso é que a inclusão está sendo implementada com sucesso em algumas escolas dos Estados Unidos, do Canadá, da Itália e de vários outros países (ver Falvey, 1995; Thousand, Villa & Nevin, 1994; York, Kronberg & Doyle, 1995). Basicamente, estas escolas identificaram objetivos adequados, porém desafiadores, na rede educacional regular americana para alunos com especiais necessidades, embora exigissem que todos aprendessem exatamente as mesmas coisas ou sempre atuassem no mesmo nível de proficiência que seus colegas. Tais escolas também têm trabalhado para proporcionar aos professores e aos alunos o apoio e a ajuda necessários para transformar a inclusão bem-sucedida em uma realidade. Veja os capítulos deste livro e Falvey (1995), Stainback e Stainback (1992) e York, Kronberg e Doyle (1995) para uma revisão dos procedimentos específicos e práticos que as escolas têm usado para tornar a educação inclusiva uma realidade para todos os alunos.

Entretanto, será difícil obter sucesso em um sentido amplo se, como uma sociedade, não estivermos dispostos a 1) proporcionar a cada aluno o apoio necessário para que ele seja educado na rede educacional regular; e 2) adaptar e ajustar, quando necessário, a rede regular para acolher todos os alunos. A chave para a inclusão bem-sucedida é nossa disposição para visualizar, trabalhar e conseguir uma rede regular que se adapte e dê apoio a todos. Todos os alunos, incluindo os rotulados como alunos com deficiência, querem estar em uma rede regular que satisfaça às suas necessidades e na qual se sintam bem-vindos e seguros. Por isso, é essencial que tornemos a rede regular flexível e sensível às necessidades de cada um e que estimulemos as amizades para os alunos que não têm amigos na rede regular. Por isso a reestruturação é tão fundamental. Por meio dela, os bilhões de dólares atualmente gastos nos programas de educação especial segregada e as centenas de milhares de educadores que atualmente trabalham em ambientes especiais segregados poderiam ser integrados na educação geral para ajudar a rede regular a prestar mais apoio, ser mais flexível e adaptar-se melhor às necessidades individuais de todos os alunos.

CONCLUSÃO

Finalmente, deve ser enfatizado que dizer que a reestruturação pode ser feita não é o mesmo que dizer que é fácil fazê-la. A segregação vem sendo praticada há séculos, e há atitudes, leis, políticas e estruturas educacionais entrincheiradas que trabalham contra a inclusão incondicional de todos os alunos. Além disso, devido ao fato de um segundo sistema de educação (isto é, educação "especial") ter funcionado durante tanto tempo, muitas escolas infelizmente não sabem, no momento, como planejar e modificar os currículos e os programas de ensino para satisfazer às diferentes necessidades dos alunos, para lidar com comportamentos difíceis e para proporcionar os instrumentos, as técnicas e os apoios que alguns alunos precisam para serem bem-sucedidos na rede regular. Sendo assim, conseguir a inclusão de todos é um grande desafio. Entretanto, o objetivo de se ter escolas inclusivas onde todos estejam inseridos e tenham amigos e onde sejam utilizados programas e apoios educacionais adequados é importante demais para não se aceitar um desafio.

Se a inclusão for realmente valorizada, "A rede de ensino regular funciona? é uma pergunta tola ... Onde ela não estiver funcionando, devemos perguntar o que a está impedindo de funcionar e o que pode ser feito a respeito" (Bogdan, 1983, p. 427).

REFERÊNCIAS BIBLIOGRÁFICAS

Biklen, D. (1985). *Achieving the complete school*. Nova York: Columbia University Press.
Bogdan, R. (1983). "Does mainstreaming work?" is a silly question. *Phi Delta Kappan, 64*, 427-428.
Falvey, M. (Ed.). (1995). *Inclusive and heterogeneous schooling: Assessment, curriculum and instruction*. Baltimore: Paul H. Brookes Publishing Co.
Fuchs, D. & Fuchs, L. (1994). Inclusive schools movement and the radicalization of special education reform. *Exceptional Children, 60*(4), 294-309.
Gilhool, M. (1976). Changing public policies. *In* M. Reynolds (Ed.), *Mainstreaming* (p. 8-13). Reston, VA: Council for Exceptional Children.
Kauffman, J. (1989). The regular education iniciative as Reagan-Bush educationa policy: A trickle down theory of the hard-to-teach. *Journal of Special Education, 23*, 256-279.
Kauffman, J., Lloyd, J., Baker, J. & Riedel, T. (1995). Inclusion of all students with emotional and behavioral disorders? Let's think again. *Phi Delta Kappan, 76*(7), 542-546.
Lieberman, L. (no prelo). Preserving special education ... for those who need it. *In* W. Stainback & S. Stainback (Eds.), *Controversial issues confronting special education: Divergent perspectives* (2ª ed.) Boston: Allyn & Bacon.
Stainback, S. & Stainback W. (Eds.), (1992). *Curriculum considerations in inclusive classrooms: Facilitating learning for all students*. Baltimore: Paul H. Brookes Publishing Co.
Thousand, J.S. Villa, R.A. & Nevin, A.I. (Eds.). (1994). *Creativity and collaborative learning: A practical guide to empowering students and teachers*. Baltimore: Paul H. Brookes Publishing Co.
Vergason, G. & Anderegg, M. (1989). Bah, humbug, an answer to Stainback & Stainback. *Journal of the Association for Persons with Severe Handicaps, 15*(11), 8-10.
York, J., Kronberg, R. & Doyle, M. (1995). *Creating inclusive school communities: A staff development series for general and special educators*. Baltimore: Paul H. Brookes Publishing Co.

Índice

Os números de páginas seguidos por um "f" ou "t" indicam figuras ou tabelas, respectivamente.

A

Abordagem do currículo multidisciplinar, 327, 328
Ação de Graças, abordagens culturalmente sensíveis à, 297
Acesso intencional, reconhecimento das características individuais através do, 408-410
Acesso, intencional, 408-410
Acomodação
  exemplos, 231t, 264
  de conhecimento prévio e de interesses, 342-343
  determinação do aluno a, 210
  para alunos com deficiência, 150-154, 155
Acompanhamento, 38, 43
ADA, *ver* Americans with Disabilities Act of 1990 (ADA) (PL 125-380)
Adaptações do currículo
  adaptação da atividade, 243-244
  mistura do currículo, 249
  desafiador do ponto de vista educacional, 250
  objetivos de aprendizagem flexíveis, 241-243
  habilidades funcionais, 247-249
  objetivos da, 241-243, 250
  adaptações múltiplas, 244-245, 246
  envolvimento dos colegas nas, 245, 246-247
  estratégias, 240-250
  abordagem da equipe à implementação de, 245, 246
Administradores
  responsabilidade dos, 217
  liderança dos, 71-72
Alunos com comportamento desafiador, *ver* Comportamento desafiador

Alunos com deficiências de aprendizagem, matrícula de, 42
Alunos com deficiências
  habilidades acadêmicas de, 23
  aceitação de, 234
  acomodações para os, 150-154, 155, 210, 231t, 264, 342-343
  atitudes com relação aos, 22, 137, 395-396, 402
  benefícios do ensino inclusivo para os, 22-24
  dificuldades de comunicações dos, 110-112
  instrução baseada na comunidade para os, 325-326
  competição entre os, 61
  contribuições por parte dos, 52, 53,
  sistemas de aprendizagem de grupo cooperativos para os, 206-209
  descrição dos, 172-173
  matrícula dos, 41-42, 64
  expectativas dos, 416
  amizades dos, 169-183, 184-198
  identificação dos, 41
  instituições para, 36-37
  isolamento um do outro dos, 408
  amor dos, 398-399
  problemas de orientação para a autoridade, 343-347
  percepções negativas dos, 37-38, 414-416
  comportamento descontrolado dos, 349-351
  defesa dos colegas dos, 211-214, 215
  planejando o currículo para os, 269-286
  auto-identidade positiva nos, 407-413
  conhecimento prévio e interesses dos, 342-343
  problemas nas turmas inclusivas de, 52, 53,-54

reação aos, 396-398
direito a uma educação dos, 39, 40, 110
segregação dos, 24, 36, 423, 433-434
compartilhando informações sobre os, 417, 418-421
diferenças de habilidades e competências dos, 298-300
habilidades sociais dos, 23
salas de aula de educação especial para os, 38
estereótipos sobre os, 396
grupos de interesse iniciados pelos alunos, 410-411, 412
apoio para os, 75-76, 409-410
preocupações dos professores sobre, 81-82
confiança nos, por parte dos professores, 396-398, 352t
ver também Deficiências; Alunos; Relacionamentos entre professor e aluno
Alunos que aceitam o fracasso, 343, 344-345
Alunos que evitam o fracasso, 343-344
Alunos
responsabilidade dos, 214, 215-216
benefícios do ensino inclusivo para os, 22-24
adaptação do currículo pelos, 245, 246-247
como as pessoas que tomam as decisões, 216-216
disciplina dos, 216, 402-403
capacitação dos, 216
alto desempenho dos, 267
envolvimento dos, 70, 143, 210-211
como pacificadores (mediadores dos colegas), 216-217
como defensores dos colegas, 211-214, 215
nos sistemas de tutela dos colegas, 205-209
proteção dos, 61-62, 63
responsabilidade dos, 214, 215-216
nos comitês/conselhos da escola, 219-220
diferenças nas habilidades e nas competências dos, 298-300, 316
redes de apoio, 73, 74-76
regras para o professor desenvolvidas pelos, 216-217
no ensino de equipe entre professores e alunos, 209-210
ver também Alunos com deficiência; Relacionamentos entre professor e aluno
Americans with Disabilities Act of 1990 (ADA) (PL 125-380), 29-30, 150
Amizades

proporcionando tempo para as, 191, 192-193
círculo de, 98
condições para as, 177-178
encontros, 190
definidas, 174, 175-177, 189, 193
estágios desenvolvimentais, 348
diversidade e, 73, 74
como objetivo educacional, 169-183, 234-235
facilitação das, 75, 99-100, 101, 169-170, 175-178, 181-182, 184-198, 417, 418-419
relacionamentos do ajudador-ajudado *vs*. 193-194
problemas para os alunos com deficiência, 175-177
minimizando o papel do adulto nas, 196, 197-198
oportunidades para a interação e, 186-188
vs. apoio dos colegas, 214, 215
proximidade e, 178, 181, 185-186
entre aluno e professor, 347-348
apoio das, 174-175, 194-196, 197, 312
valor das, 88, 99, 171-172, 174, 179, 184, 188-191, 192
ver também Círculos de amigos; Relacionamentos sociais
Amor, de/por alunos com deficiência, 398-399
Amplitude do Currículo, 280
sensibilidade cultural, 273-274
definido, 269, 270-271
eficácia do, 271-273, 274-276, 280-281
Análise da representação dispersa, 371
Análise estrutural, 372, 373
Análise experimental, para avaliação do comportamento, 372, 373-374
Análise funcional, 372, 373-374
do comportamento desafiador, 357-358, 359
definida, 372, 373-374
intervenção baseada na, 374-375, 376
Antecedentes, para o comportamento desafiador, 371, 372, 373
Apoio da comunidade, 414-430
Apoio
amizade e, 195
grupos para pessoas com características similares, 409-410
individualizado, exemplos de, 231t, 264
grupos de pais, 425, 426
grupos patrocinados pela escola, 410-411, 412
estratégias para o comportamento desafiador, 363-364

para a realização do aluno, 314, 315
equipes de, 75
Aprendizagem
Aprendizagem ativa, 314, 315
Aprendizagem baseada nos problemas, 319
Aprendizagem com um parceiro, 36t, 204-206
de várias idades, 204-206
da mesma idade, 204
Aprendizagem comunitária, 306-331
planejamento do currículo, 327, 328-330
história da, 307-310, 311
em escolas inclusivas, 316-317
abordagem interdisciplinar à, 327, 328
objetivos de aprendizagem para a, 330
temas de aprendizagem para a, 330
abordagem multidisciplinar à, 327, 328
educação baseada nos resultados, 310, 311-312
resultados da, 330
princípios da, 313-316
abordagem transdisciplinar à, 327, 328-329
Aprendizagem cooperativa, 22, 36t
sistemas de aprendizagem em grupo, 206-209
para a transição da escola para o trabalho, 321
habilidades de trabalho de equipe para a, 312
Aprendizagem de grupo, cooperativa, 206-209
Aprendizagem de serviço, 320-321
Aprendizagem de serviços comunitários, 320-321
Aprendizagem interpessoal, desenvolvimento da comunidade e, 54-58
Aprendizagem transdisciplinar, 314, 315, 327, 328-329
Arnold, Matthew, 394-70
Arquitetura social
construção da comunidade e, 54-58
criatividade e, 58
definida, 55
ASCD, *ver* Association for Supervision and Curriculum Development (ASCD)
Assistência técnica, 78-79
Association for Supervision and Curriculum Development (ASCD), 43
Atenção, como função do comportamento desafiador, 332t
Atitudes
flexibilidade nas, 80
dos diretores, 137
dos professores, 303-304, 389, 402
com relação aos alunos com deficiência, 22, 137, 395-396, 402
Atividades extracurriculares, 324

Atividades para estimular o relacionamento entre os alunos, 143
Atividades tangíveis/preferidas, como função do comportamento desafiador, 322t
Atribuições, diretrizes para, 388-389
Auto-identidade positiva, 407-413
Auto-identidade, positiva, 407-413
Avaliação autêntica, 145
Avaliação baseada no currículo, 146
Avaliação baseada no desempenho, 266-267
Avaliação comportamental, 371-374
descritiva, 371-372, 373
análise funcional, 370, 372, 373-374
análise estrutural, 372, 373
Avaliação de antecedente-comportamento-conseqüência (A-C-Cq), 371
Avaliação descritiva, 371-372, 373
Avaliação do portfólio, 146
Avaliação informal, 145
Avaliação
autêntica, 145
comportamental, 371-49
relatos de comportamento, 145
baseada no currículo, 146
definida, 144
observação direta, 145
inventários ecológicos (IEs), 145
formal, 144-145
informal, 145
instrumentos, 145-147
portfólio, 146
inventários do repertório do aluno (IRAs), 145
dos alunos como indivíduos, 145
o que ensinar e como ensinar, 147
planejamento do currículo, 264-266
negativa, 414-416
Avaliações da observação, 145
Avaliações formais, 144-145
Aversivos, 402-403

B

Brown v. Board of Education, 24, 27, 38-39, 40, 43

C

Capacidades, ver também Habilidades
diversidade nas, 298-300, 316
Capacitação

dos alunos, 216
dos professores, 25, 26-27
Cartas, como sistemas simbólicos, 117-118
CASE Future Agenda for Special Education: Creating a Unified Education System, 130,
Catálogo de atividades, 326
Catálogo de atividades, 326
   currículo, 326
   definido, 308
CEC, *ver* Council for Exceptional Children (CEC)
Center for Problem-Based Learning, 319
Center for the Study of Responsive Law and Essential Information, 325
Centros de aprendizagem aplicada, para a aprendizagem comunitária, 318
Choosing Options and Accommodations for Children (COACH), 77, 269-286
Círculos de amigos, 36t, 88, 96-100, 101
   círculo de troca, 98
   círculo de amizades, 98
   círculo de intimidade, 97-98
   círculo de participação, 98
   adaptação do currículo, 247
   definidos, 96
   para facilitar as amizades, 189
   como uma rede de apoio aos colegas, 213
   processo, 96-100, 101
Civics for Democracy: A Journey for Teachers and Students, 325
Clubes da amizade, 189
COACH e, 280-281
   implementação rotineira dos, 76-77
COACH, 269-73, 74
   para a aprendizagem comunitária, 327, 328-330
   matriz do currículo para o, 329
   rede curricular para o, 329
   transdisciplinar, 327, 328-329
COACH, *ver* Chosing Options and Accommodations for Children (COACH)
Coalition of Essential Schools, 253-254
Colaboração dos alunos, *ver* Colaboração
Colaboração
   administrativa, 136, 140
   entre os colegas, 213-214, 215
   benefícios para os professores, 25, 26
   consulta, 22
   futuro da, 219
   planejamento da, 327, 328
   dos alunos, 200-219

ensino da, 200
equipe de, 133, -134, 135
valor da, 201
Colegas
   colaboração, 25, 26, 136, 140, 213-214, 215
   envolvimento na adaptação do currículo, 245, 246-247
   mediadores, 216-217
   nos grupos de planejamento, 212
   nos grupos de planejamento da transição, 211-212
Comemorando o sucesso, 82-83
Compatibilidade, como base da amizade, 195
Competências, 312
Competição, 61, 224
Comportamento de manutenção da fuga, *mands* para, 377
Comportamento desafiador grave
   abordagem funcional do, 369-384
   ver também Comportamento desafiador
Comportamento desafiador
   programas de escolha para o, 380-381
   como comunicação, 355, 356-357, 364
   abordagem flexível do, 80
   análise funcional do, 357-358, 359, 372, 373-374
   funções do, 370
   seleção do objetivo, 358, 359-362
   ignorando o, 357-358, 359
   intervenções para, 358, 359-362, 374-375, 376
   ciclo de aprendizagem, 355, 356-357
   estratégias de ensino positivas para o, 357-365
   reforço para o, 364-375, 376
   substituição por *mands*, 375, 376-377
   geração de resposta para o, 382-384
   em resposta às solicitações, 378, 379-380
   geração de estímulo para o, 382-383
   análise estrutural do, 372, 373
   interesses do aluno e o, 357-358, 359
   estratégias de apoio para o, 357-365
   estratégias de "sobrevivência" para o, 362
   ensinando alternativas de comunicação para o, 364
   ensinando o aluno a "ficar quieto", 364-365
   ensinando o aluno a tolerar as condições, 364
   abordagem de manejo do comportamento tradicional, 354-355, 356
   ver também Comportamento inadaptado
Comportamento difícil
   abordagens positivas ao, 394-403
   reagindo ao, 396-398

ver também Comportamento desafiador; Comportamento inadaptado
Comportamento inadaptado
  como comunicação, 355, 356-357
  ignorando o, 357-358, 359
  estruturando a turma para evitar o, 387-393
  práticas de agrupamento dos alunos e o, 389-390, 391
  interesses do aluno e, 357-358, 359
  ver também Comportamento desafiador; Comportamento difícil
Comportamento para a manutenção da atenção, *mands* para, 377
Comportamento, *ver* Comportamento desafiador; Comportamento difícil; Comportamento inadaptado
Compromisso, 107-108
Computadores pessoais, como sistemas de comunicação CAA, 115, 116-117
Comunicação facilitada (CF), 118-126
  definida, 122-123
  fatos e falácias associadas à, 123
  diretrizes para a, 124-126
  pesquisa sobre a, 124
Comunicação
  desenvolvimento de relacionamentos entre aluno e professor, 347-348
  comportamento destrutivo e desafiante como, 355, 356-357, 364
  diversidade na, 292
  habilidades em alunos com deficiência, 110-112
  ensinando métodos alternativos de, 364
  ensinando o aluno a "ficar quieto", 364-365
Comunicadores pessoais, 115, 116
Comunidade
  competitividade *vs.*, 224
  conexão com a, 313-314, 315
  definida, 178, 224-226, 288-289
  de alunos, 142-144
  restabelecendo o sentido de, 225-229, 230
  as escolas como, 51-54
Conduta profissional, manejo da classe e, 392
Conexões, com o mundo além da sala de aula, 313-314, 315
Confiabilidade, amizade e, 195
Confiança
  estabelecimento para os alunos, 360-362
  nos alunos por parte dos professores, 396-398, 352t
Conflitos
  criatividade e, 58-61

emoções e, 58
reestruturação, 59, 60-61
resolução, 195, 216-217
resultados de ganho ou perda, 58-59, 60
Conhecimento anterior, acomodação do, 342-343
Conhecimento, profundidade do, 313
Consciência da deficiência, 417, 418-421
Conselhos/comitês da escola, representação dos alunos nos, 219-220
Conseqüências, do comportamento desafiador, 371
Contrato social, 143
Controle
  da tomada de decisão educacional, 282-283
  segregação como, 37
Cooperação, sentido de, determinação da para os alunos, 360-361
Council for Exceptional Children (CEC), 308-309
Council of Administrators of Special Education (CASE), 130,
Currículo baseado no desempenho, 225t-227t
Currículo básico, 144
Currículo cívico, relacionado às atividades comunitárias, 325
Currículo da *Life-Centered Career Education*, 308-326
Currículo de ciências, conexão com as atividades comunitárias, 324-325
Currículo de estudos sociais, conexão com as atividades comunitárias, 325
Currículo de leitura, conexão com as atividades da comunidade, 324
Currículo de matemática, relacionado às atividades comunitárias, 324
"Currículo do turista", 291
Currículo
  honrando a diversidade no, 288-304
  mudando as premissas do, 235-238, 239
  conectando com a aprendizagem comunitária, 324-325
  básico, 144
  definido, 235
  objetivos, 233-235

D

Defensores dos colegas, alunos como, 211-214, 215
Deficiências, ver também Alunos com deficiências

perspectiva das limitações funcionais nas, 29
perspectiva do grupo minoritário sobre as, 29-30
Demonstrações, para a aprendizagem comunitária, 318
Desafios
  do currículo adaptado, 250
  aprendendo com os, 82-83
Desbravadores, 100, 101, 102-108
Descoberta guiada, 324
Desconfiança, dos alunos por parte dos professores, 396-398, 352t
Desenvolvimento da comunidade, 190-191, 192, 225-229, 230, 288-304
  como trabalho criativo, 58-61
  feriados e, 298
  processo de, 54-58
  através do círculo de amigos, 99-100, 101
  através da aprendizagem comunitária, 331-331
  valor do, 51-54, 88
Desenvolvimento da equipe, 138, 336-342
Desenvolvimento dos pontos fortes, no processo do PATH, 106-107
Desesperança aprendida, 241, 345
Desigualdades sociais, ensinando sobre as, 290, 316-293, 300-303
Dewey, John, 307-308
Diferenças de gênero
  diversidade cultural e, 296
  aprendendo sobre as, 294, 295-296
  estereótipos sobre as, 294, 295-296
Dificuldades de aprendizagem, 42
Diretores
  atitudes com relação à educação especial, 137
  liderança por parte dos, 132, -133, , 136-137, 139-140
  papel no desenvolvimento do pessoal, 138
  manejo do tempo por parte dos, 138-139
Disabilities Education Act, 429
Disciplina
  aversivos para a, 402-403
  dos alunos, 216
Discipline with Dignity (Curwin e Mendler), 216
Discriminação, aprendendo sobre a, 290, 292-293, 300-303
Dispositivos de apoio, adequação dos, 118
Distúrbios desenvolvimentais profundos (DDP)
  comportamento desordeiro e, 395-396
Diversidade cultural
  cultura da turma para acolher a, 72-73, 74
  diferenças de gênero e a, 296

aprendendo sobre a, 359-360
sensibilidade à, na entrevista familiar no COACH, 273-274
Diversidade étnica
  aprendendo sobre a, 290-292
  má representação da, 291
  reação à, 289-290
  ensinando as crianças sobre a discriminação, 301, 302
  ver também Diversidade
Diversidade racial
  discriminação, ensinando as crianças sobre, 301, 302
  aprendendo sobre a, 290-292
  má interpretação da, 291
  reação à, 289-290
  ver também Diversidade
Diversidade religiosa, aprendendo sobre a, 296-298
Diversidade
  nas habilidades, 316
  reconhecimento através do acesso intencional, 408-410
  benefícios da, 228, 242, 245, 246, 254
  para a aprendizagem comunitária, 314, 315-316
  cultural, 359-360
  discriminação da, 300-303
  encorajando a, 72-73, 74
  na família, 293
  diferenças entre os gêneros, 294, 295-296
  objetivos da educação multicultural e a, 402-403
  linguagem da, 292
  nos estilos de aprendizagem, 316
  racial e étnica, 289-292
  religiosa, 296-298
  respeito pela, 188-191, 192, 218
  habilidade e competência, 298-300
  estereótipo da, 300-303
  "currículo de turista", 291
Dramatização, para a aprendizagem comunitária, 318

E

Educação baseada nos resultados, 310, 311-312
  habilidades de vida adulta e comunitária, 310, 311-312
  habilidades de pensamento crítico, 312
  definida, 310, 311

relacionamentos no trabalho em grupo e interpessoais, 312
Educação especial
    como diferente da "educação regular", 81-82
    matrícula na, 38, 42
    fundamentos da, 38
Educação multicultural, 402-403
Educação Profissional Centralizada na Vida (LCCE), 326
    para alunos com deficiência, 325-326
Educação vocacional, 308, 322, 323
    nas turmas de educação regular, 247-249
Educação
    amizades e, 182-183
    visões futuristas da, 201-202
    como meio de se tornar humano, 61-62, 63
    natureza da, 394-395
    escolaridade vs., 64-65
    ver também Aprendizagem: Reforma da escola; Reestruturação da Escola
Education for All Handicapped Children Act of 1975 (PL 117-170), 39, 40, 414
Eficácia do ensino, envolvimento do aluno e, 210-211
Emoções, conflito e, 58
Encontros amorosos de alunos portadores de deficiências, 190
Enlightened Leadership (Oakley and Krug), 80
Ensino baseado na comunidade
Ensino em equipe, 134, 135, 209-210
Ensino regular, 39, 40-41
Entrevista de Priorização Familiar, COACH, 262, 273-274, 280, 282
    relacionamentos familiares-profissionais e o, 280-281
Equipes de ensino, 80-81, 202
Equipes de planejamento da transição, 211-212
Equipes
    cooperativas, 133, -134, 135
    para adaptação do currículo, 245, 246
    flexibilidade através das, 80-81
    habilidades de aprendizagem para, 312
Escolaridade, educação *vs.*, 64-65
Escolas como microssociedades, 322, 323
"Escolas comuns", 37
Escolas dentro das escolas, 318-319
Escolas públicas, *ver* Escolas
Escolas São Para Todos, 42
Escolas
    papel em mutação da, 218-219
    condições nas, ensinando a tolerância das, 364
    cultura para a diversidade nas, 72-73, 74
    matrícula nas, 41-42, 64
    história, 36-37
    da rede regular, 39, 40
    filosofia das, 70-71
    resistência à inclusão nas, 41-42
    direito das crianças com deficiência freqüentarem as, 39, 40
    sentido de comunidade nas, 51-54
Escolha dos pais, 425, 426-427
Esforço, relacionado à realização, 346-347
Esportes Métricos, 324
Estabelecimento da missão, 70
Estereótipos
    de pessoas com deficiência, 396
    evitação dos, 291
    desafio aos, 300-303
    baseados no gênero, 294, 295-296
    aprendendo sobre os, 300-303
Estilo de interação positivo, 195
Estilo de interação, 195
Estilos de aprendizagem
    diversidade nos, 316
    teoria das inteligências múltiplas, 148-153
    programação e planejamento dos, 161-164
    acesso do aluno à aprendizagem e os, 130t-133t
Estratégias administrativas, 129, -138
    liderança, 139-140
    colaboração dos colegas, 136, 256
    desenvolvimento da equipe, 138
    liderança simbólica, 136-137
    manejo do tempo, 138-139
Estratégias da aprendizagem comunitária, 317-326
    centros de aprendizagem aplicada, 318
    simulações em sala de aula, 317-318
    cooperativas, 317
    projetos comunitários, 319-320
    uso de recursos comunitários, 318
    planejamento do currículo para a escola total, 317
    recursos disciplinares do currículo, 324-325
    os tutores e o trabalho como aprendiz, 321
    escolas como microssociedades, 322, 323
    aprendizagem baseada em problemas, 319
    dramatização, 318
    escolas dentro das escolas, 319-319
    transição da escola para o trabalho, 321-322, 323
    aprendizagem do serviço, 320-321
    isoladas baseadas na turma, 317
    programas especiais, 317

Estratégias de "sobrevivência", 362
Estratégias de comunicação, 110-127, 128,
   sistemas simbólicos de CAA auxiliados,
      113-118
   sistemas de comunicação aumentativos e alternativos (CAA), 112-126
   quadros de comunicação, 113-115, 116
   comunicação facilitada, 115, 116-126
   diretrizes, 126
   comunicadores pessoais (CPs), 115, 116
   computadores pessoais, 115, 116-117
   sistemas simbólicos de CAA não-apoiados,
      113
Estratégias de ensino positivas, 357-366
   estruturando o problema, 357-358, 359
   decisões de intervenção, 362-365
   selecionando os objetivos, 358, 359-362
Estratégias de ensino
   acesso à aprendizagem das, 130t, 133t
   acomodações das, 150-154, 155
   eficazes, 81-82
   instrução de muitos níveis, 154, 155, 161
   teoria da inteligência múltipla, 148-153
   positivas, 357-366
   horário e planejamento das, 161-164
   abordagem da equipe, 80-81, 202
   tópicos e métodos, 147
Estratégias de intervenção
   para o comportamento desafiador, 355, 356,
      358, 359-362, 375, 376-381
   realização de escolha, 380-381
   treinamento da comunicação funcional
      (TCF), 375, 376-377, 382-384
   procedimentos de intercalação da tarefa, 378,
      379-380
Estrutura do distrito central, 131, -134, 135
Estrutura para renovação contínua, 82
Estruturação do grupo cooperativo, 390, 391
Eugenia, 37-38
Exclusão
   efeitos nocivos da, 21, 24, 28
   inclusão vs., 36
   como segregação, 43-44
   ver também Segregação
Exibições baseadas no desempenho, 261-262
Exibições, baseadas no desempenho, 261-262

F

Facilitadores da inclusão, 36t, 75-76
Facilitadores do apoio, 75-76
Facilitadores, 75-76
   para os MAPs, 89-95

para o processo do PATH, 102-107
Famílias
   diversidade das, 293
   apoio para o ensino inclusivo por parte das,
      414-430
   ver também Pais
Feriados, diversidade nos, aprendendo sobre,
   291-292, 296-298
*Fifteenth Annual Report to Congress on the
   Implementation of the Individuals with*
Flexibilidade nos programas de inclusão, 79-81
Forças-tarefa, para reforma da escola, 71
Fuga/evitação, como função do comportamento desafiador, 332t
Funções da fuga, 372, 373-374
Fundamentação, no processo do PATH, 105
Futuristas, 201-202

G

Gallaudet, Thomas, 36
Generalização da resposta, 382-384
Generalização do estímulo, 382-383
Gompers Middle School, Madison, Wisconsin,
   293
Graduação, 264-266
Grupo de Estudo sobre Educação Especial, 43
Grupos de apoio aos pais, 425, 426
Grupos de apoio patrocinados pela escola, 410-
   411, 412
Grupos de defesa dos pais, 423, 425, 426-427
Grupos de defesa, 423, 425, 426-100, 101
Grupos heterogêneos, para a aprendizagem
   comunitária, 314, 315-316
Guia curricular referenciado na comunidade de
   Syracuse para alunos com deficências moderadas e graves, 326

H

Habilidades acadêmicas, efeitos da inclusão nas,
   23
Habilidades da vida diária, ensino nas salas de
   aula de educação geral, 247-249
Habilidades funcionais
   ampliação do conceito das, 248-249
   currículo, 308-309
   oportunidades para a aprendizagem, 316-317
   ensino nas turmas de educação regular, 247-
      249

Habilidades
    acadêmicas, 23
    para a vida adulta e comunitária, 310, 311-312
    de manejo de classe, 202, 240-341
    de comunicação, 110-112
    da vida diária, 247-249
    diversidade nas, 298-300, 316
    funcionais, 247-249, 308-309, 316-317
    de resolução de problemas, 312
    sociais, 23
    para o apoio aos amigos, 194-196, 197, 312
    para trabalho em equipe, 312
    pensando nas, 312
Hebraísmo, 394-395
Helenismo, 394-395
Histórias dos membros, 36t
Horário, como estratégia de ensino, 161-164
Howe, Samuel Gridley, 37

I

IDEA, ver Individuals with Disabilities Education Act of 1990
Igualdade
    sociedade da informação e, 28-29
    valor social da, 27-29
Illinois Mathematics and Science Academy Center for Problem-Based Learning, 319
    impactos do, 281-284, 285
    implicações para o uso futuro do, 284, 285-286
    acomodações incongruentes para o, 274-276, 245t-247t
    programas de educação individualizada (PEIs) e o, 270, 280-281
    visão geral, 240t, 241t
    princípios do, 270, 274-276, 245t, 247t
    prioridade dos resultados da aprendizagem, 270
    pesquisa sobre, 271-284, 285
    apoios e acomodações, 270
    resultados de vida valorizados e, 270-271, 283-284, 285
"Imaginando a realidade", 400, 401
Inclusão
    estratégias administrativas para a, 129, -138
    benefícios da, 22-29, 48-49, 52, 53,, 82-83
    estrutura do distrito central, 131, -144
    mudanças requeridas para a, 129, -131,
    aprendizagem comunitária na, 316-317
    componentes da, 21-22
    preocupações sobre, 432-434
    condições para, 51-54
    conflitos na, 58-61
    definida, 21, 178
    como reforma da educação, 43, 48-65
    exclusão vs., 36
    objetivos da, 241-243, 250
    visão geral histórica, 35-44
    como um movimento da libertação, 403
    movimento rumo à, 42-43, 308-309
    fundamentos para a, 21-30
    resistência à, 41-42
    auto-identidade e, 407-413
    apoio à, 73, 74-76, 414-430
Individuals with Disabilities Education Act Amendments of 1991 (PL 126-144), 110, 414
Individuals with Disabilities Education Act of 1990 (PL 125-476), 39, 40, 43, 110, 414, 423-424, 427
Instituições, 36-37
Instrução autêntica, 313
Instrução de muitos níveis, 154, 155, 161
Inteligência corporal-cinestésica, 148-149, 152
Inteligência espacial, 148, 152
Inteligência interpessoal, 149, 153
Inteligência intrapessoal, 149, 153
Inteligência lingüística, 148, 151
Inteligência lógico-matemática, 148, 151
Inteligência musical, 149, 152-153
Inteligência, teoria das inteligências múltiplas, 81, 148-153
Interação social
    oportunidades para, 186-188
    apoio à, 194-196, 197
Interação. ver Amizades; Interação social; Relacionamentos Sociais
Interações entre os alunos, como pré-requisitos para as amizades, 186-188
Intercâmbio, círculo de, 98
Interesses
    acomodação dos, 342-343
    comportamento destrutivo e, 357-358, 359
    grupos iniciados pelo aluno, 410-411, 412
Intimidade
    desenvolvimento da, 99-100, 101
    círculo de, 97-98
Inventários do repertório do aluno (IRAs), 145
Inventários Ecológicos (IEs), 145

J

Jefferson, Thomas, 36
Jogo livre, 374
Jogos cooperativos, como pré-requisitos para o desenvolvimento da amizade, 187

L

LaCrosse, rede escolar de Wisconsin, 322, 323-324
Lealdade, amizade e, 195
Legislação, 423-430
 implementação da, 427-430
 influência da, 423-425, 426
 educação dos pais sobre a, 425, 426-427
Liderança
 para a inclusão, 71-72, 132, -133,
 do diretor, 132, -133, , 136-137, 139-140
 simbólica, 136-137
Limites Externos, 324
Linguagem de sinais, 113, 292
Linguagem
 aquisição de, 111-112
 diferenças de, aprendendo sobre as, 292
Lista de acesso, avaliação do aluno, 301, 302
Lutas de poder, 362

M

Madison, Wisconsin School District, 297
Making Action Plans (MAPs), 57, 77, 88, 89-96
 concluindo os, 95
 crenças básicas dos, 89
 definidos, 89, 95-96, 146-147
 elementos dos, 89-95
 para a facilitação das amizades, 189-190
 resultados dos, 96
 defesa dos colegas nos, 212
 registros dos, 91
Mands, 375, 376-377, 383
Manejo da classe, 335-350, 352
 atribuições, 388-389
 atmosfera da sala de aula e, 390, 391-392
 problemas de manejo da conduta, 348-351
 problemas de manejo do conteúdo, 342-343
 questões de manejo de regras (relacionamento), 347-348
 práticas de agrupamento para o, 389-390, 391

 questões de orientação da autoridade, 343-347
 disposição do espaço físico, 387-388
 conduta profissional e, 392
 desenvolvimento da equipe, 336-341
 manejo do tempo, 388
 para evitar comportamento inadequado, 387-393
 rotas de trânsito na, 387-388
Manejo da conduta, 348-351
 planos de intervenção, 348
 rotinas de segurança para o, 349-351
Manejo do acordo, 347-348
Manejo do comportamento, 354-355, 356, *ver também* manejo da classe
Manejo do conteúdo, 343-344
Manejo do relacionamento, 347-348
Manejo do tempo, 138-139
 na aula, 388
 pelos professores, 144
Manejo, da classe, *ver* Estratégias de manejo da classe
MAPS e os, 89, 95
MAPs, *ver* Making Action Plans (MAPs)
Matrícula, no processo do PATH, 105-106
Matriz do currículo, 329
Matriz do horário, 161, 135t
Matrizes de objetivo/atividade, 77-78
Matrizes
 currículo, 329
 objetivo/atividade, 77-78
McGill Action Planning System, *ver* Making Action Plans (MAPs)
Mediadores, colega, 216-217
Michigan Department of Education, 312
Mills v. D.C. Board of Education, 39, 40
Miniescolas, 318-319
"Mito do julgamento clínico", 70
Movimento dos direitos civis, 38-39, 40

N

Não gostar *vs.* preconceito, 300
NASBE, *ver* National Association of State Boards of Education (NASBE)
Natal, abordagens culturalmente sensíveis ao, 296-299
National Association of State Boards of Education (NASBE), 43
National Community Service Trust Act of 1993, 320

Necessidades, identificação nos MAPs, 94-95
Normas sociais, 396

O

Oberti v. Clementon, 42-43
Objetivos da aprendizagem
 ajudando os alunos na seleção, 345
 para a aprendizagem comunitária, 330
Objetivos de aprendizagem flexíveis, 241-243
Objetivos
 para o manejo do comportamento, 354
 para a aprendizagem comunitária, 330
 do currículo, 233-235
 das adaptações do currículo, 241-243, 250
 para lidar com o comportamento desafiante, 358, 359-362
 expressados no processo do PATH, 104-105
 amizades como, 169-183, 234-235
 para a inclusão, 241-243, 250
 da aprendizagem, 330, 345
 da educação multicultural, 402-403
 das estratégias de ensino positivas, 360-362
Objetos tangíveis, como sistemas de símbolos, 117
Office of Special Education and Rehabilitatives Services, 41
Office of Special Education Programs (OSEP), 427-428
Orientação para a autoridade, 343-347
 fracasso e, 343-345
 treinamento dos alunos em, 345-347
Ortografia, como sistema simbólico, 117-118
Osborn-Parnes Creative Problem Solving Process (CPS), 276

P

Pacificadores, alunos, 216-217
"Palavras-chave", 329
Pais
 participação comunitária por parte dos, 421-422
 influência sobre a legislação, 424-425, 426
 envolvimento na tomada de decisão, 425, 426-427
 aprendizagem sobre a deficiência da criança, 427
 proteção das crianças pelos, 61-64
 reforma da escola e os, 61-62, 63, 70
 segredo dos, 416-417, 418
 informações compartilhadas sobre as deficiências, 417, 418-421
 visão dos filhos, 416
 ver também Família
Palavras, como sistemas de símbolos, 117-118
Panelinhas, 348
Participação, círculo de, 98
PATH, *ver* Planning Alternative Tomorrows with Hope (PATH)
Pennsylvania Association for Retarded Children v. Commonwealth of Pennsylvania, 39, 40
Pensamento criativo, 58-61, 80, 82
Pensamento crítico, 312
Pensamento de ordem inferior, 313
Pensamento de ordem superior, 313
Pensamento reativo, 80
Pensamento
 criativo, 82
 flexibilidade no, 80
 de ordem superior, 313
 de ordem inferior, 313
 habilidades de, 312
Persistência, em famílias de crianças com deficiência, 80
Perspectiva das limitações funcionais, 29
Perspectiva do grupo minoritário, 29-30
Pesadelos, expressados nos MAPs, 92, 93
PL 117-137, *ver* Rehabilitation Act of 1973, 39, 40
PL 117-170, *ver* Education for All Handicapped Children Act of 1975
PL 123-506, *ver* Rehabilitation Act Amendments of 1986
PL 125-380, *ver* Americans with Disabilities Act of 1990
PL 125-476, *ver* Individuals with Disabilities Education Act of 1990
PL 126-144, *ver* Individuals with Disabilities Education Act Amendments of 1991
PL 127, 128, -271, *ver* School-to-Work Opportunities Act
planejamento da atividade, 262
 objetivos flexíveis para a, 241-243
 de interpessoal, 54-58
 tarefas, adequação das, 345
 temas, para a aprendizagem comunitária, 330
 ver também Educação
Planejamento de currículo interdisciplinar, 258, 259-260, 327, 328
Planejamento do currículo, 252-267
 acomodação, 231t, 264

atividades, materiais e recursos para o, 262
abordagens para a reestruturação do, 307
aprendizagem comunitária, 306-331
questões essenciais, 254, 224t, 261
avaliação, 264-266
fundamentos do, 254-266
interdisciplinar, 258, 259-260
planos de aula, 264
baseado no desempenho, 225t-227t, 261-262
planejamento retroativo, 258, 259-266
problemas no desenvolvimento, 267
para alunos com grandes desafios de aprendizagem, 262-264
apoiando os professores no, 266-267
estratégias de apoio no, 363
temas, 306-307
Planejamento
retrógrado, para projeto do currículo, 258, 259-266
curricular (COACH), 269-286
processos de, 77
como estratégia de ensino, 161-164
equipes, defesa dos colegas nas, 212
Planejando o Futuro Pessoal, 77
Planning Alternative Tomorrows with Hope (PATH, 36t, 77, 88, 100, 101-108
participação no, 103
defesa dos colegas no, 212
processo do, 103-108
como processo social, 102-103
valor do, 108-109
Plano de unidade temática, 164, 137t
Plano estratégico, para a inclusão, 71
Planos de aula, 264
Poder dos colegas, 202
"Ponto Máximo", 415-416
Práticas de agrupamento, para o manejo da turma, 389-390, 391
Preconceito
vs. não gostar, 300
aprendendo sobre o, 292-293, 300-303
segregação e, 27
"Pré-turmas", 348
Princípios da inclusão, 69-84, 85
processos de responsabilidade, 76-78
crenças, 133,
teoria do processo de mudança, 83
flexibilidade, 79-81
liderança, 71-72
cultura da escola e, 72-73, 74
filosofia e plano estratégico da escola, 70-71
redes de apoio, 73, 74-76

abordagens de ensino, 81-82
assistência técnica, 78-79
Problemas, essenciais, 254, 224t, 261
Procedimentos de intercalação da tarefa, 378, 379-380
Professores
responsabilidade dos, 217
atitudes dos, 303-304, 389, 402
benefícios do ensino inclusivo para os, 24-27
habilidades de manejo da classe, 228-342
desenvolvimento da comunidade por parte dos, 142-144
preocupações sobre os alunos com deficiências, 54-55, 81-82
nos sistemas de ensino de grupo cooperativos, 206
adaptação do currículo por parte dos, 245, 246
retorno por parte dos, 389
conduta profissional e os, 392
regras para os, desenvolvidas pelos alunos, 216-217
desenvolvimento da equipe, 138, 220-342
apoio aos, 73, 74-76, 266-366
manejo do tempo pelos, 138-139, 144
confiança nos alunos por parte dos, 396, 397-398, 352t
Profundidade do conhecimento, 313
Programação da ação, no processo do PATH, 107
Programas de educação individualizada (PEIs)
Programas de exploração profissional, para a transição da escola para o trabalho, 322, 323
Programas de realização de escolha, 380-381
Programas de trabalho e estudo, 325
Progresso, *ver* Realização
Projetos comunitários, 319-320
Proteção, dos alunos, 61-64
Proximidade, amizades e, 178, 181, 185-186

Q

Quadros de aviso, 390, 391-392
Quadros de comunicação, 113-115, 116
Questionário de colaboração do aluno, 202, 174t, 219
Questões essenciais, 254, 224t, 261

R

Realização
celebração da, 82-83
conexão com o esforço, 346-347

enfatização da, 345
academica, em turmas inclusivas, 52, 53,
apoio social para a, 314, 315
Recursos comunitários, 318
Recursos
   comunitários, 318
   para o planejamento do currículo, 262
   tema do currículo, 324-325
   localização, 75-76
Rede, 21-22
Rede, currículo, 329
Redes de apoio dos colegas, 212-214, 215
   suposições com relação às, 214, 215
   redes de companheiros, 213
   vs. amizades, 214, 215
Redes de apoio
   dependência das, 227
   facilitação das, 227-228
   desenvolvimento dos colegas de turma nas, 75
   de colegas, 212-214, 215
   princípios das, 226-227
   para alunos, 73, 74-76
   para professores, 73, 74-76
Reforço
   para o comportamento desafiador, 374-375, 376
   identificação com a análise funcional, 372, 373-374
   generalização da resposta ao, 383
Reforma da escola, 43, 61-62, 63, 69
   teoria do processo de mudança e, 83
   inclusão como uma força cultural para a, 30-49
   incorporando inovações na, 82-83
   envolvendo todos os interessados na, 70
   reestruturação da, 43, 309, 432-434
   forças-tarefa para a, 71
   assistência técnica para a, 78-79
   ver também Educação
Registros
   para os MAPs, 91, 94
   para o processo do PATH, 102, 104-105
Regras de trânsito, na aula, 387-388
Regras, para os professores, desenvolvimento por parte do aluno de, 216-217
Regular Education Initiative (REI), 41
Rehabilitation Act Amendments of 1986 (PL 123-506), 39, 40
Rehabilitation Act of 1973 (PL 117-137), 39, 40
REI, ver Regular Education Initiative (REI)
Relacionamentos abusivos, 396-397

Relacionamentos entre a família e os profissionais, COACH e os, 280-281
Relacionamentos entre aluno e professor, 347-348
Relacionamentos entre o ajudador e o ajudado, amizades vs., 193-194
Relacionamentos entre o lar e a escola, manejo da classe e, 337-338, 339, 301t
Relacionamentos entre professor e aluno, 347-348
   parcerias para tomada de decisão nos, 214, 215-217
   ensino em equipe, 209-210
Relacionamentos sociais
   abusivos, 396-397
   diversidade e, 73, 74
   aprendizagem de habilidades para os, 194-196, 197, 312
   natureza dos, 396-397
   estímulo dos pais para os, 421-422
   como pré-requisitos para as amizades, 186-188
   habilidades para os, 23
   ver também Amizades; Apoio
Relatos de comportamento, 145
Resolução criativa de problemas (CPS), 36t, 56, 77, 276
Resolução de problemas
   criativa, 56
   flexibilidade na, 80
   habilidades para a, 312
   passos na, 301t
Responsabilidade
   dos diretores, 217
   processos de, 76-78
   dos alunos, 214, 215-216
   dos professores, 217
Resultados de ganho/perda, 58-59, 60
Resultados de Vida Valorizados, COACH e, 283-284, 285
Resultados, da aprendizagem comunitária, 330
Retorno, por parte dos professores, 389
Rush, Benjamin, 36

S

Sabedoria, 201
Sala de aula
   atmosfera da, 390, 391-392
   cultura, para a diversidade, 72-73, 74
   organização da, 61

simulações para a aprendizagem comunitária, 317-318
temas, 390, 391-392
Salas de aula inclusivas
   realização nas, 52, 53,
   competição nas, 61
   atividades rotineiras, 142-164
   consciência elevada nas, 48-30
   estratégias de manejo nas, 335-350, 352
   Comunidades inclusivas, 288-304
School-to-Work Opportunities Act (PL 127, 128, -271), 321
Segredo, 416-417, 418
Segregação
   movimento dos direitos civis e, 38-39, 40
   como controle, 37
   exclusão como, 43-44
   efeitos nocivos da, 24, 28
   preconceito e, 27
   de alunos com deficiência, 36, 423, 433-0385
   acompanhando a, 43
   ver também Exclusão
Segurança
   rotinas, para o manejo da conduta, 349-351
   sentido de, estabelecimento para os alunos, 360-362
Sentenças, como sistemas de símbolos, 118
Sidarta, 61-62, 63
Símbolos de Bliss, 117
Símbolos de representação, 117
Símbolos rébus, 117
Símbolos, para a comunicação, 113
Simulações, para a aprendizagem comunitária, 317-318
Sistemas de comunicação aumentativos e alternativos (CAA), 112-126
   sistemas simbólicos auxiliados, 113-118
   combinados, 117
   quadros de comunicação, 113-115, 116
   comunicadores pessoais (CPs), 115, 116
   computadores pessoais, 115, 116-117
   adequação dos, 118, 119, 120-121
   seleção e uso, 119, 120-121
   sistemas simbólicos não-apoiados, 113
Sistemas de símbolos, para os sistemas de símbolos auxiliados de CAA, 117-118
   símbolos de Bliss, 117
   símbolos de rébus, 117
   símbolos representativos, 117
   objetos tangíveis, 117
   ortografia tradicional, 117-118
Sistemas de tutela dos colegas, 204-206

Sistemas simbólicos auxiliados da CAA, 113-118
   dispositivos de apoio, 118
   escolha, 117-118
   combinados, 117
   quadros de comunicação, 113-115, 116
   comunicadores pessoais (CPs), 115, 116
   computadores pessoais, 115, 116-117
   sistemas simbólicos para os, 117-118
Socialização, como objetivo, 234-235
Sociedade de informação, valor social da igualdade e, 28-29
Society for Children and Adults with Autism, 39, 40
Solicitações intercaladas, para o comportamento desafiador, 378, 379-380
Solicitações, intercaladas, para o comportamento desafiante, 378, 379-380
"Sombra", para a transição da escola para o trabalho, 322, 323
Sonhos
   expressados nos MAPs, 91-92, 93
   expressados no processo do PATH, 103-104
Southegan High School, Amherst, New Hampshire, 253-254, 258, 259-261
Sucesso
   definição do, no manejo do comportamento, 355, 356
   ver também Realização
Syracuse Community-Referenced Curriculum Guide for Students with Moderate to Severe Disabilities, 326

T

TASH, *ver* The Association for Persons with Severe Handicaps (TASH)
TCF, *ver* Treinamento da Comunicação Funcional (TCF)
Teachers Helping Teachers, 138
Temas, da aula, 390, 391-392
Tempo, para o desenvolvimento de amizades, 191, 192-193
Teoria da mudança organizacional, 83
Teoria das inteligências múltiplas, 81, 148-153
Teoria do processo de mudança, 83
Testagem, 144-38, *ver também* Avaliação
Testes padronizados, 144-145
"Turmas", 346
The Association for Persons with Severe Handicaps (TASH), 39, 40-41, 308

Thirteenth Annual Report to Congress on the Implementation of the Individuals with Disabilities Education Act, 428
Tolerância, das condições da escola, ensino da, 364
Tomada de decisão
   controle da, 282-283
   envolvimento dos pais na, 425, 426-427
   participação do aluno na, 214, 215-216
Trabalho como aprendiz, através da aprendizagem comunitária, 321
Trabalho como tutor
   aprendizagem comunitária através do, 321
   para a transição da escola para o trabalho, 322, 323
Trabalho, transição para o, 214, 215-216
Transição da escola para o trabalho, 321-322, 323
Treinamento da comunicação funcional (TCF), 375, 376-377, 382-384
Treinamento de exemplos, 382-383
Treinamento expedicionário, 295-324
Tribos, 143, 190-191, 192
Tutela de colegas, 204-206
Tutores, colegas, 204-206

U

U.S. Department of Education (DOE), 427-430
U.S. Department of Justice, 43
UNESCO World Conference on Special Education Needs (International League of Societies for Persons With Mental Handicap), 21

V

Vida adulta, habilidades para a, 310, 311-312
Vida comunitária
   preparação para a, 23
   habilidades para a, 310, 311-312
Visão, 416

W

Winners ALL: A Call for Inclusive Schools, 43
Winnoski School District, 204, 211